江苏省中小学学生体质健康促进工程丛书

江苏省中小学课外体育活动设计与实施

上册

主　　编：潘绍伟

执行主编：曹卫民

副 主 编：李　虎　阮晓燕　杨　浩　王素芳

编写组成员：俞向阳　郭建明　胡英兰　李　聪

刘成兵　于　斌　严立洋　金　刚

河海大学出版社

HOHAI UNIVERSITY PRESS

·南京·

图书在版编目(CIP)数据

江苏省中小学课外体育活动设计与实施 / 潘绍伟主编. -- 南京 : 河海大学出版社，2021.4

ISBN 978-7-5630-6225-6

Ⅰ. ①江… Ⅱ. ①潘… Ⅲ. ①体育锻炼—课外活动—课程设计—中小学 Ⅳ. ①G633.962

中国版本图书馆 CIP 数据核字(2019)第 266212 号

书　　名　江苏省中小学课外体育活动设计与实施
书　　号　ISBN 978-7-5630-6225-6
责任编辑　龚　俊
特约编辑　王新月　梁顺弟
特约校对　丁寿萍　卞月眉　许金凤
封面设计　徐娟娟
出版发行　河海大学出版社
地　　址　南京市西康路 1 号(邮编:210098)
电　　话　(025)83737852(总编室)　(025)83722833(营销部)
经　　销　江苏省新华发行集团有限公司
排　　版　南京布克文化发展有限公司
印　　刷　南京玉河印刷厂
开　　本　718 毫米×1000 毫米　1/16
印　　张　54.25
字　　数　945 千字
版　　次　2021 年 4 月第 1 版
印　　次　2021 年 4 月第 1 次印刷
定　　价　180.00 元(上下册)

序

为学生创造乐于参与、主动参与、人人获益的课外体育

课外体育活动是指学校在课外时间有计划、有组织，以及学生自觉自主进行校内外以锻炼身体、愉悦身心、丰富课余文化生活等体育活动的总称。狭义的课外体育活动是指课前、课间、课后在校内进行的以全体学生为对象，采用全校、班级、小组、体育俱乐部（体育运动协会）等组织形式的身体性锻炼与休闲娱乐活动。广义的课外体育活动是指学生在课余时间内进行的各种有组织、有计划、系统性的类似课余锻炼、训练竞赛的体育活动，以及学生自觉自主自律在校内外进行的各种微体育运动、生活化的体育活动等身体性活动的总称。课外体育活动是体育与健康课的延伸与补充，是学校体育工作的重要组成部分，是实现学校体育目标的重要途径之一。

2020 年 10 月，中共中央办公厅、国务院办公厅下发的《关于全面加强和改进新时代学校体育工作的意见》明确提出“健全体育锻炼制度，广泛开展普及性体育运动，定期举办学生运动会或体育节，组建体育兴趣小组、社团和俱乐部，推动学生积极参与常规课余训练和体育竞赛。合理安排校外体育活动时间，着力保障学生每天校内、校外各一个小时体育活动时间，促进学生养成终身锻炼的习惯”。上述要求健全学生体育锻炼制度，学校要将学生在校内开展的课外体育活动纳入教学计划，列入作息时间安排，与体育课教学内容相衔接，切实保证学生每天一小时校园体育活动落到实处。

一

较长时间以来我们通常将课外体育活动看成是体育课的补充与延伸，进行活动是为了学生锻炼身体促进健康。这些认识与看法无疑是正确的，但是站在教育的高度和学生成长的角度来认识与理解课外体育活动，具有多方面的意义与价值。

一是有利于促进学生的生长发育，增进学生健康。青少年学生处于生长发

育时期，课外体育活动有助于提高学生的生长发育水平，养成良好的身体姿态，改善身体各器官系统的功能，发展基本运动技能、体能和运动能力。一般来说，课外体育活动都在户外进行，和煦的阳光、新鲜的空气等自然力因素既能有效促进学生的正常生长发育，还有利于提高学生对外界自然环境的适应能力和对疾病的抵抗力。

二是有利于提高学生文化课的学习效率。人的大脑是思维的物质基础，长时间的不间断工作会使大脑细胞产生疲劳，导致反应迟钝、注意力分散、记忆力下降，影响学习效率，尤其是处于生长发育期的儿童、少年，大脑细胞的工作耐力比成人差，更易产生疲劳。课前适当进行体育活动可以大幅度提高学生文化学习的效率与成绩，课间或课后适当进行体育活动可以使学生疲劳的大脑得到积极性休息，改善大脑的供血，使大脑保持清醒敏捷，保持正常工作的能力，实现“8－1＞8”的效果。课外体育活动是学生的学习生活方式，即课外体育活动不仅仅是调剂紧张学习生活的一种方式，还是学生具有激情、快乐生活的不可或缺的一个组成部分。

三是有利于学生巩固课上学到的体育与健康的知识、技术和运动技能。在体育与健康课教学中，学生通过身体活动增强体质、发展体能、提高健康水平，掌握和应用体育与健康的基本知识和运动技能，提高运动能力。但是，无论是发展体能，还是真正掌握与运用运动技能，仅仅依靠体育与健康课教学是不够的。因为，体质的增强、运动技能和运动水平的提高是一个长期的不间断的积累过程，需要通过课外体育活动来巩固提高。

四是有利于学生运动兴趣的培养、锻炼习惯的养成、终身体育意识的形成。学生运动兴趣、锻炼习惯、体育意识的形成不是一朝一夕的事。可以说，经常参加课外体育活动无疑会对学生的思想、观念、态度、情感等产生积极的影响，进而左右学生运动兴趣、锻炼习惯、体育意识的形成，并对学生形成积极向上、乐观开朗的生活态度和养成健康的行为习惯及生活方式产生深远的影响。

五是有利于学生的心理健康发展。爱玩、爱动是青少年儿童的天性。但是，学生的身体条件、运动技能、兴趣爱好、锻炼习惯、体育意识等存在着非常明显的个体差异。课外体育活动为满足不同学生的身心需要，充分发展个性和运动才能提供了理想平台。在这个平台上，学生可以进行适合自身特点的体育锻炼活动，他们的主动积极性得以充分地发挥，不同的个性得以合情合理地张扬，自身的特长得到淋漓尽致的展示。在反复经历挫折和克服困难中，在不断体验进步和享受成功中，学生能提高抗挫折能力和锻炼意志品质，增强自尊心和自信心。

六是有利于提高学生的社会适应能力。学生在参与课外体育活动的过程中，除了接触同班同学外，还有机会接触其他班级、其他年级的同学，通过互相交流、一起锻炼、共同切磋等活动寻找新玩伴、建立新友谊、结交新朋友。在这个过程中，学生逐步深化对自我与他人、个体与群体、个人与集体的认识，逐步学会正确处理各种人际关系，形成现代社会所必须具备的合作与竞争意识，建立对社会的使命感和责任感。

课外体育是在课余时间以学生自觉自主进行的体育活动，与体育与健康课教学比较具有鲜明的特点。

一是目的任务的多向性。学校组织各种课外体育活动的共同目标是丰富学生课余生活、增强其体质、增进其健康。而不同的学生参与体育锻炼的目的各不相同：有的是为了增进健康；有的是为了提高体能；有的是为了提高运动技术水平和竞赛能力；有的是为了通过考试、“达标”；有的是为了满足玩耍、娱乐、交际等。学生参与课外体育活动怀着的不同的动机与目的，如何正确认识与引导是课外体育活动组织管理者必须认真思考与解决的问题。

二是活动内容的多样性。由于学生的兴趣爱好、体育运动基础等各不相同，对体育运动项目的选择也不尽相同，而课外体育更多的是学生自主选择进行。因此，课外体育活动内容应充分考虑学生的兴趣爱好，为学生提供更多的体育运动项目供学生选择。北京市原来有一所中学开展课外体育活动时，学生可以从学校开设的四十八个运动项目中找到自己喜欢的项目。

三是活动组织形式的灵活性。课外体育活动面对的是全体学生，学生的年龄、性别、身体素质、运动能力、技术水平、兴趣爱好、价值取向等参差不齐，其身心需求不尽相同，加上学校的场地、设备、器材等硬件的差异，因此，课外体育活动组织形式应集全校、班集体、小团体于一体，注意充分发挥学生的自主性、创造性，根据学生的年龄与学段特点，注重引导与指导学生建立基于学生兴趣爱好与运动专长的不同体育运动项目为主的俱乐部；家校一体的亲子运动；学生个人进行家庭体育作业等，将课外体育真正变成培养学生体育锻炼能力、提高运动能力、提升个人综合素养的最好学校。

二

2012 年，江苏省开始整体推进中小学校体育的改革，在以下几个方面进行探索与实践，并取得了一些积极的成效与成果。

一是课外体育活动的教育性。将课外体育活动从单纯的体育锻炼的生物学改造价值追求逐渐转变到锻炼与育人有机结合的教育价值追求方面来。正如著名教育家张伯苓说过:“作为一个教育者,我们不仅要教会学生知识,教会学生锻炼身体,更重要的是要教会学生如何做人。”十余年来,我们一直强调将课外体育活动这一“小体育”真正融入促进学生全面发展与和谐发展“大教育”,在课外体育活动中更多地渗透与体现以文化人、以体育人的思想,达到锻炼增进健康,育人健全人格的目标。十余年来,江苏省中小学课外体育在这方面进行了积极的探索与实践,取得了一些可供学习借鉴的成果经验。

二是课外体育活动的生活性。为了更好地通过课外体育活动培养学生体育锻炼的意识能力与习惯,提高与丰富学生学习生活的品味,形成积极参与体育活动的科学健康文明的生活方式,我们强调课外体育活动应从单纯完成锻炼任务转向面向学生学习生活、融入学生的学习生活过程。十余年来,江苏省中小学课外体育在此方面的探索与实践也取得了积极的成果。

三是课外体育活动的自主性。课外体育活动是体育与健康课程教学与学生终身体育的过渡与中介,从一定意义上讲,没有学生能够自觉自主地参与课外体育活动,就不可能真正实现培养学生终身体育意识、能力与习惯的学校体育目标。十余年来,江苏省中小学课外体育在完善原有的课外体育组织形式的基础上,强调在中学建立健全体育俱乐部(在小学鼓励建立体育俱乐部)这一具有共同目标、自觉参与、自主组织的体育活动组织形式。目前在江苏省中小学中建立体育俱乐部组织形式的学校越来越多,其体育教学水平也越来越高,学校更是鼓励由共同兴趣爱好和特长的学生自发组成小团体体育活动组织形式。共同的目的,共同的体育兴趣爱好和特长使学生自发地组织起来,共同进行体育锻炼活动,共同交流经验,共同切磋技艺,互帮互学,相互促进,共同提高,并通过活动体验成功和快乐,建立和加强彼此间的友谊;并且学校强调学生根据自己的兴趣、爱好、需要,自觉自愿地参与的个人锻炼的体育活动形式。

这些探索与实践的成果在每年江苏省学生体质健康监测点校现场推进会上由相关学校进行经验介绍与分享,受到广泛的欢迎与好评,对积极推动全省课外体育活动的开展产生了积极的推动作用。

三

2019 年至 2020 年我们在全省,尤其是学生体质健康监测点校积极探索实践的基础上,组织开展了全省中小学课外体育活动的设计与实施的案例征集评审与编辑出版工作。这一活动得到了全省广大中小学体育工作的积极响应与大力支持。在广泛征集的基础上，我们组织全省的相关专家进行了认真公正的评审，并对案例进行了理性的评析。

我在参与征集、评审与编辑的过程中，对我省中小学广大教育工作者，尤其是广大一线体育教师表现出来的创造性发出发自内心赞叹与赞赏，他们为学生健康快乐成长付出了大量的辛劳、汗水、智慧，实在令人动容。

各种各样的、丰富多彩的、学生喜闻乐见的、持续健康发展的体育俱乐部；简单易行、实效显著的跳绳娱乐部；专门为少数肥胖、超重的体育弱势学生创设的“小胖墩”训练营；将体育锻炼寓于学生学习生活之中的常州“零点体育活动”和“晨醒、午畅、暮养”课外体育活动；真正实现家校一体，小手牵大手的学校引领社会的“早七点体育活动”等。

下面请让我用有限的篇幅展现几个中小学课外体育活动的精彩片段：

人人参与、人人受益的“零点体育活动”。常州市武进区湖塘桥实验小学每天上午文化课之前20～30分钟设计的学生快走、快跑的体育活动。根据小学生低、中、高不同年龄段学生的特点，学校设计不同的行走路线与距离。依据小学生好奇心重、好胜心强，喜欢三五成群，结伴而行的心理特点，以步行、跑操方式进行，在走起来、跑起来、动起来过程中，学生形成锻炼小组，每天持之以恒，自觉完成步行任务的“零点体育活动”。据调查90%的学生认为起到了锻炼身体的效果，90%的学生认为促进体质健康，77%的学生认为健康状况有所改善。75%的学生认为“零点体育活动”对一天的学习有帮助，67%的学生认为对大脑记忆有帮助以及能提高阅读的效率，67%的学生认为有助于上课的注意力集中，65%的学生认为对文化课的学习有促进作用。80%的学生认为自己本学期对体育锻炼的自觉性增强了，有72%的学生认为自己本学期对体育锻炼认识提高了。

体育教师指导下的“早七点”体育活动。南通市永兴小学“早七点”体育活动旨在引起家庭对运动的重视，唤起家长对孩子的运动陪伴，同时也培养孩子自觉锻炼的意识、行为、习惯。“早七点”体育活动是每天早晨七点钟学生与家长在自愿报名注册的情况下，到学校在体育教师指导下进行亲子体育运动的方式，这项活动得到了广大学生、家长的欢迎，营造了浓郁的全员运动氛围，获得了各级行政部门的肯定，赢得了良好的口碑和反响。学校汇编的《七点故事》，留下了家长、学生美好的运动记忆。

科学有效的“小胖墩”训练营。无锡连元街小学“小胖墩”训练营从2014年开始利用每周主动发展日活动开设了“胖墩”训练营项目。“胖墩”训练营的学生由无锡市连元街小学一至六年级学生组成。训练营口号：享“瘦”生活、磨炼意志、陶冶情操、完善人格。根据肥胖小学生体重大、心肺功能差的特性，学校安排运动强度不宜过大、中低强度的运动。针对每一位训练营的学生，测出他们的最适运动心率，然后确定运动强度。肥胖小学生每次运动时间不少于30分钟，运动前有5～8分钟准备活动，运动后有3～5分钟整理活动。为保证“运动处方”执行的有效性，学校设定的运动频率为每周9次。在运动项目的选择上，学校充分考虑到各年级学生的生理及心理特点，选择一些娱乐性较强的、以身体移动为主的有氧运动项目。训练营的学生在身体素质各个方面都有了比较大的改善；训练营的部分学生体重、身高指数已经由肥胖转变成正常；部分学生的身高体重指数已经由肥胖转变成超重。“小胖墩”学生的人际关系敏感、抑郁、焦虑等现象有很大的转变。

充分发挥家长的积极性与创造性的家长义工联。海安实验小学家长义工联合会（以下简称家长义工联）是由海安市实验小学倡导成立的，由部分具有共同意愿的学生家长与教师自主参与的公益性群众组织。其宗旨是：加强学校、家庭的教育交往与合作，增进理解，凝聚力量，优化儿童的发展生态；激发家长的活力与热情，拓展学生发展的课程空间，丰富学校教育的内容与形式；增进家长之间的友谊，促进家庭教育的合作与资源共享，提升家庭教育的品质。

融入学习生活的“晨醒、午畅、暮养”课外体育活动。常州市武进区潘家小学整体设计的校内课外体育“晨醒、午畅、暮养”课外体育活动。“晨醒”——“给身体充电，为健康加油”7:50—8:10；学生模拟上学路径快步行走约1千米，如跳绳、踢毽、传统体育游戏（按季节变换内容）；模拟路径行走过程中，学生找到年级或非年级同伴，互相认识交流；认真完成一定运动量的传统体育项目。“午畅”——午间体育活动“共享一米阳光，同筑个性殿堂”，课外体育兴趣小组有传统体育游戏（低年级）、象（围）棋、少儿足球、少儿篮球、中华武术、拉丁梦想、空手武道、跆拳道……项目指导教师可以是学校教师、社区志愿者、社会体育指导员和有特长的家长组成。“暮养”——亲子体育活动，“天天锻炼，健康成长”，放学后半小时，家庭成员根据周边健身路径和家庭成员体育爱好做一份规划。该活动倡导“小手牵大手，运动心中有；大手牵小手，健康跟我走”的家庭体育生活模式。

充分发挥家长积极性的“1＋X＋X”校外体育联盟。常州市龙城小学“1＋X＋X”校外体育联盟是学生利用课余时间在家长、校外体育指导员的带领下，由

1名家长志愿者担任主任＋X名家长指导员＋X名学生部长构成联盟组织团，自主开展体育活动的一个团体。“1＋X＋X”校外体育联盟以篮球、足球、排球和棒垒球四个项目为主，学生可在四到六年级选修班范畴内自主选择搭档，自由组队。“1＋X＋X”校外体育联盟的赛事按参与群体分为：生—生赛、生—师赛、生—家长赛，生、家长联队—师赛和生、师联队—家长赛；按照性质分为：趣味比赛和竞技比赛。该体育联盟通过示范小组推优、升旗仪式国旗下讲话、龙娃广播主题宣讲、校园大屏幕投放比赛剪影、联盟十佳球评选、联盟MVP评选、微信推送报道等为校外体育联盟的活动开展提供展示的舞台，激励联盟成员蓬勃向上，成就更好的未来。在每次联盟活动中，除了上场比赛的队员，联盟还组织场下的竞赛配置与体育展示，设立多种岗位，形成人人有事做的格局。每一次比赛时，联盟让学生轮流尝试裁判员工作，既是对比赛规则的再认又是对规则理解与执行的检测；设立校园三级裁判、校园二级裁判到校园一级裁判的晋升考试制度，帮助学生更好地掌握规则并最终实现自主比赛。

以真实比赛为抓手的课外体育俱乐部。常州外国语学校运动教育模式的课外体育俱乐部，是指每周两次以上的课外体育活动中，学生以小组教与学为主要形式，其扮演体育比赛中教练、队长、队员等角色，巩固提升运动技能、深度理解体育项目文化的课外体育活动组织。通过有组织、有指导、有竞赛的课外体育俱乐部活动，实现延展学校体育课堂教学时空、保障学生掌握两项运动技能的目标；提升学生体育项目技术掌握与巩固、技能形成与发展的程度；培养深度理解项目文化、有文化的运动者。俱乐部参与率100%。八年级的学生已经可以自己组织赛季的比赛，并简单地依据规则有协商地开展常规赛。学生体育的合格率从2016年的93.85%提升到2018年的94.47%。学生参与兴趣明显增强、综合素质显著提升，身体锻炼效果明显，自信心得到增强。在学期体育成绩测试中，社团组织的成员体育成绩达标率在98%以上，学校各社团组织的成员是学校组建和选拔的重要基础。每年学校都会从各社团组织中选拔一批优秀的、有潜质的会员加入校运动队，进行更系统和更专业的训练，代表学校参加各项运动竞赛，为学校增光添彩。在其取得成绩后学校进行表彰展示，在学校每周一的升旗仪式上学校为获奖学生进行颁奖表扬，展示明星队员的风采，提高他们在同伴群体中的影响作用，让他们在同伴中做表率，促进了课余体育开展。

培养学生自立自主自律精神高中体育社团。江苏省常州高级中学体育社团。体育方面的社团有田径、篮球、足球、健美操、舞龙舞狮、羽毛球、乒乓球、轮滑、滑板等，体育社团成了学生发挥个性和特长的理想之地。社团机构合理、分工明确，分别利用每天下午的 3～4 两节课，或课外、校外时间自行开展训练和比赛活动。在充分发挥学生的主体性的文化氛围下，由学生自主规划、自主选择、自主承办、自主评价的一系列体育社团也应运而生。学校让学生独立承办活动的目的，不只是展示学生的特长和才华，更主要是为学生创造和提供展示健康、积极、高雅的平台，拓宽学生的视野，提升学生的价值追求和境界，培植学生高情远致和理性精神。

简单易行的课内外有机结合的跳绳。淮安盱眙县第一中学“跳绳 4 • 3 • 2 健身工程”以初一、初二、初三每周每人分别跳绳 4 小时、3 小时、2 小时为抓手。初一年级每周 3 节课，每节课跳绳练习时间约为 15 分钟。大课间体育活动 35 分钟，进退场共计 10 分钟，机动 2 分钟，活动内容主要有 1 分钟素质训练、2 分钟花式跑操、20 分钟花式跳绳。活动课隔周一下午的第三节课，每次时间 45 分钟。快乐周日活动，隔周组织一次，每次活动时间控制在 2 小时以内。跳绳 4 • 3 • 2 健身工程，提高了学生身体素质和运动技能水平。全校 95% 的学生都能参与规定的花样跳绳练习，他们的跳绳水平不断提升，心肺功能得到了很好锻炼。2016 届初三年级体育中考创造辉煌，满分率达 85.6%；2017 届体育中考中长跑满分率 99.96%。

别出心裁的走廊体育活动。常州武进清英外国语学校“体育走廊”课间活动，学校根据为了解决雨雪天气不能室外运动的问题，结合本校实际，创造性地运用本校较为宽阔的室内走廊组织学生积极参与体育锻炼。一楼设计的活动趋于游戏化、趣味化；二楼设计身体拉伸和智力类游戏；三楼体育组联合科学组结合 AR、VR 技术把三楼走廊布置成集体育活动、科学实验、地面互动游戏的场所。这样每一层走廊都有自己的特色，相不影响且考虑年级的不同进行设计，深受学生欢迎。在追求游戏化、趣味化的同时，体育走廊的布置还追求精、准、美。精：体育活动的内容、张贴的选择等精选、精致；准：活动的物品摆放、悬挂的位置准确、醒目；美：走廊内部的陈设与校园的整体布局和谐、统一、美观、大方。通过走廊体育运动，学生勇敢顽强、互相谦让、坚持不懈、团结友爱、克服困难等意志品质得到了锻炼。通过走廊游戏中班级对抗赛和分组烧脑游戏，学生体验到合作的愉快和为班级争光的荣誉感。在现在的活动中，我们更多看到的是小组的合作、精细的分工和战术的配合，在这一过程中，学生心理和意志品质有了良好的变化。

持之以恒记忆深刻的“弘毅之旅”。淮安高级中学的“弘毅之旅”主题实践活动是每年8月底高一新生军训即将结束之时，学校组织全体高一新生、部分教师和毕业生代表、部分家长等共计1600多人，徒步行军前往“周恩来纪念馆”并在纪念馆举行相关活动的主题教育活动。短暂休息后，参与人员徒步行军返回学校，全程共计30公里，学生行军时间预计要8个多小时。“弘毅之旅”提升学生耐力水平、增强学生体质和团队凝聚力，培养学生团结合作、吃苦耐劳、坚韧不拔的意志品质；增进师生之间、生生之间交流与沟通，使其体验到成功的乐趣，进一步增强其自信心；激发学生热爱祖国大好河山的热情。“弘毅之旅”将终点设置在“周恩来纪念馆”举行紧扣时代主题教育活动，将体育运动和德育主题教育活动相互融合，这已成为学校一项精品活动和主题教育名片。

我为体育教师们的辛勤付出而感动，为体育教师们的智慧而折服，为体育教师们的创造而欢呼。

相信本书的征集、评审、编辑与出版，一定会对我省中小学课外体育活动的开展起到良好的启发和借鉴作用。

日本著名的教育学家佐藤学说过：“改变教学、改变学校的条件绝不是遥不可及的，使其实现的条件乃存在于所有的教室中，存在于所有的学校中。”

我稍做修改：改变课外体育活动，绝不是遥不可及的，使课外体育活动改变存在于课外体育的设计与实施之中，存在于我们每一位体育教师的汗水与创造之中！

我们为学生创造更加美好的、更受学生欢迎与喜爱的、更让学生获益其中的课外体育活动之时，就是学生更为快乐、更为努力、更为热爱体育锻炼实现之日！

潘绍伟

2020年12月

目录

上册

第一部分　小学校内活动

第二部分　小学校内外整体安排的活动

下册

第三部分　中学校内活动

第四部分　中学校外活动

第一部分

小学校内活动

入选理由：

武进湖塘实验校，体育工作重实效，为了一个都不少，创新活动有高招。学生进校先锻炼，运动时段安排妙，人人背起小书包，负重行走价值高。组织管理有一套，计步打卡方法好，负荷合理增体质，“零点体育”是个“招”。

一 常州市武进区湖塘桥实验小学“零点体育活动”

资料提供：胡英兰

图 1-1 常州胡英兰

常州市武进区湖塘桥实验小学创建于 1906 年，是一所百年老校。学校现有 6 个年级，共 64 个教学班，学生 3300 多人。体育场地的设施条件完全能满足学生体育课程改革的需求。学校拥有 300 米塑胶跑道田径场 1 片，足球场 1 片，篮球场 6 片，室外乒乓球台 12 张；综合体育馆一座，内有乒乓馆、篮球馆、游泳馆、健身房。体育师资队伍业务精湛，专业能力强，年龄结构合理，专职体育教师 12 人，先后 4 人次在江苏省体育教学评优课、基本功比赛获一、二等奖，涌现了全国优秀教师、江苏省特级教师、国家级篮球裁判、全运会乒乓冠军等先进人物。

学校体育工作有着光荣的传统历史。自 20 世纪 50 年代始，学校就组建了小篮球队，先后获得省市、县（区）冠军近 50 项，向省市运动学校、少体校、上级篮球试点校输送近百名优秀篮球后备人才。其中，原篮球队员徐涵舒在南京青奥会上受到习近平总书记的接见并合影留念，成为湖塘实小历史上第 8 人次被党和国家领导人接见的师生之一。

学校对于体育教学的研究有着深厚的基础，先后荣获全国青少年篮球特色学校、江苏省青少年校园篮球特色学校、江苏省体育传统项目学校、常州市体育课程改革实验学校、常州市体育特色示范学校的荣誉称号。学校以此为契机，不断探索开拓体育教学工作的新思想、新思路，开始建构健康“1＋1＋X”体育课程，开发了“零点体育活动”、“健康体能课”和“选项体育课”三种体育课堂新范式，这种在全国尚属领先理念的体育课程设置，经武进教育微信公众号、武进教育网、《武进日报》等媒体公布后，引起了很大反响。

图 1-2　学校全景

一、组织方法与活动设计

（一）组织方法

※1 “零点体育活动”开发与实施活动方案

“零点体育课”(Zero Hours PE)是在美国风行的通过运动提高学生意识状态的新型体育课，该课因被排在第一节文化课之前而得名。在美国，“零点体育课”是由一群特立独行的体育教师进行的一系列教育实验中最大的一个项目，这群体育教师不但让内珀维尔 203 学区的 1.9 万名学生成为美国最健康的学生，而且还让他们成为最聪明的学生。

在国外实验项目的启发下，学校实行“零点体育活动”。教师组织学生分别从东、南两校门进入学校，利用学校田径场塑胶跑道和环校大道，步行负重(书包)走，并在每个行进距离点，设置完成步行数标志，要求学生按不同年级、不同距离，自行自主完成步行规定任务。该活动旨在让学生养成良好的锻炼习惯和运动意识，涵养良好的生活方式。

一、课时安排

实行弹性课时,每天上午文化课之前20～30分钟。

二、内容设计

根据小学生低、中、高不同年龄段学生的阶段性规律,设计不同的行走路线与距离。同时依据小学生好奇心重、好胜心强,喜欢三五成群、结伴而行的心理特点,以步行、跑操方式进行运动,在走起来、跑起来、动起来过程中,学生形成锻炼小组,每天持之以恒,自觉完成步行任务。

三、活动安排

(一) 场地安排:一、二年级从南门进校的学生在篮球场走,三、四、五、六年级从南门进校的学生在田径场走,从东门进校的学生绕教学楼走(求是厅后,图书馆后,西大道,一年级门口,教学校和行政楼中间,大楼梯口,食堂后),大步快步,抬头挺胸,目视前方,双臂摆动,背书包负重前行,走三圈大约1000步左右。

(二) 步数刷卡:先走完的学生到指定位置刷卡,一、二、三年级走完的学生在一楼刷卡,四、五、六年级走完的学生课后刷卡(刷卡机暂时分布不到位)。

四、实施途径

(一)“零点体育活动”设计具有三个原则:一是学生自主锻炼与班级集体锻炼相结合,二是学生努力程度与完成任务相结合,三是单次练习与单元练习相结合。

(二) 对学生参与形式具化为三大方式:结交一位朋友,完成一次交流,形成一次打卡。

图1-3 “零点体育课活动”指导图表

图 1-4 “零点”指导示意

图 1-5 “零点体育活动”1

图 1-6 “零点体育活动”2

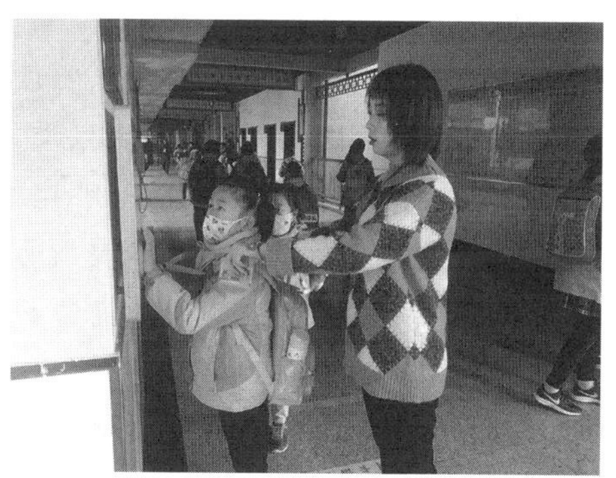

图 1-7 “零点体育活动”刷卡

（二）活动设计

※2 “健康身、活力走”主题活动方案

一、活动目的

为了落实贯彻习总书记“少年强则中国强，体育强则中国强”的重要指示，根据“健康身、智慧脑、世界眼、中国心”的办学理念，启动“健康身、活力走”的主题活动。通过“零点体育活动”的“健康身、活力走”校园安全行走体育健身活动，提高学生健康水平的同时，还能提高学生学习效率，促进学生全面发展。

二、活动实施路径

每天早晨到校后，在校园背景音乐的伴随下，各年级按行走路径，有序安全自由行走。

（一）南门进：一、二年级在篮球场点、线行走，三、四年级在草坪直线行走，五、六年级绕跑道行走。

（二）东门进：绕教学楼走。

三、活动口号

我行走我健康。

四、活动内容及要求

(一) 宣传发动阶段(3 月 8 日—3 月 13 日)

1. 3 月 13 号升旗仪式,启动“健康身、活力走”主题活动。

2. 教师利用班会课、红领巾广播站、宣传栏等阵地,广泛宣传,发动学生,明确活动的意义、任务、措施。

3. 教师组织学生搜集、阅读、讲述有关遵守规则、文明行走的故事,熟记与遵守规则相关的言语或名人名言,理解它们的意思,懂得遵守规则、文明行走的重要性。

4. 各班召开主题班会,学习、解读有关走路规则,交流学习体会,让学生牢记并严格遵守学校文明行走的相关要求。

(二) 文明行走规范阶段(3 月 14 日—3 月 17 日)

1. 各班根据自己本班实际情况制定一份班级行走公约(方案),以班为单位,全员参与,细化学生应掌握的行走规则,并制定班内相应的奖惩措施,创造性地开展形式多样的实践活动。

2. 体育教师充分利用体育课对学生进行细致的“走路”训练,并作为 4 月上旬体育课堂教学的主要内容。

3. 全校范围内开展“文明走路”大行动,要求人人牢记并严格遵守校园文明行走的规则。各班充分发挥好自我管理机制,运用自我教育、自我监督、自我管理的力量,扎实推进“文明走路”主题活动。各班级选好文明行走路队管理员、文明行走纪律监督员。学校采取集中检查、随机抽查的形式,督查活动进展情况,促进工作的落实。

(三) 行走阶段(3 月 18 日—6 月)

1. 加强活动过程中引导教育,积极利用班级公约,制定班级活动方案,留下活动掠影(照片),发放宣传单、倡议书,组织学生说一说活动收获等。

2. 评选“文明行走小标兵”“文明行走形象大使”“文明行走优秀班级”等称号,并统一制作宣传版面,在全校范围内表彰奖励。

3. 对活动进行自我反思、总结,对存在的问题及时整改矫正,对取得的成果继续巩固、深化、提升,建立长效机制。

(四) 评价:即时评价与总结性评价,个人评价与班级评价相结合。

(五) 组织机构:为推进我校体育课程改革,学校成立以校长任组长的巡视领导小组。检查成员、值日安排表(略)。

二、实施过程与方法

(一) 具体实施过程

※3 湖塘桥实验小学“零点体育活动”评价方案

一、指导思想

为贯彻《中共中央国务院关于加强青少年体育增强青少年体质的意见》精神,落实“生命—和谐”教育理念和阳光体育行动,全面实施素质教育,培养德智体等全面发展的人才,积极贯彻“健康第一”“每天锻炼一小时,健康工作五十年,幸福生活一辈子”的现代健康理念,以全面实施《国家学生体质健康标准》、大力推进体育课外活动为重点,蓬勃开展“阳光体育活动”。学校将加强体育课程建设与提高德育工作实效、促进和谐校园紧密结合,培养学生养成积极主动的体育锻炼习惯,提高学生的思想道德素质、文明礼仪素质和身体健康素质,进一步推进校园体育文化建设。

二、目标和原则

(一) 活动目标

1. 通过“零点体育活动”,促进学生健康成长,并形成健康意识和终身体育观——“我运动、我健康、我快乐”。

2. 让学生有选择地参与、学习、享受体育,激发学生的运动兴趣,发挥学生的学习积极性和潜能。

3. 改革学校课外活动,优化活动的时间、空间、形式、内容和结构,使学生乐于参加,主动地掌握健身的方法并自觉锻炼。

4. 促进师生间、生生间的和谐关系,提高学生的合作、竞争意识和交往能力。

5. 丰富校园文化生活,营造积极向上的学风。

(二) 活动原则

1. 全员参与、安全第一原则。师生全员参加,充分发挥师生的积极性和创造性,达到全体健身的目的。严格管理场地、器材,落实班主任职责,强化活动过程管理,制定安全预案,全方位贯彻“安全第一”原则。在整个活动中,指导教师除教给学生在使用科学的锻炼方法外,必须注重学生的活动安全,杜绝一切哪怕是微小的体育伤害事故。

2. 科学性与趣味性相结合的原则。根据低、中、高年级学生的年龄特点,本着由小到大的科学运动规律安排运动量。遵循学生身心发展规律,从实际出发,以全面落实教学计划,又不增加学生负担为前提,合理安排活动的课程计划和内容。

3. 普及与提高相结合原则。活动开展面向全体学生以增强学生体质,通过相应的训练,使爱好成为特长。活动注重学生个体特长的形成,又要注重班级特色、年级特色的形成。

4. 因地制宜原则。根据学生的身心发展的规律、特点以及学校的实际情况、各班的特点,因地制宜,科学合理地安排课外活动内容、场地。

三、实施措施

(一) 时间安排

7:00—7:40,任何教师不得挤占“零点活动”时间。

(二) 管理责任制

1. 领导负责制:领导组成员每天到操场亲自参与活动,同时了解情况,发现问题及时解决,并提高全体师生对活动的重视程度。

2. 班主任负责制:班主任是班级活动的第一责任人,监管活动的全过程。其主要责任是利用班会课提前告知本班学生按时、按要求出操。

3. 值日老师、值日生负责制:积极配合好班主任对学生进行指导与监督。加强安全教育,使学生掌握必要的安全防范知识。在活动过程中,学生穿运动鞋参加活动,衣着宽松,不能装带各类坚硬、锋利的物品。根据身体情况开展活动,如有身体不适或受伤应立即告知教师。做好安全防护工作,防止伤害事故发生。如有意外伤害事故,要严格按照《伤害突发事件处理办法》进行处理。教育各班必须在指定位置进行规定项目活动,不能擅自进行其他项目活动。

4. 体育老师负责制:每天组织刷卡及统计,每周、每月上报个人、班级步数并通报奖励。校园背景音乐播放及切换调整。

(三) 评价制度

1. 每周:每班评选5名健身达人,红领巾广播表扬,体育组发奖状。

2. 每月:每年级评选3个优秀班级,国旗下升旗仪式颁奖,校长发奖状。

3. 每学期:汇总个人总步数,计入学期体育成绩。

(四) 遇到阴雨天不能进行正常室外活动时,各班由班主任自行在教室进行室内游戏(器材自备)。

（二）现场实况照片

图 1-8　国旗下颁奖 1

图 1-9　国旗下颁奖 2

※4 湖塘桥实验小学体育课程成绩评价方案

一、指导思想

遵循习总书记“少年强则中国强，体育强则中国强”的最新指示精神，根据《常州市体育课程建设改革的意见》与《常州市教育局关于开展体育课程建设改革试点工作的通知》要求，依据我校“健康身　智慧脑　中国心　世界眼”的核心办学理念，针对我校学生运动水平与体质健康状况，根据学校师资力量与运动场地设施，全面实施以“健康第一”“立德树人”为宗旨，以提高学生体育核心素养为依据，以培养学生体育兴趣为切入点，以体育课程教学为载体，以提高学生运动技能为抓手，以培养学生运动兴趣为主要手段的体育课程改革。

二、考核目标

通过考核评价手段促进学生体质健康、激发学生兴趣、满足学生发展需要、尊重学生个性和选择、促进学生体育学科核心素养与能力的发展，为终身体育奠定基础。尊重小学生身心发展规律，关注学生的个体差异。强化学生在学习中的主体地位，增强学生主动参与体育活动的意识，提高学生的运动能力、练习积极性，保证体育教学的质量，促进教学目标的完成。

三、考核机制

根据《学校体育工作条例》《小学生体育合格标准实施办法》《中学生体育合格标准实施办法》的精神，以《体育教学大纲》和教材的具体要求为依据，制定选项体育课程考核制度。

（一）在体育教学工作计划和教学进度计划和单元教学计划中，考核项目要安排合理，体现出全面考查学生的原则，使学生做好充分的精神、体力准备。

1. 考核项目的选择,测试时间要合理,力争在学生的心理和体力最佳期进行测试。

2. 技术较强的技能技巧项目,必须在学生充分学、练,教师认真教学、辅导的基础上进行考核;提高身体素质或运动能力较为突出的项目,必须在坚持经常性锻炼、认真完成长期和课后作业的基础上进行测试。

3. 严格执行考核办法和评分标准,进一步强化体育课成绩考核的严肃性和规范性。

(二) 体育课成绩考核的方法要灵活多样,注重实效性。

1. 提高身体素质和运动能力的项目,采用专门性的考核方法。

2. 运动技能、技巧项目,采用随时和专门性相结合的考核方法。

3. 常规要求的项目,一般采用常年考核的方法。

(三) 过程性评价与总结性评价相结合;自主评价与教师评价相结合;健身体育课与选项体育课相结合。教师不仅要关注学生对体育与健康知识与技能的掌握情况,更要对学生经过体育与健康课程学习之后所形成的学科核心素养进行诊断和评价。

四、考核依据

根据《国家学生体质健康标准》,学生平时成绩与项目期末考核结合。

五、考核内容

体育考核成绩由(零点体育)课堂常规、理论知识、运动能力、运动技能(选修课程)四大部分按比例组成。

(一) 课堂常规 10 分,由零点体育活动及平时上课常规组成。

(二) 理论知识 10 分,由每学期教师提出的理论知识检测结分。

(三) 运动能力 40 分,由每学期学生体质健康测试成绩组成。

(四) 运动技能 40 分,由各个专项班专项测验组成。

六、考核方式

"零点体育活动"打卡,理论知识答辩,体质健康检测,运动能力检测,除零点行动打卡在期末前一周总结,其余三项在期末考试前随堂检测,每项考试成绩当场公布。

七、考核地点

"零点体育活动"在全校范围,其余三项在学校体育馆和田径场。

八、考核时间

语数外每学期考试前两周完成考试内容的复习及检测。

九、保障措施

（一）组织体育教师和教练员认真学习《常州市体育课程建设的指导意见》，进一步明确改革的目的与任务。

（二）根据体育课程设置组织开展教学改革，在课程表上明确体育课教学内容，年终进行分项考核，以促进学生的学习兴趣和学习动力。

三、成绩与效果

（一）学生收获颇多，变化之中显效

从我校全体参加“零点体育活动”学生中，随机抽取50名学生进行问卷调查测试，从中再随机抽取20名学生进行“零点体育活动”前后心率测试对比研究，其中男生10人，女生10人。通过调查问卷，对所获得的数据进行统计处理和分析，得出如下结论：

1. “零点体育活动”对学生身心健康有促进作用。“零点体育活动”以创新促进小学生身心健康的活动形式，通过学生参加“零点体育活动”前后心率测试对比表显示：“零点体育活动”后对学生的心率有明显的提高，对学生机体有适宜的刺激改善作用。调查显示，有90%的学生认为参加了“零点体育活动”起到了锻炼身体的效果，90%的学生认为“零点体育活动”能促进体质健康，77%的学生认为本学期的健康状况有所改善。例如：我校三年级的一位体弱学生在升旗仪式上，出现头昏，身体不适的现象。自从学校开展“零点体育活动”后，这位学生坚持参加，而且行走的距离慢慢加长，经过几个月的努力，这位同学的体质健康状况有了明显的进步。由此可见，“零点体育活动”能有效促进学生体质增强。

2. “零点体育活动”对学生的学习、阅读效率有促进效果。通过调查发现：有75%的学生认为“零点体育活动”对一天的学习有帮助，67%的学生认为对人脑记忆有帮助以及能提高阅读的效率，67%的学生认为有助于上课的注意力集中，65%的学生认为对文化课的学习有促进作用。这说明运动给身体提供某种独一无二的刺激，而这种刺激为大脑创建了一种环境，这种环境使大脑能够做好准备、愿意并且有能力去学习。

3. “零点体育活动”根据学生的年龄特点设计，路径合理。

经统计：有90%的学生对目前学校开展的“零点体育活动”的形式感到满意；有90%的学生对“零点体育活动”实施的路径感觉合理，该活动能根据小学生低、中、高不同年龄段学生的阶段性规律，设计不同的行走路线与距离。同时

依据小学生好奇心重、好胜心强,喜欢三五成群,结伴而行的身心特点,在“零点体育活动”行走过程中,教师要求学生做好三个结合:一是学生自主锻炼与班级集体锻炼相结合;二是学生努力程度与完成任务相结合;三是单次练习与单元练习相结合。“一日之计在于晨”,学生参加完“零点体育活动”再去学习,经研究表明这是科学合理的,使学生具有良好的精神状态去应付一天的学习。

4. “零点体育活动”培养了学生良好的锻炼习惯。

调查显示,本校有90%的学生对目前学校开展的“零点体育活动”的形式感到满意,有80%的学生认为本学期自己对体育锻炼的自觉性增强了,有72%的学生认为本学期自己对体育锻炼认识提高了。学校在开展“零点体育活动”行走中,沿途精心制作了许多激励学生努力进取的标语。如:你现在走的步数、你离目标还差多少步、你今天的运动量多少等提示,这些提示也是对学生良好锻炼习惯和运动意识的培养。

(二) 各方积极支持,内外反馈良好

图 1-10　现场随机采访学生

1. 现场随机采访摘录:

(1) 三(1)班鲍韵萱杨:每天早晨,我们进入学校后,不是急着进教室,而是参加我们的“零点体育活动”,我们沿着学校的田径场和环校大道,按指定路线,背着书包负重步行。每个规定点都有步行数的标志,走到每一个规定点,我们就知道自己已经走了多少步。

(2) 三(2)班顾昱程妈妈:孩子每天回来,都会特别兴奋地跟我们分享他们“零点体育课”的收获,比如:他说,今天早上走路微微出汗了,上课时精神气爽,听课很认真,我今天走了5圈,我步数又提高了多少,我又超过了几个人等。看他讲得手舞足蹈的样子,我真的特别开心,孩子能找到一项兴趣爱好,并且在学校有体育教师指导,这是特别幸运的事情。

图 1-11 现场随机采访家长

图 1-12 现场随机采访校长

(3) 湖塘桥实验小学吕荣法校长：湖塘实小独创性实施 101 学生素养发展工程，着力培养拥有“健康身、智慧脑、中国心、世界眼”的实小学子。在“健康身”领域，我们跳出体育专业看课程，从育人的角度审视课程，用现代学校体育意义和精神关照来理解体育课程。于是，“零点体育活动”、健身体育课、选项体育课三种课型，构建了“1+1+X”体育课程体系。改革在路上，我们将会执“1+1+X”之牛耳，让体育课程体系综合改革向更深处漫溯。

2. 学生日记：

我爱零点体育活动——四(3)周伊辰

清晨，阳光明媚，风和日丽，我和同学们背着书包，手牵着手踏进学校的东大门。

进门右拐，走在羊肠小道上。两旁的大树笔直地站立着，就像保护我们的士兵，静静地守护着我们成长。枝头上的树叶稀稀落落，在这冬天的早晨，一阵微风吹过，偶尔有几片枯黄的树叶像黄蝴蝶一样飘飘悠悠地落下来，那样不急不慢，像是在向人们缓缓地诉说着它自己的故事。树上的鸟儿也“叽叽、叽叽”地唱起了清脆悦耳的歌，给这宁静的清晨带来了一丝欢快、喜悦的生气。一路上，满满都是同学们的身影，他们三三两两各成一群，有的在欢快地追逐，有的齐声唱着歌，还有的在交流着他们昨日的趣事……我们沿着小道，一边欣赏着美丽的风景，一边谈笑风生。就这样，我们迈着欢快的步伐，不知不觉就在学校绕了一大圈，心情舒畅地走进教室，开始朗朗的晨读。

现在，我们每天早晨一走进校园，就自觉地绕着校园外围进行一圈的步行。在绿荫中，我们呼吸着新鲜的空气，我们沐浴着晨起的阳光，我们迈开了自己的步伐，在我们踏进校园的那一刻起，我们锻炼了自己的身体，我们心情更加愉悦地开始了新的一天的学习。

这就是我们学校的“零点体育课”，它让我们知道：学习固然重要，健康也是非常宝贵的。只有拥有了健康的身体，我们才能更好地投入学习，我们的人生才会活得更加精彩!

3. 教师获奖论文:

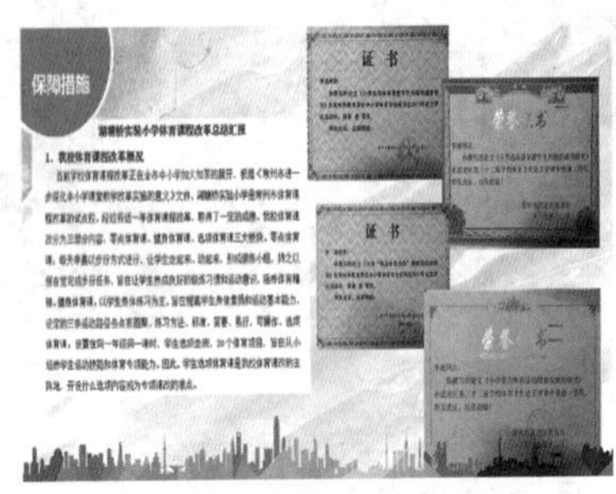

图 1-13　教师获奖论文

4. 家长反馈:

二(1)班谢扣扣妈妈。这个学期我们家孩子说每天早晨都要到学校参加“零点体育行走”并且完成打卡。作为家长,我非常支持学校的这项“零点体育课程”,也常常鼓励我们家孩子积极参与。“零点体育”就相当于平时的晨练,对于孩子一天的学习有很大的帮助。一定程度上促使孩子早期参加锻炼,而不是一去学校就坐在教室。久而久之,它帮助孩子建立了良好的行为习惯,对孩子今后参与体育活动具有很大的帮助。

5. 社会关注:

常州晚报的报道(截屏)。

常州晚报 数字报纸　常州人自己的报纸 晚报早上看 新闻早知道　新闻导航

常州晚报国内统一刊号:CN32-0103　上一期

下一篇　2017年12月20日　放大 缩小 默认

武进中小学深入推进体育课改

湖塘桥实小的孩子,到校后先运动再上课

学生非常喜爱体育选修课程项目

下个月,湖塘桥实验小学将承办“常州市体育课程综合改革现场推进会”。来自武进区教育文体局的信息,目前全区有30多所中小学开展了体育课改的课题研究,其中10多所已付诸实践。

湖塘桥实小

开设“零点体育课”

上学日,湖塘桥实验小学的孩子们到校后不急着进教室,而是背着书包沿学校的田径场和环校大道负重步行。沿途设置了步数点,每到一个点,他们就知道自己大概走了多少步。走完后,再刷一下智能卡,当天步行的总步数便呈现出来。

图 1-14　社会关注

6. 学生板报评比：

部分班级板报(截屏)。

图 1-15　板报评比 1

图 1-16　板报评比 2

四、思考与展望

(一) 我们要进一步增强使命感、责任感、紧迫感，用更大的气力，推广“零点体育活动”。以推行、实施“零点体育活动”对学生的身心健康有促进作用，能提高学生的学习、阅读能力，根据学生年龄特征设计的路径合理，有效地培养学生的锻炼习惯，并且得到家长、教师的积极支持及较高的社会认可，同时，“零点体育活动”对培养学生优良体育精神也有重要作用。综上所述，“零点体育活动”是育人观念的转变，是学校体育教育的改革创新，也是当前加强学校体育工作，增强青少年体质的重要健康工程。

(二)“零点体育活动”从 2018 年开始实施，通过一年的实践，学生养成了锻炼的习惯，促进了体质增强和身心健康，但也存在一些问题，有待解决。

问题一：就目前的状况来看，步数刷卡机偏少，只有 4 台仪器，主要分布在一楼，学校三千多名学生每天刷卡计入步数统计时，时间比较集中，有时会拥挤，现向学校领导反映，已经同意每层楼再安装 2 台刷卡机。

问题二：“零点体育活动”的开展场地在室外，遇到雨天或恶劣的天气，该活动很难开展起来。因此，我们下一步准备开发室内零点体育活动，充分利用走廊、教室等活动场地。

问题三：“零点体育活动”是一种开发创新，对我国传统学校管理理念是一大挑战，过去学校都认为早晨要书声琅琅，现在利用早上时间开展“零点体育活动”，部分师生在观念上有待进一步提高。同时，“零点体育活动”比较单调、枯燥，如何让学生能持续保持参与的热情，调动参与的积极性，需要教师想方设法，进一步做好学生思想工作。

入选理由:

苍梧小学足球社团以“以球辅德,以球健体,以球促智”为育人目标,努力践行“普爱于心,践美于行”的精神,坚持“实践普爱精神,成就师生发展”的办学理念。学校每年举办不同主题的“校长杯”班级足球联赛、足球宝贝啦啦操比赛、一至三年级足球嘉年华活动,让足球活动成为学生们愉悦身心、强健体魄、培养技能、启迪智慧、团结合作的有效载体。足球大课间体育活动,营造浓郁的足球氛围,有效推动了校园足球的普及。

二 连云港市苍梧小学东校区足球社团

资料提供:于环楼　徐　乐

图 2-1　连云港于环楼

连云港市苍梧小学一直秉持“普爱尚美”的校训,践行“普爱于心,践美于行”的办学精神,坚持“实践普爱精神,成就师生发展”的办学理念,以塑造“关爱他人,热爱自然,个性灵动,胸怀美好的阳光少年”为培养目标,将“立德树人”落到实处,努力营建一个适合师生成长的生活环境。

学校现有两个校区。东校区占地 36843 平方米,总建筑面积 20726 平方米;西校区占地 22900 平方米,总建筑面积 20684 平方米。现有班级 112 个,在校学生 6000 余人,专任教师 330 余人,全部拥有大专以上学历,其中硕士学位 18 人,一级以上职称 140 人,区级以上骨干教师 75 人。近年来,学校荣获江苏省足球传统学校、江苏省健康促进学校金奖、连云港市足球传统学校,连云港市青少年校园足球工作“先进集体”的称号。

图 2-2　市校园足球先进集体

图 2-3　江苏省健康促进学校金奖

学校体育教师以及教练员师资雄厚。14 位教师中 13 人本科学历，1 人大专学历。专业涉及健美操、田径、足球、武术、排球等。拥有高级教师职称 1 人，足球 D 级教练员 1 人、C 级教练员 1 人。

场地器材设施资源满足体育活动教学以及课余训练、社团活动需求。现有篮球排球训练馆、室外塑胶排球场、室外塑胶篮球场、室内乒乓球房、室内羽毛球馆、啦啦操房、健美操房、室外足球场、塑胶田径场、笼式足球场、户外拓展活动中心。

足球社团成立于 2010 年，一直以“以球辅德，以球健体，以球促智”为社团育人目标。学校每年举办不同主题的“校长杯”班级足球联赛、足球宝贝啦啦操比赛、一至三年级足球嘉年华活动，开设了足球大课间活动，营造较好的足球氛围，推动了校园足球普及，并且学校足球队以在足球社团的学生为基础，选拔部分优秀社员进入校足球队，与飞龙俱乐部合作，在每个星期六、星期天进行足球训练。

一、组织方法与活动设计

（一）组织方法

※1 连云港市苍梧小学足球社团管理章程（节选）

第一章　总则

第一条　成立学校足球工作领导小组。

组长：校长，副组长、组员（略）。

第二条　定期开展班主任足球专项工作培训，督促学生积极参加足球训练活动。

第三条　加强足球队管理，定时、定点开展训练工作。

第二章　足球梯队管理

第四条　各班级选7～8人成立班级足球队。

第五条　校足球队从各班优秀队员抽取队员。

第三章　课余训练和竞赛制度

第六条　进一步完善足球训练计划。

足球训练必须做到有计划进行,足球训练计划的制订要力求科学合理并做到严格执行。

第七条　建立足球训练监督机制。

以教导处为主,定期对足球训练的情况进行监督检查,确保训练的质量和次数。

第八条　建立运动员成长档案和运动员管理制度。

建立运动员成长档案有助于他们的健康成长;同时,运动员活泼好动,思维活跃,比较容易冲动,较难管理,所以,建立和完善运动员管理制度非常重要。训练中记录每个运动员的系统训练的过程,建立个人成长档案。

第九条　课余训练制度。

1. 遵守作息时间,按时到达训练场地,不迟到,不早退。

2. 每次训练都要履行运动员点名制度。

3. 训练期间不能做与训练无关的事情。

第十条　开展多种形式比赛。

1. 每年定期举行以班级为单位的足球联赛。

2. 根据学校的情况,多与兄弟学校开展竞赛与切磋。

第十一条　加强宣传力度。

1. 形成足球特色学校,创建论文的刊登、发表或交流。

2. 在校园网上开辟、创建足球特色专题的网页。

第四章　运动安全防范

第十二条　成立以戴咏芳校长为领导的学校足球工作安全领导小组,学校领导高度重视学校体育工作中的安全问题,真正做到常抓不懈、层层负责,建立、健全学校体育工作有效的安全机制,不断加大学校体育软、硬件的建设,通过多种渠道加强宣传,广泛听取全校师生和学生家长的意见。在学校的正确领导下,通过体育教师、班主任等落实到具体的学校体育工作之中。

第十三条　体育教师和班主任要加强有关学校体育安全的法规学习指导,体育教师、班主任要指导本年级、本班体育委员、体育骨干分子等做好学生进行体育活动的安全教育和防范措施。学校、体育教师和班主任应该对本班学生积极宣传上意外事故保险的意义等事宜。

第五章　师资培训

第十四条　师资能满足教学工作需求，其中有三名专项的足球在编在职体育教师，每年能提供一次足球教师参加培训的机会，并定期开展体育教学研究。

※2 连云港市苍梧小学足球社团专用训练器材管理制度

为了加强我校足球训练器材管理工作，减少器材不必要的损失与浪费，争取有限的器材发挥最大的作用，特就本校体育器材管理情况做出以下规定：

1. 全体教练员、运动员要重视、支持体育器材的管理工作。

2. 全体教练员、运动员要爱护体育器材及设施，凡借用的器材如有遗失或人为损坏的要照价赔偿，如有故意损坏的除赔偿外，要上报校主管部门处理。

3. 各队训练课所需器材，由带队教练员在上课前办理借用手续，上完课后归还，课后要清点检查，然后归类放置，如有损坏和遗失，及时与保管员联系。

4. 各队训练所需借用的器材由带队教练员或队长办理，否则管理员有权拒绝借器材。

5. 教练员借用的体育器材必须当天下课后归还，如有特殊情况可以办理续借手续。

6. 借用的训练器材只限在校园内使用，如有特殊情况可以办理外出手续。

7. 保管员认真负责管理好器材。做到每天一检查(当天器材点数归类)，一周一大查(清点与整理)，每月一次整理修补并配齐器材，以保证训练的正常进行。

（二）活动设计

※3 连云港市苍梧小学足球社团工作计划

一、训练目的

为大力开展丰富学生的课余文化生活，活跃校园足球文化气氛，学校积极开展素质教育活动，培养足球人才，参加每年的连云港市小学生足球比赛，力争取得好的比赛成绩，实现我校办特色学校的办学宗旨。

二、训练目标

通过训练，增强队员的体能，提高技战术意识与意志品质，培养团队精神，使学生能适应和参加省、市小学生足球比赛，并力争取得好成绩。

三、实施办法

（一）组队

以足球社团为基础，由学校发动，队员推荐或自荐，通过测试并试训。由学校招收组建各年龄段男子足球队。

(二) 训练时间

1. 07—08 队,每周一、周三下午 4:30 至 6:00,周五下午社团活动以及周日上午 8:30 至 11 点。

2. 09—10 队,每周二、周四下午 3:40 至 5:30,各队暑期集训一个月。

(三) 训练地点

校足球场。

(四) 教练员安排

于环楼、徐乐。

(五) 教练员职责

1. 制订训练计划。

2. 负责队员选拔(淘汰、增补)。

3. 执行训练事宜(包含体力、技术、规则等)。

4. 加强队员管理。

5. 协调训练器材、场地事宜。

(六) 训练内容

1. 精神训练及心理辅导。

2. 技术训练:基本个人技术训练。

3. 体能训练:力量训练、速度训练、耐力训练等。

4. 技术训练:基本个人技术训练、守门员训练。

5. 战术训练:个人攻防战术。

6. 战术训练:小组攻防战术。

7. 战术训练:全队攻防战术。

8. 战术训练:定位球攻防战术训练。

二、实施过程与方法

(一) 具体实施过程

※4 连云港市苍梧小学校园足球社团 2018 年度训练计划

一、足球社团活动的指导思想

为了贯彻实施国家体育总局、教育部《关于开展全国青少年校园足球活动的通知》精神,落实《连云港市市青少年校园足球活动的实施方案》要求,以足球活动培养学生愉悦身心、强健体魄、培养技能、启迪智慧、团结合作的体育精神为宗旨，广泛开展校园足球活动，在青少年学生中普及足球知识和技能，形成校园足球文化，从而为社会培养全面发展、特长突出的后备人才。

二、具体活动办法

（一）认真组建苍梧小学足球队，积极科学组织训练。

（二）全校大力科普足球知识，形成良好校园足球氛围。

（三）增加体育课中有关足球的教学内容，每个年级每周一节专题足球课内容，低年级以球性、球感以及游戏为主，中高年级以基本技术与战术为主。

（四）每周五下午开展校园足球校本课程。

（五）编写校本足球教案，指导学生学习足球理论知识。

（六）成立各班级足球队，为选拔校队队员打基础。

（七）组织各年级、各班级之间足球联赛，提高队员的训练、比赛作风。

1. 训练方面

(1) 严格组织纪律性。

(2) 严格训练质量。

(3) 提高训练趣味性。

2. 比赛作风方面

(1) 养成良好的体育道德作风。

(2) 加强发扬勇猛顽强的战斗作风。

(3) 严格的比赛纪律。

3. 提高队员身体素质，重点发展速度、灵敏、协调、爆发力等素质

(1) 学习掌握跑的正确技术。

(2) 发展、提高速度所需要的肌肉力量。

(3) 提高、完成各种技术动作所需要的灵敏协调能力。

(4) 全面提高队员的基本技术（重点是传、接球技术），逐步发展队员个人的技术特长。

(5) 注重球性、球感的培养。

(6) 正确掌握传球、接球技术。

(7) 提高技术运用的合理性。

4. 注意发现队员特点并加以培养

(1) 提高队员的战术能力（重点是个人战术和局部战术）。

(2) 明确个人的攻守职能以及进攻和防守的原则。

(3) 提高个人战术意识和局部 2 对 1、3 对 2 能力。

5. 确定基本阵容,初步形成3—2—1防守反击的基本打法

(1) 身体训练手段:定时、定距的高抬腿跑、跨球跑、深蹲跳、蛙跳等。

(2) 技术训练手段:各种个人颠、控球练习,多种连续传射练习,各种1对1攻守,2~3人1组的跑动中传接配合,各种人数相等、不等的传抢练习。

(3) 战术训练手段:2对1,2对2,3对2,4对4对抗攻守、半场攻守;5对5攻守练习和练习比赛。

三、各项经费预算

(一) 购置、维修足球器材、设备:6000元。

(二) 运动员参赛服装费:1500元。

(三) 组织比赛经费:15000元。

(四) 其他费用:1000元。

四、总结

为更好地发展我校校园足球活动,每学年度对所开展的足球活动进行阶段性总结,并形成书面材料、文本资料。对于参与足球校园的相关教师,如在比赛或活动中有突出表现给予表扬和奖励。

五、激励和表彰政策

为激励师生开展校园足球活动的积极性,针对足球活动开展的状况进行年度鼓励,建立奖励办法。采取表彰及物质奖励等多种形式,对于在校、县、市级足球赛中表现突出的运动员,贡献突出的指导教师和相关人员给予相应的奖励,并设立“优秀运动员奖”“优秀足球班主任奖”“优秀教练员奖”等奖项。

※5 苍梧小学足球社团周训练计划

周次	活动内容	备注
1	足球理论、球性练习	
2	脚内侧踢球	
3	脚内侧互敲球脚内侧踢球	
4	脚内侧踢反弹球	
5	小足球脚内侧传球持轻物投准	
6	脚背外侧运球脚步背正面运球脚背内侧运球	
7	运球及运球过人:(1) 强行突破;(2) 假动作突破	
8	运球及运球过人:(3)快速拉、扣、拨突破;(4)变速突破;(5)人球分离突破	

续表

周次	活动内容	备注
9	脚背正面、脚背外侧踢球	
10	复习踢球(脚内侧、脚背内侧)	
11	运球、踢球，复习运球、踢球的技术动作熟练，练习足球运球、踢球的技术，动作要领及动作的衔接	
12	脚内侧停球：脚内侧停球(6) 脚内侧停地滚球；(7) 脚内侧停反弹球	
13	脚背正面停空中球脚外侧停球	
14	脚外侧停球：(8) 脚前外侧停正面来的地滚球；(9) 脚背外侧停反弹球	
15	大腿停球　胸部停球	
16	复习运球、踢球、停球的技术动作的各动作的组合	
17	考核	
18	运动损伤的一般处理方法	
19	足球运动的主要规则和裁判法	

※6 苍梧小学足球社团课时训练计划 1

<table>
<tr><td>基本内容</td><td>球性练习</td><td>教具</td><td>小足球 19 个</td><td>日期</td><td></td></tr>
<tr><td>教学目标</td><td colspan="5">1. 初步掌握简单的小足球传球的动作技术，并体验参与的乐趣。
2. 培养学生顽强拼搏、团结协作的集体主义精神。</td></tr>
<tr><td>训练内容</td><td colspan="5">一、准备活动：
(一) 慢跑：200 米×3 圈
(二) 徒手操：扩胸运动、体转运动、体侧运动、腹背运动、弓步压腿、侧压腿、柔韧性练习
(三) 球性练习：脚底揉球、脚内侧揉球、推拉球练习、正脚背颠球
(四) 游戏：“逗猴”
二、主要练习：
(一) 脚内侧传球游戏：《穿山洞》
1. 方法：两人一组，相对而站。用脚将小足球传过两人中间的(山洞)小垫子
2. 思考：怎样踢才可使球安全窜过山洞
(二) 持轻物投准游戏：“冲过火力网”
方法：男女同学相距 10 米而站，手拿足球，组成火力网。选出几名同学充当突击手，用小垫子保护自己，想办法冲过火力网，使自己不被击中。被击中后，原地蹲下
(三) 小比赛：分组进行 7 对 7 教学小比赛。通过比赛提高队员对足球运动的兴趣，在比赛中认识自己在技术和战术上的不足，从而意识学习足球基本技术的重要性
三、整理活动：
(一) 小游戏：“冰冻解冻”
(二) 放松跑：200 米</td></tr>
</table>

※7 苍梧小学足球社团课时训练计划 2

基本内容	脚内侧踢球	教具	小足球 50 个	日期	
教学目标	1. 初步掌握简单的小足球踢球的动作技术,并体验参与的乐趣。 2. 培养学生顽强拼搏、团结协作的集体主义精神。				
训练内容	一、准备活动: (一) 慢跑:200 米×3 圈 (二) 徒手操:扩胸运动、体转运动、体侧运动、腹背运动、弓步压腿、侧压腿、柔韧性练习 (三) 球性练习:脚底揉球、脚内侧揉球、推拉球练习、正脚背颠球 二、主要练习: (一) 足球射门 练习方法:在各个角度练习射门,脚法不限 (二) 学习脚内侧踢地滚球的基本动作 (三) 多球多门赛 1. 练习方法:足球 4 个、球门 4 个 2. 组织方法:分成两队,将球射进任何一个球门都可,记一分,5 分钟一场 3. 小比赛:分组进行 7 对 7 教学小比赛 通过比赛提高队员对足球运动的兴趣,在比赛中认识各自在场上的位置和职责。知道简单的规则 (四) 整理活动 1. 小游戏:猫和老鼠 2. 放松跑:200 米				

(二) 现场实况照片

图 2-4 校长杯比赛开幕式

图 2-5 足球宝贝啦啦操比赛

图 2-6 趣味足球赛赶球绕杆

图 2-7 趣味足球赛二人夹球跑

三、成绩与效果

(一) 学生响应强烈,报名极其踊跃

自足球社团成立到现在,它受到学校许多学生的欢迎,每年学校随机发放的社团评比问卷调查显示:喜欢足球社团的学生比率较高,预报名足球社团的学生比率高,一度超过10%。而因报名足球社团的学生人数较多,师资有限,社团采取学生预报名,通过测试选拔的方式选择学生。

(二) 体质健康测试,运动技能提高

足球社团队员体质健康测试各项成绩全部达标,足球队队员的测试成绩在班级前十名以内。于逸飞、王祯瑞、乔振洋多名队员因成绩优异,被选中代表苍梧小学参加连云港市田径运动会。王祯瑞、于逸飞、王万鑫、刘添源、刘建伟等多名成员被选入市足球队。

(三) 养成良好心态,形成健康行为

1. 队员开始进入足球队,面对高空来球或者力量大的来球,队员会不自觉地进行躲闪,如果被触及身体,比如脸部,孩子会待在原地哭泣,经过一段时间的练习,队员可以用身体来阻挡、拦截来球,如果被球击倒,也会积极地上抢;有些队员因外出比赛,离开家后还特别想家人,早晨、晚上休息不好,或者情绪不稳,经过多次经历及调节,队员无此种情况发生。这些都是运动员心理状况的良好发展,而且有些队员因表现良好而被各科的任课老师表扬,有些队员在班级里还担任班级班委等职务。

2. 队员们现在能够很自觉地在训练之前将自己所携带的与训练无关的东西,在场外规定区域摆放整齐;队员们能够自发、自觉地按照教练要求自行进行课前热身训练,自律性加强、行为规范;队员们能够在离家训练比赛的情况下完成自己的任务,如清洁衣服、整理背包。这些行为都体现了孩子们的良好发展。

(四) 传承足球文化,深入幼小心田

学校专门设立足球大课间体育活动。每年举行各种主题的“校长杯”足球联赛(大圣杯、小小欧冠)、球迷争霸赛、足球宝贝啦啦操比赛、班级足球队队标设计、足球嘉年华等多种活动。足球队多次参加市级、省级足球比赛。

图 2-8 “小欧冠”校长杯比赛开幕式

图 2-9 “小欧冠”曼联俱乐部入场

四、思考与展望

(一) 存在问题

在取得进步的同时,我们也清醒地看到我校的足球工作还存在许多不足之处,与上级领导的期望和要求还有一定差距:

1. 因孩子年纪较小,比赛经验缺乏,比赛成绩不稳定。

2. 有些家长对足球运动认知存有误区,影响或阻碍孩子足球特长的发展。

3. 存在足球训练与文化学习的矛盾。

(二) 解决办法

1. 学校积极向足球基础较好的兄弟学校开展专业交流,邀请他们来校参加、交流、比赛,来辅导、指导足球队的训练,取长补短、共同进步、共同提高。

2. 适当增加足球教材的比重,在课外活动的安排与校内小型竞赛中优先考虑足球项目。每学期学校都要举行以年级为单位的足球比赛,较好地营造了优良的校园足球氛围。班主任与体育教师在班级大力宣传运动的好处,教练在足球队训练家长群里发布运动对健康的促进报道,训练后多与家长交流。

3. 文化教育关系一个队的整体素质,关系到每个队员的切身利益。校领导关注学生学习问题,班主任及任课教师平时多关注足球运动员的学习成绩,教练员平时经常督促孩子文化学习,运动员以及家长积极配合。大家努力做到让踢球的孩子不仅能踢好球增强体质,而且能促进文化课的学习,使今后的发展之路越走越宽广。

入选理由：

学校大力开展“阳光少年”篮球社团活动，是“淮安市首批篮球项目布点校”“全国青少年校园篮球特殊学校”。篮球社团组织规范，活动形式丰富多样，在省市各级各类比赛中成绩名列前茅，受到了社会各界的广泛关注和好评。

三　淮安市铁佛中心小学“阳光少年”篮球社团

资料提供：张　伟

图 3-1　淮安张伟

盱眙县铁佛中心小学创建于 1952 年，前身为乡镇中心小学。现校址为 2009 年新建，占地面积 29064 平方米，建筑面积 10017 平方米，运动场地面积 9534 平方米。新校区按照江苏省教育技术Ⅱ类标准，设置了 12 个功能室并配备器材。学校现有在校生 1873 名，37 个教学班，教职工 78 人，支教教师 18 人，中级以上职称 54 人，县级以上骨干教师 12 人。

2010 年起，学校先后招进体育专业教师 5 人，2 人专职从事篮球教学工作。学校为体育组配备三间教室作为体育器材室，配有篮球 120 个（每年会根据损毁数量来补充）、跳绳 50 根、绳梯 5 副等体育器材。为了篮球教学与训练的开展，学校建成两块标准篮球场和 1200 平方米的篮球训练馆。

通过努力，2012 年学校成为淮安市首批篮球项目布点校，2017 年被评为全国青少年校园篮球特殊学校，2017 年学校“阳光少年”篮球社团被评为淮安市第六批“优秀学生社团”。2018年4月,来自江苏、四川、贵州、山东等地的14所学校代表齐聚一堂,在济宁市观音阁小学举行了“行知教育·‘快乐篮球’”教学联盟。

一、组织方法与活动设计

(一)组织方法

※1 淮安市铁佛中心小学“阳光少年”篮球社团章程

一、总则

(一)本社团的名称为“阳光体育”篮球社团。

(二)篮球社团是我校在校学生自愿参加的群众性组织,宗旨是提高我校学生身体素质和篮球水平,丰富我校学生的业余文化生活。

(三)篮球社团受学校体育组管理和监督。

二、社员

(一)参加篮球协会的条件

1. 热爱篮球运动,有篮球运动的基础。

2. 遵守学校的有关规章制度。

3. 遵守社团章程,服从社团领导的安排。

4. 自觉履行协会规定的各项义务和权利。

(二)申请成为会员的基本条件

1. 愿意参加社团组织的活动。

2. 拥护本社团的章程。

3. 有自愿加入社团的意愿。

(三)社员加入社团的程序

1. 提交申请。

2. 工作人员登记档案。

(四)社员的基本权利

1. 优先参加社团组织的活动,享受篮球社团为会员争取的其他便利条件设备。

2. 有选举权和被选举权。

3. 对社团工作提出批评、建议和实行监督的权利。

4. 其他应予享受的权利。

(五)会员的基本义务

1. 自觉遵守社团章程,执行社团管理机构审批的决议。

2. 服从社团组织领导，维护社团权益和声誉。

3. 积极参加社团发起的各项活动。

4. 其他相关义务。

（六）社员有退社的自由。社员无故不参加三次以上由社团组织、安排的活动作为自动退社。

三、社团组织

（一）篮球社是学校管理的社团组织

（二）下设篮球社管理机构

社长1名；副社长2名；指导老师2名（体育组老师）。

（三）社团负责人的权利和义务

1. 服从学校的领导。

2. 定期召开例会并制订本社团的规章制度、活动计划。

3. 组织社团成员开展各项活动。

4. 负责开展各项活动，并做好工作记录及活动总结。

5. 培养推荐社团接班人，做好负责人换届选举工作。

6. 加强校内、外社团之间的交流，扩大社团影响，树立社团良好形象。

四、附则

（一）社团成立后，望其能遵守学校的各项规章制度，服从领导，积极开展活动，丰富我校广大师生的课余生活

（二）本章程由社团管理机构享有最终解释权，并根据实际情况酌情修改

（三）本章程自社团成立之日起生效

※2 淮安市铁佛中心小学"阳光少年"篮球社团规章制度

一、指导思想

篮球是我校一项体育特色，也是学生喜欢的一项体育运动。篮球训练能培养学生吃苦耐劳的精神和坚强的意志；篮球比赛能增强学生的团队合作和凝聚力。为了提高学生的身体素质，使学生的身心得到发展，我校成立篮球社团。

二、基本任务

（一）加强运动员学生的思想品德教育，形成良好的队风、队纪。

（二）针对运动员动作不规范，基本功不扎实的情况，着重基本技术训练。

（三）全面提高社员的身体素质，提高对抗性。

三、主要任务

提高本社团的凝聚力，形成良好的社风、社纪，为备战校际联赛做准备，为

高一级学校选送人才而努力,为学校争光。

四、带队体育师资队伍

学校的体育教师每人都带一支校篮球队。

五、社团活动要求和时间

(一)班班组织篮球队,每学期开展篮球班级联赛,年级要组织校队。

(二)篮球教练带队训练,保证每天一小时的训练。

(三)体育组每学期要制订篮球训练计划,定时进行研讨,学期结束进行总结。积累经验。

六、全面训练阶段

(一)全面身体训练与专项训练相结合

(二)学习、改进、提高基本技术

(三)学习篮球的基本知识和技能

(四)培养作风、意识和团队合作精神

七、有专门的经费和管理制度

(一)学校重视。成立工作领导小组,建立篮球训练的管理制度。全校支持保证学生的训练时间,由教导处负责管理、协调和考核。

(二)为了保障运动员的安全健康,要求教练员做好预案,卫生室备案。

(三)经费管理——作为学校的特色学科,学校设立专项经费奖励。鼓励教师带队训练和参加各级各类比赛。每学年学校进行表彰。

(二)活动设计

※3 淮安市铁佛中心小学"阳光少年"篮球社团计划

一、第一学期训练计划

(一)训练任务

培养学生顽强拼搏、团结互助、共同提高的良好风气。以技术训练为重点,同时抓战术配合意识及运用到实战当中去,树立新的队伍形象,争取获得更大的进步。

(二)训练原则

1. 根据学生的实际情况制订训练计划,注重挖掘学生的潜力。

2. 训练工作中突出、狠抓思想作风,注意调整学生的心理状态。

3. 狠抓基本技术训练,使学生熟练掌握基本技术,为今后继续提高打下扎实的技术基础。

4. 有目的、有针对性地提高运动员的技术、战术能力(身体、战术、思想、心理和智力等方面能力)。

5. 每周一至周五大课间体育活动时间甲乙两队同时训练;周一、周三、周五早晨7:00甲队队员训练。

6. 全队战术训练的过程中,教师要重视个人战术训练以及全队的默契配合。

(三) 训练重点安排

1. 第1至2周

(1) 讨论和制订计划。

(2) 恢复性身体素质训练、熟悉球性练习。

(3) 个人投篮与防守技术训练。

(4) 熟练掌握各种传球技术训练(原地、行进间)。

2. 第3至4周

(1) 柔韧性练习。

(2) 半场小配合练习(掩护、传切)。

(3) 罚篮、三分球练习。

(4) 小力量训练。

3. 第5至18周(略)。

二、寒假训练计划

周一	周二	周三	周四	周五	周六	周日	备注
行进间运球20分钟;胯下8字绕球100次;胯下运球100次	钟摆练习100次;单手原地运球左右手各500次;半蹲跳50次	双手上抛接球100次;行进间胯下运球10分钟;俯卧撑30次	单手肩上投篮50次;单脚跳左右脚各100次;弓步跳100次	行进间运球15分钟;胯下8字绕球100次;原地高抬腿60次	跳绳2分钟(3组);俯卧撑30次;原地小步跑200次	休息	寒假较短,每天练习内容相对固定,请认真完成,开学后进行体能、技能测试

三、暑假训练计划

周一	周二	周三	周四	周五	周六	周日	备注
行进间运球10分钟;胯下8字绕球100次;原地单手运球左右手1000次	钟摆练习200次;单手原地左右拉球左右手各500次;半蹲跳30次	双手上抛接球100次;行进间胯下运球10分钟;俯卧撑30次	单手肩上投篮50次;单脚跳左右脚各100次;弓步跳100次	行进间运球15分钟;胯下8字绕球100次;原地高抬腿60次	跳绳1分钟(3组);卧撑30次;原地小步跑100次	休息	每天练习时间为早上八点之前,下午五点之后。每天内容顺序可以调整。开学后测试

二、实施过程与方法

(一)具体实施过程

※4 淮安市铁佛中心小学“阳光少年”篮球社团训练内容安排

一、第一学期训练内容

1. 身体训练

(1) 力量:以四肢力量与腰部力量为主。

(2) 速度耐力:专项素质结合快速运、传接球练习、球场各种跑与防守训练。

2. 投篮

(1) 罚篮。

(2) 近距离篮底擦板投篮。

(3) 三分线外远投。

(4) 中锋掌握转身投篮动作。

(5) 各锋、卫队员有自己的熟悉投篮点。

3. 篮板球

(1) 强化篮板球意识、掌握原地起跳抢篮板球动作。

(2) 提高弹跳力,学会先挡人后抢篮板球。

(3) 注意抢到篮板球后第一传的处理能力。

4. 积极防守

(1) 提高个人防守能力,不断提高封堵快攻路线、积极抢断、补位、调位的防守技术。

(2) 掌握各种防守步伐练习,防守重心要降低,移动速度要快,学会张开双手去扩大防守控制面积,做好防投、传、切的准备。

(3) 掌握半场、全场紧逼人盯人防守的方法及破解方法。

(4) 注意战术的变化,巩固和提高区域联防(2-3、2-1-2)。

5. 快攻和防快攻

(1) 注意培养学生发动快攻的时机,打成功率(抢到篮板球后的发动、对方得分底线球和发边线球出现紧逼的情况)。

(2) 长传快攻和短传快攻相结合。

(3) 造成以多打少(3-2、2-1)和以少防多的方法。

6. 阵地进攻

(1) 增强个人进攻能力,首先要敢主动进攻。

(2) 阵地进攻内外结合,以外线为主,大胆突破及中远距离投篮。

(3) 多运用小配合练习(掩护、策应)。

(4) 组织后卫的发动配合。

二、第二学期训练内容

(一) 步伐

1. 交叉步:左右脚前后交叉,用于攻击接应或是防守之用。

2. 滑轮步:以左脚或是右脚带动另一脚作滑行地板之移动,是防守步伐基础训练。

3. 前进后退步伐:向前快速冲刺,在中场时改变步伐后退前进,注意要求球员必须提起后脚跟,避免向后摔倒。

4. 前后移动步伐:在低位与 45 度之间做前后来回移动防守,必须趋前举手,3 趟之后,由底位沿底线向另一边 45 度做趋前压迫防守,再沿三分线下端线。

5. 后退防守步:以后退步伐做出"之"字形防守动作。

6. 摆脱向前接应步伐:以"之"字形向前摆脱伸手做出接应动作。

7. 后转身步伐:以"之"字形前进作转身伸手要球接应动作。

8. 切断步伐:两人一组,一人切入、一人做出"撞墙"接触防守,这种切断以双手护胸阻断对手顺利移动接应。

(二) 传接球及持球训练

1. 面对面 200 对传:4 人一组做胸前、弹地、传球。

2. 胯下"8"字形绕球:分成两排,由胯下到腰部、头部绕球。

3. 大风吹传球:4 人一组以半场或是全场做移动式接应。

4. 四角传球:分成四组做四角移动传接球。

5. 四方位传球:以四角方式做四方位传球。

6. 面对面传接球:以各式传球为主。

7. 行进间背后、低手、单手传球:两人一组行进间传球。

8. 对墙传球:以高度 120 厘米对墙传接球。

9. 打板长传:以双手长传前场或是单手长传前场。

10. 五点切传:训练球员切传战术。

11. 中锋接应传球:由 5 位球员以"M"字形两球相互传给中锋策应。

12. 半场或全场不运球进攻:必须以传球及移动接应进攻。

(三) 上篮训练

1. 全场"8"字形传球上篮。

2. 车轮式上篮。

3. 全场 7×5×3 上篮。

4. 三线上篮。
5. 全场长传罚球线接应上篮。
6. 二人一组上篮。
7. 三人一组上篮。
8. 直线运球上篮。

(四) 运球训练

1. 全场障碍物运球。
2. 全场胯下运球前进后退、转身、反手、背后运球。
3. 全场空中垫步、急停后仰前进、空中左右闪运球人。
4. 全场“8”字形运球。
5. 左右手晃球。
6. 胯下原地运球。
7. 全场直线3-4拍运球上篮。

(五) 投篮训练

1. 定点投篮。
2. 两组对角线接应投篮。
3. 移动投篮。
4. 骑马射箭。
5. 底线切入勾射。
6. 后旋转投篮。
7. 三角底线擦板投篮。
8. 全场来回急停跳投。
9. 高位接应转身投篮(假动作配合左右切投)。
10. 三角擦板投篮。
11. 五点投篮。
12. 全场2～3人传球急停跳投。
13. 半场前进接应跳投或切投。

(六) 假动作

1. 右1～3道假动作切入。
2. 下举1～3次假动作。
3. 外围假动作切入篮下再做假动作投篮。

(七) 篮板卡位训练

1. 半场1VS1至5VS5卡位训练(配合口头关照)。

2. 半场 3VS3 卡位(配合口头关照、教练持球)。
3. 罚球后卡位训练。
4. 外线投篮卡位。
5. 篮板球训练:抛球抓球。

(八) 防守训练

1. 全场 1VS1 背手防守。
2. 一守二攻防守训练。
3. 举手防守(外围)、在前防守训练(禁区)、趋前防守。
4. 一线、二线、三线协助防守训练。
5. 全场陷阱包夹(1-2-2、2-2-1、1-1-2-1)。
6. 半场盯人防守训练。
7. 全场盯人防守。

(二) 现场实况照片

图 3-2　女篮训练

中国校窗

盱眙县铁佛中心小学女子篮球队在淮安市校园篮球总决赛中再获佳绩

2018-04-16　来源：中国校窗

4月14日—15日，淮安市第六届教体结合校园篮球总决赛在周恩来红军小学隆重举行。盱眙县铁佛中心小学男女篮球队代表盱眙县参加了本届赛事，作为唯一一所乡镇小学参加比赛备受瞩目。

图 3-3　参加市比赛

三、成绩与效果

(一) 学生参与度明显提升(见表 1)

表 1　淮安市铁佛中心小学学生参与篮球运动人数情况统计表

年份	学生数	参加篮球运动人数	全校参与率
2015	2315 人	212 人	9.2%
2016	2203 人	306 人	13.9%

续表

年份	学生数	参加篮球运动人数	全校参与率
2017	2119 人	354 人	16.7%
2018	1873 人	1009 人	53.9%

通过数据显示,短短的 4 年时间学校篮球人口从 15 年的 9.2%逐步跃升至 18 年的 53.9%,篮球氛围越来越浓,参与篮球活动人数逐年递增。

(二) 学生体质状况明显增强(见表 2)

表 2　淮安市铁佛中心小学学生体质健康测试"达标"情况统计表

年份	学生数	优秀率	合格率
2015	2315 人	5.3%	91%
2016	2203 人	6.7%	93.2%
2017	2119 人	7.9%	93.21%
2018	1873 人	9%	95.3%

通过数据显示,学生体质健康数据中优秀率、合格率逐年上升,说明学生的体质越来越好。例如:三年级一男生(张松化名),内向、多吃少动,长期下来,导致肥胖,不和同学交流。家长通过朋友圈看到我校篮球社团活动开展得非常好,就找到我。家长:"教练,我想让我的孩子过来练篮球。"我:"练球的目的是什么?"家长:"孩子内向又肥胖。"我:"来可以,辛苦不允许退队。"家长:"一切听教练安排!"时间慢慢地过去了一周,第二周我发现张松不来了。通过询问情况得知,他嫌苦。经过一番"诱导"后,张松又开始训练了。后期我针对他单独制定了一套方案,经过一个月的训练,他的体能和灵活性都提高了。更值得高兴的是,张松话变多了,开朗了很多。

(三) 篮球社团活动效果显现,促进了学生全面发展

篮球社团活动,全面、有效、综合促进学生全面发展,保持和提高孩子的生命活力,为孩子的一切活动打下坚实的身心健康基础,有效培养学生吃苦耐劳的精神,培养其团队合作能力等。

（四）运动成绩及荣誉

图 3-4　篮球获奖荣誉墙

【荣誉】铁佛中心小学成为第一批全国青少年校园篮球特色学校

盱眙教育发布　2017-11-30

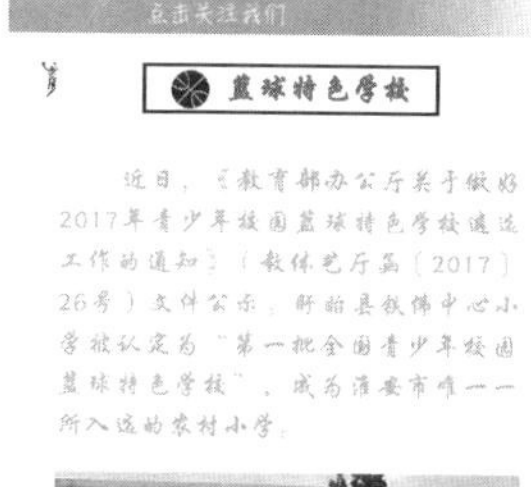

点击关注我们

篮球特色学校

近日，《教育部办公厅关于做好2017年青少年校园篮球特色学校遴选工作的通知》（教体艺厅函〔2017〕26号）文件公示，盱眙县铁佛中心小学被认定为“第一批全国青少年校园篮球特色学校”，成为淮安市唯一一所入选的农村小学。

图 3-5　篮球特色学校

（五）受到各方高度关注

篮球社团取得成绩的同时，受到了社会各界的关注和媒体的报道，如：淮安日报、早新闻、中国视窗、盱眙教育等新闻发布，同时家长在自媒体发微信、朋友圈，广泛宣传学校篮球社团活动成效。

四、思考与展望

（一）思考

篮球在全世界影响广泛，有着深厚的群众基础，同时也是学生喜爱的运动项目之一。它不仅能提高学生灵敏、协调素质，而且能够培养学生团结协作、遵守规则的意识和习惯。小学生对于篮球运动的热爱仅处于模仿，基本功相对粗糙，怎样在提高学生篮球运动兴趣的同时，又掌握一定的篮球技术，是篮球社团发展需要解决的问题。

篮球教学，应以游戏为主贯穿始终，通过“学中玩，玩中练”的教学手段来提高学生的学习兴趣，培养学生积极参加体育的态度和行为以及终身体育的意识。在课程设计上，分组练习时应采用调队的形式或随机选组员的形式分组，提高后进生的积极性。教师提高自身体育素质，在以后的教学中，教师要融入学生，与学生一起做练习、游戏，成为他们的一员，而且还要用语言、用行动，去引导、讲解、沟通，关注他们的点滴进步，关心他们的成长，帮助他们养成良好的学习习惯。

(二)展望

篮球教学重在确立“健康第一”的思想,培养和发展学生从事体育活动的能力和学习的主体积极性,让学生有“一技之长”,养成与掌握终身进行体育锻炼的习惯和意识,让学生认识到体育的价值,生活中离不开体育,体育给他们带来无穷的乐趣。所以,篮球教学培养终身体育意识,是潜移默化的。它不仅为学生终身体育打好体质基础,更重要培养了学生终身体育的意识、习惯和能力,使学生身心和谐发展。

入选理由：

百禄镇中心小学很好地承担起继承发展民族传统体育项目使命，让空竹走进了每一个孩子的课余生活，一根线扯出百禄镇中心小学学生的缤纷校园生活，从 40 人的空竹队伍，发展到现在的千人空竹规模体育活动，这是百禄人勤进扎实的写照。虽未亲至，但能从空竹社团的架构和活动的照片中感受到社团活动的扎实、壮观、气势不凡。2008 年至今，此项活动从未停止，相信他们必将继续在传承这条路上走出更绚丽的姿态。

四　连云港市灌南县百禄镇中心小学“千人空竹”社团

资料提供：戴东兵

图 4-1　连云港戴东兵

百禄镇中心小学始建于 1917 年，是一所历史悠久、底蕴丰厚的百年老校。学校围绕“让每一个百小人绽放人生精彩”的办学理念，践行“追求卓越，永不止步”的百小精神，秉持“博学博雅，向上向善”的校训，大力实施“精彩教育”，努力打造以传统文化为核心的精彩德育、以“三段五环节”为模式的精彩教学、以自主高效为内容的精彩科研、以全能发展为目标的精彩体艺活动的教育品牌，为师生绽放精彩人生搭建了坚实的时空舞台。学校先后获得“全国足球特色学校”“江苏省健康促进学校”“连云港市艺术特色学校”等荣誉称号。

2018 年，学校开始将空竹作为特色教学项目，精心组织，成果喜人。校本教材《空竹》被评为国家级活力体育校园设计一等奖。目前，学校的体育专职老师有4名,平均年龄34岁,其中有两名老师参加了空竹专项技能培训,已经获得空竹一级社会体育指导员的称号,还定期从外地聘请空竹指导员到学校进行空竹的指导和训练。

学校有符合标准的操场,可容纳2000人,完全满足"千人空竹"社团的训练条件。学生人手一个空竹,由于体积小,便于携带,空竹成本也不高,一个15~30元的空竹可以玩很长时间,家庭经济不宽裕的孩子也能承担得起。这些都为空竹社团的活动提供了有力的保障。

空竹社团活动开始于2008年,选择空竹社团基于以下几点原因:1. 学校是一所农村小学,当时很多家长外出务工,所以学生大多数也是留守儿童,他们的课外活动资源是相当贫乏的,选择空竹活动是为了帮助学生们选择一项课外活动的项目,丰富学生的课余生活。2. 为了孩子健康体质的发展,愉悦学生的身心,培养学生课外社团活动的兴趣。3. 为了打造学校的一项特色活动,学校把空竹作为一项特色活动,把它做大做强,以此提升学校的办学品味。

一、组织方法与活动设计

(一) 组织方法

※1 连云港市灌南县百禄镇中心小学"千人空竹"社团章程(摘录)

第一章　社团主要活动

一、开展竞赛活动

二、学校编排一套适合小学生做的空竹操,每年举行两次空竹操比赛,以班级为单位,学生参与率100%。

三、学生抖空竹星级考核评比。

四、空竹队参加各类表演活动。

第二章　社团管理制度

五、组织保障

(一) 成立项目领导小组,完善管理网络

组长:汪红军,副组长、成员:略。

(二) 成立项目执行小组,增强项目执行力

执行小组:政教处、少先队大队部、年级部主任、班主任。

成立项目咨询机构,进行专业的理论指导。聘请连云港市以及河南等地空竹专家作为指导员,作为学校空竹社团的顾问小组。

六、制度保障

（一）建立管理网络

把体育特色创建工作纳入学校整体工作计划之中，实行由校长领导下的体育特色教育分管责任制，学校体艺活动的组织机构健全，有完善的规章制度。学校成立领导小组，校长任领导小组组长，分管校长、政教处、班主任等相关老师任成员。领导小组分工明确，做到层层落实，责任到人，依靠一线班主任，做好学校社团的训练工作。学校把空竹特色建设作为实施素质教育的重要内容，渗透教育教学工作的各个环节，使社团各项制度真正落到实处。

（二）健全工作机制

结合实际，建立推进空竹特色活动建设的激励、保障和评估机制，建立健全特色教育的责任制和管理机制，确保空竹活动的正常开展，如："三项考核""四项评优制度"。"三项考核"，即：学生抖空竹过关达标考核；学生抖空竹比赛获奖考核；教师辅导效果考核。"四项评优制度"，即：空竹技巧团体赛；空竹高手竞技赛；学生抖空竹星级评比；空竹案例、课题、论文评比。

七、经费保障

为了保证空竹社团集体展演的需要，学校确保经费到位。学校根据年度工作计划，专门为空竹社团提供经费支持，如：空竹培训、服饰道具、添置空竹、成果展示等。学校定期开展空竹评比，根据考核和评比结果给予一定的奖励。

（二）活动设计

※2 连云港市灌南县百禄镇中心小学"千人空竹"社团教学计划

为推动空竹社团项目建设的顺利实施，加快学校抖空竹运动的普及与提高，形成学校体育教育的亮点、特色和品牌，经学校领导决定，制订如下抖空竹训练计划。

一、指导思想

认真贯彻党的教育方针，全面推进素质教育，加强学校体育工作，切实提高学生健康素质，以推进"千人空竹"社团建设为重点，把"抖空竹"这项民族传统运动与加强学校体育课程建设紧密结合，培养学生积极主动的体育锻炼习惯，推进校园体育文化建设。

二、基本理念

（一）以学生为中心，以特色求发展，培养学生体育一技之长。

（二）激发运动兴趣，培养学生终身体育的意识。

（三）关注个体差异与不同需求，力求每一个学生都受益。

三、总体目标

(一) 培养身体灵活性,增强体质,促进身体全面发展。

(二) 基本掌握抖空竹的基本技术和方法,逐步学习花样动作,提高自我健身的能力。

(三) 培养学生体育与健身的习惯,塑造学生良好的心理品质。

(四) 培养集体主义、竞争进取和团结合作的精神。

四、具体目标和训练内容

(一) 认识空竹,了解空竹的常识,明白通过抖空竹进行体育锻炼的好处。

(二) 熟练掌握抖空竹基本技术动作。

(三) 学生创新动作,培养学生的创新精神和合作意识。

五、训练时间

开始,每周三、五下午课外活动时间,选出部分感兴趣的、有潜质的同学先行学习,然后带动班级的其他同学。最后,全校普及,做到人人配备一个空竹,人人会抖空竹。

二、实施过程与方法

(一) 具体实施过程

※3 连云港市灌南县百禄镇中心小学抖空竹学期教学计划

第一学期训练计划

九月份

1. 空竹基本常识的讲解。
2. 空竹的起势动作。
3. 练习空竹平衡和方向的控制。
4. 阶段性复习巩固。

十月份

1. 学习左绕线、右绕线。
2. 学习左外抛、右外抛。
3. 阶段性巩固复习。

十一月份

1. 学习上左杆、上右杆。
2. 学习左望月、右望月。
3. 阶段性巩固复习。

十二月份

1. 学习过桥、钓鱼。

2. 学习收势绕花线、礼花献宾。

3. 阶段性巩固复习。

一月份

1. 总复习。

2. 开展阶段性抖空竹过关检查和比赛。

第二学期训练计划(略)

(二)现场实况照片

图 4-2　县运会开幕式表演

图 4-3　领导观看空竹高手表演

三、成绩与效果

通过开展“千人空竹”社团活动,学生在各个方面都有所变化,同时也得到了老师、家长和社会的认可。主要有以下几个方面:

(一)学生喜欢程度稳步上升

刚开始成立的是由 40 个人左右组成的空竹兴趣小组,逐步演变为现在的全员参与。学校两千多名学生人人参与空竹的学习。学生对抖空竹活动的兴趣逐渐形成,喜欢程度是越来越高!

(二)学生健康状况得到增长

经过抖空竹的练习,学生的体质状况得到了明显改善。经常有家长对我说:“老师,谢谢你们!我家孩子自从参加了空竹社团的训练,原来隔三岔五就会感冒,现在好像好久没有感冒了,身体明显比以前好多了。看来空竹训练还是有益于孩子身体健康的。”确实,孩子参加了空竹训练后,健康状况得到了显著提升。

(三)学生心理状况产生变化

通过空竹活动的开展,学生在心理行为上也出现了较大变化。一位学生在作文中写道:“我以前胆子很小,很少主动和同学说话,但是自从参加了学校的空竹社团,我能主动向同学请教,和同学交流,也乐观了许多。我要感谢学校的空竹社团。”“我自从参加了学校的空竹社团,原来骄傲的毛病也改掉了。”“我原来都是以自我为中心,不愿意和别人合作完成一件事,但是通过空竹的训练我知道了,必须要学会合作。因为只有合作才能把空竹的配合表演完成好!”……像这样的变化还有很多,这些变化确实能让我们感受到空竹给学生心理行为带来的变化。

(四)学校教师群体凝聚力强

1. 通过空竹社团的训练,增强了教师之间的凝聚力,提高了教师的集体责任感和荣誉感,也带动了学校其他方面成绩的稳步提升。

2. 2010 年 9 月,千人空竹社团在前任校长张勇的带领下,自编了一本校本教材《空竹》,深受全体师生的喜爱。同年,校本教材《空竹》被评为全国优秀校本教材。

(五)学校社团活动成果丰硕

1. 2011 年 6 月份,学校申报的市级课题《小学教学中开展民族体育——空竹项目活动的实践研究》,研究成果获得一致好评。

2. 2011 年 6 月 11 日,《苍梧晚报》对学校的千人空竹社进行了专题报道,全校师生抖空竹的热情高涨,同时带动了更多的人加入我们的社团。

3. 2011 年 10 月 28 日,千人空竹参加了全市中小学生田径运动会开幕式表演,受到了与会各级领导的高度评价。

4. 2012 年 9 月 10 日,我社团在县教师节晚会上做了精彩表演,受到各界领导的好评。

5. 2012 年 11 月 22 日,学校千人空竹社团代表灌南县迎接江苏省优秀社区验收展演,受到验收领导的一致好评。

6. 灌南县百禄镇中心小学“千人空竹”特色项目在江苏省中小学体育教学研究室教学研讨栏目中做推介。

7. 连云港市“先锋频道”专题采访学校,并对“千人空竹”进行报道。

8. 中华文教网对百禄镇中心小学空竹社团的报道。

四、思考与展望

虽然学校“千人空竹”社团取得了一定的成绩，在社会上有了一定的影响，但是我们仍有一些工作不够完善。今后我们将进一步拓宽学生课外练习空竹的渠道，多带领学生参加各级各类的比赛，争取取得更加优异的成绩。同时多带领学生和外地的空竹高手交流，相互学习，相互交流，取长补短，争取更大进步！

入选理由:

南通市海安市城南实验小学教育集团积极进行课程、课堂与教学改革,积极开展以足球社团为代表的体育社团活动,并取得较好成绩。学校自主实施《体育2+X校本课程》,在每学期各安排10—15节课进行篮球、足球学习,呈现出"人人都玩篮、足球,个个都爱篮、足球"的喜人场面。体育文化节、冬季三项、"幸福杯"篮球联赛、"幸福杯"足球联赛四项体育赛事办出了传统,办出了亮点,办出了影响。

五 南通海安市城南实验小学足球社团

资料提供:史有军

图5-1 南通史有军

海安市城南实验小学教育集团是一所现代化、高标准的12轨全日制义务教育小学。学校拥有79个教学班,4600多名学生,教职员工241人,江苏省特级教师2人,海安市级以上学科带头人10多人,骨干教师、教坛新秀40多人。

学校一贯重视体育教育工作,现有专职体育教师14名,外聘篮球、足球教练3名,在体育教学、体育科研、体育社团等方面取得优异成绩。学校自主研发实施《体育2+X校本课程》,全校学生在完成国家规定课程的基础上每学期各安排10—15节课进行篮球、足球学习,呈现出学生"人人都玩球、个个都爱球"的喜人局面。体育文化节、冬季三项、"幸福杯"篮球联赛、"幸福杯"足球联赛四项学校传统体育赛事办出了特色,办出了影响。2015年,校千人足球大课间活动获得南通市一等奖，被江苏电视台、南通电视台等主流媒体报道。学校现有体育社团 18 个，其中篮球、足球社团各 7 个，啦啦操社团 3 个，手足双门球社团 1 个。

一、组织方法与活动设计

（一）组织方法

※1 海安市城南实验小学足球社团管理章程

第一章　总则

第一条　社团全称：海安市城南实验小学足球社团。

第二条　社团宗旨：推动校园足球文化建设，培养学生兴趣，强健学生身体，提升学生技能，丰富学生课余生活，提升学校办学品位。

第三条　协会性质：公益服务性。

第四条　活动地址：海安市城南实验小学足球场或各运动场地。

第二章　活动范围

第五条　本社团的活动范围。

1. 发展和组织广大学生积极参加足球活动，促进我校校园足球运动广泛开展。

2. 指导我校足球训练、竞赛等工作，不断提高足球社团成员的技术技能。

3. 积极组队参加各级、各类足球赛事，开展校内外足球技术交流活动。

4. 不断吸收我校足球爱好者进入社团，形成不同水平的梯队。

第三章　会员

第六条　申请加入本社团的学生必须具备以下条件。

1. 自愿参加。

2. 遵守社团章程，服从社团领导和学校的有关规章制度。

3. 自觉履行社团规定的各项义务和实行各项权利。

4. 热爱足球运动，有一定的足球运动基础。

5. 品行端正，没有受过任何处分，身体和心理均健康的本校学生。

6. 积极参加活动，严格遵守活动时间。

第七条　会员入社团程序。

凡是城南实验小学的足球爱好者，愿意为社团服务并遵守社团章程，均可向体育组提出申请，经教练能力测试后即可加入社团。

第八条　权利。

1. 优先参加本社团组织的各项活动。

2. 有对本社团工作提出批评、建议和监督的权利。

3. 入团志愿,退团自由。

第九条　义务。

1. 遵守本社团章程,执行本社团决议,否则社团有权将其除名。

2. 服从社团组织领导,维护社团权益和声誉。

3. 有义务积极参加社团和上级发起的各项活动。

4. 有义务监督社团的工作并提出工作建议。

第十条　成员退团程序。

1. 社团成员可以自动退出社团,但必须提交申请并说明理由,经社团领导同意后即可退出社团。

2. 社团成员无故不参加三次以上由社团组织安排的活动,则视为自动退团。

3. 社团成员有不遵守社团章程,不积极履行社团义务的行为,经集体讨论予以退出社团处理,并不得再申请进入社团。

第四章　社团组织

第十一条　足球社团管理机构。

社长、副社长、指导教师(名单略)。

第十二条　本社团管理机构成员必须具备以下条件。

1. 熟悉本社团工作,有一定组织能力。

2. 工作上积极主动,团结同学,乐于助人,有奉献精神。

第十三条　社长职责。

1. 对社团进行整体规划,协助指导老师确定本社团活动计划。

2. 与校少先队大队部保持联系,定期汇报工作。

3. 协调社团各个部门之间的工作。

4. 组织理事会,对重大的活动进行讨论表决。

5. 有权罢免理事会成员,并经理事会同意后执行。

6. 配合事务处进行一些足球教学活动。

第十四条　副社长职责。

1. 协助社长做好本社团工作以及制订活动计划等。

2. 在某些特殊情况下代替社长参加各项会议。

3. 负责考勤，记录每次活动内容。

第五章　社团活动

第十五条　社团活动内容。

1. 组织社团成员进行足球训练，培养兴趣，提升身心素质。

2. 组织参加各级、各类比赛或交流活动。

3. 进行足球相关的文化宣传与学习。

第六章　附则

第十六条　社团成立后，遵守学校各项规章制度，服从领导，积极开展活动，丰富我校广大师生的课余生活。

第十七条　本章程由社团管理机构享有最终解释权，并根据实际情况酌情修改。

第十八条　本章程自社团成立之日起生效。

※2 城南实验小学足球社团规章制度

1. 热爱足球，积极在集体中交流、学习，自觉履行社团义务，遵守各项规章制度。

2. 维护社团荣誉，团结协作，积极向上，刻苦训练。

3. 按时到规定地点参加活动，有事请假，三次无故缺席当自动退团处理。

4. 社团管理设社长、副社长职位，各职位应对社团工作负责，做好内外兼顾，齐心协力做好社团工作，提高社团成员积极性，促进社团成员共同成长。

5. 社团方向：成为团结友爱，积极进取的优秀社团，打造知名足球社团。

（二）活动设计

※3 城南实验小学足球社团年度训练计划设计（2013—2014 学年）

一、指导思想及总目标

响应国家《关于开展全国青少年校园足球活动的通知》精神，提高我校学生体质，培养学生足球兴趣，丰富校园体育文化，在省市县各级校园足球比赛中取得理想成绩。学校组织以足球兴趣小组的活动，推动全面普及我校足球运动，创建市足球特色学校。

二、训练指导思想

把在英国及其他欧洲国家取得巨大成功的足球启蒙教育（Schoolfootball Initiative）计划及相关国外先进的训练理念运用到训练中，贯彻从小打好基础，系统训练，积极提高的原则。切实抓好队员身体素质、球技提高与作风、意识、礼仪培养工作。

三、本阶段活动目标

1. 培养学生对足球运动的兴趣,初步形成我校足球兴趣小组“合作、奋进、顽强、创造”的风格。

2. 培养和发展学生球感和控制球的基本能力,学习基本的“运、传、接、射门”等技术动作。

3. 培养正确的跑、跳技术,培养身体动作的柔韧性、协调性、灵敏性和平衡能力。

4. 通过分队游戏,领会“进球与阻止对方进球”这一足球比赛的基本战术思想,培养抬头观察能力和意识,初步显现个人技术、创造力与整体配合。

四、训练的基本任务、内容要求及手段

本学期,我们的活动对象是一年级学生,根据他们身心特征要求,教师在活动中将各个技术性练习结合各类游戏来教学,使学生既提高了技术、身体素质,又增强了活动趣味。身体素质练习以速度、灵敏、协调为主;技术上主要以熟悉球性,各类运、传接球、一对一、二对二等控球配合为主,后期辅助小型的趣味比赛。通过这些活动强化队员对我校足球兴趣小组风格的理解与认识。

1. 身体素质提高。克服自身体重的各种跳跃、后退跑、曲线跑,提高力量、灵敏、协调及速度素质;通过适当的中长距离跑提高耐力素质;通过足球训练常用的各种静力、动力拉伸、屈展提高队员柔韧素质。

2. 技术能力提高。通过各类球性项目(颠球、颠球、拨球、拉球、扣球等)的练习提高队员对球的控制能力;运用脚内侧传接球、脚内侧背传球提高队员传接球能力;运用脚正背、脚内侧、脚外侧背运球提高队员运球移动能力;结合曲线、绕杆、变向运球全面增强队员运控球能力。在练习中强化组合技术练习,如:运球—传球—跑动接球—运球(射门);快速折叠(往返)—接球—传球—连续快速跳跃。

3. 技战术意识。通过多种二过一配合及小场地竞赛,提高队员初步的技战术意识。

4. 教师通过对日常活动时间、活动纪律等方面的严格要求,培养学生遵章守纪的意识;通过教师的言传身教、游戏活动、训练效果的评价,培养学生团队配合的意识,顽强拼搏的精神,个体能力的张扬,活动中的用大脑踢球及创造性踢球的潜意识。

※4 海安县城南实验小学足球社团阶段活动内容安排

一年级第一学期(2013—2014 学年)

次数	周次	日期	内容	目标	备注
1	第一周	11.5	活动相关要求制度、手抛球、手传接球、颠球球、揉球	学生了解活动相关要求制度,感受足球,提高空间感、球感,灵敏性	
2		11.6	拉球,拉球转身	提高学生拉球及转身停球能力	
3		11.7	脚内侧胯下拨球	熟练掌握原地脚内侧胯下拨球、部分学生能做移动动作	
4	第二周	11.12	复习前面的球性练习、颠球,听信号变向跑	提高球性的熟练程度,体会颠球技术,发展速度灵敏素质	
5		11.13	脚正背运球	能做出脚正背运直线球	
6		11.14	脚正背运球	能做出两脚交换运直线球	
7	第三周	11.19	脚外侧运球	脚外侧触球点正确,运球连贯协调	
8		11.20	脚内侧传球	熟悉脚内侧传球技术	
9		11.21	运球脚内侧扣球转身	运球与控球能力	
10	第四周	11.26	两脚外侧背运球变向	初步掌握脚外侧运球变向的触球方法与身体位置移动	
11		11.27	两脚外侧背运球过杆	熟练脚外侧变向的方法,主要是触球位置与身体重心与位置控制	
12		11.28	两脚外侧运球过人	培养学生在面对消极防守情况下能做出改变球方向过人能力,主要是把握球与防守队员的适宜距离变向	
13	第五周	12.3	脚内侧运球变向	初步熟悉脚内侧变向方法、动作要求	
14		12.4	脚内侧运球过杆	提高脚内侧运球变向能力	
15		12.5	脚内侧变向运球过人	提高脚内侧运球过人的能力	

续表

次数	周次	日期	内容	目标	备注
16	第六周	12.10	脚内侧传接球	脚内侧能做出正确的传球动作,初步领会接球动作	
17		12.11	脚内侧传接球	脚内侧接球时能正确取位,接球动作标准,传球协调	
18		12.12	复习前面技术练习	熟练直线运球、变向运球、运球急停转身、脚内侧传接球	
19	第七周	12.17	运球绕杆	提高学生控球、变向能力	
20		12.18	运球过杆	提高学生控球、变向能力	(下雨,休息)
21		12.19	各种运球后传球	提高学生控球(运球速度、急停、变向、运球后传球)能力	
22	第八周	12.24	各种运球后传球	提高学生控球(运球速度、急停、变向、运球后传球)能力	
23		12.25	直线运球传球后接球	提高移动中传接球能力	
24		12.26	直线运球传接球	提高移动中传接球能力	

二、实施过程与方法

(一)具体实施过程

※5 城南实小足球社团活动记录 1

活动时间	2013.11.5	活动地点	操场	辅导老师	史有军
应到人数	21人	实到人数	21人		
活动内容	活动相关要求制度、手抛球、颠球、揉球				
活动目标	学生了解活动相关要求制度,肢感受足球,提高空间感、球感,灵敏性				
活动过程	一、准备阶段(5分钟) 1. 师生问好,检查人数、装备 2. 宣布本节课内容 3. 准备热身:球操(体侧、体转、腹背)、压腿、手腕踝关节 二、基本部分(25分钟) 1. 宣布活动制度、要求,特别强调活动前装备放置、开始与结束时间,活动纪律				

续表

活动过程	2. 讲解示范向上手抛球准确接球动作及要求:向正上方抛球,迅速判断位置,准确接球 3. 组织分散练习,教师随机指导 4. 讲解示范颠球动作,动作规格:前脚掌颠球正上方,两脚有节奏地轮流尽量快速交替,重心适度降低,眼睛看住球,动作到位;技术延伸:绕球边转动边快速颠球 5. 分散练习,教师巡回指导,并及时评价,请优秀学生展示,说明优点 6. 讲解示范揉球动作,动作规格:左脚支持稍屈,右脚前脚掌点在球正上方,左右揉球,幅度尽量到脚掌内侧触球外、脚掌外侧触球内,身体随腿部动作协调运动,上肢控制好平衡 7. 组织分散练习,强调平衡、幅度、有节奏,并请做得好的学生展示,尝试说出动作要领 三、结束部分 1. 放松:腰腹、下肢拉伸 2. 宣布课堂结束,师生再见,归还器材
活动效果	颠球、揉球属于前脚掌熟悉球性练习,要求单脚支撑,对学生的腿部力量、平衡协调能力有一定的要求。相对于其他的球性练习还是比较简单,为以后足球运球的停球、拨球、移动拉球打下基础,也为学生今后在练习足球时控制身体平衡,防止运动损伤做好保障。本节课学生练习效果较好,家长参与度高,在两脚连续交换跳时,学生动作体现出差距,这个练习应该要保持长期练习

※6 城南实小足球社团活动记录 2

活动时间	2013.11.6	活动地点	操场	辅导老师	史有军
应到人数	21 人	实到人数	21 人		
活动内容	拉球,拉球转身				
活动目标	提高学生拉球及转身停球能力				
活动过程	一、准备阶段(5 分钟) 1. 师生问好,检查人数、装备 2. 宣布本节课内容 3. 准备热身:慢跑、球操(体侧、体转、腹背)、压腿、手腕踝关节 二、基本部分(25 分钟) 1. 复习上节课颠球、揉球动作 2. 讲解示范前脚掌前后拉球动作,动作要领:重心低,右脚前脚掌颠球的正上面,向后拉动球,拉动后脚离球,球滚半周后点住球,前脚掌再向前推动,动作一样,要求身体协调,注意力集中 3. 指导练习,巡回指导,个别强化 4. 讲解示范前脚掌拉球后转体脚弓停球,动作规格:前脚掌颠球正上面,向后拉球,身体随球转动,大约滚动两周后脚弓停球,停球时注意脚离地面半球高度,身体协调有节奏				

续表

活动过程	5. 指导练习,请动作优异者做示范,及时评价 6. 发现动作错误及时纠正,集体说明动作规范要求,主要错误表现:拉球幅度小,转身不及时,停球脚与地面距离控制不好;强化动作示范,大幅度拉球,人随球转,支撑脚可以转动,停球时一定要与地面半球高度 三、结束部分 1. 放松:腰腹、下肢拉伸 2. 小结本课,评价优秀表现;宣布课堂结束,师生再见,归还器材
活动效果	学生拉球转身动作基本能理解,50%左右的学生能做出标准动作,还有部分学生拉球幅度小、转身不协调,还需加强熟练程度,拉球转身对身体平衡能力协调性要求较高,能增强学生的方位感、转身速度

※7 城南实小社团活动常规检查记录表

时间	目的	社团名称	指导老师	检查情况记载	评价	检查人	备注

※8 城南实验小学足球社团成员运动能力抽查标准

为进一步规范城南实验小学足球社团活动,从学员身心特点出发,遵从运动技术、技能形成规律,提升活动效果,特制定此标准。

社团名称	考查范围	达成情况说明	
一年级足球	带球跑(节奏/速度/方向)	优	熟练完成脚内侧、脚背外侧带球跑
		良	较好完成脚内侧、脚背外侧带球跑
		合格	能完成一种带球跑
二年级足球	带球与接控球	优	在特定设计的场地熟练完成技术组合
		良	在特定设计的场地较好完成技术组合
		合格	在特定设计的场地完成技术组合,效果一般
三年级足球	接控球、带球突破	优	一对一情况下能果断、合理做出突破
		良	一对一情况下有突破意识,技术运用较好
		合格	能快速完成对标志物的突破
四年级足球	控带传组合	优	在抢圈游戏中有球技术熟练、合理
		良	在抢圈游戏中有球技术较熟练
		合格	能完成无防守情况下控带传技术
五年级足球	二过一战术运用	优	比赛场景或特点场地区域能完成战术运用
		良	比赛场景或特点场地区域能较好完成战术
		合格	无对抗状态下完成两种二过一战术

（二）现场实况照片

图 5-2　训练场景

图 5-3　社团对抗赛

图 5-4　训练现场

图 5-5　班级足球赛

三、成绩与效果

从 2013 年 10 月开始，学校组建足球社团，现已经走过六个年头，社团发展势头良好。每学年初，许多家长、学生咨询足球社团组建时间及相关要求，社会关注度极高。社团成员每周活动四次，每次一小时左右，参与人数现已经有 2 个校区，8 个梯队，200 名成员。社团成员足球技术技能、身体心理素质较一般学生有明显优势，每年的学校体质测试都是优秀，每年学校组织的足球文化节（足球联赛），他们既是助力队员又是组织者，协助策划者，为活动的成功举办做出重要贡献。社团成员每年都参加各级、各类赛事，比赛中他们不畏强手、勇于挑战、意志坚强、团结协作，硕果累累，连续多年获得海安校园足球赛男子第一名，南通市足球校园联赛一等奖，南通市少儿足球赛前三名。现在城南实验小学足球已成为海安校园足球的一面旗帜，家长在多次电视台采访中大力赞赏，江苏卫视、扬子晚报等主流媒体也对我校足球社团进行过专题报道。

四、思考与展望

城南实验小学足球社团随着城南实验小学创建一起成长、发展、壮大,期待在四年后建成 4 个校区、满轨覆盖,吸引 500～600 名学生参与的大型校园体育社团。社团除日常训练、交流、比赛,更多地参与社会公益服务、足球文化宣传、足球赛事,培养社团成员的综合素养,在社会形成更大的影响力。

另外,社团也吸收一些有足球兴趣的特殊儿童定期参与进来,让他们也能感受到足球运动的魅力,助力他们健康成长。学校也加强对社团成员的文化课学习习惯与态度的关注,开展此类项目的微型课题研究,力求足球成绩与文化成绩共同进步。未来的城南实验小学教育集体足球社团会一直致力于学生的健康成长!

入选理由：

自信是成功的基础，自强是人生的基石。东海县白塔埠中心小学以篮球为媒介，为学生搭建了成长的平台，为学生的兴趣和健康撑起了一片天空。女子金鹰篮球社团的建立和运行大大丰富了学生的业余文化生活，缓解了学生的学习压力，提高了学校教育的成效。体育组精诚团结协作，为女子金鹰篮球社团组织开展活动提供了最强力的保障，诸多奖牌和奖杯是女子金鹰篮球社团活动成果的最有力说明，他们的做法值得推广。

六 连云港市东海县白塔埠中心小学女子金鹰篮球社团

资料提供：许基防

图6 1 连云港许基防

白塔埠中心小学，落座于水晶之都东海县的白塔埠镇。白塔埠中心小学在校师生3500多人，是一所普通的乡镇中心小学。篮球运动在白塔埠中心小学长盛不衰地发展，而校女子篮球队，是学校体育的一张名片，曾多次代表连云港市参加江苏省中小学生篮球比赛，取得了优异的成绩。白塔埠中心小学被评为国家篮球特色学校和江苏省篮球传统学校。

白塔埠中心小学有体育专职教师8名，其中篮球专业就有4名，年龄在25～45岁，他们中间既有工作十几年、经验丰富的老教师，又有刚参加工作充满热情、干劲十足的新教师。在这个篮球教师团队中，他们互相学习，相互帮助，引领学校篮球运动蓬勃发展。

图 6-2　学校篮球文化 1

图 6-3　学校篮球文化 2

白塔埠中心小学的领导非常支持学校篮球项目的开展。学校建有标准塑胶篮球场四片,其中小篮球场地两片,成人篮球场地两片。在校学生每人一个篮球,每个教室都有篮球架,用于放置篮球。体育室篮球训练器材充足——绳梯、小篮球(50 个)、标志桶、战术板、摸高器、拉伸带等。学校为了增强学生学习篮球的乐趣,还开设了篮球馆,里面有投篮机两台,还有篮球博物馆、篮球画报和杂志等,此场馆深受广大师生的喜爱。

体育传统项目学校命名证书

東海县白塔埠小学贯彻国家体委教育部颁发的《体育传统项目学校试行办法》经检查验收达到合格标准　被命名为省级　篮　球　体育传统项目学校。特发此证。

一九八七年十一月

图 6-4　省级篮球传统项目学校

图 6-5　全国青少年校园篮球特色学校

学校自 20 世纪七十年代起就组建了篮球队,开启了建设篮球特色学校的大门。历经四十余年,几代白小人艰辛探索、不懈努力,篮球特色建设成果丰硕。多年来,篮球队在省、市、县各级比赛中,取得了骄人的成绩。篮球队先后获得省级赛冠军 2 次、亚军 2 次、季军 1 次;市级赛冠军 17 次、亚军 7 次、季军 5 次;县级赛冠军 50 次、亚军 3 次、季军 3 次。学校篮球队向专业篮球队输送多名队员,为社会培养了大批篮球运动人才,先后获得“江苏省体育传统项目学校”“AAA 级特色学校”“连云港市篮球特色学校”“连云港市中小学课余体育训练工作先进集体”“江苏省体育工作先进学校”“江苏省学生体质健康监测点校”等荣誉。

图 6-6　“县比赛第一名”奖牌

图 6-7　“市比赛第三名”奖牌

一、组织方法与活动设计

（一）组织方法

※1 连云港市东海县白塔埠中心小学女子金鹰篮球社团章程（摘录）

第一章　总则

第一条　名称：白塔埠中心小学女子金鹰篮球社团。

第二条　性质：本社团以推动校园篮球文化建设，提高学生身体素质为宗旨，团结全校篮球爱好者，利用课余时间通过广泛开展篮球活动丰富学生的业余文化生活，缓解学习压力。本社团在开展课外体育活动，促进篮球文化在校园的传播等方面发挥主力军作用。

第三条　申请加入本社团的学生必须具备以下条件。

1. 有加入本社团的意愿。

2. 遵守本社团章程，执行本社团决议，积极承担本社团分配的工作和任务。

3. 申请入社的学生必须具有一定的篮球基础。

4. 品行端正，没有受到任何处分，身体和心理都健康的在校女生。

5. 社员要养成良好的集体主义作风，杜绝一切不良的个人主义行为，积极参加活动，严格遵守活动时间。

第四条　本社团会员享有下列权利。

1. 有参加本社团组织的各项竞赛、表演、培训、教学、科研活动的权利。

2. 有对本社团提出批评和建议的权利。

3. 有获得本社团优先服务的权利。

4. 入社自愿,退会自由。

第五条　本社团会员履行下列义务。

1. 遵守本社团章程,执行本社团决议。

2. 维护本社团合法权益。

3. 完成本社团交办的工作。

4. 向本社团反映情况,提供有关信息。

第六条　章程的解释权归女子金鹰篮球社团。

第二章　社团目标原则

第七条　素质教育目标:以球健体,以球启智,以球陶情,以球怡心。

第八条　篮球教育理念:创建篮球特色,倡导篮球精神,弘扬篮球文化,倡导篮球文明。

第九条　篮球训练指导原则:普及与提高相结合,确定“三定”:定时、定点、定人。

(二) 活动设计

※2 连云港市东海县白塔埠中心小学女子金鹰篮球社团
2018—2019 年度训练计划

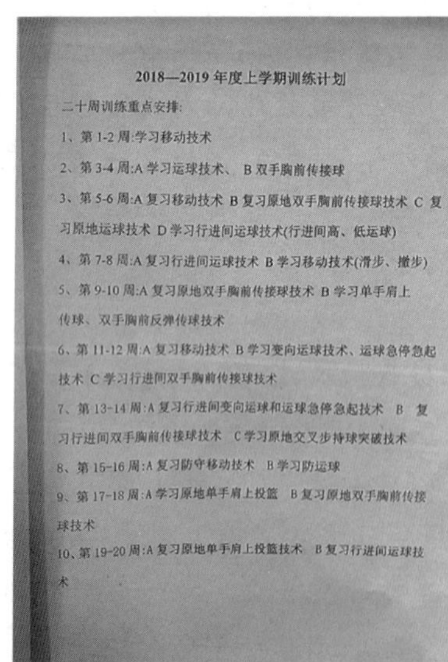

2018—2019 年度上学期训练计划

二十周训练重点安排:

1、第 1-2 周:学习移动技术

2、第 3-4 周:A 学习运球技术、 B 双手胸前传接球

3、第 5-6 周:A 复习移动技术 B 复习原地双手胸前传接球技术 C 复习原地运球技术 D 学习行进间运球技术(行进间高、低运球)

4、第 7-8 周:A 复习行进间运球技术 B 学习移动技术(滑步、撤步)

5、第 9-10 周:A 复习原地双手胸前传接球技术 B 学习单手肩上传球、双手胸前反弹传球技术

6、第 11-12 周:A 复习移动技术 B 学习变向运球技术、运球急停急起技术 C 学习行进间双手胸前传接球技术

7、第 13-14 周:A 复习行进间变向运球和运球急停急起技术 B 复习行进间双手胸前传接球技术 C 学习原地交叉步持球突破技术

8、第 15-16 周:A 复习防守移动技术 B 学习防运球

9、第 17-18 周:A 学习原地单手肩上投篮 B 复习原地双手胸前传接球技术

10、第 19-20 周:A 复习原地单手肩上投篮技术 B 复习行进间运球技术

图 6-8　篮球训练计划 1

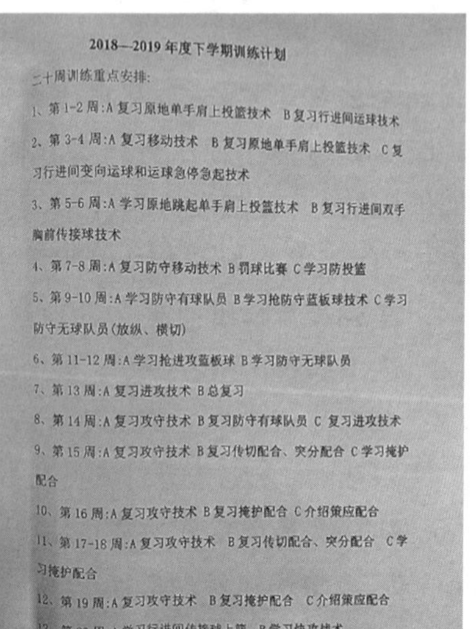

2018—2019 年度下学期训练计划

二十周训练重点安排:

1、第 1-2 周:A 复习原地单手肩上投篮技术 B 复习行进间运球技术

2、第 3-4 周:A 复习移动技术 B 复习原地单手肩上投篮技术 C 复习行进间变向运球和运球急停急起技术

3、第 5-6 周:A 学习原地跳起单手肩上投篮技术 B 复习行进间双手胸前传接球技术

4、第 7-8 周:A 复习防守移动技术 B 罚球比赛 C 学习防投篮

5、第 9-10 周:A 学习防守有球队员 B 学习抢防守蓝板球技术 C 学习防守无球队员(放纵、横切)

6、第 11-12 周:A 学习抢进攻蓝板球 B 学习防守无球队员

7、第 13 周:A 复习进攻技术 B 总复习

8、第 14 周:A 复习攻守技术 B 复习防守有球队员 C 复习进攻技术

9、第 15 周:A 复习攻守技术 B 复习传切配合、突分配合 C 学习掩护配合

10、第 16 周:A 复习攻守技术 B 复习掩护配合 C 介绍策应配合

11、第 17-18 周:A 复习攻守技术 B 复习传切配合、突分配合 C 学习掩护配合

12、第 19 周:A 复习攻守技术 B 复习掩护配合 C 介绍策应配合

13、第 20 周:A 学习行进间传接球上篮 B 学习快攻战术

图 6-9　篮球训练计划 2

二、实施过程与方法

（一）具体实施过程

※3 连云港市东海县白塔埠中心小学女子金鹰篮球社团学期教学计划

一、时间

2019 年 3 月—2019 年 6 月，周一至周五每天放学后一小时，周六两小时。

二、总任务

树立我队快、灵、准的风格，培养顽强、团结的战斗作风。以战术训练为重点，从技术入手狠抓五个环节，即体力素质、投篮命中率、篮板球、积极防守、传接球。坚持身体训练，坚持大运动量训练，争取获得优异成绩。

三、训练原则

（一）注重篮球基本功训练，工作中突出练思想，练作风。

（二）战术训练从难、从严，从实战出发，特别强调整体配合。

（三）在战术训练过程中，教师要进一步组织阵容，配合全队力量，要十名队员都能上场打球，充分发挥全队的特长，克服弱点，全队逐渐形成完整的战术体系。

（四）每天的自练时间为一小时投篮练习。

（五）“练”“战”结合，每周训练六天。

（六）在全队战术训练的过程中，教师要重视个人战术训练，要区别对待，扬长避短。

※4 连云港市东海县白塔埠中心小学女子金鹰篮球社团训练记录

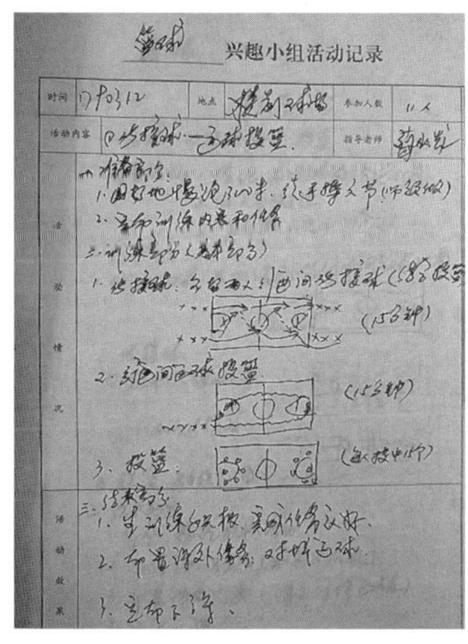
篮球 兴趣小组活动记录

时间　地点　参加人数 11人

活动内容　指导老师

图 6-10　篮球兴趣小组活动记录 1

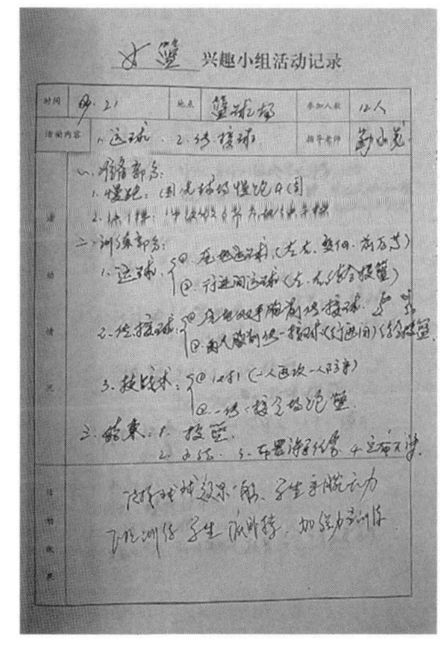
女篮 兴趣小组活动记录

时间　地点　参加人数 12人

活动内容　指导老师

图 6-11　篮球兴趣小组活动记录 2

※5 教练员训练队伍一览表

序号	教练员	篮球队	执教时间
1	刘从庭	女队	1970 年—2004 年
2	李树梅	男队	1976 年—1982 年
3	刘从先	男队	1985 年—1993 年
4	苗现昌	男队	1991 年—1995 年
5	葛小龙	男队	1999 年—2004 年
6	王　娟	女队	1997 年—2003 年
7	刘从先	女队	2003 年—2005 年
8	苗现昌	女队	2004 年—2010 年
9	葛小龙、许基防	女队	2011 年—2018 年
10	苗南昌、王　威	男队	2011 年—2018 年

(二)现场实况照片

图 6-12　近期训练场景 1

图 6-13　近期比赛场景 2

三、成绩与效果

(一) 学生喜爱程度高,以加入社团为骄傲

白塔埠中心小学女子篮球队建队初期,是以参加比赛为目的的,所以参加篮球队的队员都是身体素质较好的学生,因此参加的人数有限。随着素质教育的深入,我校组建了女子金鹰篮球社团,为班级培养体育骨干,让她们成为班级的篮球火种,带动和带领学校篮球运动的普及和发展。现在每个班级都有二级社团,都以进入篮球社团作为骄傲。

（二）学生体质状况强，班级骨干多又棒

随着人们物质生活的改善，即使是农村孩子参加体力劳动的机会也越来越少，学生在学校参加体育锻炼时间就显得尤为重要。在农村学校，家长们都比较重视学生的文化课，给孩子们报了不少文化补习班，忽略了孩子们的体育锻炼，特别是女生群体。她们本来就不爱动，再加上没有正确的引导，女生的体质每况愈下。

自从学校成立了白塔埠中心小学女子金鹰篮球社团后，学生参加运动的积极性空前高涨。我们的社团成员成为班级体育骨干，自发组织班级进行各项体育锻炼，形成了班级中“巾帼不让须眉”的良好局面。学校每年的体质健康测试优秀率都达到60%以上。

（三）学生心理状况优，自立自信又自强

作为一所乡村小学，留守儿童是一个不可回避的问题。留守儿童，成为心理问题学生的主要群体。女生大多胆小内向，不愿意和别人说出心里的想法。在女子金鹰篮球社团，我们给社员们创造出家的氛围。在运动中缓解心理压力，一旦发现问题教师就会去积极了解和处理，把问题扼杀在萌芽状态。社员之间有着良好的人际关系，她们不但是场上的竞争对手，也是场下的知心朋友。在这样的环境中，一些胆小、内向、自卑的孩子，慢慢地敞开了她们的心扉，走出心里的阴暗，逐渐变得阳光和自信。

（四）学生技能水平升，特色明显篮球靓

随着学校篮球社团和班级篮球社团的发展，学校篮球运动呈现出一片欣欣向荣的景象。学校实施开展篮球竞赛，确立了“一人一球、一班一队、一天一操、一周一课、一月一赛、一年一评”的篮球特色建设工作思路。社团编排了大课间“动感篮球操”。篮球社团的队员成为学校篮球操创造者和训练者，她们将社团中学到的技术传授给广大师生。在传授的同时，她们成为全校的偶像，也促进了队员更加努力学习球技，社团的发展与学校体育文化的发展也紧紧融合在了一起。

（五）篮球比赛成绩佳，女队战果特辉煌

※6 白塔埠中心小学参加江苏省小篮球女队比赛成绩纪录表

序号	主办单位	比赛地点	时间	参加人数	名次	教练员	领队
1	江苏省体委教委	淮安县	1973.8	14	第一名	刘从庭	刘绪德、郝康忠
2	江苏省体委教委	扬州	1975.8	12	第一名	刘从庭	郝康忠

续表

序号	主办单位	比赛地点	时间	参加人数	名次	教练员	领队
3	江苏省体委教委	连云港	1976.8	10	第四名	刘从庭	杨敬安
4	江苏省体委教委	泰州	1978.8	10	第二名	刘从庭	杨敬安
5	江苏省体委教委		1986.8	10	第四名	刘从庭	杨敬安
6	江苏省体委教委	淮阴	1988.8	10	第六名	刘从庭	杨敬安
7	江苏省体委教委	太仓	1990.8	12	第四名	刘从庭	李宝同
8	江苏省体委教委	扬州	1991.8	10	第三名	刘从先	钱忠秀
9	江苏省体委教委	泗阳	1992.8	10	第四名	刘从庭	李宝同
10	江苏省体委教委	淮安	1993.7	10	第四名	刘从庭	冯寿绕
11	江苏省体委教委	泗阳	1994.8	10	第六名 道德风尚奖	刘从庭	冯寿绕
12	江苏省体委教委	苏州市	1995.8	10	第六名	苗献昌	冯寿绕
13	江苏省体委教委	苏州市	1995.8	10	(测)四名	苗献昌	冯寿绕
14	江苏体育局教育厅	南京市	1996.8	10	(测)四名	苗献昌	孙传林
15	江苏体育局教育厅	南京市	1996.8	12	第五名	刘从庭	孙传林
16	江苏体育局教育厅	张家港	1997.8	10	第二名	刘从庭	孙传林
17	江苏体育局教育厅	淮阴市	1998.8	10	第六名	刘从庭	霍益鹏
18	江苏体育局教育厅	淮阴市	1999.8	10	第五名	刘从庭	霍益鹏
19	江苏体育局教育厅	滨海县	2000.8	12	第六名	刘从庭	霍益鹏
20	江苏体育局教育厅	丹阳	2001.8	12	第六名	刘从庭	陈长干
21	江苏体育局教育厅	丹阳	2001.8	12	(测)四名	刘从庭	陈长干
22	江苏体育局教育厅	东海	2002.8	12	第五名	葛小龙	陈长干
23	江苏体育局教育厅	东海	2018.6	12	第七名	许基防	冯如仁

(六) 媒体报道宣传好,促进篮球大发展

白塔埠中心小学篮球社团,引领和带动了全校篮球运动的发展。白塔埠中心小学的篮球特色体育受到广大媒体的争相报道。

东海教育

东海教育信息网 : : 浏览内容

白塔小学积极训练篮球操喜迎运动会

多年来，白塔中心小学始终把小篮球教学作为一个特色项目来抓，从基础开始，以篮球操为主体，以学生熟悉球性，提高球感为重点，让孩子们在运动中更好地了解篮球，更有效地参与篮球活动，更充分地享受篮球运动带来的健康与快乐。如今，小篮球已开发成为该校的校本课程，得到上级部门的充分肯定。根据县局的有关安排，该校的篮球团体操即将亮相今年的县中小学生田径运动会的开幕式。为了更好地做好此项工作，把小篮球特色推向全县，该校充分利用每天下午的课外活动时间积极训练。大到团体的动作划一，小到个人的每个要领，都反复训练，精益求精。相信不久的将来，该校的小篮球操必将在本届中小学生田径运动会上有精彩的表现。

供稿：白塔中心小学　李成兵

图 6-14　东海教育信息网

C4　【教育论坛】

提升管理内涵　彰显体育特色

——东海县白塔中心小学特色办学巡笔

图 6-15　《连云港日报》专题报道

四、思考与展望

首先，教师要把体育教育与德育教育相结合，在体育教学和训练中要注重培养学生的道德品质。

其次，女子金鹰篮球社团的建设，不再是简单的体育团体，更要成为学生的心灵之家，在社团中可以解决她们的生活和心理问题。

最后，教师要引领和带动更多的学生参加到篮球运动中来，培养她们终身体育的习惯。

夜深人静的时候，我的耳边时常会响起刘从廷老师（白塔埠中心小学篮球的开创者）的话“谁没有发展好白塔埠中心小学的篮球运动，谁就是白塔埠中心小学的历史罪人”。顿时我感到身体压力的巨大，但当看到我学生体质的改善，看到学生技能的提高，看到她们训练时开心的笑容……这一切的付出都是值得的，更是有意义的。

“革命尚未成功，吾辈更加努力！”为了篮球事业，我们会一直会努力前行。

入选理由：

泰兴市襟江小学为更好地实施学生体质健康标准，接轨初中升学体育测试项目，开设游泳社团，与校外游泳馆合作，于 2015 年秋季学期成立游泳社团。其目的是指导学生了解游泳的卫生知识和安全保护措施；掌握游泳运动的基本知识、基本技术、基本技能；增强学生体质，培养他们良好的意志品质和道德风尚。此举对于目前还没有游泳池的学校均可借鉴。

七 泰州泰兴市襟江小学游泳社团

资料提供：顾玉祥　张小芬　严　勇

图 7-1　泰州顾玉祥

泰兴市襟江小学发端于咸丰十年的襟江书院，迄今已走过 159 年的办学历程。1981 年，学校被评为江苏省首批实验小学。学校全面贯彻党的教育方针，大力实施素质教育，坚持“健康第一”思想，深入开展“阳光体育运动”，先后获得“全国群众体育先进单位”“江苏省学校体育工作”“群众体育工作先进单位”“国家级青少年体育俱乐部”“全国体育传统项目学校”等荣誉称号。

泰兴市襟江小学现有专业体育教师 16 人，其都具有本科以上学历，平均年龄 35 岁，有田径、足球、篮球、健美操、游泳等专业。学校有 250 米田径场、6 片篮球场、1 片排球场、12 张乒乓桌、250 平方米舞蹈房等室内、室外体育场馆设施，游泳池是与校外游泳馆合作的四季恒温泳池。

为更好地实施学生体质健康标准，接轨初中升学体育测试项目，开设游泳课程,2015 年秋季学期泰兴市襟江小学成立游泳社团。学校通过社团学习指导学生了解游泳的卫生知识和安全保护措施;掌握游泳运动的基本知识、技术、技能;增强体质,树立良好的体育品德。游泳社团为学校选拔运动员,组建学校游泳队,不断地提升游泳队竞技水平,力争在全市、全省、全国等各级别比赛中获得较好的成绩提供了很好的路径。

图 7-2　校牌

一、组织方法与活动设计

(一) 组织方法

※1 泰兴市襟江小学游泳社团组织机构

组长:郭建明。

职责:1. 全面指导社团工作。

2. 监督社团各项工作。

副组长:顾玉祥,张小芬,严勇。

职责:1. 负责有关游泳课安全的各项事宜,安排教学计划,组织教学、训练。

2. 择优选拔队员参加各级各类比赛。

辅导员:学校聘请的教练、救生员均持有国家颁发的执业资格证书,教练员均具有 5 年以上的教学经验。另学校常年与南京体育学院、扬州大学体育学院合作,聘请原国家级运动员、教练员作为游泳教学顾问,随时对教学训练工作做出指导。

(二) 活动设计

※2 泰兴市襟江小学游泳社团训练计划设计

一、游泳教学规程及进度

(一) 第一阶段:3 课时

1. 教学目的

通过打水和划手,能更好地练习打腿的方法,掌握打腿的要领和更好地掌握划手的姿势,为用臂漂练习打好基础。

2. 练习要求

(1) 陆上列队,师生问好。教师简述安全注意事项和学游泳的意义。

(2) 准备操。

(3) 陆上打腿练习,仰卧坐在岸边,脚往水面伸直;俯卧趴岸边打腿。

(4) 陆上划手。

(5) 下水后手握池槽固定打水,成俯卧水平姿势,做直腿打水练习和划手练习。

(6) 拿浮板打腿练习和划手。

(7) 熟练后可在水中做追逐或走、跑、接力等游戏。

(二) 第二阶段:3 课时

1. 教学目的

掌握打腿要领,通过陆上划手练习,做到划手动作的规范,加上划手呼吸练习,拿浮板在水里划手和呼吸配合,做好更高的要求。

2. 练习要求

(1) 陆上列队,师生问好。教师简述安全注意事项和学游泳的意义。

(2) 准备操。

(3) 陆上打腿练习,仰卧坐在岸边,脚往水面伸直;俯卧趴岸边打腿。

(4) 原地两脚站立,上体前倾做直臂划水模仿练习;重点体会空中移臂动作。

(5) 入水后拉池壁,先单臂练,后两臂交替练习,拿浮板练习划手。加呼吸练习。

(6) 熟练后可在水中做追逐或走、跑、接力等游戏。

(三) 第三阶段:3 课时

1. 教学目的

通过陆上划手练习,做到划手动作的规范。用臂漂在水里划手打好基础,配合呼吸,连贯整个自由泳的动作。目的是能使学生在徒手练习中做到更好的练习效果。

2. 练习要求

(1) 陆上列队,师生问好。教师简述安全注意事项和学游泳的意义。

（2）准备操。

（3）陆上打腿练习，仰卧坐在岸边，脚往水面伸直；俯卧趴岸边打腿。

（4）原地两脚站立，上体前倾做直臂划水模仿练习；重点体会空中移臂动作。

（5）划手数一、二、三，数二的时候转头呼吸，三的时候还原。

（6）入水后拉池壁，先单臂练，后两臂交替练习加呼吸，拿浮板练习划手。

（7）徒手练习划手和呼吸动作，使整个动作连贯起来。

（四）第四阶段：1课时（考核阶段）

1. 优秀：无缺勤、课堂表现优秀、游泳技能超过学校游泳课考核标准

2. 良好：缺勤10%以内，课堂表现良好，游泳技能达到学校游泳课考核标准。

3. 及格：缺勤20%以内，课堂无违纪表现，游泳技能达到学校游泳课考核标准。

4. 差：缺勤超过20%，课堂表现不好，游泳技能未达到学校游泳课考核标准。

二、实施过程与方法

（一）具体实施过程

※3 泰兴市襟江小学游泳社团实施方案（初稿）

一、课程目标

为更好地实施学生体质健康标准，接轨初中升学体育测试项目，学校成立游泳社团，指导学生了解游泳的卫生知识和安全保护措施；掌握游泳运动的基本知识、基本技术、基本技能；增强学生体质，培养其良好的意志品质和道德风尚。

二、课程安排

在三年级进行游泳社团试点实验。因课程需要到校外组织上课，考虑来回路程时间、沐浴更衣时间，每次需要两节体育课时间。每班每学期十节游泳课，故每天上午安排两个批次四个班。第一个批次大课间加第二节课（9:00—10:20），第二批次第二节课加第三节课（9:40—11:00）。

三、实施准备

1. 学校成立领导小组，组织人员现场调研排查游泳课沿途路程、上下电梯、游泳课等安全隐患。

2. 发告家长书,召开全体三年级家长会,统计特殊体质学生和不愿意参加游泳课学生名单。

3. 征集家长志愿者,每班六人。

4. 落实未参加游泳课学生的作息安排。

5. 收费标准:每生每学期200元。

四、安全措施

1. 每班配备班主任、体育教师、家长志愿者共四人确保路上安全,同时协助更衣室、游泳课安全管理。

2. 严格点名制度,学生离开学校、到达游泳馆、离开游泳馆都要清点人数。

3. 上下电梯每班分成四组,每组由教师或家长志愿者带队上下电梯。

4. 第二批次游泳课散学时,家长在一建大楼外接孩子。

5. 雨雪天游泳课暂停。

五、注意事项

1. 学生自备泳衣、泳帽、泳镜、拖鞋、浴巾。

2. 有特殊体质不能游泳的学生不能上游泳课。

※4 泰兴市襟江小学游泳社团活动安排

一、教学内容

根据《一起学游泳》校本教材,学校实施游泳技能培训和行为规范教学。培训中,教师要针对学生的情况,适时采取分层、分类教学,提高学生游泳学成率,已经学会一种泳姿的学生可以由教师安排第二种泳姿的学习。教师可采用《一起学游泳》教材中的自由泳内容或自行安排蛙泳教材,制订明确的教学大纲和课时计划。

二、课时安排

以学会游泳为目的,至少安排16次课时进行集中教学,其中15课时进行教学、1课时组织测试。每课时学生水下活动时间应保证能够达到40分钟。(注:学校安排学生游泳课含往返至少两节课时间。)

三、学成率

以学校为单位,学生学成率达到85%。(学成标准:根据市游泳协会的统一标准,学成标准为小学生在不限泳姿的情况下可游出15米。)

四、师生比

保证每10~12名学生配备一名教练。

（二）现场实况照片

图 7-3　教练员指导

图 7-4　游泳社团活动

三、成绩与效果

（一）人员择优选拔，课时满足需求

游泳社团在学校二到六年级每个年级择优选拔 60 人，每学期 16 课次，每次课包括往来路程 80 分钟，实际游泳训练时间 40 分钟。

（二）定时定段测试，体质技能增强

学生进社团前都要参加测试，测试项目有 10 米×4 折返跑、体前屈、立定跳远等，进入社团一学期以后都要进行复测。进入社团以后，运动员都要进行定期测试，下表是三年级社团部分同学进团前后的体质测试变化表。

小学三年级学生进入游泳社团体质变化对照表

姓名	10 米×4 往返跑		体前屈		立定跳远		200 米自由泳	
	进团前	进团后	进团前	进团后	进团前	进团后	进团前	进团后
王子乔	10”4	9”8	11 厘米	16.3 厘米	1.72 米	1.92 米	3’02”19	2’53”31
钱子瑜	11”8	11”2	14.5 厘米	22.1 厘米	1.68 米	1.88 米	2’56”29	2’47”14
徐楷	10”6	10”0	13.4 厘米	16.7 厘米	1.79 米	1.96 米	3’18”22	3’06”59
杨一然	10”8	10”2	10.9 厘米	15.8 厘米	1.70 米	1.93 米	3’01”11	2’50”72

通过游泳社团学习与训练，学生掌握了游泳基本的理论知识、技术和技能，学会了蛙泳、仰泳、爬泳、蝶泳四种泳姿，并通过游泳训练，学生提高了有氧代谢能力，改善了心肺功能，提高了身体健康水平。游泳促进他们身心全面发展，进一步增强体质。

(三) 体验成功失败,树立良好品质

游泳社团的学习与训练,最大限度地满足了学生的兴趣和需求,帮助学生树立终身体育意识和形成积极的人生态度。教师结合游泳的特点,培养了学生勤奋向上的良好学习风气,保持良好的形体姿态,提高对美的鉴赏能力。游泳训练发展了学生的良好心理品质,增强了人际交往技能和团队意识,提高了学生调节自身情绪的能力,培养了学生的自尊心和自信心以及战胜各种困难的坚强意志品质。训练、比赛让学生体验了竞争、分享、合作、共处、突变、角色和角色转换、成功与失败等情景,从而不断增强学生的自我意识、规范意识和自我控制能力,提高学生的社会适应能力。

(四) 运动成绩有获,形成良性发展

部分游泳运动员近两年取得的成绩

姓名	时间	项目	级别	成绩
王子乔	2018.8	50 米蛙泳	泰州市中小学生游泳比赛	第一名
	2019.1	50 米蛙泳	全国游泳锻炼标准	一级海豚
杨一然	2018.8	50 米自由泳	泰州市中小学生游泳比赛	第二名
	2019.1	50 米蛙泳	全国游泳锻炼标准	一级海豚
	2019.7	50 米自由泳	泰州市中小学生游泳比赛	第一名
蒋曦锐	2019.1	50 米蛙泳	全国游泳锻炼标准	一级海豚

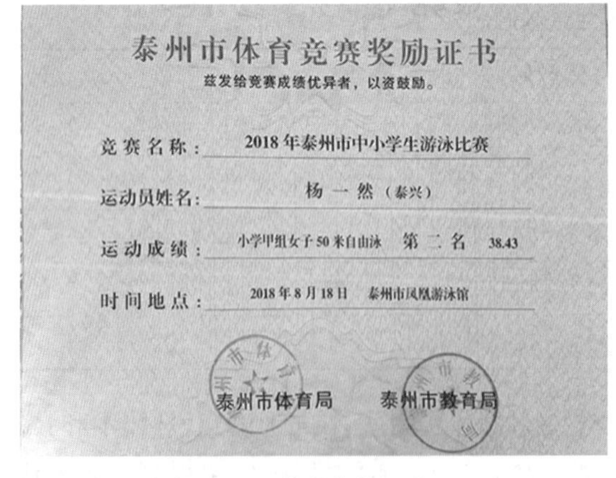
泰州市体育竞赛奖励证书
兹发给竞赛成绩优异者,以资鼓励。
竞赛名称:2018 年泰州市中小学生游泳比赛
运动员姓名:杨一然(泰兴)
运动成绩:小学甲组女子 50 米自由泳 第二名 38.43
时间地点:2018 年 8 月 18 日 泰州市凤凰游泳馆
泰州市体育局 泰州市教育局

图 7-5 学生获奖证书 1

全国游泳锻炼等级标准
达标证书
CSA
姓名:王子乔
等级:一级金海豚
项目:50 米蛙泳
成绩:00:46.51
达标活动:全国游泳锻炼标准 CSA
达标地点:泰州 泳泰
达标日期:2019-01-01
发证机构(章)
2017年"7.16全民游泳健身周"活动赠

图 7-6 学生获奖证书 2

图 7-7　颁奖现场

图 7-8　游泳队参赛合影

四、思考与展望

游泳社团按照学校要求，大力开展游泳课程的开发，取得了可喜的成绩。在今后的教学中，学校在抓好游泳运动普及的同时，重视抓提高，做了以下几项工作。

1. 抓计划落实。把游泳训练当作学校体育的重要组成部分列入学校体育工作计划，由校长亲自抓，体育教师具体抓，班主任配合抓，各部门相互配合，各负其责。

2. 抓梯队衔接。学校建立了二个年龄段游泳队，由专职体育教师负责训练，每周 3～4 次，每次 90 分钟，始终如一，风雨无阻。

3. 抓普及促提高。依托每周两次兴趣活动课，借助社团时间和课外活动时间，让学生参与游泳训练，在此基础上集中训练，参加各级、各类比赛。

4. 抓常规训练。在训练中，教练组教师们团结协作，认真研讨游泳队的训练方法，采用科学先进的训练方法，不断提高队员的运动成绩。

入选理由：

基于学生的兴趣与选择，体育社团活动的“选课走班”模式有作为、有实效。学校选课课程的开设都秉承着一个原则——有趣且有用。教师根据自己的研究内容，精心准备教学内容，体育项目设置共有10项之多，优质教学资源得到充分利用，学生也因不同教师给他们指教而感到新鲜有趣。这极大地激发了学生的学练兴趣，展示学生个人特长，注重学生综合素质全面发展，让苍小的校园更具活力，也使学校的素质教育更具意义。

八　连云港市苍梧小学“选课走班”模式下的体育社团活动

资料提供：张立祥

图8-1　连云港张立祥

连云港市苍梧小学隶属于市教育局，现有东西两个校区。东校区占地36843平方米，总建筑面积20726平方米；西校区占地22900平方米，总建筑面积20684平方米。现有班级112个，在校学生6000余人，专任教师330余人。教师全部拥有大专以上学历，其中硕士学位18人，一级以上职称140人，区级以上骨干教师75余人。

我校先后被评为省体育工作先进集体、省健康促进金牌学校、省艺术教育特色学校、省中小学乒乓球段位制联盟学校、市校园足球工作先进集体、省篮球传统学校、全国校园足球特色学校、新海高级中学优秀排球运动员生源基地等。学校体育场地设施齐全，拥有篮球馆、笼式足球场、啦啦操健美操房、乒乓球馆、素质拓展基地、排球场和田径场。学校现有篮球、足球、车模、航模、乒乓球、啦啦操等十多个体育社团。

我校东西校区现有体育专职教师32人，长期外聘足球队教练3人，羽毛球社团教练3人，乒乓球社团教练1人，网球社团教练1人。

自2013年9月起，学校便开始实施“选课走班”。各学科分类别、分层次整合资源，开办了近七十个“兴趣社团”。其中体育社团有12个，以满足学生对课程的不同兴趣和需求。

一、组织方法与活动设计

（一）组织方法

※1 连云港市苍梧小学体育社团“选课走班”管理章程

第一章　总则

第一条　名称：苍梧体育小学社团。

第二条　类别：体育竞技。

第三条　宗旨：有趣且有用。

第四条　原则。

修订、完善《苍梧小学学生自主选课指导手册》，并确立适合我校的选课指导原则，即：责任教师指导原则；学生自主决定原则。在严格规范《苍梧小学校本课程开发手册》的基础上，采取“学生出题，教师认领”制度，以年级组、教研组、备课组为开发主体形成团队课程体系。

第二章　连云港苍梧小学社团“选课走班”领导小组

连云港市苍梧小学深入贯彻《中共中央国务院关于加强青少年体育增强青少年体质的意见》，以全面推进素质教育为方向，大力开展体育类社团活动，并成立领导小组（名单略）。

第三章　社团管理机构

主要职责

1. 负责学生社团的成立、登记、注册和备案。

2. 对学生社团实施定期检查。

3. 对学生社团聘请校内外人员的申请进行审查批准并登记在案。

第四章　社团的活动内容

第五条　活动时间：每周五下午第一、二节课。

第六条　活动地点：学校操场或体育馆专用教室。

第七条　活动范围及方式:教师教学,社员交流互学。

第八条　社团内部安排。

1. 社团老师必须为本专业教师,负责日常活动的安排,以提高社员的运动技能。

2. 外聘教师要有校内专门教师进行交接。

3. 组织社团成员参加校内外比赛、交流等。

(二) 活动设计

※2 连云港市苍梧小学社团“选课走班”工作计划(摘录)

1. 开学初宣传发动,教师们自主申报,学校领导审核,确定社团指导教师。同时聘请校外的专职教练来校内指导开展社团活动。

2. 校级社团在开学的第一周,各位教师进班选人,确定社团名单。

3. 校级学生社团规模人数在20～50人之间,社团活动在每周周五下午一、二节课进行。

4. 每次活动设计详细的辅导方案,做好活动记载和学生的出缺勤记录。按时上交社团计划、社团考勤表。上交的情况将作为评选优秀社团的凭证之一。

5. 每学年在期末考试前完成一次社团活动成果展示,评比校优秀社团辅导教师。

6. 资料的整理与归类。学期结束时,各社团认真撰写本学期工作小结,注意收集相关资料,为日后参评市优秀社团提供详细资料。

7. 学校为学生社团训练和竞赛活动提供组织管理,为社团外出比赛或活动提供必要的资金支持、设施保障和材料供应。

※3 连云港市苍梧小学部分体育类社团年度工作计划(摘录)

校级体育类社团分为:

本校专职体育教师社团:篮球社团(2个)、足球社团(2个)、武术社团、啦啦操社团。外聘体育社团:乒乓球社团、羽毛球社团、航模车模社团、网球社团、户外拓展社团、击剑社团。

一、连云港市苍梧小学篮球社团年度工作计划

(一) 目的任务

活跃我校文体生活,发挥学生特长和个性。

(二) 现状分析

1. 部分同学缺乏基础,吸收有篮球基础的学生加强训练辅导。

2. 学生体能素质较差，在加强技战术训练的同时，要加强体能素质的训练。

3. 心理素质不稳定，根据以上分析，今年有针对地制订训练计划。

（三）重新选拔吸收社员，成立新篮球队

1. 通过各级教师的推荐选拔社员。

2. 吸收上学期开展的几次篮球赛等物色到的社员。

3. 通过同学间的了解选出原来球队社员。

4. 体育教师在体育课堂上观察到的优秀球手。

（四）开展有计划、有步骤的科学训练

1. 加强体能训练，为技术、战术的正常运用奠定坚实的基础。

2. 在加强综合素质的同时，教师注重队员个人的技术动作训练。主要是通过对队员的各种运球、急停急起、突破、投篮、抢篮板球、传球等技术的学习，并对所有技术的灵活连贯运用。

3. 有针对性学习战术，加强队员的合作精神训练。从战术中的徒手移动练习、无对抗性的配合练习，到攻防对抗或模拟比赛条件下的配合练习等，队员经训练达到一个较高的进攻和防守水平。

4. 全队进攻战术和全队防守战术的训练，包括快攻与防守快攻、半场人盯人防守和进攻半场人盯人防守等。

5. 重视心理、临场水平发挥等训练。通过模拟训练、自我暗示训练、注意力集中训练和放松训练等，主要解决队员的意志品质问题和个人情绪问题。

二、连云港市苍梧小学乒乓球社团年度工作计划

（一）指导思想

增强同学们的身体素质，锻炼意志，陶冶情操。在学习过程中学生产生运动兴趣，提高学生体育运动水平及我校体育竞赛水平，迎接今后学生参加乒乓球比赛活动。

（二）学习目标

为对乒乓球感兴趣的同学们提供锻炼、学习、展示自我的舞台。本社团以推动校园乒乓球文化的建设、提高学生身体素质为宗旨，发挥促进乒乓球文化在校园的传播等方面的主力军作用。

（三）活动要求

重点培养学生的球感、巩固乒乓球基本功、发展学生的身体素质，同时提高学生的竞技能力和心理素质。

(四) 活动时间

每周五社团课。

(五) 活动地点

体育馆二楼乒乓球馆。

(六) 活动步骤

1. 熟悉阶段

(1) 练习掌握好握球拍的方法:无球练习握法。

(2) 学习基础发球平击球动作:无球徒手练习、握拍练习、发球对练。

(3) 移动步法的学习和练习,掌握基本几种步法:单步、跨步、跳步、并步。

(4) 球性练习:托球练习、球网两侧来回托球、对墙连续击球、结合球台对墙击球、两人相对击球。

2. 提高阶段

(1) 学习发旋球技术:学习徒手动作、发旋球练习。

(2) 学习接旋球和一些接球技术:一发一接对练、分组比赛对练、师生对练。

(3) 学习掌握基本接发球技战术:发球抢攻、左推右攻。

(4) 加强赛前心理身体素质训练:模拟比赛或是队内分组对抗赛。

(七) 工作措施

1. 训练任务

以技术训练为重点,同时抓战术配合意识及实战运用,树立队伍良好形象。

2. 训练原则

(1) 根据学生的实际情况制订训练计划,注重挖掘学生的潜力。

(2) 训练工作中突出狠抓思想作风,注意调整学生的心理状态。

(3) 根据学生的特点和技术水平制定相适应的目标和练习内容。

(4) 训练中注重动作基础,结合比赛,战术等各方面进行训练。

三、连云港市苍梧小学啦啦操社团第一学期活动计划

(一) 训练的目的与任务

1. 训练目的

使学生对啦啦操运动有较深刻的了解,培养学生的自信心、责任心和团队协作能力,提高学生的动作协调性,节奏感以及健康的审美观;发展学生的运动素质和运动技能,拓展学生的健身路径,丰富学生的课余生活。

2. 训练任务

(1) 加强上肢力量训练,强化动作控制力,全面发展身体素质,提高身体各

器官的机能。

(2) 通过啦啦操教学向学生传授啦啦操理论知识，基本技术、路线表演及技能。

(3) 为啦啦操运动的普及和提高培养优秀骨干。

(4) 培养吃苦耐劳的优良作风和较强的集体荣誉感。

(二) 训练阶段划分

1. 第一阶段(调整期)

(1) 训练主要目标：培养正确的身体姿态，发展一般运动能力。

(2) 主要训练任务：基本姿态、基本手位、基本步伐的训练。

2. 第二阶段(第一准备期)

(1) 训练主要目标：确定训练队最终名单，发展一般运动能力，提高一般心理品质，提高身体素质和基本技术。

(2) 主要训练任务：学习全国校园啦啦操示范套路小学组花球、体能训练、身体素质训练、表现力训练。

3. 第三阶段(第二准备期)

(1) 训练主要目标：巩固基本技术，提高动作质量，提高运动水平，提高竞技能力。

(2) 主要训练任务：学习小学啦啦操规定套路第二套、基本技术和体能训练、身体素质、表现力训练。

4. 第四阶段(第三准备期)

(1) 主要训练目的：规范基本动作，加强体能。

(2) 提高表现力主要训练任务：自编套路学习，难度动作训练。

5. 第五阶段(比赛、表演期)

(1) 主要训练日的：熟练套路，积累比赛经验，调整体能，提高心理品质创造比赛优异成绩。

(2) 主要训练任务：队内比赛，以赛代练、组织参加比赛。

(三) 训练内容纲要

1. 技术训练

(1) 基本动作方面

① 基本姿态：啦啦操的手型、常用手位、身体姿态。

② 基本步伐：踏步、侧并步、侧交叉步、V字步、侧点、前点、向前/向后走、吸腿、踢腿、开合跳、弓步、跑跳、弹踢腿跳。

③ 动作组合:以手臂的基本手位、方位及其变化为基础,结合基本步伐编排,培养动作的力度、规范的姿态和手型。

2. 全国花球啦啦操规定套路

3. 自编套路训练

4. 表现力发展和训练

5. 心理训练

6. 身体素质练习

(1) 耐力:定时跑、1000 米、800 米。

(2) 力量:双杠屈臂撑、俯卧撑、仰卧起坐、立卧撑、俯卧撑。

(3) 速度:跑的专门练习、加速跑、50 米跑。

(4) 跳跃:单足跳、多级跳、蛙跳、连续跳。

(5) 柔韧:体前屈、坐位体前屈。

四、连云港市苍梧小学篮球第一学期活动计划

(一) 指导思想

全面推进素质教育,活跃学校气氛,丰富学生业余活动,促进学生全面发展,促进学生健康。培养学生勇敢顽强,团结协作的精神;培养篮球兴趣,发展学生的篮球技战术水平,提高篮球技术水平。

(二) 人员组成

1. 热爱篮球运动,具有一定的篮球技术基础。

2. 身体健康,有较强的意志品质。

3. 思想健康,能遵守校纪校规。

4. 学习态度端正。

(三) 训练时间

每周五下午第一、二节课。

(四) 训练要求

1. 抓好思想作风建设,狠抓纪律。

2. 提高身体素质:重点提升队员的体力、身体对抗性以及运动员的跑位意识。

3. 狠抓基本功:重点抓篮球技战术的配合。

4. 以赛促练:每月争取 2 场以上的教学比赛,通过比赛提高队员技战术水平。

二、实施过程与方法

（一）具体实施过程

※4 部分社团每周训练计划安排

一、连云港市苍梧小学篮球社团周训练安排

周次	地点	内　　容
1	篮球场	球感训练（原地高、低运球），移动（侧身跑、变向跑、变速跑、后退跑）
2	篮球场	球感训练（运球），移动，传接球（双手胸前传球）、组织队员对抗练习，一对一练习，渗透简单篮球比赛规则
3	篮球场	球感训练（运球急停急起）巩固以上学习内容，一对一练习（突破训练），渗透简单篮球比赛规则
4	篮球场	球感训练，体前变向运球，传接球（双手胸前传接球），投篮练习（原地）、一对一练习，渗透简单篮球比赛规则
5	篮球场	球感训练，体前变向不换手、背后运球，行进接传接球，投篮练习，二对一练习（突破训练）
6	篮球场	巩固以上学习内容，组织队员比赛（重点进攻练习），接球投篮练习，选出球队的队长
7	篮球场	前滑步、后滑步、侧滑步（结全防守脚步动作），传接球练习（反弹） 组织比赛（在比赛中使学生合理运用各种动作），投篮练习
8	篮球场	复习前面学习各种运球的动作，学习背后运球，三对二练习，身体素质训练，投篮练习
9	篮球场	三对二练习，移动训练（跳步急停、跨步急停），接球急停跳起投篮，转身运球，假动作训练
10	篮球场	三对三练习，先进间高手投篮练习，巩固球感训练，投篮练习，抢篇板练习
11	篮球场	四对三练习，提高传接球的准确度练习，球感训练，转身练习，投篮练习，抢篮板练习
12	篮球场	单手肩上传球，有能力的队员练习单手肩上投篮，投篮练习，抢篮板练习组织队员比赛
13	篮球场	突破训练，快攻训练，简单战术训练（掩护），身体素质训练，假动作，训练组织队员比赛
14	篮球场	身体素质训练，提高队员对抗练习，快攻训练，防快攻，简单战术训练，组织教学比赛

续表

周次	地点	内　　容
15	篮球场	组织队员学习简单联防战术,进攻联队战术,假动作训练,巩固球感训练,投篮练习,抢篮板练习
16	篮球场	五对四练习,突破训练,快攻训练,巩固球感训练,投篮练习,抢篮板练习,跳投训练
17	篮球场	五对五练习,学习各种掩护,假动作训练,组织比赛
18	篮球场	组织队员学习简单联防战术,进攻联队战术,假动作训练,巩固球感训练,投篮练习,抢篮板练习,兴趣小组汇报比赛

二、连云港市苍梧小学网球社团周训练安排

周次	地点	内　　容
1	室外网球场	网球基础知识学习、了解几种握拍方法(以半西方式握拍为主)、球性练习
2	室外网球场	球拍向上颠球、学习正手引拍、挥拍
3	室外网球场	向下拍球、学习正手引拍、挥拍、原地对墙击球练习
4	室外网球场	挥拍练习、球感训练、脚步练习、原地正手对墙击球练习
5	室外网球场	挥拍练习、球感训练、脚步练习、对正手墙连续击球练习
6	室外网球场	挥拍练习、球感训练、脚步练习,原地正手击球过网
7	室外网球场	挥拍练习、球感训练、脚步练习,手抛球正手击球过网
8	室外网球场	挥拍练习、球感训练、脚步练习,接过网抛球正手击球过网
9	室外网球场	挥拍练习、球感训练、脚步练习,多球正手击球过网
10	室外网球场	挥拍练习、球感训练、脚步练习,喂多球正手击球过网
11	室外网球场	挥拍练习、球感训练、脚步练习,多球正手击球过网、老师与学生尝试性对打
12	室外网球场	挥拍练习、球感训练、脚步练习,多球正手击球过网、老师与学生对打,要求:6个来回球
13	室外网球场	挥拍练习、球感训练、脚步练习,多球正手击球过网、学生间对拉球练习
14	室外网球场	课时总结,考核:正手低手发球过网、对拉球
15	室外网球场	网球基础知识学习、了解几种握拍方法(以半西方式握拍为主)、球性练习

续表

周次	地点	内容
16	室外网球场	球拍向上颠球、学习正手引拍、挥拍
17	室外网球场	考核
18	室外网球场	比赛

三、连云港市苍梧小学足球社团活动教案

（一）教学目标

1. 乐于学习脚背正面运球的动作方法，在练习时表现出敢于挑战困难的精神。

2. 能积极主动参与活动，学会交流和合作，并能积极展示自我。

3. 通过游戏活动，培养学生合作与竞争意识，体验与他人合作学习的心理感受。

（二）教学内容

脚背正面运球。

（三）学习过程

1. 激发兴趣阶段

（1）通过五人（其中一人持球、一人抢球）的躲闪游戏，激发学生热情。

（2）明确学习内容，认真做好准备活动，围绕直径分别为8米和10米的圆（女生在内男生在外）慢跑，听哨音，快速做“金鸡独立”（模仿脚背正面触球）的动作，持球腹背运动，脚踝运动，活动手腕关节。

2. 合作探究、动作学习阶段

（1）男女生前后组合成两人一组，每组一个足球，学生合作探究原地脚背正面踢球的方法，并对练习结果进行汇报。

（2）集中，个人展示，教师介绍脚背位置（即鞋带的地方），并做正脚背做无球和运球示范。

（3）两人一组正脚背运球练习：教师巡回指导，参与学生的学习，对有困难的小组给予帮助，组织学生进行学习成果展示，对学生学习情况做出评议，讲解示范动作要领，纠正学生练习中的错误。

（4）运球停球练习：正脚背踢一次球停球练习——正脚背踢多次球停球练习——固定距离运球触球比多比赛——讲解示范脚背正面传接球——两人一组正脚背传球比赛。

3. 素质拓展阶段（8人一组，“运西瓜”接力比赛，正脚背射门游戏）

（1）教师讲解示范运西瓜接力的游戏规则及方法，进行游戏。8个人一组，每队员双手双脚着地仰面,将球放在肚子和腿之间,通过四肢依次向前爬动,球不能落下,掉了要捡起来从原地继续,所有队员全部完成才算获胜。

(2) 教师讲解正脚背射门游戏的方法、规则和比赛的记分办法,把学生分成8人一组,在指定的场地上进行试练,解答学生的问题并给予积极的指导和帮助,对学生比赛给予积极的鼓励和评议并对优胜组和动作进步最大的小组给予奖励。

4. 稳定情绪,恢复身心阶段

(1) 持球原地坐下,听音乐模仿教师,持球进行静力性肌肉拉伸练习。

(2) 引导学生交流感受,评议总结,布置课后作业,回收器材,宣布下课,师生再见。

场地器材:足球40只,播放器一台。

四、连云港市苍梧小学航模车模社团活动教案

(一) 活动时间

第二周。

(二) 活动内容

橡筋动力模型飞机制作。

(三) 活动器材

美工刀、尖嘴钳、老虎钳、铅笔、尺子、透明胶带、双面胶带。

(四) 活动过程

(1) 制作翼型:在距前缘25毫米处弯折一下,使它向上凸起6毫米。具体做法:先在折痕处的机翼下面用铅笔压一条印,然后沿此线弯折。

(2) 制作上反角:在每边距翼尖80毫米处,从折痕到前缘切开一个口,再把翼尖翘起25°,与切口最大处相距25毫米,用透明胶带把切口粘上。为了增加机翼强度,用透明胶带把翼型折痕和上反角折痕粘住。

(3) 制作尾翼:将吹塑纸按一定尺寸裁出水平尾翼和垂直尾翼。

(4) 制作机身:将机翼翼台与机身杆粘接在一起(要求:翼台前端面距机身杆前端面60毫米)。

修机头右拉:用0.75毫米木片裁成5毫米×10毫米的木片,粘接于机头右侧,然后用壁纸刀将机头修整出带有向右偏转的形状。

(5) 穿尾钩:将套材中的尾钩开口向后,用老虎钳将尾钩小心地钉入机身杆(距机头前端240毫米处),再用细而轻的线绑上三、四圈,滴上一滴速凝胶水,固定好尾钩。

(6) 粘接尾翼:用双面胶将垂直尾翼、水平尾翼分别粘接在机身杆后部。

(7) 粘接机翼：用双面胶将前翼粘接在杆身上，可用透明胶带加强。

(8) 组装机头：将套材中的机头组件制作组装，即铁丝由后向前穿入螺旋桨，在前面6毫米处弯折成90度角，正好嵌入螺旋桨中心的凹槽里(注意螺旋桨有凹槽的朝前)，最后插入机身头部。

(9) 安装动力橡筋：将套材中的橡筋束系紧后盘成三圈，分别挂在机头钢丝钩和尾钩上(注意：橡筋束应呈松弛状态)。

(二)现场实况照片

图8-2　国赛扬威

图8-3　沉着应战

图8-4　勤学苦练

图8-5　不让须眉

图8-6　夯实基础

图8-7　善教乐学

三、成绩与效果

全校共计300多人参与周五下午的体育类社团活动,每周两节课,每个社团至少30个学生。

(一)学生体质健康测试成绩优异

表1 参加体育类社团训练对学生体质健康测试的影响

项目	人数			
	社团前(班级前15名人数)	社团一年(班级前15名人数)	社团两年(班级前15名人数)	社团三年(班级前15名人数)
50米	67人	79人	83人	90人
1分钟跳绳	73人	82人	88人	93人
坐位体前屈	44人	52人	64人	70人

注:受测对象为各体育类社员随机10名成员,人数共计为110人。

从表1中,可以看出,长期坚持社团训练的学生在班级前15名的人数,显著增加。除个别因体重等特殊原因排名有所下降,其余社团成员在班级的排名都有所上升。在2019年校运动会比赛中,跑、跳、投类竞赛的前三名,只有3人不是体育社团成员。

(二)意志磨炼之中心理状态稳定

学生作文:我爱篮球

我很庆幸,在小学能一直有篮球活动相伴。我也很惊叹,篮球竟能玩出那么多花样。记得上三年级篮球社团时,老师教我们学旋球,转球。怎么转?只见廖老师先将篮球捧在手掌心,然后手腕一转,球便在老师手指上转动着。同学们不停欢呼着,当球快掉下来时,老师用左手轻轻拍打球,球的速度便越来越快。开始我还兴致勃勃,心想:这还不是小菜一碟。我抱着篮球来到操场上,学老师的样子想让球在指尖竖起来,可球一放上去手指便发软,翻着跟头下来了。

老师看出了我们的畏难情绪,便鼓励我们:“看看哪个人能最先把球转起来,那个人就最棒!”在老师的鼓励下,果然,没过几天,就有人会转了,我既羡慕,又无比佩服。接二连三地才几天工夫,就又有三四个人会转了。看着那些同学旋球时自豪的神情,我心里急得发痒,于是拼命鼓励自己:我一定行!下课时我不玩别的,专门练转球,开始我总是跟着球跑,而且球在手指上停的时间也很短,几秒钟就滚下来了。我连忙去拜了一位小师傅,他告诉我:“转球时首先要集中注意力，在转的时候，手指不能软，要把球顶起来。拍打球的时候，不能用力过猛。”他一边说一边示范。我心领神会，得到秘诀，又乐滋滋地去练了。从那以后，不管课间还是上体育课，我专门练习转球，指甲磨平了，接着练……有好几次，我指尖上的皮都磨破了，但我依然忍着疼痛去练。球终于能在手指上转十几秒了，我兴奋不已，但一想，我应该超越自己，让球旋转更长的时间。我继续刻苦练习，终于“功夫不负有心人”，我成功了，现在，球不仅能自如地在我指上旋转，要待多长时间就能待多长时间，还能在我不同的手指上“跳舞”，甚至可以“跳”到别人的手指上。每当回想到那段练球的经历时我便倍感自豪。篮球不仅给我带来了欢乐，更磨炼了我的意志，我爱篮球！

——连云港市苍梧小学范轶辉

我爱足球

哈哈，多亏了以前经常踢足球，我三年级的时候被选上参加学校的足球社团，但是，足球老师却说大家踢得都不对。记得刚开始练习踢足球时，我觉得我肯定是踢得最好的，但是跟老师上了一节课，才发现我踢球的动作都不对，怪不得大脚趾总是会疼，记得一开始的一场足球比赛，“啊！好疼呀！”我发出了一声惨叫。原来，我摔了一跤，膝盖破皮了，于老师看见了，连忙跑过来关切地对我说：“怎么样，没事吧？要不要到旁边去休息一下？”我听到于老师对我如此关心，脚疼便好了一大半，用坚定的语气对他说：“谢谢您，这点小伤算得了什么？我一定要坚持下去，要比完这场足球赛！”于老师拍了拍我的肩膀，对我说：“好样的，加油！”听了于老师的鼓励，我的脚居然不疼了。我相信，这一定是一个奇迹，我一定不能辜负了这个奇迹！就这样，我重新站了起来。我在这足球场上，不知摔了多少跤，不知流了多少泪，可我凭着坚强的意志坚持了下来。就是因为这种精神，我现在可是足球队的主力前锋呢！我一定要踢得更好，要和队员配合得更加默契，这样我们在以后的比赛中才能赢，因为团结就是力量！

虽然踢足球的过程是十分辛苦的，但是让我感受到了成功的喜悦！通过练习足球技能，我感受到做什么事都不容易，需要有耐心，要持之以恒，不仅需要刻苦练习，还要讲究方法。在足球运动中，我不仅强健了体魄，同时也磨炼了自己的意志，学会了许多足球技能，使我体会到成长中那无比的快乐。

——连云港市苍梧小学贾攀皓

（三）宣传体育文化多学科齐融入

举办足球篮球系列校园球迷争霸赛、“足球梦，我的梦”演讲竞赛、“校长杯”校园体育绘画比赛，通过活动，在提高学生写作、绘画能力的同时，激发学生积极参加体育锻炼的热情,提高参与体育运动的兴趣,培养班级凝聚力和团队竞争意识,促使学生走向操场、走进大自然、走到阳光下,从而建立良好的健康生活方式。

(四)参赛取得成绩社团收获多多

我校的体育类社团参加连云港市各类比赛均获得优异的成绩。啦啦操社团在全国啦啦操联赛获一等奖,2016 年连云港市中小学啦啦操比赛小学甲组团体总分一等奖,2017 年连云港市啦啦操比赛获两个第一名的好成绩。2016 年足球社团获市长杯冠军。2018 乒乓球社团在市乒乓球比赛中斩获六个团体名次。2018 年羽毛球社团成员在市羽毛球比赛中,包揽男、女子团体冠军。我校的航模车模社团在市比赛中多次获得市一等奖。武术社团自成立起,连续四年荣获市武术比赛团体一等奖,学校连续三年作为市武术比赛赛点。

(五)社团成果展示产生社会效应

在学习的过程中,有任务、有比赛、有交流、有展示。更多的孩子们能够通过这样的平台发展自己的特长,并取得了骄人的成绩。每到期末,各个社团的成果会在校园网站上展出,六年来,体育社团的发展获得了广大学生家长的一致好评和支持。篮球、武术、舞蹈等社团获得"市十佳优秀社团""市优秀学生社团"等荣誉称号。

"选课走班"既满足了儿童个体的个性发展需求,又充分发挥了每位教师的自身优势资源,将部分优秀资源广泛分享给更多的学生群体。梦想没有止境,苍梧人正以一种昂扬的姿态勇于实践,勤于反思,敢于创新,努力让社团活动成为每一个孩子难忘的经历,一生的财富。

四、思考与展望

(一)社团发展面临的问题

1. 体育社团文化建设重视不够。社团的可持续发展离不开良好的社团文化氛围,但社团教师往往只关注社团的活动组织,常常忽略社团文化的建设,后期需要加强引导,形成自身独特的社团文化。

2. 体育社团活动的组织管理还缺乏必要的监督机制。根据我校的社团问卷调查,学生在参与社团活动中,社团管理上还存在一些不足之处,如少部分学生迟到、社团活动内容枯燥等。后期需要在社团常规管理上加强监督。有些社团是教师的业余爱好、特长等,这部分社团教师在相关专业培训上需要重视。

（二）发展方向与展望

在进一步深化教育改革与素质教育全面推进的大背景下，我校学生社团呈现出良好的发展态势，篮球社团、武术社团、巧手坊、舞蹈社团、合唱社团等荣获市级社团表彰。在这样的起点上，我们要继续努力，做好以下几项工作。

1. 保持社团的数量和参与的人数。我校三、四、五年级全部参与，形成了大规模、系列化的发展态势，社团成员在各项、各级比赛中屡获佳绩，社团活动也成为学生每周十分期待的活动。

2. 不断完善社团奖励制度。各个社团要不断完善、健全社团管理章程，建立奖励制度，强化评价的激励作用，逐步打造精品社团，使社团活动不仅秩序井然，还高效。

3. 逐年增加社团活动的经费，促进社团的持续健康发展。

4. 加强课题研究。在市级课题《小学生社团活动的有效组织策略研究》已经立项的基础上，学校将针对社团发展的现状以及瓶颈问题进行更加深入的研究，为我校体育社团建设的进一步发展提供策略支撑。

入选理由:

星河实验小学是一块适合小学生轮滑球运动发展的"沃土",拥有标准的轮滑球训练场地及装备器材,专业的教练员,刻苦训练的学生队伍。学校建立轮滑球队,打造校园特色文化,让"参与、拼搏、合作"的轮滑球特色文化精神融入学校的管理、课堂、活动等各方面的工作中,用特色文化引领、激励、提升整体办学水平,弘扬奥林匹克精神,推动"三亿人参与冰雪运动"。

九 常州市武进区星河实验小学轮滑球社团

资料提供:张小晴　蔡汝艳

图 9-1　常州张小晴

常州市武进区星河实验小学是常州市武进区教育局直属学校。学校坐落在大运河畔、古淹城旁,是一所由常州星河协通房地产开发有限公司投资约 4 亿为星河国际二期工程所配套的公办小学。学校占地面积 25862 平方米,建筑面积 33550 平方米。学校师资雄厚,拥有多位特级教师和教级教师后备人才。

本部校区是武进区武术特色学校,武术课获得武进区一等奖,连续两年获得常州市和武进区小学组团体第一名。

2017 年 7 月,星河实验小学教育集团成立,原周家巷小学成为星河实验小学分校。两校的联合,使得星河实验小学在举重、足球、曲棍球等运动项目上再添助力。分校是常州市举重定点学校,每年为常州体校输送多名优秀运动员,并在省运会上获得优异的成绩。

建校以来，学校在体育课程建设取得了丰硕的成果。学校根据教学实际，充分利用江苏省第一块标准轮滑球场地落户于学校体育馆的资源优势，把轮滑球校本课程作为体育课的延伸与辅助，给予学生专业、安全的训练环境，体验轮滑球运动的魅力，挖掘在运动竞技与特长方面的潜力，全面发展学生的身体素质，提高动作的协调性和灵活性。

图 9-2　星河实验小学校门

一、组织方法与活动设计

（一）组织方法

※1 常州市星河实验小学轮滑球社团管理章程

一、社团性质

在学校统一管理，由具有特长的教师指导与带领，具有共同的志趣、爱好和特长的少年儿童自愿组成的轮滑球社团。

二、组织机构与成员

社团的成员：凡是在校的学生，对社团的某一项内容有兴趣，承认社团章程，自愿加入社团的，经本人申请和指导教师的认可，即可成为社团成员（组织机构成员名单略）。

三、社团成员的权利

（一）社团成员有接受社团培训，参与社团活动的权利。

（二）社团成员有对本社工作提出意见和建议的权利。

（三）社团成员有退社的权利。（注：凡退出本团，需经个人申请由各社团指导老师批准后,方可退社。)

(四)社团成员有权参加各类比赛和每学期优秀学员的评选。

四、社团成员的义务

(一)社团成员必须按时参加社团的培训和活动。如有特殊情况,需提前请假。

(二)社团成员必须认真及时地完成社团给予的任务,积极参与本团各项活动。

(三)社团成员必须自觉遵守本团各项规章制度,自觉维护社团形象,有团体凝聚力。

(四)社团成员必须维护学校的形象,弘扬学校的校园文化。

五、社团培训的要求与奖惩原则

(一)培训要求:培训包括集体指导性培训与练习和自主学习与练习。社团每星期组织两次培训活动,并以实践活动为主,各社团的指导老师必须坚持学校总体培训方针,协调好社团和学校的工作,完成学校与社团布置的相关各项任务。

(二)奖惩措施:凡是不完成社团布置任务的学员,超过三次以上不得参与评优活动。凡是社团活动,无特别情况不到者,超过五次作自动退团处理。对于社团积极分子,社团要给予适当奖励。

(二)活动设计

※2 常州市武进区星河实验小学轮滑球社团训练计划

技术阶段	序号	内容	训练时长	装备配备要求
常规训练	1	常规、检查装备	1	轮滑鞋+基础护具+头盔
	2	装备穿戴、自我保护	1	
	3	正向、倒向滑行	1	
轮上技术	1	持杆滑行	2	轮滑鞋+基础护具+轮滑球头盔+轮滑球杆
	2	正向向左、向右转弯滑行	2	
	3	倒向向左、向右转弯滑行	2	
	4	正转倒滑行、倒转正滑行	1	
	5	急停(左右)	1	

续表

技术阶段	序号	内容	训练时长	装备配备要求
杆上技术	1	直线运球	2	轮滑鞋+基础护具+轮滑球头盔+轮滑球杆
	2	曲线运球	2	
	3	拨球	2	
	4	传接球(前后左右)	2	
	5	跑动传、接球	2	轮滑鞋+全套护具+轮滑球头盔+轮滑球杆
	6	射门	1	
	7	跑动射门	1	
战术训练	1	个人、防守、进攻等战术,以二人或多人配合,侧重对此进行练习		轮滑鞋+全套护具+轮滑球头盔+轮滑球杆

二、实施过程与方法

(一)具体实施过程

※3 常州市武进区星河实验小学轮滑球社团"创想校本课程"申报表

课程名称	轮滑球课	申报教师	陈黎鹤
开设年级	二、三年级	招生人数	40
展示场地要求	硬质地面篮球场		
课程简介	轮滑球运动是在快速、激烈、对抗的情况下进行的一项综合性体育活动。其具有竞争性强、趣味性浓等特点,深受广大学生的喜爱。它能全面锻炼身体,提高学生的平衡、灵敏、速度、耐力等身体素质和动作的准确性、协调性,培养学生勇敢顽强、机智、果断、团结合作等优良品质。其旨在培养学生创新实践能力,促进学生全面发展和健康成长,激发学生运动兴趣,培养学生终身体育锻炼的意识,关注个体差异与不同需求,确保每一名学生受益。根据我校的教学实际,通过整合、补充、拓展,对原有教材的消化与加工,较之更能培养个体差异学生的兴趣与特长,充分挖掘我校学生在运动竞技与特长方面的潜力,为以后的体育锻炼与训练打下良好基础,并充分发挥学生的学习积极性,提高学生的自主学习能力			
课程部审核意见				

※4 常州市武进区星河实验小学轮滑球社团宣传、活动展示

星河创想课程安排表				
序号	内容	要求	所需器材	负责人
1	校队队伍展示训练	气势,热身	装备	蔡汝艳
2	投票、发放礼品		投票箱1个、礼品若干	张小晴
3	音乐、调节气氛、组织排队射门	维持秩序	音响1件	杜玉洁
4	装备体验	快速穿脱	全身护具1套	华叶红
5	摄影		航拍1架、相机1台	龚尧
6	整场协调	有序开展		王程程
7	项目简介	发言稿		张宇
8	后勤工作	物料	球杆5根、头盔2个、球5个	刘姿丽

※5 常州市武进区星河实验小学轮滑球比赛计划

序号	级别	竞赛名称	竞赛时间	竞赛地点	参加对象	参加要求
1	省级	校运动会	10月	学校	社团学生	1. 校队队员　2. 按规定统一比赛服和必备的护具
2	省级	江苏省轮滑球锦标赛	10月	人民路小学	社团学生	1. 校队队员　2. 按规定统一比赛服和必备的护具
3	区级	武进区小学生轮滑球比赛	11月	人民路小学	社团学生	1. 校队队员　2. 按规定统一比赛服和必备的护具

※6 常州市星河实验小学轮滑球社团学期授课计划

课程名称:轮滑球			学期:第一学期			
周次	任课日期	授课内容	上课类型			作业布置
			教学	训练	游戏	
1	月　日	1. 导课:介绍主要教学内容,考试内容,课堂要求 2. 强调安全防护,护具辨识及正确穿戴	理论			√
2	月　日	1. 练习护具的穿戴 2. 陆地模仿滑行中自我保护——摔跤与起立 3. 轮上摔跤与起立	实践			
3	月　日	1. 陆地模仿基本站立姿势,提膝收脚 2. 轮上结合基本站立姿势与提膝收脚,练习正向直线滑行	实践			
4	月　日	1. 复习正向直线滑行		√		

续表

课程名称:轮滑球			学期:第一学期			
周次	任课日期	授课内容	上课类型			作业布置
			教学	训练	游戏	
5	月　日	1. 内八字急停动作要领 2. 复习正向直线滑行 3. 游戏形式训练			√	
6	月　日	1. 练习内八字急停姿势 2. 复习直线滑行 3. 学习前葫芦滑行减速	实践	√		
7	月　日	1. 复习直线滑行与内八字急停 2. 学习持杆滑行与八字急停	理论	√		
8	月　日	1. 复习持杆滑行与八字急停		√		
9	月　日	1. 基本握杆姿势动作要领 2. 复习直线滑行 3. 游戏形式训练			√	
10	月　日	1. 学习基本握杆姿势 2. 学习单手握杆翻腕 3. 学习原地拨球	理论			√
11	月　日	1. 复习原地拨球 2. 陆地模仿直线奔跑推球,击球前进 3. 滑行中直线推球,击球练习	实践	√		
12	月　日	1. 复习直线运球 2. 学习曲线绕障碍运球		√		
13	月　日	1. 复习曲线绕障碍运球 2. 了解考试内容		√		
14	月　日	复习考试内容	复习			
15	月　日	考试	考试			

(二) 现场实况照片

图 9-3　社团展示

图 9-4　比赛照片

三、成绩与效果

(一)对学生身体素质的促进

选取40名9～11岁未经训练的学生,分为训练组(Training group,T,n=20)和对照组(Control group,C,n=20)。训练组接受一学期轮滑球训练课程,对照组除正常体育课以外,不进行轮滑球和其他体育社团课程。测试数据包括身体形态指标:身高,上臂紧张围和放松围,小腿围,大腿围,皮褶厚度(肱三头肌皮褶厚度,肩胛下皮褶厚度)。身体素质指标:握力,反应时(听觉反应时,视觉反应时),立定跳远。实验数据采用SPSS14.0软件进行处理,得出以下结论。

1. 轮滑球运动对学生身体形态的影响

(1) 训练组(后)上臂紧张围和放松围差平均为1.2±0.46厘米,对照组(后)上臂紧张围和放松围差平均为0.8±0.24厘米,两者进行t检验比较,有明显差异(P<0.05),表明轮滑球训练对学生上臂紧张围和放松围差有明显影响。

(2) 训练组(后)肩胛下皮脂厚度为13.8±5.6毫米,对照组(后)肩胛下皮脂厚度为19.1±8.06毫米,两者进行t检验比较,有明显差异(P<0.05),表明轮滑球训练对男童肩胛下皮脂厚度有明显影响。

(3) 大腿围和小腿围实验前和实验后经t检验,(P>0.05),无明显差异。

2. 轮滑球运动对学生体能素质的影响

(1) 轮滑球运动对学生反应时的影响

反应时是反映神经系统和肌肉灵活性的重要指标。测试对比显示,训练组的视觉反应时为362.85±40.12秒,对照组的视觉反应时为416.02±56.42秒,训练组的听觉反应时为490.29±60.34秒,对照组的听觉反应时为573.98±68.12秒。训练组和对照组的视觉反应时和听觉反应时都具有明显差异(P<0.05)。

(2) 轮滑球运动对学生下肢力量的影响

训练组(前)的立定跳远平均为144.5±12.04厘米,训练组(后)立定跳远平均为150.85±10.71厘米,平均增长6.35厘米;对照组(前)立定跳远为141.85±4.79厘米,对照组(后)立定跳远为143.65±5.54厘米,平均增长1.8厘米。训练组与对照组具有明显差异(P<0.05)。

(二)体育文化宣传,家长的反馈,取得的成绩

学生的积极参与度和家长的热情不断提升,在校趣味运动会上轮滑球队队员的精彩表演,得到全校师生的一致好评和家长的欢迎。在武进区比赛中,学校得到区教育局、区体育局各级领导的称赞。

四、思考与展望

（一）轮滑球是新兴项目，具有新颖性、趣味性，学生非常喜欢。如何进一步激发与调动学生的自身积极性，更好地广泛深入开展，还需要教师更多地思考与创造。

（二）进一步加大宣传力度，营造全社会关心支持轮滑球活动的环境。通过宣传栏、校园广播、各班的多媒体一体机向学生宣传轮滑球运动，组织轮滑技巧展示，让更多的学生喜欢这项运动。普及与提高相结合，扩大轮滑球活动覆盖面。课余时间合理安排学生的课余轮滑球活动，将轮滑球作为学生的体育考核内容之一，使学生能充分享受轮滑球所带来的乐趣。发挥团队的宣传带动作用，经常开展轮滑球运动普及活动。

（三）进一步优化轮滑教学活动，打好轮滑的基础。学校把开展轮滑研讨活动与加强轮滑球社团管理融合起来，加强日常训练的实施和管理，壮大轮滑球社团的队伍。

（四）搭建与兄弟学校学习交流的展示平台，积极发挥轮滑球活动的示范作用，展示轮滑球运动的魅力，带动周边学校的轮滑球运动热情，使得更多的学生喜欢上轮滑球运动。学校应多次组织轮滑球社团参与社区、学校和青少年机构合作举办的轮滑球运动交流、展示活动，充分发挥轮滑球运动在当地的示范辐射作用。

入选理由:

育才小学西区校立足仁爱求真,打造均衡教育;树人立德启智,以美修身健体;着眼育人育才,丰富体育文化;开设篮球社团,整合学科知识,发展思维能力,培养篮球兴趣,提升运动技能;普及篮球运动,丰富活动内容,增强体能素质,培养学科核心素养,促进全面发展;组织特长训练,提升竞技体育水平,组队参赛,广陵小组第一,输送篮球队员,打造学校品牌。

十 扬州市育才小学西区校篮球社团

资料提供:俞大磊　吴晓宁　顾　昇

图 10-1　扬州俞大磊

扬州市育才小学西区校是扬州市政府为了均衡东西区教育,打造的一个极具特色的惠民工程项目。学校拥有三片大篮球场,三片小篮球场以及体育馆一座。学校立足于“仁爱求真”的办学理念和“以美立德、以美启智、以美修身、以美健体”的办学思路,围绕学生全面发展,开展了丰富多彩的校内社团活动。

为了丰富校园文化生活,促进校园和谐发展,增强学生的体质,培养学生对篮球的兴趣、相互配合的能力及吃苦耐劳的精神,学校建立了校级社团,分低中高三个等级在体育馆内进行上课。篮球社团以形式多样的活动丰富了学生的课余生活,培养学生的组织管理能力,同时提高了学生的交往能力,使校园精神文明建设、阳光体育工作迈上了一个新台阶。篮球社团活动得到了各科教师的支持、家长们的认可,也为学校课余训练工作开展奠定了良好的基础。一批批表现优秀的学生被选拔到学校篮球队,代表学校参加扬州市比赛,取得了优异的成绩。

学校篮球社团以兴趣为基础，以活动为载体，以学生为主体，以培养学生个性特长、创新精神和实践能力为重点，以篮球活动为手段，全面推进素质教育，增进学生健康，丰富学生业余活动，促进学生全面发展，培养学生勇敢顽强，团结协作的精神；培养学生篮球兴趣，提高学生篮球技术水平，增强学生发现自我、探究问题、解决问题的能力。

一、组织方法与活动设计

（一）组织方法

※1 扬州市育才西区校激情篮球社团章程

为了培养我校篮球社团队员的良好修养，保证本社团的训练计划顺利进行，树立队员的良好形象，营造一个团结、严肃、活泼、和谐的训练气氛，设置章程如下。

一、名称

激情篮球社团。

二、性质

激情篮球社团由俞大磊、单承湘、孔祥星担任指导老师，由热爱篮球，喜欢团队合作的学生组成。

三、宗旨

开展篮球社团，提升本校篮球运动的水平，活跃和丰富校园文化，培养爱国热情和团结友爱精神，加强与外界交流，培养优秀的篮球运动员苗子。以点带面，带动全校学生积极参与篮球社团活动，全面提高学生的身体素质，为我校形成篮球特色学校打下基础。

四、口号

玩中学，学中乐，相互配合，共同成长。

五、资格

育才小学西区校的在校学生，凡是认同本社团章程，对篮球感兴趣，均可自愿申请加入篮球社团，社团老师审核过关后成为正式的篮球社团成员。

六、权利

（一）篮球社团的队员有享受平等训练的权利。

（二）监督篮球社团成员纪律的执行。

（三）参加日常的篮球训练。

（四）对激情篮球社团提出建议和批评。

(五) 入团和退团自由。

七、义务

(一) 遵守激情篮球社团的章程。

(二) 认真积极参加每一次的训练,不断提高自己的篮球基本功。

(三) 学校交流、比赛活动时要树立篮球社团的良好形象。

(四) 爱护训练器材,不得故意损坏,保持训练场地的整洁。

八、纪律

(一) 选出篮球社团团长,高级班出两名团长,中级班出一名,其中高级班里的一个团长作为低年级的团长,帮着教师一起组织低年级学生的活动,培养优秀队员的交流能力。

(二) 确定篮球社团整队集中的地方:体育馆门口(分低中高级班站成三路纵队)。

(三) 教师在规定时间前五分钟到达场地,并且根据名单点名,记录下每位队员的出勤,告知学生有事要向负责教师请假。

(四) 各位队员根据季节穿适合当季的运动服。

九、组织

(一) 篮球社团设指导老师 3 名,团长 3 名,成员 54 名。

(二) 由社团指导老师制订和执行篮球队的工作计划。

(三) 指导老师监督激情篮球社团的训练。

十、奖惩

(一) 在各项比赛中获得优异成绩者,按照学校的奖励方案对获奖者进行奖励。

(二) 每学期评选出社团优秀成员。

(三) 社团成员如不听从教练安排、队内打架者、搞小团体主义者,警告一次。警告达三次需要帮社团打扫卫生,整理器材。情节严重者需要暂时离开社团。

十一、附则

(一) 本章程的最终解释权归育才小学西区校激情篮球社团所有。

(二) 本章程公布之日起开始执行。

(三) 篮球社团活动计划设计。

（二）活动设计

※2 扬州市育才西区校激情篮球社团活动计划

一、低级部篮球社团活动安排

1. 低级部篮球社团活动计划

<table>
<tr><td colspan="2">社团名称</td><td>篮球</td><td>活动内容</td><td>篮球初级培训</td></tr>
<tr><td colspan="2">社团团长</td><td>朱霄阳</td><td>指导老师</td><td>孔祥星</td></tr>
<tr><td>社团成员</td><td colspan="4">一年级 8 人
二年级 8 人</td></tr>
<tr><td rowspan="2">活动计划</td><td>总体达成目标</td><td colspan="3">根据学校的统一安排，培养学生的兴趣特长，创新思维习惯和实践能力，培养学生分析和解决问题的能力以及团结协作的精神，以球育德，以球益智，以球育体，以球炼志，以球养性，全面提高学生素质，具有十分重要的意义，初级班重点以培养兴趣为主</td></tr>
<tr><td>措施</td><td colspan="3">场地：篮球馆
器材：篮球、标志桶
训练方法：体能结合基本功练习，主抓球性，球感练习</td></tr>
</table>

2. 低级部（一、二年级）篮球社团活动设置

<table>
<tr><td colspan="6">低级班（一、二年级）活动设置</td></tr>
<tr><td>周次</td><td>教学内容</td><td>课时数</td><td>周次</td><td>教学内容</td><td>课时数</td></tr>
<tr><td>1</td><td>基本功练习（球感训练，移动）</td><td>1</td><td>12</td><td>各种姿势投篮
（适合自己现阶段投篮的姿势）</td><td>1</td></tr>
<tr><td>2</td><td>篮球基础练习 1</td><td>1</td><td>13</td><td>身体素质练习</td><td>1</td></tr>
<tr><td>3</td><td>篮球基础练习 2</td><td>1</td><td>14</td><td>综合测试</td><td>1</td></tr>
<tr><td>4</td><td>原地拍球、滚球练习</td><td>1</td><td>15</td><td>组织三人赛</td><td>1</td></tr>
<tr><td>5</td><td>篮球基础——原地高低位运球</td><td>1</td><td>16</td><td>观看高年级的比赛，熟悉规则</td><td>1</td></tr>
<tr><td>6</td><td>篮球基础——原地双手运球</td><td>1</td><td>17</td><td>组织三人赛</td><td>1</td></tr>
<tr><td>7</td><td>篮球基础——行进间运球</td><td>1</td><td>18</td><td>组织三人赛</td><td>1</td></tr>
<tr><td>8</td><td>行进间运球</td><td>1</td><td>19</td><td></td><td>1</td></tr>
<tr><td>9</td><td>行进间运球（快速）</td><td>1</td><td>20</td><td></td><td>1</td></tr>
<tr><td>10</td><td>介绍简单的篮球比赛的规则</td><td>1</td><td>21</td><td></td><td>1</td></tr>
<tr><td>11</td><td>观看高年级的三人赛</td><td>1</td><td>22</td><td></td><td>1</td></tr>
</table>

二、中级部篮球社团活动培训安排（略）。

三、高级部篮球社团活动培训安排（略）。

二、实施过程与方法

（一）具体实施过程

根据学校六个年级共 72 个班级，体育馆场地的实际情况，社团由三名老师

分别负责三个学段的学生,首先在体育馆集中,然后根据教学内容安排三个学段学生练习的地点,各个地点由教师和社团团长负责(强调教学过程中的纪律)。

※3 扬州市育才西区校激情篮球社团具体活动训练教案

一、低年级的第一次具体活动训练教案

<table>
<tr><td>项目名称</td><td>篮球</td><td>活动内容</td><td>球性练习</td><td>实施级段</td><td>低年级</td></tr>
<tr><td>前期准备</td><td colspan="5">篮球、标志桶、标志杆</td></tr>
<tr><td>实施步骤及方案</td><td colspan="5">一、准备部分
1. 课堂常规(略)
2. 准备活动
(1) 一路纵队绕着篮球场慢跑6圈
(2) 各关节的准备活动
头部运动、扩胸运动、体转运动、腹背运动、弓步压腿、侧压腿、膝盖运动、手腕脚踝
(3) 高抬腿、小步跑、后踢跑
(4) 侧滑步
(5) 加速跑2组、折返跑3组
(6)“听口令抢球”:学生分成两列横队相聚0.5米面对面蹲跪,教师的口令是脸上的各个器官(鼻子、耳朵、眼睛、头发、嘴巴、眉毛等),还包括“抢球”,只有听到“抢球”的时候才能够第一时间去抢球,谁先接触到球并将球抢走属于胜利者,没有抢到的同学要做五个下蹲起立
二、基本部分
1. 课堂导入:小游戏小篮球环绕全能赛
(1) 游戏目的:通过游戏,提高学生对下篮球的控制能力,培养球性
(2) 游戏方法:把学生分为每5~8人一组,每个小组的学生进行合作,开动脑筋,并用小篮球进行游戏,看哪组同学能够想到最多的小篮球环绕动作,而且小组能够带领本组同学全部完成
(3) 游戏规则:在教师的规定时间内进行创作和练习,每个小组的动作要在小组长的带领下全部完成
(4) 队列队形:四列横队成体操队形散开
2. 练习原地前后滚动球
(1) 要求:球不能够离开地方,前后来回的滚动
(2) 队列队形:四列横队成体操队形散开
3. 原地左右的滚动球
(1) 要求:球要在地上,并且手腕发力要柔和
(2) 队列队形:四列横队成体操队形散开
4. 练习胯下的八字滚球
(1) 要求球在胯下滚动的轨迹是8字形
(2) 左右手要交替协调配合
(3) 手腕柔和
(4) 队列队形:四列横队成体操队形散开
5. 游戏:皮球滚滚滚
(1) 游戏方法:学生分成四路纵队,球统一放在最前面,所有人两脚分开比肩膀微宽,手可以触碰到地,将球从第一个队员体前向后滚动通过最后一个球员,哪队最先完成哪队就是获胜者
(2) 教师讲解示范,学生模仿,练习
(3) 比赛
三、结束部分(略)</td></tr>
<tr><td colspan="6">教学反思:小学生好多都是初次接触篮球,很兴奋,玩得不亦乐乎,玩中学,学中乐,积极性很高,需要多加注意他们的安全性</td></tr>
</table>

二、中年级的第一次具体活动训练教案(略)。

三、高年级的第一次具体活动训练教案(略)。

※4 扬州市育才西区校激情篮球社团具体活动训练安全事宜

一、课前准备活动需要教师的严格督促,课中团长要配合教师一起管理,课后要进行有效的放松。

二、社团上课前后,班级到体育馆的这段路程教师要求学生走,不允许追逐打闹,每个年级安排一个负责人,集合好该年级社团成员,带队统一走,有问题要及时反馈给教师。

三、篮球是一个对抗激烈的项目,要求每位学生家长给孩子买份意外伤害险。

四、发生事故教师要立刻通知分管校长、班主任以及学生家长。

(二)现场实况照片

图 10-2　社团活动

图 10-3　精心指导

图 10-4　训练之中

图 10-5　友谊比赛

三、成绩与效果

我校篮球社团以形式多样的活动丰富了学生的课余生活,提高了学生的篮球技能,培养了学生的组织管理能力,同时提高了学生的交往能力、合作能力。篮球社团从一开始五十几个人发展到现在的八十多人,育才学子学习氛围极佳。篮球社团也为学校课余的训练工作开展奠定了良好的基础,一批批表现优秀的学生被选拔到学校篮球队。

(一) 学生的进步很明显,教师的专业水平不断提升

篮球社团学生的看球运动技能明显提高,体育教师备课认真,及时反思总结,专业水平不断提高。

(二) 勇于拼搏展风采

在广陵区第七届小学生篮球比赛中,我校取得了两个第一名,一个第二名,一个第五名的好成绩!用热烈的掌声祝贺他们的同时,我们回忆起比赛中发生的很多感人故事!

男乙组别中,许松龄、朱云翰等带领所有队员积极拼抢,有效抢断,默契配合,虽然有几名队员受伤,但在大家的积极配合下,战胜了多年的篮球传统学校,最终勇夺第一。在他们激烈对抗的时候,观战的女篮队员们的加油声响彻篮球场,激烈的比赛吸引了所有观众的注意!在随后的女子乙组比赛中,深受连续失利两场比赛的困扰,队长唐嘉灿哭了,在哭过之后,她展现出坚强的一面。在剩下的三场比赛中,唐嘉灿被撞伤了鼻子,依然坚持在赛场上;万胜文同学擦伤了膝盖,仍然努力奔跑;陈晓婷同学积极配合与挡拆。最终,他们以连续的三场胜利告诉大家,明年的冠军,一定属于我们!紧接着是男子丙组和女子丙组的比赛,在队长胡景胜和胡官慈的带领下,在赵睿宸、朱快乐、李祥祥、张梓莫、陈可儿、夏云竹和刘玥婷这几位队员的积极拼抢下,我们最终取得了男子丙组第一名和女子丙组第二名的好成绩!

(三) 取得骄人成绩

篮球社团为学校篮球队输送了很多运动员,近一两年成绩尤为突出,获得傲人成绩。如:2017 年获得了广陵区篮球赛小学男子篮球乙组第一名、小学篮球男子丙组第一名小学、小学篮球女子乙组第二名的优异成绩。我校篮球社团注重学生体能素质的练习,同时为我校培养了好多优秀的中长跑、跳高、跳远、双飞跳绳等运动员,让我校在其他运动项目上增光添彩。学校连续两年获得广陵区田径运动会第一名、2017 年广陵区冬季三项赛第一名的佳绩。

图 10-6　比赛获奖

图 10-7　参加区赛

四、思考与展望

育西篮球社团不仅见证了学生在篮球技术上的进步，也见证了社团老师、训练队老师的共同进步。在面对进步所带来的喜悦同时，我们也该冷静地思考，思考我们尚且存在的问题。

由于场地大小的限制，我们社团人员较多，可以将低、中、高的社团活动轮流安排在一个室外活动区域，这样既保证了学生安全，又保证了学生有足够的空间去练习。我们篮球社团大多数队员的运动天赋不是最好的，在以后的社团活动中还需要进一步的分组。在体能素质练习以及一般篮球练习时，进行同质分组；在对抗性练习或比赛时，进行异质分组赛。

在以后的社团活动中，教师需要共同探讨，将一些基本功练习运用游戏的方法来增加学生的兴趣，将快乐体育的理念加入社团活动中，让学生在学中玩，玩中会，培养学生终身体育的意识。

在今后的社团活动中，教师需要加强对高年级学生的技战术学习与练习、低年级同学最简单的技战术游戏与练习。这样，我们的学生出去不仅仅用身体、用技术去打球，还会利用同伴的配合去打球，培养学生的合作意识。

希望我们育西篮球社团越来越热闹，队伍越来越壮大，这不仅仅为我们篮球训练队服务，更是为了下一代的身体健康，培养他们不怕吃苦，互相合作以及终身体育意识。

入选理由:

一项项武术成绩述说着新区实小的一种传承精神,一个个武术动作展演着新区实小的一种体育风格。从武术社团基础班的武术基础动作到社团提高班的武术组合动作,借助扎实的训练和活动,学校引导学生初步了解中华传统体育文化,在弘扬武术精神、锻造强健体魄上下功夫,激发了学生的爱国情怀。强身、健体、育人、育心全面发展!

十一 连云港市灌云县新区实验小学武术社团

资料提供:钱　明　徐光露　刘馥瑞

图 11-1　连云港钱明

灌云县新区实验小学于 2010 年 9 月建成,现有 85 个班级,5836 名学生。学校有体育专职教师 7 名,兼职体育教师 10 名,研究生学历 1 名,本科学历 10 名,专科学历 6 名。学校有篮球场地 3 片,羽毛球场地 1 片,足球场地 1 片,乒乓球台 20 片,体育器材达到江苏省体育器材配备二类标准,有专业的校外武术实践基地。学校先后获得江苏省连云港市武术协会授予的"先进集体"称号;金华市武术节武术进基层"发展贡献奖";2016 年江苏省第六届演武大会"优秀组织奖";2017 年江苏省第七届演武大会一等奖;连云港市首届全民健身暨第四届中小学生运动会青少部武术比赛团体第一名;巴伦思杯 2018 灌云县首届青少年文化艺术节优秀组织奖。

图 11-2　灌云县新区实验小学

图 11-3　“优秀组织奖”奖牌

一、组织方法与活动设计

（一）组织方法

※1 连云港市灌云县新区实验小学武术社团章程(摘录)

第一章　总则

第一条　学生社团全称:连云港市灌云县新区实验小学武术社团。

第二条　类别:体育。

第三条　社团宗旨:崇尚武德,弘扬武术。

第四条　社团目标。

(一) 培养爱好武术,争做全校师生认可的优秀社团。

(二) 苦练武术技能,努力成为武术传承者。

(三) 积极参加各类展示活动,有集体荣誉感,积极为学校争光。

第五条　社团发展。

(一) 培养一批较高水平的武术社员和管理能力强的教师队伍。

(二) 通过定期举行校内外社团活动,提高社员的积极性,丰富校园生活,活跃校园文化。

第六条　本章程适用于本社团所有社员。

第七条　本章程自公布之日起生效。

第二章　社员

一、学生自愿报名参加。自信、好学、有毅力,集体荣誉感强者优先。

二、每位社员应遵守本社章程,执行本社决议,参加本社活动,接受本社安排的工作。

三、社员有退会的自由。

四、本社员如有违反本社章程或有严重违规行为,由本社教练劝其退社。

第三章　社团规则

一、本社遵守学校规章制度,坚决服从学校领导。

二、社员应坚决维护本社名誉,不诋毁、污蔑本社,违者予以退社处理。

三、社员之间应团结协作,有较强的组织性、纪律性和荣誉感。

四、社员应积极参加各类活动,不得无故缺席,有事应提前向社长请假。按时到社团规定地点上课,不迟到早退。

五、社员应爱护社内器材。

六、明确武术学习功能,不得向他人发起攻击行为,违者予以退社处理。

七、在训练当中社员应服从教练安排,不得顶撞教练。

八、训练时社员应穿规定、合适的服装,不能穿着有碍训练的服装。

九、尊重教练,礼貌待人。

十、上课期间认真聆听,不打闹嬉戏影响课堂纪律。

十一、积极向同伴学习,互相合作,有安全意识和责任感。

(二) 活动设计

※2 连云港市灌云县新区实验小学武术社团学年教学计划

一、指导思想

坚持“健康第一”指导思想,以生为本,通过学习,使学生掌握武术运动技能,具备防身自卫的能力。以学习武术基本功与套路为运动内容,增强体质,培养意志,达到增长劲力、抗击摔打的目的。丰富校园生活,弘扬中华传统文化。

二、教学目标

(一) 对武术运动有兴趣,能主动参加课外练习,提高套路的动作规格和演练水平。

(二) 学会并熟练掌握武术基本功和套路,提高防身自卫能力和身体素质。

(三) 利用武术运动特点,科学地锻炼身体,参与教学比赛、表演,制订自我锻炼计划。

三、社团分类

武术社团根据学生的武术专项基础、身体素质情况,采取分班教学法,选择不同的教学内容。社团分为基础班、提高班。

四、时间地点

时间:每周二、四下午3:00—4:00。

地点:学校操场。

五、教学内容

(一)基础班教学内容

1. 手型:拳、掌、勾。

2. 步型:弓步、马步、仆步、虚步、歇步。

3. 武术基本功。

(1)冲拳、推、蹬腿。

(2)正压腿、侧压腿、后压腿。

(3)正踢腿、侧踢腿、里合腿、外摆腿、弹腿。

(4)单拍脚,腾空飞脚。

4. 动作组合:弓步冲拳、弓步推掌等。

5. 武术套路:五步拳。

(二)提高班教学内容

1. 学习第一段:(1)—(6)套路动作。

名称如下:(1)弓步冲拳;(2)蹬腿冲拳;(3)顺弓步冲拳;(4)并步砸拳;(5)马步上架冲拳;(6)上步弓步推拳。

2. 复习(1)—(6)动作,学习第(7)—(10)动作。

名称如下:(7)弓步双摆拳;(8)弓步勾手撩掌;(9)斜拍脚;(10)弓步上架推掌。

3. 学习第二段:第(1)—(4)动作。

名称如下:(1)转身盖步弓步冲拳;(2)提膝推掌;(3)大跃步前穿;(4)拗弓步连环冲拳。

4. 复习第二段(1)—(4)动作,学习第二段:第(5)—(7)动作。

名称如下:(5)击拍右脚;(6)转身歇步推掌;(7)高虚步亮掌。连贯第二段动作练习。

5. 学习第三段:第(1)—(4)套路动作。

名称如下:(1)弓步按掌;(2)丁字步按掌;(3)上步里合腿;(4)弓步勾手推掌。

6. 学习第三段:第(5)—(10)动作。

名称如下:(5)左拍脚;(6)右拍脚;(7)腾空飞脚;(8)弓步架冲拳;(9)转身歇步推掌;(10)退步抡步仆步拍脚。

7. 学习第三段:第(11)—(14)动作。

名称如下:(11) 弓步上架拳;(12) 提膝上架;(13) 并步砸拳;(14) 虚步架栽拳。

8. 学习收势。

名称如下:(1) 弓步双穿掌;(2) 并步按掌。

六、教学方法及要求:

(一) 方法

依据教学规律,贯彻从实际出发的行为准则,发挥教师主导和学生主体作用。采用直观教学与启发思维相结合、系统性与武术兴趣相结合、巩固提高与训练相结合、游戏与体能相结合等方法实施教学。

(二) 要求

1. 熟悉动作名称。

2. 准确连贯地完成动作,动作正确,节奏明显。

3. 在自主学练基础上,积极完成合作练习方法,互相学习,共同提高。

二、实施过程与方法

(一) 具体实施过程

※3 连云港市灌云县新区实验小学武术社团单元教学计划(水平一)

一、指导思想

依据课程标准,贯彻"健康第一"理念,以学生为主体,根据学生的身心特点,努力为学生创设轻松愉悦的教学环境,引导学生在玩中学,学中练。充分发挥学生的主观能动性,自主学习,不仅让学生的运动技能得到发展,而且注重学生的兴趣培养。通过学生的努力,巩固和提高武术的动作及应用技能,实现学生身心全面发展。

二、单元教学内容及分析

《义务教育体育课程标准》提出,在小学阶段"要重视选择武术等民族民间传统体育活动项目进行学习"。武术是运动技能教学内容之一,包括武术基本功、基本动作和武术健身操。本单元为水平一,分为5课时。通过本单元的学习,学生初步了解传统体育文化,锻炼身体,锤炼意志,激发爱国情感。

三、学情分析

水平一的学生年龄小,注意力不集中,容易受外界的干扰,兴趣难以持久,依赖性强,自我约束能力差,但活泼好动,模仿能力强。教师要根据这些特点,采用多种形式,如:情景教学、模仿学练、分组讨论、游戏活动、合作学练等进行教学。教学中，教师充分调动学生练武的积极性，使学生初步获得武术的简单知识，为其创造展示自我的平台，享受体育学习的乐趣与成功。

四、教学建议

（一）教师要根据学生年龄特点，创新教学方法，创设练武情境，多用分解、慢节奏的教学方法，为学生的学习提供良好的氛围。同时有目的、有计划培养学生的注意力和动作记忆能力，保护和发展学练兴趣。

（二）采用完整示范和慢速分解示范相结合的方法，使学生看清楚各个技术环节，及其相互配合的方法，并教育学生观看比较复杂的动作，必须有步骤地去看，先看主、后看次，先看明显的，后看隐蔽的。

（三）建立评价机制，对学生的发言、动作、表现等进行恰当的评价。

（四）遵循循序渐进的原则，由易到难，层层递进。关注学生的学习情况，抓住课堂生成，及时调整教学，练习中充分发挥优生的榜样带头作用。

（五）重视安全教育，把安全要求融入每一个教学环节，使安全措施落到实处。科学合理安排每节课的适宜运动负荷，使学生有序地活动、有效地发展。

五、单元教学计划

单元学习目标	1. 运动参与目标：学生能积极参加武术学练，能说出武术的基本动作名称 2. 运动技能目标：初步掌握基本手型、步型和基本动作，能自创“无名拳” 3. 心理健康目标：在学练中充分展现自我，增强自信心和意志品质，体验成功的喜悦 4. 社会适应目标：有创新意识和创新能力，有强烈的民族自豪感
单元教学内容	1. 武术基本手型；2. 武术基本步型；3. 武术基本功；4. 创编“无名拳”；5. 考核“无名拳”
重点难点	教学重点：学会动作的方法 教学难点：动作正确、有力

续表

课次	教学内容	学习目标	教学重、难点	主要教法学法	安全措施
1	武术：基本手型	1. 知道武术手型和名称 2. 95%学生能做出基本手型动作，能独立完成 3. 动作协调、灵敏，有集体观念	重点： 基本手型的动作方法 难点：明确各个动作的要点	1. 教师完整示范基本手型 2. 学生模仿练习 3. 学生自主学习拳、掌、勾三节动作，教师巡回指导 4. 小组尝试串连动作、展示 5. 师生同练基本手型 6. 游戏：对对碰，记住拳心、掌根等名称	1. 合理安排练习场地 2. 课堂教学中，适时提示学生要在安全的区域进行练习
2	武术：基本步型	1. 了解武术基本步型的特点，能记住动作名称 2. 初步学会几种步型 3. 积极向同伴学习，互相合作，发展动作协调性、灵敏性和柔韧性	重点： 学会步型动作方法 难点： 动作正确、协调	1. 通过观察模仿图片、教师示范等形式，学习武术基本步型 2. 教师引导学练步型动作 3. 学生自创手型操、步型操 4. 集体配乐表演手型操、步型操(音乐：中国功夫) 5. 以手型、步型代替包、剪、锤做游戏	充分利用器材，科学合理设置场地，保证运动场地的清洁和安全
3	武术：基本手法	1. 知道基本手法，对动作有兴趣 2. 掌握基本手法，能做出完整动作 3. 能一丝不苟地学练，不怕吃苦，有好的学风和良好的武德精神	重点： 基本手法的动作要领 难点： 明确各个动作的要点	1. 复习基本手型和步型 2. 教师完整示范基本手法，学生模仿练习 3. 学生跟着图片学习这两节动作并串联动作、展示，教师巡回指导 4. 学生根据自己掌握动作的情况，个人自主选择，再次参考两张图片，继续练习掌握不好的动作 5. 配乐练习(音乐：中国功夫)	1. 充分利用器材，科学合理设置场地，保证运动场地的清洁和安全 2. 练习时注意周围同学的练习，做到组与组之间的练习互不影响

续表

4	武术:创编“无名拳”	1. 对新内容学习有强烈的愿望和行为 2. 能和同伴一起创编的“无名拳”,并通过演练使体能得到提高 3. 有创新意识和合作探究能力	重点: 知道创编的方法 难点: 动作之间的连贯及协调配合	1. 复习基本手型、步型和基本手法 2. 学生分组观看挂图,各自创编,教师巡回指导 3. 教师讲解创编要点,纠正错误动作后,学生分组进一步改进完善创编动作 4. 小组集体展示、评价 5. 分组表演	充分利用器材,科学合理设置场地,保证运动场地的清洁和安全
5	武术:考核“无名拳”	1. 对考核感兴趣,大胆展示学练成果 2. 了解学生动作掌握情况 3. 检验教学效果,改进教学方法	重点: 动作正确 难点: 动作连贯	1. 教师讲解考核的方法及要求 2. 分组练习,教师点评 3. 教师考核小组长,小组长负责考核本小组 4. 成绩的反馈,师生交流体会 5. 教师对本单元学习情况进行总结	充分利用器材,科学合理设置场地,保证运动场地的清洁和安全
考核评价内容与标准	考核项目:无名拳 等级: A等:学生能够独立完整连贯地完成动作 B等:学生能独立完整地完成动作 C等:学生能完整地完成动作 备注:允许学生多次进行考核,以最高成绩为最终的考核成绩				

※4 连云港市灌云县新区实验小学武术社团课时教学计划

水平一《武术—基本手型》课时教案

<table>
<tr><td>学校</td><td>灌云县新区实验小学</td><td>水平段</td><td>水平一</td><td>年级</td><td>二年级</td><td>执教者</td><td>钱明</td></tr>
<tr><td>人数</td><td>36人</td><td>授课方式</td><td>新授课</td><td>课次</td><td colspan="3">第1课时</td></tr>
<tr><td>学习目标</td><td colspan="7">1. 运动参与:乐于参加武术学习,对武术游戏感兴趣
2. 运动技能:能学会基本的手型动作方法,80%学生能独立完成,20%学生能基本完成
3. 身体健康:发展灵敏、柔韧等素质,提高体能
4. 社会适应:在活动中能友好相处,有团结协作的能力</td></tr>
<tr><td rowspan="2">教学内容</td><td colspan="3" rowspan="2">1. 武术:基本手型
2. 游戏:迎面接力</td><td rowspan="2">重点难点</td><td colspan="3">重点:基本手型的动作方法</td></tr>
<tr><td colspan="3">难点:明确各个动作的要点</td></tr>
</table>

<table>
<tr><td>过程</td><td>时间与负荷</td><td>教学内容</td><td>教师活动</td><td>学生活动与组织要求</td><td>设计意图</td></tr>
<tr><td>开始部分2′</td><td>1′
小</td><td>一、课堂常规
二、复习武术基本功
三、游戏:包、剪、锤</td><td>1. 集合、检查人数
2. 师生问好
3. 安排见习生
4. 教师语言引导本课内容
5. 教师口令指挥,师生同做</td><td>1. 体育委员整理队伍并报告教师
2. 组织如图(1)
× × × × ×
◎ ◎ ◎ ◎ ◎
▲
3. 要求:精神饱满,动作准确有力</td><td>规范课堂常规,有精气神</td></tr>
<tr><td>准备部分6′</td><td>3′
小—中</td><td>一、学习基本手型
预备姿势:并步抱拳
(一) 拳
动作方法:四指并拢卷握,拇指弯曲紧扣食指和中指的第二指节处,拳与前臂保持平直
(二) 掌
动作方法:四指伸直并拢,拇指弯曲于食指一侧</td><td>1. 教师完整示范,讲解动作要领
2. 教师语言导入本课学习内容
3. 把三节动作的图片分别放在场地的四个角,学生分成四组每两组完成同一个动作</td><td>1. 学生仔细聆听、认真观察
2. 学生跟教师模仿学习2~3遍,组织如图(2)
× × × × ×
◎ ◎ ◎ ◎ ◎
× × × × ×
◎ ◎ ◎ ◎ ◎
▲
要求:活动有序、注意安全
3. 组长带领,有序学习这三节动作</td><td>通过语言和示范,调动学生学练武术积极性,活跃课堂气氛</td></tr>
</table>

续表

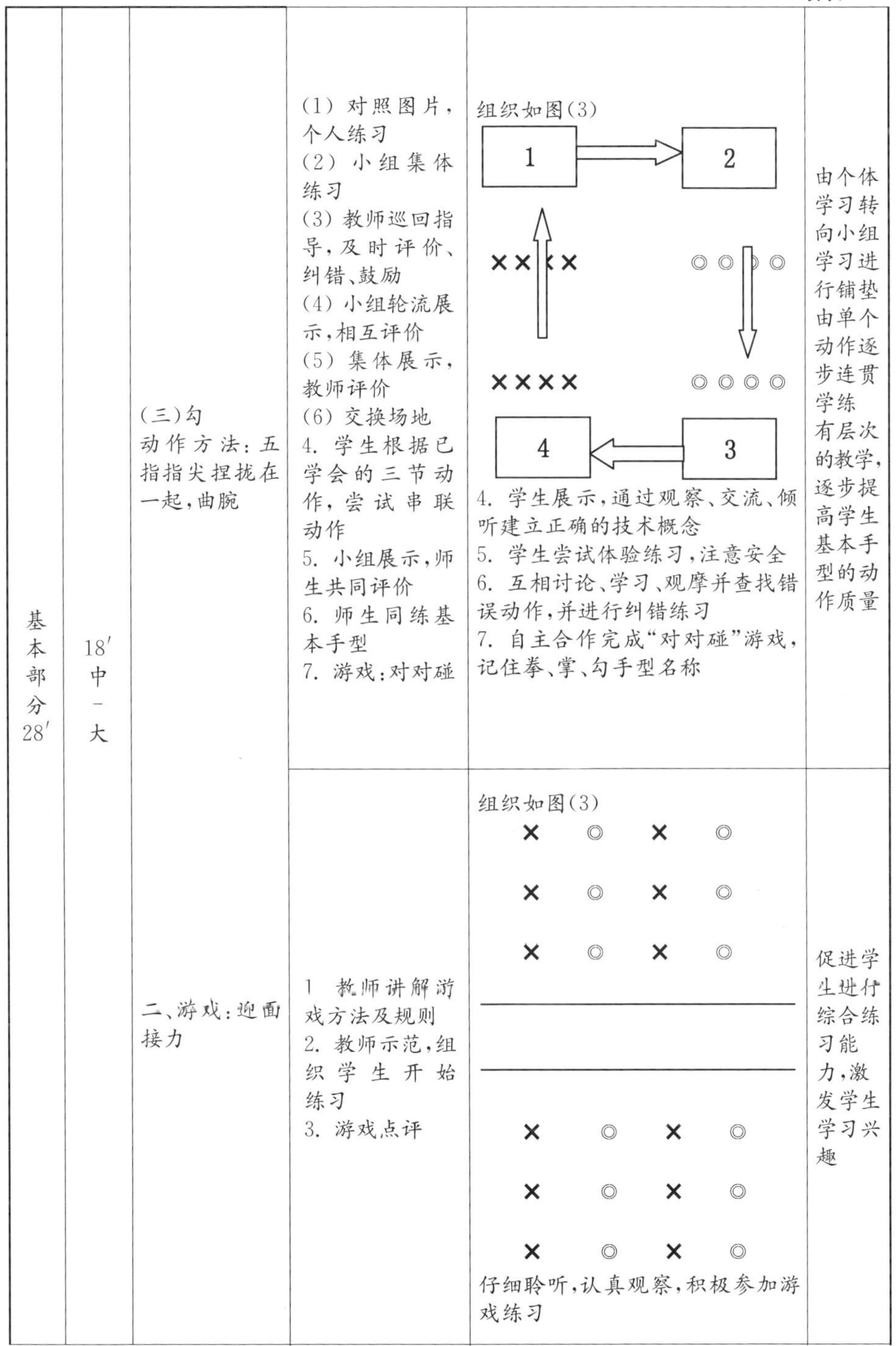

基本部分28′	18′中－大	(三)勾 动作方法：五指指尖捏拢在一起，曲腕	(1) 对照图片，个人练习 (2) 小组集体练习 (3) 教师巡回指导，及时评价、纠错、鼓励 (4) 小组轮流展示，相互评价 (5) 集体展示，教师评价 (6) 交换场地 4. 学生根据已学会的三节动作，尝试串联动作 5. 小组展示，师生共同评价 6. 师生同练基本手型 7. 游戏：对对碰	组织如图(3) 1　2　4　3 ××××　◎◎◎◎ ××××　◎◎◎◎ 4. 学生展示，通过观察、交流、倾听建立正确的技术概念 5. 学生尝试体验练习，注意安全 6. 互相讨论、学习、观摩并查找错误动作，并进行纠错练习 7. 自主合作完成“对对碰”游戏，记住拳、掌、勾手型名称	由个体学习转向小组学习进行铺垫由单个动作逐步连贯学练 有层次的教学，逐步提高学生基本手型的动作质量
		二、游戏：迎面接力	1　教师讲解游戏方法及规则 2. 教师示范，组织学生开始练习 3. 游戏点评	组织如图(3) ×　◎　×　◎ ×　◎　×　◎ ×　◎　×　◎ ×　◎　×　◎ ×　◎　×　◎ ×　◎　×　◎ 仔细聆听，认真观察，积极参加游戏练习	促进学生进行综合练习能力，激发学生学习兴趣

续表

<table>
<tr><td>结束部分4′</td><td>2′
小</td><td colspan="2">1. 放松操
2. 课堂小结、布置作业
3. 师生再见
4. 归还器材</td><td colspan="2">1. 教师在音乐伴奏下，指导学生放松
2. 师生交流并小结
3. 和学生再见</td><td>1. 听音乐跟师进行放松运动
2. 师生交流，互相评价
3. 和老师再见，小组长归还器材</td><td>引导学生评价，小结本次课的效果</td></tr>
<tr><td rowspan="3">安全保障</td><td colspan="3" rowspan="3">1. 教师在练习中结合安全适时进行教育
2. 设立小组长，及时反馈本小组学习情况
3. 充分利用器材、科学合理练习设置场地</td><td>场地器材</td><td colspan="3">运动场一块、挂图 4 幅、扩音器 1 个</td></tr>
<tr><td rowspan="2">运动负荷预计</td><td>平均心率</td><td>练习密度</td><td>运动强度</td></tr>
<tr><td>约 115～120 次/分</td><td>约 50%～60%</td><td>中</td></tr>
</table>

(二)现场实况照片

图 11-4　活动展示

图 11-5　勤学苦练

三、成绩与效果

(一) 学生喜欢程度高

大部分学生在参加武术社团初期，对武术并不了解，对武术充满了无限的遐想。经过几节课的学习，学生逐渐感觉到武术并非如他们所想的那般神奇，部分学生在课上出现注意力不集中以及懈怠的现象。随着学习的深入，学生对武术的了解越来越深，对武术有全新的认识，学习武术的动机越来越强烈，课堂上注意力更加集中。一月后，学员主动留下练习没有学会的动作。起初，课间休息时，学生之间的互动多以游戏形式；一月后，学生自发地组成小组，讨论学练动作，学生练习武术的积极性以及对武术的喜爱程度有大幅度的提升。

（二）学生健康状况优

1. 肥胖率下降

开课初期，我们向家长表明希望通过练习武术帮助孩子，尤其是超重与肥胖的孩子减轻体重。在了解学生的实际情况的基础上，教师制订了专门的训练计划，提高对超重与肥胖学生的课堂参与程度，帮助他们养成良好的锻炼习惯。经过一段时间的学习，超重与肥胖学生的体重都有一定的减轻。据统计，学生练习武术一个月后体重平均减轻了 3 千克。学习武术后，学生的肥胖率在一定程度上得到控制。

2. 近视率降低

小学生近视主要是因为长时间看电脑或电视，读书写字时不注意距离与姿势等因素使眼部过度疲劳而导致近视的产生或加重。通过武术训练，减少学生电子产品使用的时间，对于降低近视率有一定的帮助。

3. 肢体协调性强

通过练习不仅使肥胖率和近视率下降，显著改善的是学生的力量、速度、灵敏和协调性。武术是一项需要肢体相互协调配合的运动，通过练习使学生肢体协调配合能力得到有效的提高。

（三）以武习德促养成

1. 性格开朗

孩子性格内向、孤僻、不合群、不善于与人交往，人际交往圈狭窄，缺少竞争力。武术促进交流与互动，互相学习、切磋、竞技、增强身体素质和与人合作的精神，可以逐渐改变孩子的孤僻性格。

2. 交际能力

通过学习武术及武术文化，让更多孩子及孩子家长更加了解武术，并寻找到共同的兴趣喜好，交结到更多志同道合的朋友。

3. 行为习惯

武术作为中国传统文化，在注重动作技术的同时更看重礼仪的培养。中国武术讲究“未曾学艺先学礼，未曾习武先习德”，作为武术的基本礼仪动作——抱拳礼，其含义也是“文武兼学，恭候师友，请前辈指教”。我们在教授学生武术时，注重培养学生的良好行为习惯，注重培养学生要怀有一颗感恩的心，学会尊重他人。我们要求学生在进入训练场地时要先向教练行抱拳礼问好，下课后向教师道声辛苦了。教师在讲话时要注意倾听，这些看似十分简单的事情，执行起来却十分不易。起初学生常常忘记向教练问好，甚至在教师讲话时无法控制自己,注意力不集中,但经过一段时间的培训与督促,这种现象得到了明显的改善。

(四) 教学评价凸显过程性和发展性

评价不仅仅关注最终结果,更加关注学生在学习、练习过程中个人的成长与武术技能的进步以及情感态度与价值观,以激励和评价为主。首先,在评价的语言上要中肯,评价学生练习的动作正确与否要清晰,使学生在练习中明确方向。其次,注意有诱导性和激励性,通过教师的评价让学生产生一种学习欲望,强化内部动机。再次,评价要有利于思维的拓展,让学生从方法过程到个人情感不断融合与提升,善于自我反馈学习过程。最后,评价的形式要多样化,如个人自评、组内互评、组间互评、师生互评、家长评价等有机结合。

(五) 运动成绩

2016 年江苏省第六届演武大会获"优秀组织奖",2017 年金华国际武术节多名学生获奖。

(六) 运动队比赛成绩与文化对照情况

练习武术能更好地开发右脑。左脑具有语言、概念、数字、分析、逻辑推理等功能;右脑具有音乐、绘画、空间几何、想象、综合等功能。在学习文化课之余练习武术,则能让左脑得到充分的休息,积极开发右脑。通过对武术训练学生成绩进行统计分析,练习武术对文化成绩的学习有一定促进作用。

四、思考与展望

少儿武术,这个极具中国特色,具有划时代意义的体育运动项目,随着社会文明的进展,必将慢慢成为中外少儿体育运动中最被推崇和最具魅力的项目之一。我们有责任发展与传承中华武术,健康子孙后代,让国家变得更强,也正因此,武术进校园才这样如火如荼地开展起来……

作为推进武术文化与少儿武术事业发展的学校体育人,我们相信未来会有更多的武术爱好者热衷于武术与武术文化的发扬光大,并在积极参与和学习武术中强身健体,人人获益;我们更相信为了中华民族的伟大复兴,政府必将给予更多相应的武术教育的支持,从而让武术在校园真正遍地开花,使国民从根本上感受武术文化和武德精神给予生命的精彩和富有。

入选理由：

如东县双甸小学于2012年建立“炫舞”空竹社团，教师精心指导、学生刻苦训练，抖出精彩，玩出快乐。在这里，学生感受到艺术的气息，培养了独特的兴趣爱好；在这里，学生找到展现自己的舞台；在这里，学生收获的不仅仅是一项空竹技艺、一种实践能力和更高的身体素质，更重要的是铸就一个更加快乐、自信的自己。我们相信空竹运动能伴随学生，终身成长。

十二　南通如东县双甸小学“炫舞”空竹社团

资料提供：于小峰

图12-1　南通于小峰

如东县双甸小学地处江苏省南通市如东县双甸镇，学校创办于1906年，是如东县西大门的一所镇中心小学。学校有26个教学班，学生人数1568人，教职工110名，学校占地60800平方米。学校本着“关注上善文化，铸就完美人生底色”的办学宗旨，奋力进取，各方面工作夺得了骄人的成绩，已形成鲜明的育人特色和办学风格。学校现有专职体育教师7人，学历均在本科以上，专业有田径、足球、篮球、武术、舞蹈、空竹等，教师平均年龄38岁。学校有标准的400米田径场地，篮球场4片，乒乓球桌20张，空竹100余只。近年来在学校领导的关怀下，各个体育社团正常组队、训练，在校内外举办的各项竞赛和文体活动中崭露头角。学校建队宗旨是“用体育活动，丰富学生的课外生活；让运动，成为学生终身习惯”。

2012年,“炫舞”空竹社团建立。“星星之火,可以燎原”,双甸小学空竹队,从每班选取几名优秀的学生入队,通过教师精心指导,学生刻苦训练,然后在各班分享的方式,大家很快学会抖空竹了,并且社团逐渐成为学校的一支精英社团,现有社团成员60余名,每个人都有自己的拿手绝活。抖出精彩,玩出快乐!扯铃纷飞,舞动青春!在这里,大家感受到艺术的气息,培养了独特的兴趣爱好;在这里,大家找到展现自己的舞台,在轻松的锻炼中发现空竹的乐趣所在;在这里,大家收获的不仅仅是一项空竹技艺、一种实践能力和更高的身体素质,更重要的是铸就一个更加快乐、自信的自己。我们相信空竹运动能伴随学生的终身成长。

一、组织方法与活动设计

(一)组织方法

※1 南通市如东县双甸小学“炫舞”空竹社团管理章程

本社团是本校免费举办的学生课外锻炼组织,工作上由学校综合组、体育组指导,具体训练由于小峰老师负责。

一、宗旨:传承空竹精髓,弘扬空竹文化。以空竹育人、强身,培养特长,丰富生活,快乐一生。学习、传承空竹技术,丰富学生课外文体生活,促进学生健康快乐成长,从而帮传和熏陶身边的同学加入抖空竹运动,提高全体小学生的体质健康水平。

二、队员:凡是喜好空竹运动的学生,需经过自己申报,班主任审批,家长同意,并自愿持之以恒、吃苦耐劳。参加空竹训练的学生,经空竹教练审核,综合科主任审核、认可后均可成为本队的队员。

三、队员守则:认真学习,刻苦训练。队员之间互助学练,倡导文明礼仪,互动学习,共同提升。热爱集体,维护集体利益,踊跃报名参加各项比赛。参与集体行动时,自觉遵守队伍纪律,一切行动听指挥。队员思想要求积极上进,刻苦训练长本领,在空竹训练中提升体能、技能,铸就高雅的品性和健全的人格。

四、组织构成:选拔大组长一名、选拔六名年级组长,分别负责全校与各年级的训练管理与调剂、服务、联络等工作。队内实行分小组训练制度,年级组长开展好本级训练工作,并做好与大组长、教练的交流、沟通信息等服务工作。各组负责人和骨干分子带头坚持训练,善于关心队员,虚心听取一线队员心声,顾全大局,乐于助人、甘于奉献,衷心为大家做好服务工作。

五、任务:

(一) 学习传统空竹技术动作,不断熟练化,并能融会贯通形成自己的动作风格,并在自己所在的班级做好二级传授工作。

(二) 积极参加相应培训,力争规范亚洲统一动作标准,从而提高学生的空竹技艺。

(三) 积极参加各级部门组织的空竹比赛。

(四) 做好对外联谊比赛活动,走出去、请进来,相互切磋,联络友谊,共同学习提升。

(五) 积极筹备各项汇报演出,如六一儿童节、元旦节、成长礼、江海诗会等演出活动。

六、活动形式:晴好天气在行政楼前空旷地带。若逢阴雨天气,则在多功能大厅训练。平时锻炼由常规训练与比赛前夕的集训相结合的方式进行。

七、队旗:如东县双甸小学"炫舞"空竹社团。

八、经费:本社团不收取学生任何费用,训练用的空竹由学生自己购买,参加比赛的服饰、道具等由学生自己配备。

(二) 活动设计

※2 南通市如东县双甸小学"炫舞"空竹社团活动计划

为丰富我校课外体育活动文化生活,传承空竹非遗精髓,使抖空竹变成我校文体生活的亮点、特色、品牌,经学校艺体部决定研制如下空竹社团活动计划。

一、指导思想

认真落实终身教育理念,全面实施素质教育,扎实做好体育艺术"2+1"工作,切实增强学生健康体质,着力推进学校社团和乡村少年宫建设。把"抖空竹"这一民间传统项目与体育校本课程开发巧妙结合起来,培养学生积极进行体育锻炼的终身习惯,提升学生的终身健康意识,推进校园体育工作发展。

二、活动原则

(一) 健康性原则。抖空竹运动应遵守教育科学规律,适应小学生身心成长特点,积极实施适合各阶段小学生身心特征的抖空竹动作。

(二) 全面发展原则。抖空竹运动的动作要多样化,可满足各个拥有特长、各个感兴趣、各个水平层次学生的成长需要,保证小朋友的身体机能、心理状态和审美能力的全面提升,并做到在普及和提高的层面上全面发展的状态。

(三) 坚持点带面原则。学生在训练抖空竹的进程中认知的能力与操练水平会高低不一,教育高水平的学生带动一般水平的学生,保证大家都学会。

(四)做好与《国家学生体质健康标准》测试工作相结合的原则。确保寓教于乐,着实提高学生的体质健康素质。

(五)安全教育原则。在抖空竹训练的安排和进行过程之中,学校要始终加强安全教育,要制定全面安全措施、应急办法和防范手段,避免与预防意外事故的发生。

三、实施内容

(一)强化抖空竹教育宣传和管理。

(二)推广和普及抖空竹项目。

(三)加强抖空竹教师队伍培训和管理。

(四)做好校园抖空竹文化建设和宣传。

(五)发动社会和家长参加抖空竹运动活动。

(六)注重抖空竹运动的校本知识积累和文化传媒工作。

四、实施措施

(一)强化抖空竹教育宣传和管理。

1. 制订抖空竹社团教育活动发展规划书并严格执行;创建、健全抖空竹社团组织管理机构;实施全体参与,班主任总负责的制度。

2. 体育组跟踪观察抖空竹运动开展状况,及时拟定、完善相关抖空竹社团活动办法与手段。

3. 社团建立评价制度,每学期对学生及教师抖空竹水准进行评价和认定,空竹运动训练状态和成绩计入班级、辅导员的工作评价。

(二)推广和普及抖空竹项目。

1. 依据抖空竹训练目标和要求,从学生身体、心理特征出发,锻炼学生的抖空竹能力。

2. 在早操时间、大课间活动时,安排抖空竹社团成员进行抖空竹常规训练。

3. 组织好每一年的学生、教师、班级、抖空竹挑战大赛,并奖励优胜者。

4. 加强社团梯队建设,组建不同年龄、性别的校级代表队。

5. 社团按年龄段设置分级训练内容,进行系统的传授、训练、考级等。

6. 加强对抖空竹队员的管理,保证空竹队学生品德、技能、情意全面发展。

(三)加强抖空竹教师队伍培训和管理。

聘请专业教练对体育教师、一般教师进行空竹技术及训练方法培训。

（四）发动社会和家长参加抖空竹运动活动。

1. 学校组建空竹社团发展委员会，吸纳社会人士和家长朋友参加学校空竹运动。

2. 如期召开空竹社团成员家长座谈会，努力争取家长对我校空竹社团工作及队员训练工作的理解与支持。

（五）注重抖空竹运动的校本知识积累和文化传媒工作。

学校借助校园电视台、校园广播电台、宣传栏、校报、运动会、汇报展演、家校手机平台等媒介宣传空竹社团活动开展情况。

二、实施过程与方法

（一）具体实施过程

※3 如东县双甸小学“炫舞”空竹社团常规训练计划（举例）

一、训练时间：2018 年 11 月 6 日。

二、训练地点：行政楼前广场。

三、训练目标：训练参赛项目，选拔参赛队员，各人训练单个项目、全能项目，做好迎接南通市空竹比赛准备工作。

四、参训人员：空竹社团全体成员。

五、训练流程：

（一）热身准备活动，在组长的带领下，充分活动身体各关节，身体达到微热的状态

（二）专项准备活动，借助空竹活动，熟悉空竹感觉，为后续活动做好准备。

（三）传达南通市空竹比赛相关精神，对学生提出相关训练要求和达标标准。

（四）一分钟腿串练习两次。

（五）一分钟高抛跳绳再次。

（六）双人一分钟腿串。

（七）双人一分钟二空竹互抛。

（八）水平一线一技术训练。

（九）一线二技术训练。

（十）直立铃技术训练。

（十一）放松身心。

（十二）总结训练情况。

(十三)布置家庭作业。

(十四)空竹技术动作汇总:

丈量抖绳,系抖绳法。起动法。开线加速。上扣加速。调整方向法(左低头,右抬头,前右后左)。上下皷线,侧皷线。大车轮,斜鼓线。跳铃法。滑铃法。左右望月。左右挂铃。摆线法。左右高抛。腿串法。捞月法。左右拐肘法。正抄法。反抄法。骗马法。平盘丝法。立盘丝法。左右绕花线法。摇旗法。甩袖法。高抛跳绳。金鸡上架。蝴蝶展翅。纺棉花法。上沿丝(风摆荷叶)。下沿丝(鲁班拉锯)。魔术扣收铃法。二仙传道(环腿、环腰、环脖转身)高绕身法。大绕身法。大鹏展翅法。背穿法。背挑法。腰窜法。龙狮摆头。鷂子翻身。背手摇铃。台湾动作。二人配合法。腿窜互抛,二人二空竹互抛,高山流水,捞月互抛,二人组合腿串。一线二抖法。

※4 如东县双甸小学"炫舞"空竹社团训练要求(摘录)

一、活动时间:每周二、三、四,准时开班。

二、训练记录:每次训练表现,适当记载。

三、考核机制:队员考核流动,去伪存真。

四、训练站位:固定训练位置,不得走动。

五、教练作用:充分发挥队员教练的引领作用。

六、管理事项:各班组长做好管理工作。

七、计划制定:分对象设定目标、计划和内容。

八、团队意识:加强自我专业素养,多向优秀队员学习。

九、训练组织:细化训练组织措施。

十、淘汰机制:当日布置任务,下次训练检查,多次未达标者淘汰。

十一、考核机制:量化考核,关注进步。

十二、总结反馈:及时总结,调整后继措施。

十三、比赛机制:组织比赛,发掘人才,激励先进。

※5 个人、双人全能套路创编演示

一、小学生空竹个人全能初级套路动作1

(一)三望月绕手组合

1. 预备势后,加速鼓线3次。

2. 滑铃8次后,左右挂铃,左右望月。

3. 跳铃后,正抄、反抄各1~2次。

4. 左、右骗马。

5. 鼓线加速 3 次，滑铃，左右挂铃。

6. 右绕手 5～8 次。

7. 下劈，勾住空竹，右后转身拉月。

8. 转向后空竹顺时针旋一圈，再向后转。

9. 回头望月。

(二) 花样加速缠绕变化

1. 花样加速：(先加速)开线盘丝 3～6 次，仰观星斗 2 次，左怀中抱月 3～6 次，左挂铃，右怀中抱月 3～6 次，右转交叉线盘丝 3～6 次(背向)。

2. (交叉线，顺势摆开)大绕身 2 次，仰观星斗 1 次(背向)。

3. 摆线转身 180 度(变正向)，鼓线(大车轮)加速，大绕身后(从后，跨左腿)，金龙绕玉腿(可双手、单手、腿臂混串)，腿串挂铃，弹跳，捞月还原。

4. 下沿丝(鲁班拉锯)。

5. 上沿丝(左右甩铃、风摆荷叶)。

(三) 才艺展示

1. 金鸡上架(左转 90 度)。

2. (加速后)左右绕花线，纺棉花，蝴蝶展翅(鲤鱼跳龙门)。

3. 龙狮摆头(侧对主席台)，捞月抛高(或由高绕身转入)，环腰跳铃(二仙传道)转身，环颈跳铃(推小车)转身。

4. 高抛跳绳 1～2 次(可由正抄转入)。

5. 花样鼓线(先后退站位，前 4 步，后转 4 步，前 4 步)。

6. 会做立盘丝的做 15 秒，等最后 5 秒，头上绕 2 圈，胯下绕 2 圈，收铃敬礼。

7. 不会做立盘丝的，用鼓线和滑铃加速，等最后 5 秒，做金蝉脱壳，收铃敬礼。

二、小学生双轮空竹个人全能初级套路动作 2

(一) 三望月绕手组合

1. 预备势后，加速鼓线 3 次(或大车轮)。

2. 滑铃或盘丝 4 次后，左右挂铃，左右望月。

3. 跳铃后，正抄、反抄各 2 次。

4. 左、右骗马各 1 次。

5. 鼓线加速 3 次，右绕手 5～8 次。

6. 下劈,勾住空竹,右后转身拉月。

7. 转向后空竹顺时针旋一圈,再向后转。

8. 右望月。

(二) 风摆荷叶组合

1. 花样加速:前后转身加速(3 进 3 退×2)。

2. 开线盘丝,仰观星斗,(挂铃过渡)左右抱月。

3. 金龙绕腿加挂铃。

4. 左旋转身背串 4 次,脱线捞住空竹。

5. 下沿丝(鲁班拉锯)。

6. 上沿丝(左右甩铃、风摆荷叶)。

(三) 龙门飞舞组合

1. (左转)捞月,(头上绕线或大绕身)二仙传道。

2. 纺棉花,鲤鱼跳龙门,龙门舞杆。

(1) 大车轮,金蝉脱壳,收铃,敬礼。

(2) 立盘做花式两种以上,收铃,敬礼。

(3) 一线二组合,收铃,敬礼。

各队员应以此套路为参照,再进行自我改编训练,以展示自己的特长。

※6 小学生空竹双人全能组合套路创编演示

(一) 预备敬礼,造型动作

(二) 第一段

1. 两人并排,同步花样鼓线向前 1、2、3,右转向后 1、2、3,右转向后 1、2、3,变开线。

2. 两人并排,向左横向滑步 1、2、3,再向右 1、2、3 步,开线盘丝。左甩铃,摆腿,向左翻身转一圈(左拉月)(此为:滑步、摆腿、拉月,还原开线)。

3. 右侧击(右侧鼓线)1、2、3、4、5,还原开线。

4. 鼓线或大车轮,跑转圈,互换位,或变位,还原为开线(逆时针)。

(三) 第二段

1. (1) 双人互抛两次;(2) 双人高山流水。

2. 双人跳绳两次。

3. (调整空竹方向,后轮朝左)双人捞月互抛 4 次(或单抛,面向裁判)。

4. 双人腿串,双铃互抛(或单铃互抛,或双人一线一空竹腿串)。

（四）第三段

1. 二人同步做（单人套路中有的）绕手8次，下劈勾翻身望月组合动作。

要求：动作一致、同步，望月时造型优美。

提示：先同步做8个滑铃，左挂铃，右挂铃，进入绕手。

2. 二人鼓线，变纵向。甲做蝴蝶展翅，空竹呈低高低；乙做蝴蝶展翅，空竹呈高低高。之后变成横队。

3. 最后20秒时，两人中一人做开线加速定位不动（在圆心）；另一人做鼓线或大车轮，绕定位人绕圈转。

4. 最后5秒时准备收势，金蝉脱壳。

（另一种收势）最后20秒时，一人在圆心做大车轮，另一人绕圆圈，做立盘丝。最后5秒时准备收势，中间的人做望月；立盘的人，靠近其右侧盘蹲，左手抓住空竹，右手拿杆子（斜看左侧人的空竹，摆好造型）。

※7 如东县双甸小学空竹分级动作设计

一、创编校园集体空竹操

（一）起势：根据音乐，套铃，手拧转铃，提拉加速。

（二）要求：人体始终朝正前方，空竹纵轴始终与人体保持垂直，空竹高速、平稳运转。

（三）调法：前右后在，左低头、右抬头。

1. （开线）12345678，22345678，32345678，423456上扣。

2. （上扣）（后起点）12345678，22345678，32345678，4234解扣跳铃。

3. （跳铃）12345678，2234开线加速。

4. （开线）12345678，22345678，32345678，423456滑铃。

5. （滑铃）12345678，2234上扣加速。

6. （上扣）12345678，22345678，32345678，4234解扣左望月。

7. （望月）123456右望月2234上扣加速。

8. （上扣）12345678，22345678，32345678，4234解扣右望月。

9. （望月）123456左望月，2234开线加速。

10. （开线）12345678，22345678，32345678，423456左挂铃。

11. （挂铃）123456右挂铃，2234开线加速。

12. （开线）12345678，22345678，32345678，423456右挂铃。

13. （挂铃）123456左挂铃，2234开线加速。

14. （开线）12345678，22345678，32345678，423456（上扣）或收铃。

(三) 要求:动作规范,符合节拍,协调一致,美丽亮相。

二、空竹校本课程开发,分级动作设计并尝试考级

空竹又叫空钟、空筝、响铃、风葫芦,北方称“抖牛”,南方叫“扯铃”,本地人叫扯碗等,唯独“空竹”的艺名为全国统称。

抖空竹集娱乐健身技巧表演为一体,在民间有着广大的群众基础。目前在全国各地,抖空竹已走进了中小学、走进了体育学院和大学校园,同时还成为晨练中一道靓丽的风景线。

2006年,抖空竹已被国务院批准为我国首批非物质文化遗产,我们所学的内容不但有杂技中双轮空竹花样,而且还有传统花样和新研究的高难度动作。

双轮空竹动作按走向分类为:空竹定铃类,如绕花线、公平秤、蝴蝶展翅、魔术扣、定铃旋杆等;活扣抛铃类;连线不断类,如大鹏展翅、翻江倒海、盘丝、沿丝、鼓线、大车轮、抱月、绕身等动作;脱线类,高抛脱、低抛脱等动作。双轮空竹常用技法为:弹、跳、擦、摆、勾、拉、抛、接、套、捞、抄、上杆、转杆、翻杆、推杆、顶杆、单飞杆、双飞杆等技法,分级动作具体如下。

(一) 一级动作(推广普及版)

1. 起势及加速的基本方法:原地提拉式起势;地滚式起势;手旋式起势。开线加速;上扣加速。2. 调整方向:线调法;摩擦调法。3. 跳铃:右跳;中跳;左跳。

(二) 二级动作(推广普及版)

1. 摆线,又叫(撑船、擦铃)。2. 滑铃,分弧形高中低弹接。3. 左右挂铃。4. 左右摇旗。5. 左右横摆。6. 左右上挂(杆)腕。

(三) 三级动作(推广普及版)

1. 正抄,分右式、左式。2. 望月,有右式、左式。3. 高抛(高山流水)分左接右接法、连续抛接。4. 绕花线,有左式右式,可变为穿针抛铃。5. 鹦鹉上架(公平秤),有左式右式。

(四) 四级动作(推广普及版)

1. 反抄,分左式右式,也可反抄加正抄。2. 蝴蝶展翅(鲤鱼跳龙门、跳四门、五花八门)。3. 纺棉花,可反抄起步、换杆起步。4. 金鸡上架(金鸡跳架)有正面侧面式。5. 腿串(金龙绕玉柱)有左腿式右腿式、悬腿式。6. 拐肘(绕铃、绕手、肘上生花)有左臂式、右臂式、双臂式轮换变化串法。7. 鼓线。8. 敲大鼓。9. V杆收铃。(注:一至四级普及推广版一种动作可变为几种,掌握主项就行,能够多种变化更好。)

五、五级动作(空竹队版)

1. 高抛跳绳。2. 滑铃跳绳。3. 前抛后接(高)。4. 前抛后接(低)。5. 右反抄骗马(左腿)。6. 左反抄骗马(右腿)。7. 全鼓线。8. 高鼓线(二龙戏珠)。9. 右侧击。10. 左侧击。11. 连线式抛接式,高绕身(仰观星斗)。12. 抛接式低绕身。13. 二人单铃互抛接,高低换位。14. 二人双铃互抛接,高低换位。15. 二人腿串。16. 二人单铃抛接腿串。17. 左(右)反抄对接,分单铃双铃。18. 右捞月,左捞月,左右捞月。19. 大车轮(圆形运铃)。

六、六级动作(空竹队版)

1. 魔术结收铃(金蝉脱壳收铃)。2. 右手捞月式骗马,分左腿式、右腿式和左右腿轮换式。3. 左手捞月式骗马,方式同上。4. 腰部跳铃(二仙传道)。5. 颈部跳铃(推小车、八仙边海)。6. 大鹏展翅,有多种起步方法,有正式、反式,有花样大鹏展翅。7. 左手反抄骗马,有右腿式、左腿式、左右腿轮换式,还有正接空竹和抄接空竹。8. 鲁班拉锯(下沿丝)。9. 风摆荷叶(上沿丝)。10. 右拐肘挂铃(挂臂),也叫溜肘、肘翻。11. 左(同上)。12. 背溜,是脱线式;背翻,是连线式,起步方法有开线、交叉线。13. 裆翻,有开线、交叉线式。14. 背串。15. 腰串。16. 腰栓(背挑)有左式、右式,也叫祥狮献瑞。17. 拉月,有开线拉月、交叉线拉月、连续拉月、花样拉月等。18. 平盘丝,有开线盘丝、交叉线盘丝、盘丝拉月、左手反抄盘丝、花样盘丝等。19. 会分类做组合动作,要连贯娴熟流畅。20. 会一两套完整套路动作约四分钟,动作要标准、优美、流畅、整齐。21. 金手指。22. 高抛起势。

七、七级动作(空竹梦之队版,强化级之一)

(一) 1. 抛铃转身。2. 抛铃碰地。3. 鹞子翻身。4. 高抛跳绳两个以上。5. 猫跳。6. 学会空竹动作的演变与连接。7. 熟练掌握花样组合动作,如手肘、背、腰、腿、胯、胫等动作的变化与连接(包括脱线类花样)。8. 熟练掌握三至四分钟套路三个以上。9. 重点组合要学会压花、木兰舞枪、凤舞九天、西施舞琴、加高抛跳绳。10. 翻江倒海及与其他动作搭。11. 大撒把及花样流星等。12. 定铃旋杆及变化(大回环)。13. 凌波微步。14. 侧身绕铃组合。15. 掌握两种以上空中套铃、高抛套铃起势。

(二) 立式动作分立鼓(台湾式),立盘式(大陆式),我们所学的立盘与单轮相似但比其快,特点是速度快幅度小。1. 身前左右摇铃。2. 身后左右摇铃。3. 雄鹰盘旋。4. 云天雾地。5. 前左右往来。6. 后左右往来。7. 盘龙吐珠。8. 盘龙左右往来。9. 立式大撒把剪跳组合。10. 立式定铃旋杆(大回环)。

11. 脱线类平脱、背脱、花样脱线等。12. 立盘魔术扣收铃。这里指出双轮也可用单轮线杆抖仿单轮动作但一盘不采用。

(三) 一线双铃一般动作,1. 起势有绕线式、抛高式、二铃提拉式。2. 运铃加速。3. 摘桃加速。4. 大翻身(鹞子翻身)。5. 抛月,上杆。6. 拐肘(肘上生花)。7. 腿串。8. 挂腿。9. 前后倒插门。10. 二人互抛。11. 单人连抛(流星赶月)。

八、八级动作(空竹梦之队版,强化级之二)

1. 高抛翻跟头连接。2. 高抛打虎跳连接。3. 双脱杆抛接。4. 立盘式脱线单线套铃,单指顶空竹。5. 一线双铃会二郎荡山、滚绣球、仰观星斗抛接。6. 一线三铃起势、运转、腿串、拐肘、连抛。

(二) 现场实况照片

图 12-2　个人技巧练习

图 12-3　集体练习

图 12-4　同伴相互学习

图 12-5　学习成果展示

三、成绩与效果

（一）踊跃参与、深受喜爱

自从我校成立“炫舞”空竹社团以来，学生纷纷响应，参与度稳步提升，喜爱人数显著增加，教育效果明显。

（二）素质提升、价值显现

社团空竹活动还融入学校的大课间活动，全员普及空竹活动，学生在参与练习活动后，体能素质各项指标，经测试统计数据分析明显提升。

（三）及时总结、媒体报道

学校在社团活动的过程中认真、及时做好各项总结、在反思中不断前行，提升工作效率。各级媒体曾来校采访宣传报道，扩大社会影响力。

（四）成绩优异、获得荣誉

“华铃杯”2015中国南通空竹邀请赛24人次获等级奖；“启隆生态杯”2016启东空竹邀请赛29人次获等级奖，优秀组织奖；2017年浦东新区“浦新杯”长三角空竹邀请赛团体二等奖，吴家靖个人自选动作三等奖。

2017年南通市空竹比赛，58人次获奖，学校获南通市团体总分第三名；2018年参加中国常熟“金竹奖”国际空竹邀请赛，吴家靖同学表现出色，获个人全能、单项二等奖。

1. 双甸小学在“华铃杯”中国·南通空竹邀请赛中喜获丰收

空竹，一直以来是双甸镇双甸小学体育艺术“2+1”的活动项目，近年来在校长室的大力支持下，学校空竹社团于2014年3月正式成立，队员们在刻苦的训练中，空竹技艺日趋娴熟。

2015年11月14日，我校空竹社团的22名队员参加了“华铃杯”2015中国·南通空竹邀请赛。比赛中，他们以较高水平的技艺和娴熟优美的动作分别获得竞速类和全能类多项奖项，其中六个项目获得第一名的成绩。但喜获丰收的同时我们也发现学生的心理素质、实战能力、表演技巧等方面还有待进一步提高，在今后的训练中，我们将继续努力，且行且思考，将空竹艺术发扬光大。

2. 双甸小学在“2017南通市空竹比赛”斩获多项荣誉

11月11日“2017南通市空竹比赛”在如东县实验小学拉开了帷幕，有来自南通、通州、启东、如皋等地的17个代表队参加了本次比赛。双甸小学也应邀参加，喜获团体总分第三名。

比赛采用了分组分项目的赛制，设置了正抄、腿串、高抛跳绳、双人两空竹互抛、个人全能、空竹操等9个项目。比赛中,双甸小学空竹队的队员们沉着冷静,通力合作,凭借娴熟的技术、独具创新的高难度动作和勇往直前的精神,摘得一枚枚奖章。其中,吴家靖、葛俊羿、王孙涵、冒徐圣等九人获个人单项一等奖,双甸小学获团体总分第三名的好成绩。

图12-6　参赛代表队合影

图12-7　参赛获奖奖杯

图12-8　参赛获奖奖牌

四、思考与展望

空竹运动锻炼价值很高,尤其对青少年的成长有许多好处,能有效保健视力,增强四肢协调性,陶冶情操、益智健脑,使学生更加眼明手快、思维敏捷,培养创新性与挑战性等。如何在我校进一步普及空竹运动,使所有学生掌握这项健身运动本领,为终身自主锻炼打下坚实的基础需要我们认真思考与实践。

入选理由：

学校秉承“普爱尚美”校训，以“做一片美的叶子”为办学理念，围绕建构“尚美课程”核心主题，聚焦“尚美求真”课堂，弘扬民族武术瑰宝，促进学生核心素养的全面提升。武术既是一门课程，又是一种践行“文化自信”的有效载体，它能增强学生“精忠报国”的爱国情怀，“天下兴亡，匹夫有责”的担当意识，“扶危济困”的公德意识，“国而忘家，公而无私”的价值理念。

十三　连云港市苍梧小学武术社团

资料提供：张立祥　杨伟刚

图 13-1　连云港张立祥

苍梧小学隶属于连云港市教育局，现有两个校区。位于海州区凤凰大道 6 号的东校区占地 36843 平方米，总建筑面积 20726 平方米；位于海州区巨龙南路 109 号的西校区占地 22900 平方米，总建筑面积 20684 平方米。学校现有班级 112 个，在校学生 6000 余人，专任教师 330 余人。

学校秉承“普爱尚美”校训，以“做一片美的叶子”为办学理念，围绕建构“尚美课程”主题，聚焦“尚美求真”课堂。学校先后被评为省体育工作先进集体、省健康促进金牌学校、省艺术教育特色学校、省中小学乒乓球段位制联盟学校、市校园足球工作先进集体、新海高级中学优秀排球运动员生源基地等荣誉称号。学校体育场地设施齐全，拥有篮球馆、笼式足球场、啦啦操健美操房、乒乓球馆、素质拓展基地、排球场和田径场。学校现有篮球、足球、车模、航模、乒乓球、啦啦操等十多个体育社团,积极组织参加国家、省、市级各类体育竞赛并取得优异成绩。

为了继承祖国优秀的文化遗产,激发学生的民族自豪感,增强学生的体育锻炼兴趣,在实现强体魄的同时,实现强礼仪、强精神,根据学校社团活动安排和自身特长,学校于 2015 年 9 月成立武术社团,面向全校三至五年级学生招生。社团成立四年以来,连续荣获校优秀社团、市中小学武术比赛团体一等奖、数十个个人一二三等奖、2018 年市"市优秀学生社团"。

一、组织方法与活动设计

(一) 组织方法

※1 连云港市苍梧小学武术社团管理章程

第一章　总则

第一条　名称:苍梧小学武术社团。

第二条　类别:体育。

第三条　宗旨:加强武术爱好者之间的交流;提高武术爱好者的武术水平;丰富学生校园生活。

第四条　原则:

练武以强身健体,修身养性为原则。培养社员吃苦耐劳、坚韧不拔、持之以恒的精神;严禁打架闹事;维护本章程的尊严,遵守社团的规章、条例和决定;社团的组织机构和成员活动都必须遵照本章程。

第二章　组织管理制度

第五条　本社团设社长 1 名,副社长 1 名。本社团管理机构成员必须具备以下条件:

(一) 有较强的组织能力以及对武术有较深的理解。

(二) 努力做好广大社员的思想政治工作,以增强本社团的凝聚力。

(三) 有围绕学校的方针、思想来开展具有积极意义活动的能力。

第六条　社团管理机构,其主要职责是:

(一) 全面负责本社团工作。

(二) 邀请专家指导。

(三) 制订社团活动计划。

(四) 决定社团成员的吸收和除名。

(五) 学年结束进行社团总结。

第七条　社团负责人的退出和除名：

（一）学生毕业离校，自动退出社团。

（二）根据本人自愿原则，经本人提出书面申请，经同意即可退出社团，取消组织成员资格。

（三）对不服从组织安排，打架斗殴，言语辱骂，多次不听劝阻的成员，经研究予以除名。

第三章　社团的活动内容

第八条　训练时间：每周五下午第一、二节课，每三周五下午4:30—5:30，暑假集训一个月。

第九条　活动地点：学校操场或体育馆二楼武术教室。

第十条　活动范围及方式：教师教学，社员交流互学。

第十一条　社团内部安排：

（一）社团老师必须为武术专业教师，负责日常活动的教学，以提高社员的武术水平。

（二）邀请指导老师，负责社团工作的管理监督以及相关的帮助。

（三）组织社团成员以武术表演的形式参加学校展示活动，对外交流等。

（二）活动设计

※2 连云港市苍梧小学武术社团年度工作计划（摘录）

一、指导思想：

武术是以中国传统文化为理论基础，内外兼修，术道并重为特点的中国传统体育项目。在习武过程中，学校不仅关注锻炼学生的身体，而且追求学生在思想上得到更高的修为，为他们今后的学习和充实的生活打下坚实的基础。

二、活动时间：每周五下午社团活动时间和每周三、五下午放学后。

三、活动场地：学校操场（雨天在体育馆二楼）。

四、参加人员：三、四、五、六年级学生。

五、训练模式：

（一）采取小组与全体相结合训练的模式。

（二）适当采取游戏与教学相结合的模式。

（三）训练学生的运动能力，使学生体态、动作协调优美。

（四）提高学生的运动能力，对学生进行情感教育，提高运动表现力。

（五）根据学生的运动能力和身体素质情况采取灵活的训练模式。

六、教学要求：

(一) 教师认真准备好每一次活动，要求知识通俗易懂，并有一定的趣味性。

(二) 学生积极和辅导教师进行配合，以便使武术兴趣活动的开展具有生动性、活泼性。

(三) 督促学生养成一些学习体育的好习惯，并使之不断巩固、加强。培养武术基本技术为主要内容，不让学生放任自由。

(四) 督促学生基本掌握技术动作和一些武术基本知识。

七、活动步骤：

(一) 组织健全武术社团：

参加社团人员是自愿参与、在体育方面有一定特长的学生。活动要稳定开展，除了特殊情况外，不能轻易暂停。教师要做到精心计划，按时组织练习，保证武术社团活动的正常、有效开展。

(二) 以活动为载体，为学生自我展示交流搭建平台。利用学校大型活动，举办武术学习成果展示，为学生提供表现自己的机会，增强自信心。

(三) 具体计划活动内容：

1. 发扬光大民族优秀传统，崇尚武德。

2. 武术的基本手法，步法。分类与要求：基本功是武术之本。有坚实的基本功，这也是为以后更好地进行武术训练打下坚实的基础。

3. 武术的柔韧基本功。分类与要求；柔韧在武术中是非常重要的，它的好坏会直接影响到武术动作的优美程度。

4. 武术基本腿法。要求：武术基本腿法是对武术柔韧性的充分的体现。

5. 武术基本套路教学方案：

第一学期：基本功、小组合、五步拳。

第二学期：基本功、八极拳。

第三学期：形神拳、太极拳。

第四学期：规定拳、初级棍术。

要求：充分体现出武术套路的精、气、神。

※3 2018—2019学年度第一学期武术社团活动计划(摘录)

一、指导思想

根据《体育与健康课程标准》精神和学校课外体育活动的要求，为了增强学生体能素质，丰富学校校园文化生活，充分发挥学生的兴趣爱好，正常开展武术社团活动，特拟定本学期武术活动计划。

二、活动目标

（一）培养学生的武术兴趣和良好的体验素养，掌握武术相关的技术动作。

（二）通过武术学习、社团的活动，使学生的武术特长得到更好的发展，进一步了解武术的基本知识，培养学生的运动能力。

（三）通过武术技术的学习，培养学生对武术运动的兴趣和团结协作的精神及吃苦耐劳的精神。

三、活动时间

每周五下午第一、二节课。

四、活动内容安排

课程主要从基础方面着手，以套路为主，基础课程为辅。

（一）重点辅导学生套路方面的学习。

（二）重视基础方面的学习，从而解决课堂中难以解决的疑难问题。

（三）指导学生从事套路学习，培养学生的观察能力和热爱生活的习惯。

二、实施过程与方法

（一）具体实施过程

※4 武术社团周训练计划安排

2018—2019学年度上学期周训练计划安排

周次	教学内容
第一周	武术运动常识、课堂常规、武德教育、抱拳礼
第二周	武术基本手型、基本手法；腿法：正踢腿
第三周	武术基本步型；腿法：里合腿
第四周	武术基本步法变换；腿法：外摆腿
第五周	步法手法组合练习；复习腿法
第六周	眼神精气神练习；腿法：侧踢腿
第七周	眼神精气神练习；腿法：单拍脚、双拍脚
第八周	武术套路组合：马步推掌——拗马步冲拳——马步冲拳——并部抱拳
第九周	武术逃不组合：提膝穿掌——仆步穿掌——虚步挑掌
第十周	五步拳：弓步冲拳——弹腿冲拳
第十一周	五步拳：马步架打——歇步盖冲拳

续表

周次	教学内容
第十二周	五步拳:提膝仆步穿掌——虚步挑掌
第十三周	考核五步拳腿法

※5 2018年苍梧小学武术暑假训练计划

一、目的任务

提高学生体育运动水平,提高我校体育竞赛水平,备战市比赛并取得好名次。

二、基本情况

武术队员是从有武术基础的武术社团学生中选拔出的,其优点为有武术基础、学生积极性高,具有吃苦耐劳、敢打敢拼的精神。

三、训练计划

(一) 训练准备期(2018年5月—6月)

1. 召开动员会议,宣布本学期训练计划及训练目标。

2. 宣布训练要求,做好训练前的动员。

3. 准备训练所需器材。

(二) 时间安排

从2018年7月2日开始,每周一、三、五上午(8:00—10:00)为正式训练时间,每天训练2小时,训练截止到2018年7月27日。

(三) 训练目标

1. 提高学生武术专项技术的理论水平和技术实践能力。

2. 实现学生的专项技术动作定型,不断提高训练成绩。同时注意避免学生伤病的发生,以免影响正常训练。

(四) 训练内容

1. 强化基本功。

2. 学习形神拳。

四、教练员及学生名单(略)

※6 暑期形神拳课时训练计划

形神拳集中体现形神兼备的武术本质特点,是长拳类型的武术套路。这套形神拳,动作舒展大方、刚劲有力,对培养武术意识,发展灵敏、协调、力量等身体素质具有良好的作用。演练时配上霍元甲主题歌《万里长城永不倒》的音乐,使人感到精神振奋,有利于激发学生的练习欲望,培养爱国主义精神和民族自豪感。

形神拳是由五种步型：弓步、马步、仆步、虚步、歇步；三种手型：拳、掌、勾；两种腿法：蹬腿、弹腿组成。套路所选择的素材都是伸展和抡转幅度较大的动作，需要上下肢密切配合，要求学生在学习时有较好的协调、柔韧、劲力等，对学生的身体素质和学习能力，特别是对拳势工整，劲力顺达，舒展大方，动作流畅，刚劲有力提出了更高的要求，更体现武术的意识和长拳的风格特点。

形神拳动作方法：

预备势：直立抱拳，两脚并拢直立，两手五指并拢，直臂下垂贴靠大腿外侧；目视前方。两手握拳屈肘抱于腰侧，两肩后展，拳心向上，下颌微收，头向左转，目视左前方。

第一课

1. 并步抱拳礼

动作要求：

(1) 右脚向右后撤一步，同时上体右转 90 度，两臂从胸前向上绕至两侧，目视左手。

(2) 两手经腰间左掌，右拳向前推出，抱于胸前，同时左脚收至右脚内侧成丁步，目视两手。

要点：撤步转身与两臂前后分开动作要一致，收腿、抱拳于腰间动作要协调，抱拳礼动作刚柔相济。

2. 左、右侧步冲拳

动作要求：

(1) 两手变拳收到腰间，左脚向左侧上一步，右脚随即并于左脚；同时冲左拳，目视左拳

(2) 右脚向右侧上一步，左脚随即并于右脚；同时冲右拳，目视右拳。

要点：上步、并腿、冲拳动作要同时完成，动作干净利落、挺胸、立腰、步稳。

（二）现场实况照片

图 13-2 中澳师生武术交流

图 13-3 苦练基本功

图 13-4　武术名家指导

图 13-5　亮相赛场

三、成绩与效果

(一) 人数逐年增加,学生极其喜欢

自第一批招生起,每年的报名人数逐年增加,因为人数较多,师资有限,目前采取社团预报名、测试选拔的方式。

(二) 体质健康增进,技能有效提高

表 1　参加武术训练对学生体质健康测试的影响

项目	人数			
	训练前(班级前15名人数)	训练一年(班级前15名人数)	训练两年(班级前15名人数)	训练三年(班级前15名人数)
50米	15人	19人	22人	28人
1分钟跳绳	14人	17人	21人	26人
坐位体前屈	18人	22人	26人	29人

注:受测对象为武术社团成员,人数为30人。

从表1可以看出,除两人因身体特殊原因外,随着训练时间的增加,在国家体质健康测试的三个项目中,长期坚持武术训练的学生在班级前15名的人数,显著增加。其中有1名社团成员在今年的运动会跑步比赛中首次获得冠军,两名社团同学首次获得奖牌;参加武术训练两年以上的学生在2018年市武术比赛中,均荣获一等奖。

(三) 心理状态趋佳,耐挫能力提升

武术的故事

想想两年的武术训练,真是酸甜苦辣都有。

完成作业后,我就会抓紧练习武术。按照老师的要求刚练一会儿,一只只

"拦路虎"就出现了。不是忘了动作，就是动作不标准。老师每次训练前，都会先抽查上节课内容，动作不到位，就会受到他的批评，重新再来。每次看到教练失望的眼神，我心里总是酸酸的，很沮丧。这个时候，教练就会对我说："王晓宁，一定要战胜自己，克服困难！"我细细一想，教练说得对，虽然困难重重，但"功夫不负有心人"，我一定能突破困难，怎么轻易就向困难低头！于是，我就又打起精神，奋发努力地练习了。

市武术比赛结束了，去年我得了拳术二等奖，今年我竟然得了一等奖，坚持努力就一定能成功。后来，学校有武术交流活动，我被教练选中，还和澳大利亚的小学生一起交流武术，同台表演，我的同学都羡慕得不得了。不行，我还要刻苦练习，不能骄傲！

武术让我明白一个人要不怕困难，勇往直前，不能退缩；武术让我明白一个人要谦虚谨慎，不能骄傲自满；武术让我明白一个人要不怕吃苦，才能成功；武术让我明白一个人要珍惜时间，不能虚度光阴！今后，我学习武术的路还很长，我一定要坚持不懈地走下去！我爱武术！

（王晓宁）

（四）武术文化宣传，民族自豪增强

我校每年都进行全校范围的武术操比赛；大课间武术操的领操员一直由武术社团成员担任；2017 年开学典礼上，武术社团在主席台上进行了武术表演，得到全校师生的阵阵掌声。每学期除了武术技能训练，还有两节武术理论课，让学生更深入地了解我国优秀的民族传统体育文化，增强民族文化自豪及自信心。

（五）运动成绩优良，师生喜获奖项

社团成立以来连续三年荣获苍梧小学校级优秀社团称号，连续三年在市武术比赛中，荣获集体一等奖，共计数十名社团学生在市武术比赛中荣获个人一、二、三等奖。社团张立祥、杨韦刚老师均为武术专业教师，国家二级裁判员，曾两次荣获市级优秀教练员称号。

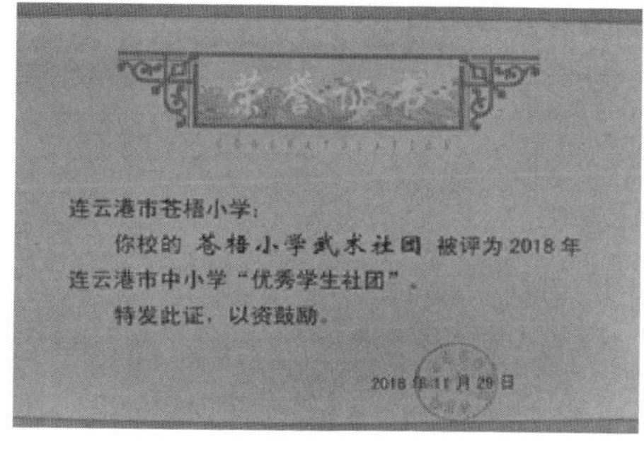

图 13-6　市优秀学生社团

图 13-7　市比赛获奖

四、思考与展望

(一)存在的问题

1. 学生还存在怕苦与退缩心理。

2. 因武术师资有限未招一二年级学生,影响梯队发展。

3. 校武术队队员基本功有待加强。

(二)问题解决办法

1. 进一步做好学生的思想工作,争取各方面的支持。平时休息给学生讲一些武术的知识,领会中华武术的博大精深,增加两节武术理论课。

2. 下学期择优选部分一二年级学生,培养梯队骨干。

3. 加强学生的基本功训练,强化力量、柔韧等身体素质的练习。

入选理由：

学校将校外跆拳道资源与校内社团活动相结合，组建跆拳道社团。通过专业教练和学生团队在全校的表演展示，充分激发学生兴趣。社团为各个年级的学生设置了不同的练习内容，让学生真正融入社团，感受跆拳道的魅力。跆拳道社团在学校领导和社团教练员的带领下，从宣传到授课，从展示到比赛等各项工作全面开花，社团成员不断发展壮大。

十四 常州市横林中心小学跆拳道体育社团

资料提供：余 鑫 方继美

图 14-1 常州余鑫

图 14-2 学校全景

横林中心小学创建于 2000 年，是一所坐落在常州东部地区的农村小学，建筑面积约 14000 平方米，现有 29 个班级，1413 名学生，78 名教师。学校荣获全国青少年国防教育及英雄中队特色观摩学校、中国青少年国防教育促进计划实践基地、常州文明城市乡村学校少年宫基地、常州市文明单位、常州市依法治校先进单位、常州市健康单位等荣誉。

学校是常州市首批乡村学校少年宫学校，拥有 300 米塑胶跑道、多功能体育馆等，体育场地设施完善。2014 年，学校引进并开展了一系列体育社团活动。学校现有田径、绳毽、乒乓球、足球、跆拳道 5 个体育社团，拥有体育教师 9 名，其中硕士生 1 名，本科生 8 名，体育公益社团专业教练员 15 名，其中跆拳道教练 10 名，乒乓球教练 5 名。

一、组织方法与活动设计

(一) 组织方法

※1 常州市横林中心小学跆拳道社团管理章程

一、社团宗旨

(一) 宣传并推广跆拳道运动,给热爱跆拳道的学生更多展示的舞台。

(二) 丰富学生体育技能,促进学生间的相互交流。

(三) 增强学生体质,锻炼学生意志,强身健体,防身自卫。

二、组织和机构与成员

略。

三、活动要求

(一) 以校内活动为主,主要在校内进行活动。

(二) 举行的各种活动,需经校领导审核批准。

(三) 社员需严格听从指挥。对于不遵守纪律者,本社团保留追究其责任的权利。

※2 常州市横林中心小学跆拳道社团规章制度

一、热爱社团,崇尚跆拳道精神,推动社团健康有序地发展。

二、遵守社团的各项规章制度,不得无故迟到和早退。

三、按照社团大纲制定内容活动,融入德育教育和习惯养成教育的内容。

四、认真组织每一次活动,不断总结经验和提高活动质量。

五、注意仪容和举止,态度要热情诚恳,精神要积极饱满。

六、遵守社团礼仪,不打架,不骂人,时刻注意自身的言行举止。

七、刻苦学习、积极进取、不断充实跆拳道知识,提高技术水平和修养。

八、爱护运动器材,如有故意破坏,照价赔偿。

九、提倡"快乐教学"理念,营造良好的社团学习氛围。

十、竞技组成员应积极配合参加社团培训,赛前集训以及公益展示活动。

(二) 活动设计

※3 常州市横林中心小学跆拳道社团年度活动计划

以"健康第一"为宗旨,学校组织好跆拳道社团活动,关注学生身心健康与发展,培养学生形成终身体育锻炼的习惯。

进行全校性跆拳道公益展示活动,通过宣传单,手抄报等活动,做好跆拳道社团的宣传工作。在各年级开设跆拳道公益社团课,对学生进行一系列的体能素质练习和互动游戏体验,让学生接受并喜欢跆拳道项目,招纳社团新成员。

通过每周的公益社团活动课,低年级学生学习并初步掌握基本腿法、步伐等基本功,熟练打出跆拳道品势。

一、二、三、四章的动作技能考核,腿法步伐的组合运用练习以及攻防实战演练,重点授予跆拳道防身术。

利用每周四的社团提升课,选拔本学年各年龄与组别的竞技组成员,进行系统化训练,再通过周末在道馆与兄弟学校进行实战对抗练习,在增强实战能力和应变能力的同时,促进成员间的交流,做好迎接市区跆拳道交流赛的准备。

二、实施过程与方法

(一) 具体实施过程

※4 常州市横林中心小学跆拳道公益社团周活动安排表

一年级:礼仪礼节;基本站位与移动;跆拳道小游戏;品势:太极一章(教练名单略)。

二年级:礼仪礼节;素质练习;基础性步法;双节棍体验;品势:太极二章(教练名单略)。

三年级:礼仪礼节;步法组合练习;进攻与防守意识;品势:太极三章(教练名单略)。

四年级:理论知识,双节棍体验;上下段进攻防守;品势:太极四章(教练名单略)。

五年级:理论知识,攻防巩固;步法腿法综合练习;品势:太极一二三四章(教练名单略)。

六年级:理论知识,踢靶;简单攻防演练;品势:太极一二三四章(教练名单略)。

竞技组:品势;比赛得分失分知识;攻防进阶内容;实战演练(教练名单略)。

※5 横林中心小学跆拳道社团竞技组成员赛前集训安排

一、时间:2018 年 9 月 1 日—9 月 20 日。

二、地点:体育馆(周一至周五)跆拳道馆(周六、周日)。

三、学生名单:略。

四、内容:

周一:品势太极一到四章;比赛得分技术讲解;调动转换进攻能力。

周二:踢技术靶;下劈速度练习;腰腹肌练习;防守反击意识练习。

周三:边角进攻、反位置战术练习;针对前横进攻的反击练习。

周四:调动反击意识练习;近身打法意识练习。

周五:力量耐力素质练习;踢固定和移动靶练习;攻防转换腿法练习。

周六:实战演练,与横林实验,林南和崔桥小学进行模拟对抗赛。

周日:强化进攻与防守意识,以恢复为主的韧带等素质练习。

※6 常州市横林中心小学跆拳道社团活动年度总结

横林中心小学跆拳道社团在学校领导和社团教练员的带领下,从宣传到授课,从展示到比赛等各项工作全面展开。

随着跆拳道社团公益课进校园,教练们从礼仪、技能、战术等方面进行跆拳道知识与技能的普及和传授。课堂上,教练们认真讲解与示范,及时进行互动,还带来了有趣的双节棍体验课,学生们的学习兴趣高涨,纷纷表示很喜欢这种形式的公益社团课程。同学们觉得在提升技术素质的同时也培养了忍耐、克己、礼仪、廉耻、百折不屈的跆拳道精神。

跆拳道公益社团课旨在通过趣味教学的形式让学生了解并接触跆拳道,提升运动意识,同时也是对学校跆拳道运动员的初步选拔,以备战每年常州市武进区体育局、教育局组织的跆拳道专项比赛,最终达到推广校园跆拳道项目普及和提升跆拳道训练水平的目的。

跆拳道社团的发展还存在一定的问题,如场地器材不够规范等。我们希望能有更多的体育公益社团活动能够进入横林中心小学开展,既丰富校园体育文化,又提升学生的身体素质,还能锻炼意志品质,有利于学生积极向上的发展。

(二)现场实况照片

图 14-3 表演展示 1

图 14-4 表演展示 2

图 14-5　社团体验

图 14-6　比赛合影

三、成绩与效果

（一）学生参与度逐步增加

社团成立初期就有许多同学参与进来，随着公益社团课在全校范围内的开展，到现在可谓是全员参与。

（二）体质健康逐年上升

采访中学生普遍认为，内容丰富的跆拳道让他们更有兴趣参与进来锻炼，久而久之，体能和技能得到进一步发展。据统计，2014 年开设跆拳道等体育社团后，全校体质健康数据的及格率从以前的 94.15%上升到了最高时的 98.29%，优秀率从 10.21%上升到了最高时的 15.06%，体质健康数据整体呈稳步上升趋势。

（三）礼义廉耻百折不屈

经调查发现，学生参与后更加讲究礼仪，心理受挫能力也有较大改善，跆拳道运动特别培养了学生顽强的意志品质，促使横小学生各方面积极健康发展。

（四）丰富校园体育文化

社团对学生和家长做了大量宣传工作；进行技能展示开拓了学生的视野；组织公益课拓展了学生技能；展开板报、手抄、作文评比等活动，丰富了学生的课外文化生活。

（五）取得了优异的成绩

在丰富了学生课外生活，增强了体质，培养了良好意志品质的基础上，我们在社团的基础上选拔了竞技小选手参加武进区跆拳道交流赛，取得了团体第四名的好成绩。

（六）校园网络广泛宣传

学校网站、官方微信号，武进教育资源公共平台进行宣传，得到了校领导与教师，家长的支持和认可。

图 14-7　宣传工作 1

图 14-8　宣传工作 2

四、思考与展望

（一）体育类社团活动与校园文化的建设息息相关，对学生的身心发展以及学生自我独特个性的形成，具有十分重要的促进意义。为了给学生提供一个良好的学习环境，促进学生的全面发展，学校应该引进优良的社会资源，开展跆拳道社团等丰富多样的体育社团内容，供学生自主选择参与。

（二）学校跆拳道公益社团类活动想要走得更远，需要建章立制，制定相关的规章制度，对外界资源进行严格审核，做好严格把关工作，并对教练员，辅导员做好相关培训，合格以后才能录用。

（三）对于跆拳道社团来说，不光是师资力量，室内外场地设施也要相应跟上，护具要配套齐全，教练员要做好相应课程内容规划，提前备课，规范上课，科学训练，并做好相关社团记录和总结工作。

（四）希望学校能够一如既往地支持跆拳道社团工作，也希望社会有更多的爱心人士加入公益体育社团，给学生提供体验与学习的机会。

入选理由：

学校秉承“以雅立行”的校训，“尚德、笃学、力行、求真”的校风，遵循“让学生快乐成长、让教师幸福生活、让学校和谐发展”的办学理念，创建雅文化校园特色，贯彻“合格＋特长”的办学思想。在课外体育活动中，学校面向全校师生普及推广抖空竹运动，成立阳光空竹社团，全校人人抖空竹，以空竹为主题，创建了校园空竹文化品牌，抖出健体，抖出益智，抖出育人。

十五　南通如东县河口小学空竹社团

资料提供：曹丽利

图 15-1　南通曹丽利

图 15-2　全校学生活动场面

南通市如东县河口小学是一所农村乡镇中心小学，现有 14 个教学班，学生 578 人，教职工 46 人，四名专职体育教师。河口小学秉承“以雅立行”的校训，“尚德、笃学、力行、求真”的校风，遵循“让学生快乐成长、让教师幸福生活、让学校和谐发展”的办学理念，创建雅文化校园特色，贯彻“合格＋特长”的办学思想，努力推行素质教育，促进师生全面发展。

2006 年 5 月，“抖空竹”被列为国务院公布的我国首批国家非物质文化遗产名录。它作为一项传统民俗体育项目，有着深厚的历史底蕴、广泛的群众基础，经过一千多年的历史积淀，具有很高的文化品位和艺术价值，具有强身健体、锻炼意志、陶冶性情、竞技比赛、娱乐观赏等功能。自 2014 年开始，河口小学在课外体育活动中面向全校师生普及推广抖空竹运动，成立阳光空竹社团，全校人人抖空竹，自主参与学校自创的空竹考级评定，形成了 500 多人的空竹操展演梯队,有40名全能空竹高手表演方阵和10名精英队员。

一、组织方法与活动设计

(一) 组织方法

※1 河口小学空竹社团的组织章程

为丰富校园体育、文化生活,强健学生体质,提升学校办学水准,巩固和发展我校办学特色,扩大学校的社会效应,实现校内外资源的有效结合,让更多的农村学生共享校内外优秀教育资源和成果,成为“合格+特长”的学生,依据省、市、县体育、艺术“2+1”项目工程有关要求,并结合实际,我校特制定河口小学空竹社团章程。

(一) 名称

本社团的名称为“河口小学‘铃动人生’空竹社团”。

(二) 性质

“河口小学‘铃动人生’空竹社团”是河口小学学生自愿结成的、非营利的、为提升学生自信、强健学生体质和传播空竹文化与技能的组织。

(三) 宗旨

充分利用我校现有的场地、器材、师资、学校特色等教育资源,坚持公益性、公平性、普及性的原则,鼓励全体学生自愿参加学校空竹社团的各类活动。学校所有活动场所、器材免费向学生全面开放,努力实现学校空竹社团的长效运作,使学校空竹社团真正成为学生们自己的活动阵地。通过社团活动激发小学生对抖空竹的兴趣,挖掘抖空竹方面的人才,更好地传承和保护国家非物质文化遗产抖空竹项目,让祖国优秀的传统文化进入校园,浸润学生的人生。

(四) 口号

我们的口号是:“小空竹,大才艺;竹润校园,铃动人生”。

(五) 资格

河口小学的学生,凡是认同本社团章程,自愿参加本社团,对空竹感兴趣,均可申请加入空竹社团,社团教师审核过关后成为正式的空竹社团成员。

(六) 权利

1. 空竹社团的队员有平等参加训练的权利。

2. 监督空竹社团成员纪律的执行。

3. 对空竹社团提出建议和批评。

4. 入社和退社自由。

（七）义务

1. 遵守空竹社团的章程。

2. 认真积极参加每一次的训练，不断提高自己抖空竹的基本功。

3. 学校组织交流、展示、比赛活动时，积极参加并树立空竹社团的良好形象。

4. 爱护空竹器材，不得故意损坏；保持训练场地的整洁。

5. 队员之间团结友爱、互相帮助、共同提高。

（八）领导小组

组长：薛强、副组长、成员（人员名单略）。

（九）项目设置

空竹初阶社团（低年级学生）。

空竹中阶社团（中年级学生）。

空竹高阶社团（高年级学生）。

（十）管理制度

建立以校长为组长，教导处主任、后勤处主任、体育组教师为组员的校园空竹社团工作领导小组，后勤保障组（后勤分管）、师资培训组（综合备课组分管）、课程研发组（教导处分管）、校园文化建设组（总务处分管）、医疗保障组（总务处分管）等组织，组组之间互相协调分管到位。三大社团组辅导教师要从全面提升所辅导组学生的技能出发，及早谋划，切实开展活动，一方面，各组要筹划好在重大节日展示活动成果的准备；另一方面，要主动承担起与本组相关的学生竞赛的培训工作，确保取得优异成绩。学校将结合节日活动，分阶段进行展评。

（十一）奖惩

学员的奖励：

1. 在各项比赛、展示活动中获得优异成绩者，按照学校的奖励方案进行奖励，并在学校的空竹明星之窗进行为期一个月的展示。

2. 每学期评选出30%的“优秀社团员”。

学员的惩处：

社团成员如不听从教练安排、组内打架者、搞小团体主义者、用空竹故意伤人者以及其他不文明行为的，警告一次。警告积累三次需要帮社团打扫卫生、整理器材。情节严重的需要暂时离开社团。

（十二）附则

1. 本章程的最终解释权归河口小学“铃动人生”空竹社团所有。

2. 本章程公布之日起开始执行。

(二)活动设计

※2 空竹社团活动的设计理念

(一)以空竹健体,提升学生的身体素质

抖空竹运动项目的特点是占用空间小、活动部位多、可以个人单独练习也可以小组合练,活动花样多,能不断满足学生们求新的欲望,可利用零碎的时间练习,身体对抗性小、安全性高,对学生的形体与乐感的养成都有很好的促进作用,所以抖空竹运动非常适合在学校开展。抖空竹寓游戏于运动之中,在合理掌握运动量,达到强身健体之目的同时享受其中的乐趣,课间空竹抖一抖能有效缓解视力疲劳、改善学生的视力状况。

(二)以空竹益智,增强学生的学习能力

空竹是一项趣味性和技巧性相结合的运动项目,抖空竹运动能有效地促进大脑发育,提高大脑灵活性,显著地提高大脑工作效率。当双手握杆抖动空竹做各种花样技巧时,上、下肢各关节,加之颈椎、腰椎都在同时不同程度地运动着,以至带动身躯的前后、左右的移动、转动,两臂的舒张、收缩,脚步的跟随,这样的巧妙配合才能完成既定的花样动作,经过反复的锻炼,从而促进全身的血液循环,提高四肢的协调能力,促进人脑的发育,提高灵敏性。

(三)以空竹育人,培养学生的良好意志品质

抖空竹运动需要较高的专注力和团队合作的默契,在学习一个新动作时,学生需要注意力高度集中才能控制得了空竹,还需要反复不断地练习思考,经过多次失败经验的积累才能找到成功的诀窍。练空竹的过程既是磨炼学生意志品质的过程,也是提升学生专注力的过程。在与他人合作的空竹游戏活动中,更需要学生对活动过程中出现的各种情况进行分析,采取得当的方法,彼此之间形成合作的默契,一起克服困难、一起分享成功。以空竹运动为载体,在课外活动中倡导“顽强拼搏攻难关、勇于挑战新花样、团队合作有默契、传承非遗要担当”。

(四)以空竹为主题,创建校园空竹文化品牌

学校分年级段围绕空竹展开一系列课外文化活动,组织学生寻找自家周围会抖空竹的老人,与他们交流,增进对空竹的了解,搜集他们与空竹的故事;组织“夸、讲、说、写”活动,交流搜集空竹历史和起源等,编写空竹小报,撰写代言稿,争当校园空竹新闻报道小记者,了解空竹运动的全球影响等,开展“我的空竹故事”读写绘比赛,抖空竹童谣创编,空竹诗句吟诵,“空竹赞”书法作品、手抄报比赛、剪纸等活动。在学校建设空竹文化广场和空竹文化长廊,促进空竹文化活动的不断深入,形成我校的空竹特色以及文化品牌。

二、实施过程与方法

（一）具体实施过程

※3 如东县河口镇河口小学空竹社团辅导人员安排表

组别	辅导教师	内容	活动地点	负责人	辅导老师分工与职责
空竹初阶社团（低年级）	汤艳峰、周颖颖	自选	书香广场	缪丽丽	①前者负责制订本组活动计划、每一次的活动方案设计、活动辅导、效果记载 ②后者负责点到、纪律管理、活动安全、拍摄活动照片并编辑打印、收集过程性实物成果
空竹中阶社团（中年级）	缪坚、沈海红	自选	篮球场	吴山宏	
空竹高阶社团（高年级）	曹丽利、徐小东	自选	操场（西部）	鲍小林	

负责人职责：全面管理该组活动，负责所在组的场地、人员、物资的协调工作，负责所在组过程性资料的督查工作（各组需要购买活动器材、耗材可直接向相关负责人申请，校长室审批后，由学校组织购买）。

相关说明和要求：

（一）要求及活动地点、时间

（1）周五中午 12:00，请各班班主任依据安排表通知学生尽快到指定地点集中。活动时间：12:00—12:50。

（2）今后三大组的学生如果有变化，各组的教师要逐个通知到班主任，班主任要亲自将学生交给新选组的辅导教师，并及时做好补充登记。

（二）辅导人员落实

一个组的两名教师都要全程参与，前者负责制订本组活动计划、活动方案设计、活动辅导、效果记载；后者负责点到、纪律管理、活动安全、拍摄活动照片并编辑打印、收集过程性实物成果。

每次活动时，两名辅导人员均须在活动现场。

（三）落实辅导内容

见计划表。

（四）活动计划制订

一学期的活动计划，初定 18 次，请各组辅导教师于第一周定好计划，为下学期的活动安排留有空间。整体上以系统性、层次性、板块性呈现。

(五)活动方案设计

每一次活动的设计,要有内容、有活动目标、有活动过程的设计,在活动后要有活动实际效果(或反思)的记载。其中活动内容的安排要与前面制订的计划相一致。

(六)活动材料收集

每组一个讲义夹,第一、二两页是各组的活动记录封面和活动计划,然后是每次活动的方案设计,方案设计后附上本次活动的照片资料。这样,每次活动两份材料,一是方案设计,二是活动的照片资料,依次夹好。每次活动至少拍摄4个镜头,4张照片编排打印在一张A4纸上,并在下方标明活动内容,活动日期(同时,注意把这些照片的电子稿收存起来)。

※4 空竹初阶社团活动培训安排

一、低阶空竹社团活动培训安排

★空竹初阶社团(一、二年级)活动培训计划

<table>
<tr><td>社团名称</td><td colspan="2">空竹初阶社团</td><td>活动内容</td><td>空竹初阶培训</td></tr>
<tr><td>社团团长</td><td colspan="2">陈子涵</td><td>指导老师</td><td>汤艳峰、周颖颖</td></tr>
<tr><td>成员名单</td><td colspan="4">101康亚琦等三十人(名单略)</td></tr>
<tr><td rowspan="2">活动计划</td><td>总体达成目标</td><td colspan="3">认识空竹,了解空竹文化
能熟练抖转空竹、能调空竹平衡与方向,形成一定的手感
能顺利完成本学期规定的要学动作,同学之间互相帮助共同提高
能积极参加各种展示与比赛活动</td></tr>
<tr><td>措施</td><td colspan="3">器械到位:每人一空竹。由于低阶班的学生年龄小,自我管理能力不够,每次上课前教师要检查每个学生的空竹有没有松动、绳子长短是否合适等
每次活动教师组织到位,注意多角度示范,加强手把手的指导,让学生知道空竹运行的路线与手用力的方法
注意观察每一个学生的练习情况,强调安全意识的养成</td></tr>
</table>

★空竹初阶社团(一、二年级)活动设置

<table>
<tr><td colspan="6">低阶班(一、二年级)活动设置</td></tr>
<tr><td>周次</td><td>教学内容</td><td>课时数</td><td>周次</td><td>教学内容</td><td>课时数</td></tr>
<tr><td>1</td><td>认识使用双轮空竹</td><td>1</td><td>12</td><td>正抱月</td><td>1</td></tr>
<tr><td>2</td><td>双轮空竹的启动方法</td><td>1</td><td>13</td><td>怀中抱月</td><td>1</td></tr>
</table>

续表

低阶班(一、二年级)活动设置					
周次	教学内容	课时数	周次	教学内容	课时数
3	空竹的上扣、解扣及加速	1	14	金鸡上架	1
4	空竹的平衡方法	1	15	组合练习：左右横摆＋左右回环	1
5	空竹的方向调整	1	16	组合练习：大回环换扣＋左右沉鱼	1
6	空竹花样技法——左右横摆	1	17	组合练习：正抱月＋怀中抱月	1
7	空竹花样技法——左右回环	1	18	总复习　测评	1
8	空竹花样技法——左右外翻	1	19		1
9	复习	1	20		1
10	大回环换扣	1	21		1
11	左右沉鱼	1	22		1

二、中阶空竹社团活动培训安排

★中阶社团(三、四年级学生)活动培训计划

<table>
<tr><td>社团名称</td><td colspan="2">中阶空竹社团</td><td>活动内容</td><td>中阶培训</td></tr>
<tr><td>社团团长</td><td colspan="2">缪梓君浩</td><td>指导老师</td><td>缪竖、沈海红</td></tr>
<tr><td>成员名单</td><td colspan="4">301 刘子钎等 20 人(名单略)</td></tr>
<tr><td rowspan="2">活动计划</td><td>总体达成目标</td><td colspan="3">进一步了解祖国的空竹文化历史，增强民族自豪感
熟练掌握中阶社团所规定的动作技能
团员之间互相帮助、共同提高，团体配合默契
积极参加各种展演与比赛，能带动家人、朋友练习空竹，积极做好一名空竹传承人的工作</td></tr>
<tr><td>措施</td><td colspan="3">教师关爱每一位学员，让队员享受到空竹运动的乐趣和真谛，让学生因为喜爱和兴趣参与训练比赛。在训练比赛过程中，辅导员要有敏锐的观察力，及时发现队员存在的问题，因材施教，帮助学生克服困难
在训练空竹技巧时，要关注学员的学业成绩和良好道德品质的养成，育人与技艺提升并进</td></tr>
</table>

三、高阶空竹社团活动培训安排

★高阶空竹社团(五、六年级学生)活动培训计划。

<table>
<tr><td>社团名称</td><td colspan="2">高阶空竹社团</td><td>活动内容</td><td>高阶培训</td></tr>
<tr><td>社团团长</td><td colspan="2">曹缪阳</td><td>指导老师</td><td>曹丽利、徐小东</td></tr>
<tr><td>成员名单</td><td colspan="4">501 陈缪琦等 28 人(名单略)</td></tr>
<tr><td rowspan="2">活动计划</td><td>总体达成目标</td><td colspan="3">进一步了解空竹文化,继承和弘扬其蕴含在漫长历史发展长河中积淀的民族文化精神,当一名合格的空竹传承人
掌握高阶社团所规定的空竹动作技能
学员之间互相帮助、共同提高,团体配合默契
积极参加各种展演与比赛,能带动家人、朋友习练空竹,积极向低中年级学生传授空竹技能</td></tr>
<tr><td>措施</td><td colspan="3">由于技能难度的提升,辅导员要进一步做好激发学生对空竹兴趣的工作,让学员攻克难关,找到成就感。采取的方法有:加强个别辅导、鼓励学员之间相互交流学习心得、及时用手机记录学员进步的镜头(让学生看到自己的进步)</td></tr>
</table>

(二)现场实况照片

图 15-3　空竹活动比赛现场 1

图 15-4　空竹活动比赛现场 2

三、成绩与效果

经过几年的发展,河口小学现已成为如东县空竹运动推广的标杆,学校成立了江苏省第一个空竹培训基地,开发了校本卓越课程《竹舞飞扬》,人人参与学校首创的空竹考级,创编了别具一格的 500 人空竹团体操,以及 40 人全能空竹手表演方阵,10 人的精英团队。课外活动中,学生争做"空竹代言人"和"小小空竹教练员",空竹运动已经成为河口小学培养学生卓越口才的重要突破口,这种雅行活动在河口小学已经蔚然成风。学校在省市内外比赛中近三百人次获奖。我们积极参加各种展演活动,向社会传播空竹文化:2017 年 8 月,我校空竹社团的成员积极投身我县全民运动事业，参加如东县第十二届运动会暨首届全民健身运动会开幕式节目展演，扩大了学校的社会影响力，得到大会的高度评价。2019 年春节，河口小学空竹社团走上如东春晚的舞台，以零失误的优异成绩向全县人民展示了空竹技艺。2019 年 5 月，我校空竹社团代表河口镇参加如东县第八届职工文化艺术演出，获得社会各界的广泛好评。2019 年 9 月，我校空竹社团参加如东县教育体育局庆祝第 35 个教师节文艺演出，为受表彰的优秀教师们奉献了一场视觉盛宴。河口小学自推广课外抖空竹、建立空竹社团活动以来，学生身体素质明显提升，流感期间感冒的学生少了，肥胖儿童少了，学生近视率显著下降，同学之间团结互助，学生们一个个阳光开朗、自信豁达。江苏新闻网、江苏小教网、南通体育、《南通日报》、《如东日报》、《关心下一代周报》等媒体都对我校的空竹活动特色进行了报道。

总之，近年来河口小学通过课外体育活动、空竹展演、参加各级各类空竹比赛、小手拉大手亲子互动传承、媒体报道、网络视频传播、兄弟学校广泛交流、走进社区展演等活动，我校空竹社团已是全县的标杆，在全县全民健身及赛事上具有较强的示范作用，乃至在全省、全国都有一定的影响力。

图 15-5　空竹训练机地启动仪式

图 15-6　社团获奖 1

图 15-7　社团获奖 2

四、思考与展望

空竹运动在学校教育中的定位是一项体育运动,是体育课程的一部分,传承非遗文化的载体之一,是提高学校阳光体育运动质量、丰富大课间活动的有效途径之一。对于学生而言,空竹运动是培养其运动爱好,提高其生理与心理素质,增强体质、感受传统文化的有效途径之一。

校园推广空竹运动的首要任务是育人,其次才是空竹技艺的传承与发扬,因此今后我校推广空竹运动方向是基于学生核心素养将空竹课程与校训、校风对接,完善顶层设计,增强学校特色文化底蕴,从而达到以文化人的目的,学校顶层文化设计尚需进一步完善。

入选理由：

学校秉承“跳出健康、跳出快乐”的理念，因地制宜将跳绳作为体育传统项目。小小一根绳，不仅舞出动感、舞出风采，还跳出花样、跳出特色。跳绳社团已然成为学生参与体育、培养特长、体验成功的有效载体。学生们在活动中掌握技能、增强体能、积累知识、陶冶情感、磨炼意志。在大课间体育活动时间中，同学们穿梭于精彩纷呈的跳绳中，这成了学校一道亮丽的风景线。

十六　连云港市赣榆区金山中心小学跳绳社团

资料提供：赵无瑕

图 16-1　连云港赵无瑕

连云港市金山中心小学，原名赣榆县徐福中心小学，是一所农村小学，共 24 个教学班，在校学生 1660 人，教师 49 人。日前，学校有二名专职体育教师，学历均为本科，年富力强。学校现有 400 米环形塑胶跑道，配有标准水泥篮球场 3 片，单双杠、体育联合器、跳远沙坑、垒球场、铅球场地等一应俱全。为了保证跳绳社团有序开展，学校配有专门的一间跳绳室。

跳绳是我校的传统项目。我校小精灵跳绳社团连续两年获得连云港市中小学冬季跳绳比赛一等奖，并于 2009 年 12 月成功举办全市“金康杯”踢毽跳绳比赛，被连云港市体育局、教育局授予特殊贡献奖、道德风尚奖及团体一等奖。2010 年获得江苏省“冬季三项”百日锻炼活动先进学校。2012 年—2014 年连续 3 年获得连云港市跳绳比赛第一名。2017 年 12 月获市中小学跳绳比赛小学组团体一等奖。

图 16-2 2010 年省冬锻三项先进学校

图 16-3 “小精灵”跳绳社团活动场景

为落实“体育艺术 2+1 活动”，我校自 2009 年 12 月引入跳绳，初具规模后于 2010 年 4 月正式成立了“小精灵”跳绳社团，现有成员 51 人，社长 1 人，跳绳专业指导教师 1 人。社团有严格的章程、制度、方案，计划和总结。近八年来，“小精灵”跳绳社团在各级各类比赛中逐渐扩大了影响面。如今，“小精灵”跳绳社团已成为学生增强能力，培养特长，体验成功的载体。

一、组织方法与活动设计

(一) 组织方法

※1 连云港市赣榆区金山中心小学
“小精灵”跳绳社团管理章程

为了促进我校跳绳社员的良好修养，保证本队的训练计划顺利进行，维护本队的声誉和树立队员的良好形象，营造一个团结、严肃、活泼、和谐的训练气氛。

第一章 总则

第一条 名称

本社团的全称为“金山小学‘小精灵’跳绳队”，以下简称“‘小精灵’跳绳队”。

第二条 性质

“小精灵”跳绳队是一个直接属于金山小学少先队大部队的学生团体组织，由学校专职跳绳教师赵无瑕老师担任教练，跳绳队员由热爱跳绳的学生组成。

第三条 宗旨

开展花样跳绳，活跃和丰富校园文化，培养爱国热情和团结友爱精神，培养优秀的跳绳运动员，提升本校跳绳运动水平，加强与外界交流，推动本地区跳绳运动的发展。以点带面带动全校学生积极参与跳绳运动，全面提高学生的体能素质，让跳绳成为我校体育运动的特色。

第四条　口号

我们的口号是："跳出健康　跳出精彩"。

第二章　社员

第五条　社员资格

凡是认同本社团章程，自愿参加本社团，对跳绳感兴趣的金山小学的在校学生，均可申请加入跳绳队，经教练审核合格后成为正式的跳绳队队员。

第六条　权利

1. 跳绳队的队员有平等接受训练的权利。
2. 监督跳绳队纪律的执行。
3. 参加日常的跳绳训练。
4. 对跳绳队提出建议和批评。
5. 入队和退队自由。

第七条　义务

1. 遵守跳绳队的章程。
2. 认真积极参加每一次的训练，不断提高自己的跳绳水平。
3. 外出交流、比赛活动时要树立跳绳队的良好形象。
4. 爱护一切训练器材，不得故意损坏。保护训练场地的整洁。

第八条　纪律

1. 遵守学校的纪律。
2. 积极参加每一次的训练，如有特殊情况要向教练请假。
3. 积极参加学校组织的每一次活动。
4. 服从教练的训练安排。

第三章　组织

第九条　组成

跳绳队设教练1人，队长1人，副队长2人。

第十条　职权

1. 由教练制订和执行跳绳队的工作计划。
2. 监督跳绳队的训练工作情况。
3. 修改和完善跳绳队章程。
4. 加强跳绳队的建设，发扬传统

第四章　奖惩

第十一条　学员的奖励

在各项比赛中获得优异成绩者,按照学校的奖励方案以获奖者的身份进行奖励。

第十二条　教练的奖励

教练根据跳绳队比赛及参与表演的情况,在学期末给予一定的补助。

第十三条　开除队籍

如有不听从教练、队内打架者,搞小团体主义者,有作风问题不良者,情节严重者一律开除。

第五章　附则

第十四条

本章程的最终解释权归金山小学跳绳队所有。

第十五条

本章程公布之日起开始执行。

※2 连云港市赣榆区金山中心小学
"小精灵"跳绳社团组织结构

名誉社长:杨胜利,指导教师、社长、社员(名单略)。

(二)活动设计

※3 连云港市赣榆区金山中心小学
"小精灵"跳绳社团年度训练计划

一、2018—2019学年度"小精灵"跳绳社团训练工作计划

<table>
<tr><td>社团名称</td><td colspan="5">"小精灵"跳绳社团</td></tr>
<tr><td>招生人数</td><td>51</td><td rowspan="4">指导教师
(专业技术职务)</td><td rowspan="4">赵无瑕</td><td rowspan="4">社长情况</td><td>姓名:韦东见</td></tr>
<tr><td rowspan="3">适合年级</td><td rowspan="3">3—6</td><td>班级:六(2)</td></tr>
<tr><td>性别:男</td></tr>
<tr><td>特长:双飞跳绳</td></tr>
<tr><td>活动时间安排</td><td colspan="5">每周三下午两节课后</td></tr>
<tr><td>活动地点</td><td colspan="5">操场跑道北侧</td></tr>
<tr><td>社团类别</td><td colspan="5">健体类</td></tr>
</table>

续表

社团名称	“小精灵”跳绳社团
社团开展意义	以“健康第一”为指导思想，重在体现“以学生发展为本”的教学理念，让学生感受跳绳的乐趣，培养学生对跳绳的兴趣，挖掘学生的潜能，发展特长，促进学生身心健康发展，在学校内外产生较大影响，突出学校的体育特色
本学年社团活动目标	1. 了解跳绳运动的特点和价值，提高学习跳绳的兴趣 2. 初步掌握跳绳主要基本技术 3. 全面发展体能，促进身心健康 4. 学会处理个人与集体的关系，培养顽强的意志品质和团队合作的精神 5. 达到学生身心健康的目的，培养学生愉快、轻松、创新的活动兴趣，使学生对跳绳的基本技术、基本规则有所了解及掌握
活动开展基本条件分析	1. 跳绳社团成员必须准时到规定场地，每次上课点名，检查出勤情况，发现缺席情况及时向社团指导老师反映 2. 跳绳社团成员必须严格遵守纪律，要求学生自己自觉参加社团的活动，注意安全，防止伤害事故 3. 在保障安全的前提下认真学习跳绳的基本技巧，初步掌握侧身斜跳、简单跳绳法、单脚屈膝跳、分腿合腿跳、双臂交叉跳等技术 4. 要求学生爱护公物，活动结束，小队长负责把跳绳归还器材室 5. 衣着宽松，尽可能穿运动服装，不准带各类坚硬、锋利的物品 6. 要根据身体情况开展活动，如有身体不适或受伤应立即告知教师
管理方法和活动评价方式	1. 成立管理小队，设队长 1 名，负责社团的组织和纪律管理；团内分为 2 名分队长，分别负责 2 个小队的纪律管理和组织 2. 每节课设最佳跳绳团员，给予适当的奖励，以此鼓励 3. 采取轮流值日，小队负责制，负责器材的借用和归还 4. 活动评价方式：平时出勤率，训练质量以及队内小练习，分组对抗成绩表现等方式

二、“小精灵”跳绳社团活动内容及具体安排

课次	主教材
1—2	介绍跳绳的起源和发展、运动优点
3—4	单摇和单脚跳
5—6	双摇
7—8	双人跳
9—10	亲自上阵：逆向跳、单脚跳
11—12	单跳、双摇、混跳比赛规则

续表

课次	主教材
13—14	绑跳,双人绑跳
15—16	跳长绳,穿八字
17—18	计时训练和赛前训练
19—20	友谊赛
20—21	双飞动作:扯花
22—23	双飞动作:快花
24—25	双飞动作:凤花
26—27	双飞动作:龙花
28—29	双飞动作:双单、双换
30—33	教学比赛
34—36	学习测评

三、"小精灵"跳绳社团学期训练计划和安排

★2018—2019学年度第一学期"小精灵"跳绳社团计划

(一) 指导思想

为全面贯彻素质教育的指导方针,使学生的德、智、体得到发展,使学生的智力、体力得到充分自由的发挥,并根据学生身心发展的情况,学校特制订跳绳社团活动计划。

(二) 目的任务

为了丰富学生的文体活动,迎接连云港市2018年中小学跳绳比赛,学校大队部特设立了跳绳社团,由20名学生组成。

(三) 练习要求

学生训练课的内容、形式,要求多种变化,各种练习手段尽量与游戏活动相结合,以激发学生对跳绳的兴趣。

(四) 训练时间和内容

1. 训练时间:每周三下午第二节课后,每次40分钟;每天的大课间。

2. 训练内容:柔韧性练习——绳操练习、单摇练习、双摇练习、两人带跳练习、集体8字跳绳、计时训练、赛前训练,由教师计时学生比赛、队内的组员间比赛。

（五）训练要求

1. 必须严格遵守时间和训练内容。

2. 教师关注全体学生的训练。

3. 教师应进行科学训练，及时总结并做好记录。

4. 训练中注意安全，积极预防运动损伤的发生。

（六）场地器材安排

1. 训练场地定在学校操场北侧跑道上。

2. 器材方面：短绳由学校统一下发，长绳2根由学校统一准备。

★2017—2018学年度第二学期小精灵跳绳社团活动计划（略）

二、实施过程与方法

（一）具体实施过程

※4 连云港市赣榆区金山中心小学
“小精灵”跳绳社团周训练计划安排

一、2018—2019学年度上学期周训练计划安排

周次	课次	内　容	练习方法与建议
1	1	绳操	（1）四列横队、每人一根，做第一至八节 （2）以组为单位、比赛进行
	2	单摇	（1）四列横队、每人一根，以单绳飞跳为主 （2）正面接力、跑跳形式进行
2	3	单脚跳	（1）四列横队、每人一根四列横队、每人一根，左、右脚互换跳若干组 （2）以组为单位、比赛进行
	4	双人跳	（1）两人一组，一人带一个，双脚单跳 （2）配合默契、比赛
3	5	双摇	（1）单跳热身 （2）四列横队、每人一根，以单绳飞跳为主
	6	交叉跳	（1）四列横队、单绳跳热身 （2）跳单绳、双手交叉跳、飞跳、反跳若干组
4	7	花式跳	（1）跳单绳的基础上，加入单脚跳、开合跳、弓步跳、侧点地跳 （2）分组比赛
	8	花式跳	（1）单绳反跳 （2）单脚跳基础上加入交叉跳、车轮跳

续表

周次	课次	内　容	练习方法与建议
5	9	绑跳	绳一头绑脚上、做单脚跳
	10	双人绑跳	(1) 两人一组同上 (2) 另一人沿一旁、双人一起脚
6	11	跳长绳穿八字	分两组,10 人一组,穿八字跳长绳
	12	跳长绳穿插跳	分两组,10 人一组,相互面对面穿插跳,一个接一个
7	13	集体跳绳	分两组,10 人一组,两人摇绳 8 人在里面一起跳
	14	计时训练	(1) 由教师计时、学生比赛 (2) 队内的组员间比赛
8	15	赛前训练	(1) 由教师计时、学生比赛 (2) 队内的组员间比赛
	16	友谊比赛	(1) 单摇、双人单跳、双飞跳、反跳比赛 (2) 花样跳绳成果展示

二、2018—2019 学年度下学期周训练计划安排(略)

※5 连云港市赣榆区金山中心小学
“小精灵”跳绳社团课时训练计划安排

一、“小精灵”跳绳社团课时训练计划(1)

(一) 活动目标:

1. 掌握短绳双摇的练习方法。

2. 通过短绳速跳、双摇练习来提高学生的灵敏、协调、耐力等身体素质。

3. 初步学会短绳编花的动作,明确屈臂摇动和前脚掌着地连续纵跳以及摇绳动作。

(二) 活动内容:短绳双摇速跳(并脚跳、连续单腿交换跳绳)。

(三) 学习重点:学生掌握短绳速跳(并脚跳、连续单腿交换跳绳)。

(四) 学习难点:学生掌握手腕摇绳、轻巧落地,上、下肢配合协调的技术动作。

(五) 活动场地:跳绳室。

(六) 活动器材:短绳若干、秒表。

（七）活动过程：

1. 准备活动

(1) 整队。

(2) 宣布活动内容。

(3) 绳操6节。

(4) 20秒双摇，三组。

2. 基本部分

(1) 短绳双摇速跳：(并脚跳)并脚跳动作要领：两手握绳的两端，两臂自然屈曲，两手腕、手臂协调一致用力，将绳向上、向前抡起，当绳抡至头以上位置时，两手臂不停顿继续向下、向后抡绳，当绳即将落地前的一瞬间双脚随即跳起，绳从两脚下轮转过去，两臂不停顿继续向后、向上、向前抡绳。

(2) 教法：

①教师示范并讲解，学生原地自主练习。

②前后两名学生为一组比赛，看谁绳不断跳得多。

③教师计时20秒，集体练习速跳，看谁在规定时间内跳得多，练习四组；教师记录每组学生的成绩。

④提出问题：为什么有些同学跳得多，跳得快？从而引出教学重点。

⑤学生练习感受正确摇绳动作。

(3) 学法：

①通过老师的讲解示范，前后两名学生为一组比赛，看谁的跳绳姿势最正确。

②学生自主练习并脚连续跳绳技术动作。

③教师指导学生纠正错误动作。

④学生比赛：短绳双摇速跳四次。

3. 结束部分

(1) 放松手臂、小腿和大腿肌肉，以拉伸为主。

(2) 教师总结本课学习效果。

(3) 收拾器材，宣布下课。

4. 活动效果和总结

本次活动效果良好。其中成绩比较好的是韦东见和宋佳乐同学，20秒双飞加速跳平均成绩达到45个；其他学生平均40个。韦东远跳得太高，落地声音大。教师提醒他跳低点，手腕快速摇绳，用脚尖着地；王强大臂外张太大，改进措施：大臂自然下垂。社员们积极训练，态度端正，能吃苦。整体效果不错。

二、"小精灵"跳绳社团课时训练计划(2)(略)

(二)现场实况照片

图 16-4　双摇跳

图 16-5　花式跳长绳

图 16-6　跳长绳

图 16-7　"8"字跳绳接力

三、成绩与效果

(一)学生喜欢程度喜人

调查结果显示,约 60%的学生十分喜欢跳绳,约 35%的学生喜欢跳绳,只有 5%的学生不喜欢花样跳绳。学生喜欢跳绳主要因为它具有娱乐性、观赏性、竞争性和健身性等特点。学生不喜欢跳绳主要因为每个学生的体质、爱好不同,教师没有做到区别对待。

表 1　学生对跳绳的态度(N=486,单位:人)

喜欢程度	人数(人)	百分比(%)
很喜欢	290	59.0
喜欢	170	35.0
不喜欢	26	5.3

（二）跳绳技能明显提高

2019年6月，我校649名学生参加了赣榆区小学毕业生体质检测，其中382人选测1分钟跳绳项目。通过课外活动训练，达到优秀和良好的学生数量逐渐增加，不及格的人数逐渐减少。其中有118人达到优秀，374人达到及格以上。优秀率为30.9%，及格率为97.9%。

表2　学生跳绳成绩统计表（N=382，单位：人）

成绩	人数		
	4月	5月	6月
优秀	53	87	118
良好	94	113	132
及格	207	165	124
不及格	28	17	8

（三）促进良好行为习惯

运动兴趣和习惯是促进学生主动学习和坚持终身体育锻炼的前提。跳绳运动以其自身独特的优势，符合终身体育的要求“开展形式灵活多样，对器材场地要求不高”。它既有一定的娱乐性又有健身性和竞争性，符合中小学生的身心特点，是学生喜闻乐见的新兴运动项目。连云港市通过开展跳绳比赛活动，使各级、各类学校形成浓郁的校园体育锻炼氛围，吸引了广大青少年走向操场，走进大自然，走到阳光下，积极主动参与体育锻炼。因此，教师要注重培养学生的跳绳兴趣，使学生养成跳绳的习惯，为发展学生的终身体育奠定良好的基础，进而促进阳光体育的发展。

（四）改善学生心理状态

表3　跳绳对学生心理健康的调节作用调查统计表（N=486，单位：人）

满意度	人数（人）	百分比（%）
消除心理疲劳	365	75.1
增强记忆	278	57.2
缓解压力	389	80.0
思维敏捷	346	71.2
集中注意	330	67.9

续表

满意度	人数(人)	百分比(%)
减少焦虑	345	71.0
改善人际关系	414	85.2
其他	50	10.3

调查结果显示,85.2%的小学生认为通过跳绳可以改善人际关系,80%的小学生认为跳绳能够缓解压力。跳绳时,由于体育活动和脑力活动合理交替,导致运动中枢神经兴奋,使得与学习有关的中枢得到休息,这样有助于消除脑力劳动所产生的疲劳,从而提高学习的效率。另外,小学生的体质增强和健康水平的提高能使其精力更加充沛,具有持久地承担学习任务的能力,并能充分挖掘和开发学习潜力。

(五)形成顽强意志品质

表 4 跳绳对形成顽强意志力的促进作用的调查统计表($N=486$,单位:人)

态度	人数	百分比(%)
非常赞同	213	43.8
赞同	237	48.8
不清楚	24	4.9
不太赞同	8	1.6
不赞同	0	0

从调查的结果可以看出,43.8%的小学生非常赞同“经常参加跳绳活动可以使人具有顽强的意志力”,48.8%的小学生赞同,4.9%的小学生不清楚,仅有1.6%的小学生不太赞同,说明小学生希望通过参与跳绳活动来磨炼自己的意志,培养自己吃苦耐劳、坚韧不拔、果断勇敢、自控自信等良好的心理品质。

(六)运动成绩明显提高

我校于2012—2014年连续3年获得连云港市跳绳比赛第一名。2017年我校跳绳社团成员经过一年的训练,运动成绩明显提高,在2017年连云港市跳绳比赛中取得一等奖的成绩。其中王从新同学获得小学组双摇跳绳第一名,吴雨洋和刘保文两位同学获得小学组带跳第一名的成绩。2018年我校在连云港市首届全民健身运动会青少年部踢毽跳绳比赛(小学组)中,荣获团体三等奖。其中王强和韦东远获得小学带跳第二名的好成绩,韦东见获得全市小学组双摇第四名的成绩。2018 年，我校“小精灵”跳绳社团被评为连云港市中小学优秀学生社团。

图 16-8　2012 年团体一等奖奖杯

图 16-9　2015 年团体二等奖奖牌

四、思考与展望

（一）加强师资队伍建设

目前我校体育师资力量匮乏，需加强师资队伍建设，鼓励更多的教师参与跳绳运动，为我校体育事业和学生的体质健康做出贡献。进一步做好学生社团建设工作，充分发挥学生社团的育人功能。

（二）大力宣传跳绳文化

学校将跳绳运动与“三项工程”相结合，大力宣传跳绳文化，让更多的师生了解并参与跳绳运动，如通过书法的形式展现跳绳文化；还可以联合学校的“绿源小报”，每学期出两期关于跳绳的内容或者比赛报道让学生通过阅读报纸了解我校跳绳的历史文化和成绩。

（三）增强学生跳绳乐趣

在跳绳的教学过程中，体育教师要针对学生的身心发展特点，做到因材施教，不放弃每一个学生，尽可能地鼓励学生积极参与花样跳绳运动，体验成功的乐趣，进而形成运动习惯。另外，我校还要加快花样跳绳表演队与跳绳协会的成立。

入选理由:

百年名校传承足球梦想,孕育足球希望。学校初步构建从结果评价走向学科核心素养评价的教育评价体系,关注学生发展过程,在学科核心素养目标指引下,注重学生的行为习惯、公民素养、人格品质、理想信念、潜能发展、情绪行为调控、人际沟通等方面的培养,以“星卡”为激励手段,实施多元化、多角度的激励性评价,让学生体验到成功的愉悦,感受到自身价值的存在,从而满足学生的心理需求,促进学生更好地发展,提升学生的核心素养。学校体育社团活动百花齐放,校园足球的开展,成为学生向往的地方,成为培养足球人才的摇篮。

十七 连云港师专二附小虎仔少儿足球俱乐部

资料提供:杨怀柱　刘银军　赵帅然

图 17-1　连云港杨怀柱

连云港师专二附小始建于 1914 年,至今已有 100 多年历史,荣获“全国中小学优秀文化传承学校”“全国中小学生艺术展演一等奖”“江苏省中小学生艺术展演特等奖”“全国教育信息化创新应用先锋学校”“全国体育教育特色学校”“江苏省艺术教育窗口学校”等多项荣誉称号。

学校占地面积 43540 平方米,建筑面积 26036 平方米,现有 69 个教学班,3900 多名学生,在职教师 215 人,其中中学高级教师 19 人,省特级教师 3 人,特级教师后备人才 4 人,国家级骨干教师 9 人,省级骨干教师 30 人,省级教坛明星6人，市名教师、学科带头人及骨干教师共28人。2008年学校被江苏省体育局命名为“连云港市虎仔少儿足球俱乐部”、2011年学校被评为江苏省足球后备人才重点学校、2012年学校荣获江苏省足球传统学校荣誉称号。

学校现有专业体育教师12人，其中中学高级教师2人，研究生学历3人，运动专项包括篮球、足球、田径、健美操、羽毛球乒乓球等；体育教师平均年龄35岁。学校艺体馆内设有300平方米乒乓球馆，100平方米体操、健身操、跆拳道训练馆，室内标准篮球场1片、羽毛球场地6片、室内标准排球场地1片，以及100平方米的体育荣誉室及200人左右的室内看台等，设施齐全、设备先进，三楼新建300平方米足球博物馆一座。学校新校区拥有4片标准篮球场，排球场2片，1个300米6跑道的操场及500人左右的室外看台和3片笼式足球场。

学校十分重视校园足球的建设与发展，将之视为学校的窗口建设，先后投资数百万元用于场地及师资队伍的建设，足球教学设施优享誉全省。在几代人的共同努力下，虎仔足球俱乐部名号享誉省内外。二附小的学生人人爱足球、人人踢足球，二年级以上班班有足球队。在此基础上学校于1982年始建校足球队，发展至今已有37年。学校每周安排一节足球课，在全校推广自编足球操，在校内小型竞赛选择上优先考虑足球项目，每年举行以年级为单位的足球比赛，营造了浓郁的校园足球氛围，打下了坚实的足球群众基础，为学校足球队的整体提高创造了条件。学校现有足球专职教练员8人，外聘教练员4人。此外，学校还不定期邀请省内外高水平运动队来同场训练、竞技。

一、组织方法与活动设计

（一）组织方法

※1 连云港市虎仔少儿足球俱乐部管理章程

第一章　总则

第一条　单位名称：连云港市虎仔少儿足球俱乐部。

第二条　单位性质：民办非企业。

第三条　单位宗旨：坚持四项基本原则，坚持党的教育方针政策，遵守各项国家法律和国家政策，团结学校热爱足球运动的学生，围绕《全民健身计划纲要》努力发展我校的足球运动，推动我市少儿足球运动的普及和技术水平的提高，增进与其他足球俱乐部和运动员的友谊，为我市精神文明建设服务。

第四条　单位的登记管理机关是连云港市民政局；本单位的业务主管单位是连云港市体育局。

第五条　单位的住所地是江苏省连云港市海州区新建西路26号。

第六条　章程中的各项条款与法律、法规、规章不符的,以法律、法规、规章的规定为准。

第二章　举办者、开办资金和业务范围

第七条　本单位的举办者是刘银军。举办者享有下列权利:

(一) 了解本单位经营状况和财务状况。

(二) 推荐理(董)事(以下简称理事)和监事。

(三) 有权查阅理(董)事会(局)(以下简称理事会)会议记录和本单位财务会计报告。

第八条　本单位开办资金:3万元;出资者:刘银军;金额:3万元。

第九条　本单位的业务范围:

(一) 据国家的体育方针、政策和有关法规,积极开展足球运动的宣传、培训、辅导及竞赛,积极组织、引导、协助管理校内的足球活动,积极参加对外交流及竞赛,加强各俱乐部之间的交流,以推动我市少儿足球运动的普及和运动水平的提高,培养学生良好的道德品质和拼搏竞争意识,提高学生的足球技术水平和身体机能。通过培训班、教学与训练研讨、专题讲座、信息交流会、竞赛、观摩等形式提高学生专业知识水平和对热点问题的认识,倡导学生学习相关的理论知识,以达到内外兼修的目的。

(二) 增强学生体能素质。通过足球运动中的跑、跳、踢等动作,发展学生速度、力量、耐力、柔韧等,增强学生的心血管系统功能,达到增强学生体质的目的。

(三) 提高学生运动技能。通过本俱乐部教练对会员的训练指导,规范会员的足球运动技术,使之掌握足球运动项目的技术动作,提高学生运动和竞技能力。

(四) 加强交流。来自各个学校的学生共同汇聚俱乐部,共同参与俱乐部相关活动,为学生相互交流搭建了有利的平台,是各学校同学和知识交流的契机,同时足球也是会员能相互帮助的最有效体现,培养学生团结互助的协作精神。

(五) 普及足球知识。足球理论知识的普及是必需的,通过本俱乐部的教学,我们向会员传授足球训练的基本理论,足球竞赛规则,足球运动项目技术等等,让会员真正了解足球,喜欢足球运动。

(六) 定期向上级部门汇报俱乐部工作。

第三章　组织管理制度

第十条　本单位设理事会,其成员为20人。理事会是本单位的决策机构。

理事由举办者、职工代表及有关单位市体育局推选产生。理事每届任期 3 年，任期届满，连选可以连任。

第十一条　理事会行使下列事项的决定权：

（一）修改章程。

（二）业务活动计划。

（三）年度财务预算、决算方案。

（四）增加开办资金的方案。

（五）本单位的分立、合并或终止。

（六）聘任或者解聘本单位主席和其提名聘任或者解聘的本单位副主席及财务负责人。

（七）罢免、增补理事。

（八）内部机构的设置。

（九）制定内部管理制度。

（十）从业人员的工资报酬。

第十二条　理事会每年召开 4 次会议。有下列情形之一，应当召开理事会会议：

（一）理事长认为必要时。

（二）1/3 以上理事联名提议时。

第十三条　理事会设理事长 1 名，副理事长 1～2 名。理事长、副理事长由理事会以全体理事的过半数选举产生或罢免。

第十四条　副理事长协助理事长工作，理事长不能行使职权时，由理事长指定的副理事长代其行使职权。

第十五条　召开理事会会议，应于会议召开 10 日前将会议的时间、地点、内容等　并通知全体理事。理事因故不能出席，可以书面委托其他理事代为出席理事会，委托书必须载明授权范围。

第十六条　理事会会议应由 1/2 以上的理事出席方可举行。理事会会议实行 1 人 1 票制。理事会做出决议，必须经全体理事的过半数通过。

下列重要事项的决议，须经全体理事的 2/3 以上通过方为有效：

（一）章程的修改。

（二）本单位的分立、合并或终止。

第十七条　理事会会议应当制作会议记录。形成决议的，应当当场制作会议纪要，并由出席会议的理事审阅、签名。理事会决议违反法律、法规或章程规定,致使本单位遭受损失的,参与决议的理事应当承担责任。但经证明在表决时反对并记载于会议记录的,该理事可免除责任。

理事会记录由理事长指定的人员存档保管。

第十八条　理事长行使下列职权:

(一) 召集和主持理事会会议。

(二) 检查理事会决议的实施情况。

(三) 法律、法规和本单位章程规定的其他职权。

第十九条　本单位主席对理事会负责,并行使下列职权:

(一) 主持单位的日常工作,组织实施理事会的决议。

(二) 组织实施单位年度业务活动计划。

(三) 拟订单位内部机构设置的方案。

(四) 拟订内部管理制度。

(五) 提请聘任或解聘本单位副职和财务负责人。

(六) 聘任或解聘内设机构负责人。

本单位主席列席理事会会议。

第二十条　本单位设监事 2 人。

监事任期与理事任期相同,任期届满,连选可以连任。

第二十一条　监事在举办者(包括出资者)、本单位从业人员或有关单位推荐的人员中产生或更换。监事会中的从业人员代表由单位从业人员民主选举产生。

本单位理事、主席及财务负责人,不得兼任监事。

第二十二条　监事会或监事行使下列职权:

(一) 检查本单位财务。

(二) 对本单位理事、主席违反法律、法规或章程的行为进行监督。

(三) 当本单位理事、主席的行为损害本单位的利益时,要求其予以纠正。

监事列席理事会会议。

第二十三条　监事会会议实行 1 人 1 票制。监事会决议须经全体监事过半数表决通过,方为有效。

第四章　法定代表人

第二十四条　本单位的法定代表人为主席。

第二十五条　有下列情形之一的,不得担任本单位的法定代表人:

(一) 无民事行为能力或者限制民事行为能力的。

（二）正在被执行刑罚或者正在被执行刑事强制措施的。

（三）正在被公安机关或者国家安全机关通缉的。

（四）因犯罪被判处刑罚，执行期满未逾3年，或者因犯罪被判处剥夺政治权利，执行期满未逾5年的。

（五）担任因违法被撤销登记的民办非企业单位的法定代表人，自该单位被撤销登记之日起未逾3年的。

（六）非中国内地居民的。

（七）法律、法规规定不得担任法定代表人的其他情形。

第五章　资产管理、使用原则及劳动用工制度

第二十六条　本单位经费来源：

（一）开办资金。

（二）政府资助。

（三）在业务范围内开展服务活动的收入。

（四）利息。

（五）捐赠。

（六）其他合法收入。

第二十七条　经费必须用于章程规定的业务范围和事业的发展，盈余不得分红。

第二十八条　执行国家规定的会计制度，依法进行会计核算，建立健全内部会计监督制度，保证会计资料合法、真实、准确、完整。

接受税务、会计主管部门依法实施的税务监督和会计监督。

第二十九条　配备具有专业资格的会计人员。会计不得兼出纳。会计人员调动工作或离职时，必须与接管人员办清交接手续。

第三十条　本单位换届或更换法定代表人之前必须进行财务审计。

第三十一条　本单位按照《民办非企业单位登记管理暂行条例》的规定，自觉接受登记管理机关组织的年度检查。

第三十二条　本单位劳动用工、社会保险制度按国家法律、法规及国务院劳动保障行政部门的有关规定执行。

第六章　章程的修改

第三十三条　本章程的修改，须经理事会表决通过后15日内，报业务主管单位审查同意，自业务主管单位审查同意之日起30日内，报登记管理机关核准。

第七章　终止和终止后资产处理

第三十四条　本单位有下列情形之一的,应当终止:

(一) 完成章程规定宗旨的。

(二) 无法按照章程规定的宗旨继续开展活动的。

(三) 发生分立、合并的。

(四) 自行解散的。

第三十五条　本单位终止,应当在理事会表决通过后15日内,报业务主管单位审查同意。

第三十六条　本单位办理注销登记前,应当在登记管理机关、业务主管单位和有关机关的指导下成立清算组织,清理债权债务,处理剩余财产,完成清算工作。

剩余财产,应当按照有关法律、法规的规定处理。清算期间,不进行清算以外的活动。

本单位应当自完成清算之日起15日内,向登记管理机关办理注销登记。

第三十七条　本单位自登记管理机关发出注销登记证明文件之日起,即为终止。

第八章　附则

第三十八条　本章程经2009年5月15日理事会表决通过。

第三十九条　本章程的解释权属理事会。

第四十条　本章程自登记管理机关核准之日起生效。

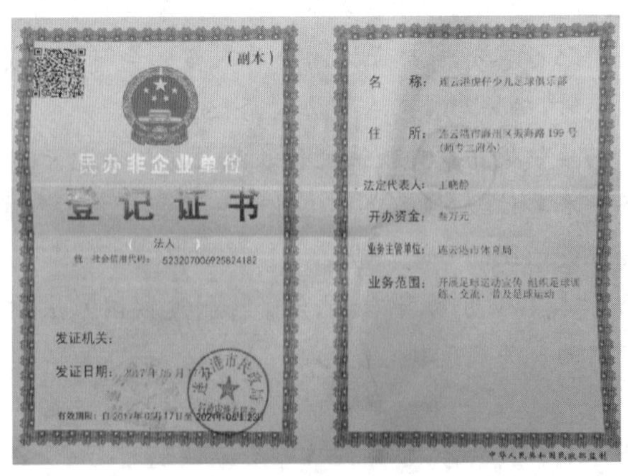

图17-2　足球俱乐部营业执照

※2 连云港市虎仔少儿足球俱乐部规章制度

一、连云港市虎仔少儿足球俱乐部财务制度

(一) 总则

1. 俱乐部实行账户统一管理，只分“收入”和“支出”。

2. 俱乐部常务理事会指派财务专员进行日常财务管理。

(二) 经费来源

本俱乐部费用主要由上级拨款，另外将适时对部分会员收取会费。

(三) 经费使用

1. 收取的费用主要用于：场租、购买足球相关设备、水费等，在未经过常务理事会同意，严禁用于其他用处。

2. 在每个年度最后二次活动后，如果费用有节余，将统一留存，由常务理事会决策用于俱乐部其他方面的建设，或者大规模俱乐部活动。

(四) 特殊情况处理

如果在每个年度的活动中，活动费用不足，则当年度剩余活动由到场队员及俱乐部协商解决，直至年度结束。

(五) 违规处理

1. 实行会员缴费后，在每年交费的规定周期内不交费逾两次者，降级处理。

2. 财务专员定期公布财务收支障目；擅自挪用资金作他用者，将取消其管理职责，并由常务理事会给予一定的处罚，情节严重者交由司法机关处理。

二、连云港市虎仔少儿足球俱乐部会员制度

(一) 俱乐部成员须具备的条件：

1. 拥护并遵守俱乐部章程。

2. 有加入本俱乐部的意愿，并能保证积极参加俱乐部所组织的各项活动。

(二) 入会程序：填写、提交申请入会登记表，经批准后入会。

(三) 俱乐部成员享有的权利：

1. 俱乐部内的选举权、被选举权和表决权。

2. 参加俱乐部的活动。

3. 获得俱乐部服务的优先权。

4. 对俱乐部工作的批评建议权和监督权。

5. 入会自愿、退会自由。

(四) 俱乐部成员的义务：

1. 执行俱乐部的决议。

2. 维护俱乐部的合法权益和声誉。

3. 完成俱乐部交办的工作。

4. 按规定交纳会费。

5. 积极为俱乐部的发展做出贡献。

(五) 退会:学期中会员退会应写书面申请,新学期开始会员应再次注册,没有注册则视为自动退会。

三、连云港市虎仔少儿足球俱乐部足球场管理规定

为了保证正常教学,有效利用足球场,满足同学们运动需要,延长足球场开放时间,现根据塑胶球场维护保养要求,特制定以下管理规定:

(一) 本校师生免费入场进行体育锻炼。

(二) 入场人员一律穿胶鞋,严禁穿皮鞋、高跟鞋及钉鞋进入足球场内。

(三) 自觉爱护和保持场内清洁卫生,场内严禁吸烟、吃口香糖、瓜果、乱扔杂物,严禁随地吐痰。

(四) 爱护公共设施,损坏公物照价赔偿。

(五) 严禁翻越围栏入内,违者交送相关部门处理。

(六) 服从场地工作人员的管理,如违反场内规定,可停止球赛(训练),并报有关部门处理。

(七) 为防止体育器材的遗失,上课学生未经许可一律不准带体育器材进入教学场地。

(八) 为保证体育课教学的正常秩序和安全,教学时间内禁止无课同学进入场地锻炼。

四、虎仔少儿足球俱乐部训练器材管理制度

为了加强我校足球训练器材管理工作,减少器材不必要的损失,使有限的器材发挥最大的作用,特就本校体育器材管理情况做出以下规定:

(一) 全体教练员、运动员要重视、支持体育器材的管理工作。

(二) 全体教练员、运动员要爱护体育器材及设施,凡借用的器材如有遗失或人为损坏的要照价赔偿,如有故意损坏的除赔偿外,还要上报校领导处做处理。

(三) 各队训练课所需器材,由带队教练员在上课前办理借用手续,上完课后归还,课后要清点检查,然后归类放置,如有损坏和遗失,及时与保管员联系。

(四) 各队训练所需借用的器材由带队教练员或队长办理,否则管理员拒绝借器材。

（五）教练员借用的体育器材必须当天下课后归还，如有特殊情况可以办理续借手续。

（六）借用的训练器材只限在校园内使用，如有特殊情况可以办理外出手续。

（七）如因器材紧缺，器材管理员可以拒绝办理器材借用手续。

（八）保管员认真负责管理好器材。做到每天二检查（当天器材点数归类），二周二大查（清点与整理），每月二次整理修补并配齐器材，保证训练的正常进行。

五、连云港师专二附小足球传统项目工作领导小组

连云港师专二附小深入贯彻《中共中央国务院关于加强青少年体育增强青少年体质的意见》，认真落实《国家体育总局、教育部关于开展全国青少年校园足球活动的通知》，以全面推进素质教育为方向，大力开展传统项目（足球）工作并成立领导小组：

组长：潘　磊、副组长、组员（名单略）。

（二）活动设计

※3 虎仔少儿足球俱乐部年度训练工作计划

★虎仔少儿足球俱乐部 2018 年训练工作计划

为了使 2018 年校园足球更好地开展，发展学生特长及体能素质，继续为学校取得好的比赛成绩，特制订以下工作计划。

（一）组建好各年龄段的校队

学校继续与江苏省苏宁足球俱乐部合作，设立训练基地，队员在课余时间将免费参加学校的足球培训，使用学校足球队的训练器材，根据实际情况，组建 7 岁～12 岁年龄段男女队各一支（每队人数 30 人左右），代表学校参加各级少儿足球联赛及锦标赛，完成和足球有关的各项临时任务。

（二）校队的训练以及比赛

1. 训练时间：周一至周五每天下午 4:35—6:00。

2. 比赛任务及活动：

（1）男队七至八、九至十、十一至十二年龄组参加第三十五届全国“新春杯”足球比赛。

（2）九至十男队参加南京市“萌娃杯”城市足球邀请赛。

（3）七至八、九至十、十一至十二男队本学期期间计划参加盐城、徐州、宿迁、邯郸、安徽交流比赛。

(4) 七至八、九至十、十一至十二参加“鄂尔多斯国际足球邀请赛”。

(5) 组织九至十男队参加四市新春足球邀请赛。

(6) 组织参加江苏省“精英赛”。

(7) 组织参加“鲁能杯”足球邀请赛。

(8) 组织参加“市长杯”校园足球总决赛。

(9) 组织参加“省长杯”校园足球总决赛。

(10) 组织参加第二届“一带一路”全国校园足球邀请赛。

(三) 营造氛围，强化校园足球文化建设

1. 学校将以往培养少数足球特长生为目的的足球活动，转变为丰富全体学生校园生活、锻炼学生体魄、培养学生特长的群众性足球活动，规定每周一节足球课，任课教师要科学制定教学目标、合理安排教学内容，认真备课上课，加强足球基本功的训练，如：运球绕杆、接球、传接、颠球、射门等，让足球苗子崭露头角，为校足球队启动选拔、组队、集训工作把好资格关。

2. 把足球知识进体育课堂，进行基本的足球知识教学，并在有条件的情况下组织学生观看足球方面的视频音像。

3. 继续完善和进行学校足球队网页的建设和管理，及时更新足球队博客的文章和音像资料，让社会各界和更多的家长了解校队的近况和学校足球活动开展的状况。

4. 加强班级足球活动的开展，3～6 年级各班要利用足球角等形式加大足球氛围的营造，使学生享受到足球带来的乐趣，并建立班级足球队和啦啦队，积极参加学校组织的足球活动。

5. 继续开展校长杯足球联赛。

(四) 挖掘资源，优化校园足球基础保障

学校大力支持教师参加各级足球培训，增强“造血”功能，要求每位体育教师必须加强足球理论和技术的学习。在新的教育思想、新的教育理念的指引下，加大足球校本课程的开发和研究，明确各年龄段的教学方法和教学内容，使校园足球有的放矢地进行。加大校园足球的投入，重点解决足球场的老化和破损情况，争取政府和社会的力量帮扶，争取早日翻新。

二、实施过程与方法

（一）具体实施过程

※4 虎仔少儿足球俱乐部 2018 年全年训练计划

队伍U9 男子　　教练骆春生　　时间2018 年 9 月 1 日—2019 年 8 月 30 日

训练基本任务	基础和提高阶段(U-11 年龄组) 1. 这一年龄段是反应速度,动作速度、动作频率、奔跑速度、灵敏、柔韧、协调等体能素质发展的敏感期,是学习复杂技术动作、提高足球技术的最佳时期。这一阶段应系统地学习掌握全面的足球技术,以“球”作为全部训练和比赛活动的中心 2. 在学习掌握全面的足球技术的基础上,有效提高个人和小组攻守战术意识及能力,为全队战术的形成做准备 3. 比赛和练习形式应丰富多彩且充满乐趣与挑战性 4. 这一年龄段体能素质的发展主要应从全面的技术训练和比赛中获得,13 岁前不应进行大负荷量的体能训练
训练目标	训练目标(U-11 年龄组) 1. 培养和巩固对足球运动的兴趣,发展对足球比赛的积极态度,培养良好的训练和比赛作风 2. 充分利用这一学习提高足球技术的“敏感期”,系统全面地发展个人足球技术,在进一步发展球感和完善控球能力的前提下,注重发展技术动作的速率与动作间的快速连接 3. 传授战术基础知识,基本掌握个人战术要素,在全面发展个人战术行为的基础上,开始学习小组攻防战术 4. 在发展全面体能素质的前提下,注重发展队员的速度、灵敏和协调素质,基本掌握协调、快速、敏捷的足球专项跑、跳的能力
训练内容安排	1. 技术训练:提高控球技巧熟练程的学习;学习各种运球安全感技术、带球转身技术、晃骗与护球技术;学习地面球、半高球和高球的接控球技术;进行脚内侧、脚背外侧、脚背的速度和方向变化的运球练习;脚内侧和脚外侧传球(作为安全传球的技术),脚背、脚背内侧和脚背外侧传球与射门(作为射门和传中技术),头球技术,铲球技术,抢截球技术的练习 2. 战术训练:学会在对手压力下运用各种个人攻防战术,包括运球、传球、控球、射门、传中、接应和创造空间一墙式传球、居后插上和交叉配合(借助速度和/或掩护);盯防运球对手,干扰接球对手和保护,阻止对方配合和头球防守;介绍几种基本阵形 3. 身体训练:通过游戏类练习巩固全面的体能素质基础;进行各种速度(反应速度、起动速度、动作速度)、灵敏和协调性练习;有助于发展正确、快速足球专项跑、跳技术的练习 4. 心理训练:培养获胜欲望与自信心,注重发展思维能力和注意力 5. 理论传授内容:学习全部比赛规则,讲授比赛阵形、攻防原则;分析传球、接球、头球和抢球技术的运用守则 6. 比赛:参加 4 人制、5 人制、7 人制为主,11 人制为辅的比赛,并以周末赛为主
训练主要措施	训练次数与时间 每周训练 2～3 次,每次训练时间为 1～1.5 小时

※5 虎仔少儿足球俱乐部 2018 年周训练计划（略）

※6 虎仔少儿足球俱乐部课时训练计划

★课时训练计划 1　　　　年　　月　　日

课的部分	时间	内容	运动量	动作方法要点	组织形式说明
目的任务	1. 提高队员的传接球能力：脚内侧的传接球、长传球的传接球 2. 提高队员的耐力素质：计时跑（1500 米 8 分钟内跑完，两组）				
准备部分	20 分钟	热身活动： 1. 慢跑：半场 5 圈 2. 活动中的徒手操：扩展运动、体转运动、侧踢腿、前踢腿、侧身跑、后踢腿跑 3. 静力拉伸：颈部（前后左右）、肩、腰、大腿、小腿 4. 快速跑：30 米（3 组）	小 小 小 中	全队整齐划一、准确到位、达到充分热身的目的。	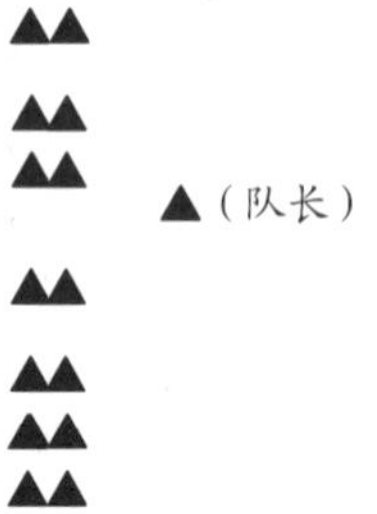 ▲▲ ▲▲ ▲▲　▲（队长） ▲▲ ▲▲ ▲▲ ▲▲ 队长领做
技术部分	60 分钟	两人一组： 1. 相距 5 米左右脚内侧传接球（原地） 2. 行进间脚内侧传接球：前后 3. 行进间脚内侧传接球：左右 4. 相距 40 米左右长传球	小 小 小 小	1. 脚不许停，等球时做快速点地动作 2. 注意击球时重心向前 3. 传同伴的跑动路线 4. 击球时小腿快速摆动，脚背绷直，踢球底部	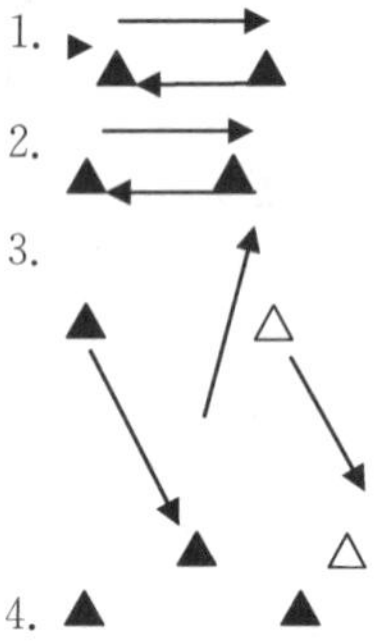 1. 2. 3. 4.
素质部分	15 分钟	1. 计时跑：1500 米（两组）	大	每组必须在 5 分钟内跑完，否则不算重跑	全队一起跑
结束部分	35 分钟	1. 教学比赛 2. 放松练习	中 小	1. 按队员水平分成大致相当的两组 2. 放松跑 5 圈、自我按摩	半场、小球门 进一球对方做 10 个俯卧撑
课后总结	队员训练较认真，基本上完成了训练任务，但基本功有待加强				

（二）现场实况照片

图 17-3　南京舜天主场比赛

图 17-4　2012 年江苏省青少年足球比赛

图 17-5　2012 年江苏省锦标赛

图 17-6　教育厅领导为比赛开球

图 17-7　参加全国“新春杯”青少年足球邀请赛

图 17-8　参加全国校园足球冠军杯赛

三、成绩与效果

（一）学生体质状况明显改善，运动技能水平提高

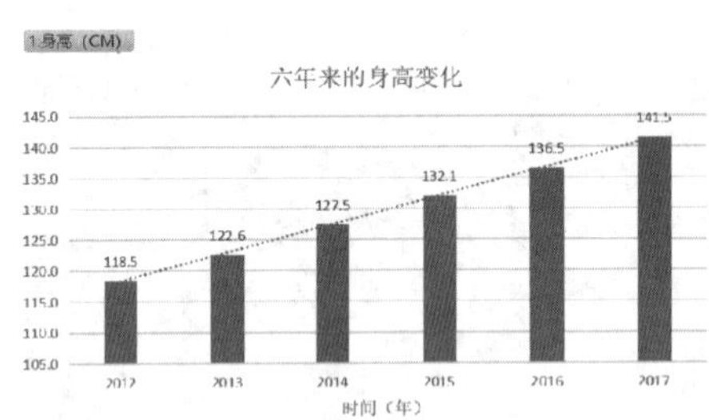

表 1　六年来的身高变化

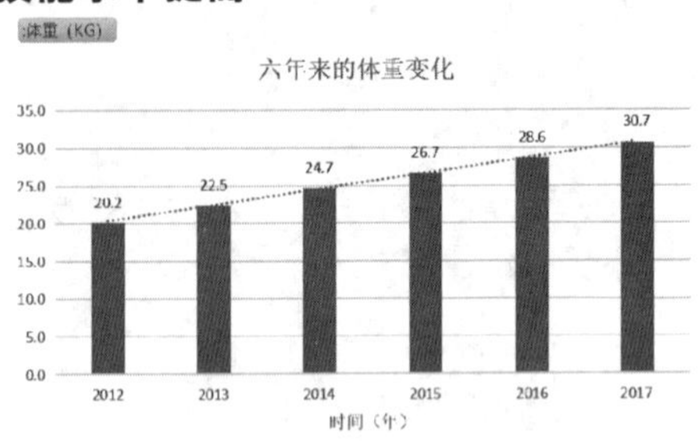

表 2　六年来的体重变化

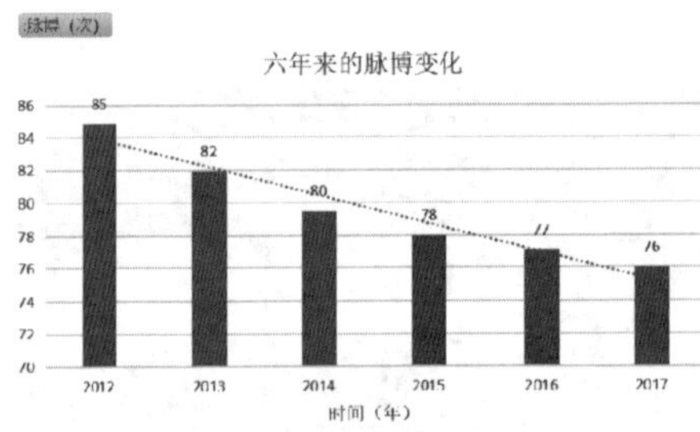

表 3　六年来的脉搏变化

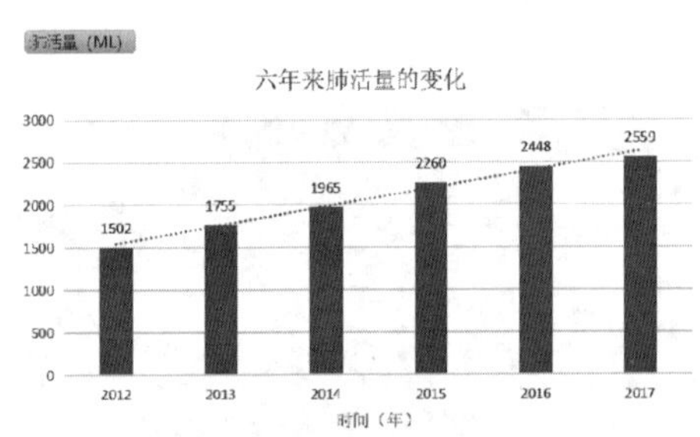

表 4　六年来肺活量的变化

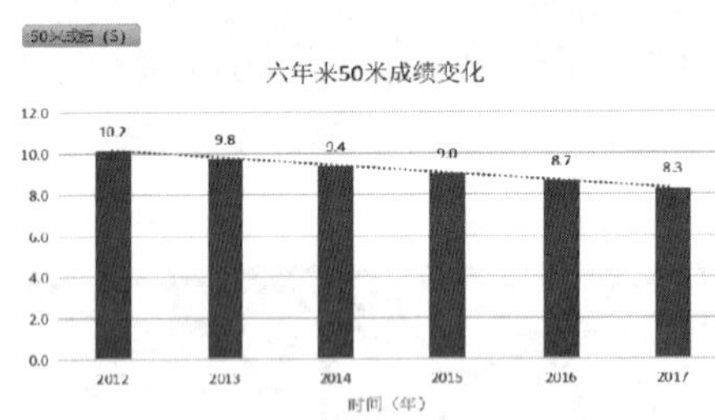

表 5　六年来 50 米成绩变化

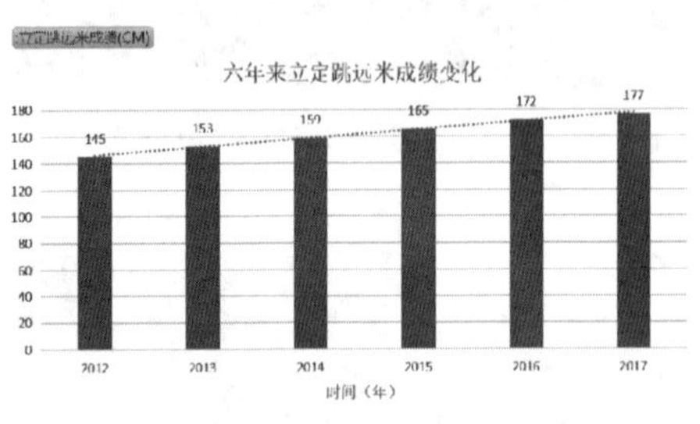

表 6　六年来立定跳远成绩变化

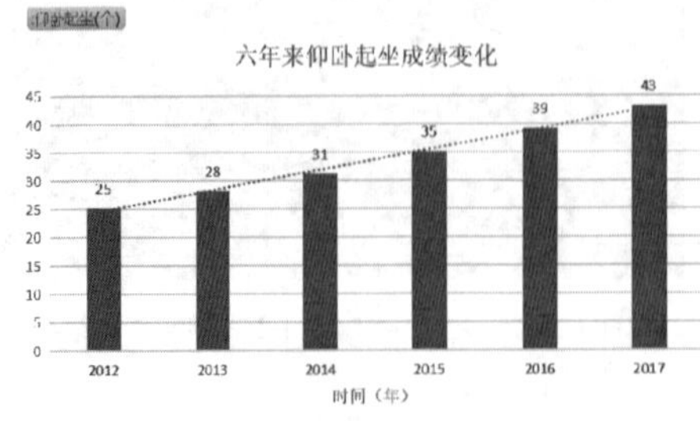

表 7　六年来仰卧起坐成绩变化

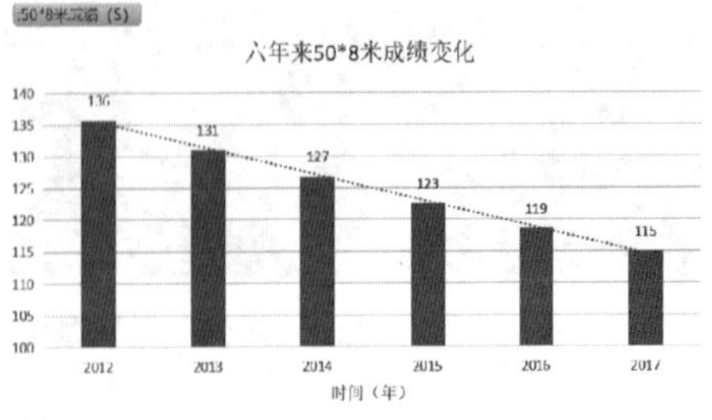

表 8　六年来 50×8 米成绩变化

（二）运动成绩显著

1. 2007年江苏省"省长杯"男子小学生足球比赛第五名。
2. 2007年江苏省小学生足球比赛男子第四名。
3. 2007年江苏省小学生足球比赛女子第四名。
4. 2008年江苏省小学生足球比赛男子第四名。
5. 2009年江苏省青少年足球锦标赛男子组比赛第五名。
6. 2012年江苏省足球锦标赛男子丙组第四名。
7. 2012年江苏省"省长杯"小学男子足球比赛第四名。
8. 2013年连云港市小学生足球比赛男子第一名。
9. 2013年连云港市小学生足球比赛女子第一名。
10. 2014年连云港市小学生足球比赛男子第一名。
11. 2014年连云港市小学生足球比赛女子第一名。
12. 2015年连云港市小学生足球比赛男子第一名。
13. 2015年连云港市小学生足球比赛女子第一名。
14. 2017年江苏省青少年校园足球俱乐部邀请赛第三名。
15. 2018江苏省"省长杯"青少年校园足球联赛第八名。
16. 2018第三十三届新春杯全国少年足球赛第八名。
17. 2018江苏省第四届青少年足球精英联赛苏北赛区冠军。
18. 2018年首届"一带一路"全国青少年足球邀请赛第五名。

（三）学校足球文化构建

图17-9　虎仔足球俱乐部队旗

图17-10　省教育厅沈健厅长签名

图 17-11　省队外籍教练员与队员合影

图 17-12　省队外籍教练员与教练员合影

图 17-13　班级足球球队队旗

图 17-14　学校足球荣誉

(四) 向省足球管理中心、市体校输送多名队员

1. 男队员(省足球管理中心)7 人。

2. 女队员(省女足)1 人。

四、思考与展望

我校的虎仔足球俱乐部自成立以来,在上级领导的关心,在学校历任领导的大力支持及全体俱乐部成员的共同努力下,虽然取得了一定的成绩,获得了一些荣誉,得到了社会、同行和家长的认同,但是在实际操作中,我们与省内外优秀同行相比,明显还有一定的差距。如何在现有基础上,把我校的足球俱乐部发展得更好,还有更多的事情要做,还需不断探索、改革俱乐部的现有体制。

在未来的"十四五"规划中,我们将从以下几个方面着手,制定新的发展战略,探索新的发展机制,奋发争先,为我市、我省乃至全国的校园足球发展提供一份绵薄之力。

（一）继续争取省、市相关部门、领导的支持

校园足球的发展，离不开领导及相关部门的支持。我校足球的发展过程中，过去曾得到了市教育局与历任校领导的大力支持，今后，我们将继续努力，争取得到领导们更大力度的支持！因为，我们知道，没有各级各任领导的支持，发展校园足球将是一句空话。

（二）及早谋划“十四五”的校园足球发展蓝图

凡事预则立、不预则废。我校的足球俱乐部的发展，将立足实际，制定长远的发展目标，绘制“十四五”的发展蓝图。“一枝独秀不是春，百花齐放春满园”，也就是说，虎仔俱乐部，不仅应该重视足球俱乐部的自身的发展，还应该带动全校、甚至是全市校园足球的发展。

（三）加大足球人才的引进与培养

社会的发展，人才是关键。为进一步提升我校的足球发展空间，我们准备加大足球专业人才的引进与现有教练员的培训，以提高我们俱乐部的专业水平。

（四）进一步拓展校园足球的发展空间

闭关锁国与闭门造车，永远跟不上时代发展的潮流。训练成果必须到赛场上去检验。光有理论没有实战经验的队伍是不成熟的队伍，也是出不了好成绩的。在未来的发展中，我们准备大力拓展足球队的发展空间，继续采取“走出去、请进来”的发展模式，加大与各校、各市、各省乃至全国同行之间的联系与交流，以赛代训，在实战中总结经验，在实战中锻炼队伍。

“雄关漫道真如铁，而今迈步从头越”。相信在各级各类领导的关心下，在学校领导的大力支持下，我校的足球工作在未来的发展中，必将呈现出更加强劲的发展势头，取得更加骄人的成绩。

入选理由：

毽子、短绳、铁环、陀螺、空竹、太极等传统项目体育俱乐部的建立，极大地丰富了校园体育的多样性，每周三、四下午四点到四点半采用俱乐部的形式，学生自主选择项目，建立相应的考核比赛机制，确保做到100%全员参与，在六年里每人至少掌握2项技能，养成良好的运动习惯，让孩子重新拾起民族的瑰宝，锻炼了身体，强健了体魄。

十八 常州市武进区政平小学课外民间体育俱乐部

资料提供：韩　琪

图18-1　常州韩琪

江苏省武进区政平小学创建于1911年(清宣统三年)，是一所环境优美、校风淳朴的百年乡村学校，学校围绕“实施阳光教育　引领健康成长”的办学理念，通过阳光管理、阳光德育、阳光教学、阳光环境等一系列策略的实施，提出让师生“共享科学的阳光——求真；共享艺术的阳光——尚雅；共享生命的阳光——创新”，形成了以“真、雅、新”为核心价值的阳光校园文化，实现了学校精神的升华和办学品位的提升，走出了一条内涵发展之路。学校还荣获首批办学水平综合评估优秀学校、全国艺术教育特色单位、江苏省书法特色学校、市“四五”法制宣传教育工作先进集体、区巾帼文明示范岗、区行风建设先进学校等称号。学校目前拥有18个班、46位老师及1050名学生。

学校目前拥有三位专职体育教师，本科毕业于体育教育专业，属于中青年代的骨干力量，拥有一片250米的田径场、两片篮球场、一片排球场、两片羽毛球场、10 张乒乓桌。民间体育活动历千年来经久不衰，深受广大学生的喜爱，结合学校农村优势，学校于 2017 年 10 月成立我校课外民间体育俱乐部，根据问卷调查、文献分析及实践考察，选取并成立了皮筋、毽子、短绳、铁环、陀螺、空竹、太极，七个课外民间体育俱乐部。

图 18-2　学校照片

一、组织方法与活动设计

（一）组织方法

※1 常州市武进区政平小学课外民间体育俱乐部组织方案

一、指导思想

民间体育活动千年来经久不衰，深受广大学生的喜爱，尤其在小学体育教育中具有重要的地位，根据“体育与健康课程标准”中倡导的加大对教学内容的选择性，激发学生运动兴趣，结合教学制定我校课外民间体育俱乐部相关活动方案，促进活动有序、有趣、有效的开展，使学生、教师从中受益。

二、组织机构（略）

三、组织方法

1. 收集资料：俱乐部成员小组通过中国知网节点查询、图书馆藏书阅读、互联网搜索引擎等，对国内民间体育的研究历史、研究成果进行比对、分析、综合，明白民间体育活动的内涵，形成正确认识，为后续的活动开展提供理论依据。

2. 调查分析：在学生中广泛听取意见，通过调查问卷了解学生的需求，促使活动有效贴近学生。

3. 制订计划：依据学校的具体情况，学生的实际要求，确定民间体育活动项目，在此基础上制订详细活动计划。

4. 组建队伍：组建俱乐部相关师资配备，确定人员。

(二)活动设计

※2 常州市武进区政平小学课外民间体育俱乐部活动设计

一、内容设计与安排

课外体育活动主要内容是民间传统体育类,包含了短绳、皮筋、毽子、陀螺、铁环、空竹、太极七个单项,以单元教学的形式呈现。每个体育单项包含40课时的教学内容(活动时间为每周三、周四下午四点到四点三十)。本课程实施范围为一:皮筋、二:毽子、三:短绳、四:铁环、五:陀螺、六:空竹+太极,实施对象为全体学生,纳入学校课程管理,纳入教师教学计划,由全校所有教师负责具体实施。本活动在实施过程中,实施内容以俱乐部形式,采用自主选择机制,学生可以根据自己的喜好自由选择相应的项目,一至三年级可以在前三个项目中选择,四至六年级可以在后三个项目中选择,并且每5周开放一次课堂,邀请家长一同参与民间体育课堂,和孩子一起学练,回家后互相教学,看一看比一比谁做得更好。每一学年,我校会举行一次课外民间体育俱乐部运动会,根据孩子们选择的项目,进行挑战赛,确保全员参与,人人都能动起来。

二、师资培养

1. 教师先学

在民间体育大课间提要活动教学中,注重自身的学习。教师要学会所教内容,并且逐步提高技能,做到自己先学,然后再教,与学生共同提高。

2. 传带结合

学校的体育教师做好民间大课间体育项目的培训教学。学校聘请专家教教师;教师自己刻苦钻研,互相学习,取长补短;学生在学习的新动作或创编新动作与教师交流。也就是通过专家教教师、教师带教师、学生促教师的方法,不断提升教师的教学水平。

3. 课程研读

体育组根据学校的课程安排,认真地对各年级的学习内容进行梳理,作为学校教研的重要内容,教研中大家积极互动、交流、切磋,以研促教,提高教师群体实力。

4. 外出进修、学习、交流

积极争取机会,组织教师外出进修、学习、交流,开阔眼界,增长见识,为教师专业成长搭建平台,为学校民间大课间活动校本课程的进一步完善积累有益的经验。

5. 为保证校本课程的有效实施,学校在人力、财力、物力以及时间上给予充分每学期进行统筹安排,将各个项目分到各个教师手中,安排具体的活动场地,安排一名教师及多名六年级学生负责器材的借还及登记,每次由一名校级领导负责全校巡查。

6. 体育教研组负责统筹规划，并及时针对出现的问题进行解决，对于不完善之处进行修改，同时负责对于其他教师进行专业技术动作的指导。

7. 学校每学期除了对学生的学习情况进行考核外，对教师的执教也将进行考核，从教案、组织、效果等多方面进行考核。

二、实施过程与方法

（一）具体实施过程

※3 常州市武进区政平小学课外民间体育俱乐部活动安排

★政平小学课外民间体育俱乐部活动表

活动目标

1. 通过活动，学生能掌握相对应项目的初步技能，了解该项目的锻炼功能。
2. 学生能对活动项目产生学习兴趣。
3. 通过活动能培养学生的合作能力。

活动项目	活动地点	活动负责人
欢乐短绳	西跑道北	正副班主任
皮筋悠悠	阶梯教室门前	正副班主任
毽花飞舞	西跑道南	正副班主任
旋风陀螺	实验室2后	正副班主任
车轮滚滚	篮球场东	正副班主任
空竹飞飞	足球场北	正副班主任
太极无穷	足球场南	正副班主任

备注：

1. 活动时间：每周三、四下午4:00—4:30。
2. 活动器材：统一由校器材室提供，专人做好借还登记及整理。
3. 雷雨天气：各俱乐部可在实验室、班级及阶梯教室进行室内理论知识学习。

★课外民间体育俱乐部（踢毽）2018—2019年度第一学期计划

周次	内容
第一周	了解踢毽方法及文化，建立概念
第二至五周	初步掌握左脚内侧连续踢

续表

周次	内容
第三至五周	初步掌握右脚内侧连续踢
第六至十周	初步掌握左、右脚内侧连续踢
第十一至十五周	基本掌握左、右脚内侧连续踢
第十八至十九周	尝试初步模仿左、右脚外侧踢

※4 常州市武进区政平小学课外民间体育活动课时记录

(案例一)

★项目:铁环滚滚滚　　日期:2018 年 10 月 24 日

训练任务(内容)	训练时间	运动心率
一、拉伸操 徒手操 4 节 二、技能教学 (一) 徒手直线滚铁环接力比赛 (二) 原地持器械练习 (三) 素质:冲刺跑 50 米 三、放松整理	20 分钟	120～130 次/分
课后反思: 学生刚接触滚铁环,好多孩子从未玩过,活动过程中特别兴奋,练习时加强规则安全教育,避免出现伤害		

(案例二)

★项目:铁环滚滚滚　　日期:2018 年 10 月 25 日

训练任务(内容)	训练时间	运动心率
热身 (一) 开小火车游戏 (二) 徒手操 4 节 二、技能教学 (一) 徒手直线滚铁环接力比赛 (二) 持器械沿直线慢走练习 (三) 素质:青蛙跳 20 个,2 组。 三、放松整理	20 分钟	130～140 次/分
课后反思: 持器械慢走时队伍的组织调动有些凌乱,应调整合理规划,慢走不以比赛形式,主要让学生体会模仿练习为主		

※5 常州市武进区政平小学课外民间体育活动俱乐部奖惩评价方法

武进区政平小学民间体育________俱乐部课程评价单　________同学：

恭喜你学完了201　—201　学年____学期__________民间体育俱乐部课程。希望你在下一个俱乐部课程中再接再厉，取得更大的成绩！

评价内容	评价等级				
	90及以上	80分	60分	60分以下	备注
运动参与					
运动技能					
身体健康					
心理健康与社会适应					
总评					

民间体育俱乐部课程评价说明

1. 运动参与：学生能在俱乐部积极主动参与体育学习和锻炼，体验运动乐趣和成功。通过民间体育大课间活动丰富多彩的内容、形式多样的方法，促进学生达成运动参与的目标，培养学生良好的锻炼习惯，变学生的被动参与为主动参与。

2. 运动技能：认真学习体育运动知识，掌握运动技能和方法，增强安全意识和防范能力。以体育游戏学习为载体，发展学生的基本活动能力。

3. 身体健康：掌握小学阶段基本保健知识和方法；塑造良好体型和身体姿态；促进学生体能和健身能力提高；适应自然环境的能力。

4. 心理健康和社会适应：培养坚强的意志品质；学会调控情绪的方法；形成合作意识与能力，能够主动与同学、教师沟通，能够与同学友好相处，主动关心和帮助别人，小组中能够以团队利益为重，遵守纪律和俱乐部约定，尊敬教师和长辈；具有良好的体育道德。

俱乐部负责人：________

★学生的运动技能评价：创新等级技能考核机制

一年级（短绳）考级标准及分数

级别	考级标准	分数
一级	标准短绳连续单摇跳完成65个	60
二级	标准短绳连续单摇跳完成78个	75

续表

级别	考级标准	分数
三级	标准短绳连续单摇跳完成 108 个	85
四级	标准短绳连续单摇跳完成 122 个	100

二年级(皮筋)考级标准及分数

级别	考级标准	分数
一级	标准皮筋能完成 1 个单串动作	60
二级	标准皮筋能完成 2 个单串动作	75
三级	标准皮筋能完成 3 个单串动作	85
四级	标准皮筋能完成一套连贯动作	100

三年级(毽子)考级标准及分数

级别	考级标准	分数
一级	标准毽子能完成连续单脚踢 10 个	60
二级	标准毽子能完成连续单脚踢 15 个	75
三级	标准毽子能完成连续单脚踢 20 个	85
四级	标准毽子能完成连续双脚盘踢 8 个	100

四年级(陀螺)考级标准及分数

级别	考级标准	分数
一级	标准陀螺能完成保持陀螺持续转动 5 秒钟	60
二级	标准陀螺能完成保持陀螺持续转动 8 秒钟	75
三级	标准陀螺能完成保持陀螺持续转动 15 秒钟	85
四级	标准陀螺能完成保持陀螺持续转动 25 秒钟	100

五年级(铁环)考级标准及分数

级别	考级标准	分数
一级	标准铁环能绕学校转盘持续转动三分之一圈	60
二级	标准铁环能绕学校转盘持续转动二分之一圈	75

续表

级别	考级标准	分数
三级	标准铁环能绕学校转盘持续转动四分之三圈	85
四级	标准铁环能绕学校转盘持续转动一圈	100

六年级(空竹)考级标准及分数

级别	考级标准	分数
一级	塑料简易空竹能保持转动 15 秒钟	60
二级	塑料简易空竹能保持转动 20 秒钟	75
三级	塑料简易空竹能保持转动 30 秒钟	85
四级	塑料简易空竹能完成一串简单的连贯动作	100

六年级(太极)考级标准及分数

级别	考级标准	分数
一级	学生能掌握并展示五个标准动作	60
二级	学生能基本掌握并展示一套标准动作	75
三级	学生能熟练掌握并展示一套标准动作	85
四级	学生能熟练掌握并展示两套标准动作	100

备注:

每学年会评选出各个俱乐部优秀学员 10 名,利用春晖奖学金进行表彰。每学年针对各俱乐部评选并颁发优胜奖状。

(二)现场实况照片

图 18-3　滚铁环

图 18-4　打陀螺

图 18-5　抖空竹

图 18-6　跳皮绳

图 18-7　踢毽子

图 18-8　打太极

三、成绩与效果

（一）参与人数从少到多

一开始每班差不多只有一小半学生表示喜欢民间体育俱乐部，但随着活动的一步步开展，半学期后有一大半学生表示最迫切的就是来参加体育俱乐部学习，目前已基本达到 100%参与，而且已经参加俱乐部的孩子不光自己在学校学练，回家后还发动爸爸妈妈一起加入，有的甚至全家一起参与，这项活动辐射面越来越广。

（二）体质测试跳绳大多满分

从开展民间体育俱乐部活动以来，每年一次的体质测试中跳绳得到满分及加分者越来越多。每学期，学校都会对孩子的技能掌握情况进行考核，并且进行我校创新的评价方式——校园达级赛，设置不同的等级，等级越高难度越大，通过一年下来，孩子们从一级都能提高到三级左右，有甚者能达到四级。

（三）意志品质增强

记得我刚接手毽子俱乐部时，有一个个子矮矮的小男生——王文瀚，问他什么也不回答，只是微微一笑，露出满嘴蛀牙。课中他比较胆小，不怎么与其他同学接触，就一个人在那踢，一次次失败，一次次重来。后来我特别关注他，课上总会表扬他，课前也会找他聊天，还会单独给他特训，让他更好地掌握踢毽子的方法。慢慢地，他开始喜欢和我聊天，有不懂就大胆提问，还常被我请到前面给大家做示范，得到老师和大家的肯定后，他笑得很开心，也开始乐于助人，帮助还不会动作的同伴，融入大家这个大集体。他从原来的胆小、孤僻、躲避到现在自信、阳光、开朗，也许这就是体育的魅力。

（四）体育文化宣传到位营造氛围

我校在教学楼东面设置了一处民间体育活动展览角，学生课间空余时间都可以去那里了解我们的民间体育瑰宝。同时，我们在操场的围栏上悬挂了多幅民间体育项目的简介、玩法等供学生学习、了解。我校体育组与大队委合作，每个学期举行一次民间体育活动黑板报布置评比活动，每班举行一节民间体育活动相关的班会课，进行一次我们的民间俱乐部手抄报小比赛等。

（五）各项比赛有绩喜获荣誉

通过近一年的民间体育俱乐部实施，我校学生体质测试成绩有明显的提高，全国体质测试学生的优秀率较往年提高将近5%，合格率提高3%。通过我校创达级赛发现众多孩子从一开始的基本不会到现在基本可以达到二级的水平，更好的也能达到三、四级。同时，我校田径队在区田径比赛中获得团体第三名，冬季三项比赛在区比赛中也取得了一定的突破。

图18-9　春晖奖颁奖

图18-10　比赛证书

（六）外界对民间体育俱乐部的反馈

自从我校建立民间体育俱乐部以来，一路艰辛，从一开始大家的质疑道现在学生喜爱、教师的努力、家长的支持，都是对我们俱乐部最好的肯定。

四、思考与展望

民间体育俱乐部已经成立近一年了,虽然我们取得了一点成绩,但仍有许多的问题存在,专职体育教师少,部分兼职教师有的项目自身也不是特别擅长,在孩子技能掌握到一定程度以后,教师发现自己的技能知识等难以满足孩子的需求,需要寻求社会资源来进一步提高孩子的水平。活动开展已初有成效,但对于民间体育活动校园文化的建设似乎还不够,日后还将更全面的营造民间体育文化氛围,养成人人爱运动,人人会运动的习惯。

入选理由：

基层学校响应政府号召，体育场地实行对外开放，南通市永兴小学推出了“早七点”体育活动，包含亲子晨练与七点俱乐部活动，引起家庭对运动的重视，唤起家长对孩子的运动陪伴，同时也培养孩子自觉锻炼的意识行为习惯，家长和学生的体质健康水平也明显提升。这值得大家借鉴！

十九　南通市永兴小学“早七点”体育活动

资料提供：金海滨　程诗晓

图 19-1　南通金海滨

江苏省南通市永兴小学，办学几十载，以“办人民满意学校”为宗旨，坚持“润育潜质、注重养成、发展个性、奠基未来”的现代教学理念，秉承“和融·永进”的校训、“厚德、明埋、求真”的校风、“敬业、博学、启智”的教风、“健康、乐学、雅行”的学风。

学校现有 30 个教学班级，1550 多名学生，拥有 1 片 300 m 田径场、2 片标准篮球场、1500 m^2 的室内风雨操场、6 片羽毛球场地、100 m^2 乒乓球场地等。学校现有专职体育教师 7 人，市、区体育优秀教师及名师培养对象 3 人。近年来，学校围绕“让运动成为孩子的自觉行为”为主题开展一系列的特色活动，如亲子晨练、七点俱乐部、亲子嘉年华、体育吉尼斯、阳光体育节等。学校的体育社团课程也逐渐成形，体操、轮滑、篮球、足球、跆拳道、自由搏击等二十多个学生社团，为学生提供更多自主选择的空间。特别是开展的“早七点”体育活动，吸引了广大家长的参与,现已成为学校的特色品牌活动,为构建了学校体育新模式提供了范式。

“早七点”体育活动的设计与实施背景。

学校拥有相对完善的体育活动场地,反观大学、社区锻炼人群的运动时间,如何充分利用现有资源让学生更好地参与到体育活动中。思考:“早七点”体育活动在我校开展是否可行?

近年来,学生体质健康水平提升不明显,运动习惯与运动能力还有待提高。思考:学校层面如何给学生更多运动的时间?

响应政府号召,学校体育场地实行对社会开放。思考:学校能不能有什么创新举措?

如何利用好运动载体,调动家长积极性,实现家校共育,形成良性循环。思考:学校能否促成父母与孩子一起运动呢?

基于以上思考,学校推出了“早七点”体育活动,包含亲子晨练与七点俱乐部活动,旨在引起家庭对运动的重视,唤起家长对孩子的运动陪伴,同时也培养孩子自觉锻炼的意识、行为、习惯。

一、组织方法与活动设计

(一)组织方法

※1“早七点亲子晨练”体育活动管理细则

一、家长须知

(一)家长到体育组签订“亲子晨练”安全告知书后,办理“亲子晨练”卡。明确晨练时间7:00—7:40,进出校园必须携带“亲子晨练”卡方可进行活动。

(二)提倡绿色出行,自行车和电瓶车有序停放在校外指定区域,汽车停放到附近的停车场,不得妨碍道路交通。

(三)正确使用运动器材,注意爱护学校的体育设施。

(四)晨练活动结束后,及时归还器材并放到指定位置。

二、“亲子晨练”管理人员规章制度

(一)每天“亲子晨练”人数控制在250人以内,如超过250人,启动“亲子晨练”应急预案,进行年级分流,按照年级分配亲子晨练时间进行活动。

(二)体育教师巡回指导运动场上参加晨练的学生、家长、教师,帮助协调场地,指导如何正确使用运动器材,指导基本的运动动作等。

(三)及时发现与处理突发状况。

（四）学生协同管理。

1. 学校在参加“亲子晨练”的学生中，每周每班挑选出 8 名“亲子晨练小达人”。

2. 如果发现有学生故意损坏体育器材，“小达人”将此类学生进行登记处理，与校内班级日常量化考核挂钩，扣除该学生所在班级的日常分数。

3. “小达人”在亲子晨练活动结束前后 5 分钟内，巡回检查操场上被遗留下来的体育器材，在看到有锻炼人群遗忘将器材归还至器材室内时，进行善意的提醒和督促他们归还器材。

4. “小达人”在“亲子晨练”结束后，帮助体育老师进行器材的归纳与整理。

5. 工作出色的“小达人”在学期期末评优中，优先考虑，体育成绩酌情加分。

※2 “七点俱乐部”管理细则

一、“七点俱乐部”人员规章制度

（一）体育教师巡回指导运动场上参加晨练的学生、家长、教师，帮助协调场地，指导如何正确使用运动器材，指导基本的运动动作等。

（二）中层领导巡视，及时发现与处理突发状况。

（三）由学生组织的管理。

1. 学校在参加“七点俱乐部”的学生中，每个月选出 4 名“俱乐部小干事”。

2. “俱乐部小干事”作为教师助手，应及时帮助教师进行俱乐部管理。

3. 每日清晨进行人数清点，及时了解未到同学未到事由。

4. 有序管理并带领“七点俱乐部”成员进行体育专项活动练习。

5. 监督俱乐部成员进行器材借取和归还。

6. 工作出色的“小干事”在学期期末评优中，都会优先考虑，体育成绩也会酌情加分。

二、“七点俱乐部”活动人员规章制度

（一）报名参加的学生，每天 7 点必须准时参加活动。

（二）俱乐部成立之初，每个会员都将颁发徽章，徽章自行管理保存好，如丢失，需自行购买。

（三）迟到或未到 3 次的成员，上交“七点徽章”，自觉离开“七点俱乐部”，今后不得参加。

（四）参加“七点俱乐部”的成员，在俱乐部内捣乱或有违纪扰乱俱乐部秩序的，自觉离开“七点俱乐部”。

（五）每天参加俱乐部的成员，必须佩带颁发的徽章，每天凭徽章 7 点可以进入学校进行锻炼。

（六）参加“七点俱乐部”的成员，必须经过父母的同意并得到支持。

(二)活动设计

※3 “早七点”体育活动的设计

一、亲子晨练

(一)“亲子晨练”活动的设计与准备

1. 组织研讨“亲子晨练”活动可行性方案,撰写实施文本,制定“亲子晨练”指导方案。

2. 制定“亲子晨练”活动轮值表、器材室管理安排表、活动场地示意图。

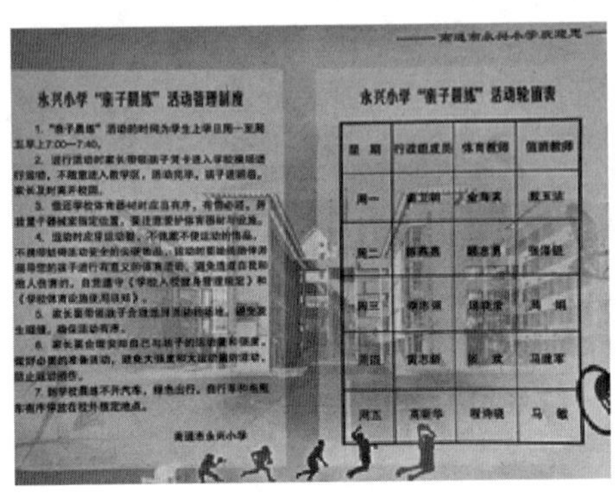

图 19-2　亲子晨练活动轮值表

3. 体育教师检查运动设施、分类体育器械、增补运动器材。

4. 设计“亲子晨练”卡。

图 19-3　亲子晨练卡正面

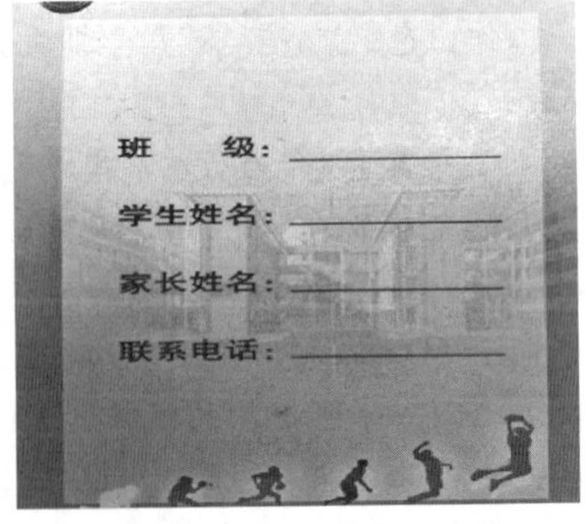

图 19-4　亲子晨练卡背面

二、七点俱乐部

(一)在“亲子晨练”活动组织的过程中进行摸底,了解有多少学生愿意早上来运动,而家长不能陪伴的。

（二）体育组制定“七点俱乐部”活动方案。

（三）设计安排每周活动地点、内容、指导教师等。

（四）协助俱乐部主要成员做好“七点俱乐部”招募准备工作，包括宣传易拉宝、音乐、表演队伍、登记名单、告家长书等。

二、实施过程与方法

（一）具体实施过程

※4 “亲子晨练”活动实施过程简介

一、体育组利用教职工大会向全校教职工进行“亲子晨练”活动方案解读，启动视频宣传，亲子晨练卡办理流程介绍，家长进出校园须知、告知。

二、班主任下发“亲子晨练”活动告知书，家长自愿报名。

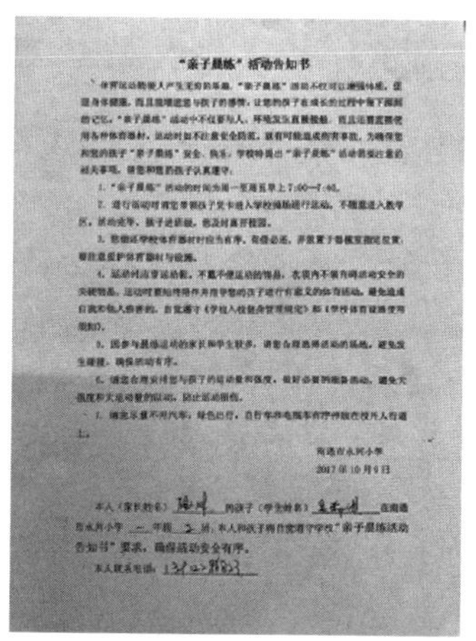

“亲子晨练”活动告知书

图 19-5　亲子晨练活动告知书

图 19-6　亲子活动晨练交流互动群

三、班主任在班级群向学生和家长推送视频进行宣传，同步学校层面在家委会群内做好动员启动工作。

四、体育组建立“亲子晨练”活动交流互动群。

五、首周在体育组办理“亲子晨练”卡，签订安全告知书，明确晨练时间为工作日 7:00—7:40。

六、每日当值领导与体育组老师每天 7:00 前到学校，根据安排表做好器材管理、晨练指导、安全巡查等工作。

七、参加“亲子晨练”活动的家长可以自行选择活动的内容和方式，在指定地点进行运动，运动场地分慢跑区域、铁环区域、篮球区域、足球区域、乒乓球区域、羽毛球区域、拓展活动区域、太极柔力球区域、气排球区域等。

※5“亲子晨练”活动启动仪式安排

一、活动时间:2016年11月21日上午7:00。

二、活动地点:南通市永兴小学多功能教室。

三、活动流程:

(一)开场白:感谢各位对孩子成长的关心。特别强调亲子晨练贵在“坚持”。

(二)介绍“亲子晨练”具体内容。

(三)宣读告知书上的内容,特别强调绿色出行。

(四)视频宣传,运用自媒体正能量,给孩子言传身教的正能量,提供家长间、孩子间沟通与交往的正能量。

(五)校长最后提要求。安全运动、坚持运动、车辆停放。

(六)宣读“亲子晨练”活动人员规章制度。

1. 晨练期间,家长不随意进入教学区。晨练结束,孩子进班,家长立即离校。

2. 提倡绿色出行,自行车和电瓶车有序停放在校外人行道上,汽车停放到附近的相关停车场。

3. 考虑到参加“亲子晨练”的人数早晨较多,家长应合理选择活动的场地,避免发生碰撞,确保活动安全有序。

4. 佩戴“亲子晨练”卡进入学校操场进行运动。

5. 穿运动服、运动鞋,不佩戴饰品,衣袋内不装有碍活动安全的尖硬物品,运动时要始终陪伴并指导孩子进行有意义的体育活动。

6. 早晨7:00准时,家长们带着自己的孩子有序进入器材室,挑选锻炼器材。

7. 爱护体育器材与设施,体育器材,有借有还,放置于器材室指定位置。

图19-7 班主任带领家长进行“敲大鼓”拓展活动

图19-8 家长在乒乓球区域进行亲子晨练

图 19-9　体育教师指导篮球活动

图 19-10　体育教师指导羽毛球活动

※6“七点俱乐部”活动实施过程简介

一、活动实施过程

（一）体育组在全体教师大会、大课间活动、家委会群内对“七点俱乐部”进行宣传。

（二）安排骨干成员自主进行俱乐部成员的招聘，体育组教师协助遴选，需签订家长同意书。

（三）在全校集会时间，进行“七点俱乐部”启动仪式，校长给每位成员颁发俱乐部徽章。

（四）俱乐部成员每天 7 点凭俱乐部徽章进入校园，活动时间为 7:00—7:40，由体育教师带领学生按照内容进行体育活动。

（五）根据学生的出勤率和活动表现情况进行考核，实行俱乐部成员定期考核进出制度。

图 19-11　七点俱乐部招募

图 19-12　七点俱乐部徽章

图 19-13　七点俱乐部启动仪式

二、“七点俱乐部”活动的管理

(一) 七点俱乐部成员每天 7:00 佩戴俱乐部徽章进入校园,7:05 到达操场指定位置进行考勤,累积三次无故缺席者,将被收回俱乐部徽章。

(二) 俱乐部所有成员均需签订家长同意书,明确俱乐部要求,遵守相关规定。

(三) 七点俱乐部成员轮换进行分组活动的管理和组织,体育教师负责安排内容、进行分组、指导学生进行运动。每日轮换的俱乐部小骨干进行人员点到、督促运动、协助安全管理、器材收发等工作。

图 19-14　体育教师指导七点俱乐部活动

(四) “七点俱乐部”同时接受学校“早七点”体育活动的管理、巡查与监督。

※7 “七点俱乐部”活动启动仪式安排

一、活动时间:2017 年 11 月 10 日上午大课间。

二、活动地点:南通市永兴小学操场。

三、活动流程:

1. 主持人串词。

2. 介绍“七点俱乐部”。

3. 宣布参加首批“七点俱乐部”的成员名单,并由三位校长向学生颁发俱乐部徽章。

4. 姜卫明校长发言。

5. 学生代表发言。

6. 主持人宣布活动结束。

三、成绩与效果

(一)新闻媒体报道

“早七点”体育活动的设计与开展,得到了广大学生、家长的欢迎,营造了浓郁的全员运动氛围,获得了各级行政部门的肯定,赢得了良好的口碑和反响。学校汇编了《七点故事》一书,留下了家长、学生美好的运动记忆。地方媒体也高度重视,南通电视台、南通广播电台进行了专题报道,江苏省学校体育网对活动进行了专项调研。学校在构建社会、家庭、学校三位一体的体育活动中进行了新尝试、新探索,起到了一定的示范与借鉴作用。

图 19-15 永兴小学《七点故事》

图 19-16 南通电视台专题报道“早七点”体育活动

(二)学生感言

1. 四(2)吴柏鑫:我参加的七点俱乐部是一件很有意义的事情,在这里我们可以在体育老师的陪同下进行各项体育活动,所以每一天我都很期待。

2. 四(4)王宇娜:我期待每一天的早晨和妈妈一起到学校锻炼,我学会了爷爷小时候玩的滚铁环;学会了妈妈小时玩的各种花样跳绳方法,每天都有不同的运动内容和游戏在等着我去玩,我很高兴,也很喜欢。

3. 六(2)刘斌:我很喜欢亲子晨练这项活动,因为我可以和我的爸爸妈妈一起锻炼身体,爸爸再也不会睡懒觉了,我也能早早地到学校就运动起来,这对我的身体是有好处的。

4. 三(1)王越泽:亲子晨练里,我和爸爸会组成搭档,与别的同学和他的爸爸或者妈妈进行比赛,我和爸爸每次都会赢过对手,我们是学校黄金搭档。

(三) 家长感言

1. 学校把校门敞开了,感觉让我们自己也回到了学生时代,而且能陪着我们自己的孩子进行锻炼,这样的感觉真是太好了。

2. 对比其他的家长,感觉对孩子的教育有很多的地方还需要改进。亲子晨练不仅仅是锻炼身体,更像一面镜子,照出了每个家庭对孩子的教育方式。

四、思考与展望

(一) "早七点"体育活动是为了促成自觉运动和陪伴运动,但仅仅通过"早七点"活动还是不够的,如何调动家庭、社会合力来更好地为学生的身心健康服务还需思考和践行。学校每年两次的"体育嘉年华"和"阳光体育节"可以吸引家长进校园共同参与,也可以公益性引进社会优质资源为体育社团服务。

(二) 从优化服务入手,有了亲子晨练,组织开展"夕练",调整放学后的"课后服务"内容,让学生在放学后能有组织地进行锻炼,从而更好地提升体质健康水平。

(三) 充分调动教师参与体育活动的积极性,能有利于体育活动的开展,将教师参与运动纳入考核或奖励内容,通过教师自身的言传身教,给家长、学生做好示范,让更多的老师参加活动的管理,提升活动品质。

总之,"早七点"体育活动是围绕"让运动成为孩子的自觉行为"这一指导思想设计的,也是学校体育设施对外开放的创新举措。学校体育将不再是关上校门的体育,而是敞开校门,让更多热爱运动的人走进来,增进全民健康水平的体育。

入选理由：

学校没有因为面积狭小和学生差异而寻找任何一个懈怠借口。面对全校 160 多名留守儿童，花园乡孙湾小学的教师们认真组织，潜心研究，将课外体育活动开展得有声有色。在“挑战 30 天”的目标下，孩子们的踢球兴趣转化为实实在在的勤奋练习，踢球技能得到了提升。扎实的课外体育活动，让孙湾小学的学生收获了友谊，收获了健康，收获了自信，收获了快乐。

二十　连云港市灌南县花园乡孙湾小学踢踢足球“控球小将——挑战 30 天”课外体育活动

资料提供：花红伟

图 20-1　连云港花红伟

灌南县花园乡孙湾小学是一所拥有近 60 年建校历史的农村完全小学，学校现有 6 个教学班，180 名在校生，专任教师 15 名。学校占地约 21000 平方米，校园绿化面积 5380 平方米，运动场面积 4600 平方米，足球设施建设标准，有现代化的足球场地。

学校是教育部批准的第二批“全国青少年校园足球特色学校”，灌南县小学生足球后备人才训练基地，连云港市绿色学校，连云港市平安校园等荣誉称号。

学校外聘了市体育局专业足球教练张翰鑫担任技术指导，制订学校校园足球训练大纲、计划（年训练计划、月训练计划、周训练计划），组建了低年级（水平一）、中年级（水平二）、高年级（水平三）不同年龄层次的校园足球运动梯队。

学校与连云港市师专第二附属小学“虎仔俱乐部”长期合作,由俱乐部定期送教上门,进行足球训练与技术指导。

学校兼职体育教师积极参加国家、省、市、县组织的各类专业培训与学习,取得江苏省校园足球E级教练员资格,快速成长为全国青少年校园足球特色学校骨干教师。

学校有面积4600平方米的运动场,包括一片标准篮球场、一片五人制足球场与一个器械活动区,布局科学合理,装备设施完善:足球场铺设有人工草坪,铺垫石英砂与塑胶颗粒,松软、柔韧、舒适、安全。学校配备专用体育器材室,有20只篮球、30只排球、200只足球、20副乒乓球、50副羽毛球等球类器材,有跑步、跳高、拔河、投掷等运动器材。

图20-2　校园景色

一、组织方法与活动设计

(一)组织方法

※1 踢踢足球“控球小将——挑战30天”活动方案

一、行动理念:依据“不积跬步,无以至千里”的理想愿景和“练习任何一个项目,你至少要有个300次以上的练习,目标才有可能实现”。

二、活动目标:在校园开展以“挑战比足球技战术更重要的东西——习惯”为目标。

三、活动时段:分阶段,以月为单位,用30天,每天10～15分钟。

四、活动形式:引导组织学生自主练习各类控球技能,熟悉球性,提高控球能力。充分利用上学前,放学后和作业后等课余时间,利用学校足球场,家中的庭院等场地，自主打卡练习，熟悉球性，提高控球能力。养成“不完成作业踢不好球”“不熟悉球性难踢好球”的积极态度和良好习惯，变“要我踢”为“我要踢”，激发孩子们的踢球兴趣，将兴趣转化为实实在在的勤奋练习踢球技能，从而达到锻炼身体，增强体质的目的。

（二）活动设计

※2 项目设计与计划

一、练习设计

一般想要掌握某一个技能，理论上你花在练习这项技能上的时间越多，你就会变得越熟练。这个“万金油”理论适用于很多学科，从数学、英语、舞蹈到足球。虽然孩子也会在团队中练习踢球，但如果这些孩子想要挖掘自己的潜力，变得更好，就需要更多的练习时间。

二、练习目标

（一）对于“球性练习”来说，并不是单纯地在校园里把球踢来踢去。目的是将孩子们对足球本能的喜欢，转化为学习一个个具体的、可操作性的球性练习的坚持，形成习惯；将孩子们反复练习获得的球感，转化为球场上娴熟、闪亮的技艺，提升技能；将孩子们课内学习所获的兴趣，转化为课外自主练习的热情，展示足球的魅力；将孩子们训练比赛时的压力，转化为学习之余的动力，发展足球文化的内驱力。

（二）充分利用孩子们注意力持续时间特点，有效地在10～15分钟内，将重复练习的辛苦，转化为坚持不懈的意志力品质，并不断强化，打造孩子们的精神内涵。

（三）利用足球场地不同位置，布设系统的练习场景，让孩子们将球性练习和技战术练习在无意识中糅合在一起，既提高孩子的球性，也增强孩子在足球场上的空间感，既增强技战术练习的兴趣，也挖掘足球运控的潜力，提高运控能力。

三、练习内容

足球球性的熟练掌握及赛场上的运用。分熟悉球性的基本练习、运球、踢球（传球）、停接球、颠球、拨球和拖拉球等100余个项目。

四、练习要求

（一）在教练的帮助下合理安排好练习项目，准确掌握技术动作要领。

（二）坚持每天晨训前或放学后10～15分钟，进行项目练习并打卡记录。

（三）借鉴“不动笔墨不读书”的优秀读书方法，转化为“不控好球不训练”的积极态度和优秀习惯，保证高效地完成练习任务，提高球感。

二、实施过程与方法

(一)具体实施过程

一、活动周期

项目以一个自然月(30天)为一个长周期,一周为短周期。按照一天15分钟活动时间,以3分钟为一时间节点。每个短周期安排2个经过优化组合后的球性练习项目,划分各年级活动空间区域,分组别进行自主打卡练习。

二、"控球小将——挑战30天"周训练安排(2018.9)(略)

三、"控球小将——挑战30天"课时训练记录

※3 "控球小将——挑战30天"课时训练记录(水平二)

<table>
<tr><td colspan="3">"控球小将——挑战30天"
课时训练记录(水平二)</td></tr>
<tr><td>练习时间</td><td colspan="2">2018年9月　第2周</td></tr>
<tr><td>练习内容</td><td colspan="2">脚内侧拨球、脚掌拉球</td></tr>
<tr><td rowspan="3">练习目标</td><td colspan="2">1. 进行多样的基础性球感练习,初步培养脚触球的感觉</td></tr>
<tr><td colspan="2">2. 提高控制球的能力</td></tr>
<tr><td colspan="2">3. 发展身体协调性、灵敏性</td></tr>
<tr><td rowspan="2">重点难点</td><td colspan="2">1. 让身体在平衡稳定情况下能非常协调地进行基础性球感练习</td></tr>
<tr><td colspan="2">2. 用适当地触球力度和准确地触球部位来控制足球</td></tr>
<tr><td>场地器材</td><td colspan="2">足球场地、足球每人1只,标志盘50个</td></tr>
<tr><td rowspan="4">练习过程</td><td colspan="2">组织形式</td></tr>
<tr><td colspan="2">学生分散站立,50个标志盘无规则摆放,足球置于体前,然后进行练习</td></tr>
<tr><td colspan="2">练习要点</td></tr>
<tr><td>1. 每位学生在场地内找一个标志盘练习
2. 用两个脚的大拇指内侧控制球,绕标志盘一圈,顺时针和逆时针都要尝试
3. 熟练后可以在场地内运球找不同的标志盘进行练习</td><td>要求:学生在场内用前脚掌脚底拉球"散步",注意躲避其他同学和球,尽量绕开标志盘</td></tr>
</table>

※4 水平二打卡记录

组别	姓名	用时	次数	熟练	评价	组别	姓名	用时	次数	熟练	评价
绵羊	周诗娸	15′	80	√	★	飞虎	纪智严	15′	100	√	★
	汪梓涵	15′	80	√	★		孙俊函	15′	90	√	★
	孙晓晓	15′	60	√	★		孙中强	15′	70	√	★
	胡彤彤	15′	80	√	★		孙梦飞	15′	70	√	★
	李欣怡	15′	80	√	★		杨俊宇	15′	80	√	★
	孙涵菡	15′	60	√	★		李兵兵	15′	70	√	★
							姜传文	15′	60	√	★
白羊	陈诗悦	15′	80	√	★	战神	陶鹏飞	15′	100	√	★
	孙金娣	15′	80	√	★		孙宽睿	15′	100	√	★
	张莉	15′	60	√	★		朱梦艺	15′	100	√	★
	王淑雅	15′	60	√	★		唐伟祺	15′	90	√	★
	孙咪	15′	60	√	★		王家瑞	15′	70	√	★
							杨顺	15′	90	√	★
							周子涵	15′	80	√	★

※5 “控球小将——挑战 30 天”课时训练记录(水平三)

“控球小将——挑战 30 天” 课时训练记录(水平三)	
练习时间	2018 年 9 月　第 2 周
练习内容	脚掌踩球、拖拉球，脚内侧、脚背外侧推拨球
练习目标	1. 初步培养球性，为技术学习奠定基础
	2. 初步培养学生的控球能力
	3. 发展反应、灵敏与协调素质
重点难点	1. 培养触球脚的感知和敏感性
	2. 在静态和动态下都能把球控制在脚下
场地器材	足球场地一片、足球每人 1 只、标志盘 30 个、标志桶 20 个

续表

<table>
<tr><td rowspan="4">练习过程</td><td colspan="2">组织形式</td></tr>
<tr><td>学生在场地分散站立,足球置于体前,自由做各种脚触球练习</td><td>划分四个区域,各区域学生原地练习脚掌踩球、拖拉球,脚内侧、脚背外侧推拨球练习</td></tr>
<tr><td colspan="2">练习要点</td></tr>
<tr><td>运用多种动作方法进行练习</td><td>左右脚脚掌踩球各 20 次,左右脚脚底拖拉球各 20 次,左右脚内侧拨球各 20 次,左右脚背外侧推拨球各 20 次
通过互教互学形式进行动作练习</td></tr>
</table>

※6 水平三打卡记录

组别	姓名	用时	次数	熟练	评价	组别	姓名	用时	次数	熟练	评价
KK	张篮心	15′	220	√	★	精英	孙德凯	15′	260	√	★
	王梦云	15′	260	√	★		孙卓凡	15′	260	√	★
	杨梦雪	15′	240	√	★		刘明浩	15′	280	√	★
	袁璐	15′	240	√	★		葛书文	15′	260	√	★
	孙梦冉	15′	260	√	★		嵇泽雅	15′	240	√	★
	周乐乐	15′	240	√	★		王瑞灿	15′	260	√	★
	贾静怡	15′	260	√	★						
	孙蕊	15′	220	√	★						
阳光	吴思宇	15′	220	√	★	王牌	薛浩聪	15′	280	√	★
	袁东红	15′	220	√	★		王阳	15′	240	√	★
	李雅	15′	220	√	★		杨佳豪	15′	260	√	★
	孙雅萱	15′	200	√	★		庄宇然	15′	220	√	★
	孙妍	15′	220	√	★		孙皓天	15′	220	√	★
	孙雨馨	15′	220	√	★		孙伟豪	15′	220	√	★
	张彬	15′	240	√	★						

（二）现场实况照片

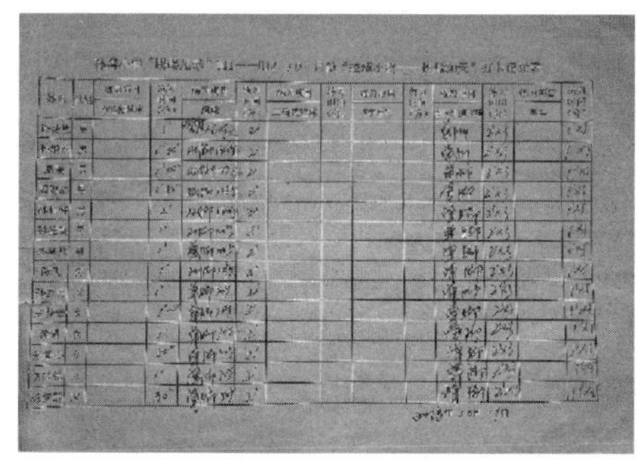

图 20-3　训练打卡记录表

图 20-4　控球小将活动 1

图 20-5　控球小将活动 2

图 20-6　控球小将活动 3

三、成绩与效果

（一）学生喜欢程度显著

无论清晨或黄昏，当你迈步校园里，球场上到处是勇争“控球小将”的勤奋练习的孩子身影。

（二）学生健康状况良好

从 2016 年到 2019 年学生体质测试数据比较结果来看，我校学生体质健康状况总体处于良好水平。一些孩子变化很大：从瘦弱到强壮，从不自信到自信……不管是身体还是心理都得到了很大的锻炼和塑造。

(三) 学生运动技能提升

不懈的努力已经在一些孩子身上得到显现。许浩然、孙敏杰、孙信辉、贾静怡、王梦云、孙梦冉等同学多次获得“控球小将”荣誉。学生体质普遍增强、竞技水平不断提升。90%的学生掌握一定的足球技能。

(四) 足球比赛成绩斐然

实现了 2017、2018 连续两年问鼎“县长杯”,2019 年问鼎“市长杯”的梦想,实现了校园足球特色活动跨越性发展。获得灌南县第四、五届“县长杯”男子甲、乙组冠军,连云港市“市长杯”女子乙组亚军,连云港市“市长杯”女子甲组冠军,连云港市“市长杯”男子甲组第五名,连云港市首届笼式足球比赛第四名的佳绩。

C009987

连云港市体育竞赛
奖励证书

兹发给竞赛成绩优异者，以资鼓励。

竞赛名称：[illegible] 小学女子乙组

运动员姓名：张 [illegible]

运动成绩：第二名

时间地点：[illegible]

连云港市体育局　连云港市教育局

图 20-7　市长杯第二名获奖证书

图 20-8　市县领导关注支持校园足球

(五) 多家社会媒体报道

借助不断拓展的校园足球文化平台,我校的校园足球文化建设氛围浓烈,师生的校园足球素养不断地提升。足球特色与留守儿童足球社团活动相继在“灌南日报”、“连云港日报”、连云港市体育局、教育局、灌南县政府、教育局、灌南 V 讯等省市县主流媒体与网络平台上报道。

四、思考与展望

“控球小将——挑战 30 天”打卡计划开展至今,陆续加入的学生近百,累积打卡人次上千,虽然取得了阶段性的成果,但是也留给我们一些思考。比如:重复练习很容易消磨孩子的耐心；课外练习缺乏足够的效率；如何对待有差异的孩子，以免急功近利的练习给学生身心健康和未来发展带来危害……

本着致力于对足球的普及与发展的初心，有连云港市教育局校园足球办公室正确指引，有连云港体育局等专业团队的技术支持，有学校教练员团队的不懈努力。我们对通过挑战30天的控球打卡计划还是充满着信心。我们准备：紧跟全国校园足球整体发展目标，扎实落实市县部署的训练与赛事工作，明确练习目标，针对不同的学年段制定不同的练习策略，提供周期性的打卡课程，丰富练习模式，提高趣味性，进行1对1的指导与点评，提升练习的效率。

我们相信，在国家、社会、家庭多方支撑校园足球的多重保障机制下，一定可以通过这样的练习模式，让孩子们在锻炼的同时养成走出户外、融入集体、增进沟通的良好习惯；让孩子们在参与足球体验同时享受乐趣、增强体质、健全人格、锤炼意志。

入选理由:

古寨乡中心小学注重体育工作的内涵发展,夯实体育师资基础。足球文化节的“快乐足球”征文活动、“童心绘足球”绘画比赛活动、“我爱足球”演讲比赛等活动的开展,为校园足球的普及推广添砖加瓦。每月的校内班级联赛、区域内的校际友谊赛、社会资源的融合、家校共建,为校园足球的发展增添助力。

二十一 淮安市古寨乡中心小学足球活动课

资料提供:周建超

图 21-1 淮安周建超

古寨乡中心小学是一所百年老校,学校占地面积 28856 平方米,建筑面积 6635 平方米,有教学楼三幢,各种功能教室配套齐全,现有教学班 19 个,在校学生 1270 名,教职工 59 名。教师队伍为学士学位 8 名,本科毕业 20 名,大专毕业 39 名。其中,专职体育教师 6 名,平均年龄 34 岁,全部为大学本科学历,其中高级教师一名,一级教师四名,兼职教师 20 名,社会义务兼职一名。学校有两名体育老师被评为淮安市一期“533 英才工程”学术技术骨干人才,一名被评为淮安市二期“533 英才工程”学术技术拔尖人才和淮安市第四批小学体育学科带头人。

学校拥有标准化塑胶跑道300米田径场、篮球场3个，五人制足球场1个，乒乓球桌15台，羽毛球场地一个。2016年，学校被教育部评为“全国青少年校园足球特色学校”。

一、组织方法与活动设计

（一）组织方法

※1 淮安市古寨乡中心小学足球活动课方案

一、组织机构

（一）校长室

（二）教导处、德育处、体育组

（三）班主任、体育教师、兼职教师和家长

二、整体规划

（一）组建好各年龄段的校队

学校设立训练点，队员在课余时间免费参加学校的足球培训，使用学校足球队的训练器材，根据实际情况，男女队各一队（每队12人左右）。并且学生代表学校参加各级少儿足球联赛，完成和足球有关的各项临时任务，家长与学校签订免费培训的相关协议。

（二）校队的训练以及比赛

1. 训练时间：周一至周五每天上午6:40—7:20，下午4:00—5:30（冬季大约1小时）。

2. 比赛任务及活动：市长杯、区长杯、校长杯以及区域相关联谊赛等联赛；学校举行的活动：每年11月校足球节（包括班级足球展示、足球征文、摄影等）。

（三）挖掘资源，优化校园足球基础保障

学校要求体育教师必须加强足球理论和技术的学习，上好每周一次的足球课。依据新的教育思想与教育理念，加大足球校本课程的开发和研究，明确各年龄段的教学方法和教学内容，使校园足球有的放矢地进行；加大校园足球的投入，重点解决足球场的老化和破损情况，争取政府和社会的力量帮扶，争取早日翻新。

三、师资培训

我校体育教师校本培训注重转变教育观念，与时俱进，在搞好常规教学工作的基础上，抓好对课改的管理和教师校本培训工作，以研促教，以研促训，使课改实验能稳步向前推进。

(一) 加强领导、注重宣传

1. 成立以校长为组长的“足球校本培训领导小组”,分管校长为常务组长,负责学校校本培训组织、管理、服务、教学、教研、科研资料积累等项工作。

2. 学校教务处把推进足球课改作为中心工作,负责教师学科培训、教研、科研组织管理工作;并搞好《校园足球课题研究》,及时搜集、总结、报道、推广学校和教师在课改中的经验,积累和及整理课改相关资料。

3. 通过多种形式广泛宣传课改,让社会、家长、学生了解足球课改的目的、意义和要求,努力争取社会、家长、学生的理解、支持和配合。

4. 建立充分调动教师参与校本培训积极性的激励机制,对工作中涌现的有突出贡献的先进集体和个人进行表彰奖励,对课改过程中的优秀成果进行及时推广。

(二) 转变观念,落实措施

学校努力转变教育教学观念,树立“课程意识”“开放意识”“综合意识”“评价意识”“情感意识”,倡导学生自主、合作、探究学习。教师要创造性地变被动地使用教材为主动地挖掘教材,成为课程的开发设计者。

(三) 认真开展活动,落实各项措施

一是按规定开齐课程。二是上好体育实践课。三是认真开展以专题讲座、讨论、教学观摩等形式为主的足球课改革。四是大力开展以学校为本的教学研究。五是教师要认真开展好“八个一”活动:每课写一次教学反思;每周一次集中教研;每学期向学校提供一个典型教学案例分析;每学期上一节研讨课;每学期写六篇学习“课标”或专业理论学习的心得体会;每学期至少写一篇课改研究论文;每人建一个班级学生成长记录袋;每学期订好学科实验计划。六是形成课改例会制度,搞好集体备课工作。七是大力开展“一课多教”“一课三研讨”的教研活动,研讨时要谈理念、谈观点、找问题、讲困惑、提建议。

(四) 改革课堂教学

课堂教学是教师观念转变的载体,是新课程实验的关键环节。教学中,教师既要让学生获取知识与技能,又要帮助学生形成积极主动的情感、态度、价值观,倡导学生自主、合作、探究性的学习。

(五) 走“科研兴校”之路

学校通过调研,将课改的关键点,困难点纳入教育科研内容。在课改实验过程中解决教师面临的具体问题。教师要在教学实践过程中不断反思、总结,写出经验论文,积极投稿。

（六）评价要突出“以人为本，关注人的发展，促进人的发展”的课改基本理念

根据本校的实际的、积极的、有本校特色的评价方法，促进教师和学生发展。校本部对各校的评价主要看发展，注重实际考察过程；对教师的评价重在看发展、看变化，不把教学成绩作为唯一的标准。教师要积极建立学生成长记录袋，记录下学生在学习期间的各种变化、发展和进步。

（七）培训要求

一是强化理论学习；二是强化能力训练；三是突出岗位竞争。根据各级继续教育培训进程，有机地开展课堂教学评比、教案评比、基本功竞赛，教师课件制作展示。

（八）培训措施

1. 参训人员按时参加培训，迟到或旷会者按有关规定处理。

2. 外出学习调研的教师应按时参加会议，并记录详细过程，回校后向相关负责人汇报。

3. 外出参训的教师向本学科或本年级组人员传达会议内容，学习、领会会议精神，并指导自己的教学实践。

4. 参训人员每次培训后应及时写出心得体会，交教科室存档。

5. 教科室每年对参训人员进行年度考核，并记入年终量化考评。

6. 抓好全面考核，落实奖惩。根据教师的理论学习和实际工作情况，学期末进行全面考核，由校长、主管校长、主任和教研组组长一起统计考核结果，记入档案，优秀者给予奖励。

四、安全防范

为保障学校师生体育课和业余训练及重大体育活动中的人身安全，给学生创建一个安全、健康的教学环境，特制定安全管理工作制度。

（一）学校加强对课间操、体育教学、体育活动等校内体育运动的组织工作及运动技术要领、准备、整理活动等方面的指导与安全保护，防止意外伤害事故的发生。体育活动应遵循学生身心发展规律，符合学生年龄、性别特点和地理、气候条件。对不适宜参加体育运动的学生，教师应予以劝阻。

（二）学生在体育活动前要做好准备活动，并按体育活动项目所规定的安全要求进行。学生之间要互相帮助，做好安全保护工作。

（三）学生课外体育活动在指定场地上进行，不能乱窜乱跑，影响其他班级学生活动。严禁学生之间互相争执、吵闹甚至斗殴。

（四）投掷项目在无体育教师或班主任在场时，学生不能自行活动。

(五) 各班主任老师为安全责任人,体育教师协助做好安全工作。

五、文化创建

(一) 2019年足球文化节"快乐足球"征文活动方案

1. 活动宗旨:为展示我校足球文化,进一步激发学生热爱足球的兴趣,并使学生从中获得人生感悟,培养学生观察生活、思考生活的能力。

2. 参加对象:本校一至五年级学生和家长。

3. 征文主题:快乐足球。

4. 活动要求:结合自己踢足球的经历,观看足球比赛的感受,练习足球技能的体会,参加足球游戏活动的心情等,进行创意作文。一、二年级可采用图文并茂的形式,给相应照片配上简短文字说明;三到五年级写一篇300~500字左右的作文,题目自定,文章体裁不限。

5. 日程安排

(1) 5月9日:各年级各班在"家校互动"上开设主题帖进行宣传、动员。

(2) 5月10日至5月26日:各班以在"家校互动论坛"的主题帖下进行跟帖的形式进行文章征集。

(3) 5月27日:各年级、各班选择优秀征文若干。

(4) 5月28日至5月31日:优秀征文汇总;在线投票。

(5) 6月3日:宣布奖项并颁奖。

(二) 文化硬件创建:设立"足球文化墙""足球文化宣传栏",各班级门前摆放足球架等。

六、奖项设置

本次活动分设一、二、三等奖若干。

七、注意事项:

(一) 所有投稿的征文作品版权归作者所有,但主办方对作品有使用权,不另付稿酬。

(二) 主办方不承担参赛作者的作品著作权等方面的有关责任,一切与作者或作品有关的著作权纠纷完全由参赛作者解决。

八. 本方案的解释和修改权属本届活动组委会,未尽事宜,另行通知。

※2 2019年淮安市古寨乡中心小学"童心绘足球"绘画比赛活动方案

一、指导思想:为努力打造富有特色的校园足球文化,鼓励学生热爱足球,热心关注足球比赛,特开展"童眼看足球"主题活动。

二、活动时间:5月21—5月26日。

三、活动主题:阳光体育·快乐足球。

四、活动内容:

(一)参加对象:一至三年级每班两人,班主任自行挑选。

(二)绘画种类不限。

(三)美术工具自行准备,纸张可以到美术组领取。

(四)评比说明:截止时间:5月26日中午12:00,逾期视为自动放弃;

(五)奖项设置:本次评比活动均设一、二、三等奖若干,其中一等奖为参评总数的20%,总体获奖率不低于80%。评比结果纳入期末文明班考核。

※3 2019年淮安市古寨乡中心小学“我爱足球”演讲比赛活动方案

一、指导思想

为进一步贯彻落实学校工作要点,丰富校园文化生活,展示我院学生的普通话演讲风采,特举办古寨中心小学“我爱足球”演讲比赛。

二、活动主题

“我爱足球”。

三、参赛对象

本校学生。

四、比赛时间及实施办法

大赛分初赛、决赛两个阶段。

(一)初赛

1. 各班级接到通知后组织本班学生报名,根据活动主题,进行选拔推荐。各班级的选拔方式及比赛项目可参考学校的比赛形式自行决定。

2. 以班级为单位在11月2日—11月8日进行初赛,并将各班级优秀选手名单按分配名额于11月9日前报给学校。

(二)决赛:11月15号进行学校演讲决赛。

五、比赛规则

(一)参赛选手按事先抽签顺序出场,届时由主持人提示。

(二)参赛选手演讲限时3分钟,由计时员计时、提示,超出规定时间30秒以上,相应扣分。

(三)评分去掉一个最高分和一个最低分,所得平均分为选手的最后得分。

(四)参赛选手应着装整洁,仪表大方,自觉遵守比赛规则。

六、比赛要求

演讲稿题目自拟,紧扣“我爱足球”的主题,内容积极向上,思想性强;语言表达准确、流畅、自然;脱稿演讲;演讲稿用A4纸打印,演讲结束后演讲稿交大赛工作人员。

七、奖项设置

设一等奖1名,二等奖2名,三等奖3名,优秀奖6名。

八、活动要求

(一) 希望各班级充分认识本次比赛活动的目的和重要意义,在学生中大力主题精神,组织选拔能代表各班最高水平的优秀学生参加比赛,充分展示古寨乡中心小学学生的精神风貌和整体素质。

(二) 各班级名额:每班3人。

(二) 活动设计

※4 淮安市古寨乡中心小学足球活动课方案

一、指导思想

响应国家体育总局、教育部联合发起的全面开展青少年校园足球活动安排,以全面提高学生身体素质,打造足球文化品牌校园为目标。通过足球活动课,让学生获得运动快乐,增强学生体质,培养团队意识和拼搏精神,提高竞争和公平意识,为学生提供展示并发展才能的舞台,从而培养全面发展、特长突出的青少年足球后备人才,全面提高我校足球运动水平。

二、工作目标

(一) 认真贯彻落实足球进校园工作目标,全面实施"足球进课堂"工作。通过体育课普及足球,力争使参加足球活动课的学生不少于50%;在校学生每周足球活动课时间不少于3小时。

(二) 进一步加强足球兴趣小组训练工作,逐步提高我校学生足球运动水平。

(三) 创建学生足球联赛工作体系,组织开展首届学生足球联赛,为学生提供展示才能的舞台,让学生"动"起来。

(四) 足球联赛为引领,促进我校"阳光体育"工作的开展,进一步丰富我校"阳光体育"活动内容,让学校"活"起来。

(五) 组建我校学生足球队,分别成立1~2年级、3~4年级、5~6年级三个年龄段学生足球队,建立梯队体系,努力培养全面发展,特长突出的足球后备人才。

三、组织机构

(一) 成立校园足球活动课工作领导小组

1. 组长:校长。

2. 副组长：副校长。

3. 成员：专兼职体育教师、班主任、社会足球训练志愿者。

（二）职责分工

校长主管，分管教学副校长主抓，分管安全副校长协助，教务、总务、德育处协作配合，体育组具体实施，各班班主任认真组织，搞好配合。

四、实施措施

（一）扎实开展足球兴趣小组训练工作

加强足球训练工作，由每周的两次训练增加到三次，训练时间定为每周的星期二、三、四下午4:30至5:20，由至少两位教师负责组织训练。

（二）认真制订训练计划，科学组织训练，做好训练记录，为开展足球联赛打好基础。

（三）筹备开展校园足球联赛

（四）组建学生足球校队

通过联赛选拔，分别成立1～2年级、3～4年级、5～6年级三个年龄段男、女学生足球校队，定期开展训练、比赛活动，并建立梯队体系，努力培养全面发展，特长突出的足球后备人才。

※5 淮安市古寨乡中心小学足球队课外活动计划

一、指导思想

通过训练，发展学生的身体素质，增强体能，促进身体正常的生长发育。组织比赛，进一步培养和巩固学生对足球运动的兴趣和爱好，培养集体主义观念，使学生积极参加到学练中，并大胆向同学展示自己的动作，相信我能行，告别我不行，争取在片比赛中获得好的成绩，同时为校足球梯队建设打好基础。

二、训练对象

小学三至五年级。

三、训练地点

学校操场。

四、训练时间

每周早晨及一至五下午活动课。

五、主要训练手段

（一）身体训练手段：比赛规则、守门员的技术（利用训练间隙单独训练），教学克服自身体重的各种跳跃、后退跑、速跑、变速跑、曲线跑、急停、急转、变向等。

（二）技术训练手段：踢球、颠球、停球、头顶球、运球、抢断球、掷外球。

(三) 综合技术训练:各种一对一、二对二、三对二攻守,二三人跑动中传接球配合比赛。

六、训练分段

(一) 体能训练:培养低年级学生对足球运动的兴趣;培养和发展球感和控制球基本能力;学习基本的运、传、接、射门等技术动;培养正确的跑、跳技术,发展身体动作的柔韧性、协调性、灵敏性和平衡能力;通过分队比赛领会“进球与阻止对方进球”这一足球比赛的基本战术思想,培养抬头观察能力和意识

(二) 综合训练:进一步提高高年级学生对足球运动的兴趣和爱好,继续熟悉球性和控运球基本技术;学习与掌握比赛相关的技术:运、传、接、射、抢和头顶球技术;在提高基本技术熟练性的基础上,形成技术定型,并通过对抗性练习和比赛使个人技术向实用比赛技巧转化,逐步培养能在对抗局面下控制球和运用攻守的能力。

二、实施过程与方法

(一) 具体实施过程

※6 淮安市古寨乡中心小学足球活动课每周训练计划

一、第 1 周训练计划

训练目的	丰富校园文化生活,提高学校足球运动水平,增强学生体质		
训练内容	颠球、运球过杆、身体素质练习		
训练手段	教练传授并指导学生练习,学生自己体会练习		
次数	主要内容	训练方法	运动量
1	颠球	1. 在一定区域运球练习;2. 动力性牵拉;3. 正脚背颠球练习;4. 静力性牵拉	中
2	三角跑	1. 慢跑 400 米;2. 动力性牵拉;3. 30 米加速跑;4. 三角跑;5. 静力性牵拉	大
3	内外脚背运球	1. 慢跑 400 米;2. 动力性牵拉;3. 内、外脚背运球;4. “S”形运球过杆练习;5. 静力性牵拉	大
4	单脚纵跳	1. 慢跑 400 米;2. 动力性牵拉;3. 30 米加速跑;4. 助跑单脚纵跳;5. 静力性牵拉	大
5	教学比赛	1. 在一定区域运球练习;2. 动力性牵拉;3. 3 对 3 比赛练习;4. 静力性牵拉	大

二、第 2 周训练计划(略)。

三、第 3 周训练计划(略)。

※7 淮安市古寨乡中心小学足球活动课奖惩评价方法

一、对体育老师的评价

(一) 体育老师在上课之前,要有详细的备课记录,要通过教研活动进行讨论而定,课后进行二次备课进行修改。同时,要有翔实的记录,每周至少有不少于 500 字的教学反思或案例分析 3 篇或以上。

(二) 能长期投入课外足球的辅导工作,有目的、有计划、有组织、有实效地对学生进行课外足球的"三基"进行指导,使学生能够快速地成长。

二、对学生的评价

(一) 足球的运动技能是否有明显的提高。学生在学校组织的足球教学技能检测中,能否达到甚至超越足球运动技术标准,是反映学生足球技能及心理素质的一个重要体现。

(二) 学生的体质是否增强。学校对学生的体能进行测试的参数,定期举行短跑、长跑、投掷、仰卧起坐等项目,目的是检测与促进相结合,以此来激发学生训练激情。

三、对班主任的评价

班级足球活动课中,班主任在小组训练、课务协调、项目统筹、时间分配、人员分工上是否起到桥梁和纽带的作用,学校将根据制定的相关细则科学地、规范地、客观公正地进行量化评估。

四、对学校的评价

每年举行的不同级别、不同类别的足球赛事中,参与比赛的实绩如何,说明学校的足球训练工作情况,运动队的顶尖实力的水平。比赛中,教师要注重对学生体育道德的培养,真正做到"友谊第一、比赛第二、重在参与、旨在学习"的宗旨。

五、奖惩办法

对于违反体育比赛道德水准,有损整体或个人形象的;对在训练足球、场地养护、组织安排、项目培训等相关事宜中违反规定的,无论是老师还是学生及其他人员,均通过学校的校委研究后,给予相应的处理决定,以观后效。

（二）现场实况照片

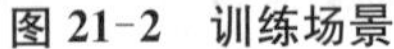

图 21-2　训练场景

图 21-3　训练小结

三、成绩与效果

（一）参与度明显提升

我校在学期的不同时间段对全校的 23 个班级进行分组抽测，最终的结果显示，在足球训练教学中，一、二年级开学伊始，学生的平均参与率为 92%，到期中时为 86%，期末为 90%，这说明学生开始对足球是有着浓厚的学习兴趣的，但随着练习难度加大，由于小学生的年龄小，性格上处于半天真状态，导致产生厌学情绪，通过改进教学方法和目标，学生的学习兴趣又有了提高。学生从开始的“跟风闹着玩”，到现在的“按套路出牌”了，他们能知道足球的简单或基本规则，稍高一点的年级，学生能自行组织简单的年级或班级间的足球友谊赛了。在三、四年级的抽测中，由开学伊始，学生的平均参与率为 97%，到期中时为 96%，期末为 94%。在五、六年级的抽测中，由开学伊始，学生的平均参与率为 97%，到期中时为 90%，期末为 85%。

（二）体质有不同层次的增强

无论是高、中、低年级的学生，他们的体质绝大多数都有了不同层次的增强，极个别学生因为自己的身体原因导致未能明显提高。

（三）形成良好体育品德

学生能通过足球训练，提高正确的集体观念，增强主人公意识，养成正确的价值观和人生观，有着较强的集体观，从心理上能够接受并主动积极地投入足球训练中。

（四）比赛成绩不断提高

我校自 2015 成立学校足球队以来，相继在不同级别的多种赛事中获奖，并被中华人民共和国教育部评为“全国青少年校园足球特色学校”。

图 21-4　市比赛获奖

图 21-5　优秀组织奖

（五）家长充分理解与积极支持校园足球开展

我校的足球运动的开展，受到家长的积极认可和支持，他们通过多种方式与渠道，对学校足球工作进行协助。如：有的家长经济较困难，仍然积极配合学校购置足球比赛服装，自己节衣缩食，给孩子增加营养品；有的家长下班之后，还给孩子补习功课，力争做到学习与训练两不误。

四、思考与展望

（一）思考

如何把学校教育工作扎扎实实地做到实处，首先要改变对学校、教师、学生和体育实效的评价机制；其次是应该在如何激发教师的工作积极性、如何发动群众、如何提高学生的参与意识等方面做文章，不能一味地实行“压制”政策。对体育教学与训练的管理应该松紧有度，严格地要求参与者的言行。只有全社会都来关心、支持和帮助学校，包括校园足球在内的学校体育教育才可能得到健康可持续的发展。

（二）展望

1. 通过政策引领、机遇扶持，吸引农村青年留在家乡参与体育活动建设，让他们从内心产生归属感，对乡村的未来充满信心，实现乡村传统体育传统项目的传承。

2. 积极传播和发展乡村文明，服务重建乡村的知识阶层，把农村“闲置”的体育技能人才、体育骨干、企事业单位退休体育热心人员和返乡大中专学生等吸纳到乡村体育文化队伍中来，不断发展壮大乡村体育文化队伍，使优秀体育资源回到乡村、惠及乡村。

3. 借助体育文化网络资源平台,融合优质的体育信息和资源,充分挖掘乡村学校自身体育教学的潜力和资源优势,提高教师的教学、教研能力,注重对学生学习能力的培养,学习兴趣的养成,使学生学会学习、具备终身学习的能力和必备的道德修养,从而成为一个综合素质优秀的人才。

入选理由：

宿迁市沭阳县人民路小学努力打造“乐之堂”教学和艺体的“快乐大本营”。学校始终朝着“创乐学校园，办体育品牌、出一流质量、育全面人才”的目标，引导教师快乐工作、学生快乐学习，师生快乐健身。学校基于学生的兴趣爱好，充分满足学生需要，通过举办田径运动会、春季体育节和冬季长跑活动，激发学生参与体育锻炼的积极性，普及推广田径活动，大力开展体育活动课，以趣味田径、跳绳等特色体育项目为抓手，不断扩大体育特色项目。学校师生逐步形成了热爱体育，崇尚运动的良好氛围。

二十二　宿迁市沭阳县人民路小学趣味田径活动课

资料提供：王　鹏　武小妹　高婷婷

图 22-1　宿迁王鹏

沭阳县人民路小学是县委县政府 2014 年创办的一所公办县直小学。学校现有 61 个教学班，3353 名学生，192 名教师，总用地面积 57162 平方米，总建筑面积 22972 平方米。校园建有综合楼 1 幢、教学楼 3 幢、体艺楼 1 幢、风雨操场 1 幢和 300 米标准化运动场，餐厅可容纳 1500 人同时就餐。校园整体以“四大名著”为依托打造校园文化，音乐室、美术室、电脑室、录播室等现代化设施一应俱全，生态馆、国学馆、科技馆、图书吧等特色功能区对师生全天开放。全面建成后的人民路小学是一所环境优美、师资力量雄厚、教学装备一流的现代化学校。

学校体育教研组现有教师 11 人（7 男 4 女），是一支年轻且充满活力的队伍，其中 8 名教师是 90 后，9 名教师为本科学历，有市级学科骨干 1 人，县级学科带头人1人，县级骨干教师1人。教师个人专业能力突出，包括田径、足球、篮球、排球、武术、体操、健美操、羽毛球、游泳等，基本覆盖小学体育教学内容里的所有运动项目。多名教师分别在江苏省宿迁市和沭阳县的教师基本功和评优课活动中均取得优异成绩，获得市级一等奖和县级一等奖。

图22-2　学校全貌

图22-3　趣味田径场

如何能让更多的小学生接触运动并喜欢上运动？如何能让现在的小学生素质得到发展？2015年10月，我们看到三年级的学生正在操场上跳来跳去的，仔细观察是学生自发在跳方格和跳远、丢手绢，可是运动场并没有规定的区域，给这些学生喜闻乐见、丰富多彩的项目一定的活动场地，学生玩起来更方便，可以容纳更多的人和引进更多的项目。这些活动主要是为了让学生能够得到锻炼和体验当中的趣味，所以一开始我们先在三年级推广，没想到这个活动项目真的非常吸引学生，我们学校的趣味田径由此而来。

一、组织方法与活动设计

（一）组织方法

※1 宿迁市沭阳县人民路小学趣味田径活动课规划方案

一、指导思想

为更好地贯彻党的教育方针，培养德智体全面发展的人才，积极开展趣味田径项目活动，以保证学生每天一小时的体育活动时间为基本要求，以提高学生身体素质，促进学生个性发展，增进学生身心健康为根本目的。学校加强领导，加大工作力度，加快趣味田径活动的组织实施进度，务求活动实效。

二、实施原则

（一）全面性原则。要求全体学生，要做到人人参与活动，个个都有喜爱项目,达到全体健身、全员愉悦的目的。

(二) 科学性原则。遵循学生身心发展的规律,我校从实际出发,合理安排放学后的趣味田径活动的计划和内容。

(三) 创新性原则。根据我校场地的特点,为达到锻炼的效果,趣味田径活动开设了跳绳、立定跳远、丢手绢、同心圆跑、十字象限跳、呼啦圈等活动,并结合武术操、足球、羽毛球等丰富多彩的体育活动。

(四) 安全性原则。在趣味田径活动组织与实施过程中,加强安全教育和管理,制定必要的安全措施、应急措施,避免和防止意外事故的发生。

三、组织领导

(一) 领导小组。

1. 组长:武传跃,成员(名单略)。

2. 职责:负责组织领导"趣味田径活动"的实施、指导、检查和评比工作,保证"趣味田径活动"正常有序开展。

(二) 工作小组。

1. 组长:周盛,组员(名单略)。

2. 职责:负责"趣味田径活动"的具体实施,包括拟订方案、制作音乐、组织训练等。

四、实施方法

(一) 明确职责。

趣味田径活动管理与组织者是校长、教务处、班主任和体育组全体教师,实行责任制管理。

1. 趣味田径活动实行校长负责制。学校趣味田径活动由教导处具体负责,积极参与趣味田径活动,了解活动情况检查活动质量,发现问题及时解决。

2. 班主任要教育和鼓励全班学生积极参与趣味田径活动,增强学生的集体荣誉感。班主任要参与[illegible]项班级的趣味田径活动,及时检查、了解、监督、管理本班趣味田径活动情况,发现问题及时处理,保证趣味田径活动质量,同时负责活动安全工作。

3. 体育教师协助班主任,由班主任具体负责趣味田径活动的组织和实施,并负责指挥和示范工作,确保学生活动的安全。

4. 引导全体教师积极参与趣味田径活动,协助班主任和体育教师开展趣味田径活动。

(二) 检查评比。

为了保证趣味田径活动质量和持之以恒地开展,学校对趣味田径活动进行检查评比。

(三)成果展示。

学校于校秋季运动会组织跳绳比赛、十字象限跳比赛、立定跳远比赛,全面检验趣味田径活动的开展质量。

五、活动要求

(一)注意有序开展活动,安全第一。班主任必须强调趣味田径活动纪律与安全,并协助体育教师指导学生安全活动。

(二)各项目活动必须在规定的活动区域进行,各班学生必须在指定活动范围内活动,教师要防止出现学生乱窜、乱跑的混乱现象。

(三)负责日常管理值班的领导、班主任和教师要负责做好当天记录。

(四)所有场地负责教师和全体班主任要及时到位进行现场指导,督促学生安全活动。

(二)活动设计

※2 宿迁市沭阳县人民路小学趣味田径活动课时计划

一、趣味田径活动课活动时间

趣味田径活动时间为放晚学后16:20—17:20(60分钟)。

二、趣味田径活动课活动内容

(一)一、二年级放学后在班主任的带领下迅速到达趣味田径场地内圈,进行场地顺时针跑2圈,三、四年级按趣味田径场地外圈,逆时针跑2圈(5分钟)。

(二)一年级先进行十字象限跳,每班级在规定区域内(15分钟)。

(三)二年级进行立定跳远,每班级在规定区域内(10分钟)。

(四)三年级进行跳绳,每班级在规定区域内(15分钟)。

(五)四年级进行跳垫子接力,每班级在规定区域内(15分钟)。

(六)每个年级按照顺时针顺序进行活动。在正副班主任和体育教师的协助下有序地进行活动,确保学生的正常活动。负责指定区域的体育教师要时刻注意学生的安全和活动的秩序。

二、实施过程与方法

(一)具体实施过程

1. 学生有序入场:下课后,各班学生迅速在教室外走廊站成两路纵队,随音乐到达校园指定活动场地。

2. 学生有序离场:在音乐声中,有序地离开活动场地。

（二）趣味田径活动课实施安排表

年级	时间					
	16:20—16:25	16:25—16:40	16:40—16:50	16:50—17:05	17:05—17:20	负责人
一年级	趣味田径场两圈	十字象限跳	立定跳远	跳绳	跳垫子接力	正副班主任
二年级	趣味田径场两圈	立定跳远	跳绳	跳垫子接力	十字象限跳	正副班主任
三年级	趣味田径场两圈	跳绳	跳垫子接力	十字象限跳	立定跳远	正副班主任
四年级	趣味田径场两圈	跳垫子接力	十字象限跳	立定跳远	跳绳	正副班主任

（三）现场实况照片

图 22-4　耐久跑

图 22-5　跳跃活动

三、成绩与效果

（一）参与度从无到有再到多

趣味田径活动先在三年级学生中进行试行，调查发现男生反应非常强烈，积极性很高，但是女生的积极性不是很高，于是就在一开始的立定跳远和跳垫子的基础上增加了跳绳、十字象限跳。经过一个星期后，女生也喜欢这项运动，在这基础上又进行一二四年级的开展，学生的参与程度从一开始无到有，男生到男女生，从有到多。

（二）体质健康和技能从弱到强

学生的体质健康从体育课、大课间和体质检测中明显体现出来，三年级学生在上体育课时的运动能力与趣味田径活动之前有明显的差距，在大课间中三年级的学生运动的激情和素质能力突出。经过趣味田径活动课的开展，三年级学生体质检测的数据比以往三年级的数据有明显提高。学生的技能变化，从单一的运动项目转向会更多的运动项目，从开始的不会到现在的随手就来。

（三）意志品质方面从娇到健

在趣味田径活动刚开展时，有一位学生名叫储江，他的运动能力还可以，但就是不喜欢运动,正因为趣味田径活动的开展令他提起了兴趣,当遇到不会的时候就虚心请教老师和同学,遇到困难时自己想尽一切办法去克服,现在的储江是我们校运动队的主力队员。在这个过程中,该生经历了不懂就虚心请教,克服困难的意志品质提升,培养了和与同学之间的和谐相处与在运动中积极进取的心理品质。趣味田径活动课是一扇门,是打开孩子运动之城的钥匙。

(四)体育文化知识从朦到晓

学生从不关注体育运动项目,到知道趣味田径活动中的项目名称,到会玩这些运动,再到知道与之相关的体育运动名称和正确的玩法。

(五)校趣味田径赛参赛人数从寡到众

以班级每个学生为单位,学校要求每个学生必须参加一项运动,第一届举行的时候每个班级报名人数不多,成绩也一般。到了第二届的时候人数比第一届的人数多出一倍,成绩比第一届高出许多,现在很多学生的成绩有了非常明显的提高。

(六)外界评价情况从阻到赞

调查发现,绝大多数的家长都支持自家的孩子放学后在学校进行运动。他们认为这样做可以提高孩子们的身体素质,增强孩子的抵抗力。很多家长表示,孩子放学早,早早地把作业写完后不是看电视就是玩手机、电脑,不利于孩子的健康成长,在学校锻炼一定时间后回家把作业写完,再看看书就差不多到了休息的时候,有利于孩子养成良好的作息习惯。每次活动,学校的栅栏外都有不少路过的人停下脚步,津津有味地观看我们学校的趣味田径活动课。

四、思考与展望

思考:对于学校放学后组织体育锻炼活动,极少数家长持反对意见,认为学生在校锻炼导致他们没时间来接孩子放学,还有的家长说他们的家离学校较远,在学校锻炼完后时间稍微有点晚,回家会存在安全问题。如何正确引导这部分家长理解与支持学校的趣味田径活动,解决他们的后顾之忧是我们必须回答的问题。

我校是新办学校,随着学校的快速发展,我校学生已达两千多人,学校的趣味田径场慢慢地已经满足不了那么多的学生,如何解决场地器材与学生人数的矛盾也是我们必须解决的问题。

展望:通过进一步丰富趣味田径活动的内容,吸引更多学生参与,促进所有学生心理、生理等各个方面得到锻炼与发展是我们的发展方向。

入选理由：

海安市城南实验小学教育集团以“放飞童年梦想，奠基幸福人生”为办学宗旨，自主研发实施《体育2+X校本课程》，开展丰富多彩的课外体育活动。通过玩转篮球、足球、手足球，让每个孩子运动的兴趣都得到发展，促使其能积极主动地参与各项体育活动，掌握各项运动技能，提升运动能力，树立学生终身体育的意识，培养学生奋力拼搏、敢于超越的体育品德。

二十三　南通海安市城南实验小学教育集团校内体育活动课

资料提供：徐仁凤

图23-1　南通徐仁凤

海安市城南实验小学教育集团是海安市委、市政府倾力打造的一所现代化、高标准的12轨公办小学，自2013年9月开始招生，2019年9月开启“一体两翼三校区”的集团办学新局面。迄今教育集团已经拥有121个教学班，82个班级，4000多名学生，教职员工近260人，江苏省特级教师2人，专职体育教师15人，平均年龄33岁。学校拥有标准的400米的田径场，4片标准篮球场、4片小篮球比赛场和一个风雨操场。

多年来，学校秉持“幸福教育”的办学思想，以“放飞童年梦想，奠基幸福人生”为办学宗旨，用心塑造“幸福栖居，卓越发展”的学校精神，创建“乡土情怀，英才气质”的办学特色。学校自主研发实施《体育2+X校本课程》，学生在完成国家规定课程的基础上每学期各安排10～15节课,进行篮球、足球学习和6课时的手足球学习,其中,“手足双门球”是我市体育教育工作者经过二十多年的研究创造造出来的运动项目,“手足双门球”凸显校本课程篮球、足球特色,促进学生身心和谐健康发展,培养学生主动参与体育活动的意识,形成坚持体育锻炼的习惯和终身体育的意识。全校呈现出人人都玩球、个个都爱球的喜人局面。

一、组织方法与活动设计

(一) 组织方法

※1 城南实验小学(本部)课外体育活动管理章程

为了放飞学生童年梦想,奠定幸福人生,倾心为每一位有特长、有兴趣的学生搭建成长的舞台,保证课外体育活动过程安全顺利地进行,力争在活动中培养学生奋力拼搏、团结协作的体育精神,制定章程如下。

一、活动宗旨

开展课外体育活动,提升全校学生的体质、提高运动能力、培养意志品质以及提高个人习惯。围绕校本课程篮球、足球、手足球开展活动,让每个孩子能在锻炼身体的同时,体验运动的乐趣,使我校篮球、足球项目特色活动全面铺开。

二、组织机构

(一) 领导小组

组长:许卫兵(校长)、副组长、成员(人员名单略)。

(二) 实施小组

组长:储玲玲、组员(人员名单略)。

1. 宣传组:

由信息技术组、美术组、音乐组负责。

主要任务:负责活动的摄影摄像、宣传教育、音乐准备和总结表彰等工作。

2. 比赛的竞赛组:

一、二年级:一、二年级的体育老师。

三、四年级:三、四年级的体育老师。

五、六年级:五、六年级的体育老师。

主要任务:竞赛的编排、裁判员的培训、安排,体育器材的安排、比赛场地的整理等工作。

3. 比赛的裁判组:

一、二年级:年级部正、副主任及各班主任。

三、四年级:年级部正、副主任及各班副班主任。

五、六年级:年级部主任和体育老师。

主要任务:负责比赛的裁判及相关组织工作。

4. 后勤组:

总务安保处和医务室负责。

主要任务:负责奖状奖品的准备、卫生救护、安全保卫等后勤保障工作。

三、活动口号

我们的口号是:敢于拼搏、勇于超越。

四、参加人员

城南实验小学教育集团(本部)在校学生,无特殊身体疾病的学生均要参加,班主任审核把关。

五、权利

(一) 全校所有学生均有参加课外体育活动的权利。

(二) 监督全校学生纪律的执行。

(三) 参加日常的体育活动。

(四) 对课外体育活动提出建议和批评。

六、义务

(一) 遵守学校课外体育活动章程。

(二) 认真积极参加每一次课外体育活动,有特殊情况要及时向班主任请假,不串班、不追逐打闹。

(三) 在进行活动或比赛时要展现出敢于拼搏、勇于超越、团结协作的体育精神。

(四) 收放器材及时,不得损坏,保持活动场地的整洁。

七、纪律要求

(一) 全体学生要穿便于活动的裤子和运动鞋。

(二) 各班认真研读活动日程安排表,准时到达正确的活动场地。

(三) 各班按指定的路线,整好队,有序、安静、快速地到达活动场地,尤其注意上下楼梯的安全。

(四) 需要器材的班级,一至二年级派 8 名学生、三至六年级派 2 名同学,提前 5 分钟到器材室领取器材,归还器材时不奔跑,注意安全。

(五) 每天活动时,各班正副班主任均需到场,清点学生人数,排查班上不适宜进行剧烈运动的学生,告知学生活动时有事要请假,组织学生做好必要的准备活动。

(六) 各年级体育教师负责巡视本年级所有班级的活动情况和技术指导。

(七) 活动中,如遇摔伤等突发事件,正副班主任安排一人将孩子送到医务室进行处理,另一人继续组织好学生。如果出现紧急情况,由正副班主任及时组织好学生,听从统一指挥,按指定的路线有序撤离。

(八)班主任对班上特殊学生,要建立"一帮一"学习模式,关注他们的活动情况,及时指导和调节,让练习的方法与要求更有针对性。

八、奖励

在平时评比和比赛中成绩优异班级,按照相关的评比方案进行奖励。

九、附则

(一) 本章程的最终解释权归城南实验小学(本部)所有。

(二) 本章程公布之日执行。

(二) 活动设计

※2 城南实验小学(本部)课外体育活动规则制定

一、活动组织

教学科研处总体负责策划、管理、协调,德育发展处负责对各班级开展活动情况进行考评,总务安保处负责活动器材准备,文化信息处负责宣传报道,体育组所有成员负责具体活动组织实施及球操编创、内容推进,各班主任负责本班的活动组织、秩序和安全。

二、活动方式

因学生多、器材少,场地也受一定的限制,每天采取分年级拿手足球进行练习的方式,以"手足球操、技术练习"为主线,篮、足球和多种游戏组合为辅线,以音乐背景串联活动全过程。

三、活动地点

(一) 各班在操场草坪上的站位,与做操站位一致,共站 5 排,每班占地两个色块,每块 4 米(地面上事先做好标志点)。

(二) 篮球场地安排

篮球场第一周安排表

年级	星期				
	星期一	星期二	星期三	星期四	星期五
三年级					篮球场 1—7 班

续表

年级	星期				
	星期一	星期二	星期三	星期四	星期五
四年级	篮球场 1—6 班				
五年级			篮球场 1—6 班		
六年级		篮球场 1—6 班			

篮球场第二周安排表(略)

备注:当这些班级在篮球场上活动时,空出的位置由相邻的班级根据自己需要的活动场地自行扩大。

(三) 器材准备

一二年级手足球每人 1 个,其余器材自备。三至六年级手足球每班 10 个,篮球、足球每班各 15 个,其余器材自备。

四、活动内容

(一) 一、二年级:手足球操;各种游戏。

(二) 三、四年级:手足球球性、球感加手运球接传球;球性、球感加脚运球接传球(每两周轮换一次);篮、足球;各种游戏。

(三) 五、六年级:手足球手、脚运球加手传手接手脚转换;手、脚运球加脚传脚;接手脚转换(每两周轮换一次);篮、足球;各种游戏。

说明:以上内容,每个年级每周安排一天进行手足球的相关练习,其余四天进行篮球、足球或多种游戏的练习。

二、实施过程与方法

(一) 具体实施过程

该活动的实施由校长具体负责,副校长和各科室的正主任分年级跟踪,亲临活动的过程,检查活动质量,提高对活动的重视程度。正、副班主任每天均到场,鼓励学生积极参与,发现问题及时处理,保证活动的质量和安全。各年级的体育教师负责活动的组织和实施,负责推进每天练习的相应的主辅学习内容。

※3 城南实验小学(本部)课外体育活动安排

一、各年级活动安排

年级	星期				
	星期一	星期二	星期三	星期四	星期五
一年级	手足球操或游戏	游戏	游戏	游戏	游戏
二年级	游戏	手足球操或游戏	游戏	游戏	游戏
三年级	游戏	足球	手足球技术练习	游戏	篮球
四年级	篮球	游戏	游戏	足球	手足球技术练习
五年级	游戏	游戏	篮球	手足球技术练习	足球
六年级	足球	篮球	游戏	游戏	手足球技术练习

二、具体活动内容安排

1. 一、二年级手足球操(动作编排韩磊,拍照整理徐仁凤)。

2. 三、四年级手足球技术练习为:手足球球性、球感加手运球接传球;球性、球感加脚运球接传球(每两周轮换一次);五、六年级手足球技术练习为:手足球手、脚运球加手脚转换;手传手、脚传脚加手脚转换(每两周轮换一次)。

3. 篮球、足球:球性、球感、运球、传接球(每次组合两个内容,每天安排相应的班级到篮球场体验)。

4. 游戏:水平一开发5个组合游戏,水平二、三开发2、3个组合游戏,每天推一个游戏,依次循环。

水平一:

①矮人走加原地立位体前屈15下。

②行进间单脚跳加原地蹲跳击掌3次。

③蛙跳加原地高举猜拳,输的人继续跳。

④原地蹲下放倒毽子起立再蹲下扶正毽子起立10次加踢毽子(毽子上系绳)。

⑤行进间单双脚跳加原地跳绳20次(次数可以根据情况调节)。

水平二:

①魔力象限跳加猜拳。

②花样跳绳。

③单脚支撑，用支撑脚边跳边踢收紧的跳绳前进到终点再拿起跳绳跳。

水平三：

①魔力象限跳加猜拳(例：①到②到③到④到①，用绳子组成一个十字，或小组成员自由商定一个跳的顺序，然后游戏)。

②8 字跳绳(用一人跳的短绳)。

③跑加立卧撑 15 个。

备注：以上内容由体育任课教师到各班进行讲解示范，学生学练，掌握动作方法(手足球操可以做成挂图)。

三、各班级活动安排

第一周课外体育活动安排表

年级	星期				
	星期一	星期二	星期三	星期四	星期五
一年级	手足球操(1～6 班)、游戏 1(7～18 班)	游戏 2	游戏 3	游戏 4	游戏 5
二年级	游戏 1	手足球操(1～5 班)、游戏 2(6～17 班)	游戏 3	游戏 4	游戏 5
三年级	游戏 1	足球	手足球：球性、球感加手运球接传球	游戏 2	篮球
四年级	篮球	游戏 1	游戏 2	足球	手足球：球性、球感加手运球接传球
五年级	游戏 1	游戏 2	篮球	手足球：手传手、脚传脚加手脚转换	足球
六年级	足球	篮球	游戏 1	游戏 2	手足球：手脚运球加手脚转换(1～4 班)、游戏 3(5～11 班)

第二周课外体育活动安排表(略)

第三周课外体育活动安排表(略)

备注:因考虑到手足球数量有限,以上安排表一、二、六年级三周一轮换,游戏可按表上安排进行,也可各班自行选择进行。在教学科研处的安排下,体育教师分年级部对各年级的正副班主任进行培训。练习过程以手足球操音乐为背景。

※4 城南实验小学(本部)课外体育活动奖惩评价方法

一、平时练习评比

(一) 平时活动时评价,结合德育处的检查方法和细则,组织各年级的检查小干部,学习相应的评比标准,实行相应检查,并将检查结果与本校每周的文明班级评比挂钩。

(二) 说明:平时阳光(课外)体育活动评比标准

1. 进、退场队伍整齐 2 分。

2. 精神面貌 1 分。

3. 活动积极投入 5 分。

4. 器材管理 2 分。

二、相关比赛评比

在学期末时,组织相应的比赛,一、二年级手足球操评比;三、四年级手、脚运球接力赛;五、六年级组织手足球比赛。获奖结果,最终作为本校每学期幸福、标兵班级评比的参考依据。

(一) 一、二年级手足球操评比

1. 说明:评委由一、二年级的班主任担任,交叉打分。

2. 评分标准:(1) 参赛队入场、退赛队列队形 20 分;(2) 精神面貌 20 分;(3) 手足球操 60 分。

(二) 三、四年级手足球手、脚运球接力赛

1. 手运球接力赛:

(1) 场地器材:比赛区域长 20 米,宽 7 米,起点线后 5 米设置两列标志筒,标志筒同侧边线 3 米。各排标志筒相距 3 米,5 排,全长 20 米,并列的两筒间隔 1 米(见场地示意图)。

(2) 比赛方法:每班一支队伍,每队 10 人。比赛时每队一人出发,按指定路线行进,中间若丢球,回到丢球处再运,第一个人手足球运球绕杆回到起点后将球传给下一个人,依次进行,最后一人用脚接住球。

2. 脚运球接力赛：

(1) 场地器材：在足球场上进行，比赛区域长 25 米，宽 6 米，起点线至第一杆距离为 3 米，各杆间距 3 米，共设 5 根标志杆(见测试场地图)。

(2) 比赛方法：每班一支队伍，每队 10 人。比赛时每队一人出发，按指定路线行进，第一个人手足球运球绕杆回起点后将球传给下一个人，依次进行，最后一人用手接住球。

3. 评比方法：每班派出的两支队伍，每队各 10 人，不重复。评委由三、四年级的副班主任担任，交叉记录，取班级总分在年级前三名颁发奖状。

(三) 五、六年级组织手足球比赛。

1. 比赛方法：每班组建一支队伍，每队 10 人，每场上场 7 人(7 人站位见示意图)。比赛只进行一场，时间为 20 分钟(见场地站位示意图)。

2. 比赛规则：进攻方得球后要过中场，过了中场后可以打两边的门。低于腰部的球用脚，高于腰部的球用手，可以用“手脚转换”的技术将球由手到脚或由脚到手。球门前的两根弧线，在内弧线外要用脚射门得 2 分，再外弧线外用手射门得 1 分。一个球门处有两个守门员(甲乙队各一人)，当甲方队成为进攻方时，要从守门的角色转换为进攻(要从门前跑出内弧线外)，乙方在内弧线外的守门员要迅速站到门前成为守门员。

说明：评委由体育老师担任，取年级前三名颁发奖状。

(二) 现场实况照片

图 23-2　球操

三、成绩与效果

玩转篮球、足球、手足球活动的开展，大大激发了学生对篮球、足球、手足球的兴趣，提高了学生的体质和运动能力。在此基础上学校又先后成立了篮球、足球、啦啦操、手足球社团,进一步提升学生运动能力,助力学生实现自己的篮球梦、足球梦。

2015 年,我校千人足球大课间活动获得南通市一等奖;2015 年,我校二年级小队员首次亮相南通市少儿足球赛场,荣获小学男子丙组第四名。

2016 年—2019 年足球队连续三年获得南通市足球比赛一等奖(前三名),范睿、万添乐、丁治铭等八名队员入选南通市队。

2019 年范睿、崔均贤、黄尚入选江苏苏宁足球俱乐部。

2015 年—2019 年,我校女子篮球队分别获得江苏省小篮球联赛第四名,南通市少儿篮球赛第一名、南通市校园篮球联赛一等奖(第一名)等荣誉,许瑞涵、姜雯熙等多名队员代表南通参加省级比赛,姜雯熙入选南通市队。

2016 年—2017 年,我校啦啦操队连续两年获得南通市啦啦操比赛团体一等奖。

2017 年,我校六名队员参加南通市少儿田径比赛获得八个单项第一名。

2018 年,我校 10 名同学代表海安市参加市田径赛,熊成嫣被选中参加省田径赛。

2018 年,我校手足球队参加海安市手足球赛男女队均获一等奖。

四、思考和展望

(一) 思考

1. 活动组织:改善学生健康行为的必要条件

虽然我校班级、人数较多,内容、场地安排较为繁杂,涉及的相关人员也较多,方案实施是有一定的难度,但最终在活动时我们组织得很成功。这是因为学生对练习有兴趣,他们积极参与运动、享受体育锻炼、养成锻炼习惯。

(1) 思想重视是活动顺利开展的前提

实施时,从上到下做到思想上重视,人人都是参与者,人人都是责任人,做到只要相关精神一下达,第一时间就能执行到位,这是保证学生能积极参与的前提。

(2) 灵活变通是活动成功开展的法宝

根据学校的情况,各年级、各班进行活动时,各显神通,能根据自己的能力水平,充分运用器材,各尽所能创设出适合自己的活动情境,使之保持高涨的活动情绪,对运动产生持久的兴趣。

(3) 强调安全是活动有序开展的保障

安全重于泰山！教师能时刻绷紧安全这根弦，加强对学生细致的安全教育，从告知学生如何排队，到如何拿送器材，到如何做准备活动，到如何活动，以及活动中有事要请假等，做到事无巨细，帮助学生逐渐养成良好的锻炼习惯。

2. 活动内容：提升学生运动能力的关键要素

运动能力的重点是发展体能，但又不能是纯体能。此活动是篮球、足球课堂教学的延续，是开发、完善篮球、足球课程的结构体系，是篮球、足球和手足球之间的互相促进，充分挖掘各个项目的潜能，发挥各自的特色和优势，开发出更为多样有趣的组合游戏，将单一枯燥的跑、跳、投有趣结合，充分发展学生的体能。同时也给学生提供空间，让学生自己创编运动项目，引领学生勇于超越自我，将好的创编案例进行推广，激发学生积极参与运动。在活动中，体育教师及时关注每个年级学生的运动强度，根据实际情况及时调整活动内容，使之适合大部分学生，提高练习的质量，使其具备良好的体能，轻松地掌握两种运动技能。

3. 活动实施：培养学生体育品德的有效途径

在实施过程中，学校多部门通力合作，体育组平时检查和学校少先队大队部检查相互补充，检查结果与班级评比、三好生评选挂钩，相关的比赛结果作为文明班级、标兵班级的参考依据，以竞赛活动和规则的约束来提升体育品德。学校将中高年级学生分成若干个水平相当的小组，帮助学生树立自信心，体验运动的乐趣，让学生在与水平相当的队员合作愉快，每个小组由值日干部(每人都可做)记录当天的活动情况，第二天的值日干部由前一天表中数据情况产生，激发学生敢于拼搏、积极进取的体育精神。

4. 活动价值：提升师生体育素养重要方法

该活动，活动组织到位，活动内容丰富，活动实施科学，借助于足球、篮球、足球，合理安排场地，帮助学生提升运动的兴趣，掌握相关的技能，培养团结合作、奋力拼搏的体育精神，有效地改善了学生的健康行为，发展了学生的运动能力，培养了学生的体育品德，让学生在活动过程中提升体育素养。同时，该活动也为教师搭建了平台，我校教师在个人基本功以及科研方面取得了较为喜人的成绩。

当然，该活动编排肯定还有许多不足，仍需要在今后的活动中，不断积累经验，开拓创新，提升活动的品位和质量。

(二)展望

1. 形成学校的体育特色,提炼学校的体育品牌

体育兴则学校兴!此活动可以作为一个学校的体育特色项目实施,在实施的过程中,教师要不断地进行研究、改进、完善,逐步提炼出学校自己的体育品牌。

2. 在校区之间推广

此活动将篮球、足球、手足球的技术要领融为一体,以游戏的形式呈现,符合小学生年龄特点,学生乐于接受,且活动易操作,学校容易组织,可以向薄弱或乡村学校进行推广,提高这些学校的篮球、足球教学水平,将手足球发扬光大,让更多的人参与进来,提高全市的体育教学水平。

展望未来,城南实小团队将精诚团结、努力拼搏、开拓创新、奋勇争先;抓重点、强基础、促均衡、创特色,不断深化体育教育教学改革,全方位提升体育教学水平,为形成更具内涵、更有品位、更好质量、更高赞誉的幸福教育品牌贡献出智慧和力量!

入选理由：

建队将近二十年，学校常年坚持课余训练、寒暑假期集训，市队区办有成效。全面谋划重管理，学生参与兴趣浓，学习训练巧结合，健体提智固心态。教体结合育幼苗，科学训练成绩佳，亚运冠军国之光，人才辈出稳循环。射箭运动来普及，全员推广射箭操，校本课程融入妙，阳光体育添活力。射艺传播为己任，推动区域共发展，办学品牌彰特色，追梦之路不停步。

二十四　南京市考棚小学射箭队

资料提供：阮晓燕　桂　洋　龚　岩

图 24-1　南京阮晓燕

南京市考棚小学始建于 1905 年光绪年间，前身是程子祠学堂，1927 年改名为考棚小学，是一所历史悠久的百年老校。校园坐落在风景秀丽的夫子庙秦淮河畔，学校占地面积 6655 平方米，现有 24 个教学班，近千名学生；现有教职员工 65 人，体育教师 5 人，均为大学本科学历，年龄结构为以老带新；体育师资雄厚，江苏省特级教师 1 人，秦淮区学科带头人、优秀青年教师 2 人。

学校体育工作曾荣获全国群众体育先进单位，全国射箭重点学校，全国体育课题优秀实验学校，江苏省体育工作先进学校，省、市级体育传统项目学校，南京市中小学先进教研组，南京市阳光体育学校，秦淮区体育工作先进单位，秦淮区全民健身先进单位等项殊荣。

图 24-2　全国射箭重点学校挂牌仪式

图 24-3　2014 年韩国仁川亚运会射箭男子冠军雍智伟在比赛中

学校射箭队组建于 2001 年 9 月,2004 年国家体育总局射箭部命名为全国射箭重点学校,是南京市小学中唯一的射箭人才培养基地。带训教师阮晓燕经过国家体育总局射箭部的培训,取得射箭中级教练证书。射箭队在负责带队训练的体育教师的带领下,坚持每周四个下午和周末的课余训练,以及节假日和寒暑假的集训。经过师生的共同努力,在所参加的全国、省市级射箭比赛中成绩优异,曾荣获全国射箭重点学校锦标赛小学男子组团体冠军,小学女子组多项团体名次,个人多块金、银、铜牌。建队以来,有 4 名队员达国家健将级运动员、2 名队员达国家一级运动员、多名队员达国家二级运动员。学校射箭队为国家和省队源源不断地输送后备力量,五名队员进入省射箭队,两名队员入选国家射箭队。

2004 届毕业的射箭队员雍智伟,在 2014 年韩国仁川亚运会上,虎口拔牙斩获中国射箭历史上首枚男子反曲弓团体冠军,并获个人银牌。

作为市队区办的考棚小学射箭队坚持教体结合,同时把在全校普及射箭运动、在区域内广泛传播射艺文化作为己任,让射箭运动成为学校办学特色以及体育品牌,为射箭运动的普及推广传播,学校始终行走在追梦之路上。

图 24-4　2003 年全国射箭比赛

图 24-5　2019 年全国射箭比赛

一、组织方法与活动设计

（一）组织方法

※1 南京市考棚小学射箭队管理章程

一、总则

为贯彻落实《学校体育工作条例》精神、执行新课程标准，引导学生积极参与体育锻炼，搞好校体育传统项目的建设，有序地进行课余训练，促进学校群众体育与传统体育共同发展，结合学校的具体实际情况，制订以下章程。

二、管理办法

（一）建立健全机构，科学组织管理

成立由学校校长、体育组、教导处、总务处、大队部共同组成的体育工作领导小组，并制订相应的管理方法和规章制度。具体分工为：校长任组长，副校长任副组长。体育教师负责开展学校各项体育工作，组织射箭队课余训练。教导处负责运动队学生的学籍管理和学生的文化学习安排，总务处负责学校体育工作的后勤保障，大队部负责学生的思想教育工作。

（二）明确指导思想，实施体教结合

学校射箭队的组建，是全面贯彻党的教育方针，坚持"健康第一"的教育思想，积极实施体教结合的具体举措，也是搭建素质教育，促进学生发展的平台。同时也是选拔、培养和输送高素质射箭运动后备人才的重要途径。正确把握和利用射箭运动的价值，找准射箭训练与素质教育的结合点，推动学校体育向更高层次发展。

（三）贯彻教育方针，面向全体学生

落实射箭队的日常训练，以及寒暑假、节假日的集训工作，提高运动技术水平，发现、培养、输送体育后备人才，为发展体育事业做贡献。

（四）积极参加培训，提高业务水平

支持体育教师和带训教师参加各级体育、教育行政部门组织的有关专项技术和岗位培训，提高体育教师的教学和训练等业务水平。

（五）组建传统班队，年龄梯队衔接

遵循"选好苗子，从小培养，打好基础，系统训练，积极提高"的训练指导方针，组建开展传统项目的班队，发挥校射箭队员的示范作用。

三、规章制度

（一）认真履行职责，抓好项目建设

作为传统项目校运动队的带训教师要有强烈的事业心,富有团队精神,乐于奉献;切实提高学校课余体育训练水平,为国家发现、培养、输送体育后备人才,更好地加强体育传统项目的建设和管理;把训练工作做好、做细、做实,建立校级代表队档案库;对学生运动员的身体机能和运动技术水平等情况进行储存,并对其跟踪调查

(二) 科学开展训练,提高运动水平

认真贯彻"从小发展、打好基础、科学训练、积极提高"的科学训练方针,坚持常年、科学课余训练。保证每周训练七次,每次不少于九十分钟。充分利用寒暑假以及节假日的时间,组织队员集训。带训教师要根据队员的年龄特点,制订出科学、合理的计划,每次训练课有教案,每学期有总结。建立考勤、奖罚制度。组织射箭队参加各级、各类比赛,不断提高队员的运动水平,力争每年的比赛获得较好的成绩,每年培养出等级运动员。

(三) 发挥班级作用,配合校队建设

班主任要支持、关心本班射箭队运动员,配合学校射箭队的带训教师,共同关心队员的文化学习,学生因训练、比赛而耽误的课程,主动地帮助队员补课,使学生训练、学习两不误,培养全面发展的人才。

(四) 加强思想教育,形成德才兼备

带训教师要经常地与队员所在班级的任课教师取得联系,及时发现队员的思想动态,配合学校的少先队大队部,加强队员的思想教育,培养队员良好的心态,提高其心理素质。

四、发展规划

(一) 提高管理水平,明确长远目标

作为学校领导和带训教师首先在思想上明确射箭队的长远目标,加强射箭队的管理工作,根据队员的不同个性,科学化进行管理,培养良好的群体意识,提高群体内聚力,把目标成为队员的自觉行动,不断提高比赛成绩。

(二) 建立招生网络,做好科学选材

与区教育局和体育局积极协调,扩大选材面,在全区范围小学内挑选队员,建立良好的选材机制,扩大基础面。科学性地进行选材,从身体形态、机能指标、素质指标、心理指标、技术指标方面进行考察。在基础训练阶段初选具有一定的基本条件,可能具有较大竞技潜能的学生参加训练,并打下较好训练基础。在此基础上,选拔优秀的、具有继续培养前途的参训队员,予以严格的训练,使之向高水平运动员发展,向上一级衔接学校和专业队输送。

（三）着眼长远发展，建立良性循环

学校射箭队的长远发展和良性循环，坚持以学训结合、以学为主的指导思想。要求学生在不影响学业的基础上，在有限的课余时间内，创造最高的训练效率和价值。

（二）活动设计

※2 南京市考棚小学射箭队训练工作计划

一、组织机构

根据我校的情况，组建射箭队。为保证射箭队训练工作的抓紧、抓好和落实、并能有所成效。学校建立射箭队训练工作领导小组、校长担任组长。

二、组长职责

负责检查和督促学生的训练和文化学习情况，协调对外关系，与运动员所在班级的班主任保持联系，保证学生的正常训练时间，给予训练经费上的保证。

三、教练员职责

由体育教师阮晓燕、王克明具体负责射箭队的训练和组织、管理工作，根据队员的年龄特点，科学性制订训练计划，并督促学生按时参加训练，在有限的课余时间内，创造最高的训练效率和价值，争取在一系列的比赛中取得优异的成绩。

四、训练时间

星期二至星期五下午放学后 3:30—5:00。

星期六下午:2:00—4:00。

星期日上午 9:00—11:30、下午:1:30—4:00。

五、训练要求

射箭队的运动员由三至六年级的男、女生组成。运动员必须按时参加训练，训练时必须穿运动服和运动鞋。每次训练时严格进行考勤，如有特殊情况不能参加训练者必须履行请假手续。对于在比赛中取得成绩的运动员，学校给予奖励。

二、实施过程与方法

（一）具体实施过程

※3（2016—2017 年年度训练计划）

一、2016 年 9 月至 2017 年 7 月

通过 11 个月 44 周 308 天的训练，提高身体素质和撒放的基础弓结合距离，保质保量。进入冬训期和比赛阶段。

(一) 三、四年级队员以基本动作为主,采用皮条、拉空弓来建立正确的动作表象,形成正确的动作定位,为以后的撒放打下坚实的基础。

(二) 五、六年级队员训练目标

1. 加大量的训练,在已有的撒放基础上,加大数量和组次。

2. 提高时间节奏,通过灌输前撑后拉,只用后肘走力的过程。

3. 中量大强度训练。结合距离打靶纸,强化每一支箭打十环的能力,体能上保持原有数量。

4. 训练结合实战和计分,多考核培养比赛能力,从中找出比赛中容易出现的问题及时解决。

5. 培养自信心和敢打敢拼的能力。强调以正确完成动作为主,打好环数不由情绪变化。

6. 中量中强度训练与恢复结合,进入赛前阶段,调整好队员的情绪和身体。

二、训练阶段划分

(一) 9 月至 10 月 2 个月 8 周 56 天,这期间是动作调整阶段,以进近距离撒放为主。

1. 中量小强度训练,以质量为主,不求数量。

2. 动作的用力进一步加强巩固,前肩的撑动,前臂的支撑力,后肘的拉动能力,头的固定。

3. 加强理论与射箭知识的学习。

(二) 11 月至 3 月,5 个月 20 周 140 天。这期间进入冬训期,以心理训练、大量的技术训练结合恢复训练。

1. 心理训练:要求打十环等。打到了休息,打不到继续打,什么时候打到再休息,力量也如此。

2. 大负荷大强度训练,要求每支箭、每组箭的质量。

3. 提倡自觉训练的作风,加强自律性的养成。

4. 把握好恢复训练。

5. 加强心肺功能,多进行跑步练习。

6. 中量结合中强度,箭支数减少,多打大白纸训练,多计分少考核。

7. 训练结合比赛,按比赛规则打计分。

(三) 2017 年 4 月至 6 月。3 个月 12 周 84 天。调整阶段,巩固动作,进一步提高动作的整体用力。

1. 以撒放结合 30 米射点为主,少量结合靶纸,提高动作的一致性和稳定性。

2. 大负荷小强度训练,拉弓停时,力量数量加多,多以撒放为主。

3. 加强业务学习和管理。

(四) 2017 年 7 月 1 个月 4 周 28 天。求质量,提高比赛能力,突出重点,形成优势。在各方面都要做到细,这期间加大负荷。

1. 提高实战和十环能力。

2. 把握好恢复训练。

三、技术要求

1. 加强动作的稳定性和一致性,整套动作的协调性。

2. 体现敢打敢拼的作风,强化时间节奏,强化整体动作的用力,提高训练课质量。

3. 从技术型向能力转变,加强业务学习,重视运动员自信心的培养。

4. 为保障训练质量,队伍的管理是关键。教师和运动员建立相互信任的关系,了解运动员的思想状态、性格特征,心理、身体等方面的情况。

※4 寒假训练计划

2017—2018 年度寒假训练计划

<table>
<tr><td rowspan="2">训练中心任务及训练的安排</td><td rowspan="2">1. 积极备战全国射箭重点学校锦标赛(南京)
2. 组织参赛预选队员的训练
3. 抓好梯队队员的技术定型</td><td>总训练时数</td><td>110 小时</td></tr>
<tr><td>训 练
比 重</td><td>技术 60%
战术 5%
素质 30%
理论 5%</td></tr>
<tr><td colspan="4">专项技术:
1. 参赛队员的技术动作稳定性、一致性
2. 参赛队员在此基础上,进行近距离撒放,要求:动作自然、协调、流畅
3. 认真指导二线队员的技术动作,主要以拉皮条动作为主</td></tr>
<tr><td colspan="4">体能训练:
1. 参赛队员:卧推(杠铃杆),哑铃,拉弓停时,反复拉弓,俯卧撑,核心力量训练,单臂支撑、平板支撑、小哑铃
2. 二线队员:反复拉皮条,小哑铃,仰卧起坐,拉皮条定时,单臂支撑,俯卧撑,核心力量练习、平板支撑</td></tr>
<tr><td colspan="4">其他:
1. 及时将训练情况与领导沟通汇报
2. 召开队员家长会议,取得家长的支持和配合
3. 因冬季雨雪天气多,教育学生来回路上注意安全</td></tr>
<tr><td colspan="4">训练时间:2018 年 1 月 25 日至 2018 年 2 月 25 日期间 总天数 22 天</td></tr>
</table>

※5 暑假训练计划

2017—2018 年度暑假训练计划

<table>
<tr><td rowspan="2">训练中心任务及训练的安排</td><td rowspan="2">1. 积极备战全国射箭重点学校锦标赛(南京)
2. 参赛队员按比赛的距离撒放,要求协调、果断、流畅撒放每一支箭
3. 二线队员巩固性训练,要求提高稳定性</td><td>总训练时数</td><td>192 小时</td></tr>
<tr><td>训　练
比　重</td><td>技术 50%
战术 15%
素质 25%
理论 10%</td></tr>
<tr><td colspan="4">专项技术:
1. 参赛队员技术动作的一致性,同时加强心理素质培养,指导队员调节心理状态,传授比赛经验,加强赛前针对性的指导
2. 加强新入队运动员的训练,要求:动作规范标准
3. 二线队员的训练中,动与静相结合,巩固提高专项技术动作,皮条与拉空弓均要有动作感觉,要求动作规范,标准、稳定、流畅</td></tr>
<tr><td colspan="4">体能训练:
1. 参赛队员:单臂支撑,卧推,拉力器,俯卧撑,拉弓停时,反复拉弓,核心力量,耐力跑
2. 后备队员:单臂支撑,拉力器,拉皮条定时,俯卧撑,仰卧起坐,蛙跳,耐力跑</td></tr>
<tr><td colspan="4">其他:
学生训练情况及时向领导汇报,训练期间安排好学生伙食、学习,做好参赛经费预算,联系交通工具,购买往返火车票,采购参赛所需服装,召开参赛队员家长会,训练比赛期间注重安全</td></tr>
<tr><td colspan="4">训练时间:2018 年 6 月 25 日至 2018 年 7 月 27 日　总天数 32 天</td></tr>
</table>

(二) 现场实况照片

图 24-6　课余训练人体组弓字

图 24-7　课余训练

三、成绩与效果

（一）践行普及、提高并举

把射箭作为学校的特色项目全员普及，在大课间体育活动创意上，以学校的特色体育项目为元素，把射箭运动融入大课间体育活动内容之中，我校自编的射箭操，在区自编操比赛中荣获一等奖。以射箭特色操的形式普及射箭运动的基本动作，锻炼学生的身体协调性，发展学生的上肢力量，引发学生参与射箭运动的激情，在参与之中强身健体，树立自信心，身心愉悦的健康成长。射箭运动作为校本教材，学生在参与之中了解射箭运动，感受射箭文化，享受射箭运动，体验射箭魅力，喜爱射箭运动。

图 24-8　大课间学生做自编射箭操

图 24-9　校本课程市级展示活动

（二）交流传播射箭文化

2014 年 9 月，学校走出国门赴韩国交流友谊赛，传播中国射箭礼仪和传统文化。2018 年 5 月、2019 年 5 月，学校走出校门与徐州段庄二小、合肥锦城小学等进行交流赛，切磋射箭技术，就特色办学的形成、射箭文化的建立、射箭场馆的建设、队员训练和输送、学校课程的管理、射箭的校本教材等方面进行了深入的交流和研讨，分享各校间已有的成功经验。

图 24-10　赴韩国交流赛

(三) 受到社会高度关注

图 24-11 《南京日报》生活资讯报道　图 24-12 《扬子晚报》成长周刊报道

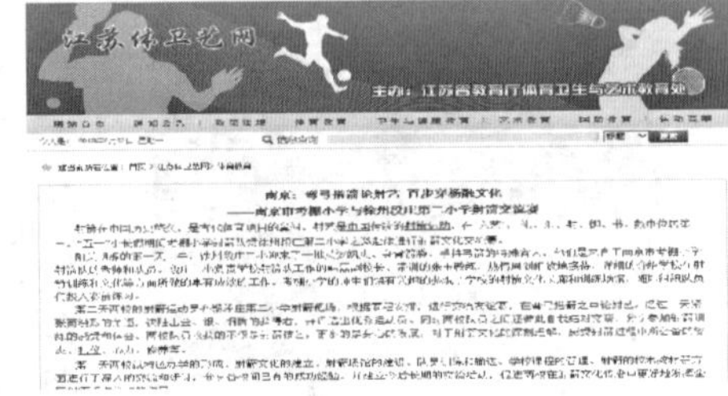

图 24-13 江苏省体卫艺网报道

(四) 有效促进体质健康

射箭运动的广泛开展,促进学校学生的体质得到提高,经国家学生体质健康标准的测试,其优良率逐年提高。

(五) 学业训练双丰收

射箭队员文化成绩稳定在优良,有些队员在进队前文化成绩欠佳,但在参与训练后文化成绩显著提高

(六) 参加比赛成绩优异。

建队以来参加全国、省级比赛部分获奖成绩

1. 2003.8　全国射箭重点学校锦标赛上获女子双轮全能团体第五名、一名队员达国家二级运动员

个人女子双轮全能第五名、18 米、25 米、30 米、40 米第五名

江苏省射箭比赛　女子双轮全能团体第二名

2. 2004.7　全国射箭重点学校锦标赛上获女子双轮全能团体第七名、四名队员达国家二级运动员

江苏省射箭比赛少年女子乙组团体第二名、一名队员达国家健将级运动员

3. 2006.8　全国射箭重点学校锦标赛男子个人30米第六名、一名队员达国家一级运动员

4. 2007.8　全国射箭重点学校锦标赛　男子双轮全能团体第一名、男子个人双轮全能第一、第二名，18米、25米、40米第二名、30米第一名、两名队员达国家健将级运动员、一名队员达国家一级运动员

5. 2009.8　全国射箭重点学校锦标赛一名队员达国家二级运动员

6. 2010.8　全国射箭重点学校锦标赛　男子双轮全能团体第五名、两名队员达国家二级运动员

7. 2011.8　江苏省射箭比赛少年女子乙组团体第三名

8. 2012.8　全国射箭重点学校锦标赛　女子双轮全能团体第六名

9. 2013.8　全国射箭重点学校锦标赛　女子双轮全能团体第四名

10. 2014.9　江苏省射箭比赛女子乙组团体第三名、女子双轮全能个人第三名、一名达国家一级

11. 2015.8　全国射箭重点学校锦标赛　女子双轮全能团体第六名

12. 2016.7　江苏省青少年射箭锦标赛男子乙组团体第三名

13. 2017.8　江苏省青少年射箭锦标赛女子乙组团体第五名

14. 2019.7　全国射箭锦标赛全国射箭锦标赛女子团体淘汰赛第八名

（七）射箭队总结

※7 南京市考棚小学射箭队工作总结

追梦之路不停步　追求卓越育幼苗

一、领导高度重视，营造射箭氛围

学校领导始终高度重视体育工作，充分认识到学校体育是学校教育工作的重要组成部分，认真贯彻《中共中央国务院关于加强青少年体育增强青少年体质的意见》，落实《体育与健康课程标准》，全面推进和实施素质教育，以健康第一为指导思想，扎实有效地开展学校的各项体育工作。对于射箭训练制订了相应的管理办法和规章制度，确保射箭训练工作健康有序地开展。体育工作以及射箭活动已成为学校鲜明的办学特色之一，促进了学校素质教育的发展和整体办学水平的提升。

学校领导充分认识到体育传统项目学校是学校课余体育训练的重要内容，在不断提高广大学生体质健康水平的同时，积极开展课余体育训练，提高学生体育运动技术水平，为国家发现、培养和输送德、智、体、美全面发展的优秀体育人才。学校的教育发展规划和工作计划中有体育传统项目发展计划和工作计划，制定相应的政策招收具有射箭运动潜力的校外生源，给予后备人才的保证。

自射箭队组建以来,学校领导始终把射箭队的建设放在学校工作的重要位置。书记和校长亲自挂帅,明确职责,加强管理,与带队训练教师共同研究射箭队的发展规划,及时了解射箭队训练及运动员情况。每年寒暑假集训时,领导多次到训练场地看望、慰问教师和运动员。每学期结束前,召开射箭队队员家长会议,加强与队员家长的沟通和联系,争取家长对学生参加射箭训练的支持和配合。

二、师资给予保障、确保训练水平

带队训练的体育教师作为射箭队工作的具体参与者,在搞好体育教学和学校体育工作的同时,尽责尽力、不计报酬地抓好射箭队的建设和训练,带领射箭队的队员不仅坚持平时的课余训练,还放弃节假日和寒暑假的休息时间进行全天集训。寒风中、烈日下有他(她)们的身影,与队员同甘共苦,从技术训练的指导到心理调节的调适,不放松每一个环节。

学校认识到要提高运动员的水平,首先要提高体育教师的训练水平,因此积极支持体育教师参加有关学习和培训。带训教师两次参加由国家体育总局射箭部组织的全国射箭教练员培训班的学习,经过学习和培训,经考核成绩优秀,取得射箭运动中级教练员证书。还有两位教师经过培训分别取得射箭一级裁判员、二级裁判员证书。

三、落实教体结合、形成良性循环

学校射箭队坚持课余训练,脚踏实地走教体结合的发展之路,有效培养队员可持续发展,拓展队员的发展空间,已经成为素质教育的结合点,推动学校体育向更高的层次发展。从三年级学生起开展射箭运动,搞好梯队建设,全校先后共有五百余位同学参加了训练,在体育教师的带领下,坚持常年的课余训练,每周训练七次,每次训练时间2～3小时;充分利用"五·一""十·一"等节假日以及寒暑假的时间组织进行全天集训。训练工作有计划,有总结,并建立考勤制度,奖惩制度。在训练中,教师遵循儿童生长发育规律和运动项目特点,制订训练计划,科学系统地进行训练。

带训教师认识到教会学生射箭与做人结合,教会学生射箭先教会学生做人。射箭训练是一个育才的过程,是一个利用射箭对队员进行道德素质和运动素质的培养教育过程。一名真正过硬的优秀运动员,应该是技术上的尖子,也是做人方面的表率。德是灵魂,德是统帅,有德方有为,无德而无为。因此,充分利用射箭的文化教育价值,对学生进行良好品行的熏陶,使孩子们把爱祖国、爱学校、爱射箭队、爱射箭统一起来,把学做人、学文化、学射箭统一起来,树立射箭队健康向上的形象。

学校注重射箭运动人才的培养和发展，积极地与开展射箭运动的高一级学校—南京市二十七中学建立良好的合作伙伴关系，把为高一级训练基地输送人才，培养射箭后备力量也作为工作重点。近年来经过小升初严格的体能和技术考核，已有百名队员升入二十七中射箭队，保证队员将来的发展和继续进行训练。

学校非常重视后备人才的选拔和梯队衔接，发现、培养、输送优秀苗子。在区教育局、体育局的关心、支持和协调下，2006 年，学校开始在全区小学范围内选才，跟队训练一段时间后，认为该学员确实是射箭运动的苗子，经区教育局、体育局、学校组织的体能和动作形态以及心理素质的考核后，把他的学籍转入我校，进入我校学习和训练，此项措施保证了运动员的来源，稳定了运动员队伍，赢得了家长的称赞。

四、打造特色体育、实践育德健体

我校是全国射箭重点学校，射箭已经成为学校的特色体育项目。作为南京市唯一射箭人才培养基地，以及南京市射箭队，校射箭队坚持以人为本，以创新为核心，以人才为关键，以教育为基础，走体教结合之路，全面关注队员的发展空间，帮助队员协调好文化学习与训练的关系，促使队员全面发展。带训教师认识到教会学生射箭与做人结合，教会学生射箭先教会学生做人，射以观德。

课余训练是学校体育工作的重要组成部分，为学生成长发展创设多元的优良环境，从而推动学校整体教育品位的提升，产生良好的社会效应。校射箭队坚持常年的课余训练，注重对运动员的技战术的训练；训练中认真贯彻“从小打基础，全面发展”的训练原则，科学制订训练计划；定期召开射箭队队员家长会议，加强家校沟通与联系，共同为队员的发展做好服务。

带队训练的体育教师，注重对运动员的技战术的训练，心理素质的锻炼。经过师生的共同努力，我校射箭队在所参加的全国及省市级比赛中成绩喜人，多次在全国比赛中荣获团体奖，个人金、银、铜牌，被国家体育总局授予体育道德风尚奖，男女队多次进入团体前六名，男子曾荣获团体冠军。在江苏省青少年（少年儿童）射箭锦标赛中学校也多次荣获男女团体奖以及个人名次，南京市运动会射箭比赛（学生部）多项冠军以及个人名次。

培养输送的运动员多次在国家级的射箭比赛中荣获冠军。我校培养输送的 2005 届毕业生——射箭运动员雍智伟，2014 年 9 月的韩国仁川亚运会上首次代表国家队参赛。不畏强手、创造奇迹，夺得中国射箭历史上首枚亚运会男子反曲弓团体金牌，并在个人比赛中夺得一枚银牌，在韩国优势项目上“虎口拔牙”，堪称创造奇迹，

五、开发校本课程、普及射箭运动

从学校的条件出发,结合学校的传统特色,根据学校的实际情况开发校本体育课程——学校的传统特色体育——射箭。通过体育课程的开发,激发学生参与体育、热爱体育的热情,促进其身心和谐、全面发展,成为强身健体,乐于参与的有效课程,实现学校体育和终身体育的对接。

结合学校的传统体育项目所自编的射箭操,以射箭特色操的形式普及射箭运动的基本动作,让学生了解射箭运动,感受射箭文化,享受射箭运动,体验射箭魅力,喜爱射箭运动。在师生的共同努力下,射箭操荣获区自编特色操比赛一等奖。

射箭训练全面锻炼了学生的综合身体素质,使身体更加健美、匀称,同时学会掌握控制心理的方法和能力,心理素质更加平稳,强化了身体的稳定性、协调性与耐力性,提高了力量耐力、速度耐力、呼吸耐力等身体素质,顽强、坚韧、果断、勇于克服困难的意志品质得到培养,在参与此项运动的同时,使身体各项技能得到良好的锻炼,促进身体的生长发育。射箭训练让学生体验到了运动的魅力,为学生提供了充分展示自我、发展自我的空间。

六、推广传播射艺、区域共同发展

射箭在中国历史悠久,是古代体育项目的鼻祖。射艺在“六艺”礼、乐、射、御、书、数中位居第三,学校始终致力于射箭文化的融合和交流,联合区域内开展射箭运动的学校共同发展,促进射箭文化广泛传播。射箭队多次与他国、他市进行交流赛,这些交流活动促进射箭队向广度和深度拓展,队员在过程中感受射箭文化、享受射箭运动的魅力,提高射箭技术水平,增强射箭比赛心理素质的良好契机。

射箭运动成为学校的体育品牌,促进学生的健康成长。以特色办学的理念,促进学校的特色发展和内涵的提炼。

不忘初心、方得始终。培养射箭后备人才、输送高水平运动员、广泛传播射箭文化……考棚小学始终走在追梦之路上,彰显着全国射箭重点学校的风采。

※8 射箭队队员阶段小结

一、射箭寒假训练小结

时光荏苒,时间如白驹过隙。转眼间,一个寒假就过去了。如今,我慢慢地理解了射箭之道当中一部分的意思,阮老师曾说:“只有真正喜欢射箭,专心于射箭,才会理解射箭之道当中的含义。”

“射箭之道”当中令我记忆最为深刻的是这句话:“射箭之先,须形端、志正、凝神、静气、心如止水。泰山崩于前而色不变,尘鹿行于左而目不瞬。起射线上、无情、无欲、无念,射不动心。”他们告诉我们在射箭场上,要做到无感情、无欲望、无邪念这几点才能射出自己心目中的好成绩。当然，射箭还在于静心，只有静心才能全心全意地投入射箭当中，要形态端正，意志正义，在比赛时屏气凝神，平心静气，这样才能心如止水，波澜不惊。

在理解了“射箭之道”之后，心里有了更深的体会，所以我的射箭技术动作和体能也都有了很大程度的提高。

在寒假训练的过程中，我的技术动作有了很大的长进。原来我的后手手腕会过度用力，训练中老师针对我出现的问题细心指导，她先提示我放松手腕，然后做出靠位的动作，关键处辅助我把手靠到位，让我用肌肉记忆记住这个状态。在我动作做得不够理想时，老师又亲自示范，让我看清楚她的后手手腕的用力姿势。我又模仿着做了一遍，发现还是有一点点手腕用力过度。老师再用手掌抵着我的后臂肌，提示要把用力的动作感觉放在后臂肌上，于是我就按照老师的方法在开弓时用后臂肌的力量去拉开弓。我终于改正了这个错误，解决了我的问题。

——梁雨婷

二、暑假训练小结

我在进入射箭队之前是个小胖墩，体育是我的弱项，甚至在体质测试时常常不能过关。我自从光荣地成为射箭队员后，经过一个暑假的射箭基本动作、体能等方面的训练，我的身体素质越来越强，体型不再是横向发展，大腹便便的我身材变得挺拔，与以前的我判若两人，体育不再是我的弱项，成为我的强项，常常令人羡慕。

我更大的收获还有：我以前遇到事情时往往急躁，在家中不知道如何与家长沟通，在学校与同学的交往有时也会出现偏差。在射箭训练中，老师要求我们调整好自己的心态，平心静气、心平气和、不急不躁，认真对待射出的每一支箭，打得好时不得意忘形，打得不好时戒急戒躁，收回自己的注意力，专注于射箭的技术动作。于是我的心态得到锻炼，在与家长沟通时，我学会说出自己的观点，懂得如何与父母很好地沟通交流，与同学友好相处，深受同学喜爱。

——王子俊

三、射箭比赛参赛小结

2019 年的 7 月，我作为学校射箭队中的一员，参加在河南平顶山举行的全国射箭锦标赛，此次比赛让我深有感触。知道了什么叫人外有人，天外有天，可以使我学习别人的优点改正自己的不足。这几场比赛真的是让人胆战心惊，但我的心态挺好，没有因为箭没打好而伤心，努力打好下面几支箭。自信心也很重要，每次阮老师鼓励我们要有自信心，“丫头们，把心态调整好，不要着急，打好自

图 24-14　女团比赛师生合影

己的动作。”因而在对待每支箭时,搭完箭我都会在脑海里想一遍动作,打好属于自己的节奏。不去看别人打多少环,打好自己的成绩。因为有着良好的心态,我在比赛中正常发挥,与其他队友团结合作,获得了女子淘汰赛团体第八名。

——吕静雯

四、思考与展望

南京市考棚小学射箭特色推进方案(略)

进一步加强学校给予财力、物力、人力上的支持;购置射箭特色项目实施活动所需的器材;争取上级部门对学校射箭运动场地改造的支持;体育教师外出学习和培训,提高指导能力和水平。

入选理由：

淮安市人民小学田径运动队坚决贯彻“选好苗子，着眼未来，系统训练，积极提高”的原则，认真抓好运动队工作，以德育人、严格训练。可贵的是校田径运动会该校学生参与率为100%，另将田径运动队活动融入上午的课间操和下午的大课间活动，值得借鉴。

二十五 淮安市人民小学田径运动队

资料提供：支钟轩

图 25-1 淮安支钟轩

淮安市人民小学创建于1940年，经过一代又一代的薪火相传，发展为一所具有深厚文化积淀和优良办学传统的省级实验小学。校园环境优美，绿树成荫，鸟语花香，清净幽雅，人文氛围浓郁，现代设施齐全。学校目前拥有小学部57个教学班，近3000名学生。学校办学特色鲜明，是全国足球特色学校、全国群众体育先进单位、全国趣味田径传统学校、江苏省青少年体育俱乐部挂牌单位、江苏省体育田径传统项目学校、淮安市十佳运动队。

学校贯彻党的教育方针，全面实施素质教育，切实落实“健康第一”的指导思想，大力推动学校体育蓬勃发展。学校现有体育教师14名，其中江苏省体育特级教师1名，小学高级教师3名，田径专业教练员5名。学校还成立“王素芳特级教师工作室”，为年轻教师学习成长提供平台。目前学校拥有150米×6环形塑胶跑道（含60米直道6条）、标准篮球场、笼式足球场、乒乓球馆、体操馆、2

个学生体能训练室。体育教学器材和田径训练器材分室摆放,按省级器材配备标准配齐所有体育器材,保证学生有足够的活动场地和器材进行各项训练,确保教学需求。

学校田径运动队作为学校体育工作的重要组成部分,在各级领导的关心、支持和帮助下也取得了长足的发展。作为省田径传统学校,学校一直注重小学生田径竞技体育苗子的培养。校田径队是由校级竞赛队、低年级组、中年级组、高年级组参赛队组成。此外运动队十分注意年龄梯队衔接,目前,运动队 8 至 12 岁年龄段均有队员训练。在市、区教育行政部门的全力支持和我校的高度重视下,几年来,学校田径运动队多次在省、市、区小学生田径运动会比赛中获得团体第一的好成绩,向省、市体育运动学校输送了一大批优秀体育后备人才。这是我校运动队师生多年来共同努力的结晶,更是对我们全面推进素质教育、大力提倡特色教育最丰厚的回报。

一、组织方法与活动设计

(一) 组织方法

※1 淮安市人民小学田径运动队管理

一、总则

(一) 田径运动队开展主要是为了丰富学生的校园体育文化,提高学生的生理健康、心理健康和社会适应方面能力。

(二) 运动队的性质:运动队是校教务处和校体育处指导下的健康俱乐部。

(三) 运动队的宗旨:丰富校园文化,拓展学生的体育视野,提高运动能力,促进学生身体形态的良好发育,为终身体育打下坚实基础;同时培养学生的团结、互助、勇于拼搏的集体主义精神。

(四) 运动队口号:勇于竞争,敢于拼搏,团结互助,一往无前。

二、组织成员

(一) 建立领导小组。

组长:张元国、副组长、成员(名单略)。

建立由校领导直接负责的管理机构,并有相应的管理办法和规章制度。学校把田径体育运动队业绩纳入年终考核内容,并在学校“十二五”发展规划中明确了校田径运动队工作的具体目标。

(二) 全面推进素质教育,保证田径运动队活动时间。

一二年级每周开设 4 节体育健康课、三至六年级每周开设 3 节体育健康课。学生在校体育锻炼时间不少于1小时，上午30分钟课间操，下午40分钟大课间。每周一、三、五下午第三节课为田径运动队的活动时间。

（三）认真抓好体育常规教学工作，确保优质的教学质量。

我们注重抓好教学的各个环节，为了保证运动队教学工作的正常进行，学校制定了《体育课教学常规》《体育活动安全保护制度》等规章制度，保障学生安全参加体育锻炼。我们要求田径运动队的教师必须制订好学期的运动队工作计划，设计出每周、每节课运动队授课的具体内容和要求达成的教学目标、使用的教学手段、器材等，使教学工作能根据不同年级和不同阶段而有所侧重。

三、运动队条件保障

1. 学校拥有150米×6环形塑胶跑道（含60米直道6条）、标准篮球场，2个学生体能训练室。体育教学器材和田径训练器材分室摆放，按省级器材配备标准配齐所有体育器材，确保教学需求。

2. 配备5名专职田径训练教练员、4名兼职体育教师。

3. 学校每年补助训练经费3万元，教练运动员补助、器材设施购买、外出竞赛学习等费用达9万元以上，其比例超过年度教育经费支出总量的2%。对田径运动队的训练、竞赛以及带训教师的补贴经费专门拨款使用。

※2 淮安市人民小学田径运动队规章制度

为了田径队的健康、有序地发展，也是为了确保每个队员在运动水平、学习成绩、思想品德、行为习惯等方面有所提高，针对如何训练和管理好田径队运动员，特制定以下管理制度。

一、加强运动队学生的自身的教育和管理

（一）学生的思想教育

做好小学田径运动队成员的思想教育工作是训练管理的一项重要内容，它关系到一支队伍整体的精神面貌和训练效果。

1. 对运动队学生进行训练目的、意义的教育。有些学生由于训练目的不明确，在训练中自由散漫、吃不起苦，两天打鱼、三天晒网，干扰正常训练，给集体带来不利影响。一旦出现这种情况，教师要找学生谈心，了解他们的思想，因势利导地启发他们树立正确的目标。

2. 运用有效的精神激励。在训练过程中要特别注意加强对学生的精神激励，经常和他们讲讲刘翔、王军霞等优秀运动员的事迹，利用空余时间组织队员观看女排比赛获胜的录像，激发他们要有远大的目标和集体荣誉感，这样有利于挖掘运动员的内在潜力。

3. 做好学生的道德文明教育。我们培养学生运动员的目的,首先是要他们学会做人,然后才能谈训练。在田径运动队里难免会有一些语言举止不文明的学生,我们老师应时刻关注这些学生,教育并引导他们走正确的道路,将德育渗透在运动队训练中。

4. 做好学生因参加训练或比赛影响文化学习,进行补课协调工作。按照学校规定和规章制度,统计好学生缺课次数,并密切关注学生的文化成绩。

(二) 严格实行运动队活动的管理制度

严格实行运动队活动的管理制度是整个田径训练工作中必不可少的组成部分,它不仅可以保证训练工作正常进行而且对运动员进行思想品德教育有着很重要的意义。首先学生要有正确的导向,使他们懂得言行的准则、严明的组织纪律;懂得哪些应该做,哪些不应该做。对于那些经常无故旷课、缺课、迟到、训练自行其是的学生,运动队教师应该及时批评指导,详细了解他们的思想及原因,耐心细致地做思想工作,尽量避免用简单粗暴的方式来解决问题,以免伤害运动员的自尊心。其次,教师更应该严格实行制度,如训练不迟到、早退;不轻易放弃一节训练课;不论刮风下雨都提前到达训练场……这样才能在运动员心目中树立一个好的榜样,才有利于训练工作的顺利进行。

(三) 处理好运动员学习和训练的关系

学生首要任务是学习,其次才是训练。作为教师必须帮助学生正确处理好学习和训练的关系,让他们做到学习和训练两不误。

1. 合理安排训练时间。利用每星期的课外活动时间进行训练,在两个假期里安排训练时间,保证学生训练的系统性。

2. 要让运动员学会合理安排训练和学习时间。训练队员要抓紧时间,不能拖拖拉拉,教师更要学会掌握训练时间,课紧少练,课松多练,让学生以学习为重,不能因训练而耽误学习。

3. 教师要及时了解和掌握学生的学习情况,经常和班主任老师及家长联系沟通,对学习成绩下降的学生及时进行帮助。

4. 对因参加比赛而影响学习的学生进行及时补课,以免耽误学习。

二、加强运动队教师的自身管理

"学高为师,身正为范"运动队教师必须加强自身管理,才能提高训练的效果。

1. 树立良好形象,提高训练效率。教练员必须以身作则,身正为范,树立良好形象,这样才能受到学生的尊重和爱戴,才能够带动全队的言行,才能够去深入细致地、有的放矢地做队员的思想工作，从而有效地提高训练效果。

2. 加强运动队教师自身的业务学习，提高训练质量。首先，教师利用课余时间多学习、多钻研，利用网络查阅国内外最新的信息资料，把先进的训练方法手段引入训练实践。其次，可以带领学生观摩专业队训练，吸收宝贵的训练经验。最后，教师之间要经常对训练中出现的问题进行“会诊”，真正做到互相学习，共同提高。

三、建立运动队成员档案库

运动队要建立校级代表队档案库，对学生运动员的身体机能和运动技术水平等情况进行跟踪调查并储存。对学生取得成绩进行统计，对技术测试结果、体检结果记录存档，通过横向和纵向的比较进行科学的训练和分析，以便对不同的队员个案进行分析、研究，提高科学训练的效果。

四、建立健全运动队安全领导机构

（一）组织机构及分工

组长：王素芳、副组长、成员（名单略）。

（二）运动队活动安全措施和要求

1. 运动队学生常规要求

（1）学生训练时必须穿运动服、运动鞋或者轻便服装和鞋，不随身携带尖硬物品，按时到达场地。

（2）因生病不能参加的学生要及时请假，做好运动员的考勤工作，训练途中不能离开场地，有事向教练员请假。

（3）学生训练时要认真做好准备活动，注意听教师讲解观摩教师示范。

（4）学生在练习时严格按照规定的场地做规定的动作，合理安全地利用器材，学会保护与帮助。

（5）爱护体育器材，按要求使用器材。有意损害器材者要负责赔偿。

2. 运动队训练要求

（1）严格掌握运动量：运动量的大小不得影响运动员的发育，科学地安排训练。

（2）注意有氧耐力的训练：注重有氧耐力的训练，促进心血管的发展跟上整个身体的发展，并想方设法提高运动员每搏输出量。

（3）力量的训练：力量的训练要注意质量、幅度、力度、强度几个方面的要求达到综合的统一。注意互相帮助与保护，做好安全检查，保证正确的技术动作和姿势，适时做到量力而行。力量训练过程中不要有意憋气，防止造成运动性休克,可采用慢跑游戏,充分保持肌肉的放松,切忌快速强拉,以不产生疼痛为原则。

(4) 心率的检查:了解基本心率和安静心率以及运动后恢复心率。

(5) 在训练过程中度的把握:人是节能动物,用80%的力量是最理想的,否则会产生过度疲劳、影响生命、损坏身体,导致成绩下降。

(6) 训练安排尽量做到合理:处理量和强度的安排,专项要有质量,速度要有要求,注意二者的综合指标。不用力的练习一百次,不如用力练习二十次。因为肌肉收缩速度骤然减慢,影响爆发力的提高和巩固。

(二) 活动设计

※3 淮安市人民小学田径运动队训练计划

每学期田径运动队工作纳入个人工作计划,做到有布置、有检查、有总结。王素芳校长和李超主任深入实际,掌握田径运动队活动情况,及时发现和解决问题。为加强运动队的领导,领导小组定期召开会议,并制订运动队发展计划及各个时期的竞赛目标;平时经常检查训练计划,落实训练经费,协调训练场地,使我校的田径运动队训练工作常规有序地进行。

根据学生的特点,学校建立校内以田径运动队为主的小型多样竞赛制度,安排系列体育竞赛活动。作为学校传统活动,体育节和校田径运动会每年一届。田径运动队训练每周平均训练5次,晨练每次30分钟,下午体育活动每次90分钟。在梯队建设方面,田径项目建有校级竞赛队、低年级组、中年级组、高年级组参赛队,并且注重年龄梯队衔接,7～11岁年龄段均选拔队员参训,还制订校田径运动队的总计划和课时计划。根据学生的年龄段和训练内容,校田径运动队训练分为四个阶段。

一、恢复阶段:时间为前四周

(一) 采用一般的训练强度,恢复体能。

(二) 进行恢复体力的身体训练,加强专项练习。

1. 绕操场慢跑四圈,徒手操,拉韧带,跳绳等。

2. 体验站立式起跑和正确的摆臂动作,跑的专门性练习(高抬腿、后蹬跑、小步跑等)。

二、学习阶段:时间为四周

(一) 采用高强度的训练,加强技术训练和专项素质训练。

(二) 有意识地把专项素质和技术结合起来.加大训练负荷.在训练中注重技术、战术、作风与心理素质的培养。

1. 根据参赛项目进行针对性练习。短跑练习起跑和冲刺；铅球项目练习快速推杠铃、俯卧撑等；中长跑项目练习在跑的过程中注意手臂的摆动、步频。

2. 200米、400米项目练习弯道跑技术；短跑项目根据实际情况练习手臂、起跑等；铅球项目练习拉橡皮带和俯卧撑；中长跑项目注意呼吸转换及手臂的摆动。

3. 短跑项目练习150米跑；200米、400米项目练习追逐跑；跳高、跳远项目练习助跑和起跳；铅球项目继续进行力量练习（如：前抛、后抛实心球）；中长跑项目练习变速跑。

4. 短跑项目练习综合跑（150—100—50—100—150米）；200米、400米练习追逐跑（适当地进行比赛），合理分配体能的学习；跳高、跳远项目继续练习助跑和起跳；铅球项目继续进行力量练习（如：前抛、后抛实心球）；中长跑项目注意步频、呼吸转换、手臂的配合。

5. 短跑项目练习起跑和途中跑；200、400米练习追逐跑（150—300—400—300—150米）；铅球项目练习推实心球。

三、调整阶段，时间为两周

（一）采用中等强度，调整运动量。

（二）降低练习次数，消除疲劳，积蓄力量参加中小学田径比赛。

（三）加强队员战术以及心理素质的训练：

1. 继续练习以上项目，稍微加大训练强度和运动量。

2. 强化基本技术、技能的训练。

3. 模拟测试。

四、总结阶段，时间为一到两周。

（一）认真总结田径比赛的得失，及时查漏补缺，改进训练方法。

（二）调整与休息：

1. 运动量和强度逐渐减。

2. 进行趣味性活动（如：打篮球、跳绳比赛、游戏比赛等）。

3. 做好学生思想工作、积极备战。

二、实施过程与方法

(一)具体实施过程

※4 淮安市人民小学田径运动队周训练安排

一、田径运动队第1周训练安排

训练任务	引导阶段 1. 提高有氧训练能力;2. 发展肌肉力量和柔韧性;3. 提高跑的技术
星期	训练内容
星期一	一、准备部分 1. 整队集合,宣布训练内容;2. 慢跑600～800米;3. 徒手操,柔韧练习;4. 专项辅助练习:(1)小步跑、高抬腿、后蹬跑;(2)放松大步跑;(3)加速跑 二、基础部分 1. 越野跑20～30分钟;2.柔韧练习20分钟 三、结束部分 在体操垫上由同伴相互按摩
星期二	一、准备部分 1. 整队集合,宣布训练内容;2. 慢跑600～800米;3. 徒手操,柔韧练习;4. 专项辅助练习:(1) 小步跑、高抬腿、后蹬跑;(2) 放松大步跑;(3) 加速跑 二、基础部分 1. 间歇跑30～50米×3～5组,150米×2～3组;2. 短距离的各种跳跃练习30～50米×3～5组 三、结束部分 静力性拉伸放松
星期三	准备部分 1. 整队集合,宣布训练内容;2. 慢跑600～800米;3. 徒手操,柔韧练习;4. 专项辅助练习:(1) 小步跑、高抬腿、后蹬跑;(2) 放松大步跑;(3) 加速跑 二基础部分: 1. 各种跑的专门练习30～50米×3～5组;2. 球类活动30～40分钟 三、结束部分 在体操垫上由同伴相互按摩
星期四	一、准备部分 1. 整队集合,宣布训练内容;2. 慢跑600～800米;3. 徒手操,柔韧练习;4. 专项辅助练习:(1) 小步跑、高抬腿、后蹬跑;(2) 放松大步跑;(3) 加速跑 二、基础部分 1. 轻负荷的各种跳跃练习30～50米×3～5组;2. 50%负荷杠铃卧推10组 三、结束部分 静态性拉伸放松

续表

星期五	一、准备部分 1. 整队集合,宣布训练内容;2. 慢跑 600～800 米;3. 徒手操,柔韧练习;4. 专项辅助练习:(1) 小步跑、高抬腿;(2) 放松大步跑;(3) 加速跑 二、基础部分 变速跑 1000 米×1～2 组;2. 俯卧撑 3～6 个×10 组 三、结束部分 在体操垫上由同伴相互按

二、田径运动队第 2 周至第 20 周训练安排(略)

※5 淮安市人民小学田径运动队课时训练记录

一、学习目标

1. 了解越野跑的意义和动作要领,熟悉起跑口令。

2. 按口令做出起跑动作,提高快速反应能力,使学生基本掌握越野跑技术。

3. 体验集中注意力时的心理感受,发扬机智、果断的作风。

二、学习内容

1. 越野跑。

2. 身体素质练习、柔韧练习。

三、教学重点、难点

掌握越野跑的动作要领,及时调整方式进行越野跑。

四、教学过程

(一) 课堂常规(略)

(二) 准备活动:慢跑、徒手操

1. 教师讲解说明慢跑的方法和要求。

2. 组织学生慢跑 600 米~800 米。

3. 教师组织学生做徒手操,柔韧练习。

(三) 基本部分

1. 跑:基本动作、越野跑。

(1) 组织学生进行各项跑的专项练习。

(2) 介绍越野跑的方法和规则。

(3) 体验越野跑的呼吸节奏,长距离跑的技术,拉体能。

(4) 组织学生分组进行身体素质练习,巡回指导。

2. 身体素质练习。

(四) 结束部分(略)

（二）现场实况照片

1. 田径运动队训练照片

图 25-2　慢跑热身

图 25-3　教师示范

2. 田径运动队参加国家、省、市、学校运动会比赛照片

图 25-4　获奖留念

图 25-5　省赛合影

三、成绩与效果

（一）我校全面推进素质教育，严格执行课程标准。一、二年级每周开设 4 节体育健康课、三至六年级每周开设 3 节体育课。保证体育课质量是我校一直致力研究的主要课题。我校坚持学生在校体育锻炼时间不少于 1 小时，上午 30 钟课间操，下午 40 分钟大课间，这也成为田径运动队活动时间。田径作为体育的校本课程，努力实现“让每个学生都运动起来，让每个学生都健康成长。”十多年来，学生体育考试成绩合格率达 100%，优秀率达 95%以上。学校每年举办春、秋两次田径运动会，学生参与率达 100%；每年举办一次趣味体育节，学生参与率达 100%。

（二）梯队和时间。我校田径运动队训练每周平均训练 5 次，晨练每次 40

分钟，下午体育活动每次90分钟。在梯队建设方面，我校建有校级竞赛队、低年级组、中年级组、高年级组参赛队。此外，我们十分注意年龄梯队衔接，目前8至12岁年龄段均有队员训练共60人。

（三）激励成体系。为更好地进行常年、科学的体育训练。校田径运动队训练工作做到三有五固定，即：有计划，有备案，有总结；计划固定、时间固定、场地固定、器材固定、人员固定。保证运动员准时参加训练，促使他们在训练中刻苦认真，吃苦耐劳。按照教练的要求自觉苦练，确保训练的质量，收到应有的效果。同时学校加强对学生运动员的思想品德教育和文化学习及外出比赛文化课的安排，我们注重抓好队员的思想表现和文化学习，教练员经常与班主任联系，了解队员的情况，及时进行教育。建立了校级代表队档案库，对学生运动员的身体机能和运动技术水平等情况进行跟踪调查并储存。技术测试结果、每年的体检结果记录下来，以便对不同的队员个案进行分析、研究，提高科学训练的效果。

（四）竞赛成系列。学校根据学生的特点，建立了校内以田径运动队为主的小型多样竞赛制度，安排了系列体育竞赛活动。体育节、趣味田径运动会、校田径运动会每年举办，这些活动已成为我校传统。

（五）学校还利用广播、电子屏、校报、板报和体育文化长廊，向学生介绍田径名家、田径知识、体育新闻，表扬体育先进班级或个人，及时发布体育检查评比结果；学校把五月定为“体育节”，开展丰富多彩的趣味田径体育活动，让广大学生充分展示自己健康向上的精神风貌；学校为了激励学生参加体育锻炼，规定“三好生”体育课、健康知识课考核成绩必须达到良好等级；有体育特长被授予“运动小健将”称号的学生，并在校“六一”儿童节联欢会上上台接受嘉奖。

（六）田径运动队参加各级各类比赛获奖成绩统计表

运动会名称	比赛时间	比赛项目	名次
江苏省小学生体育传统校田径夏令营	2015.7.14	田径	团体第六名
淮安市第27届中小学生田径运动会	2011.4.23	田径	团体第一名
淮安市第28届中小学生田径运动会	2012.10.25	田径	团体第一名
淮安市第27届中运动会中小学生部	2012.10.27	田径	团体第一名
淮安市第29届中小学生田径运动会	2013.5.24	田径	团体第一名
淮安市教体结合布点校田径比赛	2013.11.17	田径	团体第一名
淮安市第30届中小学生田径运动会	2014.5.16	田径	团体第一名

续表

运动会名称	比赛时间	比赛项目	名次
淮安市第 31 届中小学生田径运动会	2015.5.23	田径	团体第二名
淮安市第 32 届中小学生田径运动会	2016.5.14	田径	团体第一名
淮安市第 33 届中小学生田径运动会	2017.5.20	田径	团体第一名
淮安市第 34 届中小学生田径运动会	2018.5.20	田径	团体第一名
江苏省小学生体育传统校田径夏令营	2018.7.20	田径	团体第三名
江苏省少儿趣味田径锦标赛	2018.10.15	田径	团体第二名
全国少儿趣味田径总决赛	2018.11.20	田径	团体第二名
等级运动员统计			
三级　1 名	高新宇		
少年级　10 名	王雯、骆阳、刘畅、李敏怡、宗雅雯、左馨怡、沈轶、薛琪、李奕萱、孙博文		

(七) 奖牌(部分)

图 25-6　省级传统学校

图 25-7　省赛获奖

四、思考与展望

淮安市人民小学田径运动队能取得这样的成绩,是我们长期以来坚持课余训练的结果,也是我们坚持突出以田径为重点带动学生身体素质全面发展的训练体系。我校田径运动队坚决贯彻"选好苗子,着眼未来,系统训练,积极提高"的原则,认真抓好运动队工作,以德育人、严格训练。运动队成绩的取得与各级领导、体育部门以及社会各界的支持是分不开的。我们坚信:田径运动队将在人民小学的沃土上,不断发扬光大!

入选理由：

该校跆拳道运动队组建近四年来，校内、校外活动一体，借助跆拳道系列展示活动和各级别比赛，学生的身体素质、耐挫能力和意志品质等方面均获得大幅提升，广大家长也给予了高度赞誉和充分肯定。依托家校共育平台，学校知名度在不断提高，教练员及运动员获得多方一致好评。

二十六　常州市武进区李公朴小学跆拳道运动队

资料提供：何燕娟　巢　玲　赵煦阳

图 26-1　常州何燕娟

图 26-2　学校田径场

武进区实验小学教育集团李公朴小学（原名古方小学），创建于 1947 年，坐落在“爱国七君子”之一李公朴的故乡——武进湖塘古方村。2010 年 1 月，学校更名为李公朴小学。2017 年 9 月，李公朴小学加入武进区实验小学教育集团。

学校拥有优质体育资源。教练团队拥有三位跆拳道教练员，他们其中有人曾是上海队队员，还有人全国跆拳道少年锦标赛成绩优异，为国家一级运动员，具有中级教练员二级社会指导员。训练场地与器材充足，拥有 2 个跆拳道馆。自 2015 年 10 月，武进跆拳道协会进入我校，帮助我校开展此类项目。从最初的一年级学生 20 人参加此类项目的学习，发展到现在全校有将近 200 人参加此类项目的学习和训练。一年的有序发展后，学校成立跆拳道运动队。

一、组织方法与活动设计

（一）组织方法

※1 常州市武进区李公朴小学跆拳道队管理办法

一、教练员管理

明确教练员职责、权力及考核办法。

教练员的职责如下：

（一）负责运动员现实状态的诊断、选拔，确定训练目标，制订实施训练计划，控制训练过程。

（二）努力钻研业务，不断提高运动水平。

（三）做好运动员的思想教育、学习、管理等方面的工作。按照有关规定及时向主管部门上报训练、比赛计划，呈交比赛成绩、总结等。

二、运动员管理

为了保证校运动队的健康发展，使运动员身心素质得到全面提高，培养优秀的体育后备人才，结合本校制定本条例。

（一）运动员必须遵守《中小学生守则》《小学生日常行为规范》，自觉遵守学校日常行为规范。

（二）运动员要认真学习，上课认真听讲，按时完成各科作业，各科成绩努力保持在优秀上。

（三）积极参加体育各项活动和竞赛，在班级起到体育骨干的作用。

（四）服从教练安排，准时到达训练场地，刻苦训练，有质量地完成每天的训练量。

三、器材管理

（一）体育器材摆放整齐，保持清洁、注意防潮。

（二）新购的器材，首先进行质量验收，合格后才能使用。

（三）各种器材、设备建账登记，定期清查。

（四）根据器材的技术要求，定期进行保养和维修，保证正常使用。

（五）对损坏无法修复的器材，报有关领导批准，报废或更新。

（六）保持室内清洁，认真做好安全保卫工作。

（二）活动设计

※2 常州市武进区李公朴小学跆拳道队训练方案

每周一到周五下午两节课后，所有参加跆拳道训练的运动员分别到达跆拳道馆，在各个教练的安排下开始每天一个半小时的训练。何燕娟带初级班：主要带领刚进队的运动员练习身体素质，作为基础，如：柔韧、速度、协调、耐力等，同时教授一些基本的腿法和跆拳道的礼仪。严旭带中级班：在初级班的基础上，加大对运动员身体素质训练的密度和强度，以及各项专项练习和实战练习。吴凌珠带高级班：全面训练运动员的各项身体素质、专项技能、实战技能以及利用星期天与周边学校的运动员进行友谊联赛。

图 26-3　校际友谊联赛

二、实施过程与方法

（一）具体实施过程

※3 常州市武进区李公朴小学跆拳道队学期训练安排

跆拳道运动队 2017—2018 学年第一学期教学计划

一、跆拳道课教学目的、任务

（一）跆拳道课程以学生身体练习为主要手段，合理、科学的锻炼过程能达到增强体质、增进健康的主要目标，培养坚韧向上的作风，规范行为规范，提高道德修养。

（二）跆拳道课程的设置本着循序渐进的原则，是学生能系统学习和掌握跆拳道基本技术，其中占主导地位的腿法，其次才是手法。

（三）学生掌握通过跆拳道运动锻炼身体的方法和手段，提高学生的速度、反应、灵敏、力量和耐力素质，提高人类长器官的技能和人体神经系统的灵活性。

（四）通过跆拳道选修课理论教学，让学生了解跆拳道的基本知识，了解跆拳道比赛规则。

二、训练任务与手段

主要抓步伐意识练习,练习腿法技术、练习进攻意识,突出训练中的腿法进攻意识防守意识,提高学生的反应能力、防守能力与柔韧能力。

三、训练内容

(一) 基本格斗战架:基本步法,前后滑步、后滑步、侧滑、交叉步。

(二) 基本动作技术:前踢、横踢、前横踢、下劈。

四、组合动作:前滑步横踢、后滑步横踢、左右横踢、前横踢接横踢、前横踢接反击横踢、横踢接下劈、前横踢接下劈、左右横踢接反击、前横踢接左右反击等。

五、基本意识

(一) 步伐压制调动进行腿法进攻。

(二) 起腿进攻注意格挡防守。

(三) 假动作的调动。

具体计划见表1。

表1　跆拳道运动队2017—2018学年第一学期进度安排表

周次	活动内容
1	跆拳道简介,与各位学生相互介绍认识,引导学生简单了解跆拳道是什么,教授学生们师生礼,与老生家长见面需要打招呼,需要礼貌学习礼仪礼节
2	1. 复习礼仪礼节 2. 跆拳道的实战姿势、站架,让学生进攻站架姿势,反复练习熟悉站架,支撑脚45度两只手握拳前后左右放的距离 3. 腿法的介绍与让学生们了解并且简单练习
3	1. 检查礼仪礼节 2. 学习跆拳道基本步法前滑步、后滑步等 3. 练习基本腿法前踢,讲解要领腿法注意收腿和站架
4	1. 检查步法的练习与前踢的练习 2. 做示范讲解横踢的动作要领进行学习 3. 简单介绍下格挡内容,下格挡的要领
5	1. 检查练习横踢腿法与步法结合练习 2. 结合步法腿法进攻完防守的练习
6	1. 腿法练习结合步法、格挡 2. 练习反击腿法与格挡 3. 练习左右横踢组合动作加强单一横踢腿的练习

续表

周次	活动内容
7	1. 进攻左右横踢检查 2. 前滑步与后滑步加腿法练习加强反击横踢的练习与格挡意识
8	1. 练习组合进攻腿法与反击腿法同时结合步法打出实战意识 2. 注意练习当中学生们的格挡意识 3. 练习腿法高位动作进行头部击打意识灌输 4. 素质练习
9	1. 复习进攻组合腿法与反击左右腿法结合部分动作练习 2. 教授进攻反击高位腿法的意识同时注意格挡动作 3. 加强学员们的身体素质、腹肌练习
10	1. 简单复习腿法，步法结合腿法进行进攻反击组合动作 2. 压柔韧、压胯、进行腿法高位意识练习、身体素质蛙跳
11	1. 压柔韧、压胯、高位意识练习 2. 素质练习、蛙跳、腹肌俯卧撑练习
12	1. 结合步法练习进攻与反击攻防意识 2. 高位意识着重强调注意防守意 3. 腿部力量练习
13	1. 练习新动作下劈腿法 2. 复习腿法、步法练习、素质练习
14	1. 复习腿法下劈腿同时结合腿法同时横踢加下劈腿法组 2. 练习素质练习
15	1. 模拟考核腿法与步法 2. 结合组合高位动作练习 3. 柔韧考核 4. 身体素质考核
16	1. 所有学生检查步法、腿法及组合步法腿法格挡练习 2. 优秀学生进行选拔
17	身体素质练习、冲刺、蛙跳、腹肌、背肌、进行身体放松
18	所有腿法进行复习、步法、进行学期总结

跆拳道运动队 2017—2018 学年第二学期教学计划

一、跆拳道课教学目的、任务

（一）跆拳道课程以学生身体练习为主要手段，合理、科学的锻炼过程，帮助增强体质、增进健康，培养坚韧向上作风，规范行为规范，提高道德修养。

(二) 跆拳道课程循序渐进的原则,使学生能系统地学习和掌握跆拳道基本技术。跆拳道的技术方法中,占主导地位的腿法,其次才是手法。

(三) 通过学习,让学生掌握通过跆拳道运动锻炼身体的方法和手段,提高学生的速度、反应、灵敏、力量和耐力素质,提高人类长器官的技能和人体神经系统的灵活性。

(四) 通过跆拳道选修课理论教学,让学生了解跆拳道的基本知识,了解跆拳道比赛规则。

二、训练任务与手段

主要抓步伐意识练习,练习腿法技术,练习进攻意识,突出训练中的腿法进攻意识防守意识,练习攻防转换意识,提高学生的反应能力与防守能力。同时加强学生们的身体能力加强下肢爆发力与力量。

三、训练内容

(一) 基本格斗战架:基本步法、前后滑步、后滑步、侧滑、交叉步。

(二) 基本动作技术:前踢、横踢、前横踢、下劈。

四、组合动作

前滑步横踢、后滑步横踢、左右横踢、前横踢接横踢、前横踢接反击横踢、横踢接下劈、前横踢接下劈、左右横踢接反击、前横踢接左右反击等。

五、基本意识

(一) 步伐压制调动进行腿法进攻。

(二) 起腿进攻注意格挡防守。

(三) 假动作的调动。

(四) 两人进行攻防转换意识对抗。

(五) 加强组合动作连续进攻能力与防守能力。

具体内容见表2。

表2　跆拳道运动队2017—2018学年第二学期进度安排表(略)

※4 常州市武进区李公朴小学跆拳道队课时训练教案

教材内容	1. 介绍跆拳道 2. 教授礼仪礼节
教学目标	1. 宣布本课内容 2. 介绍跆拳道的基本知识,是学生了解掌握基本知识 3. 恢复体力,基本功及素质练习,培养学生勇敢顽强精神

续表

教学顺序	时间	内容与手段	组织教法和手段	次数	强度
开始部分	5 分	1. 队长集合整队 2. 师生相互间问好 3. 检查人数及服装 4. 宣布本次课的任务和要求 5. 安排新生	队形 XXXXXXXXXX XXXXXXXXXX 要求:迅速集合		小
准备部分	5 分	一、行进间准备活动 1 慢跑　2. 慢跑(2 到 3 圈) 3. 高抬腿　4. 单腿踢膝 5. 交叉跑 2～3 圈　6. 抱膝跳　7. 立卧撑 二、原地准备活动 1. 头部活动　2. 扩胸活动 3. 振臂活动　4. 转腰活动 5. 膝关节运动　6. 跳跃活动 7. 手、脚、腕活动	队形整合 要求:听口令练习反应敏捷 要求:动作舒展、规范节拍分明 队形:散点		中小
基本部分	55 分	一、宣布本课主要内容教学 二、介绍跆拳道基本知识 1. 跆拳道的礼节 2. 跆拳道的基本技术 3. 跆拳道的特点 三、基本功及素质练习 (一) 准备活动 1. 正踢 2. 里合 3. 侧踢 4. 外摆 每种腿法 2 组(10×2) (二) 素质练习 1. 腹肌(抱头转体)　2. 立卧撑　3. 高抬腿　4. 立卧撑踢膝每组(15×4)　5. 休息五分钟,重复练习 1、2、3、4 内容	组织教法 1. 宣布本课主要教学内容 2. 介绍跆拳道基本训练方法 3. 讲解示范各一遍 4. 模仿练习 5. 集体练习,口令指挥 要求;了解掌握跆拳道基本知识、特点、方法、学会基本动作 教法 1. 采用集体练习方法 2. 分组转换、教练个别辅导,提出动作重点,纠正学生错误 3. 要求;出腿迅速,重心移动快,注意安全	3～5 2～3 2 3～5 2～4	中大 大
结束	3 分	1. 放松　2. 课上小结　3. 布置回收器材　4. 布置下节课内容	全体集体进行放松 师生再见		小

※5 常州市武进区李公朴小学跆拳道队奖惩评价方法

一、运动队激励评价措施

(一) 设立竞选队长机制:每月月底总结本月的训练状况以及竞聘队长上岗。

(二) 设立每位运动员的目标:在跆拳道馆内张贴每位运动员的每月完成目标以及每月进步的表格。每月测试运动员的各项素质,对有进步的和完成目标的运动员在表格内发放进步小贴花(连续三次得到小贴花,自动晋升道带)。

(三) (设定晋升道带的小贴花数量:累计 5 次)一学年下来按照运动员获得的小贴花数量,分别晋升本校自行设定运动员 10 种颜色的道带。

(四) 设立每次代表学校参赛目标:在比赛中能正确对待输赢,完成自己设定目标,分别自动叠加三张小贴花。

(五) 设立团队进步奖:按照运动水平分组,把运动员分成若干团队,每月对团队考核,对有进步的团队每人获得一张小贴花。

(二) 现场实况照片

图 26-4 训练场景 1

图 26-5 训练场景 2

三、成绩与效果

(一) 学生参与度大幅上升

2015 年 10 月,武进跆拳道协会进入学校开展跆拳道项目的培训;2016 年 1 月,学校成立校跆拳道队。期初,全校只有 20 人参加跆拳道项目学习,在 2016 年元旦新年晚会上,校跆拳道队上场表演,赢得了满场喝彩,全校师生对跆拳道项目有了一个全新的认识,学生参与度逐渐增加。在春季运动会上安排集体项目跆拳道(品势比赛根据不同年级设置“太极 1～6 章”比赛)要求各班参加人数在班级总人数的一半,各班可以邀请教练员、体育教师进行现场指导。

（二）学生体质健康状况明显好转

运动队学生的体质健康状况：经过调查经常参加跆拳道项目训练的孩子在体质健康测试各项数据都能达到优秀（见表3、表4、表5）。每年学校要参加区田径比赛，而田径比赛运动员大多数来源于平时参加跆拳道训练的学员。

表3　2015年李公朴小学质测试情况统计表

年级	男		女		总体	
	样本数	平均分	样本数	平均分	样本数	平均分
小学一年级	155	76.40	137	81.20	292	78.70
小学二年级	172	78.20	140	79.90	312	79.00
小学三年级	196	80.70	152	80.60	348	80.70
小学四年级	211	79.20	145	78.40	356	78.90
小学五年级	200	81.70	124	80.40	324	81.20
小学六年级	198	77.70	135	75.40	333	76.80
小学总体					1,965	79.20

表4　2016年李公朴小学体质测试情况统计表

年级	男		女		总体	
	样本数	平均分	样本数	平均分	样本数	平均分
年级	样本数	平均分	样本数	平均分	样本数	平均分
小学一年级	245	83.70	194	85.80	439	84.60
小学二年级	193	83.20	169	84.30	362	83.70
小学三年级	198	86.50	170	86.30	368	86.40
小学四年级	220	80.40	178	82.50	398	81.30
年级	样本数	平均分	样本数	平均分	样本数	平均分
小学五年级	225	80.10	152	80.30	377	80.20
小学六年级	210	82.90	128	81.60	338	82.40
小学总体					2,282	83.10

表5　2017年李公朴小学体质测试情况统计表

年级	男		女		总体	
	样本数	平均分	样本数	平均分	样本数	平均分
小学一年级	126	79.90	117	83.10	243	81.40

续表

年级	男		女		总体	
	样本数	平均分	样本数	平均分	样本数	平均分
小学二年级	271	84.50	218	85.00	489	84.70
小学三年级	193	82.10	169	83.40	362	82.70
小学四年级	198	80.70	168	83.00	366	81.80
小学五年级	219	80.50	173	81.20	392	80.80
小学六年级	224	81.40	147	82.70	371	81.90
小学总体					2,223	82.40

(三)学生心理健康、良好意志品质、社会适应能力显著改善

队里的一名二年级的孩子刘虎小朋友,在一年级刚进队的时候我发现他较害羞,和家长交流说在家里是像只喇叭,可是到了外面怎么成了“哑巴”呢?看到孩子有这样的现象,我在安排训练任务时候,每星期有三节课是小组互动合作形式,几个同学组成的小组,有共同的目标,要完成任务各个组员必须相互帮助,团结友爱。在这种和谐温馨的氛围之下,内向的刘虎得到鼓励和支持,话越来越多,胆子也越来越大,慢慢地学会怎么与人交往。虽然孩子愿意与人交往了,但是我又发现孩子在个人上场展示自己的时候会很怯场。当孩子站到台中央时,低着头不敢看其他小朋友和老师,手一直不停在扭自己的衣服。他下来后,我问其原因,是怕自己表演的不好被其他小朋友笑话。面对这样的问题,在队里我安排集体表演,拍好视频播放给所有小朋友观看,请小朋友评比谁的表现最好,当大家一致认为刘虎小朋友是最棒的时候,我给大家提议请刘虎小朋友单独给大家展示,孩子打出一套(太极一章)动作优美刚劲有力。学校运动会如约而至,班主任老师外出有事不能训练团体项目,意想不到的是刘虎小朋友主动提出,愿意帮助老师带领参加表演的小朋友一起练习,同时回家和父母商量能否利用星期天让父母组织需要比赛的小朋友集中自己小区里,带领同学们一起练习。

(四)体育文化宣传力度加大

跆拳道以“礼义廉耻、克己忍耐、百折不屈”为宗旨。在跆拳道训练中每位运动员要遵循以下几点。

1. 以礼待人。在每节的训练课中,教练们把“礼仪”落实到了每个细节上:“以礼始,以礼终”,教练与运动员要互行礼,运动员在教之前也要行礼;如何坐,如何立;练习时要喊声威武,聆听时要静如处子。运动员来练习跆拳道,首先要遵循"礼"的原则,也要把这个原则融入自己的日常行为中。

2. 顽强拼搏。跆拳道作为一项运动,在训练的时候会出现累、疲劳、肌肉反应。当出现这些"症状"的时候,孩子们能否坚持继续训练,还是需要休息几天,有的甚至害怕训练?教练们和家长会尽量引导孩子们用毅力坚持下来,同时让孩子们了解跆拳道课程的设置,不会超出孩子们身体的承受范围,但也不会让他们太轻松,用毅力去克服一切"症状"才会让孩子们越来越"坚强"。

3. 责任担当。好多孩子看见其他小朋友训练跆拳道,觉得好玩也会要求自己进队参加训练。当教练说你了解这个项目吗?是否决定要参加跆拳道训练?同时告诉孩子你一旦决定了,就不要轻易放弃。因为,这是一种责任,和家长一起培养孩子的责任感,也是教练们的重要任务。练跆拳道不是图一时好玩,而是对自己的选择去负责,跆拳道服也不仅是穿在身上要帅的,它时刻在提醒你,"我是一个跆拳道队员,我是一个对自己负责任的好孩子"。

4. 团队合作。跆拳道馆是一个集体。在这里,大家年龄不同,身高不同,身体条件不同,个人性格也不同。如何在这里与其他人和谐相处,化矛盾为友谊,互相帮助、共同进步,也是孩子们需要学习的。现在的孩子们独生子女居多,还有不少被宠的"小皇帝",他们最终都会走向社会,与各种各样的人打交道,在道馆里就开始培养他们这种与他人和谐相处的能力,尤为重要。

5. 强身健体。孩子们的心智肯定不如成人练习者,因此,在对跆拳道技术的理解与领悟方面,自然不如青年队员。平时训练教师对孩子们在技术和战术上都会因人而制,只要他们认真去练习,掌握到什么程度都会给予鼓励。但在练习跆拳道的过程中,教师对孩子们的身体素质会比战术和技术的要求要高。

6. 耐挫能力。大家训练时间长短不同,各人也不同身体素质和技术水平,水平肯定会参差不齐,有人进步快,有人进步慢。在这个过程中,有些孩子难免会产生挫折情绪。在每次的比赛中很多孩子把输赢看得非常重。这时就需要我们教练与家长及时去引导孩子如何去克服这种挫折感,把它变成自己进步的动力。因为受挫也是一种能力,在学校以及今后的社会中,每个人都会遇到不同程度的挫折,从小培养自己良好的受挫能力,是教练、家长与老师们一个不容忽视的任务。

(五)运动成绩有提高

2016 年,李公朴小学参加武进区跆拳道比赛获得团体第三、全国大众赛优秀道德风尚奖;2017 年,李公朴小学参加武进区跆拳道比赛获团体总分第二名、江苏省大众精英赛前八名、江苏省第四届中小学生锦标赛体育道德风尚奖；2018 年，李公朴小学参加武进区跆拳道比赛获团体总分第一名，参加常州市第十五届运动会获团体总分和金牌总数第一。

图 26-6　2018 年市跆拳道赛小学组团体第一名

荣誉证书

李公朴小学

在 2018 年武进区小学生跆拳道比赛中，荣获小学组团体总分第一名。

特发此状，以资鼓励。

常州市武进区体育局
常州市武进区教育局
二〇一八年九月

图 26-7　2018 年区跆拳道赛小学团体第一名

（六）外界对本项目的反馈

孩子们和教练的努力，学校领导的支持、外界媒体的关注以及家长们的支持让学校跆拳道项目迅速发展起来。

图 26-8　武进电视台采访本校原校长马跃兴

图 26-9　武进跆拳道协会陈百赏会长接受武进电视台采访

四、思考与展望

虽然跆拳道运动队的工作取得了很多成绩，学生的身体素质、耐挫能力和意志品质等方面都得到了较大程度的提高，广大家长们也给予了高度赞誉和充分肯定，教练员队伍也在此过程中得到了很好的锻炼和较大的提升，学校知名度和社会影响也饱受赞誉，但是我们经过认真的反思，还是发现有如下几个方面的问题和不足。

（一）目前存在问题或不足

1. 众所周知，跆拳道运动以激烈对抗为主，在对抗中发生运动损伤是较为常见的现象，那么如何在训练中最大限度地减少学生的训练损伤是目前跆拳道教练最为关心的问题之一。其次，跆拳道的学习学生整体水平参差不齐，身体素质差异大，训练中肌肉、韧带的力量和弹性达不到要求，就盲目地训练，容易造成肌肉拉伤。

2. 跆拳道训练项目开展有一定的局限性，如：受场地器材的限制。

3. 由于学校开展跆拳道项目的时间不长，目前还是停留在运动队的建设上。

（二）改进措施

1. 在训练前，教师要及时做好专项性的准备活动，必要时做到分层训练，针对不同的孩子制订不同的训练计划。教育学生不要伤人，也不要被人伤，学会保护自己，做到以德服人、以礼待人。

2. 跆拳道项目分品势和竞技。在平时的练习里可以让学生与家长在家按照水平一、二、三完成家庭作业的形式来练习（太极 1—8 章），让家庭关系更加亲密。竞技项目在专业教练的指导下进行练习。

3. 随着家长和孩子对跆拳道的了解，学校逐渐把跆拳道项目往社团方向发展，并开设跆拳道校本课程，编写校本教材，完善跆拳道比赛项目，对孩子的奖励从班级到学校设立“体能测试、素质测试”各项的进步奖，在年级竞技比赛中设立年级小勇士奖，最终在全校运动会上设立班级团体奖。

入选理由:

该校绳飞毽舞运动队运动员相对较少,但独具一格的训练方法、管理制度、奖评机制为运动队取得优异成绩打下了坚实基础,正所谓“麻雀虽小,五脏俱全”,运动队更是引领该校其他运动队迈向新征程。学生喜爱,能掌握多种身体练习方法;家长配合,能常和孩子亲子锻炼;领导支持,能从精神和物质等多方面给予关怀。这些都是“绳飞毽舞”运动队的骄傲!

二十七 常州市武进区李公朴小学“绳飞毽舞”运动队

资料提供:巢　玲　赵煦阳　何燕娟

图 27-1　常州巢玲

图 27-2　学校田径场

常州市武进区李公朴小学历史悠久,积淀深厚。学校原名古方小学,创建于 1947 年,坐落在“爱国七君子”之一李公朴的故乡——武进区湖塘镇古方村。学校现占地 60 亩,有 38 个教学班,2065 名学生,106 名在职教师。

学校现有 14 名专兼职体育教师,均为本科学历,其中常州市骨干教师一名,武进区骨干教师一名。学校体育设施完善,功能齐全,现有体育馆一座,内设羽毛球馆、跆拳道馆、田径活动室、绳毽活动室、休息室等。运动场地塑胶化,现有 250 米田径场一片、篮球场三面、联合器械场地一块。资源教室中有体育舞蹈房、跆拳道室各一间。学校器材室配备了丰富的运动器材,主要有田径类、体操类、球类、趣味类、民间体育类等器材,这些设施资源为学校的体育教学、课外体育活动的开展奠定了坚实的基础,为学生积极锻炼、科学提高身体素质提供了有利条件。

李公朴小学“绳飞毽舞”运动队，成立于2007年，现有运动员23名，带队老师1人。跳绳和踢毽是青少年比较喜爱的体育锻炼项目，对环境器材要求低，开展简单易行，在学生中有着广泛的基础，是秋冬季节主要的运动项目之一，体育局和教育局每年都会组织开展武进区中小学生跳绳踢毽比赛。学校组建绳飞毽舞运动队，旨在丰富学生课余体育活动，培养跳绳和踢毽项目人才。

一、组织方法与活动设计

（一）组织方法

※1 常州市武进区李公朴小学“绳飞毽舞”运动队规章制度

“绳飞毽舞”运动队的有效训练和发展，需要各方面的大力配合、支持与帮助，为了在训练中营造积极向上的良好氛围与健康发展，特此建立本管理制度。

一、队伍训练宗旨：在领导的大力重视、队员的积极上进、家长的鼎力支持之下，确立苦练巧练，团结进取的队训。

二、出勤管理制度：由队长在点名册中记录队员们每次参训情况，迟到打“三角”、请假打“圈”、缺席打“叉”，并张贴于训练房内，便于队员互相监督。

三、卫生管理制度：制定值日表，一周五天训练则将队员们分成五组，训练结束后，在组长的带领下将训练房整理干净，为第二天的训练营造整洁的氛围。

四、训练评价制度：体育教师在日常训练记录表上为每个队员做好记录，达到目标则有加星，满星则得鼓励券。按学期进行评比，鼓励券多者获得“李公朴小学飞舞之星”称号。

五、比赛奖励制度：参加比赛的运动员按取得名次获得相应的奖励，由运动队和学校分别奖励。

在制度管理约束和激励下，训练工作有序高效地开展，也为成绩的取得打下坚实的基础。

（二）活动设计

※2 李公朴小学“绳飞毽舞”运动队训练方案设计

跳绳是一项全身性运动，以下肢弹跳为主，同时配合手臂摆动，腹肌收缩提腿等动作，能促进呼吸加深、血液循环、心肌增强；刺激脑下垂体分泌，增加脑细胞的活动，提高思维反应能力；锻炼快速反应时间和空间感觉，发展观察、判断能力以及动作的准确性、协调性，促进脑功能的发展。跳绳时手握绳对拇指穴位的刺激,会大大增强脑细胞的活力,提高思维和想象力。

一、育人目标

丰富校园文化生活,提高体育运动队水平,增强队员身体素质,培养队员探究意识及吃苦耐劳、勇敢果断、团结合作的优良品质。

二、内容与对象

(一) 内容:双摇跳和盘踢。

(二) 对象:二至五年级爱好跳绳踢毽的学生,选拔优秀的梯队成员。

三、训练要求

(一) 运动队训练是学校课余体育活动的一部分,因此以自愿参与为首要原则,学生根据自己特长自主选择。

(二) 队员应该按时参加训练,如有特殊情况,必须提前向教师请假说明情况。

(三) 在训练过程中遵守纪律,严格要求自己,做到吃苦耐劳、勇于拼搏、互帮互助,认真完成训练任务。

四、时间地点与器材

(一) 时间:早晨6:45—7:25;下午:(夏令时)3:30—4:45;(冬令时)3:00—4:15。

(二) 地点:天健馆二楼绳毽活动室。

(三) 器材:短绳每人1根,花毽每人1个。

五、训练措施

(一) 采用前测、单项测、综合测的方法,让学生能及时明确自己原有的水平和通过练习后的提高程度,并对每位队员的训练成绩做好记录。

(二) 在教学中采用分散与集中相结合的教学方法进行训练。分散时由各区域小能手组织及监督,集中时由教师统一练习时间及内容。

(三) 教学时以教师讲解、示范、个别指导等方法为主,邀请队员演示、讨论、交流,让队员在一次次实战练习中,互帮互助过程中掌握双摇跳和盘踢的技术动作,并不断挑战新高度。

(四) 加强与班主任、家长、学校领导的联系,充分保证队员的训练时间,无思想负担。

二、实施过程与方法

（一）具体实施过程

※3 李公朴小学“绳飞毽舞”运动队学期训练安排

1. “绳飞毽舞”运动队 2018—2019 年度第一学期训练计划

周次	内容
第一周	体能恢复训练
第二至五周	30 秒双摇跳，30 秒盘踢，素质练习
第三至五周	60 秒双摇跳，60 秒盘踢，素质练习
第六至十周	90 秒双摇跳，90 秒盘踢，素质练习
第十一至十五周	2 分钟双摇跳，2 分钟盘踢，素质练习
第十八至十九周	赛前训练、参加比赛、赛后反思调整

2. “绳飞毽舞”运动队 2018—2019 年度第二学期训练计划

周次	内容
第一周	人员的选拔
第二周	体能恢复训练
第三至五周	30 秒双摇跳，30 秒盘踢，素质练习
第六至十周	60 秒双摇跳，60 秒盘踢，素质练习
第十一至十五周	90 秒双摇跳，90 秒盘踢，素质练习
第十六至十八周	2 分钟双摇跳，2 分钟盘踢，素质练习

※4 李公朴小学“绳飞毽舞”运动队课时训练记录

运动队课时训练记录（一）

项目：绳飞毽舞　日期：2018 年 3 月 20 日

训练任务（内容）		训练方法	训练强度	运动量
一、准备活动：徒手操 8 节，小任务 3 组 二、专项练习：跳绳：30 秒×3 组；踢毽 30 秒×4 组 三、素质练习：仰卧起坐 25 个×3 组，背肌 25 个×3 组 四、放松整理		重复训练	中	中
训练记录	新队员加入，老队员能起到带头作用，但个别队员意志比较薄弱有怕苦怕累的思想，今后加强意志品质的培养			

运动队课时训练记录(二)

项目:绳飞毽舞　日期:2018 年 6 月 2 日

训练任务(内容)		训练方法	训练强度	运动量
一、准备活动:徒手操 8 节小任务 4 组 二、专项练习:跳绳:2 分钟×3 组;踢毽 2 分钟×4 组 三、放松整理、总结反思		间歇训练	大	中
训练记录	队员们都能在思想上重视测试,并且发挥出各自应有水平;今后的测试应模拟比赛场地,采用新绳新毽,提高队员的临场发挥能力			

运动队课时训练记录(三)

项目:绳飞毽舞日期:2018 年 11 月 22 日

训练任务(内容)		训练方法	训练强度	运动量
一、准备活动:徒手操 8 节 二、大素质练习 4 组 1. 企鹅漫步　2. 单脚跳(左右)　3. 综合跳　4. 蛙跳 5. 企鹅蹲跳 三、放松整理、游戏:两人三足		间歇训练	大	大
训练记录	老带新,骨干队员带领队员们克服疲劳,战胜困难,全部完成核心力量素质练习,把培养进取精神和团队合作融入训练中			

※5 李公朴小学“绳飞毽舞”运动队奖励评价方法

激励性评价是指在教学训练过程中,教师通过语言、情感恰当的方式,不失时机地从不同角度给不同层次地学生以充分的肯定、鼓励和赞扬,使学生在心理上获得自信和成功的体验。教师应充分运用激励性评价原理,最大限度地调动和发挥每一个队员训练的积极性、主动性和创造性。

一、升旗仪式点赞台

2017 年 9 月以来,李公朴小学为了展示学生参加各类竞赛获得的累累硕果,鼓励更多学生参与丰富多彩的活动,学校学生部在升旗台上设立了“学生点赞台”,每周升旗仪式上表彰表现出色的李小学子,旨在激发学生积极参与各类活动,展现个人魅力。“绳飞毽舞”运动队充分利用“点赞台”这一平台,积极参加武进区及以上组织的比赛,队员们站上升旗台,接受校级领导的表彰,既是对运动员们的肯定,同时也可以吸引更多的学生参与到这一项目中来。

二、星级评价巧激励

近年来,“绳飞毽舞”运动队形成一套较完善的星级评价制度。首先由教师根据运动员一段时间训练的效果,为每个队员设置不同的达成目标,若每次训

图 27-3　校领导在点赞台为绳毽队运动员表彰

练均完成目标则在训练记录表上给予加星，队员的目标随着训练的成绩将不断提升。队员集满10颗星将获得一张“鼓励券”奖励，每两周进行一次统计。在每学期末，教师将所有运动员所得的“鼓励券”进行汇总和评比，获得最多的运动员将授予“李公朴小学飞舞之星”称号。这一评价手段是对运动员一阶段以来训练成绩的回顾与反思，更是对表现突出队员的表扬与鼓励。

（二）现场实况照片

图 27-4　队员训练场景

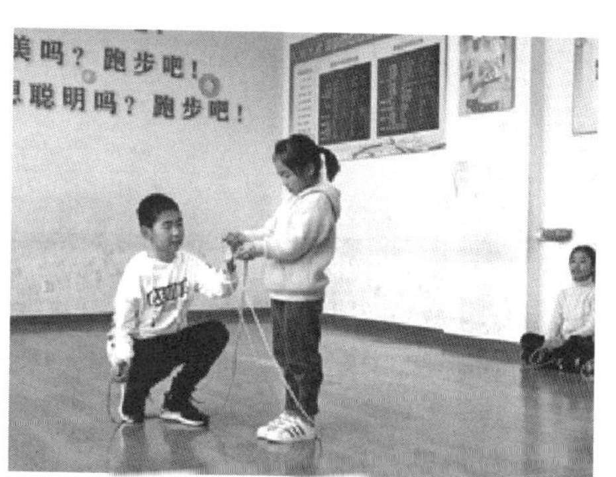

图 27-5　老队员指导新队员

三、成绩与效果

学校自组建绳飞毽舞运动队以来，李公朴小学的学生以及运动队都有了显著变化。

（一）学生参与热情高

踢毽虽稍有技术难度，但因该项目简便易行，在学校大课间体育活动、课外体育活动时，经常能看到学生欢快地跳跃、飞舞着花毽。校队的学生也会在训练之余带动班级学生一起练习跳绳与踢毽。

李公朴小学每年举行冬季跳绳踢毽比赛,一、二年级整班参加一分钟跳绳比赛,同时双摇跳作为加分项,计入总成绩;三至六年级学生则进行两分钟双摇跳比赛。踢毽比赛分单踢和盘踢,一、二年级比赛项目为一分钟单踢,三至六年级为两分钟盘踢。学校举行比赛不仅是促进学生学练双摇跳,挑选拔尖学生,为学校运动队储备人才,更是丰富学生课余体育生活。每到深秋,校园内则会掀起一股跳绳、踢毽的热潮。

(二)体质健康显提升

根据近五年来李公朴小学学生体质测试得分情况统计分析,学校学生体质测试成绩均呈上升趋势,学生体质健康状况有所提高。

表1　2013—2017年李公朴小学学生体质测试总体样本数与平均分统计表

年份	内容	
	总体样本数(人)	总体平均分
2013	1769	77.40
2014	1954	79.20
2015	1965	79.20
2016	2282	83.10
2017	2223	82.40

学校获得如此好的成绩,与学校扎实开展课外体育活动是分不开的。

同时,绳飞毽舞运动队的学生近三年来体质测试成绩大部分有所提升,这与队员们刻苦训练是分不开的。

(三)学生品质变化大

绳飞毽舞运动队的队员均有较好的心理素质,有吃苦耐劳的意志品质,大部分队员不光体育成绩拔尖,文化成绩也毫不逊色,还是班主任和其他任课教师的得力助手。

谈明星,作为队长他二年级开始参加训练,在运动队训练一年后参加区级比赛,成绩为238个(1分钟单挑单摇),个人第五名。第二次参赛成绩为255个,个人第一名。同时他也是班级的中队长,曾获一次武进区“四好少年”称号,每学期都能获得“三好学生”称号,是学生眼中的好榜样。他在训练日记中这样写道:我经常会想起绳毽队的队训——苦练巧练、团结进取。作为队长我更应该认真对待每一次训练，不断提高成绩，让绳毽队更加辉煌。我也应该经常帮助队员们，要知道我们是一个团队，得一起努力向上。

沈陆菲，是一个内向的小女孩，平时训练踏实刻苦。她在赛后反思中这样写道：在绳毽队这个大家庭，我从懵懂无知慢慢成长为听话懂事。我学会了很多道理，比如：不包庇他人、做事要有责任心、做错事要勇于承担等。我努力训练，就想在比赛中取得好成绩，为校争光。

（四）个人特长巧辐射

跳绳踢毽作为中国民间传统体育活动，它们有着简单易行、经济实惠，而且不受场地限制等特性。“绳飞毽舞”运动队的队员常常带动家庭成员甚至小区伙伴进行体育锻炼。和父母亲子跳绳、花样对踢毽、利用绳毽进行有趣的游戏等，这些都是家长和孩子闲暇时常有的场景。

同时，队员们也能将自己在运动队所学的素质练习方法，如“平板支撑”“小推车”“企鹅漫步”等简单有趣的身体练习方法教授给身边的小伙伴，和他们共同充实假期生活。

图 27-6　亲子跳绳 1

图 27-7　亲子跳绳 2

（五）比赛成绩喜丰收

近年来，绳飞毽舞运动队参加武进区冬季三项比赛，成绩显著，均获得团体前三名的好成绩。

表 2　李公朴小学绳飞毽舞运动队区级比赛成绩汇总表（2015—2019 年）

年份	项目			
	女子 2 分钟双摇跳绳	男子 2 分钟双摇跳绳	女子 2 分钟盘踢毽	男子 2 分钟盘踢毽
2015	团体第一	团体第一	团体第三	团体第二
2016	团体第五	团体第一	团体第三	团体第一
2016	小学组 2 分钟双摇跳绳		小学组 2 分钟盘踢毽	

续表

年份	项目			
	女子2分钟双摇跳绳	男子2分钟双摇跳绳	女子2分钟盘踢毽	男子2分钟盘踢毽
2017	团体第二	团体第二		
2018	团体第一	团体第三		
2019	团体第一	团体第一		

备注:自2017年以来,武进区跳绳踢毽比赛同一项目男女团体总分合并,各参赛队争夺小学组双摇跳绳或盘踢毽项目团体奖。

荣誉证书

李公朴小学：

在2018年武进区“前黄实验杯”迎新春跳绳、踢毽比赛中，荣获小学组跳绳团体总分第 一 名。

特发此状，以资鼓励。

常州市武进区体育局
常州市武进区教育局
二〇一八年一月

图27-8 荣誉证书1

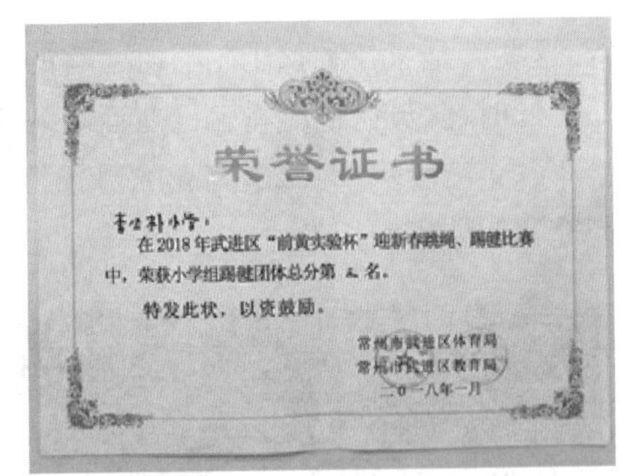

荣誉证书

李公朴小学：

在2018年武进区“前黄实验杯”迎新春跳绳、踢毽比赛中，荣获小学组踢毽团体总分第 二 名。

特发此状，以资鼓励。

常州市武进区体育局
常州市武进区教育局
二〇一八年一月

图27-9 荣誉证书2

(六)家校共育反馈佳

近几年来,学校“绳飞毽舞”运动队在武进区比赛中的优异表现,得到了学校的重视和家长的肯定。学校领导非常重视队员们的训练,经常抽出时间来到体育馆慰问孩子们。运动队外出比赛时,校级领导都能全程陪同,为孩子们加油鼓劲。

运动队每天两次训练,家长们都能按时接送孩子,尤其是早晨,队员们要比普通学生早到校半小时,家长们一向都是按时将孩子送到学校,可见家长们对运动队的训练非常支持。运动队有一名六年级学生喻灵,他还有一位双胞胎哥哥。入队之初,哥哥因踢毽水平和弟弟相差甚远,未能留在运动队。几年来,双胞胎的体型、精神面貌、学业成绩等方面都有明显差距。弟弟比较开朗、积极向上、身材匀称,学习成绩也较好,是任课老师的小帮手。家长对弟弟的各方面变化很是赞赏,觉得是“绳飞毽舞”这个团队改变了他。运动队另一位小队员邓嘉扬,参加训练三个多月时她的父亲就发现孩子各方面有了明显改变,(并)撰写了一篇文章以记录孩子的变化。

较好的训练方法和管理制度是运动队取得较优异成绩的坚实基础，这也吸引了周边学校前来学习经验。运动队的教师和队员经常倾囊相授，希望能在互相交流探讨中共同进步。

四、思考与展望

虽然李公朴小学“绳飞毽舞”运动队受到了外界的一致好评，但运动队同样存在一些问题有待改善和提高。双摇跳和盘踢训练对孩子的腿部力量，尤其是踝关节力量要求较高，期初参加训练的学生会有个别受伤情况，应加强队员准备活动的监督，训练内容安排循序渐进，以避免伤害事故。

绳飞毽舞运动队作为校级运动队，主要遴选优秀运动员参加武进区教育局和体育局组织的比赛。学校其他学生则参加学校组织的比赛，项目为单跳、双摇跳、单踢、盘踢，相对来讲可供学生选择的项目较少。运动队应设置更多的项目，如单人项目，除单跳、双摇跳、单踢、盘踢外，设置花样跳绳与花样踢毽；根据参与人数增加设置团体跳绳踢毽项目，如：双人跳、多人集体跳长绳、多人连续跳“8”字、双人对踢毽等，旨在让学生在绳毽活动中学会与同伴配合，改善应变能力，提高团队（协作）意识和集体荣誉感。为了系统地开展绳飞毽舞校本课程，运动队将设计三个水平段的内容，包含学习方法、组织方式、游戏方法等，以便于李公朴小学的教师和学生广泛开展绳毽类项目活动。

希望绳飞毽舞运动队能够在传承和创新中发扬“巧练苦练、团结进取”的队训，赋予更多的内涵，在未来的日子里把阳光体育运动更好的实施推广，惠及全体师生。

入选理由：

百年无锡连元校，历史悠久积淀深，养根竢实育英才，阳光体育工程佳。关注校园小胖墩，训练营地建立起，运动处方干预其，饮食处方紧跟上，方法妙招针对强，晨间课余利用上，不同个性不同法，改善形态减肥达，多元评价效果检，享受生活意志磨，陶冶情操完人格，身心健康自信增。

二十八 无锡连元街小学“小胖墩”训练营

资料提供：韩 斌 孟凡沙

图 28-1 无锡韩斌

图 28-2 校园一角

江苏省无锡连元街小学，原名“竢实学堂”，1898 年由教育家杨模先生创办。运动健康的先进思想早在一百多年前就已播撒在竢实学堂，学堂创办之初，除了设国文、算术及英文三科，还增设了体操课。一百二十多年来，学校秉承“养根竢实，乐育英才”的优良传统，在推进素质教育的征程上创新前行，积极推进和实施“连元”阳光体育工程，发展学生的综合体育素质。学校先后被评为“全国先进体育传统项目学校”“江苏省体育传统项目先进学校”“江苏省推广乒乓球运动先进集体”等。

学校现有专职体育教师 18 人，平均年龄为 35.5 岁，其中女教师 7 名，男教师 11 名；职称情况：高级教师 16 人，一级教师 2 人；学历教育情况：本科 16 人、大专 2 人，其专项有篮球、羽毛球、田径、乒乓球、游泳等；团队拥有市学科带头人1人，区骨干教师3人。体育组多次被评为无锡市优秀教研组。

学校总用地面积22884平方米，建筑面积约43104平方米，有86个标准教室，40多个专用教室，3个多功能会议室，10层综合教学楼，室内外篮球运动场7片，室内温水游泳馆，200米体育运动场，200多平方米的乒乓训练馆、200多平方米的击剑馆等现代化教育设施。目前，学校有两个校区，95个教学班，244名专任教师，4185名学生。

近几年，随着人民的生活水平不断提高，人均收入不断增长，小学生中出现了不少由于饮食、运动等原因造成的胖墩现象。这些不正常的肥胖现象给“小胖墩”的生活、学习带来了很多的不便，因此，我校体育组从2014年开始就利用每周主动发展日活动中开设了“胖墩”训练营项目。目的是通过行为干预，指导学生均衡膳食，加强营养宣教，引导学生科学进行体育锻炼，使校园里的小胖墩人数得到控制和减少，让“小胖墩”拥有更美好、快乐的童年。

一、组织方法与活动设计

（一）组织方法

※1 无锡连元街小学“小胖墩”训练营章程

第一章　总则

第一条　训练营名称

无锡市连元街小学胖墩训练营。

第二条　训练营性质

本训练营是非营利性体育团体，是代表我校的“胖墩”学生社团。

第三条　训练营宗旨

在遵守学校有关规定，组织全校各班一至二名的“胖墩”训练学生，调动一切积极因素，普及和发展我校“胖墩”训练营活动，同时以一种乐观，积极向上的理念为学生营造思想交流和相互学习的环境。

第四条　训练营目标

1. 制定有针对性的运动处方，探讨运动处方对提高肥胖学生身体素质的效果。

2. 通过训练，对肥胖学生予以充分的关注，以家校联合的方式，通过运动处方锻炼来适当改善他们的身体形态，达到减肥的目的。

3. 提高肥胖学生心理素质及抗挫能力，通过运动处方干预，增强学生的自信心及自主锻炼能力，为学生培养终身体育意识打下扎实的基础。

第五条　训练营口号

享受生活、磨炼意志、陶冶情操、完善人格。

第六条　训练营地址

无锡市连元街小学大操场。

第二章　训练范围

第七条　训练营的训练范围

1. 由体育组全面负责我校“胖墩”训练营活动的管理,研究制订我校胖墩训练营训练活动发展规划、计划及建议有关方针政策。

2. 宣传和普及胖墩训练营的知识,对其进行正确认识和了解。大力发展“胖墩”训练营活动,组织这些学生积极参加素质锻炼,以增强体质和提高运动水平。

3. 指导组织这些学生的训练活动,安排课程,促进“胖墩”训练营训练的普及和提高。

第三章　关于学员

第八条　“胖墩”训练营的学生由无锡市连元街小学一至六年级学生组成。

第九条　申请加入“胖墩”训练营必须具备下列条件

1. 遵守学校各项规定。

2. 热爱各项训练活动,有良好的道德修养,有积极向上的态度。

(二)活动设计

※2 制定运动处方的四要素

为使运动处方更科学且富有实效,在制定运动处方时,充分考虑到运动强度、运动时间、运动频率及运动项目四个因素。

1. 运动强度:根据肥胖小学生体重大、心肺功能差的特性,运动强度不宜过大,中低强度即可。针对每一位训练营的学生,测出他们的最适运动心率,然后确定运动强度。

2. 运动时间:肥胖小学生每次运动时间不少于30分钟,运动前有5～8分钟准备活动,运动后有3～5分钟整理活动。运动处方安排的每次活动时间在30分钟～40分钟之间。

3. 运动频率:为保证处方执行的有效性,设定的运动频率为每周9次。

4. 运动项目:在运动项目的选择上,充分考虑到各年级学生的生理及心理特点,选择一些娱乐性较强的、以身体移动为主的有氧运动项目。

二、实施过程与方法

（一）具体实施过程

※3 无锡连元街小学“小胖墩”训练营管理方法

1. 采用查阅资料（包括少儿肥胖知识方面的资料、小学生身体状况的资料）。

2. 实地采访（采访四类人：学生“胖墩”、“胖墩”的家长、医院的专科医生以及学校的体育教师）。

3. 组织“胖墩”训练营团队：营长：由学校主管体育的副校长担任，副营长：由体育教研组长担任，训练营教师由一名体育教师担任。

4. 针对各年级学生身心特点来制定减肥方案，并进行切实有效的减肥训练方法，同时给孩子们提供运动处方及饮食处方。

※4 无锡连元街小学“小胖墩”训练营组织措施

一、运动处方设定的具体内容

全体训练营学生的共性处方和针对个体差异的个性处方，两者相辅相成，以求达到最优化的练习效果。

1. 共性运动处方的设定及实施

共性处方的设计原则以有氧运动为主，减肥同时促进身体素质的全面发展；尽量选择学生平时喜欢的运动形式，特别注重运动的安全性和趣味性。共性处方的时间安排在周一、周三和周五的早上（7：20—7：50），夏季提早一小时。具体处方如表1至表3。

表1　周一晨间训练处方表

结构内容	热身部分	基本部分		放松运动
		有氧运动	力量练习	
项目	关节预热练习拉伸操（5节）	慢跑1000 m（1组）	球类运动（男：篮球或足球女：羽毛球）	放松操
时间	5分	15～17分	10～15分	2～3分
运动强度（心率）	90～110次/分	120～150次/分		90～110次/分

表 2　周三晨间训练处方表

结构内容	热身部分	基本部分		放松运动
		有氧运动	力量练习	
项目	运动模仿操	走跑交替(3 分走+3 分跑)×3 组	游戏:跳房子	放松游戏
时间	4 分	25～28 分	5 分	3 分
运动强度(心率)	90～110 次/分	130～158 次/分		90～110 次/分

表 3　周五晨间训练处方表

结构内容	热身部分	基本部分		放松运动
		有氧运动	力量练习	
项目	绳操(5 节)绳子小游戏	计时花样跳绳	追逐小游戏	伙伴交互放松
时间	7～8 分	10～12 分	10～12 分	3～5 分
运动强度(心率)	90～110 次/分	130～165 次/分		90～110 次/分

这些处方的强度遵循由弱到强的原则,实行一个月后,强度逐步增强,特别对跑的时间和跳绳的次数有递增的要求,实行监督者为在校参与的教师和孩子的家长。

2. 个性处方的设定及实施

对于参与训练营的学生,体育组通过相关数据检验,按脂肪密集度,分腹部型肥胖、臀部型肥胖和胸臂部肥胖三种类型。针对个体差异性,分别开具不同的运动处方予以干预。周二至周五的个性处方分别由韩斌等教师负责实施、协调,训练时间为每天下午 3:30—4:10。双休日的自选运动处方,由体育教师开具一定有选择的运动项目,让学生和家长自主选择一项,进行每天 30 分钟的运动训练。考虑到实验学生自主锻炼和自我监督的力度还比较薄弱,所以在双休日处方训练要求家长共同参与锻炼,并起到监督的作用。

★腹部型肥胖学生处方

对于腹部型肥胖学生处方制定内容的选择上,在考虑有氧运动的基础上,增加锻炼腹肌的运动。

表 4　腹部型肥胖学生运动处方

日期	处方内容	时间	运动强度(心率)
周二	定时慢跑	10 分	120～145 次/分
	广播体操配乐练习	5 分	90～110 次/分
	仰卧起坐(2 组)	5 分	120～140 次/分
	背肌练习(50 次×2 组)	10 分	120～135 次/分
周三	追逐跑游戏:猫捉老鼠	15 分	135～160 次/分
	运动模仿操	5 分	90～110 次/分
	各种姿势爬行	10～12 分	120～150 次/分
周四	花样图形跑	10 分	120～150 次/分
	健身操(5 节)	5 分	90～110 次/分
	摸石过河(15 米×5 组)	12～15 分	120～150 次/分
周五	不同头领带队跑(1000 m)	15～18 分	110～140 次/分
	一分钟蹲起(5 组)	13～15 分	120～150 次/分
	呼啦圈	10 分	100～120 次/分
周末	自选处方项目 1:球类运动	30 分	120～150 次/分
	自选处方项目 2:慢跑＋呼啦圈		
	自选处方项目 3:爬山		
	自选处方项目 4:绕地形跑		
	自选处方项目 5:游泳		

★胸臂肥胖型学生处方

这类学生的脂肪主要堆积在胸部和肩背部，为此运动处方则以哑铃操和锻炼胸肌活动项目为主，通过锻炼，达到结实肌肉，去脂减肥的目的。操作初期，用固定的训练项目——俯卧撑开始练起，加以哑铃操辅助，等有了一段日子的训练和基础后，因人而异，增加相应的训练项目。

表 5　胸臂肥胖型学生处方

星期	处方内容	时间	运动强度
二	曲线慢跑	8 分	100～120 次/分
	双杠斜身引体(30 次×3 组)	10～12 分	120～130 次/分
	球类运动	15 分	120～145 次/分
三	动物模仿操	5 分	90～110 次/分
	推小车(15 m×3 组)	12～15 分	120～140 次/分
	快速持续走(2 组)	16 分	125～155 次/分
四	奔跑游戏:捕鱼	5～7 分	100～120 次/分
	哑铃美臂操(2 组)	10～13 分	110～125 次/分
	集体跳长绳(2 组)	10～12 分	120～150 次/分
五	热身操(5 节)	5 分	90～110 次/分
	趣味跑	12～14 分	120～145 次/分
	俯卧撑(10 次×5 组)	10～12 分	115～125 次/分
周末	自选项目 1:球类运动(男生篮球,女生羽毛球)	30 分	120～140 次/分
	自选项目 2:定时慢跑+俯卧撑(10×2 组)		
	自选项目 3:游泳		
	自选项目 4:爬山		

二、训练营评价措施和手段

在训练中遵循趣味性原则。运动方式首先使锻炼者感兴趣,有利于使其能长久地坚持下去,不断变换锻炼的方法、内容和路线,使其能够饶有兴趣地参加处方中所应有的锻炼项目,同时还要运用多元评价,进行成效检验。

1. “胖墩”达人秀,瞧我露一手

从训练营实施启动时,每年的学校体育节,学校有意识地安排一些适合“胖墩”孩子勇武之地的项目,如:体育节中的拔河比赛、角力比赛、篮下一分钟投篮比赛、跳绳达标赛、保龄球比赛等。这些比赛项目参与面广,趣味性强,尤其是体育节中的拔河比赛,几乎都是“小胖墩”的天下! 自从开辟了这些项目以来,“小胖墩”也有机会拿到闪亮的达标连元星了,练习的劲头更足了!

2. 大手协小手,合家显身手

由于小学生缺乏自我监督的能力,在执行的力度上,有家长参与监督的处方训练相对来说效果比较好。

（二）现场实况照片

图 28-3　爬行游戏

图 28-4　拉轮胎跑

图 28-5　腰腹力量训练

图 28-6　你追我赶

三、成绩与效果

经过一年半的运动处方训练，训练营的学生在身体素质各个方面都有了比较大的改善，主要体现在以下几个方面。

（一）处方干预后对学生身体形态的影响

训练结果表明，学生对运动的喜爱程度与肥胖有很大关系，主动参与会减少发胖的危险性。本处方在设计过程中充分考虑了小学中段学生生理、心理特点，选择他们乐于接受的游戏类处方，收到良好的减肥效果。

处于生长发育期的学生身高、体重自然增长。本训练结果表明，训练营的部分学生体重身高指数已经由肥胖转变成正常体重；部分学生的身高体重指数已经由肥胖转变成超重。

（二）处方干预后对学生身体素质的影响

本训练营结果证实，处方式的减肥运动能使肥胖学生的身体素质得到比较大的改善。其中,爬行运动是处方中能量代谢最高的运动方式,不仅增强胸部、腰背部、四肢力量,而且有利于提高心肺机能。另外,五分钟跑是反映人体心肺功能的有效指标,肥胖学生实验前心功能指数偏高,说明肥胖已经影响其心肺功能;实验后有效提高了儿童的呼吸、循环系统。本运动处方对肥胖学生的早期干预增进了儿童健康,其中心肺功能的改善是本实验的重要收获。

(三) 处方干预后对学生心理素质的影响

实施运动处方前,"小胖墩"比较自卑,懒散,孤僻和消沉,具体表现为集体体育活动不参与,自主锻炼意识淡薄,缺乏参与竞争所必需的自信心。实施处方干预一段时间后,这些训练学生的人际关系敏感、抑郁、焦虑等现象有很大的转变。

本组运动处方主要采用的是以有氧运动为主的锻炼手段,这些运动能使受试者改变心境,应激减少。同时,趣味性的项目和循序渐进的负荷强度使学生能够在长期的运动锻炼中不觉得枯燥,从而在身体锻炼时产生最佳的情绪效益。通过处方干预,训练营的学生对体育运动,特别是处方中球类和游戏类的跑跳运动,表现出极大的锻炼兴趣,处方锻炼有效性强。同时,这些"小胖墩"还积极参加学校的体育节的各项活动,在体育课及课外活动中,慢慢地能展示自己,自觉参加集体体育活动的"小胖墩"的队伍在逐渐加大。

"小胖墩"在人际交往和日常体育活动中通常表现出敏感、不合群、消极怠工的情绪,这种表现在处方干预后有所改观,具体表现为:群体活动的参与意识增强,体育课中对不擅长的体育项目畏难情绪有所减弱,并能主动参与锻炼。训练营二年级学生孙睿,参与处方训练前一直是班级里的体育困难户,一直对田径类,特别是跑类的体育项目特别排斥,一遇到这类项目的测试,就千方百计找理由逃避或消极怠工。经过一阶段的处方训练后,他主动参与的热情增加了,而且,在国家学生体质 50 米跑测试项目中,取得了破天荒的第一次及格;其他体育项目,也在原有基础上有所进步,全班同学为此对他刮目相看,他本人参与运动锻炼的劲头也更加高涨了。

(四) 处方干预后对学生文化学习的影响

尝到了处方锻炼后的甜头后,多数学生的学习习惯也有了一定程度的改变。字迹清晰了,认真听讲了,积极发言了,作业也不拖拉了……

为了证实处方锻炼对学习成绩的促进性,体育组专门对部分受试学生和家长一起配合,进行了问卷调查,结果见表 6。

表 6　处方锻炼对学生学习精力的影响

锻炼后的反应	人数	百分比(%)
精力充沛	6	40
从适应到精力充沛	8	53.3
精力不足	1	6.7
精力严重不足	0	0

表 7　训练营实施的前后文化成绩对照表

			训练前	训练后
学科成绩	语文	平均分	80	85
		最高分	91	95
		及格率	89.2	95.5
		优秀率	63.2	69.3
	数学	平均分	85	92
		最高分	100	100
		及格率	86.6	95
		优秀率	75	80.5
	英语	平均分	88	90
		最高分	98	100
		及格率	94.7	98.6
		优秀率	60.5	67.3

训练营结果表明:每天参加一定时间和适量强度的处方体育锻炼,大多数的实验学生能够保持充沛的精力进行学习。大部分学生在适应期的几天内稍有疲劳的感觉,但很快就能适应。其中,有极少部分同学感到精力不足,这与这部分学生自身的一些身体疾病和体质有密切关系。从训练营实施的前后文化成绩对照表数据统计证实,适当的体育活动可以使学生精力旺盛,从而更好地投入紧张的学习中,对促进学习效率、提高学习成绩具有一定的作用。

四、思考与展望

(一)关于处方的设计及安排

训练营主要是针对各年级肥胖学生制定的运动处方,大部分处方是学生在体育教师的带领下,在学校完成。如何使这些处方更加个性化、最佳化,同时利用微视频、家庭指导手册用于在家庭中练习的每一个学生,是本训练营有待研究及改进之处。

(二)关于处方完成质量的监控

因为有些处方完成场所(家)及时间(假期)的原因,对学生部分处方完成的质量监控还是要依赖于家长,如果家长重视程度不高或别的原因,质量监控权便落在学生自身身上。由于小学阶段的学生自我管理能力不强,意志能力水平不高,在一定程度上影响体育作业完成的质量。摸索更有效的管理机制,保证作业完成的质量是训练营必须解决的问题。

(三)处方的设计布置

如何追求育人的综合效应,在处方实施的整个操作过程,教师如何利用作业设计到反馈评价的各个环节,开发育人功能,促进学生良好个性和心理品质的形成和发展,还需进一步努力。

小孩子会自己不懈地探索和实践,通过学校体育努力实现“让每一个学生都能健康和谐地发展”的教育理想,特别是让这些“小胖墩们”走向运动场、走向大自然、走到阳光下,学习体育锻炼的方法,养成终身锻炼的理念,树立健康第一的思想,让连元校园盛开阳光体育之花!

入选理由：

活水源流随处满，东风花柳逐时新，镇江科小底蕴深，阳光体育伴我行。假期体育有作业，特色项目巧融合，体质测试紧密切，亲子活动增感情，多元评价促发展，健康成长育新人。

二十九 镇江江苏科技大学附属小学假期体育家庭作业

资料提供：唐云浩　陈万东

图 29-1　镇江唐云浩

江苏科技大学附属小学是镇江市京口区的一所公办小学，历史悠久，始建于1933年，学校的前身是镇江市南门小学，2008年与靳家巷小学合并，2012年正式更名为“江苏科技大学附属小学”，2013年学校与江苏科技大学签有联合办学协议。

江科大附小的体育特色——排球，起步早、训练实、成绩斐然。1972年，学校成立了校排球队，建队以来，一直囊括镇江市小学生排球比赛冠亚军，多次在省比赛中获奖，为镇江市体校输送了上百名排球运动员。学校发挥“国家级青少年排球俱乐部”“江苏省排球协会小学分会”的优势，开发了排球校本课程，实践着“人人会排球，阳光运动伴我行”的体育特色。

学校先后荣获国家青少年体育俱乐部、江苏省绿色学校、江苏省体育工作先进学校、江苏省健康促进银牌学校、江苏省“冬锻三项”先进学校、江苏省青少年科技教育先进学校、江苏省体育传统项目学校、镇江市文明单位、镇江市电化教育实验学校、镇江市青年文明号、镇江市食品卫生 A 级单位、镇江市级“巾帼文明岗”、镇江市现代化小学等称号。

一、组织方法与活动设计

※1 江苏科技大学附属小学假期体育家庭作业活动方案

一、指导思想

全面贯彻落实党和国家德、智、体、美全面发展的教育方针,以《教育部、国家体育总局关于进一步加强学校体育工作,切实提高学生健康素质的意见》《教育部国家体育总局共青团中央开展亿万学生阳光体育运动的通知》精神为指导,进一步落实“强化体育课外锻炼,促进青少年身心健康、体魄强健”的体育工作要求,推进学校、家庭和社会的协同合力,让每一名学生在参与体验中增强体质,爱上运动,培养每一名学生的体育素养和健康的生活方式。

二、实施思路

在对我校1320名学生的问卷调查中发现,72%的学生校外时间在上各种学习辅导班,只有28%的学生进行户外活动或体育活动,寒暑假及周末的闲暇时间有81%的学生通过手机和电脑玩游戏看动漫;家长重智轻体,不支持孩子参加体育活动,因此学生缺乏体育锻炼的意识和自主能力。

假期将“体育作业”列入家庭作业之中,可以纠正片面的应试教育观念,帮助家长认识到体育在孩子成长发展过程中的重要作用。

结合这些情况,我校决定对学生布置假期体育家庭作业。通过校外时间,设计有针对性的、有趣的体育家庭作业,引导学生主动锻炼,培养学生的自主探究能力,养成良好的锻炼习惯。

三、实施目标

(一) 通过体育家庭作业的实施,增强学生体质,培养学生“终身体育”的意识,完善人格,提高能力。

(二) 让每个学生都学有所长,通过体育家庭作业的实施,努力培养自己的一技之长,为今后提供自我发展的空间。

(三) 通过体育家庭作业,让学生享受家庭的温暖,促进亲子关系,体验运动的快乐,培养良好的心理品质,使他们健康快乐地生活。

四、组织机构

(一) 为全面指导和管理体育家庭作业的实施,成立江苏科技大学附属小学体育家庭作业实施领导机构。组长:蔡艳,成员(略)。

(二) 为有针对性地指导体育家庭作业的具体实施,成立实施指导小组。组长:唐云浩,成员(略)。

五、作业设置

(一) 体育家庭作业设计与学校特色排球有机结合。根据我校是省排球传统学校,学生人手一球,从小学一年级开始接触排球运动,整个小学阶段将熟练掌握排球的基本技能。因此,在设置作业时,基本技能的巩固是不可缺少的一项。如一年级以熟悉球性为主,拍好球、抛好球;二年级以对空垫球为主;三年级增加难度,练习对墙垫球;四、五、六年级以抛垫、对垫为主,更鼓励与家长的对垫。

(二) 与学生体质锻炼测试紧密相连。在作业的设置上,我们一方面加强基本素质的练习和巩固,另一方面增强作业的时尚性和功能性,在锻炼内容的形式上创新,紧跟时代的步伐,满足学生年龄和身心特点发展的规律,提高他们锻炼的兴趣。

(三) 设置与家长的合作锻炼项目。家庭体育是终身体育的保证,首先家长树立运动意识,养成热爱运动的习惯,营造热爱运动的家庭气氛,给孩子做出良好的榜样,带动孩子"动"起来。因此,教师设置了"必须和家长踢一次足球、打一次篮球……当天的其他作业可以不做"这一条特别说明,鼓励家长积极地参与,既促进了家长的有效监督,还增强了亲情关系,更得到了共同提升锻炼的效果。

(四) 个性差异的设置。对于特异体质的学生,我们指导家长和学生力所能及地做运动,避免不当的锻炼项目造成身体心理的伤害。

二、实施过程与方法

(一) 具体实施过程

※2 组织机构与评价方法(摘录)

一、组建活动组织机构

(一) 根据学校实际制订假期家庭体育作业的实施方案,提交学校领导班子讨论。

(二) 在全体教师大会上,宣布体育家庭作业的实施方案,达成共识。

(三) 加强宣传,通过多种途径让学生和家长认识体育锻炼对学生身心发展的重要意义,激励学生主动参与体育课外锻炼,指导家长督促并和孩子一起坚持每天锻炼,共度一个健康而有意义的假期。

二、制定假期作业内容

根据学生每年体质测试情况,以素质练习和校本课程为主,制定一系列易操作、适合家庭锻炼的假期学生体育作业。

(一)体育家庭作业设计与学校特色排球有机结合。依据学校是省排球传统学校,学生人手一球,从小学一年级开始接触排球运动,整个小学阶段将熟练掌握排球的基本技能的校情。在设置作业时,把基本技能"垫球"的巩固作为一项不可缺少的项目。

(二)与学生体质锻炼测试紧密相连。国家体质测试项目分别从速度、耐力、力量、柔韧着手,全方位测试学生的身体素质,同时通过测试促进学生身体锻炼。在作业的设置上,一方面加强基本素质的练习和巩固,另一方面增强作业的时尚性和功能性。

(三)设置与家长的合作锻炼项目。让家长积极地参与进来,这样不仅促进了家长的有效监督,还增强了亲情关系,更得到了共同提升锻炼的效果。

(四)个性差异的设置。对于特异体质的学生,我们指导家长和学生力所能及地做运动,避免不当的锻炼项目造成身体心理的伤害。

三、建立评价管理机制

体育家庭作业的实施,其目的就是让孩子们学会自主锻炼,还要持之以恒地坚持。作业要求每天进行及时评价,自己评价、家长评价,每5天家长上传照片或视频,以此多渠道督促学生动起来,力促养成习惯,从而激发他们的运动动力,养成持之以恒锻炼的习惯。

建立有效的奖罚制度,把学生课外体育锻炼完成情况与体艺"2+1"结合起来,调动学生开展课外体育锻炼的积极性。

表1　寒假体育作业评价表

评价等级	☆	☆☆	☆☆☆	自我鉴定	家长鉴定
评价标准	每天坚持:(自选三项完成) 垫球50个,个人跳绳120个,合作跳绳50个,仰卧起坐20个,平板支撑1分钟×2	每天坚持:(自选三项完成) 垫球100个,个人跳绳150个,合作跳绳80个,仰卧起坐20个×2,平板支撑1分钟×2	方案一:(任意四项完成) 垫球100个,个人跳绳150个,合作跳绳80个,仰卧起坐20个×2,平板支撑1分钟×2 方案二:参加体育训练或者和家长踢一次足球或打一次排球、篮球,当天的其他作业可以不做。在当天的日期后注明		

表 2　暑假体育作业评价表

评价等级	☆	☆☆	☆☆☆	自我鉴定	家长鉴定
评价标准	每天坚持:(自选三项完成) 垫球 50 个,跳绳(合作跳绳)100 个,柔韧练习(坐位体前屈、劈叉)总时间 10 分钟,平板支撑 1 分钟×2,跳台阶 10 次	每天坚持:(自选三项完成) 垫球 100 个、跳绳(合作跳绳)150 个,柔韧练习(坐位体前屈、劈叉)总时间 10 分钟,平板支撑 1 分钟×2、跳台阶 10 次 2 组	方案一:(任意四项完成)垫球 100 个,跳绳(合作跳绳)150 个,柔韧练习(坐位体前屈、劈叉)总时间 10 分钟,平板支撑 1 分钟×2、跳台阶 10 次 2 组 方案二:参加体育训练或者和家长参加游泳、打球、登山等亲子合作项目,当天的其他作业可以不做,在当天的日期后注明		

表 3　寒暑假体育作业记录表

1. 江苏科技大学附属小学寒假体育作业记录表

班级　姓名

日期	项目					评价人
	垫球总个数	个人一次性跳绳最多的个数	与家人合作跳绳最多的个数	仰卧起坐一天的总个数	平板支撑一天的总时间	
	以下表格略					

备注:

(1) 计次作业,其中参加体育训练、和家长踢足球、打篮球、打排球,当天的其他作业可以不做,并在当天的日期后注明。

(2) 校本排球内容为一年级拍或抛球、二年级对空垫球、三年级对墙垫球、四、五、六年级抛垫球。

(3) 评价人必须实事求是地填写并签名。

(4) 每 5 天发一次锻炼的小视频或照片到家长群,让同伴互评。

(5) 本统计表开学时交与班主任。

评价等级:优、良、合格。

学生自评班级群评价(班主任统计)。

体育老师评价是否认定为体育特长生。

2. 江苏科技大学附属小学暑假体育作业记录表

班级　姓名

日期	项目					评价人
	垫球	跳绳（个人、合作）	跳台阶	平板支撑	坐位体前屈劈叉	
	以下表格略					

(二)现场实况照片

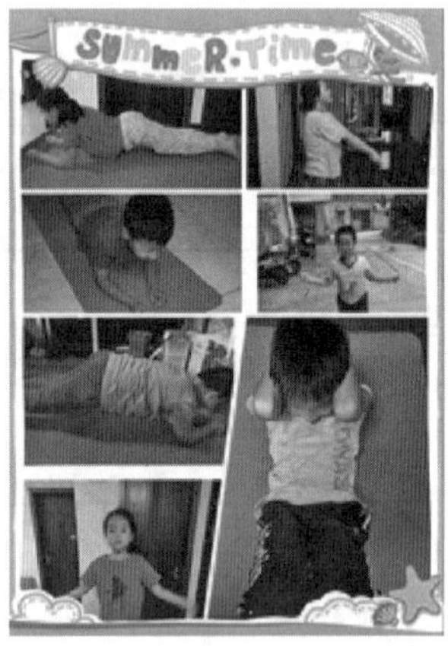

图 29-2　小手拉大手

图 29-3　暑假锻炼形式多样

图 29-4　寒假自我锻炼

图 29-5　寒假伙伴锻炼

三、成绩与效果

（一）学生的参与度高，热情高涨，假期生活丰富

通过学生上传的体育锻炼照片、视频，真实记录学生锻炼的场面，给予学生展示的平台。自活动开展以来，学生特别喜欢拍锻炼的场面，他们相约同学一起，和家长一起锻炼，留下锻炼的画面，分享给老师、同学、家人，收获了健康、收获了快乐、收获了友谊……大大丰富了假期生活。

（二）体质健康测试，素质增强，成绩上升显著

在假期体育作业中特别设置了对场地要求不高的项目，如坐位体前屈、仰卧起坐、跳绳，体质健康的测试显示，这些项目成绩均有所提高，特别是跳绳加分的学生人数逐年增加。15 年全校有 13.3％的学生跳绳加分，16 年增长到 15.2％，17、18 年持续增加，达到 20％。

（三）带动家长锻炼，共同感受，相互促进增趣

体育家庭作业中有些项目需要家长与孩子共同合作完成，在此过程中家庭锻炼的气氛浓厚，推动了全民健身运动的开展。

（四）排球运动落实，技能见长，比赛成绩优异

作为江苏省排球传统项目学校，学校里学生人手一球，自然体育作业里排球是必练项目。自从假期体育家庭作业开展以来，学生的排球技术较假期前见长。如放假前二年级的许多学生对空垫球一次性垫只能 20 个以上，放假后再测，基本都能达到 50 个以上。同时校排球队比赛成绩优异。

图 29-6　2017 年参加省比赛

图 29-7　2018 年省比赛获奖合影

在近几年省市区排球比赛中的成绩：

2015 年：镇江市小学生排球比赛男女甲乙组囊括四项第一，省体育传统项目学校小学生夏令营排球比赛女子组第一名,男子组第四名。

2016 年:镇江市小学生排球比赛男女甲乙组囊括四项第一,省体育传统项目学校小学生夏令营排球比赛女子组第二名,男子组第三名。

2017 年镇江市小学生排球比赛男女甲乙组第一,省体育传统项目学校小学生夏令营排球比赛男子组第四名、女子组第六名。

2018 年:镇江市小学生排球比赛男女乙组第一、甲组第二,省体育传统项目学校小学生夏令营排球比赛女子组第二名。

2019 年:镇江市小学生排球比赛女子甲乙组第一,省体育传统项目学校小学生夏令营排球比赛女子组第二名。

(五) 表彰运动达人,校网宣传,产生社会效应

每学期开学初,学校对假期运动小达人进行表彰,并在校园网站宣传,鼓励先进,激励每个学生参与。

四、思考与展望

实践证明,体育家庭作业能发展学生的自主锻炼能力,能增强学生的体质,能培养良好的锻炼习惯,我们要长期做好这项工作,在形成常态化下做到:形式多样化、评价多元化、管理有效化。

今后的设想:

1. 体育作业内容以兴趣为导向,形式多样,适合学生自主锻炼。

2. 建立多元化评价制度,通过鼓励让学生增强锻炼信心。

3. 建立家校合作机制,进一步提升家长的体育健身意识,引导家长主动配合学校,在做好监督的基础上,积极和孩子共同参与体育锻炼。

入选理由：

体育家庭作业的布置，有效地整合了家庭教育资源，将体育锻炼从校内拓展延伸到校外到家庭。体育资源巧妙整合，家校联动齐抓共建，课余假期丰富多彩，打卡锻炼引领时尚。体育生活伴生成长，终身锻炼牢记心上。

三十　常州市戚墅堰东方小学学生家庭体育生活

资料提供：储江艳

图 30-1　常州储江艳

图 30-2　校园大门

常州市戚墅堰东方小学始建于 1958 年，原名为戚墅堰机车车辆厂职工子弟第二小学，2004 年划归地方政府管辖，遂更名为常州市戚墅堰东方小学。2009 年初，因城际铁路建设，原戚墅堰先行小学整体融入。2017 年 11 月，常州市戚墅堰东方小学教育集团正式成立。现在的教育集团是以戚墅堰东方小学为核心校，丁堰小学、经开区小学为成员校，实行一体化办学。学校现有 36 个教学班，学生 1557，在职教师 91 人，学历达标 100%，中级以上 56 人，其中中学高级 10 人，五级梯队 42 人。

学校建有羽毛球馆和乒乓球馆各 1 个，200 米塑胶跑道和 4 片篮球场。现有 8 名专职体育教师，区骨干教师 2 名，区教学能手和教学新秀各 1 名，体育组的每位老师都具有自己的专项特长，已经能全面满足各年级体育基础课程教学。

从 2013 年开始，学校根据教师的特长和实际情况，进行学校体育工作的整体架构和体育课程的校本化实施,对校园体育生活进行整体设计。在整体架构学校体育工作的思考和实施过程中,通过融通家校体育、家校合力,真正地帮助和督促孩子养成健康的生活方式和终身锻炼的习惯。

一、组织方法与活动设计

(一) 组织方法

※1 学生家庭体育生活组织方法

一、组织机构

为了扎实有效地推进学校体育各项改革的实施,学校成立以执行校长为组长、教导主任为副组长、教研组主要落实的管理机构,并形成由体育教研组长为组长、以体育教师为成员的项目推进小组。各小组实行组长负责制,各司其职,协作推进。

二、学生家庭体育生活设计目标与内容

(一) 通过家庭的持续锻炼,提升学生的体质,使孩子们养成运动的习惯。从以体质测试和学期测试的项目为主,过渡到全方位的安排。

(二) 逐步拓展体育技能,不断提升对体育价值和核心素养的认识。从身体锻炼拓宽到体育知识的了解、体育技能的学习和坚持身体锻炼等多个方面。

(三) 加强日常和假期两个时间点家庭体育生活的设计和指导。根据各年段学生的特点和需求,与学生共同讨论设计假期体育生活。

(二) 活动设计(摘录)

※2 学生家庭体育生活设计方案

一、2016 年暑期戚东小体育学科假期活动设计

年级	活动主题	活动内容、方法	评价	运动安全提示
一、二	暑期亲子乐	1. 亲子共运动:坚持进行锻炼同时做好记录(关注自己测试的薄弱项);尝试并创新亲子互动的锻炼形式,总结亲子活动的方法,记录活动感受 2. 学习一项体育技能:如游泳、羽毛球、乒乓球、篮球等,并在学练过程中了解这项运动的相关知识	1. 通过视频、照片展示和介绍自己在假期中与父母进行亲子活动的情况和收获,并进行评比 2. 交流展示暑假中学会的运动技能和相关知识	1. 夏天炎热,锻炼时注意防暑 2. 锻炼前做好准备活动,并穿好运动鞋和适宜运动的服装,防止运动损伤

续表

年级	活动主题	活动内容、方法	评价	运动安全提示
三、四	伙伴训练营	1. 伙伴齐运动：坚持进行身体锻炼并做好记录（关注自己测试的薄弱项）；每周1～2次与小伙伴相约，集中进行锻炼，相互鼓励督促，总结锻炼的方法，记录活动感受 2. 学习一项体育锻炼的技能，并了解所学技能的相关知识，开展一些简单的研究	1. 通过视频、照片展示和介绍自己在假期中与小伙伴一起锻炼的情况和收获，并进行评比 2. 交流展示暑假中学会的运动技能和相关知识	1. 夏天炎热，锻炼时注意防暑 2. 锻炼前做好准备活动，并穿好运动鞋和适宜运动的服装，防止运动损伤 3. 伙伴相约运动时，须至少有一位家长陪护
五、六	团队合作营	1. 合作来运动：坚持进行身体锻炼并做好记录（关注自己测试的薄弱项）；每周与同伴相约合作锻炼，尝试进行团队性的游戏活动，总结活动中合作方法，记录活动感受 2. 学习一项新的或坚持学习一项体育锻炼的技能，并了解所学技能的相关知识和比赛规则，开展较深入的研究	1. 通过视频、照片展示和介绍自己在假期中与同伴进行合作锻炼的情况和收获，并进行评比 2. 交流展示暑假中学会的运动技能和相关知识	1. 夏天炎热，锻炼时注意防暑 2. 锻炼前做好准备活动，并穿好运动鞋和适宜运动的服装，防止运动损伤 3. 同伴相约运动时，须至少有一位家长陪护

二、家庭作业设计

1. 一年级体育家庭作业设计

项目	日期										
跳短绳100～150个3组											
坐位（立位）体前屈20～30次											
10～20×5米往返跑3次											
羽毛球颠球10分钟											
投掷纸球或沙包20～30次											

续表

项目	日期										
和家长比平板支撑											
自选项目:											
家长签字和评价											
备注: 1. 此表每月打印一次进行记录,完成家庭作业后请交给老师,期末将根据完成情况,进行加分奖励 2. 每周至少 4~5 天练习,每次选择 1~2 个项目练习,可记录完成次数和组数(例如 20×3),请家长指导陪伴孩子锻炼 3. 每个项目都会先进行单元测试,学期末还有补测机会 4. 锻炼时注意循序渐进,逐渐增加每次运动量											

2. 二年级暑假体育家庭作业设计

项目	日期											
	第一周			第二周			第三周			第…周		
跳短绳 150~200 个 3 组												
仰卧起坐 30~40 个 3 组												
坐位前屈 20~30 次												
10~20 米×5 往返跑 5 次												
一周一次小比赛(和同学或家长)	根据个人兴趣爱好,选一项运动项目(可以是足球、篮球、羽毛球、游泳、轮滑等),每周活动一次,并请家长帮助拍摄微视频或者照片,开学后发给班主任老师,在新的学期进行全班展示,特别优秀的将在全校展示											
学习一项体育技能或了解一项体育运动知识												
观看一场体育比赛												
家长签字评价												

续表

备注 1. 基本任务——测试项目每周练习 3 次，每周请家长帮助测试一次，记录测试成绩 2. 提高任务——每周和同学或家长进行一次体育比赛 3. 高级任务——学习一项体育技能或了解一项体育运动比赛方法，开学将进行交流展示(技能表演或运动项目 PPT 演示)

二、实施过程与方法

(一) 具体实施过程

1. 家校联手挖掘育人功能，发展学生多方面素质

为了落实体育家庭作业，使学生有目标有方法，在结合体质测试的内容和体育课堂教学内容的基础上，设计各年级的体育家庭作业表格，在实施的过程中根据实际情况，伴随着理念的提升不断地完善。

从开始布置体育家庭作业时，更多地考虑提高学生的运动成绩，维持一定的体能，由家长打印家庭运动表格，根据孩子每天的完成情况进行记录。随着研究和实践的深入，更多地认识到体育的内在价值，挖掘其育人独有功能，引导孩子们在家庭体育活动中，通过亲子活动、同伴运动去养成和发展体育核心素养。

2. 根据实际情况不断改进，引导学生研究性学习

家庭体育生活设计不断延续与完善，如：在暑假体育生活指南中，学生不仅自我记录每周锻炼时间和内容，向家长或教练学习一项体育技能，家庭成员每周进行一次小比赛。暑假中在遇到四年一次的奥运会时，围绕奥运主题，各年级开展不同层次的研究，根据自己喜欢或学习的项目，结合奥运会的观摩，了解相关知识，如这项运动的发展历程、特点、相关运动员、比赛的规则及战术等，并及时做好研究记录，从而让运动研究融入暑期生活，成为孩子的生活习惯。

3. 构建课题研究计划，科学指导有效推进

把对学生家庭体育生活作为课题进行项目研究，根据实际情况科学合理地制订活动计划，确定研究专题，形成序列化的研究体系：低年级段为家庭亲子活动，中年级段伙伴家庭运动、高年级段社区体育活动，以保证过程的有效推进。

4. 融合多学科深度参与，科学指导适时监测

在体育学科活动主题的基础上，与其他学科进行联合的项目研究，特别是三年级与数学、科学学科整合进行的研究项目：运动和身体的变化——研究人体的脉搏变化，很多同学就是利用伙伴训练营的机会，通过测量安静状态下以

及各项运动后的脉搏变化,发现了脉搏的变化规律——脉搏跳动与运动量的强弱成正比的关系,并从中引申出科学运动的方法,指导家庭体育生活进行监控而科学锻炼。

5. 体育家庭生活打卡,多种形式跟进评价

低年级段的学生以班级为单位组建一个微信群,家长每天将孩子锻炼的图片或视频上传到群里,同学间相互交流学习,教师对孩子们的锻炼和记录、研究情况进行跟踪和指导,发现问题及时提醒纠正,并鼓励和督促。

高年级段的学生自我记录,每月上交表格给体育教师统计,期末根据每个孩子完成情况进行学期体育成绩的加分。假期鼓励学生利用现代信息技术,用照片和视频记录下自己的运动生活。开学后,各班利用体育课进行假期体育生活的展示交流,并评选出各班级和年级的体育小达人。同时对于评选出的优秀假期体育生活的同学,在升旗仪式时作为升旗手和护旗手向全校同学隆重介绍,增加学生的荣誉感。

对于优秀家庭则在学校运动会的开幕式上展示。通过亲子运动展板和现场交流,给更多的孩子和家庭以启发和示范。

6. 发挥学校体育功能,课堂延伸拓展家庭

将课堂教学内容拓展到家庭、课外体育运动的指导。在课堂上指导学生通过教学内容的选择、游戏练习形式的改变、游戏组织创编的实践三个方面进行家庭体育活动,引导学生将课堂上的学习内容运用到家庭和课外的锻炼中去,学会选择合适的练习和游戏内容,自主合作有序地开展体育锻炼,鼓励学生课后和家长一起练习。提升规则和合作意识,帮助学生在课外和家庭中自主开展运动。

(二)现场实况照片

图 30-3　家庭体育运动打卡

图 30-4　社区体育运动打卡

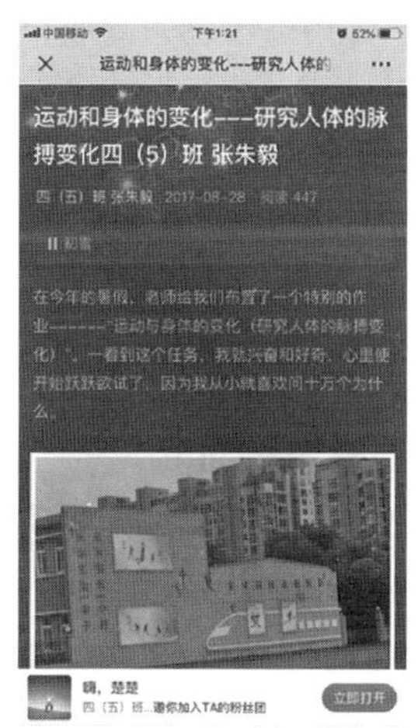

图 30-5　假期学生体育研究项目

三、成绩与效果

（一）培养学生良好的运动习惯

从多次采集的数据分析情况来看，学生的运动习惯逐渐形成，从原来不足10％的学生能主动进行课外锻炼，到现在 60％以上的同学都能坚持一周进行 3 次以上的体育锻炼，特别是假期中，有些能达到平均每周 5-6 次甚至天天练。很大一部分同学会在假期里学习游泳、羽毛球等技能，有些孩子即使在外旅游，仍然不忘坚持做仰卧起坐等运动。

（二）有效提高了学生体质

表 1　2013—2017 年戚东小《国家学生体质健康标准》测试成绩统计表

年份	样本数	优秀（％）	良（％）	及格（％）	不及格（％）
2013	1565	10.29	27.80	57.32	4.60
2014	1539	20.10	40.90	37.70	1.30
2015	1547	20.30	41.95	35.49	2.26
2016	1550	24.26	45.03	29.23	1.48
2107	1526	26.41	48.17	24.71	0.72

从近五年学校的《国家学生体质健康标准》测试成绩统计表来看，通过家庭体育生活的开展，学生的测试成绩优秀率逐年提高，不合格率逐步降低，从合格

提高到良好的人数也明显增加。由此看来,实施家庭体育生活指导对提高学生的体质也有着很好的促进作用。

(三) 学生自主锻炼意识增强

孩子们在长期的运动中掌握和形成科学的锻炼方法和意识。部分孩子能自己设计锻炼规划,对自己的锻炼进行自主循序渐进的安排,比如:散步从绕公园二圈慢慢增加到三圈、四圈,跑步从开始绕操场一圈到每周增加一圈,仰卧起坐也是一点点地制定目标加量,有的孩子还制订了自己的减肥计划。

(四) 提升了学生对运动的自我感知

通过老师的引导和学生自己的参与体验,主动总结和发现自己刚开始运动和坚持一段时间后身体的不同感受,提高了自我感知。比如:有的说自己开始扔沙包练习时手很酸,练了一段时间就好多了;有些学生谈到在跑步时,刚开始跑一圈自己觉得比较轻松,跑两圈时也能承受,当刚开始增加到三圈时跑下来觉得很累,但坚持几天以后就不那么累了;还有的学生刚开始跳绳 2 分钟时都很难完成,慢慢地越来越轻松。很多孩子感受到自己某项运动坚持后的进步度,原来 1 分钟跳绳只能跳 80 多个,现在能跳 100 多甚至 120 多个了,踢毽从不会到能踢 10 个,立定跳远、投掷也比以前更远了等。这说明他们对自身的体能变化有了自我认识,并进行自主评价,也从中更加认识到了坚持运动的作用。

(五) 促进家庭运动氛围的形成,融洽亲子关系

孩子们利用自己在家庭中的影响力,带动了整个家庭生活方式的转变。很多家庭选择在晚饭后或周末时一起去体育场、公园进行体育活动,更有一部分家住得近的孩子自发组成了锻炼小组,每周利用晚上或周末的时间定期组织活动和比赛,成为孩子与小伙伴最快乐的时光。

爸爸妈妈的参与和辅助,使练习过程变得更有趣,练习形式更丰富,小朋友们感受到了更多的快乐,变得更勇敢而善于思考,也更会合作! 家长们也在亲子共同锻炼的过程中看到了孩子的成长,变得更了解孩子,亲子关系更加融洽! 亲子携手共同营造运动氛围,很好地唤醒孩子们的运动意识,养成运动习惯,享受运动乐趣。

(六) 教师对体育学科育人价值的认识不断提升

通过近几年的实践与研究,学校教师对体育活动的育人价值有了更深刻的认识。

(七) 在区域内形成一定的影响力

我校在学生家庭体育生活指导上的创新实践,得到了相关领导和教研室的关注,并受邀在市、区教研活动中作交流分享,扎实有效的工作受到与会教师认可,对学生家庭体育活动有效开展的实践经验以及体育的育人价值等方面给予其他学校更多的启发。

体育暑期生活的案例感想

学校进行学生假期生活的创新设计已经开展了两年，我们体育组也从平时体育家庭作业的布置深入到学生假期体育生活的整体设计，特别是今年暑假，由原来单一指导和要求进行身体锻炼拓展到体育知识的了解、体育技能的学习和坚持身体锻炼三个方面。因为正好今年暑假期间有奥运会，于是我们在设计学生体育生活时，就围绕奥运这个主题来进行，让学生围绕自己喜欢的或学习的项目，结合奥运会的观摩，了解相关知识，开展较深层次的研究，比如这项运动的发展历程、特点、相关运动员、比赛的规则及战术等，并及时做好研究记录。同时鼓励孩子们利用暑假跟家长或教练学习一项体育技能，如游泳、羽毛球、乒乓球、篮球、足球、跆拳道等等；也可以将学校学习的或自己喜欢的一项技能练得更好，比如改进跳高的动作、学习一些花式跳绳的方法等。在学练过程中还要了解这项运动的相关知识，并做好相应记录。最后是我们长期坚持培养的运动习惯，让孩子坚持进行锻炼，每天选择一到两个体育项目进行锻炼并做好锻炼记录。并给各年级的孩子提供了相应的建议项目，比如五年级是跳短（长）绳、仰卧起坐、蹲踞式跳远、跨越式跳高、100-800米跑步、投实心球、坐位或立位体前屈等，既有各年段体质测试的相应项目，也有各年级学习过或正在学习的运动技能，以帮助孩子通过不断练习提高体能和技能。

上一周，我组织对四1班的暑期体育生活进行了反馈评价，80%以上的同学都能坚持一周进行4次以上的体育锻炼，有些甚至能达到平均每周6次以上和天天练，也回收了多篇PPT，大部分同学也在暑假里学习了游泳、羽毛球等技能，很多同学还主动上台介绍了自己的暑假体育安排，同学们的介绍都各有特色，有的着重介绍了观看奥运的收获和感受，有的着重介绍自己的锻炼过程，有的着重介绍了自己学习技能的过程和现在的水平。给我印象最深刻的是陆梓青同学的介绍，他主要介绍了自己的暑假里的锻炼，从他的介绍中，我感受到了三点：第一他锻炼的习惯已经在慢慢地养成，因为平时在家他每天会进行跑步、散步和跳绳等锻炼，而即使在外旅游，他仍然坚持每天做仰卧起坐。第二，他已经能对自己的锻炼进行自主地循序渐进地设计和安排，散步从绕公园二圈慢慢增加到三圈、四圈，跑步从开始绕操场一圈到每周增加一圈，仰卧起坐也是一点点地制定目标加量。第三，他已经能对自己的锻炼和自身的体能的变化进行评价，比如他谈到在跑步时，刚开始跑一圈自己觉得很轻松，跑两圈时也能承受，当刚开始增加到三圈时跑下来觉得累瘫了，但坚持几天以后就不那么累了，现在他已经能绕操场跑5圈了。在我的引导和他的启发下，后面介绍的同学也都介绍地更加精彩，有的谈了自己的减肥计划，有的说了自己某项运动坚持后的进步度。

从这次反馈评价中，我感受到了孩子们在坚持锻炼后的收获，更感受到了孩子们对体育运动认识的提升，我相信，在我们的培养和引导下，东方小学孩子一 定能养成良好的运动习惯，掌握扎实的运动技能，拥有健康的体魄。

储江艳

2016.9

图 30-6　阶段性工作总结

图 30-7　区域内交流

四、思考与展望

通过几年的研究和实践，学校体育工作取得了一定的成效，初步形成了对学生家庭体育生活指导的思路和策略，但也存在着一定的问题，我们将进一步完善和提升。

（一）有一部分孩子记录的数据不真实或者记录的成绩没有进步，无法体现坚持锻炼后的成果；还有部分家长对运动的认识不足，应付了事，分析后发现，主要有三种情况：弄虚作假、不练习就测成绩和不关注动作方法。这就更需要我们引导孩子正确认识锻炼的意义和价值，不仅自己要诚实，还要监督家长一起实事求是。同时还要进一步提升孩子自觉、自主锻炼的意识，帮助孩子掌握科学运动的方法。

（二）体育教师的工作量增加，评价还有待进一步改善。现在的评价记录占用了教师部分精力，而我们的最终目标是让学生养成良好的锻炼习惯，并能发挥运动的育人价值，让学生在运动中去养成良好的精神品质。因此，后期对于学生的评价还需要多加思考，通过有效的评价促进学生主动地参与运动，享受运动。

（三）对于各年段孩子家庭体育活动内容和形式的积累与整理。亲子和伙伴活动的内容还不够丰富，体育教师还可以帮助设计更加有趣并适合各年段孩子亲子及伙伴游戏、练习的方法，并可以编辑成册，成为我们的教育资源。

入选理由：

该校“体育家庭作业活动设计”，借助运动打卡的形式，作业方式不断推陈出新，将课堂与课外、学校与家庭、责任与兴趣有机融为一体。“开心、幸福、习得”为初心；“有效、可行、易操”作为原则；“育心、育体、育技”为目标。克服简陋、缺失、落后的障碍，以纯朴、吃苦、勇敢为内驱；以家庭、多元、终身为载体；心向阳光，努力成就美好！

三十一 常州市武进区芙蓉小学
中年级体育家庭作业活动设计“运动打卡5部曲”

资料提供：徐　婷　江明忠　许云海

图31-1　常州徐婷

图31-2　学校校门

武进区芙蓉小学源自1917年创办的丰北乡第七初级小学，1929年更名为李象桥初级小学，1947年更名为李象桥中心小学，1958年9月更名为芙蓉中心小学，1984年易地新建，1998年改扩建，2007年武进区乡镇区域调整，原芙蓉镇并入横山桥镇，芙蓉中心小学始更名为武进区芙蓉小学。学校占地面积为21858平方米，建筑面积8817.4平方米，绿化面积8131.2平方米。学校现有31个教学班，1472名学生，在岗在编教师72人，具有专科学历的10人，本科学历的55人，研究生学历的7人；市、区级学科带头人、骨干教师、教学能手、教坛新秀共计20人，具有中小学高级教师职称的有11人。近年来，学校在区教育局和上级党委、政府的领导和关心支持下，学校办学条件不断改善，校园环境日趋优美，各专用教室、设施设备等均达到江苏省教育现代化二类标准。教育教学质量深受当地群众的一致好评。

一、组织方法与活动设计

（一）组织方法

※1 常州市武进区芙蓉小学体育家庭作业设计工作计划

——农村家庭作业的优化设计

一、体育家庭作业设计目的

小学中年级学生的脑功能发育处于"飞跃"发展的阶段，他们大脑神经活动的兴奋性水平提高，体育教师给学生布置体育家庭作业，能使学生掌握许多简单且有效的健身方法和运动常识，使体育课堂教学达到一个延伸的作用。同时这也是指导学生进行自觉锻炼的有效形式，更是培养学生对体育活动自觉参与的重要途径。为此，针对实际情况，我校设计了以下"运动打卡式"的方案，让学生自主选择，进行运动打卡。

二、参与人员

全校所有学生，但以中年级为主(3 年级和 4 年级)。

三、组织领导

（一）领导小组(略)。

（二）指导小组(略)。

四、活动安排

（一）春夏季的安排

1. 设计 5 种形式的体育家庭作业进行自主选择，主要以发展体能项目为主。

(1) 入门式基础性打卡：目的：每个学生都能完成，包括柔韧拉伸、仰卧起坐、利用废旧物品、自制器材练习等项目。

(2) 主题式周期性打卡("跳跳虎练本领"——跳跃)：目的：提高学生的跳跃能力，跳跃类各项练习，如：斗鸡跳，摸脚尖跳等。

(3) 针对式重复性打卡：目的：针对跳绳项目而设置，提高跳绳技能。主要是各式跳绳活动，如花样跳绳等。

(4) 闯关式进阶性打卡：目的：提高学生的耐力素质，主要是利用村外、田头等自然地形进行野外越野跑等项目。

(5) 综合式检测性打卡：目的：检测、反馈学生练习情况，各项体能的测试。

2. 不断完善体育作业的内容使其更为丰富完善，提高学生的参与度。

(二)秋冬季的安排

1. 体育家庭作业的布置主要以跳短绳为主。

2. 延续部分打卡类项目活动。

3. 学期末,各班进行跳短绳的阶段性测试,以班级的总成绩进行年级评比。

4. 举行冬季跳绳比赛(比赛规程另定)。

七、阶段总结

(一)注重过程性资料收集和数据整理。

(二)定期进行总结会议,及时总结效益,以便适时调整方案。

(二)活动设计

※2 常州市武进区芙蓉小学体育家庭作业方案

一、布置体育家庭作业的背景

儿童、青少年体质健康,是全民健康的基础。随着我国经济实力的强大,我国作为"体育强国",在奥运会上拿的金牌也是越来越多,但中国孩子弱不禁风,我们赢尽奥运金牌也枉然!习总书记还指出:我国有3亿多少年儿童,让孩子们健康成长关系祖国和民族的未来,也是每个家庭最大的愿望和期盼。随着课程标准的贯彻实施,近年来农村小学体育教学逐渐被重视,结合所在农村的具体情况,布置家庭体育作业,提高学生体能与形成体育锻炼习惯,需要我们进行积极的探索与实践。

二、体育家庭作业的内容

(一)目标

1. 寻求一种更有效、可行、易操作的体育家庭作业活动模式。

2. 以家庭平台为载体,以体育家庭作业为手段,培养学生终身体育锻炼意识。

(二)内容

1. 选择合理的运动项目:把选择合理运动项目作为实施课题的重要保障,以及实现学生有效活动的基础,选择与学生年龄段相符,并能激发学生运动兴趣的练习项目。

2. 活动实施的基础建立:鉴于体育家庭作业是在家中进行的,因而首先做好家长的工作,最大限度地争取家长的理解与支持。

3. 阶段性的体质测试:在家庭作业实施过程中对学生做阶段性的体质测试。

4. 因人而异的设立项目:项目的确立力争符合学生的实际情况,制定相应的体育家庭作业项目和运动量。

5. 难易程度的合理选择：让学生能够循序渐进，分水平进行练习，得到提高。有针对性的练习，能够使学生获得胜利的喜悦，易被学生接纳。

6. 充分考虑农村环境：在设备情况、硬件设施等方面结合农村的实际情况，充分利用现有条件开展、实施活动。

7. 以赛促练的机制建立：通过组织体育竞赛活动，检测家庭作业完成的情况，并采取相应的督促机制，提高学生的参与度，从而提高学生的体育运动能力。

二、实施过程与方法

（一）具体实施过程

※3 常州市武进区芙蓉小学体育家庭作业实施计划

一、体育家庭作业准备工作。

各项运动前进行一系列要求及动作的讲解要求，确保学生高效率清晰地完成打卡任务。

案例设计：队列队形“随意中的严谨”——“2 路成 4 路”

中年级的孩子性格活跃，固定的队列队形，不能有效地集中他们的注意力。于是体育教师就以小组为单位，分工合作，学习掌握基础的队列、队形。

小学阶段学生的脑功能发育处于“飞跃”发展的阶段，他们大脑神经活动的兴奋性水平提高，因此小组合作，有利于激发他们的竞争意识，提高他们的兴趣，激发他们内在的潜能。在“快乐运动”的情况下，运动技能将在不知不觉中得到提高。

以四年级为例，教师教学改变了以往的方式，我们采取分配四个组长，每组两人负责。女生两组，男生两组，按照报数“1，2，1，2，1，2……”的形式分配。女生为 1，2 两组，男生为 3，4 两组。其中，由于男生性格更活跃，因此，男生的主组长为女生，副组长为男生，这样能让他们有一个小组团结的意识观念，明确团队精神的重要性。并且在小组长的带领下，还能让他们在学习运动技能的同时，不再是一味单调枯燥无味地听教师授课，而是在同伴互帮互助中的氛围中，享受运动的快乐。同样，这也为后期我制订的“运动打卡”计划打下基础，提前做好一定的分工安排。

二、家庭体育作业实施

（一）入门式基础性打卡（见附件 1）

在教师的引导下，学生了解全面丰富的运动知识，初步掌握正确的运动技能要点,并且教师让学生自己安排找寻不同的方式,在家人等亲人的陪同下进行练习运动,享受运动带来的乐趣。

“每天锻炼一小时,健康工作五十年,幸福生活一辈子。”相信这是天底下所有人都期望的一种理想的生活状态。但课务的繁重,使学生基本很少能真的动起来。但我们认为家长可以利用零散的时间,见缝插针地引导孩子进行身体锻炼。

由于我校处于农村地区,周边的设施等硬件设备没有城区的到位,场地相对来说也较为简陋,新型项目的开展相对来说较为困难,因此结合实际情况,我校对学校传统项目进行改革创新,并与基础项目进行有效的结合;合理运用学校的场地,进行课外家庭体育运动的设计。另一方面,我校因场地原因,并没有体育馆,因此,我们还侧重给孩子们设计了家庭室内运动项目,让他们足不出户,也可以享受到运动的乐趣。

此外,我校每天晚上18:00都有学校开放日的时间。学校的操场以及健身器械是对外开放的,学校周围的村民经常会在晚上吃过晚饭到操场进行散步,包括学生也会到操场进行活动,例如:仰卧起坐,跳绳,跑步等。特别是一些田径队的学生,会在操场进行一些专项性的训练项目。

此外,我校还经常与学校周边社区文化宫联系,组织学生家长一同参加一些体育联谊活动或体育比赛,体验体育比赛的愉快与乐趣,提升孩子的身体素质。

(二) 设计案例:(3、4年级分组运动)。

具体要求如下:

1. 分组:同村委临近的同班学生为单位。

2. 安排:组长负责,基础项目与特色项目2+1。

3. 基础项目:跑步、跳绳、仰卧起坐。

4. 特色项目:如下选择或者自己创新。

特色活动打卡设计方案(见附件2)。

6:00起床。

6:10—6:20拉伸,热身动作。

6:20—6:30跳绳。

16:30—17:00娱乐活动。

19:30—20:00健身运动。

周六:上午带孩子去农家乐探趣,下午孩子进行篮球训练。

周日：下午孩子进行篮球训练。

（三）主题式周期性打卡（见附件 3）

根据教学内容分类，设计“主题式”的训练项目计划安排，设定相应的训练时间、内容、负荷量等。

设计方案（3、4 年级）。

1. 主题：“跳跳虎练本领”——跳跃。

2. 训练要点：

（1）内容：6 项内容必选 5 项，拉伸为必需项目。

（2）可以是个人，也可与伙伴合作、与家长进行练习，同伴之间相互监督合作。

（3）形式：可以在听音乐、看运动频道电视下练习。

（4）创新：周六周日可以选择其他运动项目代替。

（5）要求：进行的项目完成打勾，未进行，填写原因或填写代替项目。

（四）针对式重复性打卡（见附件 4）

针对某一项内容，进一步强化纠正，科学有效地进行不同方式的重复变幻练习，提高水平。

根据以往研究前后的数据对比表明：85%的学生跳绳成绩有提高，5%学生从之前不会跳绳到逐渐学会跳绳，通过数据给他们制订相应的训练安排计划表，促使有目的的强化训练，更直接有效地提高他们这项运动技能的提高。

根据要求设计案例（以三年级跳绳打卡）。

（五）闯关式进阶性打卡（见附件 5）

小学生的兴趣保鲜度一般很短，如何让学生的兴趣热度不是大火快煮烧开的“沸水”短暂即逝，而是小火慢炖温吞的“热水”一点点加温持续向上，这就需要我们进行运动项目的创新、改变，去吸引学生的眼球。

根据要求设计案例（3、4 年级）：闯关活动项目。

（六）综合式检测性打卡（见附件 6）

根据《国家学生体质健康标准》，按照运动能力中的速度、力量、耐力、柔韧方面，进行项目的安排设计，这些内容都与运动能力的提高有着密不可分的关系。根据运动能力进行各项能力的针对性训练，从而更有效直接地进行练习。

以四年级自我检测打卡表为例。

三、实施要求

以上是中年级段学生的方案策划，针对跳绳这一运动项目，设计“跳绳打卡

30天”,每天家长群里教师进行视频的检查,体育教师根据群里的视频,进行动作的纠正和指导,从而让学生更有针对性地进行练习,家长也可以更加清楚地了解孩子的体能状况。

四、家庭体育作业考核实施

(一) 检查办法

1. 班主任辅助:在家庭作业本后面附录体育家庭作业打卡表,并需要家长进行签字检查(见附件7)。

2. APP的利用:利用晓黑板、钉钉打卡等APP,每天进行学校制定的体育家庭作业打卡,并且学校教师通过APP的检查,进行优秀学员的评比(见附件8)。

备注:

1. 目标自己设定,与家长配合进行APP上的记录,打卡。

2. 家长视频拍摄:通过班级家长群,进行班级学生体育家庭作业打卡的视频检查,来分析学生的不足之处,进行纠正。

(二) 考核办法

1. 基本必测部分为国家体质测试必选项目,通过体育课进行测试,每名学生都必须参加测试,通过平均情况进行班级评比。

2. 自我部分,通过自我展示,或者与同伴合作展示,用家庭作业所用的方式,进行体育课所学内容的技能展示,体育教师进行评分。

3. 阶段部分,根据体育家庭作业的布置,进行阶段性的测试,项目基本以家庭作业内容为主,或体育教师自行进行专项的设定,进行班级个体评比。

4. 抽测部分:根据体育家庭作业内容分析,学校组织的竞赛活动或抽测项目,由学校教务处指定一项测试项目并组织抽测任课教师的某一班,其他班级则在体育课时进行测试,每个学生都必须参加测试,从而进行班级和个人的评比。

5. 根据各项体育竞赛、体育测试等,评选“运动之星”“最佳体育班集体”等荣誉称号,进行奖励等,激励学生班级的运动氛围。

(三) 考核内容

1. 跳绳:每年元旦前后在“芙蓉小学冬季阳光体育三项赛活动”期间举行跳绳比赛,根据比赛成绩评定学生跳绳技能等级。如因参赛人数规定等原因不能参赛的,体育教师可利用体育课对未参赛学生进行补测具体项目。

2. 长跑:芙蓉小学冬季阳光体育三项活动期间,还会举行冬季长跑活动,根据长跑成绩来评定学生跑步技能等级。

(四) 考核标准

必测项目:跳绳(参考案例)

项目	等级		
	A	B	C
单摇跳短绳	连续60次及以上	连续40次及以上	连续10次及以上
双摇跳短绳	连续15次及以上	连续3次及以上	连续1次及以上

(五) 特殊学生安排

1. 特殊学生自选项目进行测试评定,尽自己最大要求,进行运动锻炼。

2. 保证每天能够散步30分钟,进行身体的缓冲和拉伸。

(二)现场实况照片

图31-3　家庭作业跳短绳

图31-4　家庭作业对墙垫排球

图31-5　家庭作业足球射门

图31-6　家庭作业排球自垫球

三、成绩与效果

(一) 参与人员逐步增加,家校联手促进实施

学生的参与人数越来越多,特别是许多家长受孩子影响,也加入“运动打卡”之中。家长或是与孩子共同锻炼,或是拍摄孩子练习视频,传入班级群中,互相学习借鉴,实现天天打卡。体育教师则可以通过视频的检查,纠正指导错误动作,各方协调积极配合,学生养成天天打卡、进行体育锻炼的良好习惯。

(二) 学生运动技能提升,身体素质得到增强

根据测试的数据反馈,以跳绳为例:原来跳绳一分钟低于 100 个的学生,通过“运动打卡”的系列活动,现在其中 57.8%的学生能够达到 100 个以上。同时,根据考核评定表格进行数据统计,我们欣喜地看到学生的身体素质也有了明显的增强。

(三) 心理素质得到锻炼,形成良好意志品质

“运动打卡”的实效不仅体现在体质健康方面,通过观察与调查,学生的意志品质也在其中同步发展,勇敢顽强、持之以恒、团队合作、不怕困难、挑战自我、超越自我等现代必备的良好心理素质初步形成。

四、思考与展望

(一) 思考

布置体育家庭作业的目的主要是培养学生自觉自主锻炼的良好习惯,树立健康第一的指导思想。我们在实施的过程中发现作业内容设计虽然有针对性,但趣味性有些欠缺,如果长此以往,学生难免会产生厌倦直至烦恼情绪,导致自觉自主的健身内因逐渐消磨,家庭作业成了老师强加的外因。同时,体育家庭作业的有效完成,需要家长的配合、需要家庭环境的支撑、需要社会环境的营造,所以体育家庭作业最好有广大家长的积极参与、有家长和孩子的热情互动、有群体与个体的认知碰撞,才会完成得更高效、更有意义,产生积极向上的、令人欣喜的氛围与局面。再者,在文化学科某些程度上占据当今教育主位的大背景下,孩子的学与“玩”,智育与体育难免有时相悖,为了和谐统一,我们有必要让学科进行整合,促进学生智育、体育同步协调发展。身处当今信息化的发达时代,对于训练数据的统计需要更为合理的分析与规整,建立模式提供参考,以便适时不断调整与实施过程的合理链接,为后续的发展提供有力的依据。

(二) 展望

1. 让传统走进当今,举家互动

70、80 年代的滚铁环,跳方格、抽陀螺等传统游戏是当今孩子的祖辈们玩得欢的游戏,它们既健身还益智,我们可以让孩子回家请教祖辈或父辈,让家人既当老师也当玩伴，让游戏活动既传承亦创造，营造全家健身，举家互动的积极氛围。

2. 让内外诱因融通，提高效能

体育家庭作业是学校体育活动的延伸与补充，需要家庭配合来共同实施完成。体育教师是实施过程中的外部因素，学生以及家庭是内部因素。因而为了有效、有力的落地生根，我们要关注内外因的相互融合，利用各方的积极因素，诱导学生内因产生共鸣，引发家庭产生共振，在内外因的有机统一配合下，达到提高体能，收益快乐的效果。

3. 让学科有效整合，五育并举

无论运动项目和活动场地的选择，还是体育器械和练习方法的创新，以及参与活动的过程，对于结果的感悟，都需要学生借助各种知识和技能，运用多种感官进行体验或实践。如表格的填写，涉及数据的整理和分析；运动的坚持和传承，与个人的德行息息相关；活动器具的制作又和美术等学科密切关联……总之，要让体育家庭作业与其他学科相互融合，着力实现德智体美劳并举前行，为学生的健康成长添砖加瓦！

五、附件

附件 1　入门式基础性打卡

运动日期	运动时间	运动项目	参与人	家长签字	备注评价		项目内容 跳绳、跑步、柔韧拉伸、仰卧起坐

附件 2　入门式基础性打卡(特色活动打卡)

序号	名称	项目内容
1	蹦蹦跳跳	台阶跳、跳格子、跳圈、跳沙坑等跳跃游戏
2	球出精彩	自制纸球练习投掷动作 球类运动：篮球、足球、排球
3	车轮滚滚	铁环、滚轮胎游戏
4	羽球飞扬	用自制的“羽球板”利用毽球打球 小球运动：乒乓球、羽毛球等
5	跑酷小子	村社的不同路况的越野跑、定时跑(草坪、泥土地、水泥地、塑胶跑道)

续表

序号	名称	项目内容
6	永攀高峰	登山活动(当地的山)
7	花样跳绳	跳大绳、个人花样跳绳、集体花样跳绳等
8	操行天下	传统武术、长拳、散打、扇子舞
9	节节高	踩高跷、竹竿舞、跳皮筋等

附件 3　主题式周期性打卡("跳跳虎练本领"——跳跃)

内容 时间	抬脚尖 (提踵)	摸高 (定目标)	脚尖跳	单脚跳 (斗鸡跳)	魔术跳绳 (空手甩跳)	连续 跳绳	拉伸
周一							
周二							
周三							
周四							
周五							
周六							
周日							

注意事项:

1. 第一项:抬脚尖(提踵)

(1) 头、背、臀完全靠墙,身体站直。

(2) 脚尖抬到最高点,脚后跟抬起靠墙,双手上举头顶。

(3) 30 秒一组,完成 2 组。

2. 第二项:摸高

(1) 找个目标(树叶,屋顶,墙壁)。

(2) 尽全力半蹲跳起,手用力向上触碰目标。

(3) 屈膝落地缓冲。

(4) 10 个一组,完成 2 组。

3. 第三项:脚尖跳

(1) 将脚尖抬到最高点,手置于腰背后。

(2) 用脚尖快速起跳落地。

(3) 30 秒一组,完成 2 组。

4. 第四项:单脚跳(斗鸡跳)

(1) 单脚站立,右(或左)腿抬起,用左(或右)手握住右(或左)脚踝关节。
(2) 只用你的小腿跳,只能弯曲你的脚踝。
(3) 落地时,再迅速起跳,完成一次。
(4) 15 次一组,完成 2 组。
5. 第五项:魔术跳绳(空手甩跳)
(1) 摇绳时要用手腕的力量快速抖腕,手臂幅度不可过大。
(2) 要用踝关节的力量快速踮跳,膝关节弯曲不可过大,否则会影响速度。
(3) 1 分钟一组,跳 2 组。
6. 第六项:连续跳绳
(1) 一次性连续性跳绳。
(2) 30～50 次为一组,做 5～8 组。

附件 4　针对式重复性打卡

跳绳打卡训练安排表		
周一	30、40、50、60 秒连续性跳绳(共 2 组)	单脚跳(左右)各 15 次×2 组
周二	连续跳绳 120 次×3 组	靠墙半蹲 30 秒
周三	一次性连续跳绳(60、70、80 个)×2 组	前后左右跳 12 次
周四	跳绳 120 次×2 组,一分钟跳绳×1 组	抬脚尖 10 次
周五	慢速跳绳 120 秒×2 组;快速跳绳 60 秒×2 组	手腕抖动练习 50 次×2 组
周六	3 分钟定时连续跳绳×2 组;一分钟跳绳×1 组	脚尖跳 30 秒×2 组
周日	5 分钟放松跳绳	手腕甩绳练习 50 次×2 组
"运动小贴士": 1. 保证运动前的热身和运动后的放松,避免受伤 2. 根据个人自身实际能力,可以进行锻炼组数的增减 3. 跳绳标准优秀标准:男女至少 140 个 良好标准:男女至少 110 个 合格标准:男女至少 100 个		
日复一日地坚持练下去吧,只有活动适量才能保持训练的热情和提高运动的技能。 ——塞涅卡 同学们,加油!		

附件 5　闯关式进阶性打卡

序号	名称	项目内容
1	红军行走二万五千里	1. 定时跑 5 分钟;2. 自我挑战

续表

序号	名称	项目内容
2	球出精彩	1. 自抛自垫球5～10个;2. 自抛自垫球11～20个;3. 自抛自垫球21～30个;4. 自抛自垫球31～40个;5. 自抛自垫球41～50个(球类运动:篮球、足球、排球皆可)
3	永攀高峰	摸高的自我挑战,定目标
4	绳采飞扬	1. 连续单跳一分钟140个;2. 双跳一分钟80个;3. 双人连续交叉跳绳
5	跑酷小子	村社的不同路况的越野跑(草坪、泥土地、水泥地、塑胶跑道)

附件6　综合式检测性打卡

内容 时间	速度	力量	耐力	柔韧
周一		半蹲跳起摸高 (12秒×2组)	跳绳200个 (2组)	提踵30秒×2组
周二	原地小碎步跑 (30秒×2组)	靠墙半蹲 (30秒×2组)		仰卧起坐 1分钟×2组
周三	折返左右摸地跑		1分钟跳绳 2～3组	提踵30秒×2组
周四	高抬腿 (30秒×2组)	半蹲跳起摸高 (10秒×2组)		仰卧起坐 1分钟×2组
周五	快频率开合跳 (30秒×2组)		跳绳200个 (2组)	提踵1分钟
周六		靠墙半蹲 (30秒×2组)	1分钟跳绳 2～3组	仰卧起坐 1分钟×2组
周日	前前后后、开开合合、变形小碎步 (30秒×2组)	半蹲跳起摸高 (12秒×2组)		提踵30秒×2组

附件7　检测表1

运动日期	运动时间	运动项目	参与人	家长签字	备注评价		项目内容 跳绳、跑步、柔韧拉伸、仰卧起坐

附件 8　检测表 2

目标 1:预定日期	运动日期	运动时间	参与人	打卡签字备注
操场匀速 3 圈 1. 一次性跑;2. 速度变快;3. 时间缩短;4. 呼吸节奏;5. 摆臂动作;6. 完成难易				

入选理由:

学校既重视一流的体育场馆建设和体育器材配置,又高度重视校园体育文化构建。学校以“乐学”为核心理念,家校联手,基于学生的兴趣爱好,充分满足学生需要,以“布置学生完成体育家庭作业”为突破口,将学生体质存在的问题与落实学生每天一小时的体育活动的政策相结合,设计了有针对性的小学生体育家庭作业。通过“三定三有”:“定锻炼内容”“定锻炼强度”“定锻炼时长”等方法,做到有措施,有记录,有检查。经过半年的扎实开展,学校活动在增强学生的体质方面已初见成效。

三十二 宿迁市沭阳县人民路小学体育家庭作业

资料提供:张　翔　冯　琼　韩　宪

图 32-1　宿迁张翔

沭阳县人民路小学是一所全新的公办县直小学,是县委县政府 2014 年为民办实事项目。学校现有 61 个教学班,3353 名学生,192 名教师,总用地面积 57162 平方米,总建筑面积 22972 平方米。校园整体以“四大名著”为依托打造校园文化,全面建成后的人民路小学是一所环境优美、师资力量雄厚、教学装备一流的现代化学校。

学校自 2014 年 9 月份开办以来,以“乐学”为核心理念,引导教师快乐工作、学生快乐学习,课堂改革着力探索“四步五心六环”的教学模式,努力打造“乐之堂”——语文“乐趣堂”、数学“乐思堂”、英语“乐玩堂”、艺体的“快乐大本营”。沭阳县人民路小学乘着新课程改革的东风,牢牢把握均衡创建的契机,朝着“创乐学校园,办品牌学校、出一流质量、育全面人才”的目标阔步前进。

学校体育场地现有 300 米塑胶田径场，3 片篮球场，10 片羽毛球场，3 片网球场，多功能体育馆。体育器材种类多、配备齐全，达到《国家学校体育卫生条件试行基本标准》和《小学体育器材设施配备目录》要求。

学校体育教研组现有教师 11 人(7 男 4 女)，是一支年轻且充满活力的队伍。11 名教师中有 9 人达到本科学历，其中市骨干教师 1 人，县学科带头人 1 人，县骨干教师 1 人。教师专业能力突出，主修运动专项包括田径、足球、篮球、排球、武术、体操、健美操、羽毛球、游泳 9 个大项，基本覆盖小学体育教学的大部分运动项目。体育组全体教师团结协作，出色地完成了学校各项体育活动的组织工作，多次获得市县教育局表彰。体育组把学生的健康意识、终身锻炼意识、全民健身意识和合作交往意识作为教学和活动的重点，通过长期坚持不懈的努力，逐步在学生中形成了热爱体育，崇尚运动的良好氛围。

图 32-2　学校全景

图 32-3　体育场地设施

近几年来，学校学生的体能状况堪忧，一次全校性的集会(如运动会开幕式、升国旗仪式等)就晕倒好几个人；学生体质健康测试数据显示，有近 10%的学生不及格。原因虽然是多方面，但是问题的根源在于学生每天体育锻炼时间无法得到充分保证，运动量不足。根据《江苏省全面深化学校体育改革促进学生身心健康全面发展的实施意见》(苏教体艺〔2017〕10 号)、《江苏省教育厅关于进一步规范学校管理切实减轻中小学生课业负担的意见》(苏教基〔2017〕20 号)、宿迁市教育局《关于深入实施初中阶段学生体育家庭作业制度的通知》文件精神，学校体育组深入研究，决定利用学生离校时间，促进学生积极主动地参与体育锻炼来提升健康水平。因此，学校根据学生体质现状存在的问题与落实学生每天一小时的体育活动的政策相结合，设计了有针对性的小学生体育家庭作业，要求定锻炼内容、定锻炼强度、定锻炼时长，有记录，有检查，力求为增强学生的体质健康服务。

一、组织方法与活动设计

(一) 组织方法

※1 宿迁市沭阳县人民路小学体育家庭作业活动规划

一、指导思想

以中共中央国务院印发的《中共中央国务院关于加强青少年体育增强青少年体质的意见》为指导,实施"阳光体育运动",以保证学生能参加足够的体育锻炼,学校特推出了体育家庭作业。

二、体育家庭作业设计

(一) 根据体育学科和学生特点,从作业的内容、形式、学生的个性差异等方面加以合理安排,促使学生既能顺利完成作业,又能提高知识技能,发展体育各方面的综合素养。

1. 体育作业设计多样化

多样化主要指活动形式要新颖、丰富、有趣,这也是布置作业的重要要求之一。以多样化的形式,丰富练习内容,引导学生乐学、乐练。

2. 体育作业设计个性化

学生的爱好各不相同,家庭经济条件也千差万别。布置作业时,可根据不同的对象,采用不同的手段,使用不同的器材,以期达到同样的锻炼效果。这样,既能使学生的个性得到发展,又能使他们的身体素质得到同步提高。

3. 作业检查及反馈

既然是作业,就要有检查、有评价、有反馈。如果没有检查、没有反馈,往往容易造成形式主义,作业的布置也就形同虚设,失去实际的意义。每月举行与体育作业有关的趣味比赛,把比赛得出的各项数据,同上月数据做对比,检测学生体质数据的变化,根据各项反馈的信息,判断学生体育作业的完成质量。最后,再根据检测结果,评选出体育锻炼先进班级、先进小组、先进家庭和先进个人。

(二) 体育作业量体裁衣,并逐步向"私人定制"的运动处方过渡。

作业设计为有针对性的小学生体育锻炼,并提出定锻炼内容、定锻炼强度、定锻炼时长的要求,以期提高学生自觉完成体育作业的意识。在实行体育特色作业初期,每个学生需制定自我挑战目标,并通过教师引导、作业布置、自主练习、定期对学生进行检测等,让他们感受到自己的进步,进而增强他们锻炼的兴趣,达到强身健体的目的。

三、体育作业的布置与评价管理

作业布置与评价由班主任负责完成。各班班主任根据方案中提供的运动项目，进行相关作业的布置，并与家长沟通、督促学生在家庭中进行练习。班主任做到经常了解、督促、表扬进步学生，激发学生的锻炼积极性。建立本班学生自我达标挑战记录表，以便让学生自我激励，与体育教师的测查记录做比较，进行过程性评价；以《国家学生体质健康标准》为依据作为终结性评价。评价做到定性与定量、过程与结果相结合，评价表一式两份，一份室内张贴激励学生，一份交教务处存档。

四、评价的内容和方法

为了提高学生体质，学校将每年的体质健康数据与上一年度进行比较分析，并以国家体质健康网数据标准对学生进行评价。

（二）活动设计

※2 宿迁市沭阳县人民路小学体育家庭作业的活动安排

根据《江苏省全面深化学校体育改革促进学生身心健康全面发展的实施意见》（苏教体艺〔2017〕10 号）、《江苏省教育厅关于进一步规范学校管理切实减轻中小学生课业负担的意见》（苏教基〔2017〕20 号）、宿迁市教育局《关于深入实施初中阶段学生体育家庭作业制度的通知》文件精神，为增强学校学生体质，促进学生的健康成长，提高学校学生体质健康水平，现学校要求班主任对学生布置体育家庭作业。

学校体育家庭作业周安排表

<table>
<tr><th rowspan="2">内容</th><th colspan="7">星期</th></tr>
<tr><th>星期一</th><th>星期二</th><th>星期三</th><th>星期四</th><th>星期五</th><th>星期六</th><th>星期日</th></tr>
<tr><td>力量</td><td>原地双脚跳（30～50 次）2 组</td><td></td><td></td><td>原地双脚跳（30～50 次）2 组</td><td></td><td rowspan="3">在家长陪同下参加户外运动，注意安全</td><td rowspan="3">学生根据自己的爱好选择运动项目，注意安全</td></tr>
<tr><td>耐力</td><td>一分钟跳绳（50 ～ 150 次）2 组</td><td>自然地形跑五分钟</td><td>一分钟跳绳（50 ～ 150 次）2 组</td><td>一分钟跳绳（50 ～ 150 次）2 组</td><td>一分钟跳绳（50 ～ 150 次）2 组</td></tr>
<tr><td>柔韧</td><td>一分钟仰卧起坐 15～30 次 1 组</td><td>压肩练习三分钟</td><td>压腿练习三分钟</td><td>一分钟仰卧起坐 15～30 次 1 组</td><td>压腿练习三分钟</td></tr>
<tr><td>要求</td><td colspan="7">1. 学生根据自己的运动能力，可适当增加运动强度，并在运动后注意放松练习
2. 学生在每天完成体育作业时，家长需发一张照片或一段视屏在班级群和朋友圈中
3. 班主任根据家长在班级群中打卡情况，第二天上午进行统计，并将统计情况发至年级组群中，由年级主任进行督查统计，年级主任每周五将统计结果交至 406 室张翔处</td></tr>
</table>

二、实施过程

※3 宿迁市沭阳县人民路小学暑假体育家庭作业告家长书

尊敬的家长:

暑假作业旨在督促孩子经常参与锻炼,养成锻炼习惯,促进孩子身体健康发展。为了您的孩子的健康成长,请督促孩子每天完成下列 A、B、C 任意一组体育锻炼内容,并做好记录。

1. 仰卧起坐 30 个一组,共 3 组;跳短绳 500 个;立定跳远 15 次一组,共 3 组;俯卧撑 15 个一组(肩肘同一水平线),共 3 组。

2. 在家长的陪同下或和小伙伴一起打球、爬山、跑步等锻炼 30 分钟以上。

3. 参加体育培训,如:参加游泳、跆拳道、武术、田径、篮球等体育运动项目的学习和活动。

第一周	7 月 7 日	7 月 8 日	7 月 9 日	7 月 10 日	7 月 11 日	7 月 12 日	7 月 13 日	家长签名
锻炼内容								
第二周	7 月 15 日	7 月 16 日	7 月 17 日	7 月 18 日	7 月 19 日	7 月 20 日	7 月 21 日	
锻炼内容								
第三周	7 月 22 日	7 月 23 日	7 月 24 日	7 月 25 日	7 月 26 日	7 月 27 日	7 月 28 日	
锻炼内容								
第四周	7 月 29 日	7 月 30 日	7 月 31 日	8 月 1 日	8 月 2 日	8 月 3 日	8 月 4 日	
锻炼内容								
第五周	8 月 5 日	8 月 6 日	8 月 7 日	8 月 8 日	8 月 9 日	8 月 10 日	8 月 11 日	
锻炼内容								
第六周	8 月 12 日	8 月 13 日	8 月 14 日	8 月 15 日	8 月 16 日	8 月 17 日	8 月 18 日	
锻炼内容								
第七周	8 月 19 日	8 月 20 日	8 月 21 日	8 月 22 日	8 月 23 日	8 月 24 日	8 月 25 日	
锻炼内容								
第八周	8 月 26 日	8 月 27 日	8 月 28 日	8 月 29 日	8 月 30 日			
锻炼内容								

三、成绩与效果

（一）改革评价反馈方式，参与人数稳中提升

在 2018 年 3 月 25 日学校开始布置体育家庭作业时，起初只布置学生回家后要练习跳绳 10 分钟，并没有要求家长拍视频发班级群，班主任也没有检查学生完成情况。开始教师统计回家跳绳的同学人数时，一个班只有 20 多个学生举手，参与比例只有 50%左右。随后学校立即对检查与评价环节进行修改，要求班主任每日检查统计，年级主任每周上报检查统计结果。从年级主任每周上报的数据来看，学生的参与度达到 90%左右。可在 5 月举行过跳绳比赛后，参与度又下降了。根据调查发现，学生对跳绳已经兴趣大大降低，我们又调整、丰富了作业内容，之后学生的参与度一直在 90%以上。

以二年级各班级完成情况为例，班级每日参加人数明显变多。

（二）运动技能不断加强，体质健康有所提升

以“一分钟跳绳”为例，学校学生在 2017 年体质健康测试的数据中显示，在“一分钟跳绳”中，测试结果低于 50 个的人占 31.21%，低于 20 个的占 6.1%，在这些孩子中有 104 人总评分为不及格。2018 年 10 月 28 日学校学生及格率为 93.02%，比去年提高 1 个百分点，而一分钟跳绳这一项目中，个数低于 20 个的只有 43 人。

通过体育家庭作业的布置，学校学生的体质健康状况有明显提升，不仅提高了单项运动素质，还让学生掌握跳绳技能，有的学生甚至会做出各式花样跳绳。

（三）缓解学习紧张压力，促进身体生长发育

学生在紧张的书本知识学习后，会因大脑供血不足和缺氧产生头昏脑胀的感觉，在学习的间隙，进行适宜的体育活动，可使大脑得到休息，改善供血状况，消除学生不良情绪，缓解紧张精神。自从布置了体育家庭作业，学生在余暇时间参加体育锻炼，促进了身体的生长发育。

在体育家庭作业布置之前，部分学生在情感体验方面是比较缺乏的，再加上父母担心孩子在外发生意外，更多时候禁止孩子外出，因此很多学生将自己的精神寄托在虚拟的网络世界，致使部分学生沉溺网络世界不可自拔。体育家庭作业弥补了这种遗憾，特别是家庭成员之间一起进行合作跳绳，或一分钟跳绳，学生不仅是在家长的监督下完成作业，还能与家长一起健身，做长辈健身的小教练等，这些活动是提高家庭成员间关系的“助推剂”。周末家长带孩子去室

外进行体育活动,全家在一起既有乐趣,又能锻炼身体,还能结识新朋友。在完成体育家庭作业过程中,家长发现孩子的身体得到了有效的锻炼,而且在学习上也收到了非常好的效果,同时促进孩子正确认识自己、正确对待父母、朋友、社会,学会相互合作。

(四) 搭建体育文化平台,体验乐趣品味内涵

在家庭体育作业布置的第一天,有很多孩子觉得新颖又好奇,因为大部分人第一次听说还有家庭体育作业。在经过了一段时间以后,孩子又问了:"为什么家庭作业老是跳绳呢?"教师就会让孩子回家问家长:"跳绳有哪些好处?"家长通过查阅资料后会对孩子介绍跳绳文化。

学校根据家庭体育作业的内容,也开展了多种形式的跳绳比赛。如二年级的趣味跳绳比赛、三年级的跳长绳比赛、五年级的"双摇"跳绳比赛等,通过比赛让学生参与跳绳运动、体验跳绳乐趣、品味跳绳文化,培养终身锻炼意识。

(五) 家长参与肯定认可,产生良好社会效应

通过半年的实施,家庭体育活动的参与度提升,家长对科学的锻炼方法有了一定的掌握,对体育知识也有更进一步的了解。多数家长非常赞成学校的做法,积极配合教师,督促孩子在家参与体育活动,将孩子每天的运动瞬间拍摄成照片或者视频发至班级群里,甚至有家长发朋友圈展示孩子的体育家庭作业。也有许多家长和孩子一起锻炼,这对学生终身体育的养成有积极的促进作用。可见体育家庭作业不仅促进了学生的身心健康,也得到了家长的认可。

四、思考与展望

1. 丰富作业内容,提高学生的练习兴趣。

2. 把体育理论知识的学习作为体育家庭作业的拓展延伸。

3. 关注没有及时完成体育作业的学生,关注差异,评价适切,给予学生自信,使学生体验和享受进步所带来的快乐。

4. 体育作业检查机制不够完善,现在是靠班主任和年级主任进行统计,家长也需要配合发照片,对于留守儿童的爷爷、奶奶没有手机的或不会用微信的家长则无法检查和统计。希望可以研发手环、APP 等可以自动计算学生每天的运动时间、强度和负荷的软件,能够自动提醒、检查、统计学生的体育家庭作业完成情况,这样才能够更常态、更长久、更长效。

入选理由：

南通市海安实验小学基于“共生”理念建立起了“家长义工联合会”，引领学生积极开展丰富多彩的活动。通过家校合作形式有效激发家长的活力与热情，充分盘活家长中的优质资源，融洽亲子关系、师生关系、家校关系，同时也满足家长支持教育、丰富人生、回报社会的美好愿望；拓展学生发展的课程空间，补充学校课程的“短板”，增长了孩子们的见识，拓宽视野，丰富学校教育的内容与形式；校内校外逐步融为一体，产生最大的、最显著的教育合力，从而有效、有力地促进学生的健康发展。

三十三　南通市海安实验小学家长义工联

资料提供：徐吉元　陈冬梅

图 33-1　南通徐吉元

海安实验小学是一所百年名校，前身为凤山书院，清光绪三十三年（公元1907年）改建为凤山学堂。发展至今，学校占地 52898 平方米，建筑面积 32173 平方米，其中有 300 米的塑胶化操场 1 个，篮球场 4 片，五人制笼式足球场、八人制足球场各 1 片，三百多平方米的乒乓球室 2 个。在校学生 4286 名，共 75 个班级，教职员工 262 名。其中专职体育教师 13 名，兼职体育教师 30 多名。

海安实验小学一直以“共生”作为办学的核心理念。“共生”强调在多元主体的相互理解、对话、协作中和谐关系、促进发展，学校积极倡导教师、学生、家长在宽容、支持、和谐的环境中获得个性的调适与完善，在互相激励、互相促进中,保持健康向上的心态,充分发掘自身的潜能与创造力,努力让学校、教师、学生、家长、社会真正融为一体,产生最大的、最显著的教育合力,从而有效、有力地促进学生的健康发展,同时学校的老师、家长们也谱写自己精彩的人生乐章,真正实现相互之间的“共生共荣”。

基于“共生”理念的家校共育新模式初步形成,2013年海安县实验小学尝试在班队、年级部、学校三个层面都建立起了“家长义工联合会”(简称“家长义工联”),拟订了《海安实小家长义工联章程》,形成了《家长义工联活动制度》。几年来,成百上千的义工们,以无私的情怀、无穷的智慧、无限的热情与教师们一起,引领孩子们积极开展了丰富多彩的活动,倾情演绎了一个个感人的故事,激情奏响了一曲曲共生和谐的乐章……

一、组织方法与活动设计

海安实验小学家长义工联合会(以下简称家长义工联)是由海安市实验小学倡导成立的,由部分具有共同意愿的学生家长与教师自主参与的公益性群众组织。其宗旨是:加强学校、家庭的教育交往与合作,增进理解,凝聚力量,优化儿童的发展生态;激发家长的活力与热情,拓展学生发展的课程空间,丰富学校教育的内容与形式;增进家长之间的友谊,促进家庭教育的合作与资源共享,提升家庭教育的品质。

图33-2　家长、老师义工联筹备会议

※1 海安市实验小学家长义工联合会章程

（讨论稿）

根据《中小学德育工作规程》的有关规定,为团结全校学生家长,进一步加强学校与家庭之间的沟通与合作,让家长更好地支持和参与学校的部分管理工作，构建家庭与学校、家长与教师之间的“立交桥”，完善学校、家庭、社会三位一体的“共生教育”网络，为学校的持续发展注入更广泛的动力，促进学生成长为新世纪具有共生素养的高素质人才，特制定本章程。

第一章 总则

第一条 家长委员会是在学校校长室领导下、德育处（大队部）指导下的群众性组织，是学生家长直接参与学校教育的一种组织形式，是学校教育有益的补充和发展，是学校争取更多的社会力量办好教育的重要途径，是民主、和谐办学的重要形式。

第二条 家长委员会的宗旨是团结全校学生家长，密切学校与家庭的联系，充分发挥家长对学校教育、教学工作的参谋、监督作用；宣传国家的有关教育政策法规，加强学校的管理；把学校教育与家庭教育有机地结合起来，提高家长教育子女的水平，促进学校的教育教学改革，不断提高教育质量。

第三条 家长委员会的作用是沟通学校、教师和家庭、社会的联系，促进学校、家庭、社会教育一体化的形成；指导家长认真担负起教育子女的作用，帮助学校拓展德育（少先队）工作的深度和广度，全面提高学生素质；积极研讨家庭教育的规律，总结家庭教育的成功经验，不断提高家庭教育水平；参与学校管理评价工作，为学校工作提供意见和建议，发挥学校和社会之间的桥梁作用。

第二章 组织结构

第四条 家长委员会成员由班主任（辅导员）提名推荐，征求个人意见后确定，并由学校发给聘书，填写相关登记表。

第五条 家长委员会分设三级：一级为班队家长委员会，8～10 名家长组成；二级为年级部家长委员会，每个班推荐 1 名家长组成；三级为学校家长委员会，每个年级部推荐 1 名家长组成。

第六条 班队、年级部和学校家长委员会均设主任 1 名，副主任 2 名，由家长委员会成员选举产生。

第七条 家长委员会的组成须兼顾社会各阶层，其成员必须具备以下条件：

1. 了解和关心教育，懂得一定的教育规律，热心学校工作，能为学校工作献计献策。

2. 具有比较丰富的家庭教育经验，并有较好的教育效果。

3. 能为学校教育教学工作提供一定的帮助。

4. 有一定的组织、表达和沟通能力。

第八条 家长委员会每学期至少召开一至两次会议，每次会议必须三分之二以上代表出席;遇有重大事项,经学校同意可临时召开会议。

第九条　家长委员会的日常事务性工作由学校德育处(大队部)安排专人负责。

第三章　职责和义务

第十条　家长委员会履行下列职责:

1. 家长委员会在不干扰正常教学秩序的情况下,可与学校联系落实,邀请部分家长代表到校听课,与学校共同研究教育教学工作。

2. 家长委员会有向学校咨询、了解学校政务公开的有关教育、教学等方面的规定、政策的权利。

3. 与学校商量后,家长委员会有权对学校教育教学及各项工作实行监督和指导,有权提出意见和建议。

4. 有权将学生家长对学校工作的意见、建议向学校反映,或以提案的形式向家长委员会大会提出。

第十一条　家长委员会成员有如下义务:

1. 倾听家长对学校工作的建议和意见,并及时向学校反馈,促进学校改进工作;联系家长,采用多种形式,运用社会力量,帮助学校改善办学条件。

2. 与学校保持密切联系,可利用书面或口头形式向学校提出合理化意见和建议。

3. 关心爱护学生,对学生的行为规范做正确的引导;密切配合学校有关部门、班主任(辅导员)协助家长做好子女的家庭教育工作,提高家教水平。

4. 在家校联系上,积极起到双向互动纽带作用。对家长的意见可及时向学校反馈。部分家长对学校的一些合理措施没能理解时,有义务主动配合学校做解释、说服工作。

5. 执行本委员会的决议,维护整体利益,完成本委员会交派的任务。

第四章　附则

第十二条　本章程经由学校校务会议和学校家长委员会全体会议讨论通过后生效。

第十三条　本章程由学校德育处(大队部)负责解释,在实施过程中可根据实际情况做必要的修改。

※2 海安市实验小学学校家委会(义工联)主任、委员

聘请下列家长朋友为海安实小家委会(义工联)委员及年级部家委会(义工联)主任:

夏杨(一年级);杨海蓉(二年级);仲娴静(三年级);

曹红霞(四年级);孙琳琳(五年级);韩海琴(六年级)。

以下家长为年级部家委会(义工联)委员:

聘请下列家长朋友为海安实小年级部家委会(义工联)委员:

一年级:徐海露等 17 位。

二年级:周兴芳等 13 位。

三年级:夏海霞等 12 位。

四年级:曹红霞等 10 位。

五年级:张 敏等 11 位。

六年级:徐朋芳等 11 位。

※3 海安市实验小学家委会(义工联)工作计划

为了充分发挥广大家长在学校教育和家庭教育中的重要作用,积极动员全社会的力量理解、参与和支持教育工作,努力构建学校、家庭、社会三位一体的育人体系,全面进行素质教育,结合我校实际情况特制订家长学校工作计划。

一、成立学校家长委员会组织

班级家长委员会成员的人选,先由任课教师和班主任提名推荐候选人,再通过家长会明确任命,合理分工,获得参与同年级家长委员会成员评选的资格。年级家长委员会成员的人选,先由班主任提名推荐候选人,再由候选人集体选举产生,获得参与学校家长委员会成员评选的资格。学校家长委员会成员的人选,先由学校和班主任提名推荐候选人,再由候选人集体选举产生。

家长委员会成员具备的条件:具有较高的政治觉悟和文化素养,关心热爱教育事业,乐于奉献,具有一定的组织能力和号召力,在家庭教育方面有较丰富的经验,拥有能够保证参与家长委员会活动的时间。学校家长委员会成员每学年随学生毕业和新生入学进行一次补充调整。

家长委员会在校长的指导下开展工作,学校委员会成员将自己的联系方式和工作分工情况向全体家长公布,便于沟通情况、反映问题。

二、家长委员会的工作原则

1. 方向性原则

家长委员会的工作要遵循党和国家的教育方针,符合素质教育的要求。

2. 双向互动原则

相互尊重,齐心协力,共商育人计划。

3. 服务性原则

家长委员会的工作要为全体家长服务、为学生的成长服务、为学校的发展服务。

4. 规范性原则

学高为师,身正为范,时刻做学生的表率。

三、家长委员会的工作机制

学校不定期召开家长委员会成员会议。会议听取学校关于发展规划、教学工作安排等方面的情况介绍,研究和制订家长委员会工作计划,对学校管理和教育教学工作提出合理化建议,督促学校对工作中的有关问题加以改进,协调并促进学校家庭间的相互理解和沟通。

家长委员会应积极向家长委员会宣传解释学校的各项规章制度、工作措施。在了解学校的工作状态、关注学生的在校表现和发展状况的基础上,认真听取家长对学校工作的反映和要求,并与学校一起研究解决办法,帮助做好家庭教育工作。

家长委员会成员帮助宣传党和国家的教育方针政策、教育动态改革,帮助家长树立先进的教育观念,掌握正确的教育方法,帮助他们解决家庭教育中遇到的困难和疑惑,提高家庭教育的针对性和实效性。另外,家长委员会成员要积极动员家长参与学校的一些教育活动,如家长开放日、开放式课堂、开学典礼、家长会等。家长委员会成员要利用家长会的机会,搜集家长对学校的建议、意见,开会时在家长委员会上提出,学校对家长的意见将做进一步研究改进。

四、不定期开办家长培训班

每学期邀请有家教经验的老师和家长做辅导讲座,提高家长的家教水平。争取每学期每个班级召开一次家长会,让家长走进教室听一听,看一看,坐一坐。与老师进行面对面的沟通与交流。

五、建立义工制度

遵循“以人为本”“自愿量力”的原则,发动广大家长积极参与学校教育教学活动,并发挥家长的一技之长,拓宽家校教育的渠道。

六、定期评选优秀学生家长

每学期对积极参加我们的活动,在家教工作中取得一定成绩的家长进行评优奖励。

※4 海安实验小学亲子足球班级联赛规程

2016 年海安县实验小学“星宸杯”亲子足球班级联赛规程

一、主办单位:海安县实验小学。

二、承办单位:海安县星宸球馆。

三、比赛时间、地点:

时间:2016 年 11 月 28 日。

地点:海安县实验小学。

四、参赛组别:六年级。

五、报名要求:每班报8组亲子。

六、竞赛办法:

(一)采用国际足联审定的最新足球竞赛规则。

(二)比赛采用五人制。

(三)比赛场地:

采用标准的足球场1/4场地,比赛场地规格为长度应在38～42米之间,宽度应在18～22米之间,罚球区:从球门柱内侧向外沿球门线量6米,以此为半径向场内各画一条四分之一圆与球门线相接成直角。两弧线的上部与一段长3.16米的直接相接,此直线与球门线平行。弧线与球门线相成的区域范围,即为罚球区。罚球点:从两球门柱之间的中点,垂直于球门线向场内量6米设置一个罚球点,该罚球点应在罚球区线上。角球弧:在比赛场地内,以距每个角25厘米为半径画一个四分之一圆。中圈及罚球弧的半径及场上限制距离为3米,足球门宽度3米,高度2米。

(四)竞赛分组:

比赛分小组赛和同名次排名赛两个阶段进行。1～6班为一小组,7～12班为一小组,小组先抽签,后进行淘汰赛,分别排出小组名次,然后两个组再进行同名次决赛,两小组第一名决出1～2名,两小组第2名决出3～4名,两个小组的第3名决出5～6名,依此类推。

(五)比赛时间和办法:

每场比赛分三节(每节8分钟),第一、三节学生、第二节家长,中场休息不超过2分钟。

七、录取办法:

(一)录取前六名,颁发荣誉奖牌。

(二)设“最佳射手奖”和“最佳团队奖”。

八、未尽事宜另行通知。

二、实施过程与方法

(一)具体实施过程

1. 明确的活动目标

海安县实验小学提出了明确的“家长义工联”活动课程目标:通过家长活动

课程的开设,充分盘活家长中的优质资源,补充学校课程的“短板”,努力增长孩子们的见识,拓宽孩子们的视野,融洽亲子关系、师生关系、家校关系,同时也满足家长朋友支持教育、丰富人生、回报社会的美好愿望,为他们关心教育、支持学校、理解教师、关爱学生提供实实在在的平台,从而真正实现家校默契的配合、促进孩子们健康茁壮地成长,为学校的高位走强、可持续发展提供强有力的支持与帮助。

2. 科学的活动设置

海安实小家长委员会、“家长义工联”在与学校德育处、教导处多次讨论、协商之后,对家长义工活动进行了科学的设置,主要分为以下两大模块:

(1) 立足校内,百花齐放的体育活动

学校面向全体家长做过一次调查,结果令人十分欣喜。家长群体参与教育热情的高涨,蕴藏教育资源的丰富,让大家兴奋不已。

教育资源提供	家长义工可给孩子提供的体验内容						
	园艺或农业体验	军事国防体验	安全防范体验	社区建设体验	游艺体验	工厂考察体验	其他体验
	107 人	24 人	48 人	56 人	24 人	203 人	71 人

于是,2013 年 9 月—2016 年 6 月,海安实小的共生园内多了一道特别靓丽的风景,家长义工们自愿来到了学校、教室,充分发挥各自的专业特长,不定期地给孩子们开设五彩缤纷的活动,各行各业家长的知识、技能和社会经验优势得到巧妙的整合,学生成长的土壤更肥沃了。

(2) 延伸校外,缤纷绚烂的体育活动

“家长义工联”成立以后,学校德育处、大队部不断引导各年级部、各班队的教师与家长义工一起认真讨论,充分挖掘优质资源,努力寻找最好的“抓手”。除了可以将家长义工“请进来”,让他们尽情地在学校、教室一试身手,家长义工们还可与孩子们一起“走出去”,亲近大自然,融入大社会,到更广阔的世界中去。

3. 扎实的活动实施

为了确保家长义工活动正常、有序地实施、推进,海安县实验小学采取了扎实稳妥的举措。

(1) 注重协调

每学年第一学期开学初,在学校德育处的统一指导、统筹、协调下,每个年级部德育组下发《给家长朋友的一封信》,认真招募新一届的家长义工,成立各班队、年级部的家长委员会、“家长义工联”，同时调查了解义工们蕴含的教育资源，志愿开办课程的种类。班主任积极与本班队的“家长义工联”沟通、交流，基本明确一学期家长义工活动的主题、内容，各年级部德育组整理后，报德育处汇总。

（2）强化管理

学校希望家长义工们：发挥优势——根据自己的工作特点，从自己的专业特长出发，拿出自己的“看家本领”；参与培训——学校德育处、年级部德育组定期或不定期地对开设课程的家长义工进行业务培训，使其掌握备课、上课、组织活动的基本技巧，与学生交流沟通的策略；认真备课——围绕自己将要讲授的知识、开展的活动进行认真的准备、细致的安排；精心上课——契合儿童的心理生理特点，传授知识，培养能力，追求和谐、共生。

（二）现场实况照片

图 33-3　三年级花鼓分队家长学生合影

图 33-4　花鼓分队练习场景

图 33-5　校外篮球比赛

图 33-6　校外篮球比赛父子合照

三、成绩与效果

(一) 活动 1. 亲子足球比赛乐翻天

2016 年 12 月 28 日,海安实验小学举行六年级亲子足球班级联赛,这将作为学校的一份毕业礼物送给即将离开校园的六年级所有学子。每班由 8 名亲子组队,由家长义工委员会委托星辰球馆担任本次活动的裁判工作。比赛采用五人制规则,每场比赛分三节(每节 8 分钟),第一、三节学生、第二节家长,中场休息不超过 2 分钟。

(二) 活动 2. 家长义工进校园传承"足球文化"

春光这样饱满,这样烂漫! 在这美好的春天里,海安县实验小学五年级 4、5、6 三个班的 193 个孩子和足球有个美丽的约会——县公安局的吴振主任进校园给孩子们传承"足球文化"。

"快乐足球,健康成长! 我运动,我快乐!"在孩子们响亮的口号声中,活动拉开了序幕! 吴叔叔介绍的 PPT 精美,动感十足。孩子们在欢乐的笑声中,享受了一道关于"足球文化"的精神大餐,感受到了成功的鲜花是用汗水浇灌成的!

(三) 活动 3. 海安花鼓跳起来

每周二下午,走进美丽的共生园,我们都会看到一道靓丽的风景。看,共生大道上、操场上、教室里……伴随着欢快的乐曲,二年级部的孩子们手执鲜红的花鼓,跟着花鼓教师们跳起了喜庆欢快的海安花鼓。每个班级的前列,都有好几位年轻的妈妈陪着孩子们一起学跳。她们都是各班的家长义工,望着她们优美的舞姿,专注的神情,我们不禁被深深打动:成长路上需要陪伴,孩子们的校园生活,因为有你们,而更加幸福多姿。

(四) 活动 4. 体验父母童年,感受中寻"真"

2016 年深秋和初冬,没有萧瑟和寒冷,有的是探求的兴致勃勃,体验的真切感受和拓展的乐趣无穷。从十一月上旬开始,六年级部举行了以"那年今日,今日那年"为主题的综合实践活动,旨在通过触摸父母的童年生活,品味父母童年生活的酸甜苦辣,感受成长的幸福,于无形间拉近两代人之间的距离,带给孩子的成长深远的影响。活动从探究父母童年生活开始,以"父母童年大起底"为开端,展开了相应的项目学习。孩子们和父母搭乘"时光穿梭机",走进父母童年,感受他们童年的生活、学习、游戏,体会别样的苦与乐,感悟不同时代特征的童年生活。

六(2)班陈伟阳这样说：

原来爸爸小时候没有游戏机玩，他们推铁环、抽陀螺、滚玻璃球，甚至还捏泥巴玩，我也跟着每一样都玩了一遍，觉得还蛮带劲的！可又觉得哪有我小时候玩的变形金刚、动力火车有趣啊！你知道吗？我妈妈那时候最爱的是课间跳皮筋，她能跳那么高！今天我和她比赛，她可厉害了！她二十多年没玩了，我还是比不过她！

（五）活动5. 龙腾虎跃聚爱法，盛夏欢乐汇童年

五(3)班薛童心这样说：6月5日下午，海安实小、城南实小、明道小学、海师附小的120多名“江海小记者”来到了到海安爱法山水国际售楼中心，开展了“龙腾虎跃聚爱法，盛夏欢乐汇童年”活动。好一群朝气蓬勃的少年！在炎炎的烈日下，在青翠的草地上，舞动着欢乐，舞动着幸福！星期天下午，我受邀去参加“龙腾虎跃聚爱法，盛夏欢乐汇童年”活动。听说有少儿舞龙大赛，我表面上十分平静，可内心早已飞到了龙的身边。近了！近了！走进爱法山水，我一眼就看到一个全身金黄、火红色相间的庞然大物，那不就是一条龙吗？只见它安静地趴在地上，似乎在等待我们到来。我心里直痒痒，恨不得立刻冲上去摸一摸。

比赛终于开始了！我和几个小伙伴组成一队，鼓声一响，我们举起手中的木柄，在龙珠的引导下，随着鼓点有节奏地跑动着，眼睛紧盯着前一人手上舞动着的棍子，手托着沉重的木柄用力地来回摆动。一圈跑下来，人早就气喘吁吁、汗流浃背了，可看上去还是那么精神十足，活力四射。就这样几个来回，我们渐渐地有点体力不支了，但谁也不愿让龙身在自己手中“折腰”。我们奋力跑着，手上的棍子也舞动得更卖力了，龙身在我们的舞动下蜿蜒盘旋，似乎要腾地而起。锣鼓声戛然而止，每个人红扑扑的脸上的每一滴汗珠都洋溢着欢乐，身上喷发出太阳般的气息，大家的欢声笑语久久回荡在草地上。

（六）活动6. 户外拓展活动

四(2)班家长义工刘云这样说：心动不如行动，说干就干，我一边联系正规的户外活动策划和组织机构，一边联系更多的家长义工，以便在这个周末能带上孩子们圆满地进行拓展活动。我很快联系到了“海安亲子俱乐部”“海安在路上户外运动”“海安户外运动协会”三家单位，最终由“海安亲子俱乐部”联合“海安在路上户外运动”主办，“海安实验小学家长义工联合会”和“海安户外运动协会”共同协办的海安实小四(2)班“走进滨海新区，体验渔湾风情”户外素质拓展活动正式启动。

4月9日,星期六,天朗气清,风和日丽。通过几天的准备和沟通,大巴车3辆、面包车2辆,媒体、亲子俱乐部、户外运动工作人员、家长和孩子等一共140多人,一大早就聚集在政府广场,准备出发去滨海新区。

一路上,大家欢声笑语,特别是孩子们,一个个笑脸如灿烂绽开的鲜花。看着孩子们的脸上都洋溢着幸福,看着家长们欣慰的样子,我心里也乐开了花,心里暗暗说,今天的活动一定会很成功!

一天的拓展活动——参观渔网网绳基地,了解渔网的生产过程、网绳织造的原理,亲身体验了织造渔网;来到紫菜生产基地,尝试清洗和分拣紫菜原料,亲口品尝紫菜做出来的食品;赶往滨海新区的新海堤,观看涨潮,学唱渔民号子;相聚乾居农庄,品尝富有渔湾特色的农家菜和海鲜,大饱口福;开展妙趣横生的团队组建、破冰游戏、真人CS等素质拓展活动,沉浸在欢声笑语的海洋……

孩子、家长义工、工作人员们沟通、交流、互动,我感触颇深。当今的社会浮躁,不少人的价值观产生偏离,整个社会的育人环境受到影响,不少孩子不会与人交往,不善于表达自己的情感,害怕吃苦,依赖性强,生活自理能力差,做事情磨蹭、马虎、没条理。我们的孩子是否能够体会、理解到,家长为了他们的美好未来,为了他们能适应未来"充满竞争"的世界所忧虑、所准备、所设想的一切呢?我们的家长是否意识到自己的孩子并不是害怕吃苦,而往往是因为自己的疼爱甚至娇宠溺爱而使他们从来就没机会去经受历练呢?

今天的活动,我深深地感觉到是一次非常有意义的活动!

我,辛苦,却快乐着!

四、思考与展望

在海安市实验小学美丽的"共生园",家长义工丰富活动的开展真正促进了孩子们的发展,这一"特色活动万花筒"为孩子们的成长打开了一扇窗,一扇看世界的窗!它不仅真正地在家校之间架起了一道美丽的彩虹,给了孩子们一个更加多彩的快乐童年,也使我们的教育更加民主、更加和谐、更加现代、更加开放,奏响了一曲曲共生、共赢、共荣的乐章!

海安实小的"家长义工联"活动,虽已经成为海陵大地上一道靓丽的风景,但在活动内容的开发与建设中还需从系列性、连续性的角度深入思考与完善,让一个个精彩的故事继续演绎、传诵……

入选理由：

苏州科技城实验小学校通过引进各种社会资源，融入社区体育，既提高了学生对篮球运动参与热情，又带动了社区体育的发展。学校借助街道的力量，在2018年推出了首届科技城“小篮球”比赛，活动吸引了科技城辖区内21支小学生代表队的参与。此次社区学生自由组队参与度高、比赛形式灵活多样花样新，激发了学生在校内参与篮球运动的热情。此举依托社区街道共同为学生的健康成长谋发展、注活力、添动力，值得推广。

三十四　苏州科技城实验小学校社区体育活动

资料提供：张小伟　金　刚　王　敏

图34-1　苏州张小伟

图34-2　苏州科技城实验小学校门

苏州科技城实验小学校坐落在科技创新、人文生态的科技城内，为科技城管委会所属全日制公办小学。学校以“生活教育”为践行方向。在办学中，学校以“立人”为校训，以“做最美丽的自己”为校风，“善导启智”为教风，“善思明理”为学风，培养会学习，慧生活，善合作，勇负责的少年儿童。目前学校共有56个班级，2500名学生，专业教师165人。这两年学校先后获得“江苏省优秀少先队集体”“苏州市德育先进学校”“苏州市平安校园”“苏州市篮球传统学校”“关工委工作常态化建设合格学校”“苏州高新区先进集体”“苏州高新区教育科研优秀团队”“苏州高新区家校联系先进集体”“教育部‘国培计划’骨干教师研修项目基地”等荣誉称号，是江苏省品格提升工程项目学校，苏州市义务教育课程改革项目学校,苏州市家庭教育项目学校。

科小体育组是一支14人,平均年龄不超过30岁的年轻团队。所有教师均为体育教育专业,其中9人本科毕业,5人为研究生学历。篮球专项4人,1人为篮球一级运动员。学校拥有四片室外篮球场,300米田径场,一座集篮球、排球、乒乓球为一体综合性体育馆。篮球是科技城实小重点打造的特色体育项目,目前已成为苏州市篮球传统学校。

科小始终紧抓"生活"教育这一主线,引进各种社会资源,进一步提高学生的篮球参与热情。正因为学校在篮球项目上做出的多项努力,才培养出了科小学生对篮球运动的浓厚兴趣。2017年,姚明新任篮协主席后,于同年推出了国家级、省级、市级的"小篮球"比赛。科小借助街道的力量,在2018年推出了首届科技城街道"小篮球"比赛,共有来自科技城辖区内的21支代表队,125名青少年积极地广泛参与。其中,90%以上的参赛选手为科技城实小的学生。

一、组织方法与活动设计

※1 苏州科技城首届小篮球比赛竞赛规程

为积极响应中国篮协推广小篮球比赛的号召,推动科技城(东渚街道)青少年篮球运动广泛开展,科技城决定举办2018年苏州科技城第一届小篮球比赛,比赛由苏州科技城社会事务局主办,苏州科技城龙山社区承办,苏州科技城实验小学校、苏州高新区东渚实验小学校协办。小篮球比赛是根据小朋友身心发育和三大球运动特点设置,以掌握篮球技能和增强体质为核心,鼓励学生在玩中学、在玩中练、在玩中赛,提供人人可以参与、人人可以出彩的比赛模式,为热爱篮球运动的青少年提供交流、展示平台。

一、组织机构

主办单位:苏州科技城(东渚街道)社会事务局。

承办单位:苏州科技城龙山社区。

协办单位:苏州科技城实验小学校。

二、比赛时间

2018年12月8日至9日。

三、比赛地点

苏州科技城实验小学校体育馆。

四、比赛内容

3V3篮球挑战赛。

五、比赛规则

（一）2年级组(U8组男女混合)：3对3篮球挑战赛(篮高：2.35米，比赛场地长18米、宽9米)，6分钟一节，共两节，每节可要一次暂停。

（二）3—4年级组(U10组男女混合)：3对3篮球挑战赛(篮高：2.60米，比赛场地长15米、宽12米)，6分钟一节，共两节，每节可要一次暂停。

（三）5—6年级组(U12组男女混合)：3对3篮球挑战赛(篮高：3.05米，比赛场地长15米、宽14米)，6分钟一节，共四节，每节可要一次暂停。

（四）名次录取

分四个组别，采用单循环比赛，第一阶段分组循环，比赛胜一场积2分，负一场积1分，弃权积0分。按积分决定最终名次，各组前4名进入第二阶段；第二阶段交叉淘汰。小组三、四名争夺季军，小组一、二名争夺冠军。

六、比赛组别、报名队数及人数

（一）比赛分为U8(2年级男女混合组)、U10(3、4年级男女混合组)、U12(5、6年级男女混合组)三个组别，每个组别队数不足两队的取消该组别比赛。

（二）科技城内五个社区每个组别限报1队，东渚每个组别限报1队。报名人数2年级女混合组每队报6人；3至4年级男女混合组每队可报6人；5至6年级男女混合每队可报6～8人。

（三）比赛时，第一节、第二节必须采用不同的阵容。若参赛人数不满6人，第二节上场的替补人员由对方教练员在第一节比赛的队员中挑选。

七、参赛资格

（一）学生需有在科技城(东渚)内学校就读的学籍证明，且为小学2至6年级学生。不受户籍限制。

（二）参赛学生需身体健康，具备安全参赛的条件。

（三）遵守《小学生行为规范》及本赛事规程及相关规定。

八、参赛要求

（一）运动员在报名时需提供可以证明身份及年龄的有效证件。

（二）比赛和开、闭幕式秩序及赛场文明与纪律等关系到孩子文明习惯的培养，请各领队管理好自己的队伍。

（三）比赛分组由抽签决定。请各参赛队按照比赛时间，提前半小时到达比赛场馆，比赛前5分钟到达指定场地，迟到10分钟视为弃权。

（四）比赛时间到若比分相同，采用罚球定胜负的方法。所有队员依次罚球，直至所有人罚球结束。若比分仍然相同，则进行进球制，先进球即为赢球。

九、奖项设置

(一) 各组别取前三名给予奖励。

(二) 参赛学生均颁发“阳光体育——优秀学生”证书。

(三) 评选优秀组织奖、精神文明奖、优秀教练员、最佳裁判员。

十、裁判和仲裁

本赛事裁判和仲裁由国家二级以上裁判或专业人员担任。

十一、领队责任

(一) 领队是学校或社区小篮球队的组织者,需全面负责赛事组织,领队需在现场监管比赛。

(二) 领队需及时通过赛事群查看赛事组织方案及详细安排,以保证按照要求参赛。

十二、安全须知

(一) 参赛者需身体健康,并能够安全参赛。监护人需保证参赛者以健康身体及安全方式参赛,做好安全教育,保证其安全参赛。

(二) 参赛单位要认真做好参赛者健康审核,认真履行安全职责,加强安全教育,制定安全预案、落实安全管理,确保安全。

(三) 活动主办方将为参赛人员购买相关保险,如发生意外,有关赔偿由投保方向保险公司协调解决。主办、协办、承办单位均不承担相关责任。

十三、违规及处理

(一) 违规行为包括冒名顶替、弄虚作假、违反比赛规则、影响比赛秩序等行为。

(二) 如有违规参照《全国学生体育竞赛纪律处罚规定》《全国学生体育竞赛管理规定》处理,取消参赛资格和所有成绩,追回奖品。

(三) 申诉:对比赛结果及判罚有异议,首先由领队口头向裁判长提出,经解释如仍有异议,须由领队在30分钟内向仲裁提交书面申诉及相关证据。

十四、报名办法

(一) 请认真阅读规程和报名办法后报名。先报先得,报满为止。

(二) 报名时间,自本通知发布之日起至2018年11月30日。

(三) 报名地点

序号	社区名称	所含小区	社区地址	联系电话
1	龙山社区	水秀苑,水岸年华,秀郡花园,招商雍和苑,中航樾玺和中航樾公馆	水秀苑南门	68558961

续表

序号	社区名称	所含小区	社区地址	联系电话
2	青山绿庭社区	青山绿庭一期，二期，青山慧谷	青山绿庭二区35幢（青山绿庭社区服务中心）	66075900 66073200
3	彭山社区	幸福未来，万科，朗诗绿洲，溪谷雅苑	幸福未来花园14幢一楼	68558977
4	绿湖社区	瞰湖花园一期二期，绿地生活广场三期四期，望湖湾	以升路与科发路交叉口	66910211
5	山湖湾社区	山湖湾南区，山湖湾北区	山湖湾南区物业用房1楼	66910121

各社区报名表汇总后发送至张老师。

十五、本赛程最终解释权归苏州科技城（东渚）社会事务局。

二、实施过程与方法

（一）具体实施过程

※2 苏州科技城首届小篮球比赛分组名单

一、苏州科技城（东渚街道）首届小篮球赛参赛队员名单

U8 组别

龙山社区一队：王宇泽等 6 人。

龙山社区二队：吴昕玥等 5 人。

龙山社区三队：陈皓宇等 5 人。

青山绿庭社区一队：李想等 6 人。

青山绿庭社区二队：商琪婷等 5 人。

彭山社区：陈宇昊等 7 人。

绿湖社区一队：耿敬曦等 6 人。

绿湖社区二队：蒋金汕等 6 人。

山湖湾一队：刘腾凌等 5 人。

山湖湾二队：叶家乐等 5 人。

山湖湾三队：徐子越等 5 人。

U10 组别

龙山社区一队：朱雨辰等 6 人。

龙山社区二队：满朝旭等 5 人。

青山绿庭社区：刁昱力等 6 人。

彭山社区：叶扬等 6 人。

绿湖社区:钱淳等7人。

山湖湾社区:张熙雨等6人。

U12组别

龙山、山湖湾社区:陈浩等6人。

绿湖、青山绿庭社区:欧伟杰等7人。

彭山社区:朱希哲等7人。

东渚实验小学:包苏杨等8人。

二、比赛分组

U8组别

A组:A1. 龙山社区一队;A2. 青山绿庭社区一队;A3. 彭山社区;A4. 绿湖社区一队;A5. 山湖湾社区一队。

B组:B1. 龙山社区二队;B2. 龙山社区三队;B3. 青山绿庭社区二队;B4. 绿湖社区二队;B5. 山湖湾社区二队;B6. 山湖湾社区三队。

U10组别

A. 龙山社区一队;B. 龙山社区二队;C. 青山绿庭社区;D. 彭山社区;E. 绿湖社区;F. 山湖湾社区。

U12组别

A. 龙山、山湖湾社区;B. 绿湖、青山绿庭社区;C. 彭山社区;D. 东渚实验小学。

三、苏州科技城2018首届"小篮球"比赛赛程安排(略)

四、赛前集训安排表

因本次比赛为科技城街道首届"小篮球"比赛。为让学生(特别是U8组)能更好地适应比赛节奏,熟悉比赛规则,特安排本次赛前集训。请各社区负责人通知到参赛选手,按照安排的时间,准时到达场地。

日期	参赛队伍	集训时间	场地安排	教师安排
12.3	U8:龙山社区一队 U8:龙山社区二队	18:30—20:00	一号场地	张超漪
	U8:龙山社区三队 U10:龙山社区一队		二号场地	谢纯杰
12.4	U8:青山绿庭社区一队 U8:青山绿庭社区二队	18:30—20:00	一号场地	王岩
	U10:青山绿庭社区		二号场地	王伟

续表

日期	参赛队伍	集训时间	场地安排	教师安排
12.5	U8：山湖湾社区一队 U8：山湖湾社区二队	18：30—20：00	一号场地	张超漪
	U8：山湖湾社区三队 U10：山湖湾社区		二号场地	谢纯杰
12.6	U8：绿湖社区一队 U8：绿湖社区二队	18：30—20：00	一号场地	王岩
	U10：绿湖社区		二号场地	王伟
12.7	U8：彭山社区	18：30—20：00	一号场地	张超漪
	U10：彭山社区 U10：龙山社区二队		二号场地	谢纯杰

（二）现场实况照片

图 34-3　家长热情参与

图 34-4　比赛场面激烈

图 34-5　比赛队员获奖合影图

34-6　比赛奖杯奖牌

三、成绩与效果

(一) 把握活动契机,促进教学竞赛成绩提高

在此次街道组织的“小篮球”比赛以后,学生在校内更多地参与篮球运动。科小成立篮球表演队,亮相高新区运动会开幕式,受邀参加国际篮联青年男篮世界杯开幕式的演出。

教师以篮球项目作为公开课、评优课教学内容,开设省级、区级公开课6次,并获得省级优质课评比一等奖1次、区级优质课、基本功评比一等奖4次、市基本功比赛二等奖1次;多篇篮球相关论文发表、获奖。

学生篮球校训队获得了高新区小学生男子篮球比赛第一名,女子篮球比赛第三名,参加苏州市小篮球比赛获得U10组第三名、U8组第五名,参加长三角CBA篮球夏季联赛学生部比赛获得第二名。

(二) 建立社团模式,利用资源产生效果

“蝌蚪小篮球”校本课程从2017年9月开始策划,边实施边改进至今已有2年多的时间。实施过程中,学校要求学生人手一球,全员大课间完成篮球操(高级版)+绳梯运球的练习;每周一节篮球课,根据学生的实际情况选择了不同难度的教学内容,实行有梯度的教学;开设了6个篮球社团活动小组;全员运动会上引入篮球元素;举行多种形式的篮球比赛,如亲子篮球比赛、毕业班篮球比赛、分年级组的篮球联赛;创立篮球教学微信公众号,定期发布教学指导、学校篮球成果展示的视频。本次借助街道的资源,进行“小篮球”比赛,涉及小学中全部的三个组别:U8组、U10组、U12组。这些活动充分调动了学生的参与积极性。

(三) 传承篮球文化,社会效应广泛传播

苏州科技城(东渚街道)首届小篮球赛自开赛以来受到了社会的普遍关注。因首届比赛受规模的影响,除参赛的家庭外,更多科小的学生、家长也参与进来。科技城片区的“小篮球”氛围也逐渐形成。此次比赛被新华日报、苏州日报等11家媒体进行了报道,具有了一定的影响力。

四、思考与展望

(一) 以篮球为媒介,推进学生体质发展,养成终身体育意识

小篮球,成就大梦想。篮球运动提高学生的参与热情,促进学生的身体健康;提高孩子神经中枢的灵活性,使身体各部分运动更灵敏、协调,让体格强健、

体态匀称，促进力量、速度、耐力、弹跳等体能的发展，促进身体发育。同时磨炼学生强大意志力，使他们懂得团队协作的重要性。

（二）以篮球为载体，改善亲子关系，吸引更多的家庭共同运动，一起健康

“小篮球”有一项隐性的功能就是让篮球运动进入家庭，让篮球运动融入孩子的日常生活。在比赛中，往往是一个孩子参加比赛，至少会带动一个家长，多者是全家总动员。“小篮球”比赛的目的不是要让孩子去争金夺银，而是让他们感受到篮球运动所带来的快乐，与父母一起聊篮球、打篮球，进一步改善亲子关系，让父母与孩子共成长。

（三）以篮球为平台，走出去请进来，创建更多交流机会

第二届比赛除了社区间的比赛外，还将举行校际、俱乐部间的邀请赛。这些比赛提供能满足普通学生、校训队学生需要的比赛条件。

第二部分

小学校内外整体安排的活动

入选理由:

随着人们生活方式的转变,学校体育活动模式也必须适时做出改变。“晨醒、午畅、暮养”的课外体育活动模式,不仅增加了师生的体育运动时间,还激发了全体师生参与体育运动的热情,形成一种健康的生活方式。该模式提倡学校主导校园体育活动,课外活动组织形式多样、体育锻炼内容丰富;引导校外体育生活,营造“大手牵小手、小手拉大手”的家庭体育锻炼氛围,达到“过一种健康的体育生活”的终极目标。

三十五 常州市武进区潘家小学“晨醒、午畅、暮养”课外体育活动

资料提供:秦旭峰

图 35-1 常州秦旭峰

图 35-2 学校大厅

潘家小学坐落于武进东南素有“太湖山水城”的雪堰镇,该镇东接无锡、南滨太湖、毗邻宜兴。学校始建于 1908 年,原名“钟灵小学堂”。2009 年易地新建,现学校占地面积 44800 平方米,建筑面积 17600 平方米,学生平均活动面积 10.2 平方米。学校现有 31 个教学班,学生 1425 人,在编教师 73 名,本科学历 71 人,占比 97.3%,研究生学历 3 人。

学校先后获得“全国艺术教育特色单位”“江苏省健康促进学校(金牌)”“江苏省园林式单位”“江苏省青少年科技教育先进学校”“常州市依法治校先进单位”“常州市平安校园”“常州市模范教工之家”等几十项荣誉称号。

学校现有体育专职教师 8 人,其中中小学高级教师 2 人,市区学科带头人 2 人,国家一级裁判员 3 人,平均年龄 42 岁。体育设施设备符合江苏省Ⅰ类标

准，拥有300米塑胶跑道1片、塑胶篮球场4片、足球场5人制2片。学校体育工作先后被评为“全国棋类教学实验基地”“全国象棋特色学校”“江苏省少儿象棋培训基地”“武进区体育特色学校”……

学校通过调查问卷、征求意见、集体研讨，于2018年9月开发并实施“晨醒、午畅、暮养”的课外体育活动模式。该模式提倡“主导校园体育生活”“引导校外体育生活”，学生自主参加体育活动，班班有社团，指导教师涵盖学校教师、家委会成员、社会体育指导员等。

一、组织方法与活动设计

（一）组织方法

※1 常州市武进区潘家小学“晨醒、午畅、暮养”课外体育活动模式的开发与实施方案

为贯彻落实《国务院办公厅关于强化学校体育促进学生身心健康全面发展的意见》(国办发〔2016〕27号)、《江苏省全面深化学校体育改革促进学生身心健康全面发展的实施意见》(苏教体艺〔2017〕10号)文件精神，大力推进常州市民生重点工程“学生身心健康促进计划”，进一步推动学校课外体育活动的开展，结合实际，本校开发实施“晨醒、午畅、暮养”的课外体育活动。

一、实施理念

根据学校确立的体育改革理念，创新提出“主导校园体育生活”和“引导校外体育生活”的“大体育”观，规范学生课外体育活动，让健康体育成为一种生活方式。

按照文件要求和《“健康江苏2030”规划纲要》，把促进学生身心健康摆在优先发展的战略地位，树立“大教育”“大健康”和“大体育”理念，坚持总体设计、优势先行、分类推进的工作思路，创新工作体制、机制，推进学校、家庭和社会的联动，完善数字化健康校园的建设，实现“天天运动、人人参与、健康成长、终身受益”工作目标，开创具有学校特色的课外体育活动新局面。

二、实施目标

基于学生体育素养发展需求，立足体育核心素养，一切课外体育活动的创新实施都为发展和提升学生体育素养服务，依据学校的体育校本特色，把学科育人目标与学校育人目标相融合，确定学校课外体育活动目标为以下几方面。

（一）合理架构，科学实施

1. 确立“立德树人”的体育课程价值理念，以全体学生全面发展、终身受益为宗旨，让体育的育人功能得到充分发挥。

2. 构建“晨醒、午畅、暮养”的课外体育活动模式,努力落实“每天2小时体育生活”的阳光体育标准,提高课外体育活动实施质量,培养和发展学生的体育核心素养。

(二) 全员参与,多元发展

1. 以学生体魄强健、身心健康为目标,创新课外体育活动实践模式。

2. 各学段相互衔接、相互促进的课外体育活动协调机制。

3. 坚持整体设计和系列化推进学校课外体育活动建设,探索与创新课内外、校内外联动的课外体育活动模式和实施策略,培养团队意识,提高合作能力,促进学生课外体育活动的品牌化发展。

(三) 协同干预,文化育人

1. 建立学校、家庭、社会三位一体、协同干预的工作制度。

2. 实现学校课外体育活动和健康工作相互融通,完善体育设施、环境文化建设,让学生始终站在学校体育的中央。

3. 加强课外体育活动评价、课外体育制度建设,探索与体育相适应的校园文化建设,优化健康校园生态环境,让学生在明理、向上、拼搏、乐学的体育文化氛围中,体会体育活动的乐趣和发现自己的社会价值,基本形成学生体质健康促进模式。

三、实施对象及人数

常州市武进区潘家小学全体师生。

四、研究阶段

(一) 准备阶段(2018年5月至2018年8月)

1. 学习领会开展课外体育活动的重要意义,进行相关文献研究。

2. 发放教师、学生、家长参加体育活动情况调查表。

3. 拟定实施方案,组织方案研讨、论证等。

(二) 实施阶段(2018年9月至2019年6月)

1. 活动安排、内容设计、全面落实。

2. 监督过程、定期研讨、适时调控。

3. 积累资源、阶段小结、组织评价。

(三) 发展阶段(2019年9月至2021年6月)

1. 资源优配、创新实施、全面监控。

2. 技能展示、专题研讨、效果分析。

3. 意见征集、数据分析、总结成果。

五、实施保障

(一) 组织保障

1. 学校专门成立课外体育活动领导小组,由一把手校长任组长,分管校长为副组长，各科室主任、体育教研组长为组员。

2. 成立以分管校长为组长，分管教导主任、体育教研组长为副组长，全体教师为成员的工作小组。

3. 组长负责活动的总体策划，宏观调控，进行全面实施研究。副组长负责活动研发的组织、落实和协调等工作。组员为具体活动研发工作的协调人和组织者。

（二）制度保障

1. 校长室和教研处负责人将本方案向全校教师进行宣讲，出台和沿用了体育课程的相关方案、制度和绩效考核方案。

2. 全体教师能明确课外体育活动不仅仅是体育组团队的事情，而是需要整个学校人人参与、惠及学生终身发展的健康工程。

（三）经费保障

为了保障课外体育活动顺利实施，学校对校区场地、设备做好经常性维护，做好活动经费预算，以使活动顺利实施。

（二）活动设计

※2 常州市武进区潘家小学“晨醒、午畅、暮养”课外体育活动模式的设计

组织课外体育活动的出发点和归宿点是如何提高学生的体能素质，让学生参与体育活动能体会到运动乐趣，引导家庭、社区联动，提高全民的健身意识，从而树立“终身体育”的健康思想。正如孔子所言：“知之者不如好之者，好之者不如乐之者”。“晨醒、午畅、暮养”模式的课外体育活动是学校组织与自主开展的形式多样、丰富多彩、充满乐趣的校内外体育活动，目的是主导学生校园体育生活，并积极引导校外（家庭、社区）体育生活，逐步形成“天天锻炼、健康成长”的全民健康体育生活方式，促进人的身心健康。

一、设计原则

（一）健康第一

在课外体育活动实施中，学生在健康素质的基础上进行科学锻炼、掌握运动技能，提升主动参与、增强体能的意识，培养和发展每一位学生的体育素养：运动能力、健康行为和体育品德。

（二）兴趣为先

提高学生的体育兴趣和运动能力，发展体育与健康实践和创新能力，使他们获得参与运动的快乐，体验成功的乐趣。创新评价学生体育运动的参与方式，让每一位学生都有自己喜欢的运动项目，积极参加多种体育项目锻炼。

(三) 习惯养成

提高自觉维护健康的意识,增强锻炼身体的自觉性和主动性,基本形成健康的生活方式,养成适合师生的终身体育锻炼习惯。

(四) 文化育人

利用多种资源加强体育环境建设,创设浓厚的体育文化氛围,学生在丰富的课外活动中,熏陶和形成明理、向上、拼搏、乐学的品格,不断提升体育文化的育人功能。

二、内容设计

(一)“晨醒”——充电体育活动

1. 活动口号:“给身体充电,为健康加油”。

2. 活动时间:7:50—8:10。

3. 活动内容:

(1) 学生模拟上学路径快步行走约1千米。

(2) 传统体育项目:跳绳、踢毽、传统体育游戏(按季节变换内容)。

3. 活动要求:

(1) 拟路径行走过程中找到年级或非年级同伴,互相认识交流。

(2) 认真完成一定运动量的传统体育项目。

(二)“午畅”——午间体育活动

1. 活动口号:“共享一米阳光,同筑个性殿堂”。

2. 活动时间:11:50—12:50。

3. 活动内容:

(1) 课外体育兴趣小组

学年初设置班级体育兴趣小组(每班至少一个)、年级体育兴趣小组(根据学生兴趣和学校、社区具备体育特长指导者资源进行设置),目的是能保证学生全员参与。学生自主选择有兴趣的体育活动进行锻炼并按学年考核评价,合格的学生下一学年可以重新选择项目。课外体育兴趣小组有传统体育游戏(低年级)、象(围)棋、少儿足球、少儿篮球、中华武术、拉丁梦想、空手武道、跆拳道……项目指导教师可以是学校教师、社区志愿者、社会体育指导员和有特长的家长组成。他们热心参与、悉心指导,能给学生更多的选择项目和学习技能的机会。丰富的体育兴趣小组也必然培养学生们的运动爱好,提高学生参加体育锻炼的热情。

(2) 课外体育俱乐部(少年宫社团建设)

课外体育俱乐部是结合常州市“青苗计划”中“乡村学校少年宫”建设成立

的体育特长小组。目前共有田径、象棋、围棋、游泳、体育舞蹈、武术等8个常规小组，根据学校、社区或兴趣课程资源，陆续开发实施。队员组成基本都是教练与学生双向选择确定的，他们进行提优训练，形成特长，孩子们的获得感、成就感让他们拥有自信、张扬个性。

（三）“暮养”——亲子体育活动

1. 活动口号：“天天锻炼，健康成长”。

2. 活动时间：放学后半小时。

3. 活动内容：

家庭成员根据周边健身路径和家庭成员体育爱好做一份规划。倡导“小手牵大手，运动心中有；大手牵小手，健康跟我走”的家庭体育生活模式。有时体育教师和班主任会结合国家学生体质健康项目、学校体育两项技能工程、体育节全家总动员项目（亲子）布置家庭作业。

二、实施过程与方法

（一）具体实施过程

※3 常州市武进区潘家小学“晨醒、午畅、暮养”课外体育活动安排

潘家小学课外体育活动安排表 2018.09

项目	时间	年段	内容	地点
晨醒	7:50—8:10	一、二年级	1. 模拟上学路径快步行走 2. 单摇跳绳、单踢毽等	教学楼周围路径及走廊
		三、四年级	1. 模拟上学路径走跑练习 2. 双摇跳绳、盘踢毽、鱼贯跳长绳等	篮球场及联合运动区
		五、六年级	1. 模拟上学路径快步行走 2. 双摇跳绳、盘踢毽、绳间交错、集体长绳等	田径场、足球场
午畅	11:50—12:50	一、二年级	班级兴趣小组、年段兴趣小组	教室、逸盛运动场
		三至六年级	班级兴趣小组、年段兴趣小组及校级社团	教室、各功能专用教室等
暮养	亲子锻炼半小时	全体学生家庭	1. 制订家庭锻炼计划 2. 社区健身路径、家庭成员体育特长 3. 体育家庭作业	自主选择

※4 潘家小学一、二年级"晨醒"——充电体育活动表

一、活动目标

1. 通过活动,学生能熟练掌握行走路径和体能锻炼要求,了解项目的锻炼功能。

2. 学生能乐于参与运动,并针对达标级别进行挑战式练习。

3. 通过活动能提高学生的交际、合作、欣赏他人的能力。

二、活动安排

年级	班级	活动地点	活动负责人	级部指导(体育组)
一	1 班	中央大道起 钟灵楼一楼长廊	王逸雯	徐雷波
	2 班		张勤仙	
	3 班		陈　敏	
	4 班		施春红	
	5 班		吴　帆	
二	1 班	中央大道起 毓秀楼一楼长廊	陆雪梅	王东明
	2 班		常红梅	
	3 班		王丽琼	
	4 班		周　英	
	5 班		王惠云	

三、活动要求

1. 按路径快步行走结束可回班级交作业。

2. 人手自备一条短绳(项目按季节调整),跳绳达级必须有三人以上在场,个人有了新的纪录立即汇报责任教师并做好登记。

3. 活动负责人由正副班主任轮换。

※5 潘家小学三年级"午畅"——午间体育活动表

一、活动目标

1. 通过年级兴趣小组、班级集体游戏,激发学生参加运动锻炼的热情。

2. 通过活动,学生能努力提高自身的运动能力并针对标准获得相应的积分。

3. 通过一学期的活动,能熟练掌握该项运动技能。

二、活动安排

<table>
<tr><th>年级兴趣小组</th><th>指导教师</th><th>班级</th><th>集体游戏</th><th>指导教师</th><th>级部指导（体育组）</th></tr>
<tr><td>中华武术</td><td>张坤</td><td>1班</td><td>滚球接力跑</td><td rowspan="5">正副班主任每周轮换</td><td rowspan="5">王安石</td></tr>
<tr><td>空手武道</td><td>孙菊</td><td>2班</td><td>跳房子</td></tr>
<tr><td>少儿足球</td><td>王毅</td><td>3班</td><td>丢沙包</td></tr>
<tr><td>体育舞蹈</td><td>储婧媛</td><td>4班</td><td>警察贼</td></tr>
<tr><td>乒乓争霸</td><td>周伯成</td><td>5班</td><td>过山车</td></tr>
</table>

三、活动说明

1. 指导教师由家委会成员、社区体育指导员及家长志愿者组成。

2. 年级兴趣小组每周2次，每个社团学期结束进行技能展示，学校完成最终考核评价。

3. 集体游戏按班级和周次轮换，以出勤率和学生表现性进行评价。

4. 如遇雨天，请各班组织开展室内操和班级兴趣小组训练。

※6 常州市武进区潘家小学课外体育活动记录表

潘家小学三年级“午畅”——午间体育活动记录表（案例）

集体项目　　　　（三）年级（1）班

<table>
<tr><td>活动名称</td><td>滚球接力跑</td><td>活动时间</td><td>第一周</td><td>活动地点</td><td>南片篮球场</td><td>应到人数</td><td>49</td><td>实到人数</td><td>49</td></tr>
<tr><td>活动器材</td><td>皮球2只</td><td>指导教师</td><td>殷春亚</td><td>缺席名单</td><td colspan="5">无</td></tr>
<tr><td>活动目的</td><td colspan="9">培养团队协作意识，锻炼奔跑能力。</td></tr>
<tr><td>活动过程</td><td colspan="9">一、开始准备
1．慢跑热身，各关节活动，充分打开、防止运动伤害发生
2．胯下滚球练习，2～3组
二、滚球接力跑练习
1. 介绍游戏方法、规则
2. 选择一组示范3人接力
3. 分组尝试练习
4. 开始游戏比赛
三、进行小结、点评</td></tr>
<tr><td>活动效果</td><td colspan="9">胯下滚球需要每个人提高注意力，队员协作配合，分腿站立要保持一致，动作衔接连贯</td></tr>
</table>

※7 常州市武进区潘家小学课外体育活动奖惩评价方法

武进区潘家小学学生课外体育活动学期评价统计表

班级：　　　　　　　　　　　　　　　　　　　　20 年　月—20 年　月

姓名	性别	课外体育活动						总分
		晨醒	午畅			暮养		
		出勤（次数）	出勤（次数）	小组名称	表现评价	参加情况	擅长项目	

学校根据制定的《学生体育素养千分卡制度》《学生体育素养千分卡考核细则》，通过体育千分卡评价，且每学期公布一次评价成绩，按全校学生10%的比例人数进行表彰。体育千分制将对学生包括课外体育活动在内的基础、个性、主题“三类”课程中的表现进行评价，核算积分，以评价促发展。

1. 期末根据出勤、《学校体艺2+1项目技能评价标准》——体育技能、运动能力等采用等级评定的方法计算课外体育活动得分，通过课外体育活动评价标准将A、B、C、D、E五个等级分别代表优秀、良好、中等、及格、不及格。A相当于90分～100分，B相当于80分～89分，C相当于70分～79分，D相当于60分～69分，E相当于60分以下，并核算积分计入体育千分卡。

二、质性评价方法

从学生的表现能级和发展进步水平两方面考察。按学生自选项目的发展水平，应用分级评价方式，通过学生自评、团体互评、教师评价的混合方式进行，参加各级各类比赛获得成绩按《学生体育素养千分卡制度》核算积分计入学生体育千分卡。具体分值参照兴趣小组评分标准，《武进区义务教育素质教育质量评估》中关于体育竞赛、活动评分细则。

三、表现性评价

转换的学分记入学生体育千分卡，让其成为体育学业水平的一个组成部分。

（二）现场实况照片

图 35-3　“晨醒”走和跑

图 35-4　“午畅”体育舞蹈

图 35-5　“暮养”亲子技能展示

图 35-6　社团技能展示

三、成绩与效果

（一）全校齐动员，积极来参与

“晨醒、午畅、暮养”课外体育活动模式刚推出的时候，大家还不是很适应，参与人数、活动质量都没有达到预期的效果。学校通过会议进一步发动，体育组教师的扎实推进，全体教师很快理解了精神。由刚开始师生的参与率不到20%，一个月之后，师生的参与率达到75%左右，“午畅”课外体育活动的参与率达到100%。“暮养”亲子体育活动效果明显，一开始仅提出家长和孩子一起锻炼1分钟（如：1分钟跳绳），孩子有进步就反馈给班主任，班主任在晨会课进行表扬。一段时间下来，大部分家长就能按照家庭锻炼计划达到运动半小时，有些家庭锻炼时间更长。

（二）体质在增长，技能趋熟练

在学生国家体质健康测试中显示，学生的测试成绩比上学年普遍提高。心肺功能、力量、耐力素质上升明显，肥胖率下降0.2%，近视率下降0.17%。在体育技能方面，学生单项技能更加熟练，普遍表现在学生动作反应更加灵敏，一项体育技能达到“A”标的超过92%。

（三）身心共健康、行为显优良

活动中观察发现，经常参与课外体育活动的学生交际能力更好。一些不善于沟通的孩子，在活动中慢慢变得活泼、开朗了。集体游戏项目让学生们更加懂得合作、宽容、理解的重要性。有些孩子参加完活动后，感觉到压力得到释放，精神得到放松，思维也更敏捷。同时良好的规则意识在活动中表现得越来越明显。

（四）满足生需求，创新有特色

基于每个学生的体能基础、运动特长、体育态度、体育兴趣、锻炼习惯各不相同，在基本统一要求的基础上，因人而异，因势利导，因材施教，达到实现体育个性化教育和满足学生对体育多元化的需求,促进体育活动创新建设保持持久而旺盛的生命力。

图 35-7　技能达标颁奖

图 35-8　优秀社团表彰

(五) 活动有成绩,荣誉倍添力

通过课外体育活动的广泛开展,学生对运动项目的兴趣越来越高,不少学生参加多个年级体育社团。学校田径、象棋、武术、游泳等竞赛成绩都位列区内上游。由于学校重视引导家庭锻炼,在常州市首届“爸爸妈妈跟我去运动”活动中获得团体第二名的好成绩。学校先后被评为“全国象棋特色学校”“江苏省少儿象棋培训基地”“武进区体育特色学校”“武进区业余训练先进集体”。

(六) 社会高评价,广泛受赞誉

该模式通过一年多的实践,已经获得广大家长、社会的普遍认可,外界对课外体育活动模式的反馈尤佳。学生们经常在周记、作文中写到自己参与体育运动的故事,表达切身的感受和深刻的体验。家长积极参加学校组织的亲子活动,并提出希望学校增加组织次数的良好愿望。同时,课外活动、特色课程、社团技能展示等多次得到武进日报、市区电视台的宣传,得到新闻媒体的广泛赞誉,产生积极的社会效应。

四、思考与展望

俗话说:“不积跬步,无以至千里”,打造少年儿童的健康工程不是一朝一夕的事。学校会及时总结阶段性成果,并在已取得成果的基础上进一步拓展,落实过程监督,完善评价机制,以评价促活动,以活动促体质,紧紧围绕“健康第一”的指导思想,以体育课程校本化实施为抓手,秉承学校“用心起好步、走好每一步、不断有进步、永远不停步”的工作信念,把学校打造成一所理念先进、特色鲜明、底蕴丰富的健康生活中心。

入选理由：

校内校外组联盟，家校联动巧衔接；家长甘当排头兵，资源广进有妙招；邀请专家来指导，全员共进同发展；理论实践相结合，提升高度立意新；创新联盟新模式，体育文化共展现；不同赛事相促进，生向体育站中央；拓宽群体有价值，核心素养得体现。

三十六　常州市龙城小学“1＋X＋X”校外体育联盟

资料提供：贺妍颖

常州市龙城小学是一所由常州国家高新技术产业开发区发展（集团）总公司投资、委托常州市局前街小学教育集团管理、隶属于新北区社会事业局的全日制民办学校。学校共有44个教学班，体育专职教师13人，年龄结构合理、教师素养较高。30周岁以下年轻教师占教师总数的77％，其中市级“教坛新秀”3人，江苏省特级教师1人。

图36-1　常州贺妍颖

常州市龙城小学是体育课程改革的试点学校，学校以科研为载体，积极开展体育教学及课程改革的实践研究。目前，学校被评为全国足球特色学校、中国软式垒球实验学校、江苏省健康促进金牌学校、常州市校园足球试点校等荣誉称号。

一、组织方法与活动设计

※1 校外体育俱乐部活动方案

一、校外体育活动的目标

（一）坚持全员参与和多元化展示整体设计与课程教学相配套的群体活动体系，探索学生、家长参与策划组织与实施的群体活动组织方式，创造课内外、校内外联动的群体活动模式,增进亲子感情并促进学生乃至家庭良好的生活习惯的养成。

培养学生团队意识,提高合作能力,让学生在学以致用、服务他人的活动中体会体育学习的乐趣和发现自己的社会价值。

(二) 完善体育设施、环境文化建设让学生始终站在学校体育的中央,加强体育学习评价、学校体育制度建设,探索与体育课程改革相适应的校园文化建设,形成积极向上、丰富多彩的校园体育文化氛围。

(三) 逐步完善以培养健康行为、体育品德为核心的联盟活动,促进学生掌握1～2项运动技能,提升学生体育学科核心素养,促进学生全面主动且富有个性的生长,有序推进学校体育特色项目建设,形成系列化的校本课程,促进学校体育特色化发展。

二、校外体育活动的组织

“1+X+X”校外体育联盟是学生利用课余时间在家长、校外体育指导员的带领下,由1名家长志愿者担任主任+X名家长指导员+X名学生部长构成联盟组织团,自主开展体育活动的一个团体。“1+X+X”校外体育联盟以篮球、足球、排球和棒垒球四个项目的选修班为基本单位,学生可在四到六年级选修班范畴内自主选择搭档,自由结合。

三、组织保障措施

全面调动现有管理资源,成立相应的领导小组和工作小组,高效率地落实“1+X+X”校外体育联盟各项工作。

(一) “1+X+X”校外体育联盟领导小组——李娜等6位教师

主要职责:对“1+X+X”校外体育联盟工作做出正确的决策和部署,在人事安排、经费投入、政策支持、制度建设、办学条件、资源开发、师资培训、舆论宣传等方面提供保障,对“1+X+X”校外体育联盟具体实施过程加强领导,及时管理、调控。

(二) “1+X+X”校外体育联盟设计工作小组——张勇卫等

主要职责:负责“1+X+X”校外体育联盟建设和管理的整体设计,合理分工、组织培训、合作开放与审核等工作。资源具体的引进与配置、评价平台的设计等工作。

(三) 家校体育衔接工作小组——李小艳等

主要职责:负责衔接家庭社区等体育活动与竞赛的申报、组织等工作。

(四) “1+X+X”校外体育联盟构建专家指导小组——李娜等

主要职责：组织校内外专家对“1＋X＋X”校外体育联盟进行指导、评估和会诊，特别关注并深入研究，不断为“1＋X＋X”校外体育联盟的活动开展提供理论指导和实践指导，提高“1＋X＋X”校外体育联盟实施的工作效益。

（五）后勤服务和保障小组——张辉等4人

主要职责：提供经费保障和硬件保障，完善硬件设施建设，提高硬件设施的使用效率。

（六）竞赛工作小组

主要职责：组织校内、校外联盟活动，制作活动方案与赛程安排；做好与教师、家长与学校的联系、协调工作；负责与兄弟联盟的联系、沟通。

（七）宣传报道小组

主要职责：积极主动做好联盟宣传，负责每一次活动的新闻撰写、照片整理与视频制作；充分利用宣传平台（学校网站、学校微信平台、网络、报纸等），全方位进行宣传、报道。

（八）赛事保障小组

主要职责：负责联盟活动器材的采购和租借；赛前检查场地，做好场地整理、美化；赛后器材回收，摆放整齐。

（九）外联开发小组

主要职责：负责制定联盟赛事开发方案并组织实施，做好合作伙伴和赞助商的维权和回报工作；负责场馆内外宣传布置。

四、校外体育活动内容

“1＋X＋X”校外体育联盟的主要赛事按照参与群体可分为：生—生赛、生—师赛、生—家长赛，生、家长联队—师赛和生、师联队—家长赛。赛事按照性质可分为：趣味比赛和竞技比赛。

五、课外体育活动实施与评价

（一）多方协作，完成“1＋X＋X”校外体育联盟基本构建

1. 合理分组，确定联盟成员。

2. 集思广益，建设联盟文化。

3. 统筹规划，保障联盟活动。

4. 家校联动，家长志愿者保驾护航。

（二）以赛促绩，实现“1＋X＋X”校外体育联盟综合提升

1. 多元赛事，培养学生兴趣。

2. 多种途径，激发学习动机。

3. 多样岗位,丰富体育展示。

4. 裁判晋升,加强规则意识。

5. 观赛学习,获得整体感知。

二、实施过程与方法

(一) 具体实施过程

※2 "1+X+X"校外体育联盟实施办法

一、多方协作,完成"1+X+X"校外体育联盟基本构建

(一) 合理分组,确定联盟成员

1. 校外体育联盟以篮球、足球、排球和棒垒球四个项目的选修班为基本单位,学生可在四到六年级选修班范畴内自主选择搭档,自由结合。在分组的初期,教师可以适当干预,避免运动能力出众、执行能力出色的学生全部分在同一联盟,要尽量做到均衡分组,给予体育弱势学生更多的关注与照顾。

2. 联盟建设完毕,人员确定以后,采取民主选举制,推选出X名联盟部长。在联盟内的每一位成员,必须遵守联盟活动的各项要求与学校制定的相关准则,任何人不可以凌驾于规则之上。

(二) 集思广益,建设联盟文化

校外体育联盟在联盟部长的召集下,全体组员需要群策群力、合理分工,设计联盟的名称、口号,标志,制作旗帜,服装、宣传海报等。经历联盟文化建设的学生,能发挥自身特长,增强团队凝聚力的同时锻炼艺术审美能力。

(三) 统筹规划,保障联盟活动

受到场地、器材、天气的限制和影响,各个联盟要在开学之初确定好活动地点和活动时间,减少冲突以保证活动的顺利开展。

联盟可以利用选修课、大课间、午间体育活动、俱乐部和周末的时间进行活动。活动的地点不仅仅局限于校内,可以利用社区、社会体育场等开展活动。活动可以学生自发组织,也可以邀请教师、家长、校外体育指导员组织参与。

(四) 家校联动,家长志愿者保驾护航

校外体育联盟增设家长志愿者岗位,邀请家长参与其中,1名家长作为联盟主任,X名家长担任联盟指导员角色。

二、以赛促绩,实现"1+X+X"校外体育联盟综合提升

(一) 多元赛事,培养学生兴趣

1. 竞技体育不是我们的目标,有趣精彩才是我们的追求。校外体育联盟的核心就是让学生多多参赛,在比赛过程中,提升综合能力。

2. 联盟的主要赛事按照参与群体可分为：生—生赛、生—师赛、生—家长赛，生、家长联队—师赛和生、师联队—家长赛。赛事按照性质可分为：趣味比赛和竞技比赛。

（二）多种途径，激发学习动机

竞技体育不是我们的目标，积极主动才是我们的追求。示范小组推优、升旗仪式国旗下讲话、龙娃广播主题宣讲、校园大屏幕投放比赛剪影、联盟十佳球评选、联盟 MVP 评选、微信推送报道等，这一系列的措施都是在为校外体育联盟的活动开展提供展示的舞台，激励联盟成员蓬勃向上，成就更好的未来。

（三）多样岗位，丰富体育展示

竞技体育不是我们的目标，全员参与才是我们的追求。联盟中的成员来自不同年级、不同家庭、不同国度，学生的知识储备和运动能力都存在差异。在每次联盟活动中，除了上场比赛的队员，教师组织场下的竞赛配置与体育展示，设立多种岗位，形成人人有事做的格局。

（四）裁判晋升，加强规则意识

竞技体育不是我们的目标，遵章守纪才是我们的追求。每一次比赛时，学生轮流尝试裁判员工作，既是对比赛规则的再认，又是对规则理解与执行的检测。设立校园三级裁判、校园二级裁判到校园一级裁判的晋升考试制度，帮助学生更好地掌握规则并最终实现自主比赛。

三、妙用资源，增加“1＋X＋X”校外体育联盟团队战斗力

（一）球员转会，追求自身价值

一个优秀的联盟，需要不断补充新鲜血液。每一次的校外体育联盟比赛，学校设置相应数量的龙币作为奖励。球员的价值与龙币挂钩，每一位优秀球员依据本年度的综合表现都对应相应的龙币价值，各个联盟可以通过支付龙币来实现球员转会，完善联盟阵容。

（二）邀请嘉宾，提升联盟品质

一个优秀的联盟，需要不断扩大自身影响力。邀请班主任、校长或者专业教练员等前来观赛，在精神和技术上获得最大的支持。

（三）观赛学习，获得整体感知

1. 一个优秀的联盟，需要不断学习前沿技术。江苏女排、江苏男篮的主场均落户常州，世界 U23 足球比赛也多次来到常州，北郊高中拥有一支专业的棒垒球队。家长或者教师带领学生到现场观战、观摩专业队训练是一个非常好的提升良机。通过观看高水平的对抗比赛，学生对该项运动有更深入的理解，对技战术的运用也会有更多的心得体会。

2. 得益于以上三个方面的有效落实，龙城小学已经逐步建立起多个 1 名家

长志愿者担任的主任＋X 名家长指导员＋X 名学生部长的校外体育联盟。“1＋X＋X”的校外体育联盟模式受到了学生的喜欢和家长的支持肯定，各个联盟也初步形成了各自的章程与活动方案。

3. “1＋X＋X”校外体育联盟的建立与发展不是一蹴而就的，它凝聚了多方的心血和付出。惠于学校的支持、教师的推进、家长的配合和学生的积极参与，校外体育联盟才能落地、生根、发芽，最终成荫。

(二)现场实况照片

图 36-2　校外体育联盟团队建立

图 36-3　校外体育联盟校外指导员聘用授旗仪式

图 36-4　家长与学生排球比赛

图 36-5　校外体育联盟家长与学生配合投篮活动

三、成绩与效果

学生的运动能力与学校的竞技水平得到提升。通过校外体育联盟活动的开展，学生的运动技能与竞技水平得到了全面提升。棒垒球联盟获得 2018 年全国软式棒垒球比赛丙组、乙组二等奖；2018 年市运会小学 A 组第二名、B 组第二名和 C 组第一名；2019 年常州市棒垒球小学生锦标赛 A 组第二名、B 组第二名和C组第一名。足球联盟获得2018年新北区足球比赛乙组第一名，2018年市运会小学丙组第四名、乙组第五名；2019年新北区小学生足球比赛甲组第一名，新北区小学生足球比赛乙组第二名，常州市小学生足球比赛甲组第七名。排球联盟获得2018年新北区小学生排球比赛第三名；2019年新北区小学生排球比赛第四名。

四、思考与展望

（一）反思需改进之处

1. 学生信息交流不畅

小学生由于群体的特殊性，不能像成年人一样做到人人具备手机QQ、微信等即时通讯软件。每次校外体育联盟活动的筹备、通知、开展和反馈100%得依赖家长。信息在二次传递过程中，只要任何一个环节的疏忽，就会导致沟通出现偏差，使该名学生错过活动时机。

2. 联盟上行通道受阻

龙城小学的毕业生升入各个初中后，由于所读的初中没有类似校外体育联盟的活动组织，没有得到很好的衔接与发展。之前联盟里的伙伴分散在不同中学，联系不便，再加上学业压力迅速增长，刚刚建立起的运动模式与运动习惯没有得到很好的巩固与发展便又不得不暂时放下。

3. 过分依赖教师组织

家长群体有一定的局限性，主观能动性不强，缺乏相应的竞赛组织能力与体育专业知识。回顾历次校外体育联盟的活动，凡是有体育教师参与的活动都开展得如火如荼。但仅有家长组织的，效果则不尽如人意，家校共建模式有待进一步强化。

（二）校外体育联盟展望愿景

1. 增设校外体育联盟的项目，丰富学生课余生活

今年学校新增了击剑、网球、射击、乒乓球等俱乐部活动，可以在原有的足球、篮球、排球、棒垒球4个项目的基础上增设项目，满足不同学生群体的需求，丰富学生的选择，让更多学生受益。

2. 聘请专业体育校外指导员，提升联盟活动品质

为了更好地开展联盟活动，让学生获得更佳的参赛体验，在活动前期，我们可以聘请专业的体育校外指导员对联盟活动进行指导。待各项机制成熟后，再由家长和学生骨干引领，帮助校外体育联盟的活动开展得更加高效、高质。

入选理由：

本案例充分体现课外体育活动的教育价值追求，普及提高皆兼顾，整体设计巧安排，活动内容丰富、学生自由选择，安全预案到位，学生参与极面广，兴趣引领生乐练，身心同调促成长。

三十七 盐城市实验小学课外体育活动的整体设计与实施

资料提供：俞向阳

盐城市第一小学于1910年创办，2010年组成盐城市第一小学教育集团，盐城市实验小学是其中校区之一。盐城市实验小学于2003年建成并投入运行，学校共占地104亩，建筑面积近5万平方米。目前，学校有125个班级，6400余名学生，380余名教职员工。多年来，学校把加强学校体育、增强学生体质作为当前教育的主要任务之一。学校先后被评为“全国群众体育先进单位”“全国学校体育工作示范学校”“全国青少年校园足球特色学校”“国家级体育传统项目学校”“全国青少年校园足球布点学校”“省体育工作先进校”“省体育传统项目学校”“省群众体育先进集体”“省足球后备人才培养示范学校”等多项荣誉。

37-0-1　盐城俞向阳

图37-0-2　盐城市实验小学校貌

图37-0-3　盐城市实验小学文化

“体育教研组”23名老师中，有2名江苏省特级教师(1名江苏人民教育家培养工程培养对象)，3名市学科带头人、4名市教学能手。10多名教师获全国、省、市教师基本功、教学能手、优课比赛中一等奖；多名教师获国家体育总局、省教育厅、市体育局表彰。“大课间活动方案”录入江苏省学生体质健康系列丛书；参编省《魅力足球》学生和教师用书，足球校本教材《我们一起来踢球》获得省、市校本教材优秀成果二等奖和一等奖，还获省基础教育教学成果特等奖、一等奖及第二届“全国小学体育活力校园创新奖”优秀案例100强。

按国家标准配备体育器材。学校分东、西校园，有250米、150田径场地，小篮球场4片，标准篮球场3片，足球场4片，游泳池1块，智慧足球设备一套，健身游乐园一块，教师健身房一间，体操室、乒乓室、跆拳道室各1间；各项健身体育器材若干。

※ 盐城市实验小学课外体育活动整体设计方案

一、设计理念

贯彻“健康第一”指导思想，以生为本，落实“阳光体育”“每天锻炼一小时”，用特色铸品牌，狠抓体育工作的普及与提高、结合课内与课外、校内与校外、周内与假日、个人与团队的实际情况，将课外体育活动作为实现学校体育工作目标和任务的重要途径，全面布局，整体规划，有机整合，形成了特色引领，多点渗透，适应发展的课外体育活动运行机制。多年的实践和探索为学生的身心健康提供了适合的运动场域和实践保证。

二、活动原则

课外体育活动是学校体育工作的重要组成部分，是实现学校体育工作目标和任务的重要途径之一。它是指学生利用课余时间参与的，以锻炼身体、愉悦身心为目的的体育活动。课外体育活动是体育课的补充是学校体育的组成部分和教育的手段。它应遵循以下原则：

(一) 全面性：活动内容以促进学生在力量、速度、耐力、灵敏和柔韧等方面得到全面发展为目的，在心理需要、情感认同、团队合作、拼搏精神等方面进行全面考虑和设计的。对于小学生来说，应早进行某一方面的大负荷的专项训练，应本着全面发展的原则，使身体各器官得到全面均衡的发展。

(二) 多样性：项目供学生选择，活动形式、活动方法的多样性，不断创新形式，提高学生参与度，激发活动兴趣，如：足球运动的训练如何克服“训”的老模式，与足球游戏相结合，让学生在玩游戏的过程掌握足球技术。体育组教师发表的论文《游戏法在少儿足球教学中的应用》，就是在足球训练中结合游戏进行教学的探索,行之而有效。

(三) 实效性:实用有效,不能浮于表面,走过场,如:身体锻炼社团的项目设置就是根据小学生的兴趣表现,遴选实用性较高的运动项目而设立的,这样既能满足学生的需求又能真正锻炼学生的身体,提高学生的体质健康水平,一举两得。

(四) 科学性:根据学生的身体条件和运动基础,科学确定体育锻炼目的、内容、方法以及适宜的运动负荷。在运动的时间上、方法上要量力而行,因人而异。对于年龄、性别、素质不同的学生,要因材施教,不搞一刀切。

(五) 安全性:在项目的安排、场地器材的选用、方法的指导等方面,根据学生的实际情况,组织到位,要求到位,跟进到位,做到既科学合理又安全有效。

三、活动布局

我校的课外体育活动内容安排依据青少年身心发育的基本规律,根据学校实际,多点辐射,为学生的身心健康提供适合的运动场域。第一阶段充分酝酿,成立领导小组,制定活动规范等。第二阶段大力宣传,营造良好的舆论氛围,全校总动员,保证活动参与达到100%。第三阶段实施与跟进。从项目、时间、场地、器材等方面为学生参加课外体育活动提供了良好的契机。

表1　盐城市实验小学课外体育活动布局设计

序号	活动项目	活动参与	活动人员	活动形式
1	铁军少年足球俱乐部	自愿	全体学生	全校＋年级
2	足球运动队	自愿＋选拔	各年级足球梯队200名队员	训练梯队
3	身体锻炼社团	自愿	720名学生	每周一、三放学后一小时
4	心理滋养社团	全员	全体学生	不定期主题活动
5	蜗牛少儿跑团	自愿＋兴趣	少数学生	校内外跑团活动
6	家庭体育作业	全员	全体学生	家庭亲子体育
7	假日体育活动	全员	全体学生	个人＋亲子＋结伴
8	社区体育活动	自愿	全体学生	个人＋亲子＋结伴

37-1　铁军少年足球俱乐部

庄广东　冯指明

图 37-1-1　盐城庄广东

一、组织方法与活动设计

（一）组织方法

※1 铁军少年足球俱乐部简介

盐城市实验小学是全国校园足球布点学校、江苏省培养足球后备人才示范学校、江苏省足球传统项目学校。于 2011 年 5 月正式成立“鹿鸣足球俱乐部”，2015 年 5 月更名为“铁军少年足球俱乐部”。目前，俱乐部现有 6 位教练员，共有 1 至 6 年级 5 个校级梯队，近 200 名足球队员。拥有各类训练器材达百余件，同时拥有近 3500 平方天然草坪和 3000 平方人工草坪。

俱乐部下设校园足球领导小组、校园足球办公室、家长管理委员会等管理机构，制定了《铁军少年足球俱乐部章程》《关于进一步加强校园足球建设的意见》等一系列规章制度。

俱乐部坚持以“健康、快乐、学习、合作”为宗旨，在校园里广泛开展足球活动，普及足球知识和技能，培养同学们的足球兴趣和爱好，增强同学们的拼搏意识和团队合作精神，促进其身心健康发展，积极培养足球后备人才。

俱乐部成立以来，得到了社会各界及家长的大力支持，在各项比赛中成绩显著，在全国、省、市比赛中屡创佳绩，多名队员进入国字号球队，为国争光。

※2 盐城市实验小学校园足球建设意见

各部门、各年级部：

自2009年被授予“全国青少年校园足球布点学校”以来，我校按照国家和省、市校园足球办公室的要求积极开展工作，校园足球健康发展，取得初步成效。今年5月，学校又荣膺“江苏省培养足球后备人才重点学校”并成功为江苏省校园足球工作会议开放现场，受到广泛好评。

为进一步贯彻落实国家体育总局和教育部《关于开展全国青少年校园足球活动的通知》等相关文件精神，推动我校足球事业蓬勃发展，做大、做强校园足球品牌，现就加强我校足球建设工作提出如下意见：

一、提高思想认识

开展校园足球工作是贯彻“健康第一”思想、大力发展“阳光体育”运动、加强足球后备人才培养的重要举措，是学校全面推进素质教育、加强学校特色建设的重要手段，是增强学生体质、培养团队合作意识和拼搏进取精神的重要途径。

二、加强组织领导

进一步完善“校园足球领导小组”的组织领导机构，推进“校园足球办公室”与家长委员会工作。

（一）校园足球领导小组（略）

（二）校园足球办公室（略）

（三）家长委员会（略）

三、推进队伍建设

一是重视教练员队伍建设。每年分批选送足球教练员参加国家、省、市级足球教学培训，校足球教练员结合相关年级部加强对班主任（班队足球指导员）足球知识、技能的指导。学校成立“教工足球队”，引导更多教师参与足球活动，为教练员队伍建设后备力量。二是重视校园足球梯队的建设。学校成立鹿鸣足球俱乐部，班队、年级队中优秀足球队员推荐进学校鹿鸣足球俱乐部；俱乐部对队员进行会员制管理，分年龄组训练；教练员实行低、中、高大循环。

四、坚持体教结合

各年级、各班级认真制订计划，妥善安排好年级足球队、班级足球队队员的文化学习与足球训练，确保文化学习和足球训练“两不误”“两促进”；艺体部和体育教研组应加强足球教学研讨，认真制订校级队训练、竞赛计划，有效推进校园足球教学活动深入开展。

五、丰富足球活动

全校学生都要接受足球课程学习，80%以上的学生能够掌握足球基本技能。大课间、课外时间以足球活动为主，每周至少3天开展课余足球活动。教师积极组织班级与班级、年级与年级之间的校园足球友谊赛，以赛促练；积极组织校队参加国家和省、市级比赛及夏令营活动，保证活动效果，不断提高比赛成绩。

六、营造浓郁的校园足球文化

学校在体育节、运动会等活动中突出足球文化建设，艺体部、体育教研组要在校园足球教学活动的参与度、趣味性等方面加强研究，创新活动方式方法，研发校本教材，进一步加强足球网站建设与管理。各年级部、各班级要通过设立班级“足球角”、开展主题班队活动、年级体育特色活动等工作融合足球因素，张扬足球文化魅力，让所有学生了解足球，喜爱足球运动。

七、提供经费保障

学校主动向上级有关部门争取政策支持和资金扶持，在校园足球的各项活动经费上进一步加大投入，确保足球训练场地、场馆设施良好；引导鹿鸣足球俱乐部家长委员会等社会资源支持校园足球事业发展，鼓励企业、社会团体和学生家长参与学校足球活动的开展和足球事业的建设。

八、强化考核评价

在学校绩效工资考核中体现教练员岗位特点，教练员工作计入工作量。对于足球工作成绩突出的教练员、学习辅导科任教师、校园足球管理人员等，在考核、评优、奖励、晋级等方面给予适当倾斜。

以上意见，希各部门、各年级组织学习并予贯彻落实。

※3 铁军少年足球俱乐部章程

第一章　总则

第一条　俱乐部名称：铁军少年足球俱乐部。

第二条　俱乐部性质：铁军少年足球俱乐部是盐城市实验小学国家级“青少年俱乐部”下的一个以足球运动为兴趣爱好的学生社团组织。

第三条　俱乐部宗旨：俱乐部以“健康、快乐、学习、合作”为宗旨，广泛开展校园足球活动，普及足球知识和技能，培养足球兴趣和爱好，增强拼搏意识和团队合作精神，促进身心健康发展，培养足球后备人才。

第二章　组织机构

第四条　俱乐部的总体组织架构，由校足球领导小组、校足球办公室及教练组构成。校足球领导小组是俱乐部最高权力机构。

第五条　校足球办公室是俱乐部常设工作机构。

第三章　工作职责

第六条　校足球办公室负责运动队的组建和教练员的管理，协调各年级部和球队之间的关系,督促检查球队日常训练工作,比赛、活动期间做好后勤保障工作。

第七条　教练组是足球队伍的教育者、训练者和管理者。教练员的工作是培养具有凝聚力强、纪律性好、竞技水平高的优秀足球运动员和队伍。

第四章　工作开展

第八条　俱乐部要从实际出发,制订并实施年度、阶段、周和课时的训练计划。

第九条　俱乐部要加强对训练和比赛的教学、科研工作,及时就运动员的技战术、身体素质水平和球队整体水平做出客观评价,以利于调整训练计划,更好地调控和指导训练。

第十条　俱乐部教练员应持证上岗,积极参加各类业务学习和培训,接受业务考核。

第十一条　俱乐部要注重医务监督和伤病防治工作,最大可能减少运动伤病的发生。

第十二条　俱乐部要注重与外界建立良好的公共关系,教练员应与其他教练员、新闻媒体、家长之间建立一种互相尊重、相互理解和互相支持的良好关系。

第十三条　俱乐部要积极参加各种足球运动和比赛,传播足球运动知识,举办足球交流会、足球主题派对等活动,团结广大的足球兄弟学校,搞好对外友谊交流等社会公益活动。

第十四条　俱乐部为会员制,收取会费(以上级相关部门审核为准),盐城市实验小学在读学生达到以下条件方可入会:

1. 热爱足球运动,性别不限,身体健康,自愿加入足球俱乐部。
2. 认可本章程的所有内容。
3. 遵守俱乐部规章制度,按时参加俱乐部活动(如有事需请假)。
4. 填写队员登记表,经教练推荐,校园足球工作小组认可。

第十五条　会员权利

1. 会员享有日常训练、比赛的权利。
2. 参加会员联谊会、交流会的权利。
3. 会员享有对俱乐部工作监督、批评、建议的权利。
4. 自由退会的权利。

第十六条　队员义务

1. 遵守俱乐部章程,接受并执行俱乐部分配的各项任务。
2. 积极参加俱乐部各项活动,服从教练员的安排、指导,尊重裁判。
3. 员间互相学习,团结合作,相互促进,共同提高。

4. 维护俱乐部集体荣誉，不得擅自注册转会。

第十七条　会员解除

1. 本人要求退会。

2. 文化学习成绩明显落后者。

3. 不能正常参加球队日常训练者。

4. 违反各项规章制度。

第十八条　梯队建设

1. 结合上级文件精神，一般以两年为一个分界点组建校级队，队员按相关要求登记注册。

2. 实行班班有建队，正常组织各年级部的班级足球联赛。

3. 各班足球队教练由班主任、课任教师兼任。

4. 校级队伍教练员实行循环制。

第五章　保障

第十九条　俱乐部活动经费由上级主管部门、学校、社会力量提供保障，由学校资产部和足球办公室进行规范管理。

第二十条　足球运动具有一定的危险性和不可预知性，会员及法定监护人应对本项活动有清楚的认识；为了会员的个人安全，所有队员在日常训练和比赛中必须配备护具，在日常的训练比赛前教练员应集中队伍做好、做足准备活动。

第二十一条　俱乐部将充分考虑每次活动的安全性，采取适当的安全防护措施，对于活动中因个人因素和不可抗自然因素造成的事故和伤害，俱乐部及活动组织者不承担法律、经济和医疗责任，会员的法定监护人应购买相关的保险。

第六章　附则

第二十二条　本章程由铁军少年足球俱乐部负责解释，在实施过程中根据实际情况可进行修改和补充。

※4 铁军少年足球俱乐部队员宣誓词

我是“铁军少年足球队”队员，我们庄严宣誓：少年强，则国强；少年自信，则国繁荣；实小少年，追梦足球；挥洒汗水，无怨无悔；勤学苦练，本领超强；坚强乐观，勇敢无畏；挑战自我，奔向未来。

（二）活动设计

※5 俱乐部全年赛事活动计划

一、全年赛事（以 2015 年为例）

（一）全国校园足球冠军杯赛。

(二) 全国校园足球夏令营、冬令营。

(三) 江苏省青少年足球锦标赛(年度赛)。

(四) 江苏省“省长杯”校园足球比赛。

(五) 全国校园足球联赛(盐城赛区)暨“市长杯”赛。

(六) 其他国家、省市邀请赛等。

二、球队活动计划

(一) 接待来访球队友谊交流赛。

(二) 参加省级、市级男足比赛、联赛。

(三) 参加全国校园足球联赛。

(四) 参加校园足球冬令营和夏令营。

三、球队训练时间安排

(一) 星期一至星期五下午放学后训练。

(二) 周六、周日训练。

(三) 暑假、寒假训练。

(四) 其他法定假日训练。

二、实施过程和方法

(一) 具体实施过程

※6 盐城市实验小学校园足球工作推进会现场

2018 年 2 月 1 日下午,实小足球队所有队员家长,相约在东校园学术报告厅,召开盐城市实验小学 2018 年校园足球进会。雷校长、俞校长、唐青松主任代表学校参加了本次会议,俞校长主持并宣布会议流程。

图 37-1-2　足球推进会现场

图 37-1-3　足球推进会雷校长讲话

图 37-1-4　足球推进会俞校长讲话

校足办庄广东主任做 2017—2018 学年度校园足球工作年度报告，2009 年开展校园足球活动以来三批队员累计输送 29 名优秀人才，其中有国字号 7 人，欧洲俱乐部 4 人。唐青松主任宣读了新一届家委会成员名单并颁发证书。

图 37-1-5　足球推进会家长代表发言

图 37-1-6　足球推进会学生代表发言

蔡晨同学作为学生代表、颜鹏作为家长代表分别发言，他们从不同的视角发表了对校园足球的认知。他们的精彩发言博得了大家阵阵掌声。吴杰女士代表家委会宣读了 2017 希望之星获奖名单并颁奖。

最后雷校长做总结讲话：三个真好。第一，有足球的快乐陪伴真好；第二，有教练的悉心指导真好；第三，有家长的信任支持真好。她希望继续以足球为载体，探索小学足球课程校本化开发与创新实践之路，在特色创建过程中，通过建章立制、营造氛围、挖掘资源、夯实基础等措施，在不断摸索中，探寻小学足球“校园化”路径，使我校足球工作一步一个脚印地朝着更加健康的目标迈进。

(二)现场实况图片

图 37-1-7　省校园足球推进会团体操表演

图 37-1-8　队员接受媒体采访

9月赴西班牙"豪门"
免费留学3年

图 37-1-9　两名足球小将赴西班牙免费留学

图 37-1-10　参与省教师备课用书编写

图 37-1-11　假日交流比赛合影

图 37-1-12　快乐足球季

图 37-1-13 校园足球展板

三、成绩与效果

学校多次在盐城市“市长杯”校园足球联赛中荣获冠军，在江苏省“省长杯”校园足球联赛中名列前茅。2012 年—2015 年，学校四度挺进全国青少年校园足球冠军杯赛，两次荣获一等奖，两次荣获二等奖，全国仅有两家获此殊荣。2014 年全国“贝贝杯”少年足球邀请赛荣获亚军；2015 年“追梦圣保罗·鲁能杯”全国少儿足球邀请赛和江苏省青少年男子足球丙组锦标赛均夺得冠军；2016 年合肥“梦圆杯”全国足球邀请赛冠军；2017 年我爱足球江苏赛区冠军，华东赛区四强；2018 年获“足球小将”江苏赛区亚军，并在全国总决赛中表现优异，赢得一致好评。

图 37-1-14 获全国冠军杯总决赛一等奖

俱乐部队员李杨、刘梦雪、胡书铭、马辅渔、许旸、陈仕晗等十余名队员分别入选 U21—U13 国家男子、女子足球队，鲁曜辉、彭伟嘉、吴昕泽入选万达希望之星队在西班牙马德里竞技俱乐部训练学习，孙桂炫、李哲光、唐好、唐锦等三十余名队员效力于全国各大中超俱乐部梯队。

37-2　足球运动队

曹　浩　茆俊亚

图 37-2-1　盐城曹浩

一、组织方法与活动设计

(一)组织方法

※1 盐城市实验小学足球教练员守则

一、思想要求进步,有高度的敬业精神,为人师表,以身作则,勇于探索,团结协作,讲团结、讲奉献、讲正气。

二、严格管理,注重思想工作,关心学员的全面发展。

三、发扬民主精神,爱护学员,不准打骂、变相体罚、侮辱人格。

四、具有丰富的实践经验和理论水平,实事求是,科学地制订训练大纲和计划,并努力完成训练任务。训练中严格要求自己,不迟到、不早退、不无故缺席。

五、以事业为重,处理好教学、群体和训练工作的关系。

六、坚持真理,发扬正气,在训练、学习、生活等方面做学员的表率。

七、教练员之间要相互学习、相互支持,团结协作。

八、认真学习体育科学技术和理论,刻苦钻研业务,不断创新。善于运用科学的手段和方法指导运动训练。

九、做好赛前和临场指挥工作,赛后及时认真总结。

十、认真完成盐城市校园足球交给的比赛任务。

十一、教练员聘任岗位原则上按专业对口进行聘任。

十二、服从组织分配,实行主教练负责制。

※2 盐城市实验小学"少年足球队"运动员守则

一、必须努力学习文化知识，争取取得优异的学习成绩，以提高个人的全面素质。

二、必须热爱集体，服从集体的安排，全力为集体取得更高的荣誉。

三、要遵守社会公德，严格遵守学校社会各项规章制度，要讲文明、讲礼貌、讲团结、讲奉献，谦虚待人、尊重师长、敬老爱幼，在任何公共场合都要文明着装，仪表整洁。

四、要热爱足球，严格遵守在校训练时间，训练期间服从教练的指导和安排，因故不能参加训练必须向教练请假。训练期间认真积极，刻苦训练，尽快提高个人和全队的整体竞技水平。训练比赛后要注意保温、恢复措施，注意日常生活的饮食卫生，以保证良好的身体状况投入学习训练。

五、要有高度的安全意识和自我保护意识，训练前热身要充分，训练后放松，训练时不能有伤人动作，训练结束后要及时回班或回家，保证自身人身安全。

六、必须有爱护器材、场地、和监督足球训练场卫生的责任，爱护一切公共财物，损坏需赔偿。

七、足球赛场是展现球队精神面貌、训练水平的重要窗口，运动员要有积极向上、顽强拼搏的精神，胜不骄、败不馁。赛场上要无条件服从裁判员的判罚，做到尊重裁判、尊重对手、尊重观众，并向社会、学校和家长展现精湛的球艺、良好的赛风。

※3 盐城市实验小学足球训练队后勤保障

一、生活服务：学校安排专人提供训练前1小时的加餐及每天训练期间的热水。

二、心理辅导：有专门的心理辅导教室，学校每学期定期安排专业教师对各梯队队员进行心理辅导，对个别情况进行跟踪辅导。

二、文化课：学校规定足球队员所在班级的任课教师有义务在文化学习上帮助足球队员。每次外出比赛结束后，学校教务处会专门安排老师对队员们进行文化课的辅导。

四、场地器材：教练组定期检查场地和器材，及时报备检修，一切以学生为本，努力为训练和比赛提供最好的服务和支持。

（二）活动设计

※4 少年足球队训练安排

一、训练队名称：少年足球队。

二、教练和队员：各梯队运动员及教练名单见下表。

三、训练安排

(一) 训练时间:

1. 秋学期每周一至周五下午 5:00—6:40,周六上午 9:00—11:00,下午 4:00—6:00。

2. 春学期每周一至周五下午 5:30—7:00,周六上午 8:00—10:00,下午 3:00—5:00。

3. 暑假上午 7:00—9:00,下午 4:00—6:00。

4. 寒假上午 9:00—11:00,下午 2:00—4:00。

(二) 训练地点:

1. 07、08 梯队训练地点:西校园天然草足球场南半片。

2. 09 梯队训练地点:西校园天然草足球场北半片。

3. 10 梯队训练地点:西校园小足球场。

4. 11 梯队训练地点:东校园笼式足球场。

5. 12 梯队训练地点:东校园大场地(A、B 两队各一半)。

二、实施过程与方法

(一) 具体实施过程

※5 盐城市实验小学足球运动队年度训练计划(2018 年)

一、梯队名称:10 梯队。

二、训练时间:周一至周五下午放学后 1.5 小时,周六全天。

三、训练地点:西校园小足球场。

四、训练人员:

教练:曹浩,队长:郁宝博,队员:19 人。

五、训练目标:

(一) 培养青少年对足球运动的兴趣。

(二) 培养队员球感和控制球基本能力,学习基本的运、传、接、射门等技术动作。

(三) 通过比赛领会"进球与阻止进球"这一足球比赛的基本战术思想,培养抬头观察能力和意识。

(四) 培养正确的跑、跳技术,发展身体动作的柔韧性、协调性、灵敏性和平衡能力,注重抓好柔韧、协调和平衡素质敏感期的训练。

(五) 培养队员良好的合作意识,养成尊重教练、裁判、同伴、对手、家长的好习惯。

六、训练内容

（一）技术训练

1. 以熟悉球性和控制球练习为主，包括地滚球、反弹球和空中球。借助游戏形式，传授最简单的足球技术：运控球、传球、接球和射门。

2. 提高球感与控球能力，包括脚各部位和身体各部位感受球与支配球动作的练习；学习简单运球突破技术，运球变速、变向转身技术、接球、接一传球、运一传和运一射、原地与助跑头球技术、正、侧面抢球技术；初步掌握脚内、外侧、脚背踢球等技术动作。

3. 守门员的训练：手型训练、下手球和上手球接法练习、踢手抛球训练。

（二）战术训练

借助1对1、2对2、3对3和4对4单球门和小球门的比赛向学生介绍足球比赛的基本战术思想“攻与守、进球与阻止进球”，认识控球的重要性，鼓励孩子去争夺控球权，培养孩子抬头观察的能力和意识。

（三）身体训练

练习各种敏捷性的跑、跳跃、跨越，培养反应速度、柔韧性、平衡、协调和节奏感等能力。

1. 慢跑：400米×2，指导学生跑的动作。

2. 快跑：10米×5、5米×4往返跑，要求脚下频率快。

3. 曲线跑：培养学生的灵敏。

4. 自由跳：培养学生的后蹬方法、蛙跳和单足跳。

（四）心理训练

培养青少年的求胜欲望和自信心。在任何场合应以鼓励与表扬为主，让他们在训练和比赛中享受足球的快乐。

（五）理论学习

懂得简单比赛规则，如进球、手球、界外球等；看懂裁判的一些简单的手势；介绍球星成长故事等。

（六）比赛

参加五人制、八人制为主的比赛，比赛时间为40分钟（上下半场各20分钟）。

1. 一对一、二对二的传接球比赛。

2. 三对三、五对五的有门踢球比赛。

3. 开展“五人制”“八人制”训练比赛。

※6 学期训练计划(07～08 梯队 2018 第一学期训练计划安排)

从本次在夏季训练营结束到冬季训练营开营这五个月期间的训练主要从以下几个方面入手:

1. 身体训练:包括跑动能力、协调性、力量等。
2. 技术训练。
3. 小型对抗。
4. 比赛。

月份	身体训练	技术	小型对抗	比赛
九月	1. 高抬腿跑 2. 高抬腿蛇行跑 3. 高抬腿跑(进三步退一步) 4. 高抬腿加速跑 5. 力量训练(十每个动作 15 秒,在训练课结束放松牵拉之前,一周三次)	1. 脚内侧传接地滚球 2. 墙式二过一 3. 脚内侧传接空中球 4. 颠球	1. 3 对 1 2. 3 对 2(设 2 个接应队员) 3. 3 对 2(设 4 个接应队员) 4. 3 对 3(设 2—4 个接应队员) 5. 6 对 3(三个颜色) 6. 3 对 3 对 3(两个标准门,加守门员)	1. 4 对 4 场区 40×30 米,两个标准门,加守门员,在对方的半场各设 4 名接应队员
十月	1. 每天重复三月份的高抬腿练习 2. 髋关节灵活性、柔韧性练习 3. 力量练习(同三月份,动作持续时间延至 20 秒)	1. 正脚背传接地滚球 2. 正脚背传接空中球 3. 颠球,反弹后射门或传出 4. 凌空球	1. 4 对 2 2. 4 对 2(2 个人连续抢 30 秒后,再换一组,连续做 4 组) 3. 4 对 3(2～4 个接应) 4. 4 对 4	1. 4 对 4 场区 40×30 米,两个标准门,加守门员,在己方的半场各设 4 名接应队员。
十一月	1. 重复高抬腿练习(每周两次) 2. 髋关节灵活性、柔韧性练习(一周一次) 3. 有球身体协调性综合练习(每周三次) 4. 力量训练(同四月份)	1. 脚背外侧传接球 2. 脚背外侧射门 3. 颠球,接脚背外侧停球	1. 5 对 2 2. 5 对 2(3 种颜色) 3. 5 对 2(两个场区) 4. 5 对 2(2 个人连续抢 30 秒后,再换一组,连续做 4 组)	1. 9 对 9 在中线两边个延长 20 米的区域内 9 对 9,通过传切配合,只有一名进攻队员和一名防守队员出区域,形成 1 对 1 攻门

续表

月份	身体训练	技术	小型对抗	比赛
十二月	1. 弹跳练习(一周三次) 2. 有球无球的假动作 3. 力量练习(同上)	1. 头球 2. 传中球 3. 任意球(直接射门)	1. 1对1 2. 2对1(当抢下球,在场外设两个人接应断球人) 3. 2对1(两个场区) 4. 2对2(4个小门) 5. 2对2对2(两个标准门,加守门员)	1. 7对7 在一个球门区延长线向中场延长50米,在所形成的区域内7对7,设两个标准门,加守门员,在场区边路设4名接应队员,在场内配合后,分边,接应队员下底传中
一月	1. 起动速度 2. 体操练习 3. 盘带过人练习 4. 力量练习(练习时间做10秒,休息10秒,再做10秒,其它同上)	1. 抢断地面球 2. 抢断半高球 3. 抢断高空球 (注:教练员应指导前锋、前卫和后卫如何在不同区域抢断不同类型的球)	1. 2对1过渡到1对1(要求:分两个区,球从2对1的区传到1对1场区,队员不能进入,以下相同) 2. 3对2过渡到3对3 3. 4对3过渡到4对4 4. 5对4过渡到5对5 5. 5对5	1. 9对9 在40×60 m的区域内分成三个场地,进行3对2,4对4和2对3,标准门,加守门员,通过配合球从一个场区进入另一个场区,队员不能跨场区活动

※7 周训练计划(以09梯队为例)

09梯队周训练计划

第一周	训练任务	1. 培养并提高队员对足球的兴趣 2. 基础球感培养
	训练内容	1. 结合球的游戏;2. 直线止、外脚背带球;3. 脚内侧踢球(带绳球);4. 点踩球、拨挡球、跳挑球练习;5. 脚掌拍打球练习
	身体素质	1. 跑步动作纠正;2. 跳跃、协调训练
	训练时数	28小时
	训练负荷	中—大—小

续表

第二周	训练任务	1. 熟悉球性,提高人、球的结合能力;2. 加强身体素质训练,能较好完成训练指标
	训练内容	1. 中距离正、外脚背曲线带球;2. 脚内侧横线带球;3. 踩、拉、拨、扣等个人技术
	身体素质	1. 协调操加强练习;2. 反应、速度练习
	训练时数	12 小时
	训练负荷	中—大—小
第三周	训练任务	基本技术练习,提高球性
	训练内容	1. 直线变速正、外脚背带球;2. 单脚及双脚绕杆练习;3. 点踩球、拨挡球、跳挑练习;4. 原地正面头球练习;5. 各种踩拉球练习;6. 脚弓踢球练习
	身体素质	反应练习、跳跃变向练习
	理论电教	场地划分及区域名称
	训练时数	12 小时
	训练负荷	中—大—小
第四周	训练任务	1. 增强球感;2. 提高跑动、变向中对球的掌控能力;3. 提高踢球能力
	训练内容	1. 脚弓传球(带绳脚球);2. 正脚背踢球;3. 正、外脚背快速直线带球;4. 脚掌、脚内侧、脚外侧变向运球;5. 绕杆;6. 踢反弹球练习(带绳脚球)
	身体素质	1. 平衡训练;2. 反应速度训练
	理论电教	著名球星成长史录像。
第四周	训练时数	12 小时
	训练负荷	中—大—小

第五周至十三周(略)

※8 课时训练计划(以守门员训练的一节课为例)

教练员:高飞　　日期:2018-7-20		
训练主题:提高守门员接地面球技术		
器材:球,标志物,标识服	训练时间:40 分钟	出席人数:8
图示: 球传球; ——→　运球; ---→ 跑动; -------→ 0 防守队员; X 进攻队员; C 教练员; ⊗ 中立队员/自由人; △ 标志物;		

续表

练习1(时间:10分钟)图	组织方法	练习要求、要点
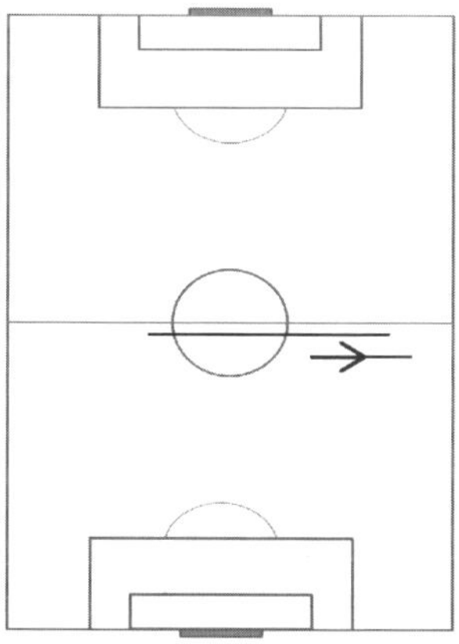	1. 训练项目:守门员原地与移位中接地面球练习 2. 场地:全场的任意一块八分之一场地即可(如图) 3. 器材:球,标志物 4. 人员数:全员 5. 练习目的和方法:主要练习守门员原地与移动中接地面球的基本功;两个守门员分别与5个队员一组,共两组,每组一个球,队员纵排传地面球给守门员,守门员接球后再手抛回,如此循环(如图)	1. 对于传球队员,要求把球传好 2. 对于守门员,要求接球时重心注意保持的高度,接球时的手形的掌握,对于接球时的动作一定要越快越好,快速接快速站起

练习2(时间:10分钟)图	组织方法	练习要求、要点
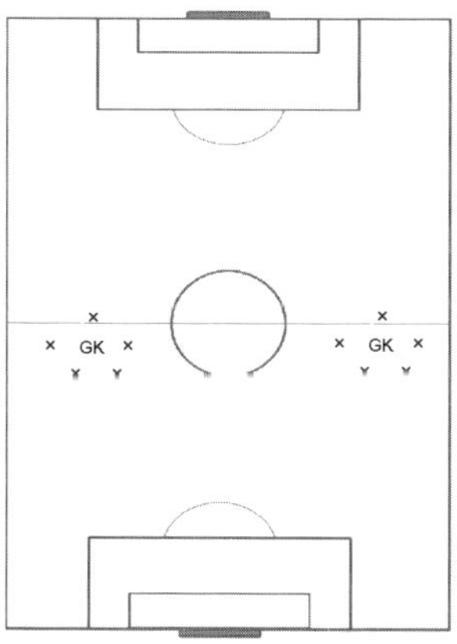	1. 训练项目:结合地面球对守门员反应与方位感的练习 2. 场地:两块五角形场地(如图) 3. 器材:球,标志物 4. 人员数:全员 5. 练习目的和方法:主要结合地面球练习守门员的方位感和反应;每个场地6人一组,共两组,每人一个球,守门员站在场地中央,其余队员按图所示站位,每个队员依次有一个号码,当教练员喊号时,被喊号队员传地面球给守门员,守门员接球后回抛即可	1. 对于传球队员,要求把传球的力度稍稍加大,以此来锻炼守门员的反应速度 2. 对于守门员,要求随时保持好重心,把每个号码的位置要在心里记住,下地接球时动作越快越好,尽量做到听到喊好时立刻做出方位的判断

续表

练习 3(时间:15 分钟)图	组织方法	练习要求、要点
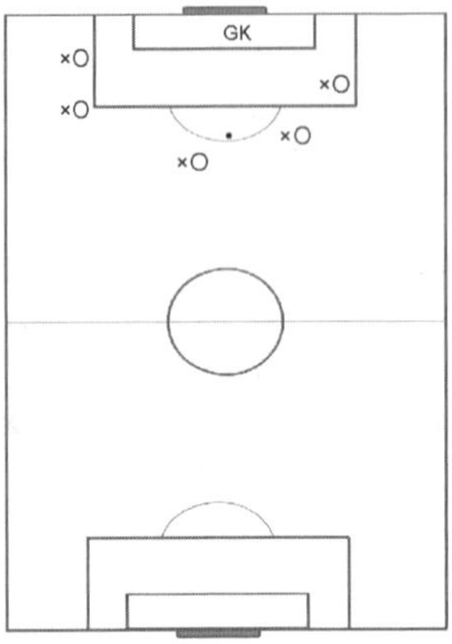 GK ×O ×O ×O ×O ×O	1. 训练项目:小半场对抗中守门员的接地面球练习 2. 场地:以场地一侧的大禁区向中圈延伸至(如图)所示的场地大小 3. 器材:球,标志物,标识服,移动球门 4. 人员数:全员 5. 练习目的和方法:主要练习守门员在对抗中接地面球,此时守门员比之前多了一个站位的训练;除两个守门员外 5 人一组对抗决。对抗中以打门进球算得分,先得两分者胜出,打门只准踢地面球,守门员能用手范围为小禁区内	1. 对于守门员以外的队员,要求比赛时充分发挥自己的能力,积极射门 2. 对于守门员,要求比赛时注意力集中,保持好重心和站位,对于出击和指挥也要尽量充分发挥
整理(时间:5 分钟)图	组织方法	练习要求、要点
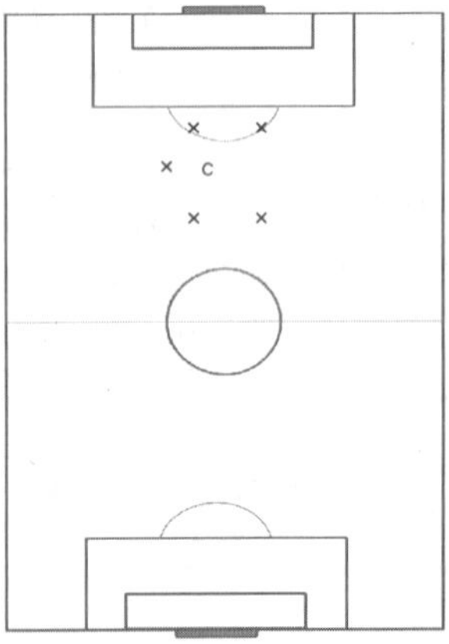 × × × C × ×	1. 训练项目:放松活动 2. 场地:球场中圈附近 3. 器材:无 4. 人员数:全员 5. 练习目的和方法:缓解身体的疲劳,为下节训练课做好身体上的调整;主要是在中圈附近慢跑,之后围绕着中圈做牵拉	1. 队员必须认真牵拉,充分放松 2. 充分了解自己每个牵拉动作对应的放松部位,以便以后合理运用

（二）现场实况图片

图 37-2-2　足球梯队早训练场景

图 37-2-3　足球梯队守门员早训练场景

图 37-2-4　足球训练队教学比赛

三、成绩与效果

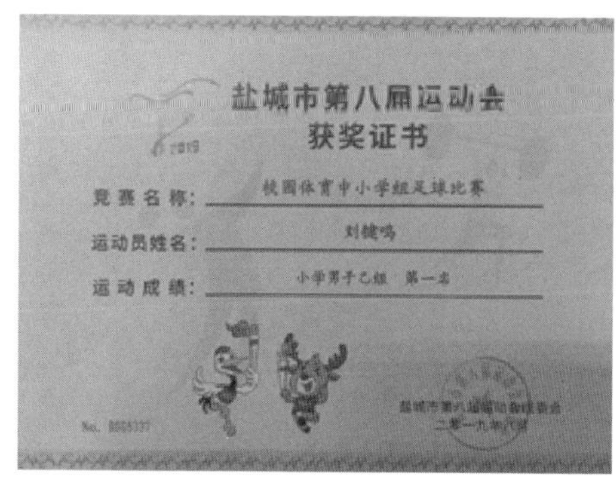

盐城市第八届运动会
获奖证书

竞赛名称：校园体育中小学组足球比赛
运动员姓名：刘健鸣
运动成绩：小学男子乙组　第一名

图 37-2-5　“市长杯”冠军学生证书

荣誉证书

曹浩同志

在2018年度江苏省学生体质健康促进工作中，工作认真、表现优异，被评为“优秀个人”，特发此证，以资鼓励。

图 37-2-6　省“优秀个人”证书

图 37-2-7　U7U8 梯队队员

图 37-2-8　U11 梯队队员

四、思考与展望

首先,结合学校自身的校园文化与足球相融合,打造校园足球文化,让更多学生能够通过多样化的文化载体感知足球的魅力,例如,以足球趣味问答活动,以趣味问答奖励方式向孩子灌输足球百科,了解足球发展的渊源与历史。以课外活动的足球嘉年华,通过种类丰富的足球游戏,发掘一些潜在对于足球有兴趣与天赋足球苗子,进一步培养。

其次,校园足球工作一直坚持在练中学,在练中改,各方面工作的精细化水平需要不断提高。

最后,要坚定信心,对于存在的问题要立行立改,要不断地优化各项规章制度,努力完善具体措施。

37-3　身体锻炼社团

朱建国　凌　静　孙　霞

图 37-3-1　盐城朱建国

一、组织方法与活动设计

（一）组织方法

※1 盐城市实验小学身体锻炼社团组织办法

（一）组织领导

主任：雷燕校长（其他成员略）。

（二）组织方法

1. 社团活动时间：周三和周五下午的二节课（1 个小时）。

2. 社团活动地点：学校各室内外场馆、功能教室。

3. 社团活动对象：学校全体学生。

（三）社团活动内容（体育类）

1. 足球；2. 小篮球；3. 羽毛球；4. 乒乓球；5. 花样跳绳；6. 跆拳道；7. 空竹；8. 搏击；9. 航模纸飞机；10. 击剑。

（二）活动设计

※2 盐城市实验小学身体锻炼社团活动春季教学计划

（以小篮球活动为例）

一、指导思想

为贯彻学校的教育方针、培养学生对体育运动的兴趣，促进学生身心健康，增强学生体质,发展学生体育特长,丰富学校文化生活,推动我校小篮球运动的开展,进一步提高小篮球队员的技战术的水平。

二、教学目标

(一)通过对篮球技能的学习,培养学生对篮球运动的兴趣。

(二)进一步提高篮球队员技战术的水平,在运动实践中体会篮球的配合意识。

(三)充分利用篮球运动的竞争性强的特点有效地锻炼身体,促进身心健康,培养集体主义精神。

三、教学措施

(一)训练时间:每周三、五下午二节课下,训练时间为1个小时。

(二)训练原则

1. 队员应准时参加训练,不得无故缺席。

2. 坚持在不影响学习的情况下进行训练,努力做到训练学习两不误。

3. 队员们在训练中发扬吃苦耐劳和团结合作的精神。

4. 有目的,有计划地针对队员身体情况提高他们的技战术能力。

5. 在训练中注重个人技术的训练,以及队员配合的训练。

6. 在身体,技战术训练的同时更要注重队员心理和智力的训练。

(三)训练内容

1. 篮球发展史,篮球竞技规则。

2. 原地练习、熟悉球性。

3. 基本站立姿势和持球方法。

4. 复习原地运球。

5. 复习原地双手胸前传、接球。

6. 复习原地双手胸前投篮。

7. 行进间直线运球。

8. 行进间曲线运球("之"字形练习),包括半转身,全转身,胯下,身后等动作。

9. 移动、起动、侧身跑、变向变速跑、滑步。

10. 后退跑的移步练习。

11. 急停:一步急停;二步急停;多步急停。

12. 行进间互传球:两人一组互传上篮;弹板互传上篮;三人一组"8"字形互传上篮。

13. 持球进攻、运球进攻。
14. 半场一打一、二打二、三打三。
15. 半场教学比赛。

二、实施过程与方法

（一）具体实施过程

※3 盐城市实验小学身体锻炼社团 2018—2019 第一学期活动项目安排表（2018 年体育类）

学科	指导老师	活动项目	年级	活动地点
体育	庄广东、刘胜、倪仁东	足球一	一	田径场 篮球场 体育馆
	庄广东、茆俊亚、卢燕青	足球二	二	
	高飞、刘兵	足球三	三四	
	高飞、曹浩	足球四	五六	
	赵李、凌静	乒乓球	一—六	
	凌静、还灵	健美操	一二	
	王秀芝、王万莉	航模纸飞机	一二	
	陈跃妹、包长莎	花样跳绳	一二	
	赵李、冯指明	小篮球	三四	
	朱建国、吉祥	小篮球	五六	
	贾琳、陈金晶	羽毛球	四五	
	校外培训机构	搏击、空竹、棋类、跆拳道、击剑	一—六	

注：1. 总负责：唐青松活动指导：高飞、陈蕾、陈磊磊、朱建国
2. 活动时间：周三、周五下午二节课后

※4 盐城市实验小学身体锻炼社团 2018—2019 学年第一学期三年级篮球训练周计划

周次	教学内容	具体目标与措施
第一周	1. 教学常规 2. 熟悉球感 3. 体能恢复和调整	1. 提出课堂要求，听指挥，认真训练 2. 球感训练（原地高、低运球），移动（侧身跑、变向跑、变速跑、后退跑），原地双手额前倒球（交替手传球） 3. 50 米×2；20 米蛙跳×2；放松跑×2；韧带拉伸

续表

周次	教学内容	具体目标与措施
第二周	1. 上学期技能复习 2. 体能恢复	1. 行进间高、低手运球,左手行进间高、低手运球左、右手交替高、低手运球,带球绕田径场两周运球 2. 蛙跳20米×2
第三周	1. 技能复习与提高 2. 素质练习	1. 原地高低手运球、行进间高低水运球原地胸前双手投篮 2. 带球田径场两周200米快速跑×1。
第四周	1. 原地双手胸前投篮 2. 原地单手肩上投篮 3. 素质练习	1. 原地双手胸前投篮×10个每人 2. 原地单手肩上投篮、原地双手胸前投篮 3. 蛙跳20米×2;三圈耐久跑

第五周至十五周(略)

※5 盐城市实验小学身体锻炼社团2018—2019学年第一学期篮球训练教案

三年级篮球训练案第1课时

教学主项	走近篮球,了解篮球
教学目标	队员间相互认识熟悉,了解篮球、竞技篮球以及娱乐篮球,通过演示增强其对篮球的兴趣
教学内容	1. 队员教练员相互进行自我介绍,确立每次课站队队形,并推选小队长 2. 讲解篮球发展历史,现代篮球运动,介绍我们的训练目标 3. 邀请同学与教师一起进行热身操、训练模式及比赛演示 4. 请同学们发表感悟 5. 给每位同学发放篮球进行小范围娱乐活动
注意事项	紧密联系每位同学,提高每个人的参与度,使兴趣提升的效果更佳
备注	

※6 盐城市实验小学身体锻炼社团2018—2019学年第一学期小篮球活动记录

一、教学人员:朱建国、吉祥。

二、训练对象:五、六年级队员。

三、训练时长:约18课时,1课时60分钟。

四、训练地点:小篮球场。

五、训练用具:5号篮球、标志桶、绳梯等。

六、主要任务:

为了丰富小学生课余文化生活、增强体质、增强团结协作能力、并培养青少年儿童对于小篮球运动的兴趣,使他们拥有一定的篮球运动基础,社团对报名篮球兴趣班的同学进行训练。在约18课时的教学期内，培养他们的篮球兴趣，使熟悉篮球，拥有一定球感，掌握运球球、传球、投篮、简单配合等基本功，并适当进行身体素质的训练。

七、教学大纲：

1. 每课时确定一个主要训练项目，围绕其展开训练。

2. 讲解篮球知识、规则并进行示范表演。

3. 利用约6课时，进行控球训练，增强球感，并逐步提升一定难度。

4. 利用约6课时，进行运球、传球训练。

5. 利用约6课时，进行投篮、个人进攻与防守训练，并逐步增加为基础配合训练。

6. 穿插进行往返跑等身体素质训练，提高篮球技能。

7. 穿插进行篮球游戏等活动，提高兴趣。

（二）现场实况照片

图 37-3-2　曹淑忠教练在执教

图 37-3-3　社团顾问定期给社团成员上课

图 37-3-4　社团成员展示

图 37-3-5　武术队成员在校运动会上展示

图 37-3-6　社团成员节目会演

三、成绩与效果

第一,激发学生兴趣,树立学生信心。

兴趣是学习之本,是学习的最强有力的动力,社团活动的开展是培养学生兴趣最好的途径。它能让学生在自己喜欢的项目中大展身手,并通过训练,使他们能在这一项目中崭露头角。学校努力为学生搭建展现自我风采的平台,以趣会友的系列活动,有效地提高了学生的各项技艺,锻炼了他们的交往能力,提升了学生的自信心。

第二,培养学生素养,挖掘学生潜能。

在学生兴趣选择的基础上,社团活动开展扎实有效,学生各项技艺水平都在不断攀升,在增进学生身心健康的同时,也拓宽了学生的视野。学生从起初的简单动作,到高难度的动作,花样迭出,创作新颖,既培养了学生的多方面素养,又挖掘了学生在某一方面的潜能,让学生在自己喜欢的领域里面走出更精彩的世界。

第三,丰富学生生活,提升学校品质。

社团活动的形式多样,这就必然丰富了学生的校园生活,让学校体育课外活动的整体水平得到了稳步提升,并且在不断摸索调整中加以完善,学校的课外体育活动越来越红火。活动的兴起,让更多的老师加入研究专业的行列中,让更多的学生深入自己喜欢的事物中,学校的办学品质也因此得以提升。

第四,增进团队合作,促进学科融合。

本社团活动是对全体教师的一大挑战,涉及多学科相对专而精的培养,同时又需要学科之间相互借鉴、融合。教学中,充分做到具体工作落实到人,在工作过程中又相互支持和配合，显示了强大的凝聚力、战斗力。活动中的不少学科为了不断增进学校之间的交流，还不定期地举行邀请赛，与兄弟学校开展技术切磋与交流。老师们经常性地通过相互联系和沟通，取长补短，还经常到兄弟学校去学习，或参加省、市级各类培训，为自己的专业奠定更扎实的基础，为扩大学生的知识做好了储备工作。

四、思考与展望

我校的社团活动形式充分利用学校及社会的体育设施和人才资源，专业教练和体育专科教师担任，有组织、有目的、有计划地利用学生课余时间开展培训、竞赛活动，培养学生各类体育项目的锻炼兴趣，增强体质，促进运动技术水平提高，积极贯彻实施全民健身计划，广泛宣传，扩大影响面，丰富其文体生活，同时为有效挖掘竞技体育优秀后备人才提供可靠保证。

在今后的活动开展中，活动模式将结合盐城市实施教育惠民工程，即开展体育课后服务、学校体育设施向社会开放，积极做好培训、竞赛、交流等活动的资料积存工作，不断总结经验，改进工作，努力学习苏南的先进经验，有目的地组织双边和多边的经验交流，积极主动联络市区学校体育界的同行，相互支持、配合，调动社会有关方面积极因素，扩大社会效益，努力发动和组织市区范围中、小学广大青少年参加各有关项目的体育活动，共同促进学校体育工作向更高层次的发展，开创我市开展课外体育活动的新格局、新局面。

37-4　心理滋养社团

陈金晶　赵　李

图 37-4-1　盐城陈金晶

一、组织方法与活动设计

※1 盐城市实验小学心理滋养社团组织方案

一、组织领导

组长:雷燕校长(其他成员略)。

二、社团活动背景

致力于心理健康校本研究,关注学生心理素质培养,提升学生心理健康品质,着力发展学生的感受力、自信力、耐挫力和自控力(简称"四力")。2011 年,学校隆重举行"四力"心理健康教育行动计划启动仪式,开始了心理健康校本化研究。"四力"教育目标与《体育与健康教育》中的心理领域目标不谋而合,让研究四力、体育与健康课程心理领域目标成为可能,对学生的心理健康具有指导性的意义。而小学体育与健康课程是"四力"心育最直接、最有力的支点,"四力"心育又是小学体育与健康课程中心理健康教育的有效理论依据。2012 年学校申报了省级课题《学校心理卫生实效研究——"四力"心理健康干预行动研究》课题研究,并顺利结题。2017 年 9 月,研究成果《"四力"心育在小学体育与健康课程中的实践研究》获得江苏省基础教育成果一等奖。为此,我们除了将"四力"心育进行课堂教学实践行动,还将"四力"心育融入阳光体育活动,彰显"四力"的活动内涵,即实施行动+表达:设计"心灵滋养"系列活动之"心动体育"记录卡——心育和体育相遇的风景。一幅画、一首诗、一句话、一个故事,孩子们有期待也有失落,有眼泪也有欢笑,他们看到了友爱,感受到了自信,体会到了自控,还懂得了如何面对挫折……在润物无声中让诗、画灵动表达,滋养孩子的性情,陶冶孩子的品质,带给孩子心灵上的美好与精神上的富足。

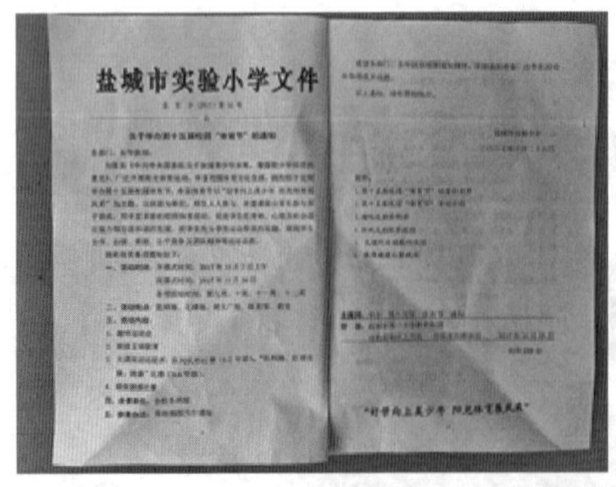
盐城市实验小学文件

图 37-4-2　校"体育节"文件

盐城市实验小学
2017年第十五届校园"体育节"
秩序册
二〇一七年十一月

图 37-4-3　校运功会秩序册

三、活动时间：每年春、秋两季。

四、活动地点：东、西校园。

五、活动对象：本校全体学生。

六、活动主题：阳光体育善娃追梦。

二、实施过程与方法

（一）具体实施过程

※2 盐城市实验小学心理滋养社团活动安排方案

一、确定主题："心灵滋养"系列活动之"心动体育"记录卡。

二、呈现形式：统一制作模板，印制下发给每位学生，表达学生现场参与、观摩活动的真切感受。

三、活动安排：1至2年级：画一画；3至6年级：画一画，写一写。

四、活动要求：

1. 由"阳光小屋工作坊"下发相关通知，统一活动的时间和要求。

2. "心动体育"记录卡由各年级部收齐交于"阳光小屋工作坊"，由工作坊负责装订成册，予以宣传。

3. 各年级汇总的作品将作为年级部体育特色工作评比重要内容。

五、媒体宣传要求：

1. 拟活动专题新闻，选登优秀作品。

2. 在学校网站上的报道。

（二）现场实况照片

图 37-4-4　阳光小屋内景

图 37-4-5　滋养心灵活动读本

图 37-4-6　滋养心灵活动用书

图 37-4-7　奥运吉祥物学生设计作品

图 37-4-8　野营活动

图 37-4-9　攀岩活动

三、成绩与效果

(一) 给学生表达的空间

四力包括:感受力、自信力、耐挫力、自控力。学生在每一次的体育活动后利用日记、小报、设计冬奥会吉祥物等多种方式表达自己的真实感受。他们把自己的所看、所感、所思用画、诗、文章和诗配画等多种方式所呈现出来。从孩子们的作品中可以感受出他们对“心动体育”的表达,这是用外化出来的形式反映孩子们内心表达的最好方式。

(二) 给学生成长的印记

心动体育包括:心理滋养、心理调适、心理矫正。从孩子们的作品中可以看出各自的心理感受,有的是理性的、有的是感性的,有的是关注自己的,有的是关注别人的,有的是关注集体的,每个人的角度和视角都不一样,有的甚至是消极的、暴力的、冷淡的。教师可以根据孩子们的表达有针对性地进行心理辅导,体育也是用运动和肢体的感受来引导孩子健康成长。

（三）给学生美好的回忆

运动比赛后有名次的高低，作品的呈现也有各种奖项，对优秀的作品进行表彰，如“设计比赛一等奖”“四力好少年”等，虽是一张小小的证书，但它会让孩子一生留下美好的回忆。从感受到用各种形式表达，再到教师给的反馈等，经过一系列的体验后，孩子虽然当时不能明白自己的心理成长，当他们长大以后就会明白这是一种潜移默化的指引。

四、思考与展望

（一）多方面开设活动

1. 可以以游戏和活动为主，开设心理健康选修课、活动课或专题讲座，进行特殊学生的个别咨询和辅导，把心理健康教育贯穿在教学活动中。

2. 积极开通学校与家庭同步实施心理健康的渠道。

3. 明确“四力”要以活动为载体，紧密结合社会，开辟培养“四力”的多维途径。

（二）结合文件做进一步部署

1. 将“四力”心理健康教育列入学校德育工作之中，学校成立“四力”心理健康教育领导小组，成员由主管德育校长、教导处、大队部、工会等部门负责人、班主任和专兼职心理辅导教师代表组成。领导小组负责学校心理健康教育的决策和统筹协调工作；制定组织管理和业务指导制度；负责教学研究，认真组织和规范实施各项教育教学活动：负责课题研究、活动成果的整理、分析、评估和归档。

2. 成立心理咨询室，制定心理咨询制度，确定心理咨询人员分工，监督心理咨询室的工作运行。“四力”心理健康教育，我们已经启动，这里充满希望，充满惊喜，充满生机，把握“四力”这个支点，在学校、家庭、社会的合力下，我校的心理健康教育注定是一道绚丽的风景。

37-5　蜗牛少儿跑团

高　飞　卢燕青

图 37-5-1　盐城高飞

一、组织方法与活动设计

※1 盐城市实验小学蜗牛少儿跑团活动方案

一、跑团背景:一群有着奔跑梦想的孩子们在 2018 年盐城 520 半程马拉松健康跑(7 千米)的赛场上初次相识;一群志存高远的孩子们在盐渎公园、聚龙湖公园、城南体育中心的跑道上渐渐相知;一群奋勇拼搏的孩子们在盐城市实验小学首届校园迷你马拉松的赛场上友好相争。“我们为何不在跑者江湖留下我们的名号?”于是我们来了!——蜗牛少儿跑团。

二、跑团座右铭:你若跑起,请别放弃。

三、跑团人员简介:蜗牛少儿跑吧于 2018 年 4 月创建,目前共 17 名成员,最大的 14 岁,最小的 8 岁。团长:高晨瑞;秘书长:米奇;教练:殷神。

四、跑团团歌:《奔跑吧蜗牛》。

五、跑团团旗：

二、实施过程与方法

（一）具体实施过程

※2 盐城市实验小学蜗牛少儿跑团团规

一、所有成员每月至少完成30千米的跑量，月底群里主动交作业，未完成者主动退出，下个月达到了跑量再申请入队。

二、积极参加跑团组织的约跑活动，如有特殊情况履行请假手续。

三、每个月一次的“殷神指导日”活动所有成员必须参加，时间会提前一周通知。

四、新入团的队员必须要完成一个月的跑量才可以加入。

※3 盐城市实验小学蜗牛少儿跑团活动安排

一、规定项目

1. 每月安排一次“殷神指导日”活动，接受专业技术指导。

2. 每个月底的一个周日安排一次3千米以上的约跑活动，地点：学校，大家尽量克服一切困难参加活动，跑量和配速各人自主安排，关键是我们在一起。

二、自主项目

1. 所有成员每月需至少完成30千米的跑量。

2. 可以自主小范围地进行约跑。

※4 盐城市实验小学蜗牛少儿跑团后勤保障方案

一、生活服务

大家轮流提供每次约跑活动所需的补给，并提前15分钟带到场地。

二、方法指导

盐城市跑吧协会专业教练殷林海每月对跑团进行一次专业技术指导，并在群里及时解答大家的疑惑。同时，每位成员也要加强自我学习，阅读有关跑步和健身方面的文章并及时在群里跟大家分享。

三、医务跟踪

跑团成员董悦然的父亲董文勇是三院骨科专家，作为我团的医务指导，为我们跟踪指导和服务。

（二）现场实况照片

图 37-5-2　校园迷你马拉松开跑

图 37-5-3　校园迷你马拉松最后冲刺

图 37-5-4　校园迷你马拉松奖杯

图 37-5-5　爷孙共同参与

三、成绩与效果

（一）跑团规模不断扩大

几次活动的参与将越来越多的孩子吸引了进来，现在我们的规模已经扩充到 70 人，最小的才 5 岁，上中学的队员尽管学习任务比较重，但每周也至少参与一次集体活动(周日下午 4 点)。

（二）锻炼与研究相结合

孩子们现在不仅参与跑步，而且已经开始研究跑步，因为谁都不想落后，都想能够有效、科学地提高自己的运动能力。队员们现在已经意识到目前在他们的这个年龄段最适合的是练灵敏、协调、动作速率；懂得跑量要因人而异，每一次的跑要有意识地提高目的性，怎么跑？跑多久？跑多快？

（三）学生运动能力提高

孩子们经过刚刚过去的这个暑期集训，运动能力有了一个翻天覆地的变化，其中进步最大的是严木芽小朋友，身上的赘肉减了十五斤，整个人看上去精神了很多，身体各方面素质均有大幅度提高，50 米跑从最初的 11 秒提高到了 9 秒 2。

四、思考与展望

少儿跑吧成立两年来，从最初的几个跑步爱好者的子女参与，到现在很多孩子的慕名参与，学校的运动场放学后也被有计划地分配给不同年龄段的孩子们锻炼，所以我们的操场，包括双休日下午四点之后都是热闹非凡、热火朝天。

我们目前所取得收获是显而易见的，孩子们的变化便是最大的证明。此时，很多新的问题摆在我们面前，如专业知识的匮乏，很多时候我们都会被喜欢深入研究的孩子给难住了，再如我们的受众面太小，全校有六千多孩子，参与其中的才有百分之二。

37-6　家庭体育作业

陈跃妹　徐春琳

图 37-6-1　盐城陈跃妹

一、组织方法与活动设计

※1 盐城市实验小学家庭体育作业活动方案

一、活动名称

家庭体育作业“每日一练”。

二、活动对象

全体学生和家长。

三、活动时间

周一至周五课余时间。

四、家庭体育作业释义

教育部日前透露,体育课要布置家庭作业,每个学生至少要参加过1次体育竞赛等,这将是中小学体育课程的一个重大改革方向。家庭体育作业顾名思义就是在体育课上教师布置的需要学生回家完成的体育作业,由于体育与健康这门学科的特殊性,所以一定是以身体练习为主的课外作业。

五、活动时段

我校的家庭体育作业施行已久,称为“每日一练”,即在晚饭前或者饭后一小时后进行一个10～15分钟的或是素质练习或是亲子趣味活动等小练习。

二、实施过程与方法

(一) 具体实施过程

※2 盐城市实验小学家庭体育作业“每日一练”活动设计组织

一、“每日一练”设计目的

家庭体育作业是体育与健康课程的重要组成部分,是课堂教学的拓展和补充。通过坚持“每日一练”,可以有效提高学生健康体能,增加学生参加体育运动的兴趣,养成“每日必练”的好习惯,最终提升学生的体质健康。

二、“每日一练”设计原则

(一) 适应性

运动生理学理论和身体训练的实践都表明,运动项目要根据学生的生理和年龄特点来设置,我校的“每日一练”的项目设置是根据三个水平段学生不同的身心特点而来的,能适应小学阶段的学生身体素质发展。

（二）针对性

有效促进学生薄弱项目的学习。学生在课堂学习的过程中，会有一些薄弱项目的出现，那么在“每日一练”的作业中就可以布置相应的针对练习，如在投掷项目中发现学生不能很好地用力挥出手臂，那么家庭体育作业可以用类似“打地鼠”“举书包”“蜘蛛行”等游戏来增强手臂力量。

（三）均衡性

对主教材进行补充，如学习跨越式跳高，下肢活动较多，上肢活动较少，在家庭体育作业中教师就针对性地安排做俯卧撑等练习，达到均衡发展的目的。

（四）兴趣性

兼顾学生学习兴趣。在“每日一练”的设置中抓住学生的兴趣点，如在学期刚开学的时候，我校的队列、队形练习就会占据一节课的较大比重，那在家庭体育作业中就可以增加一些有趣的情境类游戏：与爸爸妈妈一起玩“合作跳绳”“吹塑料袋”“踢球”等亲子游戏。

三、“每日一练”的形式

（一）亲子练习：即与爸爸妈妈或者爷爷奶奶在家合作完成的体育项目。除小学阶段常见的体育项目外，还包括我校特色体育项目——足球，学校在学校每年的“体育节”上设置亲子活动项目，由此促动形成“家庭体育”锻炼的氛围。

（二）个人练习：由学生自己独立完成的体育作业。本着学生全面发展的原则，根据《小学生素质发展报告书》我校学生体质健康监测情况反馈情况，进行有针对性的练习。

（三）结伴练习：通过结伴邻居小伙伴，完成“每日一练”内容，并且带动社区的儿童伙伴一起踢球、跳绳、玩滑梯等，发挥“小手拉小手”“小手拉大手”作用，不断丰富锻炼形式。

四、“每日一练”实施内容

依据《体育与健康课程标准》要求，以江苏省《科学的预设艺术的生成》为蓝本，结合我校的实际情况进行内容的设置，面向全体学生，有具体项目布置，有测试评价参考，有检查反馈，模式逐渐固定，形成“每日必练”的良性循环。

(一) 水平一"每日一练"内容

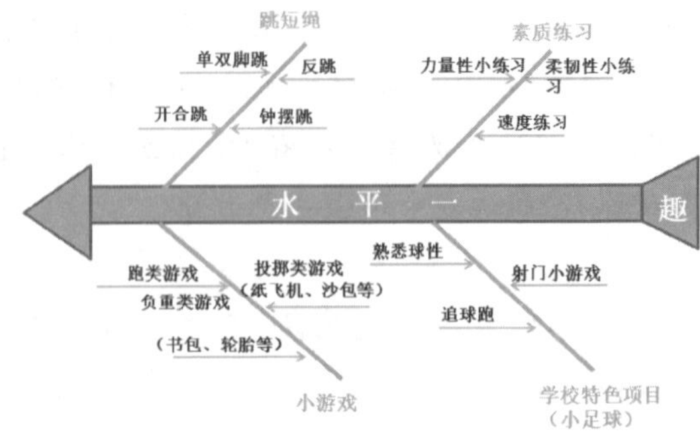

(二) 水平二"每日一练"内容

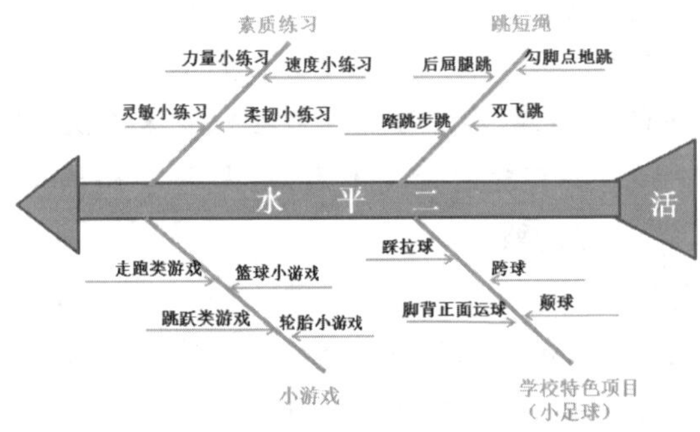

(三)水平三"每日一练"内容

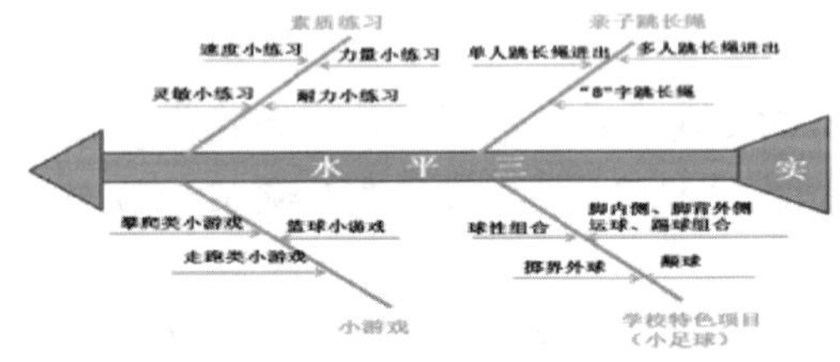

五、"每日一练"注意事项

(一)"每日一练"的安排要根据体育课的内容、重难点,结合学生的课堂实际情况进行布置,应短而精,注意练习的顺序和时间,要面向全体,确保可行性和科学性。

(二)"每日一练"的布置不能千篇一律,要形式多变,器材多变,激发学生练习兴趣,不能适得其反,陷学生于枯燥的境地,变成苦差。

(三)"每日一练"的布置要充分考虑不同的学生,有不同的爱好和特点,以便使学生的特长得到发展,不足得到弥补,爱好兴趣得到满足。同时,鼓励学生创新练习方法,并能和同伴分享。

（二）现场实况照片

图 37-6-2　亲子游戏

图 37-6-3　亲子跳绳

图 37-6-4　亲子活动平衡

图 37-6-5　亲子活动踢球

三、成绩与效果

（一）学生体质增强，运动技能提高

1.《小学生素质发展报告书》“检测情况反馈”

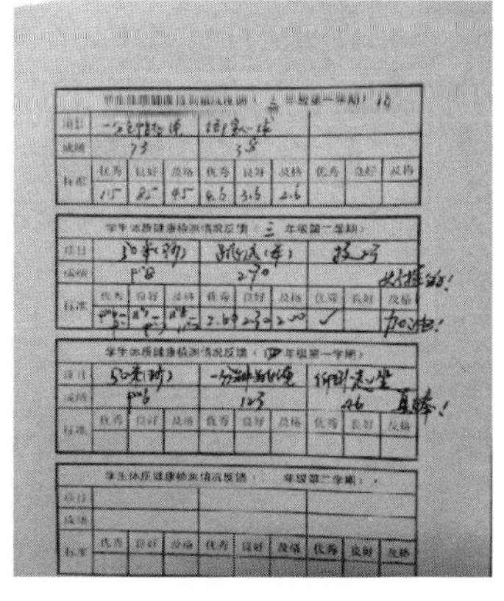

图 37-6-6　检测情况反馈 1

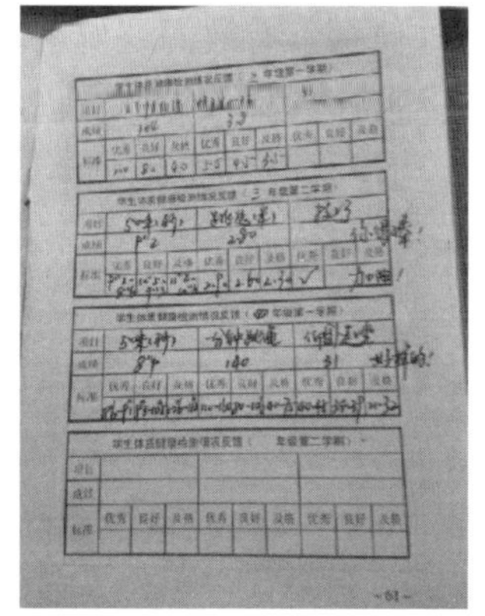

图 37-6-7　检测情况反馈 2

2. 学生国家体质健康标准测试统计数据

以上资料中显示:学生在参与体育家庭作业“每日一练”的过程中,以每日坚持锻炼的方式,弥补在校体育锻炼时间不足的缺憾,或是练习学校体育课堂教学的重点内容,或是结伴体育活动,自然而然地在习惯中成自然,养成坚持体育锻炼的良好习惯,因此,体质健康得到有效提高,身体各项素质逐步增长,取得令人欣喜的收获。

(二)家庭共同锻炼,体验体育魅力

体育家庭作业“每日一练”项目,不仅有学生自我的练习,还有亲子体育活动,经与家长的访谈中,普遍反映非常乐意参与,在过程中与孩子一起进行体育锻炼、一起体验体育乐趣、一起享受体育成就,身体免疫力有所提升,工作效率提高。同时心理压力得到释放,与孩子的亲子关系呈现其乐融融,家庭氛围充满快乐和幸福。

(三)小练习大作用,结伴增进友情

“每日一练”其中一项是与家门口邻居伙伴,或是与居住小区的小伙伴共同完成的练习。经调查得知,学生在结伴锻炼的过程中,心情愉悦、心里舒畅、乐于交往、学会合作,显而易见对学生良好心理素质的培养具有积极的促进作用。

四、思考与展望

第一,体育学科的自身特点以及大体育、大健康的深入发展还未能引起学校、家庭、社会足够的认知,如何保证布置的家庭作业真正落地、落实,需要我们体育人以坚持的理由一直耐心做下去,使“星星之火”真正影响到每个家庭和社会。

第二,如何探索有效的评价手段,对完成家庭作业的情况做出客观的评价,激励每个学生持之以恒地去完成,从而为养成终身体育的意识做出我们应有的努力。

37-7　假日体育活动

王秀芝　袁志欢　倪仁东

图 37-7-1　盐城王秀芝

一、组织方法与活动设计

※1 盐城市实验小学假日体育活动的组织方法与安排

一、指导思想

为深入贯彻落实国务院办公厅《关于进一步加强学校体育工作的若干意见》和全国推进学校体育工作电视电话会议精神，积极推动中小学生阳光体育活动，进一步促进我校阳光体育的开展，切实提高小学生身体素质，保证中小学生每天锻炼一小时，为学生终身体育发展打下坚实基础，我校通过开展假日体育活动，再次掀起阳光体育运动新高潮。根据学校体育工作会议精神，结合我校实际情况特制订此活动方案。

二、活动目标

（一）通过假日体育活动培养学生"健康第一"的意识，激发学生对体育运动的兴趣，养成每天锻炼一小时的良好习惯。

（二）通过假日体育活动，学校体育教育得到延伸和拓展，让每个家庭都参与到体育活动中，形成终身体育的意识。

（三）通过假日体育活动，学生体验到运动的乐趣，提高学生身体素质，培养亲子关系，加强家校联合，形成积极阳光、乐观向上的性格。

三、活动时间

寒假假期、暑假假期。

四、活动地点

(一) 室内

1. 锻炼前应先做些简单的四肢运动,以防韧带和肌肉扭伤。

2. 合理选择合适的锻炼场所,如用沙发做蹬车运动,在地毯上做跳跃等。

(二) 室外

1. 掌握气候的变化,锻炼时的衣着要合适,选择适宜的运动时间。

2. 根据场地的规格,选择适宜的运动项目。

3. 依据循序渐进的原则安排合适的运动负荷,如果运动量超过身体负担,引起疲劳反应,应及时调整间歇次数。

五、活动方式

(一) 独立体育锻炼;套餐式活动项目等。

(二) 亲子体育游戏;球类项目、身体素质练习小游戏等。

(三) 结伴体育活动:身体素质练习、球类活动、小游戏等。

六、提醒注意事项

(一) 为孩子选择合理、安全的锻炼场所。

(二) 家庭约定锻炼时间,保证作业完成效果。

(三) 培养亲子关系,加强家校联合。

二、实施过程与方法

(一) 具体实施过程

※2 寒假体育学习套餐

★盐城市实验小学 2017—2018 学年度第一学期

水平一"寒假体育学习套餐"

同学们,放寒假了,你们的心情一定很愉快吧!寒假里老师为大家准备了一份丰富的运动套餐,让我们跳起来,动起来,过一个愉快而充实的假期!

体育活动表

习惯养成：请对照“好习惯养成表”认真去做，并请家长根据完成情况给你打“√”。

1. 勇敢独立地完成项目：每天坚持体育锻炼，完成1分钟跳绳×3组；跪姿后倒15秒×3组；举书包10次×3组。

2. 亲子活动项目：全家一起晨起跑步、和爸爸打篮球、和爸爸踢足球、和妈妈双人跳绳、和爸爸妈妈比一比立定跳远。

3. 请爸妈拍下你运动的精彩瞬间，帮爸爸妈妈拍他们最拿手的运动画面。

4. 涂一涂，画一画你喜欢的运动项目。

还等什么呢？快行动起来吧！老师期待着分享你们的快乐！

水平一“寒假学习套餐”完成情况反馈表 班级　　　　姓名			
好习惯养成表	★★★	★★	★
第一周			
1. 跳绳、跪姿后倒、举书包			
2. 全家一起晨起跑步			
3. 涂一涂你喜欢的足球			
第二周			
1. 跳绳、跪姿后倒、举书包			
2. 和爸爸打篮球、踢足球			
3. 跟爸爸一起观看体育联赛			
第三周			
1. 跳绳、跪姿后倒、举书包			
2. 和妈妈一起双人跳绳、踢毽子			
3. 画一画我最喜欢玩的体育项目			
家长签字：			

图 37-7-2　作业展示

图 37-7-3　绘画足球

★盐城市实验小学 2017—2018 学年度第一学期

水平二“寒假体育学习套餐”

同学们，放寒假了，你们的心情一定很愉快吧！寒假里老师为大家准备了一份丰富的运动套餐，让我们跳起来，动起来，过一个愉快而充实的假期！

体育活动表

习惯养成:请对照“好习惯养成表”认真去做,并请家长根据完成情况给你打“√”。

1. 勇敢独立地完成项目:每天坚持体育锻炼,完成 1 分钟跳绳×4 组;仰卧起坐 30 秒×3 组;俯卧撑 10 次×3 组。
2. 亲子活动项目:全家一起晨起跑步、和爸爸打篮球、和爸爸踢足球、和妈妈双人跳绳、和爸爸妈妈比一比坐位体前屈。
3. 请爸妈拍下你运动的精彩瞬间,跟爸爸妈妈一起感受体育比赛的魅力和精彩;通过网络或书本去了解一些体育常识。
4. 涂一涂,画一画你喜欢的运动项目。

还等什么呢？快行动起来吧！老师期待着分享你们的快乐！

水平二“寒假学习套餐”完成情况反馈表 班级　　　　姓名			
好习惯养成表	★★★	★★	★
第一周			
1. 跳绳、仰卧起坐、俯卧撑			

续表

2. 全家一起晨起跑步			
3. 涂一涂你喜欢的足球			
第二周			
1. 跳绳、俯卧撑、坐位体前屈			
2. 和爸爸打篮球、踢足球			
3. 画一画我最喜欢的运动			
第三周			
1. 跳绳、跪姿后倒、举书包			
2. 和妈妈一起双人跳绳、比一比立定跳远			
3. 画一画我最喜欢玩的体育游戏			
家长签字：			

图 37-7-4　作品展示

图 37-7-5　绘画体育

★盐城市实验小学 2017—2018 学年度第一学期 水平三“寒假体育学习套餐”

快吧！同学们，放寒假了，你们的心情一定很愉快吧！寒假里老师为大家准备了一份丰富的运动套餐，让我们跳起来，动起来，过一个愉快而充实的假期！

体育活动表

习惯养成:请对照“好习惯养成表”认真去做,并请家长根据完成情况给你打“√”。

1. 勇敢的独立完成项目:每天坚持体育锻炼,完成1分钟跳绳×4组;仰卧起坐1分钟×3组;跪跳起15次×3组。

2. 亲子活动项目:全家一起晨起跑步、和爸爸打篮球、和爸爸打羽毛球、和妈妈踢毽子、和爸爸妈妈比一比花样跳绳的种类。

3. 请爸妈拍下你运动的精彩瞬间,跟爸爸妈妈一起感受体育比赛的魅力和精彩;通过网络或书本去了解一些体育常识。

4. 制作体育小画报。

还等什么呢?快行动起来吧!老师期待着分享你们的快乐!

水平三“寒假学习套餐”完成情况反馈表 班级　　　　　姓名			
好习惯养成表	★★★	★★	★
第一周			
1. 跳绳、跪跳起、俯卧撑			
2. 全家一起晨起跑步			
3. 制作不一样的足球			
第二周			
1. 花样跳绳、仰卧起坐、坐位体前			
2. 和爸爸打羽毛球、踢足球			
3. 画一画我最喜欢的体育明星			
第三周			
1. 跑步、后滚翻、素质练习			
2. 和妈妈一起花样跳绳、踢毽、比一比纸飞机掷远			
3. 制作体育专栏的小画报			
家长签字:			

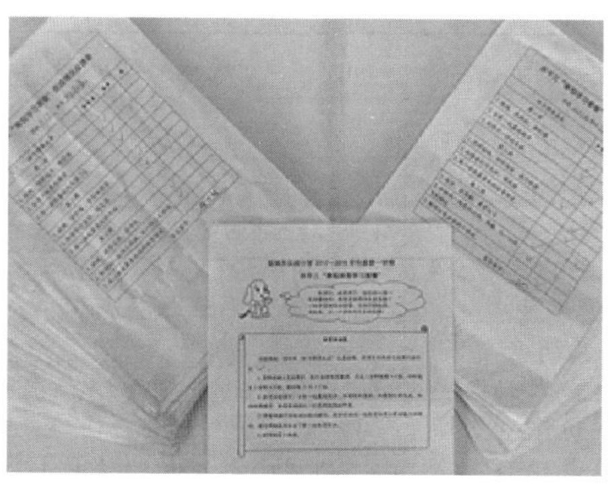

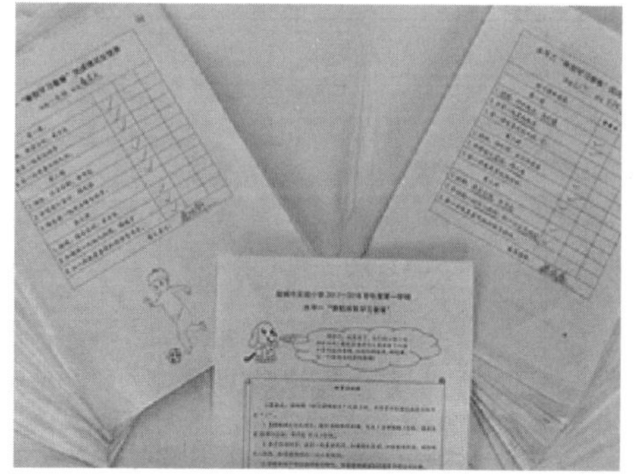

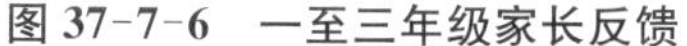

图 37-7-6　一至三年级家长反馈　　图 37-7-7　四至六年级家长反馈

※3 盐城市实验小学暑假体育学习套餐

★盐城市实验小学 2016—2017 学年度第二学期“暑假学习套餐”

同学们，放暑假了，你们的心情一定很愉快吧！暑假里老师为大家精心准备了一份丰富的学习套餐，让我们唱起来，跳起来，动起来，过一个愉快而充实的暑假！

体育活动表

学段	内容	方法与形式	建议
水平一	1. 晨起跑步或晚后散步、快走 2. 跳上跳下 15 次×3 组 3. 纸飞机(沙包)投准 10 次×4 组 4. 团身滚动 10 次×4 组 5. 柔韧性练习 6. 小区或附近的体育健身点锻炼 30 分钟	1. 跑步时能够做到呼吸自然,动作协调 2. 动作连贯的进行跳上跳下 3. 注意投掷的方向和准度 4. 掌握单人团身滚动的动作方法,并尝试合作滚动 5. 跪姿后倒或坐位体前屈等柔韧性练习 6. 利用小区内的健身设施或者韵律操进行锻炼	1. 自己练习或者与家长合作练习锻炼 2. 在家里寻找锻炼场地及器材 3. 利用小区附近的场地或者条件进行锻炼 4. 学生和家长既是锻炼者,又是监督员

续表

学段	内容	方法与形式	建议
水平二	1. 晨跑、短距离快速跑 2. 立定跳远、单跳双落15次×3组 3. 前滚翻、后滚翻各5次 4. 简单武术动作的组合创编练习 5. 游泳40分钟 6. 小区或附近的体育健身点锻炼30分钟	1. 跟父母进行短距离快速跑比赛或者两人三足的合作跑练习 2. 立定跳远动作连贯,注意落地时屈膝缓冲 3. 滚翻时注意团身要紧 4. 复习已学武术动作练习,创编三个动作组合 5. 在父母的带领下学习(练习)游泳 6. 利用小区内的场地设施进行篮球、足球等练习或者韵律操的锻炼	1. 自己练习或者与家长合作练习锻炼 2. 在家里寻找锻炼场地及器材 3. 在家长的带领下到正规的游泳馆进行锻炼 4. 利用小区空地或者附近健身设施进行篮球、足球、韵律舞蹈练习
水平三	1. 晨跑、长距离的定时耐久跑 2. 纵跳摸高、越过障碍的助跑起摸高跳6次×4组 3. "五步拳"武术动作练习 4. 篮球原地运球、投篮、比赛等 5. 双飞跳绳练习1分钟×3组 6. 小区或附近的体育健身点锻炼30分钟以上	1. 体会耐久跑时呼吸的节奏 2. 合理选择适宜起跳方式,提高向上腾起越过障碍摸高的能力 3. 学练武术套路动作 4. 单人或者多人练习篮球,尝试行进间变速运球的动作,人球合一,参加小比赛 5. 准备合适的跳绳和场地进行练习 6. 利用小区内的健身设施进行选择性锻炼	1. 自己练习或者与伙伴、家长合作练习 2. 在家里寻找锻炼场地及器材 3. 到正规健身场所进行选择性锻炼,如游泳馆、羽毛球馆、足球场等 4. 利用小区空地或者附近健身设施进行锻炼

还等什么呢?快行动起来吧!老师期待着分享你们的快乐!

※4 盐城市实验小学寒、暑假锻炼项目指导要求

水平一寒假锻炼项目指导

周次	项目							
	1分钟跳绳	跪姿后倒	举书包	跑步	打篮球	踢足球	双人跳绳	立定跳远
第一周—第三周	1分钟×3组	15秒×3组	10次×3组	30分钟	20分钟	20分钟	30分钟	10次×3组

水平二寒假锻炼项目

周次	项目							
	1分钟跳绳	仰卧起坐	俯卧撑	跑步	打篮球	踢足球	双人跳绳	坐位体前屈
第一周—第三周	1分钟×4组	30秒×3组	10次×3组	30分钟	30分钟	30分钟	30分钟	10次×3组

水平三寒假锻炼项目指导

周次	项目							
	1分钟跳绳	仰卧起坐	跪跳起	跑步	打篮球	打羽毛球	踢毽子	花样跳绳
第一周—第三周	1分钟双飞×4组	1分钟×3组	10次×3组	40分钟	45分钟	1小时	20分钟	30分钟

水平一暑假锻炼项目指导

周次	项目					
	跑步	跳上跳下	纸飞机/沙包	团身滚动	柔韧性练习	健身锻炼
第一周—第八周	30分钟	15次×3组	10次×4组	4组	20分钟	30分钟

水平二暑假锻炼项目指导

周次	项目					
	耐久跑	立定跳远	前滚翻/后滚翻	武术	游泳	健身锻炼
第一周—第八周	30分钟	15次×3组	5次×3组	30分钟	30分钟	30分钟

水平三暑假锻炼项目指导

周次	项目					
	耐久跑	立定跳远	前滚翻/后滚翻	武术	游泳	健身锻炼
第一周—第八周	1小时	6次×4组	20分钟	30分钟	30分钟	45分钟

(二)现场实况照片

图 37-7-8　一年级设计队服

图 37-7-9　四年级手工足球

图 37-7-10　暑期足球乐

图 37-7-11　暑期的跑步

图 37-7-12　周末父子赛

三、成绩与效果

我校从 2008 年起实施“假日体育”,和语文、数学、英语等学科“假日套餐”

放在一起，并随着时代的新要求，“假日套餐”的形式也在创新。通过假日活动的开展，学校体育教育得到了延伸，每个家庭都参与到体育活动中，在大多数孩子心中打下了“健康第一”的烙印，并且孩子们能够坚持每天运动一小时，把这当成每天的必修课，取得了较好的效果。

（一）体质改善微影响

多年的坚持，学生的体质得到一定的改善，作为江苏省学生体质监测点校，学生的速度、灵敏、柔韧素质有一定的良好率和优秀率，力量和耐力也是我们近几年一直努力在跟进和干预的。

（二）家庭和谐微影响

“假日体育”是连接孩子和家长的纽带，发挥了“小手拉大手”的作用，无形当中带动了一大批家长陪孩子一起参加体育锻炼，使孩子和家长的情感更亲密、更和谐。

（三）社区体育微转变

“假日体育”让社区的体育设施发挥了作用。一到假日，社区的公共体育设施就热闹起来，孩子和家长一起玩耍、锻炼，在笑声中，在欢呼中，一种微改变就在悄悄发生，这就是一种转变。定期或不定期的社区文体活动，让更多的群众参与到体育锻炼中来。

（四）社会联系微提高

在“全民健身”的热潮下，家庭成员的健康意识在改变，大健康的理念正日益兴起。家庭之间一起结伴游玩、打球、跑步等已成为风气，成为时尚，成为习惯。所以，“假日体育”还促成了家庭之间的联系网，提高了人与人、人与社会的紧密联系，无形当中也促进了社会的健康发展。

（五）学生心理微调适

我们认为“假日体育”还是培养学生兴趣最好的途径。它让学生在自己喜欢的体育项目中大展身手，并通过训练，使他们能在这一项目中崭露头角。“假日体育”努力为学生搭建展现自我风采的平台，以体会友的系列活动，有效地提高了学生的各项技艺，锻炼了他们的交往能力，提升了学生的自信心。

（六）学生素养微提升

“假日体育”在增进学生身心健康的同时，拓宽了学生的视野，提升了学生的综合素养。学生从起初的简单动作，到高难度的负责动作，花样迭出，创作新颖，既培养了学生的多方面素养，又挖掘了学生某一运动的潜能，让学生在自己喜欢的项目里大显身手，展现更精彩的自我。

四、思考与展望

一、大数据、智能时代下的体育教育正日趋接受挑战,人们对体育的认知正不断改善,而这种认知使假日体育活动的落地成为现实和保证。但在较短时间显现成效还比较困难,需要体育教师用智慧和坚持,在每一节课、每一次活动、每一个假日中有效作为,科学跟进。

二、结合"家庭体育作业",探索评价的有效方式,逐步形成良好的假日锻炼氛围,做到以练代评,以评促练。

37-8 社区体育活动

贾 琳 何 灿 吉 祥

图 37-8-1 盐城贾琳

一、组织方法与活动设计

※1 盐城市实验小学社区体育活动组织方案

为加强家庭、小区体育文化的互动互联,以此丰富群众体育文化生活,促进健康生活方式的建立,在国家体育总局宣传司的指导与支持下,盐城市实验小学联合盐城市体育局,拟加强基层小区的活动为支点,开展贴近群众走进盐城市碧桂园小区的系列活动。活动将包括小区体育健康主题互动、小区体育文化展、小区体育公益节等内容。通过落实活动与媒体传播,打造更多家庭参与,群众知晓并关注的小区体育文化热潮。

一、活动目的

小区是个大家庭,搞好小区文体活动,营造适宜居民生活、休闲、娱乐的和谐氛围,能够丰富居民的精神文化生活,锻炼身体,提高生活质量。活动能够增加居民相互之间的沟通和了解，使大家对小区产生认同感、自豪感和归属感，增强小区凝聚力，对推动新型的人际关系，营造相知、相识、相助的和谐小区具有促进作用。

2018年，碧桂园小区将从小区实际情况出发，充分利用小区资源，以提高居民精神文化生活质量为目标，开展一系列的文体活动。在全民积极参与下，在小区内，形成健康向上、安居乐业的人文环境，为和谐社会的建设营造良好氛围，充分发挥小区在和谐社会建设中的重要作用。

二、活动时间：2018年11月17日。

三、活动地点：盐城市盐都区碧桂园一期天域园。

四、活动主题：携手碧桂园，全民齐健身。

二、实施过程与方法

（一）具体实施过程

※2 盐城市实验小学社区体育活动实施方案

一、前期准备

盐城市实验小学2018年周末走进社区兴趣小组活动安排

活动项目	指导老师	组别	活动时间	活动地点
乒乓球组	赵李	老年组	8:00—11:00	碧桂园小区活动室
	王秀芝	中年组	8:00—11:00	碧桂园小区活动室
羽毛球组	陈金晶	青少年组	8:00—11:00	碧桂园小区活动室
	贾琳	老年组	8:00—11:00	碧桂园小区活动室
中国象棋组	陈跃妹	青少年组	8:00—11:00	碧桂园小区活动室
	吉祥	中年组	8:00—11:00	碧桂园小区活动室
趣味拔河组	何灿 冯指明	成人组 学生组	8:00—9:00	碧桂园小区运动区
趣味呼啦圈	卢燕表	学生组	8:00—9:00	碧桂园小区运动区

二、宣传工作

（一）前期宣传：

1. 联系碧桂园物业，制定宣传方案和宣传海报。

2. 利用小区内部微信群和QQ群，宣传活动亮点，吸引业主参与。

3. 张贴宣传标语，营造氛围。在小区广告栏内张贴告示、小区门口围栏设置横幅和标语。

宣传横幅及其他倡导运动的宣传标语条目:

(1) 全面齐参与健身伴我行。

(2) 携手碧桂园全民齐健身。

(3) 我运动我健康我快乐。

(4) 要想生活奔小康身体首先要健康。

(5) 坚持健身锻炼健康快乐相伴。

(6) 每天锻炼一小时幸福生活一辈子。

(二) 中期推广:活动进行时的现场布置和气氛渲染,吸引更多的业主关注活动。

(三) 后期分享:将本次的活动照片,活动精彩时刻分享、宣传,为以后的活动开展提供契机。

三、照片采集和撰稿分工

1. 分两个小组同时进行,一个小组分组进行照片的采集。一个小组进行现场视频拍摄和随机的采访工作,争取留下更多美丽的瞬间。

2. 前期广泛宣传和活动结束后的撰稿编辑由专人负责,初步拟定请碧桂园物业的编辑负责。

3. 各项工作安排和部署

形成活动工作手册,将活动的内容、流程、时间、地点以及注意事项等内容形成文字并进行参与人员的回忆讲解培训,人手一份,以帮助活动的顺利有序进行。

四、实施活动的具体内容

(一) 开幕式表演

由碧桂园小区邀请小区内善于跳广场舞的居民进行精彩的广场舞现场表演。

(二) 体育比赛项目设置及分组

设立形式多样、群众喜闻乐见、适合不同人群的活动。

1. 羽毛球比赛:分老年组、中年组、青少年组。

2. 乒乓球比赛:分老年组、中年组、青少年组。

3. 中国象棋的比赛:以老年群体为主。

4. 趣味拔河比赛:分男、女组、少年组。

5. 趣味呼啦圈比赛:以学生为主。

五、实施活动要求

（一）建立领导小组和策划组织工作

成立活动领导小组和策划工作组。活动领导小组由盐城市实验小学体育组全体成员、碧桂园物业负责人、碧桂园居民委员会负责人共同担任，发挥导向作用，引导和鼓励小区更多的居民参与其中，为全民健身，增强体质，从而增强国民体质做出贡献。

（二）落实新闻媒体报道事宜

1. 新闻宣传力度，营造良好的舆论宣传氛围。通过多渠道、多手段进行宣传和推广；借助网络，利用微信群和朋友圈等方式进行推广和宣传。

2. 在相关媒体广泛宣传，落实报道媒体，完成新闻稿件。

3. 本市主要媒体上刊登主题专版。

六、活动总结

1. 活动结束及时书面总结上报。

2. 认真做好材料收集汇总和后期存档宣传工作。主要包括：

（1）活动的计划文稿，宣传材料等。

（2）宣传、活动中小区健身文化布置的照片和视频。

（3）活动情况简报。

（4）本次活动的总结。

七、经费预算（略）

八、活动负责人及主要参与者

碧桂园全体物业工作人员、碧桂园委员会全体成员、碧桂园小区居民、盐城市实验小学体育组全体成员。

（二）现场实况照片

图 37-8-2　青少年组乒乓球赛场

图 37-8-3　教练员现场指导

图 37-8-4　青少年国际象棋比赛

图 37-8-5　活力四射老年组太极拳展演

三、成绩与效果

(一) 社区领导支持,配合合作愉悦

在活动伊始,以及整个过程中,社区的相关人员与学校紧密配合、周密计划、分工合作,把活动办出特色、办出水平。

(二) 居民积极响应,乐于参与活动

居民在富有力度的宣传感召下,响应强烈、积极参与,现场活动中男女老少齐上阵,呐喊声中显身手,气氛热烈感人心,掀起健身新热潮。

(三) 体育教师指导,发挥专业作用

学校的体育教师和社会体育指导员,从活动的策划、到比赛的组织、再到成绩的统计,大力发挥专业作用。他们还在比赛前耐心辅导、比赛中及时指导,并担任现场比赛的裁判工作,活动的成功举办离不开他们的辛勤付出。

(四) 了解居民需要,娱乐方式丰富

举办活动的目的就是为了全民健身活动的广泛开展,引导社区居民健康的生活方式,同时也要切合居民的需要,从活动的举办中广泛、全面地掌握居民的所思、所想,不断地丰富社区居民文体娱乐方式,把活动落在实处。

(五) 发现面临问题,便于总结反思

社区体育活动的开展对于学校体育工作者是一个新课题,在组织之中难免会出现问题,但问题可成为我们的课题,在总结反思中理顺活动要素,为今后完善活动提供有力参考,提升活动的高度、广度、深度、温度。

四、思考与展望

(一) 随着全民健康月活动的不断深入,社区体育文化越来越受到重视,如何借此东风，发挥社区体育的健身、娱乐作用，是目前摆在我们面前的实际问题。联合社区定期、不定期策划有意义、有价值的社区体育活动，是我们义不容辞的责任。

（二）如何优化体育教师专业技能，通过角色转换，胜任社区体育指导员工作，在活动中真正发挥示范和指导作用，如新型社区体育器材的使用、锻炼方法指导等。

（三）今后我们将认真总结与思考，不断完善我们体育项目结构，为全民健身，增强国民体质做出更大贡献。

江苏省中小学学生体质健康促进工程丛书

江苏省中小学课外体育活动设计与实施

下册

主　　编：潘绍伟
执行主编：曹卫民
副 主 编：李　虎　阮晓燕　杨　浩　王素芳
编写组成员：俞向阳　郭建明　胡英兰　李　聪
刘成兵　于　斌　严立洋　金　刚

河海大学出版社
HOHAI UNIVERSITY PRESS
·南京·

图书在版编目(CIP)数据

江苏省中小学课外体育活动设计与实施 / 潘绍伟主编. -- 南京 : 河海大学出版社，2021.4
ISBN 978-7-5630-6225-6

Ⅰ. ①江… Ⅱ. ①潘… Ⅲ. ①体育锻炼—课外活动—课程设计—中小学 Ⅳ. ①G633.962

中国版本图书馆 CIP 数据核字(2019)第 266212 号

书　　名　江苏省中小学课外体育活动设计与实施
书　　号　ISBN 978-7-5630-6225-6
责任编辑　龚　俊
特约编辑　王新月　梁顺弟
特约校对　丁寿萍　卞月眉　许金凤
封面设计　徐娟娟
出版发行　河海大学出版社
地　　址　南京市西康路 1 号(邮编:210098)
电　　话　(025)83737852(总编室)　(025)83722833(营销部)
经　　销　江苏省新华发行集团有限公司
排　　版　南京布克文化发展有限公司
印　　刷　南京玉河印刷厂
开　　本　718 毫米×1000 毫米　1/16
印　　张　54.25
字　　数　945 千字
版　　次　2021 年 4 月第 1 版
印　　次　2021 年 4 月第 1 次印刷
定　　价　180.00 元(上下册)

序

为学生创造乐于参与、主动参与、人人获益的课外体育

课外体育活动是指学校在课外时间有计划、有组织，以及学生自觉自主进行校内外以锻炼身体、愉悦身心、丰富课余文化生活等体育活动的总称。狭义的课外体育活动是指课前、课间、课后在校内进行的以全体学生为对象，采用全校、班级、小组、体育俱乐部（体育运动协会）等组织形式的身体性锻炼与休闲娱乐活动。广义的课外体育活动是指学生在课余时间内进行的各种有组织、有计划、系统性的类似课余锻炼、训练竞赛的体育活动，以及学生自觉自主自律在校内外进行的各种微体育运动、生活化的体育活动等身体性活动的总称。课外体育活动是体育与健康课的延伸与补充，是学校体育工作的重要组成部分，是实现学校体育目标的重要途径之一。

2020 年 10 月，中共中央办公厅、国务院办公厅下发的《关于全面加强和改进新时代学校体育工作的意见》明确提出"健全体育锻炼制度，广泛开展普及性体育运动，定期举办学生运动会或体育节，组建体育兴趣小组、社团和俱乐部，推动学生积极参与常规课余训练和体育竞赛。合理安排校外体育活动时间，着力保障学生每天校内、校外各一个小时体育活动时间，促进学生养成终身锻炼的习惯"。上述要求健全学生体育锻炼制度，学校要将学生在校内开展的课外体育活动纳入教学计划，列入作息时间安排，与体育课教学内容相衔接，切实保证学生每天一小时校园体育活动落到实处。

一

较长时间以来我们通常将课外体育活动看成是体育课的补充与延伸，进行活动是为了学生锻炼身体促进健康。这些认识与看法无疑是正确的，但是站在教育的高度和学生成长的角度来认识与理解课外体育活动，具有多方面的意义与价值。

一是有利于促进学生的生长发育，增进学生健康。青少年学生处于生长发

育时期，课外体育活动有助于提高学生的生长发育水平，养成良好的身体姿态，改善身体各器官系统的功能，发展基本运动技能、体能和运动能力。一般来说，课外体育活动都在户外进行，和煦的阳光、新鲜的空气等自然力因素既能有效促进学生的正常生长发育，还有利于提高学生对外界自然环境的适应能力和对疾病的抵抗力。

二是有利于提高学生文化课的学习效率。人的大脑是思维的物质基础，长时间的不间断工作会使大脑细胞产生疲劳，导致反应迟钝、注意力分散、记忆力下降，影响学习效率，尤其是处于生长发育期的儿童、少年，大脑细胞的工作耐力比成人差，更易产生疲劳。课前适当进行体育活动可以大幅度提高学生文化学习的效率与成绩，课间或课后适当进行体育活动可以使学生疲劳的大脑得到积极性休息，改善大脑的供血，使大脑保持清醒敏捷，保持正常工作的能力，实现“8－1＞8”的效果。课外体育活动是学生的学习生活方式，即课外体育活动不仅仅是调剂紧张学习生活的一种方式，还是学生具有激情、快乐生活的不可或缺的一个组成部分。

三是有利于学生巩固课上学到的体育与健康的知识、技术和运动技能。在体育与健康课教学中，学生通过身体活动增强体质、发展体能、提高健康水平，掌握和应用体育与健康的基本知识和运动技能，提高运动能力。但是，无论是发展体能，还是真正掌握与运用运动技能，仅仅依靠体育与健康课教学是不够的。因为，体质的增强、运动技能和运动水平的提高是一个长期的不间断的积累过程，需要通过课外体育活动来巩固提高。

四是有利于学生运动兴趣的培养、锻炼习惯的养成、终身体育意识的形成。学生运动兴趣、锻炼习惯、体育意识的形成不是一朝一夕的事。可以说，经常参加课外体育活动无疑会对学生的思想、观念、态度、情感等产生积极的影响，进而左右学生运动兴趣、锻炼习惯、体育意识的形成，并对学生形成积极向上、乐观开朗的生活态度和养成健康的行为习惯及生活方式产生深远的影响。

五是有利于学生的心理健康发展。爱玩、爱动是青少年儿童的天性。但是，学生的身体条件、运动技能、兴趣爱好、锻炼习惯、体育意识等存在着非常明显的个体差异。课外体育活动为满足不同学生的身心需要，充分发展个性和运动才能提供了理想平台。在这个平台上，学生可以进行适合自身特点的体育锻炼活动，他们的主动积极性得以充分地发挥，不同的个性得以合情合理地张扬，自身的特长得到淋漓尽致的展示。在反复经历挫折和克服困难中，在不断体验进步和享受成功中，学生能提高抗挫折能力和锻炼意志品质，增强自尊心和自信心。

六是有利于提高学生的社会适应能力。学生在参与课外体育活动的过程中，除了接触同班同学外，还有机会接触其他班级、其他年级的同学，通过互相交流、一起锻炼、共同切磋等活动寻找新玩伴、建立新友谊、结交新朋友。在这个过程中，学生逐步深化对自我与他人、个体与群体、个人与集体的认识，逐步学会正确处理各种人际关系，形成现代社会所必须具备的合作与竞争意识，建立对社会的使命感和责任感。

课外体育是在课余时间以学生自觉自主进行的体育活动，与体育与健康课教学比较具有鲜明的特点。

一是目的任务的多向性。学校组织各种课外体育活动的共同目标是丰富学生课余生活、增强其体质、增进其健康。而不同的学生参与体育锻炼的目的各不相同：有的是为了增进健康；有的是为了提高体能；有的是为了提高运动技术水平和竞赛能力；有的是为了通过考试、“达标”；有的是为了满足玩耍、娱乐、交际等。学生参与课外体育活动怀着的不同的动机与目的，如何正确认识与引导是课外体育活动组织管理者必须认真思考与解决的问题。

二是活动内容的多样性。由于学生的兴趣爱好、体育运动基础等各不相同，对体育运动项目的选择也不尽相同，而课外体育更多的是学生自主选择进行。因此，课外体育活动内容应充分考虑学生的兴趣爱好，为学生提供更多的体育运动项目供学生选择。北京市原来有一所中学开展课外体育活动时，学生可以从学校开设的四十八个运动项目中找到自己喜欢的项目。

三是活动组织形式的灵活性。课外体育活动面对的是全体学生，学生的年龄、性别、身体素质、运动能力、技术水平、兴趣爱好、价值取向等参差不齐，其身心需求不尽相同，加上学校的场地、设备、器材等硬件的差异，因此，课外体育活动组织形式应集全校、班集体、小团体于一体，注意充分发挥学生的自主性、创造性，根据学生的年龄与学段特点，注重引导与指导学生建立基于学生兴趣爱好与运动专长的不同体育运动项目为主的俱乐部；家校一体的亲子运动；学生个人进行家庭体育作业等，将课外体育真正变成培养学生体育锻炼能力、提高运动能力、提升个人综合素养的最好学校。

二

2012 年，江苏省开始整体推进中小学校体育的改革，在以下几个方面进行探索与实践，并取得了一些积极的成效与成果。

一是课外体育活动的教育性。将课外体育活动从单纯的体育锻炼的生物学改造价值追求逐渐转变到锻炼与育人有机结合的教育价值追求方面来。正如著名教育家张伯苓说过:“作为一个教育者,我们不仅要教会学生知识,教会学生锻炼身体,更重要的是要教会学生如何做人。”十余年来,我们一直强调将课外体育活动这一“小体育”真正融入促进学生全面发展与和谐发展“大教育”,在课外体育活动中更多地渗透与体现以文化人、以体育人的思想,达到锻炼增进健康,育人健全人格的目标。十余年来,江苏省中小学课外体育在这方面进行了积极的探索与实践,取得了一些可供学习借鉴的成果经验。

二是课外体育活动的生活性。为了更好地通过课外体育活动培养学生体育锻炼的意识能力与习惯,提高与丰富学生学习生活的品味,形成积极参与体育活动的科学健康文明的生活方式,我们强调课外体育活动应从单纯完成锻炼任务转向面向学生学习生活、融入学生的学习生活过程。十余年来,江苏省中小学课外体育在此方面的探索与实践也取得了积极的成果。

三是课外体育活动的自主性。课外体育活动是体育与健康课程教学与学生终身体育的过渡与中介,从一定意义上讲,没有学生能够自觉自主地参与课外体育活动,就不可能真正实现培养学生终身体育意识、能力与习惯的学校体育目标。十余年来,江苏省中小学课外体育在完善原有的课外体育组织形式的基础上,强调在中学建立健全体育俱乐部(在小学鼓励建立体育俱乐部)这一具有共同目标、自觉参与、自主组织的体育活动组织形式。目前在江苏省中小学中建立体育俱乐部组织形式的学校越来越多,其体育教学水平也越来越高,学校更是鼓励由共同兴趣爱好和特长的学生自发组成小团体体育活动组织形式。共同的目的,共同的体育兴趣爱好和特长使学生自发地组织起来,共同进行体育锻炼活动,共同交流经验,共同切磋技艺,互帮互学,相互促进,共同提高,并通过活动体验成功和快乐,建立和加强彼此间的友谊;并且学校强调学生根据自己的兴趣、爱好、需要,自觉自愿地参与的个人锻炼的体育活动形式。

这些探索与实践的成果在每年江苏省学生体质健康监测点校现场推进会上由相关学校进行经验介绍与分享,受到广泛的欢迎与好评,对积极推动全省课外体育活动的开展产生了积极的推动作用。

三

2019 年至 2020 年我们在全省,尤其是学生体质健康监测点校积极探索实践的基础上,组织开展了全省中小学课外体育活动的设计与实施的案例征集评审与编辑出版工作。这一活动得到了全省广大中小学体育工作的积极响应与大力支持。在广泛征集的基础上，我们组织全省的相关专家进行了认真公正的评审，并对案例进行了理性的评析。

我在参与征集、评审与编辑的过程中，对我省中小学广大教育工作者，尤其是广大一线体育教师表现出来的创造性发出发自内心赞叹与赞赏，他们为学生健康快乐成长付出了大量的辛劳、汗水、智慧，实在令人动容。

各种各样的、丰富多彩的、学生喜闻乐见的、持续健康发展的体育俱乐部；简单易行、实效显著的跳绳娱乐部；专门为少数肥胖、超重的体育弱势学生创设的“小胖墩”训练营；将体育锻炼寓于学生学习生活之中的常州“零点体育活动”和“晨醒、午畅、暮养”课外体育活动；真正实现家校一体，小手牵大手的学校引领社会的“早七点体育活动”等。

下面请让我用有限的篇幅展现几个中小学课外体育活动的精彩片段：

人人参与、人人受益的“零点体育活动”。常州市武进区湖塘桥实验小学每天上午文化课之前20～30分钟设计的学生快走、快跑的体育活动。根据小学生低、中、高不同年龄段学生的特点，学校设计不同的行走路线与距离。依据小学生好奇心重、好胜心强，喜欢三五成群，结伴而行的心理特点，以步行、跑操方式进行，在走起来、跑起来、动起来过程中，学生形成锻炼小组，每天持之以恒，自觉完成步行任务的“零点体育活动”。据调查90%的学生认为起到了锻炼身体的效果，90%的学生认为促进体质健康，77%的学生认为健康状况有所改善。75%的学生认为“零点体育活动”对一天的学习有帮助，67%的学生认为对大脑记忆有帮助以及能提高阅读的效率，67%的学生认为有助于上课的注意力集中，65%的学生认为对文化课的学习有促进作用。80%的学生认为自己本学期对体育锻炼的自觉性增强了，有72%的学生认为自己本学期对体育锻炼认识提高了。

体育教师指导下的“早七点”体育活动。南通市永兴小学“早七点”体育活动旨在引起家庭对运动的重视，唤起家长对孩子的运动陪伴，同时也培养孩子自觉锻炼的意识、行为、习惯。“早七点”体育活动是每天早晨七点钟学生与家长在自愿报名注册的情况下，到学校在体育教师指导下进行亲子体育运动的方式，这项活动得到了广大学生、家长的欢迎，营造了浓郁的全员运动氛围，获得了各级行政部门的肯定，赢得了良好的口碑和反响。学校汇编的《七点故事》，留下了家长、学生美好的运动记忆。

科学有效的“小胖墩”训练营。无锡连元街小学“小胖墩”训练营从2014年开始利用每周主动发展日活动开设了“胖墩”训练营项目。“胖墩”训练营的学生由无锡市连元街小学一至六年级学生组成。训练营口号：享“瘦”生活、磨炼意志、陶冶情操、完善人格。根据肥胖小学生体重大、心肺功能差的特性，学校安排运动强度不宜过大、中低强度的运动。针对每一位训练营的学生，测出他们的最适运动心率，然后确定运动强度。肥胖小学生每次运动时间不少于30分钟，运动前有5～8分钟准备活动，运动后有3～5分钟整理活动。为保证“运动处方”执行的有效性，学校设定的运动频率为每周9次。在运动项目的选择上，学校充分考虑到各年级学生的生理及心理特点，选择一些娱乐性较强的、以身体移动为主的有氧运动项目。训练营的学生在身体素质各个方面都有了比较大的改善；训练营的部分学生体重、身高指数已经由肥胖转变成正常；部分学生的身高体重指数已经由肥胖转变成超重。“小胖墩”学生的人际关系敏感、抑郁、焦虑等现象有很大的转变。

充分发挥家长的积极性与创造性的家长义工联。海安实验小学家长义工联合会（以下简称家长义工联）是由海安市实验小学倡导成立的，由部分具有共同意愿的学生家长与教师自主参与的公益性群众组织。其宗旨是：加强学校、家庭的教育交往与合作，增进理解，凝聚力量，优化儿童的发展生态；激发家长的活力与热情，拓展学生发展的课程空间，丰富学校教育的内容与形式；增进家长之间的友谊，促进家庭教育的合作与资源共享，提升家庭教育的品质。

融入学习生活的“晨醒、午畅、暮养”课外体育活动。常州市武进区潘家小学整体设计的校内课外体育“晨醒、午畅、暮养”课外体育活动。“晨醒”——“给身体充电，为健康加油”7：50—8：10；学生模拟上学路径快步行走约1千米，如跳绳、踢毽、传统体育游戏（按季节变换内容）；模拟路径行走过程中，学生找到年级或非年级同伴，互相认识交流；认真完成一定运动量的传统体育项目。“午畅”——午间体育活动“共享一米阳光，同筑个性殿堂”，课外体育兴趣小组有传统体育游戏（低年级）、象（围）棋、少儿足球、少儿篮球、中华武术、拉丁梦想、空手武道、跆拳道……项目指导教师可以是学校教师、社区志愿者、社会体育指导员和有特长的家长组成。“暮养”——亲子体育活动，“天天锻炼，健康成长”，放学后半小时，家庭成员根据周边健身路径和家庭成员体育爱好做一份规划。该活动倡导“小手牵大手，运动心中有；大手牵小手，健康跟我走”的家庭体育生活模式。

充分发挥家长积极性的“1＋X＋X”校外体育联盟。常州市龙城小学“1＋X＋X”校外体育联盟是学生利用课余时间在家长、校外体育指导员的带领下，由

1名家长志愿者担任主任+X名家长指导员+X名学生部长构成联盟组织团，自主开展体育活动的一个团体。“1+X+X”校外体育联盟以篮球、足球、排球和棒垒球四个项目为主，学生可在四到六年级选修班范畴内自主选择搭档，自由组队。“1+X+X”校外体育联盟的赛事按参与群体分为：生—生赛、生—师赛、生—家长赛，生、家长联队—师赛和生、师联队—家长赛；按照性质分为：趣味比赛和竞技比赛。该体育联盟通过示范小组推优、升旗仪式国旗下讲话、龙娃广播主题宣讲、校园大屏幕投放比赛剪影、联盟十佳球评选、联盟MVP评选、微信推送报道等为校外体育联盟的活动开展提供展示的舞台，激励联盟成员蓬勃向上，成就更好的未来。在每次联盟活动中，除了上场比赛的队员，联盟还组织场下的竞赛配置与体育展示，设立多种岗位，形成人人有事做的格局。每一次比赛时，联盟让学生轮流尝试裁判员工作，既是对比赛规则的再认又是对规则理解与执行的检测；设立校园三级裁判、校园二级裁判到校园一级裁判的晋升考试制度，帮助学生更好地掌握规则并最终实现自主比赛。

以真实比赛为抓手的课外体育俱乐部。常州外国语学校运动教育模式的课外体育俱乐部，是指每周两次以上的课外体育活动中，学生以小组教与学为主要形式，其扮演体育比赛中教练、队长、队员等角色，巩固提升运动技能、深度理解体育项目文化的课外体育活动组织。通过有组织、有指导、有竞赛的课外体育俱乐部活动，实现延展学校体育课堂教学时空、保障学生掌握两项运动技能的目标；提升学生体育项目技术掌握与巩固、技能形成与发展的程度；培养深度理解项目文化、有文化的运动者。俱乐部参与率100%。八年级的学生已经可以自己组织赛季的比赛，并简单地依据规则有协商地开展常规赛。学生体育的合格率从2016年的93.85%提升到2018年的94.47%。学生参与兴趣明显增强、综合素质显著提升，身体锻炼效果明显，自信心得到增强。在学期体育成绩测试中，社团组织的成员体育成绩达标率在98%以上，学校各社团组织的成员是学校组建和选拔的重要基础。每年学校都会从各社团组织中选拔一批优秀的、有潜质的会员加入校运动队，进行更系统和更专业的训练，代表学校参加各项运动竞赛，为学校增光添彩。在其取得成绩后学校进行表彰展示，在学校每周一的升旗仪式上学校为获奖学生进行颁奖表扬，展示明星队员的风采，提高他们在同伴群体中的影响作用，让他们在同伴中做表率，促进了课余体育开展。

培养学生自立自主自律精神高中体育社团。江苏省常州高级中学体育社团。体育方面的社团有田径、篮球、足球、健美操、舞龙舞狮、羽毛球、乒乓球、轮滑、滑板等，体育社团成了学生发挥个性和特长的理想之地。社团机构合理、分工明确，分别利用每天下午的3～4两节课，或课外、校外时间自行开展训练和比赛活动。在充分发挥学生的主体性的文化氛围下，由学生自主规划、自主选择、自主承办、自主评价的一系列体育社团也应运而生。学校让学生独立承办活动的目的，不只是展示学生的特长和才华，更主要是为学生创造和提供展示健康、积极、高雅的平台，拓宽学生的视野，提升学生的价值追求和境界，培植学生高情远致和理性精神。

简单易行的课内外有机结合的跳绳。 淮安盱眙县第一中学"跳绳4·3·2健身工程"以初一、初二、初三每周每人分别跳绳4小时、3小时、2小时为抓手。初一年级每周3节课，每节课跳绳练习时间约为15分钟。大课间体育活动35分钟，进退场共计10分钟，机动2分钟，活动内容主要有1分钟素质训练、2分钟花式跑操、20分钟花式跳绳。活动课隔周一下午的第三节课，每次时间45分钟。快乐周日活动，隔周组织一次，每次活动时间控制在2小时以内。跳绳4·3·2健身工程，提高了学生身体素质和运动技能水平。全校95%的学生都能参与规定的花样跳绳练习，他们的跳绳水平不断提升，心肺功能得到了很好锻炼。2016届初三年级体育中考创造辉煌，满分率达85.6%；2017届体育中考中长跑满分率99.96%。

别出心裁的走廊体育活动。 常州武进清英外国语学校"体育走廊"课间活动，学校根据为了解决雨雪天气不能室外运动的问题，结合本校实际，创造性地运用本校较为宽阔的室内走廊组织学生积极参与体育锻炼。一楼设计的活动趋于游戏化、趣味化；二楼设计身体拉伸和智力类游戏；三楼体育组联合科学组结合AR、VR技术把三楼走廊布置成集体育活动、科学实验、地面互动游戏的场所。这样每一层走廊都有自己的特色，相不影响且考虑年级的不同进行设计，深受学生欢迎。在追求游戏化、趣味化的同时，体育走廊的布置还追求精、准、美。精：体育活动的内容、张贴的选择等精选、精致；准：活动的物品摆放、悬挂的位置准确、醒目；美：走廊内部的陈设与校园的整体布局和谐、统一、美观、大方。通过走廊体育运动，学生勇敢顽强、互相谦让、坚持不懈、团结友爱、克服困难等意志品质得到了锻炼。通过走廊游戏中班级对抗赛和分组烧脑游戏，学生体验到合作的愉快和为班级争光的荣誉感。在现在的活动中，我们更多看到的是小组的合作、精细的分工和战术的配合，在这一过程中，学生心理和意志品质有了良好的变化。

持之以恒记忆深刻的"弘毅之旅"。 淮安高级中学的"弘毅之旅"主题实践活动是每年8月底高一新生军训即将结束之时，学校组织全体高一新生、部分教师和毕业生代表、部分家长等共计1600多人，徒步行军前往“周恩来纪念馆”并在纪念馆举行相关活动的主题教育活动。短暂休息后，参与人员徒步行军返回学校，全程共计30公里，学生行军时间预计要8个多小时。“弘毅之旅”提升学生耐力水平、增强学生体质和团队凝聚力，培养学生团结合作、吃苦耐劳、坚韧不拔的意志品质；增进师生之间、生生之间交流与沟通，使其体验到成功的乐趣，进一步增强其自信心；激发学生热爱祖国大好河山的热情。“弘毅之旅”将终点设置在“周恩来纪念馆”举行紧扣时代主题教育活动，将体育运动和德育主题教育活动相互融合，这已成为学校一项精品活动和主题教育名片。

我为体育教师们的辛勤付出而感动，为体育教师们的智慧而折服，为体育教师们的创造而欢呼。

相信本书的征集、评审、编辑与出版，一定会对我省中小学课外体育活动的开展起到良好的启发和借鉴作用。

日本著名的教育学家佐藤学说过：“改变教学、改变学校的条件绝不是遥不可及的，使其实现的条件乃存在于所有的教室中，存在于所有的学校中。”

我稍做修改：改变课外体育活动，绝不是遥不可及的，使课外体育活动改变存在于课外体育的设计与实施之中，存在于我们每一位体育教师的汗水与创造之中！

我们为学生创造更加美好的、更受学生欢迎与喜爱的、更让学生获益其中的课外体育活动之时，就是学生更为快乐、更为努力、更为热爱体育锻炼实现之日！

潘绍伟

2020年12月

目录

上册

第一部分　小学校内活动

第二部分 小学校内外整体安排的活动

下册

第三部分　中学校内活动

第四部分　中学校外活动

第三部分
中学校内活动

入选理由:

扬州市储英青少年奥林匹克体育俱乐部深入推进普通高中体育选项教学改革,让学生在良好的环境内接受熏陶,实现自我教育,有效地增强了教育效果。学校以素质教育和全民健身为前提,构建了融体育与健康于一体的体育课程体系;紧紧围绕教育的实施,积极开展阳光体育活动,促进学生体质健康发展;有组织地进行多样性的教学竞赛活动,“大体育”活动课与学校训练队互为补充,因材施教,呈现出生活化、终身化、个性化的特色,有效帮助学生提高了专项运动技术水平和参与社会活动的能力,实现了体育课程由课内到课外的有效延续。全面促进了学生的身心健康发展,切实提高了学生的身体素质和运动技术水平。

三十八 扬州大学附属中学储英青少年奥林匹克体育俱乐部

资料提供:胡曼玲 左江洲

图 38-1 扬州胡曼玲

扬州大学附属中学位于风景秀丽的瘦西湖畔、明嘉靖维扬书院原址。学校师资力量雄厚,现有专任教师 220 名,学历达标率为 100%,其中博士 1 名,硕士 24 名,另有 4 人在职攻读教育硕士。学校名师荟萃,56 人享有市级以上骨干教师称号或学术荣誉,其中教授级高级教师 5 名,省特级教师 13 名(在岗 10 名),扬州大学兼职硕士生导师 6 名,市中青年专家 5 名,市特级教师 3 名,市学科带头人 14 名,市中青年教学骨干 17 名,市教学能手 8 名,市青年优秀科技人才 5

名，研究生课程班结业教师 28 名，赴国外进修、交流教师、学者 31 名。学校现拥有高一、高二、高三年级各 16 个班共 48 个教学班，在校学生 2300 多名。学校创立于 1951 年 9 月，是首批办好的江苏省重点中学、江苏省四星级高中、江苏省文明单位、江苏省德育先进学校、教育部现代教育技术实验学校、江苏省教科研先进集体、江苏省和谐校园、江苏省首批“汉语国际推广中小学基地”。在扬州市教育局组织的年度综合考评中，扬州大学附属中学以精致的管理、骄人的业绩、跨越式的发展获得高分，2006—2017 年连续 12 年被评为“教育工作先进单位”。

学校体育教师 10 名，其中研究生 1 名，其余为本科学士学位，学历全部达标，30～40 岁 3 人，41～50 岁 4 人，51～60 岁 3 人，年龄结构合理。教师专业项目有田径、篮球、足球、乒乓球、羽毛球、健美操、民族传统体育等，有利于开展体育俱乐部活动。学校建有 400 米塑胶标准田径场约 16500 平方米，体育馆约 2100平方米，室外篮球场地 3 片约 2500 平方米，室外乒乓球区约 420 平方米，单双杠区约 120 平方米，网球场约 680 平方米，排球场约 250 平方米，舞蹈房约 100 平方米，有体育健身器械活动区域，体育器材室约 200 平方米。

图 38-2　扬州大学附属中学学校大门

扬州大学附属中学运用现代体育管理的理念和方法，尝试以校园体育俱乐部的方式来实现体育课程教育多元化、个性化。学校制定了《储英青少年体育俱乐部章程》，并以年级为单位成立篮球、网球、羽毛球等 6 个俱乐部，让学生根据自己的爱好，申请参加俱乐部活动。校园体育俱乐部的设立使课外体育活动呈现出生活化、终身化、个性化的特色，有效帮助学生提高了专项运动技术水平和参与社会活动的能力，实现了体育课程由课内到课外的有效延续。扬州大学附属中学是江苏省体育传统项目学校、江苏省体育教育工作先进学校、江苏省贯彻落实学校体育卫生两个《条例》优秀学校、江苏省中学生田径训练(苏北片)优秀学校、江苏省模范职工小组(体艺)、扬州市学校体育卫生工作优秀学校、扬州市体育传统项目优秀学校。

一、组织方法与活动设计

(一)组织方法

※1 扬州市储英青少年奥林匹克体育俱乐部简介

扬州大学附属中学十分重视体育与健康教育,是江苏省首批高中体育与健康课程基地,已逐步形成具有扬州大学附属中学特色的体育与健康教学,即构建融体育与健康于一体的体育课程体系,促进学生身心健康发展:以内容丰富、充实的健康教育传授健康知识,培育学生重视身心健康的意识;以新兴运动项目引领选项教学,帮助学生形成专项技能,激发学生热爱体育运动兴趣;以民族传统体育为核心构建体育校本课程,创立校园体育俱乐部,使体育运动实现由课内走向课外的有效延伸,提高学生的体育文化素养,提升体育运动的幸福指数。

扬州市储英青少年奥林匹克体育俱乐部于2011年5月开始创建,经扬州市体育局研究批复同意,扬州市民政局审核,并注册为民办非企业。

一、储英青少年奥林匹克体育俱乐部的目标

围绕"人本""质量""特色"三条主线开展教育教学工作,树立"教育应当为社会的发展服务,学校应当为学生的发展服务"的使命感,将"自强不息,追求卓越"作为学校精神,以"让每一位学生都得到全面自主发展"为宗旨,追求德心体协同发展的核心价值,以素质教育和全民健身为前提,紧紧围绕教育的实施,全神贯注抓好体育与健康课堂教学,研发校本课程,建构体育特色教学模式;以丰富校园体育文化内涵为基奠,积极开展阳光体育活动,有组织地进行多样性的教学竞赛活动,全面促进学生的身心健康,切实提高学生的身体素质和运动技术水平,为学生终身发展奠定基础。

二、储英青少年奥林匹克体育俱乐部的组织

体育俱乐部的组织:成立体育俱乐部领导小组网络,在校长室的直接领导下,工作小组由教务处、学工处、团委、年级部、体育组、总务处、医务室等部门组成,形成学校精致管理、教务处积极推动、学工处深入指导、年级部协调配合、体育组落实到位的健康工作环境;成立学生体育协会俱乐部办公室,加强俱乐部工作的宣传组织、研究工作,分设球类、健美操俱乐部和民族传统体育应用研究中心（与扬州大学体育学院合作）；组建指导教师队伍，由体育教师、体育特长教师（学科教师）、社会指导员、外聘高校体育教师、体育大学生等组成，形成多元视角和特长的师资队伍。

三、储英青少年奥林匹克体育俱乐部开设内容

体育俱乐部开设内容分为体育类和学科类，体育类：一是由球类俱乐部开设足球、网球、乒乓球、羽毛球、排球、篮球等运动项目，分设普及班和提高班。二是由健美操俱乐部开设健美操、街舞、体育舞蹈、排舞等适合女生运动的项目。三是由民族传统体育应用研究中心开设舞龙舞狮、武术、木兰拳（扇）、刀术、跆拳道等。四是开设体能提高班，针对体能薄弱的学生进行有针对性的体能训练。学科类由现教、音乐、美术、心理学科开设摄影、微电影、声乐、舞蹈、素描、心理讲堂等课程（国家学生体质健康标准达到良好以上的学生方可选择）。

四、储英青少年奥林匹克体育俱乐部的实施与评价

制定扬州市储英青少年奥林匹克体育俱乐部章程（经扬州市民政局审核通过）、活动规章制度和工作职责，在没有体育课的当天安排体育活动课，将体育俱乐部与体育活动相融合，以“45＋15”的方式进行，即45分钟活动课再向后延伸15分钟，体育活动课尽量安排在下午第四节课，以保证一小时的活动时间；学生在运动项目的选择上，教务处统一组织与安排，年级部具体落实与执行，采用网上选课系统进行运动项目选课，通过课程研制、联席会议、教师聘任、学生选课、定时活动、考核评价的实施过程；评价与应用的方法主要是在高中“运动与健康”综合素质评价中有所体现（10分奖励）。一是球类项目通过教学比赛，荣获团体项目年级前四名的主力有加分，荣获个人项目前八名的有加分。二是操类项目通过集体展演的形式，凡参加展演的所有同学有加分。三是体能类项目通过《国家学生体质健康标准》测试后，体能发展有进步的同学有加分。

※2 扬州市储英青少年奥林匹克体育俱乐部章程

第一章　总则

第一条　本单位的名称是扬州市储英青少年奥林匹克体育俱乐部。

〔名称应当符合《民办非企业单位登记管理暂行条例》和民政部《民办非企业单位名称管理暂行规定》的规定〕

第二条　本单位的性质是依托学校的场馆设施，建立起一种新型的社会化青少年体育组织，具有社会主义公益性质的特征，是非营利的公共福利事业。

第三条　本单位的宗旨是培养青少年体育锻炼的习惯，促进青少年身心健康，提高全民素质，推进全民健身活动和体育事业基础工作的健康发展。

第四条　本单位的登记管理机关是扬州市体育局；本单位的业务主管单位是扬州大学附属中学。

第五条　本单位的住所地是江苏省扬州市淮海路180号。

第六条　本章程中的各项条款与法律、法规、规章不符的，以法律、法规、规章的规定为准。

第二章　举办者、开办资金和业务范围

第七条　本单位的举办者是胡曼玲、孙飚、左江洲。

举办者享有下列权利：

(一) 了解本单位经营状况和财务状况；

(二) 推荐理(董)事(以下简称理事)和监事；

(三) 有权查阅理(董)事会(局)(以下简称理事会)会议记录和本单位财务会计报告。

第八条　本单位开办资金：叁万元；出资者：胡曼玲，金额：壹万元；出资者：孙飚，金额：壹万元；出资者：左江洲，金额：壹万元。

第九条　本单位的业务范围：吸引更多的青少年学生参加体育活动，不断提高学生健康水平，培养体育后备人才。

第三章　组织管理制度

第十条　本单位设理事会，其成员为17人。理事会是本单位的决策机构。理事每届任期3年，任期届满，连选可以连任。

第十一条　理事会行使下列事项的决定权：

(一) 修改章程；

(二) 业务活动计划；

(三) 年度财务预算、决算方案；

(四) 增加开办资金的方案；

(五) 本单位的分立、合并或终止；

(六) 聘任或者解聘本单位院长(或校长、所长、主任等)和其提名聘任或者解聘的本单位副院长(或副校长、副所长、副主任等)及财务负责人；

(七) 罢免、增补理事；

(八) 内部机构的设置；

(九) 制定内部管理制度；

(十) 从业人员的工资报酬。

第十二条　理事会每年召开2次会议(至少两次)。有下列情形之一，应当

召开理事会会议：

（一）理事长认为必要时；

（二）1/3以上理事联名提议时。

第十三条　理事会设理事长1名，副理事长1～2名。理事长、副理事长由理事会以全体理事的过半数选举产生或罢免。

第十四条　副理事长协助理事长工作，理事长不能行使职权时，由理事长指定的副理事长代其行使职权。

第十五条　召开理事会会议，应于会议召开10日前将会议的时间、地点、内容等一并通知全体理事。理事因故不能出席，可以书面委托其他理事代为出席理事会，委托书必须载明授权范围。

第十六条　理事会会议应由1/2以上的理事出席方可举行。理事会会议实行1人1票制。理事会作出决议，必须经全体理事的过半数通过。

下列重要事项的决议，须经全体理事的2/3以上通过方为有效：

（一）章程的修改；

（二）本单位的分立、合并或终止。

第十七条　理事会会议应当制作会议记录。形成决议的，应当当场制作会议纪要，并由出席会议的理事审阅、签名。理事会决议违反法律、法规或章程规定，致使本单位遭受损失的，参与决议的理事应当承担责任。但经证明在表决时反对并记载于会议记录的，该理事可免除责任。理事会记录由理事长指定的人员存档保管。

第十八条　理事长行使下列职权：

（一）召集和主持理事会会议；

（二）检查理事会决议的实施情况；

（三）法律、法规和本单位章程规定的其他职权。

第十九条　本单位院长（或校长、所长、主任等）对理事会负责，并行使下列职权：

（一）主持单位的日常工作，组织实施理事会的决议；

（二）组织实施单位年度业务活动计划；

（三）拟订单位内部机构设置的方案；

（四）拟订内部管理制度；

（五）提请聘任或解聘本单位副职和财务负责人；

（六）聘任或解聘内设机构负责人。

本单位院长(或校长、所长、主任等)列席理事会会议。

第二十条　本单位设立监事会,其成员为3人。监事任期与理事任期相同,任期届满,连选可以连任。〔监事会成员不得少于3人,并推选1名召集人。人数较少的民办非企业单位可不设监事会,但必须设1～2名监事〕

第二十一条　监事在举办者(包括出资者)、本单位从业人员或有关单位推荐的人员中产生或更换。监事会中的从业人员代表由单位从业人员民主选举产生。本单位理事、院长(或校长、所长、主任等)及财务负责人,不得兼任监事。〔有关单位主要指业务主管单位〕

第二十二条　监事会或监事行使下列职权:

(一) 检查本单位财务;

(二) 对本单位理事、院长(或校长、所长、主任等)违反法律、法规或章程的行为进行监督;

(三) 当本单位理事、院长(或校长、所长、主任等)的行为损害本单位的利益时,要求其予以纠正。

监事列席理事会会议。

第二十三条　监事会会议实行1人1票制。监事会决议须经全体监事过半数表决通过,方为有效。

第四章　法定代表人

第二十四条　本单位的法定代表人为昌明。

第二十五条　有下列情形之一的,不得担任本单位的法定代表人:

(一) 无民事行为能力或者限制民事行为能力的;

(二) 正在被执行刑罚或者正在被执行刑事强制措施的;

(三) 正在被公安机关或者国家安全机关通缉的;

(四) 因犯罪被判处刑罚,执行期满未逾3年,或者因犯罪被判处剥夺政治权利,执行期满未逾5年的;

(五) 担任因违法被撤销登记的民办非企业单位的法定代表人,自该单位被撤销登记之日起未逾3年的;

(六) 非中国内地居民的;

(七) 法律、法规规定不得担任法定代表人的其他情形。

第五章　资产管理、使用原则及劳动用工制度

第二十六条　本单位经费来源:

(一) 开办资金;

（二）政府资助；

（三）在业务范围内开展服务活动的收入；

（四）利息；

（五）捐赠；

（六）其他合法收入。

第二十七条　经费必须用于章程规定的业务范围和事业的发展，盈余不得分红。

第二十八条　执行国家规定的会计制度，依法进行会计核算，建立健全内部会计监督制度，保证会计资料合法、真实、准确、完整。接受税务、会计主管部门依法实施的税务监督和会计监督。

第二十九条　配备具有专业资格的会计人员。会计不得兼出纳。会计人员调动工作或离职时，必须与接管人员办清交接手续。

第三十条　本单位换届或更换法定代表人之前必须进行财务审计。

第三十一条　本单位按照《民办非企业单位登记管理暂行条例》的规定，自觉接受登记管理机关组织的年度检查。

第三十二条　本单位劳动用工、社会保险制度按国家法律、法规及国务院劳动保障行政部门的有关规定执行。

第六章　章程的修改

第三十三条　本章程的修改，须经理事会表决通过后15日内，报业务主管单位审查同意，自业务主管单位审查同意之日起30日内，报登记管理机关核准（民办学校的章程应当报登记管理机关备案）。

第七章　终止和终止后资产处理

第三十四条　本单位有下列情形之一的，应当终止：

（一）完成章程规定宗旨的；

（二）无法按照章程规定的宗旨继续开展活动的；

（三）发生分立、合并的；

（四）自行解散的。

第三十五条　本单位终止，应当在理事会表决通过后15日内，报业务主管单位审查同意。

第三十六条　本单位办理注销登记前，应当在登记管理机关、业务主管单位和有关机关的指导下成立清算组织，清理债权债务，处理剩余财产，完成清算工作。剩余财产，应当按照有关法律、法规的规定处理。清算期间，不进行清算以外的活动。本单位应当自完成清算之日起15日内,向登记管理机关办理注销登记。

第三十七条　本单位自登记管理机关发出注销登记证明文件之日起,即为终止。

第八章　附则

第三十八条　本章程经2011年8月6日理事会表决通过。

第三十九条　本章程的解释权属理事会。

第四十条　本章程自登记管理机关核准之日起生效。〔民办学校的章程应当报登记管理机关备案〕

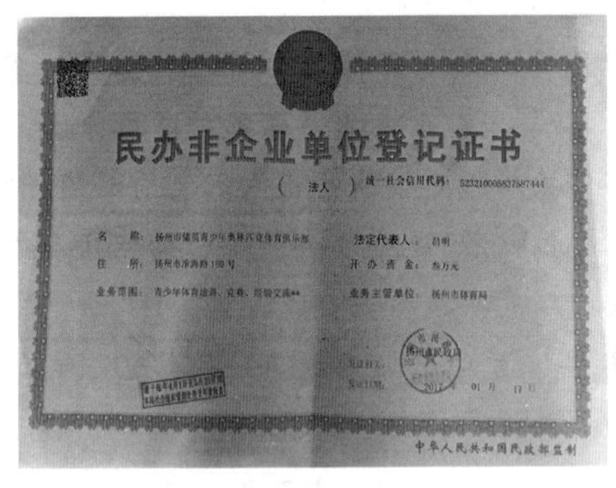

图38-3　扬州市储英青少年奥林匹克体育俱乐部登记证书

※3 扬州市储英青少年奥林匹克体育俱乐部工作网络

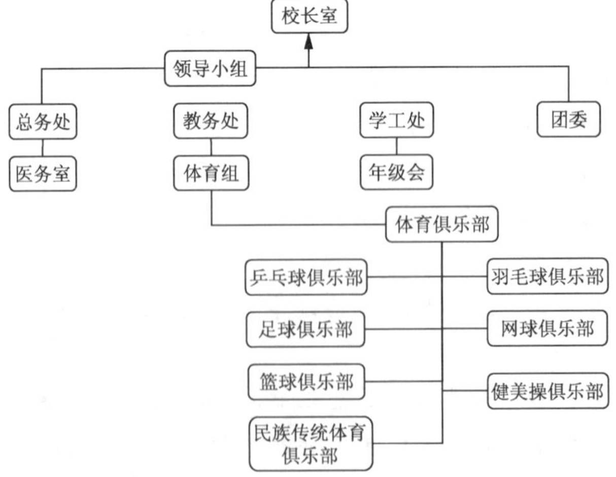

※4 扬州市储英青少年奥林匹克体育俱乐部管理办法(暂行)

第一条　俱乐部宗旨

在体育行政部门资助下,遵循公益性原则,不以营利为目的,本着以社会效益为主、经济效益为辅、保本经营、自我生存发展的原则进行该项事业的运作。接受上级主管部门的指导和监督检查。

第二条　俱乐部主要任务

依托学校体育设施、师资力量、技术资源,积极开展学校和社区体育活动,培养青少年体育兴趣、爱好和终身锻炼的习惯,为广大青少年创造健康向上、文明优雅的服务环境。

第三条　俱乐部会员权益

一、身体健康,遵守学校规章制度和场馆守则,认同俱乐部章程。缴纳一定会费的中小学生可自愿加入俱乐部。

二、在保证学校正常教学、活动前提下,学校现有体育场馆设施对会员开放,会员凭会员卡享用俱乐部各项服务。

三、组织开展多种形式体育竞赛、锻炼、交流、培训、技术指导等活动。

四、建立活动服务网点,为会员提供体质监测评价等保障服务。

五、发现、培养和推荐优秀体育人才。

第四条　俱乐部组织机构

一、俱乐部设理事会主任一名,其职责是对俱乐部工作进行全面协调管理。

二、俱乐部设理事会副主任三名,协助主任工作,负责俱乐部活动的安全工作。并分管场、馆建设维护和对外开放、教学与训练、各种培训、对外业务联系等工作。

三、俱乐部下设办公室、培训部、后勤保障部、宣传部、财务部管理部门。

第五条　俱乐部日常管理

一、会员卡办理:由本人携带学生证或身份证并提交一张1寸免冠相片到俱乐部办公室办理。会员必须真实、准确地填写会员登记表,经俱乐部确认后,会员按规定办理会员卡。收取培训成本费和会员会费。

二、会费标准:20元/年。

三、对会费、资助经费管理,严格“一支笔审批”手续,接受主管部门的监督检查。

四、制定工作计划,编写培训指导教材,落实场馆管理细则,广开业务联系渠道,提高管理水平,监控并检查落实岗位责任制。

五、本着立足学校，服务社会，“安全、卫生、健康、效益”工作目标，为广大青少年提供最佳条件和优良服务。

※5 扬州市储英青少年奥林匹克体育俱乐部活动规章制度一览表

一、扬州市储英青少年奥林匹克体育俱乐部制度

(一) 会员管理制度

(二) 安全管理制度

(三) 日常工作管理制度

(四) 收费管理制度

(五) 收支审批制度

(六) 财务处理程序制度

(七) 内部牵制制度

(八) 档案管理制度

二、扬州市储英青少年奥林匹克体育俱乐部工作职责

(一) 办公室工作职责

(二) 宣传部工作职责

(三) 训练部工作职责

(四) 竞赛部工作职责

(五) 财务部工作职责

(六) 培训部工作职责

(七) 教练员工作职责

(八) 管理员工作职责

(九) 总账会计工作职责

(十) 出纳会计工作职责

(十一) 核算会计工作职责

(二) 活动设计

※6 扬州大学附属中学活动课程实施

一、体育俱乐部活动课程实施方案

为进一步深化我校素质教育改革，提高学校办学品位，拓宽人才培养渠道，促进学生全面提升，整合我校体育、音乐、美术、现教学科优势，经校长室研究决定，在学校高一、高二年级开展“大体育”活动课教学改革活动，现将具体事宜通知如下：

（一）活动组织形式

1. 报名形式：除高水平运动员由体育组选拔外，其余学生报名由班主任在班级组织学生自由报名，班主任控制协调名额，各个项目请尽量报满。

2. 活动形式：非第四节课的体活课参加“大体育”活动的学生直接进入集中地点，其余学生在操场正常跑操（男 3 圈，女 2 圈）；第四节课体活课所有学生都要跑操，跑操结束后进入活动地点。

3. 活动课期间，其余学生可以在操场自由活动（如操场健身路径、单双杠、跑步等），图书馆看书，在教室自习，但不允许在校园游荡，教学区喧哗打闹。

4. 部分活动可以延续至周六，届时会告知学生。

（二）活动课程设置

1. 体育俱乐部开设

（1）高水平运动员队伍建设

课程名称	开设目标	活动场所	参加要求	指导教师
校田径队	代表学校参加重要比赛，取得优秀成绩，培养省二级运动员及以上水平	学校田径场	校高水平运动员	王亚建、左江洲、朱涛
校乒乓球队	代表学校参加重要比赛，取得优秀成绩，培养高水平运动员或体育特长生	校乒乓球房	校高水平运动员	俞潇、左江洲
校篮球队	代表学校参加重要比赛，取得优秀成绩	校篮球场东部	体育组选拔校篮球队成员	王亚建、朱涛
校足球队	代表学校参加重要比赛，取得优秀成绩	校足球场北侧	体育组选拔校足球队成员	林小燕、高锦

（2）学生业余俱乐部活动

课程名称	开设目标	活动场所	参加人数	指导教师
乒乓球	培养乒乓球特长与业余爱好，为班级储备乒乓球比赛人选	校乒乓球房	40	赵红兵、王君
羽毛球	培养羽毛球特长与业余爱好，为班级储备羽毛球比赛人选	校羽毛球馆	48	孙飚、吴旭
篮球	培养篮球特长与业余爱好，为班级储备篮球比赛人选	校篮球场中部、西部	110	方翔、蒋伟

续表

课程名称	开设目标	活动场所	参加人数	指导教师
足球	培养足球特长与业余爱好	校足球场南侧	50	潘璞
女子健美操	为班级健美操比赛储备人才,为学校健美操队储备人才	校健美操房	每班3人	俞潇
网球俱乐部	培养网球特长与业余爱好	校网球场	20	樊凡
排球俱乐部	培养排球特长与业余爱好	校排球场	20	程东

(3) 现教、音、美、心理开设课程

课程名称	开设目标	活动场所	参加要求	参加人数	指导教师
心理大讲堂	培养学生的学习、生存、交往、创造能力、社会活动能力和社会适应能力	聆韵馆心理辅导室	无	25	姚应平
素描基础入门	为学生打下良好的美术基础,提高学生的美术造型能力及绘画水平	聆韵馆美术画室	对绘画学习有浓兴趣的学生	20	陈昕
舞蹈辅导训练	为学生参加“高考播音主持专业舞蹈训练”和“全国各类重点高校招收的舞蹈艺术特长生”打基础,为学校艺术节培养人才	聆韵馆四楼舞蹈房	要求爱好舞蹈,有一定舞蹈基础的学生	20	姚好
声乐辅导训练	为学生参加“高考播音主持专业声乐训练”和“全国各类重点高校招收的声乐艺术特长生”打基础,为学校艺术节培养人才	聆韵馆三楼南音乐教室	要求有一定声乐基础的学生	20	陈哲
“美的追寻”数码摄影	通过作品欣赏和实践操作多种方式培养学生从生活中发现美,培养学生的美感以及对摄影对象的捕捉与表现能力	校园	学生需准备好数码单反相机	25	徐晟
校园微电影	推进学生全面素质教育,弘扬校园先进文化,为学生健康成长创建良好的环境,为学校网站提供信息来源	扬大附中学生电视台	编导2名;摄像2名;主持人2名(男女各1);制片2名	15	梁峰

二、扬州大学附属中学体育总课表

课次	时　间	一	二	三	四	五
2	8:35—9:20	高二 1、2、15、16		高一 13～16	高一 1～4	高三 1、5、 13、14
3	9:45—10:30	高二 3、4、13、14		高一 9～12	高一 5～8	高三 4、6、8、9、12
4	10:45—11:30	高二 5、6、11、12			高二 7、8、9、10	高三 2、3、7、10、11
5	13:50—14:35	高二 7、8、9、10	高三 1、5、13、14	高一 1～4	高二 1、2、15、16	高一 9～12
6	14:50—15:35		高三 4、6、8、9、12	高一 5～8	高二 3、4、13、14	高一 13～16
7	15:45—16:30	高一体活	高三 2、3、7、10、11		高二 5、6、11、12	
8	16:40—17:40	高三体活	高一体活	高二体活	高三体活	高二体活
9	17:40—18:20	休闲体育	休闲体育	休闲体育	休闲体育	休闲体育

三、体育俱乐部竞赛活动年表

时间	项目	对象	裁判员	组织
1 月	乒乓球	高一、高二	学生自愿报名，经培训学习考核后持证上岗	俱乐部 教务处 学工处 年级部
3 月	羽毛球	高一、高二		
4 月	冬季长跑检测	高一、高二、高三		
5 月	健美操	高一、高二		
6 月	俱乐部展示	高一、高二		
9 月	足球	高一、高二		
10 月	秋季运动会 欢乐一家亲	高一、高二、高三		
11 月	篮球	高一、高二		
12 月迎新	踢毽、跳绳、拔河	高一、高二、高三		

二、实施过程与方法

(一) 具体实施过程

※7 扬州市储英青少年奥林匹克体育俱乐部实施方案

为充分发挥省体育与健康课程基地的示范辐射作用,努力构建群众性的体育服务体系,将学校场馆设施和教练师资的优质资源共享,积极抓好以学校为重点的青少年健身俱乐部活动,鼓励和引导广大青少年参与体育运动,促进青少年身心健康水平不断地提高,根据我校的实际,制定如下实施方案:

一、名称:扬州市储英青少年奥林匹克体育俱乐部(综合)

二、主办单位:扬州大学附属中学

三、项目负责人:吕明、赵红兵、胡曼玲

四、地址:扬州市淮海路180号

五、宗旨:培养青少年体育锻炼的习惯,促进青少年身心健康,提高全民素质,推进全民健身活动和体育事业基础工作的健康发展。

六、性质

利用国家和社会的支持,依托本校的场馆设施,建立起一种新型的社会化青少年体育组织,具有社会主义公益性质的特征,是非营利的公共福利事业。遵循以社会效益为主、经济效益为辅、保本经营、自我生存发展的原则进行该项事业的运作。

七、任务

培养青少年体育兴趣、爱好和终身锻炼的习惯,增强青少年的体质,并传授体育运动技能,发现、培养、输送体育人才。

八、项目设立

田径、篮球、足球、乒乓球、羽毛球、健美操

九、场地及设施

依托扬州大学附属中学场地器材设施

十、组织机构

扬州市储英青少年奥林匹克体育俱乐部(综合)隶属于扬州大学附属中学。俱乐部设理事长1人(法人),副理事长3人,理事10人,监事5人,财务部主任1人。俱乐部机构设置:主任1人,副主任2人,下设:办公室、竞赛部、培训部、后勤保障部、财务部。配备专职教练10人。

十一、工作管理

(一) 由市体育局统一登记注册。俱乐部服从国家登记注册单位(市民政社团登记处)的管理和扬州大学附属中学的业务指导,并加强对市教育局和各中

学的联络。

（二）扬州大学附属中学创建省级青少年体育俱乐部领导小组，负责协调俱乐部在创办过程中各种事宜，负责提供体育设施，人才资源的管理。

（三）完善俱乐部内部的各种管理规章制度。

（四）俱乐部向周边地区有条件的学校辐射，建立俱乐部下属的青少年体育活动网点，进行业务指导。

（五）创新教练师资培训新模式，构建多渠道、多形式和多层面的培训体系，进一步提升业务水平。

（六）俱乐部成为有关体育院校学生毕业实习的基地，同时解决俱乐部的教练兼职教师辅导员的来源。

十二、活动内容

（一）俱乐部对周边的学校实行团体会员制，对广大青少年实行个人会员制度，开展俱乐部所设置的体育项目，进行体育锻炼和培训活动。保证团体会员每年能在俱乐部组织下集体活动10次以上。保证每个会员每周能在俱乐部接受指导的体育活动1～2次，每次活动1～2小时。

（二）俱乐部的暑寒假、节假日和双休日期间，组织青少年体育夏令营及各种培训、参赛、交流活动。保证每年组织团体会员进行2次，每次每项60～100人集中3天的活动。保证分期开办田径、篮球、足球、乒乓球、羽毛球、健美操等培训班。

十三、目标和规模

俱乐部在创办后达到拥有5000名以上青少年会员并逐年增加活动人数，不断扩大活动规模。场馆设施的开设能够保证室内外教学和训练、竞赛、培训需要，保证每年10万以上人次的活动。

十四、资金来源

（一）国家扶持、学校投入、社会资助为俱乐部创建资金。

（二）适当收取培训费。

（三）会员会费。

（四）主办和承办比赛、冠名、场馆租用费。

十五、经费的使用和管理

俱乐部经费严格实行专款专用，“一支笔审批”原则，同时用于专（兼）职的教学和训练、培训等补贴。本着设立的项目的硬件缺什么补什么，少量填补组织活动经费不足。

十六、活动方式

（一）以学生为主体发展团体会员，协助发展个人会员。争取有条件的学校和单位赞助资金、场馆和师资的支援。

(二)发展个人会员:收会费每年每人20元/年;工本费2元;个人会员享有以下权利:

1. 免费接受每年一次的体质测定(另见俱乐部章程);
2. 参加只收成本费的其他体育项目的锻炼每周二次,每次一小时;
3. 参加俱乐部组织的各种夏令营、培训班等活动;
4. 参加各种体育项目的比赛、观摩、交流活动;
5. 在个人会员中发现体育人才,向专业运动队推荐。

(三)组建一批热爱青少年体育事业具有奉献精神的兼职教练员或社会体育指导员,对参加培训的教练员给予补贴费用。

十七、统一标志与办公地址

俱乐部名称标志:“扬州市储英青少年奥林匹克体育俱乐部(综合)”(铜牌)。办公地址:扬州大学附属中学。

图 38-4 俱乐部办公室

图 38-5 健美操俱乐部

图 38-6 篮球俱乐部

图 38-7 乒乓球俱乐部

图 38-8 网球俱乐部

图 38-9 羽毛球俱乐部

图 38-10 足球俱乐部

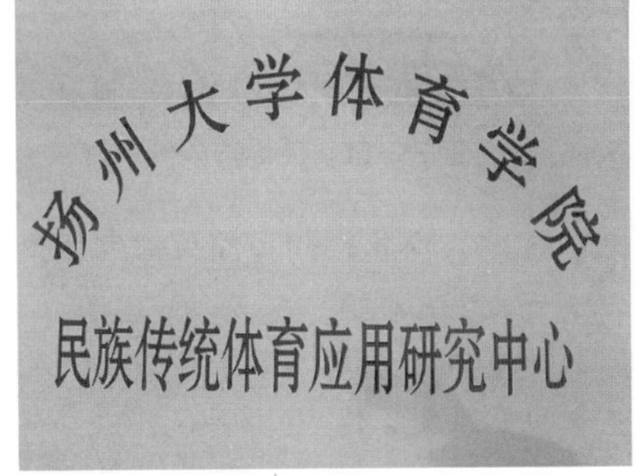

图 38-11 民族传统体育应用研究中心

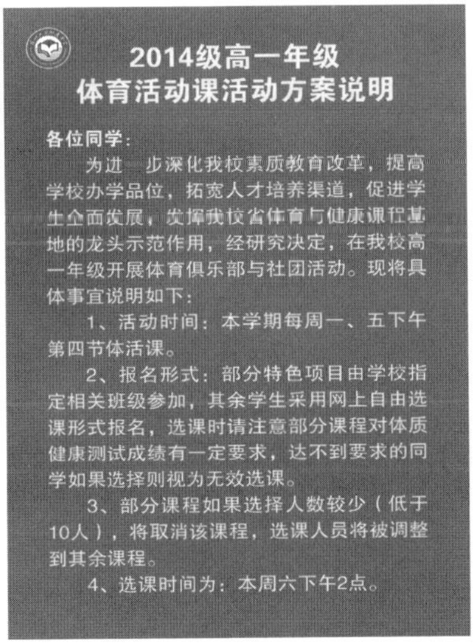

2014级高一年级
体育活动课活动方案说明

各位同学：

为进一步深化我校素质教育改革，提高学校办学品位，拓宽人才培养渠道，促进学生全面发展，发挥我校省体育与健康课程基地的龙头示范作用，经研究决定，在我校高一年级开展体育俱乐部与社团活动。现将具体事宜说明如下：

1、活动时间：本学期每周一、五下午第四节体活课。

2、报名形式：部分特色项目由学校指定相关班级参加，其余学生采用网上自由选课形式报名，选课时请注意部分课程对体质健康测试成绩有一定要求，达不到要求的同学如果选择则视为无效选课。

3、部分课程如果选择人数较少（低于10人），将取消该课程，选课人员将被调整到其余课程。

4、选课时间为：本周六下午2点。

图 38-12 高一体育活动课活动方案说明

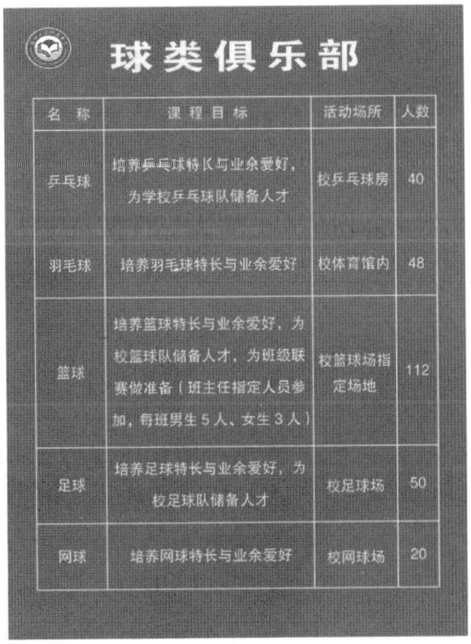

球类俱乐部

名称	课程目标	活动场所	人数
乒乓球	培养乒乓球特长与业余爱好，为学校乒乓球队储备人才	校乒乓球房	40
羽毛球	培养羽毛球特长与业余爱好	校体育馆内	48
篮球	培养篮球特长与业余爱好，为校篮球队储备人才，为班级联赛做准备（班主任指定人员参加，每班男生5人、女生3人）	校篮球场指定场地	112
足球	培养足球特长与业余爱好，为校足球队储备人才	校足球场	50
网球	培养网球特长与业余爱好	校网球场	20

图 38-13 球类俱乐部

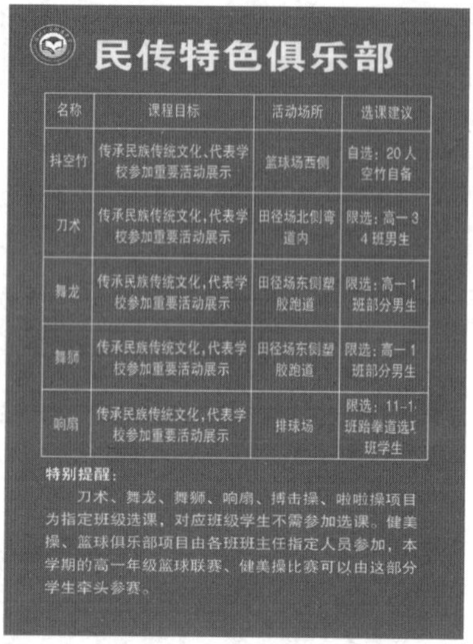

民传特色俱乐部

名称	课程目标	活动场所	选课建议
抖空竹	传承民族传统文化、代表学校参加重要活动展示	篮球场西侧	自选：20人空竹自备
刀术	传承民族传统文化,代表学校参加重要活动展示	田径场北侧弯道内	限选：高一34班男生
舞龙	传承民族传统文化,代表学校参加重要活动展示	田径场东侧塑胶跑道	限选：高一1班部分男生
舞狮	传承民族传统文化,代表学校参加重要活动展示	田径场东侧塑胶跑道	限选：高一1班部分男生
响扇	传承民族传统文化,代表学校参加重要活动展示	排球场	限选：11-1.班跆拳道选I班学生

特别提醒：

刀术、舞龙、舞狮、响扇、搏击操、啦啦操项目为指定班级选课，对应班级学生不需参加选课。健美操、篮球俱乐部项目由各班班主任指定人员参加，本学期的高一年级篮球联赛、健美操比赛可以由这部分学生牵头参赛。

图 38-14　民传特色俱乐部

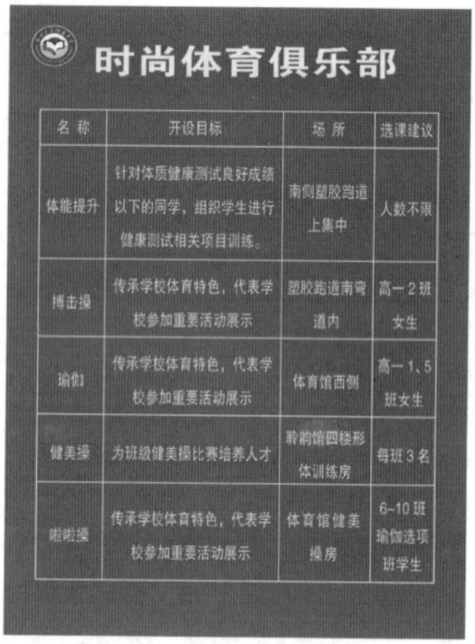

时尚体育俱乐部

名 称	开设目标	场 所	选课建议
体能提升	针对体质健康测试良好成绩以下的同学，组织学生进行健康测试相关项目训练。	南侧塑胶跑道上集中	人数不限
搏击操	传承学校体育特色，代表学校参加重要活动展示	塑胶跑道南弯道内	高一2班女生
瑜伽	传承学校体育特色，代表学校参加重要活动展示	体育馆西侧	高一1、5班女生
健美操	为班级健美操比赛培养人才	聆韵馆四楼形体训练房	每班3名
啦啦操	传承学校体育特色，代表学校参加重要活动展示	体育馆健美操房	6-10班瑜伽选项班学生

图 38-15　时尚体育俱乐部

※8 扬州市储英青少年奥林匹克体育俱乐部实施细则

一、时间分配

(一) 高一每周二下午第四节课及后延 15 分钟(共 60 分钟)、高二每周四下午第四节课及后延 15 分钟(共 60 分钟)。

(二) 具体流程：第三节课下后到操场指定位置—慢跑 5 分钟(男生1200米，女生 800 米)—俱乐部成员到指定活动区域集中—准备活动 5 分钟—俱乐部活动 50 分钟—归还器材。

二、指导教师人员安排

(一) 总教练：胡曼玲　副总教练：孙飚(管理高一)；王亚建(管理高二)

(二) 篮球俱乐部：朱涛、王亚建、付晓冬、刘波

(三) 羽毛球俱乐部：左江洲、蒋德宏、刘文

(四) 足球俱乐部：林晓燕、杨大强

(五) 乒乓球俱乐部：曹芹、孙飚、梁峰、陈永根

(六) 网球俱乐部：樊凡、凌殿刚

(七) 健美操俱乐部：俞潇、姚妤

(八) 民族传统体育俱乐部：胡曼玲、孙飚、外聘扬大体育学院民传专业学生

三、俱乐部活动区域及人员分配

(一) 篮球俱乐部：篮球场西侧 2/3 区域，非篮球俱乐部人员不得入内，年管会成员一名在现场协助指挥；

（二）羽毛球俱乐部：体育馆，年管会成员一名协助指挥，非俱乐部对应选修人员不得入内；

（三）乒乓球俱乐部：体育馆南侧乒乓球台；

（四）足球俱乐部（仅对高二开设）：足球场北半区域，年管会成员一名协助指挥，非俱乐部对应选修人员不得入内；

（五）民族传统体育俱乐部（仅对高一开设）：足球场、塑胶跑道，年管会成员一名协助指挥，非俱乐部对应选修人员不得入内；

（六）网球俱乐部：操场南侧。

注：没有参加俱乐部活动的学生或者本轮活动没有安排到的学生可以在上述区域之外活动，可以到图书馆阅览室看书，也可以回班自习，但不得在黄线区域内活动或大声讲话，以及其余干扰正常教学的活动，请班主任负责并管理到位。

四、俱乐部活动要求

（一）体育活动课与体育俱乐部相结合，内容的实施以巩固和延伸体育课的学习内容为发展途径，使学生得到可持续发展。

（二）指导教师认真制订体育活动课计划，切实安排好活动内容，做好活动器材的借还工作，为俱乐部活动课提供保障。

（三）有计划、有组织地进行体育骨干的培训活动，发挥体育骨干在俱乐部和体育活动中的作用，学校将从体育骨干中聘请学生担任教练，颁发证书。

（四）在体育俱乐部活动课中要加强学生思想品德教育，陶冶学生美的情操，培养学生文明行为和组织纪律性。

（五）重视安全教育，做好课前准备充分，认真检查场地器材防止伤害事故；课内准备活动充分，活动中加强保护工作，杜绝不安全因素。

（六）指导教师应加强点名、纪律考核，对于违规的同学进行告诫，告诫后不改的学生从俱乐部除名。

※9 扬州市储英青少年奥林匹克体育俱乐部网球活动课程方案

一、活动目标

（一）教会学生熟练地运用网球的基本技术、战术，提高身体素质和专项能力。

（二）促使学生形成健康的合作精神和良好的人际关系，建立积极进取的人生态度和提高调控情绪的能力尤为重要，它能使学生表现出良好的体育道德和学习能力。

二、活动时间

每周四下午第4节课60分钟左右,共6周。

三、活动要求

(一) 每次俱乐部活动课由指导教师进行考勤记录。

(二) 俱乐部会员要遵守部活动规则,服从指导教师的安排。

(三) 缺勤二次以上即自动退会。

四、指导教师:樊凡、凌殿刚

五、俱乐部活动计划(举例)

周次	内容
第一周 5月3日	一、准备部分 (一) 慢跑1200米(男)、800米(女) (二) 徒手操 二、基本部分 (一) 持拍复习 1. 用球拍拍起低上的球,或用球和脚配合拣起地上的球 2. 用球拍向上颠球,动作熟练后,加上移动,转圈和按口令颠球 3. 颠球几次后让球尽快停在拍上,再将球向上送出,继续颠球,再停下 4. 向上颠球5次,落地后接起,再颠球5次,反复练习,熟练后逐步过渡到颠球4次,3次…… 5. 用正反拍面依次连续颠球 (二) 准备姿态的复习:下蹲准备看手势移动 三、结束部分:总结活动情况
第二周 5月10日	一、准备部分 (一) 慢跑1200米(男)、800米(女) (二) 徒手操 二、基本部分 (一) 复习上节课的内容,即球性的练习方法 (二) 根据学生的情况,重点选择介绍底线型运动员步法. 主要有: 1. 正拍“开发式”击球步法;2. 正拍“关闭式”击球步法;3. 反拍“开发式”击球步法;4. 反拍“关闭式”击球步法;5. 正拍后退击球步法;6. 反拍后退击球步法 (三) 教法 1. 给学生讲解动作,并给学生做示范 2. 认真听、看教师讲解示范,初步掌握技术动作 3. 给学生讲解、示范易犯错误的成因及解决方法 三、结束部分:总结活动情况

续表

周次	内容
第三周 5月17日	一、准备部分 (一)慢跑1200米(男)、800米(女) (二)徒手操 二、基本部分 (一)球性练习:颠球与拍球 (二)复习底线型运动员步法 1. 单脚起跳发球上网;2. 双脚起跳发球上网;3. 中场正拍截击一步步法;4. 中场正拍扑击球步法 (三)对墙练习 (四)教法 1. 带领学生进行球性练习;2. 让学生模仿练习,教师口令指挥;3. 纠正错误动作 三、结束部分:总结活动情况
第四周 5月24日	一、准备部分 (一)慢跑1200米(男)、800米(女) (二)徒手操 二、基本部分 (一)球性练习:颠球与拍球 (二)发球技术动作:上旋发球平击发球 1. 侧身准备;2. 抛球后摆引拍;3."搔背"挥拍击球;4. 向侧随挥跟进 (三)教法 1. 教师边讲解边示范发球的动作要点 (1)击球的全过程眼睛要始终盯住球;(2)尽早、尽快地后摆引拍;(3)击球时,紧握球拍,绷紧手腕;(4)球拍随球发出,充分随挥到左侧下方 2. 带领学生徒手模仿做动作 3. 纠正学生的错误 三、结束部分:总结活动情况
第五周 5月31日	一、准备部分 (一)慢跑1200米(男)、800米(女) (二)徒手操 二、基本部分: (　)复习球性练习方法:行进间颠球与运球 (二)复习正手击球技术 1. 准备姿势;2. 后摆引拍;3. 挥拍击球;4. 随挥跟进 (三)介绍正手击球的类型 1. 正手上旋球;2. 正手平击球;3. 正手削球 (四)教法 1. 教师讲解后示范动作 正手击球的动作要点 (1)击球的全过程眼睛要始终盯住球;(2)尽早、尽快地后摆引拍;(3)击球时,紧握球拍,绷紧手腕;(4)球拍随球送出,充分随挥到左前上方 2. 带领学生反复进行徒手模仿练习 (1)挥拍进行练习;(2)纠正学生的错误 三、结束部分:总结活动情况

续表

周次	内容
第六周 6月7日	一、准备部分 (一) 慢跑1200米(男)、800米(女) (二) 徒手操 二、基本部分 (一) 复习正手击球技术: 1. 准备姿势;2. 后摆引拍;3. 挥拍击球;4. 随挥跟进 (二) 对墙练习 (三) 双人对练 (四) 教法 1. 带领学生反复进行徒手模仿练习;2. 挥拍进行练习;3. 纠正学生的错误 三、结束部分:总结活动情况

※10 高一年级体育俱乐部与社团活动展示与比赛方案(2015级)

各位老师及同学:

2014级高一年级储英俱乐部与社团活动已接近尾声,为检验本次活动成果,给同学提供互相交流与学习的机会,经研究决定,在高一年级开展俱乐部联赛及团体操展示活动,具体安排如下:

一、活动时间安排

(一) 球类(乒乓球、羽毛球、篮球、足球、网球)竞赛活动安排在5月至6月的每周一、五下午第四节体活课进行比赛,由各俱乐部指导老师组织联赛活动。

(二) 团体操集中展示时间初定于5月30日上午8点开始。

(三) 其余项目展示形式由指导老师自行安排后报教务处备案(可以是图片、作品等等)。时间安排在6月初。

二、各项目展示时间及负责人

(一) 现教、音、美、心理课程(项目负责人:张兆祥)

课程名称	活动场所	展示时间	展示形式	负责人
心理大讲堂	聆韵馆四楼	6月初	自定	姚应平
素描基础	聆韵馆二楼	6月初	优秀作品橱窗展示	陈昕
街舞训练	聆韵馆四楼	5月30日上午	集中展示	姚妤
乐器组合	聆韵馆三楼	5月30日上午	集中展示	张建芳
学生电视&微电影创作	逸夫楼	6月初	校园网	梁峰
小型应用程序开发	逸夫楼	6月初	自定	顾青

(二) 体育俱乐部

1. 球类俱乐部(项目负责人:束荣盛)

课程名称	活动场所	展示时间	展示形式	负责人
乒乓球	校乒乓球房	5月—6月	男子、女子个人单打比赛	吴琪
羽毛球	校体育馆内	5月—6月	男子、女子个人单打比赛	刘文、孙飚
篮球	校篮球场指定场地	5月—6月	开展班级篮球联赛（男生5VS5、女生3VS3）	方翔、刘波、束荣盛、朱涛
足球	校足球场	5月—6月	开展班级足球联赛	林小燕
网球	校网球场	5月—6月	网球比赛	陆芸、樊凡
体能提升	塑胶跑道	5月—6月	体能项目竞赛。	孙春勇
搏击操	塑胶跑道	5月30日上午	集中展示	管彪
瑜伽	体育馆	5月30日上午	集中展示	徐涛
健美操	操场	5月30日上午	集中展示	花虔玲
啦啦操	操场	5月30日上午	集中展示	卢雪梅

2. 民传特色项目（项目负责人：胡曼玲）

课程名称	活动场所	展示时间	展示形式	负责人
刀术	田径场北侧	5月30日上午	集中展示	徐涛
舞龙	田径场北侧	5月30日上午	集中展示	杨天宝
舞狮	田径场北侧	5月30日上午	集中展示	杨天宝
响扇	田径场北侧	5月30日上午	集中展示	封明霞

※11 高二年级亲子趣味运动会规则

一、勇往直前

比赛规则：每队站在起跑线后，听到发令后迅速出发，5米加速跑—连续跑跨三个圈—5米加速跑—连续跨小栏架3个—5米加速跑，绕过标志桶快速直线跑回，与下一位同学击掌后，第二位同学才能出发，依次循环。

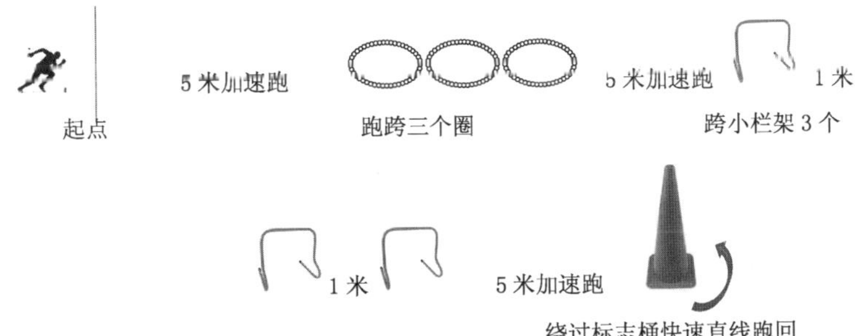

二、三人四足

比赛规则：比赛开始前，各组参赛队员站于起跑线后，裁判发令后，各组队员站立式以三人四足向前跑进，赛程为30米。

三、齐心协力

比赛规则:参赛队员6人围成一个圈,手搭在肩上,将一只足球放在中间,用脚运球的方法齐心协力地将球运至终点,距离15米。

四、集体跳绳

比赛规则:每队10人(包括2人悠绳),中间8人同时集体跳绳,时间3分钟,以各队所跳个数排名次,多者名次列前。

五、托运球接力

比赛规则:每队第一个同学听到发令后,用篮球运球的方法运到圆圈处,将篮球放进圈内,拿起乒乓球拍和球,托球跑绕过标志杆,再跑至圆圈处,将乒乓球拍和球放在圈内,运球跑回,将篮球给下一位同学,依次循环。

运球10米

托乒乓球跑10米

(二)现场实况照片

图38-16 亲子运动会袋鼠跳

图38-17 亲子运动会三人四足跑

图38-18 亲子运动会跳长绳

图38-19 开学初网上选课

图 38-20　搏击操队合影

图 38-21　啦啦操队合影

图 38-22　健美操队合影

图 38-23　木兰拳队合影

图 38-24　男子刀术队合影

图 38-25　女子刀术队合影

图 38-26　跆拳道队合影

图 38-27　体育舞蹈队合影

图 38-28　舞龙队合影

图 38-29　舞狮队合影

图 38-30　瑜伽队合影

三、成绩与效果

体育俱乐部课程的开展，延续了体育与健康课程的教学，符合学生的自身体育素质发展和个性发展的需求。是对课堂教学的有益补充，取得了很好的效果。

（一）学生参与度高

体育俱乐部开设以来，深受学生的喜爱。每学期的选课系统一经开放，体育俱乐部项目10分钟左右就会全部被选满，说明我们的俱乐部是有成效的，能够满足学生运动愿望。

体育俱乐部要求在体育专项选修的基础之上，有门槛，有强制的模式，每周固定时间，体育教师和有体育专长的文化教师担任俱乐部指导员。其中篮球、足球、乒乓球和田径分为竞技组和健身组。各项目校队的成员通过竞技组的提高训练，无须额外花费大量时间进行训练，提高学生学习效率；健身组成员强制要求参与，在学生体质健康测试中处于D等级的学生，进入田径体能提升班，有针对性地加强体能训练。

（二）增强学生身心健康

我校开展的体育俱乐部活动给一般的学生创造了许多机会，他们通过本校俱乐部内举办的各种体育竞赛活动来满足参加体育竞赛的欲望，在不知不觉中学生体质状况得到了改善和发展，体质健康测试成绩也得到了提高。

体育俱乐部是以兴趣和爱好为基础的，成员之间兴趣爱好都基本一致，很容易产生共同语言，在运动中会带走焦虑等不良情绪，有效地舒缓了他们的心理矛盾和思想冲突，在活动中还能得到其他成员的安慰和帮助，有利于良好心理品质的形成。

分项班学生来自同一年级的各个班级，彼此加强交流，促进合作。篮、足、乒乓、田径的竞技组更是形成追求更快更高更强的团结奋斗氛围，形成一支敢打敢拼的校队班底，队员彼此信任，团结协作，共同提高。彰显“强身健体利自己，赛场竞技争第一”的体育竞技特色。

（三）丰富校园体育文化

多种多样的体育俱乐部活动在校园文化建设中发挥了举足轻重的作用。以田径场为中心，用隔挡栅栏作为立面做成体育文化系列长廊。其中东外围是奥运长廊，东内围是足球长廊，北外围紧邻篮球场是篮球长廊，北内围是田径长廊。各个系列有着丰富的基本常识、技术术语、名宿轶闻供学生阅读、欣赏，营造“体育 ABC，常识我知会”的体育文化氛围。

以体育馆内墙做立面张贴冠军榜、荣誉榜、纪录榜，将学生在各级比赛中所获得的冠军合影、学校所取得的荣誉以及最高校级纪录高高悬挂，肯定成就、引发自豪、促进超越，制造“冠军花常开，来年我当家”的竞争意识。

（四）取得的社会效应

我校在教学评价时充分肯定学生在外活动的参与和成绩，凡是有资料、证书能证明学生参与了社会体育活动，都能在最终的学期评价表中有奖励加分。利用社会体育资源促进学生参与体育，提高运动水平，增强学生健身意识，带动家庭参与运动，营造全民良好健康观。起到以学生的点辐射家庭的面，以家庭的面影响社区的片，发挥校园文化促进全民文化“校园体育一枝花，全民健身笑哈哈”的良好作用。

四、思考与展望

扬州市储英青少年奥林匹克体育俱乐部经历八年多有计划、有步骤地实施，在以人为本、健身育人的教育理念下，通过运动技能教学，增强了学生体育实践能力，逐步形成运动爱好和专长，有效地促进了学生的身心健康。

由于体育俱乐部开展的活动面大，在实施中会遇到各种问题和瓶颈：一是普通高中文化学习的任务较重，体育俱乐部校内有体育特长的指导教师在课务的安排上存在调节的问题，需要教务处根据体育俱乐部活动时间进行统一协调与安排，做到文化课与活动课教学两不误。二是因每个年级学生的人数较多，体育俱乐部活动内容的开设不能全面满足学生运动个性发展的需求，需要在内容设置中将传统活动项目与新兴项目结合起来，以吸引更多的学生参与运动。三是体育俱乐部活动经费开支较大，主要用于器材的添置、展示活动的费用、指导教师的聘用等方面，需要得到学校的大力支持，以及寻找社会的赞助。面对困难与存在的问题，要积极开展研究，针对学校的实际情况，寻找问题的突破口，有效地解决问题。我们将在原有的基础上进一步改进与完善，为推动青少年健身活动作出贡献，使体育俱乐部蓬勃发展。

入选理由：

"以生为本，健康发展，玩转足球，阳光生命"，学校坚持开展"草根足球"，以球为媒，以球育人，以球引趣，以赛促训，通过足球课、课外足球活动确保学生们体育活动时间。学校足球社团坚持长年训练、计划周密，梯队合理、竞赛成绩斐然；同时通过足球游戏、足球联赛等活动形式，普及学生对足球的认知，锻造学生体育品格，增强学生体质。强调育人为根，球为载体，人人参与，在农村学校开辟出培育足球和学生"草根"般顽强生命力的土壤。

三十九　连云港东海县实验中学云豹足球俱乐部

资料提供：方　锐　赵　标　姜　灿　高　蕾

图 39-1　连云港方锐

学校前身为东海县中学，始建于 1958 年。2001 年初，高中分离，更名为东海县实验中学。学校占地 84354 平方米，建设面积 32315 平方米，生均活动占地面积 2.57 平方米，生均校舍建筑面积 11.14 平方米。现有 66 个教学班，227 名教职工，其中专任教师 223 人，本科以上学历 215 人，高级教师 138 人，中级教师 85 人，县级及以上骨干教师 60 人，在校学生 2902 人，师生比为 1∶12.9。

独立建制以来，学校深化课程改革，始终走在教育教学改革的前沿，先后通过全国中小学节约型校园建设示范校、省"实施现代化教育示范初中"、省"模范学校"、省"绿色学校"、省"二级图书馆"、市"标准实验中心"验收，荣获省"德育先进学校"、省"依法治校先进单位"、省"文明单位"、江苏省初中物理教学研究基地学校、市初中教学团队建设特色学校等70余项市级以上荣誉称号。

图 39-2　连云港市教学团队特色学校

图 39-3　全国中小学节约型校园建设示范校

2013年,以学校足球社团为班底的队员参加“市长杯”足球阳光联赛总决赛,一举获得第二名。从此学校代表队屡获省市县比赛优异成绩和赛风赛纪双丰收。2015年获得江苏省“省长杯”足球赛初中男子组总决赛第六名,2017年获得江苏省安踏“省长杯”足球联赛苏北片赛区初中女子组第六名。

图 39-4　2017“省长杯”第六名

图 39-5　2015“省长杯”第六名

目前学校有13名专职体育教师,均为本科学历,其中高级教师3人,占比23.1%;一级教师5人,占比38.5%;40岁以下青年教师8人,占比61.5%。教师年龄结构、学历结构较为合理。

学校现有400米标准塑胶田径场1片、标准11人制足球场1片、2片8人制场地,另外2片5人制场地即将破土动工。同时还有4片室外塑胶篮球场、16个室外乒乓球台;体育馆改建了3片羽毛球塑胶场地,2片乒乓球场地;配齐200余台教学一体机、添置60多套多媒体教学设备;建设1000平方米专用艺术教室、体育器材室、舞蹈室,配齐钢琴、音响、实物投影等器材设备。

图 39-6 羽毛球场地

图 39-7 足球场地

学校云豹足球俱乐部建立于 2013 年 7 月，2015 年 7 月正式在东海县民政局注册成立，是东海县第一家以足球为主题的体育俱乐部。在东海县教育局和实验中学领导的关心和支持下，俱乐部的发展蒸蒸日上。2015 年教育局将特招的 13 名足球队队员放在俱乐部培养，2016 年又特招了 10 人，2018 年特招 11 人，2019 年特招 9 人。现在有队员 40 人，男生 25 人，女生 15 人，九年级 8 人，八年级 23 人，七年级 9 人。俱乐部聘请国家"C"级教练员、国家一级裁判员赵标老师作为俱乐部的首席指导老师。在俱乐部的活动中，我们一直秉承《东海县实验中学云豹足球俱乐部章程》，体现俱乐部的"公益性、非营利、非商业的业余团体"的宗旨，将俱乐部办成"学生自己的俱乐部"，给广大喜爱足球运动的学生提供一个活动、交流的平台。

学校足球社团自建立至今与县内外其他足球队进行比赛，积累和丰富足球比赛经验。学校高度重视学生"行、知"的实践培养。近年来，学生社团得到了蓬勃发展，主要分为体育健身类、文化类、艺术熏陶类、科普类、志愿服务类等五大类，其中以水晶文化研究小组、枣花文学社、晶苑书画社、小雨点歌舞团、云豹足球队等为典型代表，促进了校园文化建设，丰富了课余生活，提高了学生综合实践能力。学校落实国家政策，高度重视学校体育和学生体质健康，按照《义务教育体育与健康课程标准》及有关规定开展体育教学和校园足球工作。学校将校园足球纳入发展规划、纳入学校发展规划和年度工作计划，并严格执行。学校还健全校园足球工作机制，建立在校长领导下，学校有关部门共同参加的校园足球工作领导小组，具体指导本校校园足球工作的开展，完善规章制度。2015 年学校被评为首批国家级足球特色校。

一、组织方法与活动设计

(一) 组织方法

※1 连云港东海县实验中学云豹足球俱乐部章程(摘录)

第一章 总则

第一条 本单位的名称是东海县实验中学云豹足球俱乐部。

第二条 本单位是主要利用非国有资产自愿举办的,从事非营利性社会服务活动的社会组织。

第三条 本单位的宗旨:坚持党的四项基本原则,坚持党的教育方针政策,遵守各项国家法律和国家政策,团结学校热爱足球运动的学生,围绕《全民健身计划纲要》努力发展学校的足球运动,推动我市少儿及青少年足球运动的普及和技术水平的提高,增进与其他足球俱乐部和运动员的友谊,为我市精神文明建设服务。

第四条 本单位的登记管理机关是东海县民政局。本单位的业务主管单位是东海县新闻出版局。本单位接受登记管理机关、行业主管部门和相关职能部门的监督管理。

第五条 本单位的住所是江苏省东海县和平东路165号。

第二章 举办者、开办资金和业务范围

第六条 本单位的举办者:赵标。

第七条 本单位的开办资金:叁万元人民币;出资人:赵标;出资金额:叁万元人民币;出资方式:货币;出资时间:2015年6月26日一次性缴足。

第八条 本单位的业务范围(略)。

第三章 组织机构

第九条 本单位设理事会,其成员为9人。理事会是本单位的决策机构。理事由举办者、职工代表及有关单位市体育局推选产生。理事每届任期4年,任期届满,可以连选连任。

第十条 理事的资格:

(一) 有完全民事行为能力;

(二) 热心公益事业;

(三) 遵守《东海县实验中学云豹足球俱乐部章程》。

第十一条 理事的产生和罢免:

(一) 第一届理事会成员由举办者、出资人推荐并协商确定;

（二）理事会换届改选时，由本届理事会推选产生新一届理事。

第十二条　理事会行使下列事项的决定权：

（一）制定和修改章程；

（二）罢免和增补理事；

（三）聘任或解聘本单位行政负责人及其提名的行政副职、财务负责人；

（四）决定重大的业务活动计划。

第十三条　理事会设理事会秘书长1名，副理事会秘书长1名。理事长、副理事长由理事会以全体理事的过半数选举产生或罢免。

第十四条　理事会每年召开4次会议。理事会会议由理事会秘书长负责召集主持。有1/3理事提议，必须召开理事会会议。如理事会秘书长不能召集，提议的理事会可推选召集人。

第十五条　理事会会议应当由1/2以上的理事出席方可召开。理事因故不能出席，可以书面委托其他理事代为出席理事会，委托书必须载明授权范围。

第十六条　理事会决议须经全体理事表决，2/3以上通过方为有效：

（一）章程的修改；

（二）本单位的分立、合并或终止（略）。

第十七条至二十二条（略）。

第四章　法定代表人

第二十三条　本单位的法定代表人为俱乐部理事长。

第二十四条　有下列情形之一的人员，不得担任本单位的法定代表人（略）。

第五章　资产管理、使用原则

第二十五条　本单位经费来源（略）。

第二十六条　本单位的资产受法律保护，任何单位、个人不得侵占、私分、挪用。

本单位的资产必须用于章程规定的业务范围，除用于合理的工资薪金、福利支出外，资产及其孳息不得用于分配，增值部分不得分红。

第二十七条　捐赠人有权向本单位查询捐赠财产的使用、管理情况，并提出意见和建议。对于捐赠人的查询，本单位应及时据实答复。

第二十八条　本单位执行国家规定的《民间非营利组织会计制度》，依法进行独立的会计核算，建立健全内部会计监督制度，保证会计资料合法、真实、准确、完整。

本单位配备具有专业资格的会计人员。会计不得兼任出纳。会计人员调动工作或离职时,必须与接管人员办清交接手续。

本单位接受税务、会计主管部门依法实施的税务监督和会计监督。

第二十九条　本单位在进行年度检查、变更法定代表人等事项时,进行财务审计。

第六章　劳动用工制度

第三十条　未与本单位建立劳动关系的理事和监事不得从本单位获取报酬。

第三十一条　本单位工作人员的工资福利开支控制在合理的比例内,不变相分配本单位的财产。

第三十二条　本单位劳动用工、社会保险制度按国家法律法规及有关规定执行。

第七章　年度检查、重大事项报告及信息公开

第三十三条　本单位按照《民办非企业单位登记管理暂行条例》和《民办非企业单位年度检查办法》的规定,自觉接受登记管理机关组织的年度检查。

第三十四条　本单位按要求履行重大事项报告和信息公开义务。

第八章　终止和终止后资产处理

第三十五条　本单位有下列情形之一的,应当终止:

(一) 完成章程规定宗旨的;

(二) 无法按照章程规定的宗旨继续开展活动的;

(三) 发生分立、合并的;

(四) 自行解散的。

第三十六条　本单位终止,应当在理事会通过终止的决议后15日内,成立清算小组,清理债权债务,处理剩余财产,完成清算工作。清算小组一般应由本单位法定代表人或者理事会确定的相关负责人、债权人代表和相关职能部门代表等共同组成。

第三十七条　清算工作的顺序(略)。

第三十八条　本单位清算期间不开展清算以外的活动。如遇民事诉讼的,由清算小组代表本单位参与民事诉讼。

第三十九条　剩余财产的处理(略)。

第四十条　本单位应当自完成清算之日起15日内,向登记管理机关申请注销登记。

第九章　附则

第四十一条　本章程经2015年4月10日第1届第1次理事会会议表决通过。

第四十二条　本章程的解释权属理事会。

第四十三条　本章程自登记管理机关核准之日起生效。

民办非企业单位登记证书
（法人）
民证字第 050078 号
名　　称：东海县实验中学云豹足球俱乐部
法定代表人　赵标
住　　所：东海县和平东路165号
开 办 资 金：人民币叁万元整
业务范围：推动我县少儿及青少年足球运动的的普及和技术水平的提高。
业务主管单位：东海县新闻出版局
代　　码：
发证机关：
发证日期：2015 年 7 月 10 日
中华人民共和国民政部制

图 39-8　俱乐部登记证书

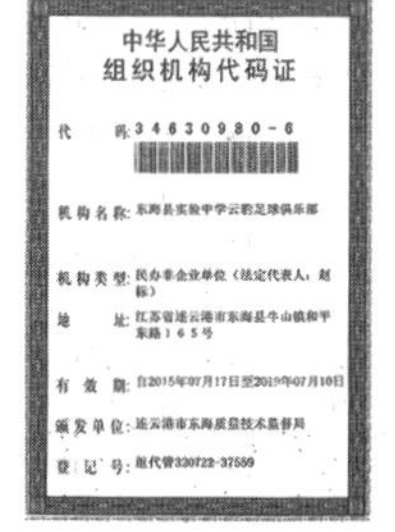

中华人民共和国
组织机构代码证
代　　码：34630980-6
机构名称：东海县实验中学云豹足球俱乐部
机构类型：民办非企业单位（法定代表人：赵标）
地　　址：江苏省连云港市东海县牛山镇和平东路165号
有 效 期：自2015年07月17日至2019年07月10日
颁发单位：连云港市东海质量技术监督局
登 记 号：组代管320722-37559

说明
年检记录

图 39-9　俱乐部登记证书(组织机构代码证)

※2 东海县实验中学校园足球工作领导小组工作职责及议事规则

第一条　为加强学校足球工作的领导、规划与管理，学校成立东海县实验中学校园足球工作领导小组(以下简称领导小组)。

第二条　领导小组是学校校园足球工作协调、议事和决策机构。领导小组成员为职务兼职。各年级应确定一名体育教师担任联络员。

第三条　领导小组的主要职责：

（一）贯彻落实国家有关学校体育和校园足球的法律法规、方针政策和重要文件精神；

（二）研究决定学校校园足球的政策和发展事项；

（三）审议学校青少年校园足球的规章制度和管理办法；

（四）负责学校青少年校园足球的规划和指导，检查督促各年级校园足球开展情况；

（五）审议学校校园足球经费预算和决算。

（六）部署学校校园足球年度工作计划。

第四条　领导小组定期召开年度全体会议，遇重大决策事项不定期召开领导小组工作会议。会议由领导小组组长或组长委托的副组长主持，会议议题由领导小组组长确定，必要时领导小组可召开有关成员单位参加的专题会议。

第五条　领导小组全体会议、工作会议和专题会议决定的事项应形成会议纪要,并印发各年级、各处室。

第六条　领导小组办公室主要职责:

(一) 提出学校校园足球工作目标、任务和实施方案的建议;

(二) 组织开展学校校园足球的全面推广工作;

(三) 组织协调各年级共同促进学校校园足球工作;

(四) 组织学校校园足球的赛事;

(五) 承办领导小组召开的会议和重要活动;

(六) 检查督促领导小组决定事项的贯彻落实;

(七) 承办领导小组交办的其他事项。

第七条　领导小组办公室实行办公室主任负责制,人员实行专兼职结合。

第八条　本规则自印发之日起施行。

※3 连云港东海县实验中学云豹足球俱乐部训练管理规章制度

一、指导思想

(一) 提高思想认识,物色好足球苗子

提高学生对足球的认识,制订训练计划,组建好队伍,发动班主任、任课教师重视支持足球训练工作,坚持常抓不懈,做到常年课余训练,使足球运动进一步重视。

(二) 加强校园管理,注重训练科学性

结合校园足球的特点和自身的实际情况,加强足球训练的管理,促进中小学生身心健康发展,营造和谐稳定的环境。

(三) 提高足球水平,要立足于群众性

对足球工作要做好常规性工作,同时注重群众性,激发学生参与足球运动的兴趣,提高足球水平,形成师生共识。

二、工作目标

学校足球运动普遍性开展,学生广泛参与,校园足球人数显著增加,学生体能素质、技术能力和意志品质明显提高,形成青少年足球人才培养体系和足球教学体系。课程设置、教学标准、教材教法和教学资源等教学要素更加衔接配套,校园足球教学质量明显提升,竞赛体系更加完善。形成赛制稳定、赛事丰富和赛纪严明的青少年校园足球竞赛体系,校园足球运动水平稳步提高。

三、保障措施

（一）加强师资队伍建设

学校采取多种方式，配足补齐校园足球教师，制订校园足球兼职教师管理办法。鼓励专业能力强、思想作风好的足球教练员、裁判员，有足球特长的其他学科教师和志愿人员担任兼职足球教师。制定校园足球教师培训计划，开发相关培训资源，组织开展足球教师教学竞赛、经验交流和教研活动，着力提升足球教师教学实践能力和综合职业素养。学校每学期至少 2 次，1 名足球专业教师参加区级以上足球教练员培训，并将经验和心得与本校教师交流，形成专业的足球教育体系。

（二）改善场地设施条件

学校加强校园足球活动的场地建设，按照因地制宜、逐步改善的原则，创造条件满足校园足球活动要求。在现有青少年培养、实践基地建设中，规划和建设好足球场地设施。

（三）健全学生参与足球激励以及招生机制

结合学校足球特长生文化课教学管理，完善考试招生政策，激励学生长期积极参加足球学习和训练。允许足球特长生在升学录取时合理流动，获得良好的特长发展环境。研究完善中学校高水平足球队管理办法和招生政策，注重选拔各年级梯队，并定期选拔比赛，建立足球特长生毕业去向数据库。拓展青少年毕业入学机会，经过选拔推荐可以参加各大校园足球赛事和交流活动。

（四）加大经费支持力度

学校继续加大对青少年校园足球的投入，统筹相关经费渠道，积极创造条件，因地制宜逐步增加校园足球特色学校经费保障，支持学校开展足球教学、训练和比赛。

（五）完善检查督导制度

学校每周至少进行一次足球课，实行校级干部和体育组长定期不定时听课，每学期对课堂教学，师生互动，师生行为规范，教学成果进行综合考评，与教师绩效挂钩。

四、安全措施

（一）足球训练的安全与保护

1. 学校组织学生参加校园足球训练必须坚持“学生为本”“健康发展”“安全第一”的原则，要充分考虑各方面的因素，尽量避免意外伤害事故。

2. 学校每位教师、职工都有责任、义务保护学生的健康和安全，发现学生有危及安全的行为,要立刻给予制止和教育。如遇到学生出现伤害事故,要及时给予相应的救助。

3. 学生在校内进行训练时,要有教练等在场。

4. 学生到校外参加足球比赛或其他足球活动,都租包有资质的车前往,不得乘坐私家车;视活动具体内容,须有校级领导带队,安排足球教练、校医等随队,以保障安全。

5. 外出参加比赛、训练、竞赛等,出发前须事先对学生进行必要的安全教育。学生须与领队、教练、体育教师等签订安全责任书;制定相应的安全工作预案。

(二) 足球场地、器材的安全与保护

1. 学校的运动场地、器材是学校的财产,要合理分配和使用;做到人人爱护、人人保护公有财产和设施。

2. 增强对足球器材的保护意识,消除各种不安全因素;在体育器材室配置足够的消防设施。

3. 定期检查足球场地、器材、器械等是否符合安全要求,对发现的安全隐患及时解决。

4. 做到保证场地、场馆、器材等安全。

(三) 体育教练(教师)足球课要求

1. 上课前要求充分热身;避免太热和太冷的天气在体育场外进行上课和训练。

2. 足球课或训练课不得安排在硬的地面(如水泥地面)进行。

3. 上课集合整队、记录考勤,切实加强责任心。

4. 对学生进行必要的校园足球安全教育。

5. 合理安排足球训练的运动量和运动强度。

6. 足球课前一定要做好充分的准备活动。

7. 教练要提出注意事项,并加强安全保护,讲明动作要领,做出示范动作。

8. 发现有学生打闹或做出危险动作,要立即纠正或制止。

9. 下课集合整队,清点人数。若发现学生身体有强烈的不良反应,要及时安排救治,通知班主任。

(四) 如果在比赛或足球课时,发现学生呕吐、晕倒、受伤等突发情况,应立即采取以下处置措施:

1. 迅速通知医疗人员、班主任和校领导。

2. 校医及时对学生状况做出初步诊断及必要的处置，如果学生病(伤)较为严重，要立即送就近医院医治。事后及时做好学生病(伤)情及临时处置情况记录，并上报学校。

3. 学校、班主任及时将学生的情况通知到学生家长，学校应视情况报县教育局。

※4 连云港东海县实验中学云豹足球俱乐部体育器材室管理制度

(略)

※5 连云港东海县实验中学云豹足球俱乐部体育器材管理保养、报损制度

(略)

(二) 活动设计

※6 连云港东海县实验中学云豹足球俱乐部 2018 年度工作计划

一、训练目标

(一) 树立并形成对足球运动的积极态度，培养良好的训练和比赛作风。

(二) 在不断改善控球能力的基础上，通过对抗练习和比赛使个人技术向实际比赛技巧全面转化，逐步培养在对抗局面下控制球和运用攻守技术的能力。

(三) 在已掌握的技术基本要素的基础上传授新的战术要素与要求，提高和完善小组战术配合的能力，基本掌握定位球攻守战术，做好向全队战术行为发展的准备。

(四) 继续增强身体素质基础，发展队员的足球专项速度和协调性，注重基础耐力和速度力量素质的培养，形成灵活、快速、精确的足球专项跑、跳技术。

二、训练次数与时间

每周训练 3～5 次，每次训练时间为 1.5～2 小时。

二、训练内容

(一) 技术训练

1. 继续提高和完善控球能力的练习。

2. 在对抗局面下进行运球突破、护球与转身以及相应防守的练习。

3. 进行具有不同技术训练任务的分站循环练习。

4. 针对不同位置的分站循环训练，应注重技术运用的精确、连接和熟练程度(即自动化技巧)。

(二) 战术训练

1. 小组进攻战术包括：运球与传球，接应与创造空间，创造射门机会，攻门

(墙式传球,交叉配合和居后插上)。

2. 小组防守战术包括:人数劣势下、人数相同时、人数优势下三种局面的夺球方式与方法。

3. 任意球、角球、掷界外球、罚球点球、踢球门球、比赛开球等定位球攻守战术。

4. 针对不同比赛区域和位置职责的练习,熟悉各种阵型。

(三) 身体训练

1. 各种反应和起动速度练习。运用各种器械进行快速、协调的腿、脚动作的练习。

2. 以耐力障碍跑、耐力比赛、越野跑发展耐力素质。

3. 力量素质训练可采用以同伴、实心球为阻力的拉、推竞赛法进行练习。

4. 各类灵敏性训练。

(四) 心理训练

培养自信心,注重思维能力训练,发展、培养队员的观察、自控、独立能力和责任意识。

(五) 理论传授内容

1. 提高对《足球竞赛规则》的理解,服从裁判员的判罚。

2. 结合战例进行攻守原则分析。

3. 讲授比赛阵型知识。

4. 介绍与训练比赛紧密相关的人体解剖学、人体生理学知识。

(六) 比赛

参加省、市、县组织的7人制、11人制比赛;兄弟市县的邀请赛;校际交流比赛,以周末赛为主。

(七) 考核(略)

※7 连云港东海县实验中学云豹足球俱乐部2018年度学期训练计划

一、训练目标和任务

(一) 培养球员热爱足球运动的积极态度和良好的训练和比赛作风。

(二) 在提高基本技术熟练性的基础上,形成技术定型,并通过对抗性练习和比赛使个人技术向实用比赛技巧转化,逐步培养能在对抗局面下控制球和运用攻守的能力。

(三) 在球员已具备基本战术之素养的基础上,传授新的战术要素与要求。提高和完善区域的局部组合和整体作战能力。学习比赛攻守原则,培养球员阅读比赛的能力。

（四）继续打好身体素质基础。抓好速度素质的敏感期训练，发展球员起动速度和短距离冲刺能力，注重培养球员有球和无球急停急转、变向等协调、灵敏能力，形成快速、灵活协调的足球专项素质。

二、每周训练次数与时间

每周训练2～3次，每次训练时间为1～3小时。

三、训练内容

（一）技术训练

继续提高和完善基本技术的运用能力：在对抗的情况下，进行传、接、运球、控制球的射门以及相应防守技术的练习，使球员基本形成进攻型或防守型的个人位置特点；学习个人位置技术，并使之服务于比赛攻守八大原则；鼓励在掌握基本技术的基础上，形成个人技术特点和风格。

（二）战术训练

1. 进一步巩固和提高小组进攻战术：包括传球、接应与创造空间，创造射门机会（墙式二过一、交叉选位配合、居后插上），系统进行攻守战术原则演示和训练，进攻四个原则：宽度、渗透、机动、即兴，防守四个原则：延缓、平衡、收缩、控制（盯人）。

2. 位置战术：有目的地分前锋、前卫、后卫进行位置技战术演示和训练。

3. 点球战术训练战术：一种是以角度准确性为主，另一种是以力量性为主。

4. 通过战例分析，提高球员场上阅读比赛的能力，以此培养球员的足球意识。

（三）身体训练

各种反应和起动速度的练习，运用各种手段和方法进行发展快速、协调的腰、腿、脚部动作的练习。

（四）心理训练

培养自信心，注重能力开发，培养球员的独立性和责任感以及抗干扰的能力。

（五）理论学习

加深理解比赛规则和绝对服从裁判员判罚的必要性；结合战例进行攻防原则分析；讲授个人位置技术、战术理论知识以及有关的人体解剖、生理学知识。

（六）技术考核：(1) 颠球；(2) 运球绕杆；(3) 踢远；(4) 踢准。

四、参考教材

（一）少年训练法（VCD）

（二）荷兰足球学校训练系列

(三) 科化足球训练

二、实施过程与方法

(一) 具体实施过程

※8 连云港东海县实验中学云豹足球俱乐部周训练计划安排

周次	第一学期	第二学期
第一周	提高运球控球能力	提高运球控球能力
第二周	学习个人正面运球突破技术	学习接球转身
第三周	巩固个人正面运球突破技术	学习摆脱身后防守
第四周	巩固个人正面运球突破技术	学习 2 人后套配合战术
第五周	调整	巩固 2 人后套配合战术
第六周	学习传接球技术	足球比赛
第七周	足球比赛	学习传接球技术
第八周	巩固传接球技术	巩固传接球技术
第九周	足球规则学习	提高接球射门能力
第十周	提高接球射门能力	学习 2 人交叉掩护战术
第十一周	学习 2 人墙式配合战术	巩固 2 人交叉掩护战术
第十二周	巩固 2 人墙式配合战术	足球比赛
第十三周	足球比赛	学习个人盯人抢断
第十四周	个人正面防守对手突破	巩固个人盯人抢断
第十五周	巩固个人正面防守对手突破	2VS1 的防守战术
第十六周	巩固个人正面防守对手突破	1VS2 的防守战术
第十七周	2 人防守中的压迫和保护	1VS2 延伸到 2VS2 的防守战术
第十八周	2 人防守中的压迫和保护	足球比赛
第十九周	足球交流比赛	足球交流比赛
第二十周	调整	调整

※9 连云港东海县实验中学云豹足球俱乐部课时训练计划

课时训练计划 1

教练员:赵标		日期:
训练主题:短传球—2		
器材:足球、标志桶、号坎	训练时间:80 分钟	出席人数:20 人

续表

图示：● 球；——→ 传球；⇀ 运球；——→ 跑动；
O 防守队员；X 进攻队员；C 教练员；⊗ 中立队员/自由人；△ 标志物；

准备部分(时间:10分钟)图	组织方法	练习要求、要点
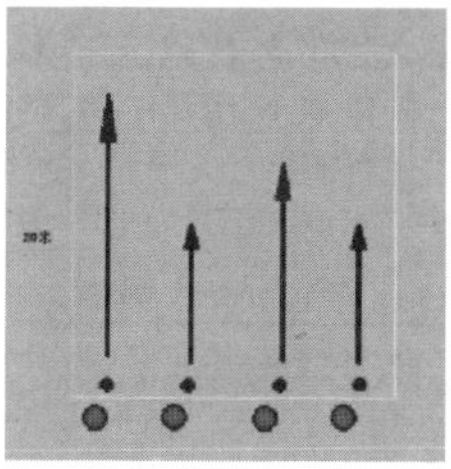	训练项目:准备活动(热身) 场地:15米×15米 参加人数:15人 器材:足球,标志盘 方法: 1. 热身慢跑 2. 行进间足球操 3. 左右侧滑步、向前后滑步左右交叉步 4. 游戏足球"保龄球":在20米×20米场地内,看哪个踢出的球离对面端线距离最近(不可越过端线)	1. 迅速慢跑,身心放松 2. 动作协调,标准,统一 3. 变化 (1) 力度 (2) 小腿摆动速度 (3) 考虑球的质量 (4) 场地的摩擦
练习1(时间:20分钟)图	组织方法	练习要求、要点
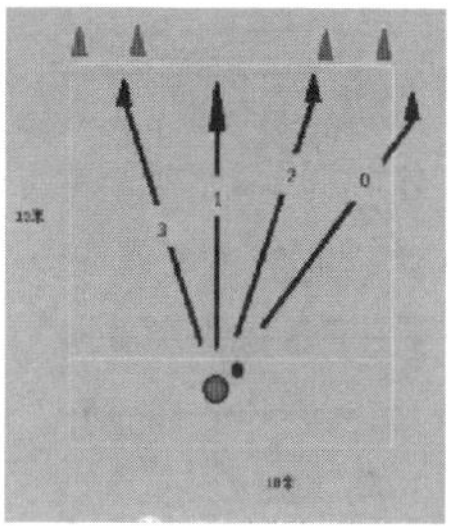	训练项目:短传球 场地:15米×15米 参加人数:15人 器材:足球,标志盘 方法:在10米×10米场地内进行短传球练习,球穿过小门得3分,击中标志物得2分,从两个球门中间穿过得1分,出界得0分;看谁先得到5分;用脚内侧、外侧正脚背等部位触球,两脚都要练习	1. 准确 2. 球要穿越小球门 3. 触球时脚要对准目标 4. 踝关节紧张 5. 触球的中部 6. 变化 (1) 改变距离 (2) 原地变为活动状态 (3) 颠停球后踢球击打标志物
练习2(时间:20分钟)图	组织方法	练习要求、要点
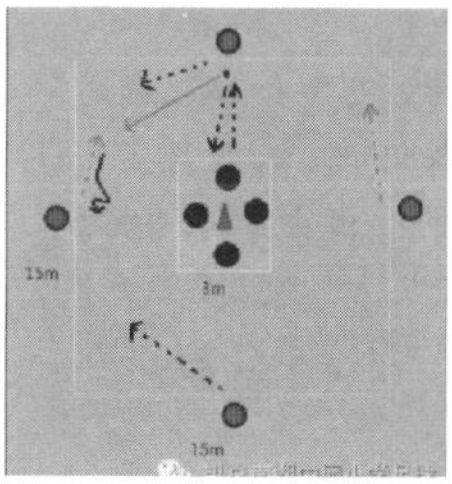	训练项目:带球突破 场地:20米×15米 参加人数:15人 器材:足球,标志盘 方法:队员站在两侧,每队第一位队员绕过B、C球门,接传球进攻,绕过C门后开始防守,进攻C、D门,防守方断球后攻守转换,运球越过球门得分	1. 观察对手的位置,对手的防守意图及双脚的站立位置 2. 第一次触球,是将球控制在原地,还是空当 3. 创造运球空间,使对手移动到一侧 4. 改变速度要突然 5. 摆脱对手时球要推远(2～4米) 6. 变化 (1) 可先用手抱住球完成 (2) 在场地外围起点处增加步伐练习

续表

练习2(时间:20分钟)图	组织方法	练习要求、要点
	训练项目:短传球 场地:10米×15米 参加人数:15人 器材:足球,标志盘 方法:将场地分为10米×10米的两个方块,中间相距5米,每个区域传5次后,转移到另一区域,其中A场地1抢3,M场地设置进行防守拦截,球传到B区域后1抢3,A场地的进入米区进行拦截	1. 准确:传球到接应队员的脚下,还是空挡 2. 力度:既要穿越防守队员又要便于同伴接球 3. 时机:对手不抢不传,同伴不接不传 4. 隐蔽:要有两种以上选择,不要暴露传球意图 5. 接应:到防守队员两侧去接应
结束部分(时间:10分钟)图	组织方法	练习要求、要点
	训练项目:放松练习 方法:两人一组牵拉放松	1. 相互配合 2. 力量适当

课时训练计划2

教练员:赵标		日期:
训练主题:短传球—3		
器材:足球 标志桶 号坎	训练时间:80分钟	出席人数:20人
图示: ● 球 ⟶ 传球; 运球; ⟶ 跑动; O 防守队员; X 进攻队员; C 教练员; ⊗ 中立队员/自由人; △ 标志物;		
准备部分(时间:10分钟)图	组织方法	练习要求、要点
	训练项目:准备活动(热身) 场地:15米×15米 参加人数:15人 器材:足球,标志盘 方法: 1. 热身慢跑 2. 行进间足球操 3. 左右侧滑步、向前后滑步、左右交叉步 4. 在10米×10米的方块场地内,4名队员传球,接横传球后将球踢进小门。	1. 迅速慢跑,身心放松 2. 动作协调、标准、统一 3. 传球过程中触球脚的部位要对准目标,踝关节紧张,触球的中部,准确传球

续表

练习1(时间:20分钟)图	组织方法	练习要求、要点
	训练项目:准备活动(热身) 场地:15米×15米 参加人数:15人 器材:足球,标志盘 方法:在10米×10米的方块场地内,4名队员传球,一次传到脚下,另一次到空挡,可两次触球,两只脚都要练习,用脚内侧、脚背正面、脚背外侧等部位触球	1. 准确 2. 球要分别传到同伴脚下或空当 3. 触球时,触球脚的部位要对准目标 4. 踝关节紧张 5. 触球的中部 6. 做墙的队员用远离防守队员的脚传球
练习2(时间:20分钟)图	组织方法	练习要求、要点
	训练项目:准备活动(热身) 场地:15米×15米 参加人数:15人 器材:足球,标志盘 方法: 在10米×10米的方块场地内分两组1抢3,抢断3次或10秒后队员换人	1. 准确:传球到接应队员的脚,还是空当 2. 力度:既要穿越防守队员又要便于同伴接球 3. 时机:对手不抢不传,同伴不接不传 4. 隐蔽:要有两种以上的选择,不要暴露传球意图 5. 接应:到防守队员两侧去接应。变化:增减练习区域,用手完成练习
练习2(时间:20分钟)图	组织方法	练习要求、要点
	训练项目:3VS3 场地:15米×10米 参加人数:15人 器材:足球,标志盘 方法:小场地内进行3VS3。	1. 多传球,多接应,多跑位 2. 交流:语言和肢体的交流,相互鼓励
结束部分(时间:10分钟)图	组织方法	练习要求、要点
	训练项目:放松练习 方法:两人一组牵拉放松	1. 相互配合 2. 力量适当

※10 连云港东海县实验中学云豹足球俱乐部奖惩评价办法

为了严肃训练纪律,端正队员训练态度,提高训练水平,避免一些不必要的问题,经过大家研究一致决定:

一、训练时不认真,不积极,每次罚跑3圈,如有多次停止训练。

二、训练缺席的一次提供训练用水一箱，两次提供两箱，三次停止训练。

三、上网吧玩游戏，上课、训练迟到一次书面检讨，两次停训，三次开除。

四、队内拉帮结派、内讧，导致球队内不和谐，轻者队内检讨，严重的将开除出队。

五、训练时不听从教练以及队长指挥、擅自行动，两次警告，三次开除。

六、两星期内，从未参加过训练、友谊赛、训练赛或者球队内的活动，视为自动退出球队。

七、文化学习成绩下降较大的，在全体队员面前检讨，并保证在下次考试中至少要达到以前的水平；如果未达到则退出训练，直到成绩达到以前水平；否则开除队籍。

八、在学校中要积极进取，不得做违反校规校纪的事情，如有发现，按照事实情况给予一定处罚，直至开除队籍。

(二) 现场实况照片

图 39-10　2019 年"县长杯"男队合影

图 39-11　2019 年"县长杯"女队合影

荣誉证书

东海县实验中学云豹足球俱乐部：

在全县中小学学生社团评比中，荣获

十佳学生社团

东海县教育局

〇一六年十二月

图 39-12　县十佳学生社团

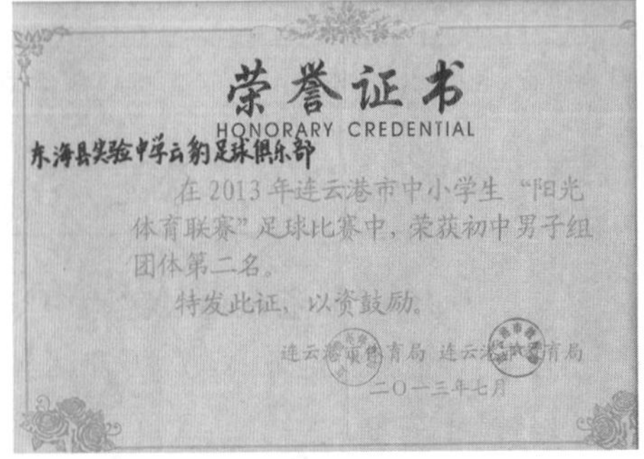

荣誉证书

HONORARY CREDENTIAL

东海县实验中学云豹足球俱乐部

在2013年连云港市中小学生"阳光体育联赛"足球比赛中，荣获初中男子组团体第二名。

特发此证，以资鼓励。

连云港市教育局　连云港市体育局

二〇一三年七月

图 39-13　市比赛第二名

三、成绩与效果

（一）学生足球专业水平提升迅速

近年来共有 40 多名足球运动员，通过特长生专业考试升入四星级高中学校。

2014 年，卢佳希、张云飞、李鑫、吴建广被连云港高级中学录取。

2015 年，孙海洋被新海高级中学录取，孙祥东被东海县石榴高级中学录取，王尚被海州高级中学录取，刘旭被白塔高级中学录取。

2016 年，钱鑫被海州高级中学录取。

（二）俱乐部男、女学生的体能素质明显提高

参加训练学生的肺活量、快速跑、立定跳远、柔韧素质、耐力素质、上肢力量等《国家学生体质健康》指标明显好于普通学生。

2017 年东海县实验中学九年级健康数据测试上报数据（平均值）

足球社团男生和一般男生的比较

	肺活量（毫升）	50 米跑（秒）	立定跳远（厘米）	坐位体前屈（厘米）	1000 米（秒）	引体向上（次）
足球男	3974.17	7.03	218.33	13.27	230″83	7.83
一般男	3390.47	7.80	207.84	7.85	281″18	5.18
差距	583.70	—0.77	10.49	5.42	—50″35	2.65

2017 年东海县实验中学九年级健康数据测试上报数据（平均值）

足球社团女生和一般女生的比较

	肺活量（毫升）	50 米跑（秒）	立定跳远（厘米）	坐位体前屈（厘米）	800 米（秒）	一分钟仰卧起坐（次）
足球女	3190.56	8.11	178.56	16.01	213″11	35.22
一般女	2599.96	9.17	160.58	11.91	256″91	30.10
差距	590.60	—1.06	17.98	4.10	—43″80	5.12

（三）学生对足球的认识不断提高，练习足球的热情不断高涨

经过训练的学生狄佳豪（八年级 21 班）深情地说："足球是一个很带劲的运动，它让我们变得更加强壮。足球对我的影响很大，一踢足球就让我整个人感到身临其境。足球是一项非常好的运动，它可以锻炼我们的团队意识。在赛场上要有呼应、跑位、预判，这些可以让我们更加地有集体感。足球让我们大脑变

得更加灵活。”

王博(八年级2班)认为:“足球是一项团体运动,足球可以让我们的思维变得更加灵活,还可以强身健体。足球看着可能只是一个球,但却是让我们这个团体更有默契的一个载体。”

孙洁(八年级1班)深有体会地说:“足球是一项运动,只有你认真地热爱它,才能懂得足球,只有带脑子去踢它,才能有回报。”

李景芳(七年级3班):“足球是一个需要脑子的运动,我在足球队中,担任的位置是中场。我第一次触碰足球的时候就喜欢上了它。足球对我也有很大的影响,我们应该端正态度,严肃、认真地训练。”

张熙浚(八年级22班):“足球是团体运动,足球让我们的身体变得强壮,也让我们感受到团队的力量。”

周辰(八年级4班):“足球是一项激情的运动,是一项团队运动,我们都热爱它。它需要跑动、呼应和预判。足球让我变得更加强壮,让我多了几分冷静和专注。”

图39-14 俱乐部队徽

图39-15 俱乐部更衣室

(四)云豹足球俱乐部竞赛成绩优异

1. 在2015年江苏省“省长杯”校园足球联赛总决赛中获得初中男子组第六名。

2. 在2015年连云港市中小学生足球比赛暨第二届“市长杯”校园足球联赛中获得初中男子组第三名。

3. 在2016年江苏省“省长杯”校园足球联赛苏北片赛中获得初中女子组第八名。

4. 在2016年连云港市中小学生足球比赛暨“市长杯”校园足球联赛中获得初中女子组第二名。

5. 在2016年连云港市中小学生足球比赛暨“市长杯”校园足球联赛中获得初中男子组第五名。

6. 在2017年江苏省“省长杯”校园足球联赛苏北片赛中获得初中女子组第六名。

7. 在2018年连云港市“市长杯”比赛中获得初中男子组第三名，初中女子组第二名。

四、思考与展望

（一）存在问题

在回顾成绩同时，我们也清醒地看到学校的足球工作还存在着许多不尽如人意之处，距离上级领导的期望和要求还有不小的差距，主要反映在以下几个方面：

1. 队员比赛机会太少，导致队员缺乏实战经验，从而竞赛成绩不太理想。

2. 部分家长和班主任的观念还有待转变，他们把踢足球和学文化看成对立的两件事，没有能够正确处理好二者之间的关系。

3. 足球文化的氛围需要进一步营造，创编设计人人能够参与的“校园足球节”“云豹足球吉尼斯”等学生喜闻乐见的足球活动，让更多的学生能够参与其中，体验快乐。

（二）解决办法

1. “走出去”和“请进来”相结合，增加队员们的比赛机会。学校积极与足球基础较好的其他兄弟学校开展双向交流活动，邀请他们来校交流、指导；我们也要走出校园，到其他兄弟学校学习、比赛。在专业训练上优势互补、取长补短、共同进步、共同提高。

2. 切实关心学生运动员的文化成绩。教练员要及时关注队员学习问题，校领导、班主任及任课老师平时多关注足球运动员的学习成绩。教练员要督促孩子加强文化学习，及时和班主任及任课教师联系，及时把握队员的学习动态和心理变化，同时还要多和运动员的家长积极配合。教练员、家长、班主任和任课教师及时了解队员思想动态，努力做到对孩子的全程关注，及时看到孩子的进步,努力让队员做好人、上好学、踢好球。

3. 在学校的道路两边甚至是学校外墙上做出相关的足球知识宣传图片、校足球比赛荣誉图片、校足球队训练照片、校足球队队员的照片等。定期举办以班级为单位的足球竞赛,并在校园内打造舆论声势,积极和省市县新闻媒体联系。墙内开花"墙内香"的同时,也要"墙外香"。

学校的足球运动,受到我市、我县教育主管部门的高度重视和社会的广泛关注,以及体育热心人士的大力支持,现已作为学校乃至我县的一个特色项目。我们将紧紧抓住历史机遇,努力向更高一级水平迈进和冲击!

入选理由：

基于运动教育模式的课外体育俱乐部活动是常州外国语全校性学生课外体育活动的主阵地之一。学校借鉴运动教育模式，在每周两次的课外体育活动中，以学生小组教与学为主要形式，以扮演教练、队长、队员等角色为特征，以小组团队间比赛为巩固提升运动技能的主要手段，开展体育项目的教与学、比赛季等活动，延展了体育教学时空，促进了学生技能的形成与发展，内化了学生对体育项目的文化理解，为学生形成终身体育观打好基础。

四十　常州外国语学校课外体育俱乐部

资料提供：姜庆军

图 40-1　常州姜庆军

常州外国语学校创办于 2001 年，秉承"志存高远，求是创新"校训，秉持"专注于有生命力的教育"追求，着力培育"未来世界活跃而负责任的公民"。学校先后被评为全国课外文体活动工程示范区、江苏省学校体育工作先进单位、江苏省冬季三项百日锻炼先进学校、常州市教科院体育课程基地、常州市武术特色学校、棋类特色学校、常州市学生体质健康监测试点校。学校现有400米标准塑胶田径场1块,风雨跑道60米。篮球馆、健美操馆、武术馆、乒乓馆(21张乒乓桌)各一个,室外篮球场11片,排球场4块,足球场1块,以及可以容纳2500人的看台。学校体育组目前有体育教师12人,教师队伍老中青搭配合理,专项配备合理,其中有8人获得大市优质课或基本功一等奖,教学水平较高。

一、组织方法与活动设计

(一)组织方法

※1 常州外国语学校课外体育俱乐部整体设计

一、俱乐部定义

基于运动教育模式的课外体育俱乐部是在体育课堂教学以外开展的,每周两次以上的课外体育活动中,以体育项目为分组特征组建的,借鉴运动教育模式理念的,学生以小组教与学为主要形式的,扮演体育比赛中教练、队长、队员等角色为特征的,巩固提升运动技能、深度理解体育项目文化的课外体育活动组织。

二、俱乐部总目标

通过有组织、有指导、有竞赛的课外体育俱乐部活动,实现延展学校体育课堂教学时空,保障学生掌握两项运动技能;提升学生体育项目技术掌握与巩固、技能形成与发展的程度;培养深度理解项目文化的运动者。

三、俱乐部开设数量(根据师资情况,每年根据外聘教练的项目进行微调)

篮球俱乐部(南区、北区两个)、排球俱乐部、足球俱乐部、羽毛球俱乐部、乒乓俱乐部、软式棒垒球俱乐部、武术俱乐部、健美操俱乐部、攀岩俱乐部、轮滑与滑板俱乐部、射箭俱乐部、田径等。除田径队需经过遴选外,其他俱乐部均为学生自愿填写志愿报名。

四、俱乐部选项时间

选项时间为七年级新生入学暑期夏令营,由体育组在夏令营期间提供所有体育俱乐部的项目介绍、学生技术储备及兴趣要求,学生夏令营结束后,回家利用两天的时间完成俱乐部志愿填写。

五、俱乐部选项方法

每位学生可以根据体育组提供的俱乐部介绍,在校园网平台选课模块,在规定的志愿填写时间内(两天),根据个人兴趣的强弱依次填写3个俱乐部志愿。平台给予预先设置的学生兴趣强弱次序、每个俱乐部人数限定、每个俱乐部班级人数限定规则，为学生完成俱乐部选择。开学初，体育组公示选项，学生前往相应俱乐部。

六、学生俱乐部选择轮换

七年级升八年级可以进行一次轮换，开学初，一个月内，在俱乐部综合评价达到优秀的同学，具备俱乐部转换的权利。负责俱乐部提供转部申请并签字，如俱乐部有空额，并予以接收，该生完成俱乐部转换。

七、各俱乐部管理办法

在学生参与过程中，每学期必须给予学生全面评价，并上传至校园平台。俱乐部负责教师对学生有全程管理的义务，对于不配合、不主动、参赛不积极的同学，可以通过批评教育、黄牌警告、红牌罚出等形式，管理俱乐部各成员。

八、课时总量安排

七、八年级按每学期为15周(冬季项目比赛，足球嘉年华等集体活动)，共30次课，学年共60次课。各学年安排20学时为常规赛，各学年4学时为总决赛，2学时为考核课。

九、内容学习与运用

由于俱乐部开设的目的是体育课堂教学的延续，因此学习内容主要为各项目的单个技术、组合技术复习与学习，技术组合、区域战术、规则裁判法的复习与学习，组合战术与全队战术的学习与运用。

（二）活动设计

※2 常州外国语学校课外体育俱乐部学期活动计划安排

年级段	时段	学习内容		学时
七年级	第一学期 30学时	基本技战术	单个技术学(复)习，单个战术	8
		季前赛	技术组合、区域战术、规法则裁判学(复)习	4
		常规赛	组合技术、全队战术运用	18
	第二学期 30学时	基本技战术	组合技术学习、区域战术学习	4
		常规赛	组合技术、全队战术运用	20
		总决赛	全队战术、规则裁判运用	4
		考核课	单个技术、专项体能	2

续表

年级段	时段	学习内容		学时
八年级	第一学期 30 学时	基本技战术	单个技术学(复)习,单个战术	4
		季前赛	技术组合、区域战术、规法则裁判学(复)习	4
		常规赛	组合技术、全队战术运用	22
	第二学期 30 学时	基本技战术	组合技术学习、区域战术学习	4
		常规赛	组合技术、全队战术运用	20
		总决赛	全队战术、规则裁判运用	4
		考核课	单个技术、专项体能	2

※3 常州外国语学校课外体育俱乐部排球项目实施方案

一、排球项目简介(略)

二、排球项目目标

(一) 培养学生积极参加排球运动的兴趣。

(二) 学习和掌握排球的基础知识、基本技术和简单的战术,安全地进行排球运动。

(三) 发展学生的速度、灵敏、力量、耐力、柔韧等身体素质,增进学生的健康。

(四) 在排球活动中形成热情、开朗的性格,具有进取精神和合作交往的能力。

三、实施方案

(一) 学年学时计划(同学年学时与赛季安排计划)

(二) 学习内容

排球基本知识;正面双手垫球;两人/多人垫球;正面上/下手发球;正面双手传球;原地正面屈体扣球;低网正面屈体扣球;“边一二”进攻战术;教学比赛。

(三) 教学要求

1. 排球的教学形式以运动教育模式,分小组,每个人课选择担任教练、体能教练、领队、队长、裁判、记分员角色,培养学生参与排球活动的兴趣。

2. 对排球技术的学习和掌握,不做过高要求,在提高技术动作质量的前提下,增加练习的来回次数。

3. 注重提高学生的身体素质,区别对待学生在学习过程中的问题。

4. 注重在排球教学中培养学生的自尊、自信、合作交往的能力。

四、评价体系

(一) 过程性评价(60%)

1. 季前赛学习与比赛参与评价(40%)。

2. 季后赛参与评价(20%)。

(二) 终结性评价(40%)

1. 季后赛成绩

2. 排球俱乐部技能评价内容和标准

项目	技术指标	评价等级			测试方法、要求
		优秀	良好	及格	
排球	自垫球	40个以上	30～40个	20～30个	1. 自抛自垫,在规定范围内,达到垫球个数 2. 击球点准确,动作协调,连续垫球。每人两次考试机会
	对垫球	10对以上	8～10对	6～8对	1. 两人相距2米以上距离,从一人抛球开始进行连续对垫 2. 垫球过程中接球或球落地,考试结束。每人两次考试机会
	发球	4个以上	3个	2个	1. 站在发球区(底线后,边线延长线后区域)进行发球,发到对方场地,界内球 2. 每人连发5个球,根据发球有效个数决定成绩。每人两次考试机会
素质:6米折返跑		5次	4次	3次	计时

※4 常州外国语学校课外体育俱乐部足球项目实施方案

一、足球项目简介(略)

二、足球项目目标

(一) 发展学生运动能力,通过足球项目提高学生灵敏、奔跑等体能,提高学生足球技战术能力,提升学生心理承受能力。

(二) 改进学生健康行为,通过足球项目学练、赛季组织和参与,提高学生健康意识,改善健康状态,养成健康文明生活方式。

(三) 培育学生体育品德,通过足球锻炼,培养学生相互配合的团队协作精神,理解项目文化,培养规则意识、顽强精神,超越自我,树立正确的体育精神。

三、足球项目实施方案

(一) 学年学时计划(同“学年、学时与赛季安排计划”)

(二) 学习内容:足球规则裁判法;运球、传接球与射门;小组、区域战术;赛季比赛。

四、评价体系

采用过程性评价与终结性评价相结合、量性评价与质性评价相结合的形式,以期更好地促进、激励学生足球的学习。

(一) 过程性评价(40%)

1. 季前赛学习与比赛参与评价(20%)。

2. 季后赛参与评价(20%)。

(二) 终结性评价(60%)

1. 季后赛成绩。

2. 技能掌握评价:技能考核内容主要有30米跑、25米累计往返跑与技评、传接球三项内容。

(1) 30米跑

①测试方法:在足球场地上进行,两标志桶间隔30米,在起点处采用站立式起跑,每人两次机会取最好成绩。

②考核标准

成绩(秒)	4.36	4.37~4.58	4.59~4.80	4.81~5.02	5.03
得分	10	8	6	4	2

(2) 25米累计往返跑

①测试方法:本项测试使用手计时,从起(终)跑线处设立标志物,向场内直线延伸,分别在5米、10米、15米、20米和25米处各设置一个标志物。

②测试要求:学生在起(终)跑线处采用站立式起跑,考生必须按规定依次用手碰倒各折返点标志物,并完成所有折返距离跑回起(终)跑线处时停表。

③成绩评定:每人一次机会,成绩评定见5~25米折返跑评分评分标准

分值(分)	20	18	16	14	12	10	8	6	4	2
成绩(秒)	32.0	32.5	33.0	33.5	34.0	34.5	35.0	35.5	36.0	36.5

(3) 传接球技评

①测试方法:在足球场地上两人间隔5~10米进行传接球。

②考核标准:根据技术动作要求对动作进行打分,满分20分。

※5 常州外国语学校课外体育俱乐部学习评价方案

学习评价要体现评价的诊断、激励、反馈和发展功能,本俱乐部主要目的是

能促进学生更积极的学练软式垒球，且能使学生在原有的基础上取得进步，提高学生自我认知、自我改进、自我提高的能力，从而加深学生对软式垒球项目的理解，并能在学生终身体育发展的后续阶段中，改进学生的健康行为、形成良好体育品德。棒垒球俱乐部采用了过程性评价与终结性评价相结合、量性评价与质性评价相结合的形式，以期更好地促进、激励学生软式垒球的学习。

一、过程性评价(60%)

过程性评价主要包括学习与出勤情况、比赛得分与球队战况两个方面，学习与出勤情况主要根据学生的学习参与情况、技术练习情况以及师生互动情况；比赛得分情况主要包括在季前赛中和季后赛中每位学生的比赛得分情况和结合球队的得分情况统计赋分。

(一) 学习与出勤情况评价 20 分

根据学生技能学练模块的参与情况、技术练习情况以及师生互动情况给予评价，缺勤一次扣 1 分，课堂组织学习情况违纪一次扣 1 分，扣完为止。

(二) 比赛得分与球队战况评价 40 分

在季前赛和季后赛中每位学生的比赛得分情况和结合球队的得分情况统计赋分，学生个人得分据实统计，即学期赛中个人得分或封杀次数即为本模块部分得分，最多不超过 40 分。

二、终结性评价(40%)

终结性评价主要包括总决赛的比赛情况与击球、传接球和全垒跑的三项技能的掌握成绩及技评的评价，该项评价，同时作为学生能否在第二学年能否转俱乐部的重要参考。

(一) 总决赛比赛成绩 10 分

总决赛采用两节课(60 分钟)进行。获胜球队，得分队员得 10 分，成功封杀球员得 9 分，未得分球员得 8 分。落败球队，得分队员得 8 分，成功封杀球员得 7 分，未得分球员得 6 分。

(二) 技能掌握评价 30 分

技能考核内容主要击球远度、传接球次数与技评、全垒跑三项内容，每项 10 分。

1. 第一项：击球 10 分

(1) 测试方法：在垒球场地上进行，击球架上的球，每人有 5 次机会，选最远一次计分。

(2) 考核标准。

成绩（米）	1	2	3	4	5	7	9	10	10.5	11	11.5
得分	5	10	15	20	25	30	35	40	45	50	55
成绩（米）	12	13	14	15	16	17	18	19	20	21	22
得分	60	65	70	75	78	80	82	84	86	88	89
成绩（米）	23	25	27	29	31	33	35	37	39	41	43
得分	90	91	92	93	94	95	96	97	98	99	100

2. 第二项：传接球 10 分

(1) 测试方法：在垒球场地上进行，击球架上的球，每人有 5 次机会，选最远一次计分。

(2) 考核标准：次数及距离标准。

距离（米）	5					10				
次数	4	6	8	10	12	4	6	8	10	12
得分	10	20	30	40	50	50	55	60	65	70
距离（米）	15					20				
次数	4	6	8	10	12	4	6	8	10	12
得分	70	75	80	85	90	90	94	96	98	100

(3) 技评标准：准、直、快。

3. 第三项：全垒跑 10 分

(1) 测试方法：在垒球场地上进行，考生一脚踏本垒板，自行起动，开表计时，依次踏一、二、三、本垒为完成，踏本垒停表，漏踏任一垒包成绩无效。每人测试 1 次，失误者，可补测 1 次（如图所示）。

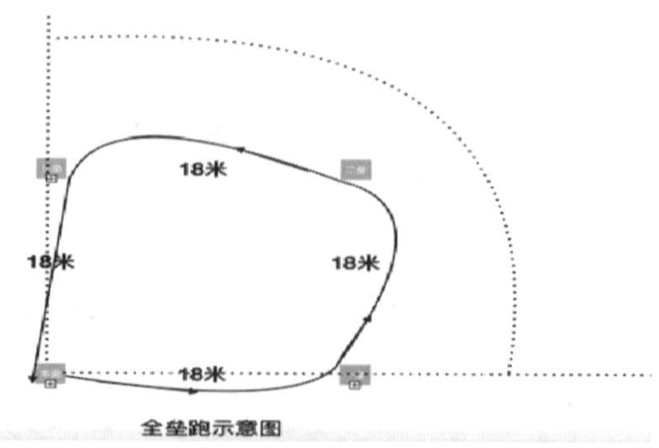

全垒跑示意图

（2）考核标准。

男生全垒跑评分标准

成绩(秒)	15.6	15.4	15.2	15.0	14.8	14.6	14.4	14.2	14.0	13.8	13.6
得分	5	10	15	20	25	30	35	40	45	50	55
成绩(秒)	13.4	13.2	13.0	12.8	12.6	12.4	12.3	12.2	12.1	12.0	11.9
得分	60	65	70	75	78	80	82	84	86	88	89
成绩(秒)	11.8	11.7	11.6	11.5	11.4	11.3	11.2	11.1	11.0	10.9	10.8
得分	90	91	92	93	94	95	96	97	98	99	100

女生全垒跑评分标准

成绩(秒)	17.0	16.8	16.4	16.2	16.0	15.8	15.6	15.4	15.2	15.0	14.8
得分	5	10	15	20	25	30	35	40	45	50	55
成绩(秒)	14.6	14.4	14.2	14.0	13.8	13.7	13.6	13.5	13.4	13.3	13.2
得分	60	65	70	75	78	80	82	84	86	88	89
成绩(秒)	13.1	13.0	12.9	12.8	12.7	12.6	12.5	12.4	12.3	12.2	12.1
得分	90	91	92	93	94	95	96	97	98	99	100

二、实施过程与方法

（一）具体实施过程

※6 软式垒球课时计划

一、第一阶段(单个技术学习)课时计划样例

(一) 学习目标

1. 90%以上的同学能用双手接住10米左右的传球，并能用单手传至10米以外的同伴躯干以上部位。

2. 85%的学生能做出双手成手套状接球，60%同学能做出利用转体甩臂的鞭打动作传球。

3. 培养学生手眼协调能力以及学生之间的合作学习能力。

(二) 教学流程

1. 常规：队长点名，教师明确课时任务及要求。

2. 热身：队长角色(组长)带领队员沿软式垒球场地跑操，做拉伸操。

3. 基本部分:

(1) 传球动作技术学习。

(2) 传球手形技术学习。

(3) 传接球个人学习、练习。

(4) 小组传接球练习、巩固、提高。

4. 结束放松。

二、第二阶段(季前赛)课时计划样例

(一) 学习目标

1. 80%以上的队员能完成三次成功击球的目标。

2. 60%的队员能成功跑上一垒。

3. 培养学生团队配合能力,队长能较好地判断,是否进行二垒的进攻。

(二) 教学流程

1. 常规:队长点名,教师明确课时任务及要求。

2. 热身:队长角色(组长)带领队员沿软式垒球场地跑操,做拉伸操。

3. 基本部分:

(1) 教练角色到俱乐部负责老师处领取本课内容——击打成功后上一垒的练习方法。

(2) 各小组自由两两组合,展开进攻与防守练习。

(3) 各小组组合,展开季前赛。

4. 结束放松。

三、第三阶段(常规赛)课时计划样例

(一) 学习目标

1. 90%以上的队员能全力参与比赛。

2. 85%的队员能实现一垒跑垒成功,防守队员能位置基本合理,互相提醒封杀垒位。

3. 培养学生团队配合能力,队长能较好地判断,是否进攻或者向哪个垒位防守的决定。

(二) 教学流程

1. 常规:队长点名,教师明确比赛的赛程,并提出比赛的裁判、运动员要求。

2. 热身:队长角色(组长)带领队员沿软式垒球场地跑操,做拉伸操。

3. 基本部分:

(1) 教练角色到俱乐部负责老师处领取常规赛的赛程,回队后准备比赛,技战术的准备。

(2) 裁判角色集中参加裁判培训及比赛要点提醒。

(3) 裁判联络各队教练开展比赛,展开常规赛。

4. 结束放松。

(二) 现场实况照片

图 40-2 软式垒球教学

图 40-3 软式垒球常规赛

图 40-4 足球俱乐部季后赛

图 40-5 足球俱乐部季后赛庆祝活动

三、成绩与效果

(一) 培养了学生的运动兴趣,提升了体质健康水平

1. 在借鉴运动教育模式实施以来,尽管我校并未对学生进行参与情绪以及运动行为的量表测试,从俱乐部参与率的 100%,对比以往的"体育艺术 2+1 俱乐部"参与率的 91%,参与度提高是一个明显的变化。

2. 学生通过运动教育模式的体育俱乐部在对参与体育项目的深度理解上,

有了一定的提高,以赛事组织和裁判来说明,八年级的学生已经可以自己组织赛季的比赛,并能简单地依据规则,协商开展常规赛。

3. 对于学生体质的变化,由于时间较短,仅能用2016年国家学生体质健康合格率93.85%提升为2018年的94.47%来说明学生体质的增强,虽然并不太科学,但亦是一个因素。其他统计学指标我们并未进行检测并开展前后比较。

4. 同时有的俱乐部已经开展了设计比赛的宣传,这也全部由学生负责。

(二) 俱乐部学员运动比赛成绩斐然

在借鉴运动教育模式实施以来,俱乐部各项目代表队在常州市比赛中取得了较好的成绩(部分参赛学校为教体结合运动队成绩较为突出),常州市"育苗杯"运动会团体总分(含田径、各种球类的总和)2017年第三名、2018年第二名;女子篮球、排球2017年常州市第五名;男子足球2018年常州市第五名;2017年常州市第32届"育苗杯"田径运动会初中甲组团体总分第二名,初中乙组团体总分第五名。2017年10月常州市中小学生田径锦标赛初中组团体总分第二名。2018年常州市第33届"育苗杯"田径运动会初中甲组团体总分第四名,初中乙组团体总分第一名。男子篮球2017年第五名,2018年第四名。

(三) 俱乐部赢得了家长的支持

自从我校开展了基于运动教育模式下的俱乐部活动以来,在两次家长开放日活动中,获得家长好评。俱乐部活动的模式也为其他学校所借鉴。

图 40-6 比赛海报和锦旗

四、思考与展望

目前主要存在的不足是受年级学生数量的影响，俱乐部组织和管理上凸显了越来越大的矛盾。受工作量较重的影响，教师在俱乐部教学上的投入不足，是目前课题深度实施的主要限制；同时项目组对学生的影响研究方案尚不明晰，我们需要思考更加契合实际的、能够凸显运动教育模式对学生影响的比较研究。

入选理由：

继承与发扬学校传统篮球、健美操等体育项目优势，借助学校体育资源，以点带面、促进其他各项体育活动在校园开展；坚持惠及全校学生的理念，开设多种社团组织，满足学生的多样性需求，从而提高学生参与的积极性和广泛性，让更多的学生参与其中、锻炼其中、乐在其中；整合校内教师资源，借助体教结合模式，助力校园体育开展，借力社会体育资源，提升学校体育社团教学、训练水平，为其可持续发展提供坚实保障。

四十一 连云港外国语学校连胜青少年体育俱乐部

资料提供：周 晓 李 详

图 41-1 连云港周晓

连云港外国语学校是市教育局直属的一所公办完全中学，始建于 1978 年。2007 年，学校与连云港师专附中合并，组建成新的连云港外国语学校，是一所体育特色鲜明的完全中学。学校现有初一到高三 6 个年级，在校师生近 5000 人。

现有专职体育教师20人，均为本科及以上学历，其中研究生学历5人，专项涉及足球、篮球、排球、田径、健美操、羽毛球等，其中5人获得省级基本功或优质课奖项，8人获得市级基本功或优质课奖项，是一支教学能力突出的队伍。

多年来，学校高度重视体育工作，先后被评为全国群众体育工作先进单位、省学校体育工作先进单位、省健康促进金牌学校、省篮球体育传统项目学校、省篮球特色学校、省体育竞赛培训基地、省教体结合先进单位、国家级青少年体育俱乐部。学校体育场地设施一流，拥有高级别的乒乓球馆、篮球场、排球场、形体练功房和田径场，每年承办各类省市体育赛事活动。

学校现有足球、排球、篮球、车模、航模、乒乓球、健美操、乒乓球等十多个体育社团，积极组织参加国家、省、市级各类体育竞赛，并取得优异成绩。三年来校初中男子足球队两次获得“市长杯”冠军；校健美操队连续三年次荣获省啦啦操比赛高中组团体一等奖；校初中男子篮球队连续三年荣获市篮球赛冠军，连续两年荣获省篮球赛冠军，荣获2016—2017年中国初中男子篮球联赛（南片区）第三名好成绩，2017年夺得全国篮球体育传统学校联赛冠军，2018年荣获由教育部主办的2018Jr. NBA全国校园篮球联赛总决赛冠军，三年来向全国各篮球俱乐部输送专业队员20余名。

图41-2　连云港外国语学校

一、组织方法与活动设计

（一）组织方法

※1 连云港外国语学校连胜青少年体育俱乐部组织简介

一、俱乐部简介

连胜青少年体育俱乐部是在2004年经国家体育总局批准、连云港市民政局注册的青少年体育俱乐部。本俱乐部自成立以来，依托学校一流的师资力量和场地设施，凭借科学的运作理念，在开展青少年体育健身项目培训活动，举办青少年体育特色(冬)夏令营，主办、承办省、市体育竞赛和输送优秀体育后备人才等方面取得了可喜的成绩，为体育走向青少年、走向大众创造了良好氛围。

目前本俱乐部拥有一座体育综合馆、一座乒羽馆、十片塑胶灯光篮球场、一片七人制足球场和300米塑胶跑道。目前，本俱乐部开展的体育项目有篮球、足球、田径、体能训练、健美操、羽毛球等，为广大青少年提供了一个更规范、更科学、更时尚的体育锻炼平台。经过广大师生的一致努力，俱乐部的男子篮球队常年获得市中学生比赛金牌、省前三名的好成绩；健美操队多次获省中学生比赛一等奖；足球队多次荣获市级比赛前三名、省级前六名的好成绩。俱乐部为国家、省、市级输送了大量的体育人才，多次被省教育局、省体育局评为体育先进集体，“市青少年篮球培训基地”。

图41-3　俱乐部综合训练馆

图41-4　俱乐部篮羽综合馆

图41-5　俱乐部健美操训练室

图41-6　俱乐部体育舞蹈训练室

图 41-7　俱乐部跆拳道训练馆

图 41-8　学校田径场

二、俱乐部章程

连云港外国语学校连胜青少年体育俱乐部章程

第一章　总则

第一条　体育俱乐部名称：连胜国家青少年体育俱乐部。

第二条　俱乐部场地：

（一）青少年俱乐部设在连云港外国语学校校内。

（二）利用连云港外国语学校现有的体育场馆、体育设施等体育资源。

第二章　宗旨和业务范围

第三条　俱乐部宗旨是：培养青少年体育兴趣、爱好和终身体育锻炼的习惯，增强青少年体质，并向其传授体育运动技能，发现、培养、输送体育后备人才。开展和推广群众体育项目，提高新区人民健身意识。

第四条　俱乐部业务范围：

（一）开展跆拳道、羽毛球、篮球、足球、健美操、乒乓球、田径、体能训练、体育舞蹈、棋类等体育运动项目，根据条件逐步扩展体育运动项目。

（二）负责培训各类体育运动指导员、教练员、裁判员、运动员；开展体育咨询、交流和组织体育竞赛等活动。

（三）组织会员参加省、市级体育比赛，选拔和推荐优秀体育后备人才。

第三章　组织管理制度

一、会员制度

第五条　俱乐部实行“会员制”管理方法，吸收学校团体会员、社会团体会员及个人会员入会。

第六条　申请加入俱乐部会员条件：

（一）积极参加体育活动，遵守俱乐部章程，自愿申请或会员推荐，并填写会员登记表,由俱乐部批准并发放会员证,才能成为俱乐部正式会员。

(二) 市区各中小学同意本俱乐部章程均可以申请加入俱乐部,成为俱乐部团体会员。

第七条　会员享有以下权利:

(一) 享有俱乐部的选举权、被选举权和表决权。

(二) 参加俱乐部组织的各类活动。

(三) 可获得俱乐部活动优惠。

(四) 入会自由,退会自由。

第八条　会员应履行下列义务:

(一) 遵守俱乐部的章程及各项规章制度。

(二) 维护俱乐部的合法权益。

(三) 积极支持并参加俱乐部工作,完成俱乐部交给的任务。

(四) 支持会员工作,协助搞好俱乐部组织的各项活动。

(五) 向俱乐部提供资料,反映情况。

二、活动制度

第九条　俱乐部定期组织活动,会员可积极参加活动和俱乐部内部比赛,活动时间和地点相对固定。俱乐部根据需要可以改变或者增减活动的场次、另寻场地组织分场活动等。

第十条　非俱乐部正式会员参与俱乐部活动必须得到管理委员会的同意。临时会员参加各类活动需交纳费用。

第十一条　俱乐部不定期组织以下活动:

(一) 与其他相应团体进行友谊比赛和交流。

(二) 组织承办各项各类比赛。

(三) 组织观摩精彩国际国内赛事。

(四) 组织会员参加省市区各级比赛,自愿报名。

第十二条　活动注意事项

(一) 运动前请确定自己的身体健康条件已经达到相应运动所需要的水平。

(二) 在上场运动前确定自己对相应比赛的规则有了一定的认识和理解。

(三) 在上场运动前做好热身运动。

第十三条　禁止行为

(一) 在俱乐部活动时争论不休,谩骂指责,发泄个人情绪以及斗殴。

(二) 在俱乐部活动时做危及他人和自己的危险动作。

(三) 以本俱乐部的名义行使个人行为。

三、俱乐部工作职责

（一）研究制定本俱乐部各体育项目训练工作的方针、政策和发展规划，负责俱乐部会员的登记、注册、交流的管理工作。

（二）负责俱乐部组队参加有关比赛或体育活动的相关工作。

（三）制定俱乐部各体育项目教练员、裁判员的岗位培训、继续教育等业务管理工作的各项制度。

（四）制定俱乐部举办的各项目比赛规程和违反竞赛纪律的处罚规定。

（五）协调、指导网点学校的选材和训练等相关业务工作。

（六）负责教练员的检查、评估及考核表彰工作。

（七）根据俱乐部的科研计划，制定、完成俱乐部科研课题。

（八）完成上级领导交办的其他工作。

（二）活动设计

※2 连云港外国语学校连胜青少年体育俱乐部 2018 年度活动安排计划

为增进学生身心健康，增强学生体质，使学生掌握体育基本知识，培养学生体育运动能力和习惯，提高学生运动技术水平，连胜体育俱乐部组织会员开展丰富多彩的青少年体育活动和体育培训，培养青少年的体育兴趣、爱好和终身热爱体育锻炼的习惯，并向青少年传授体育运动技能，发现和培养具有体育专长的后备人才。以 2018 年全年活动计划为例：

连胜俱乐部 2018 年度活动安排计划表

项目	级别	时间	地点	指导老师
足球	初级	周二晚，周六、周日下午	足球场	曹景瑞
	中级	周四晚，周六、周日上午	足球场	孙克杰
	校队	周一至周六下午	足球场	孙克杰
羽毛球	初级	周二、周四、周六上午	综合馆	宋振智、李详
	中级	周一、周三、周日下午	综合馆	顾卿文
体能		周六、周日	田径场	陈英帅　屠金平
健美操	初级	周六、周日	舞蹈房	张笑笑
	校队	周一至周六下午	综合馆	陶倩倩　宋阳
田径	校队	周一至周六下午	田径场	徐爱军　杨成
跆拳道	初级	周二、周四、周六、周日	舞蹈房	曹轩瑞
1. 举办夏令营　2. 校际交流比赛　3. 各项目校队参加省、市比赛				

※3 连云港外国语学校连胜青少年体育俱乐部2018年度篮球社团活动计划

一、篮球社团活动计划

(一) 指导思想

学校以兴趣为导向,以活动为载体,以学生为主体,以培养学生个性特长、创新精神和实践能力为重点,结合当前特长生的考试情况,以社团活动为手段,丰富学生的课余生活,增强学生发展自我和发现问题并独立解决问题的能力。

(二) 实施要求

1. 社团活动计划的拟定,以学校人力、设备、场所及学生兴趣等条件,作弹性运用,以期能把学校的设施,发挥最大的效果。

2. 社团活动以学生为主体,依学生志愿选修,指导教师提供最佳指导,协助其学习,体验生活,培养兴趣。

3. 各类社团必须与各学科密切配合,以增进教学效果,并以艺术性、体能性及培养学校骨干为主要目的。

4. 全校教师对学校社团活动,均能有指导和参与的责任,且各项活动均应优先考虑教师专长。

(三) 实施办法

1. 社团成员主要采取学生自愿报名,教师做适当调度的形式组成,让学生全员参与。

2. 社团以班级教师专长指导队伍。

3. 每学期拟订课程计划时,根据各教师专长,排定任课教师,并由其提交社团课程计划表及其进度表。

4. 学期结束各社团应将全学期活动记录本及学生活动情况送交科研处。

5. 社团活动应服从学校统一安排,以全校性的活动为优先考虑。

6. 学校社团有义务代表学校参加连云港市及其他一切集体活动,并在学期结束时做好成果展示。

(四) 预期目标

1. 学生得到生活情趣的陶冶,增进自身的才艺能力,拓展人生的学习广度。

2. 发展学生多元能力,促使孩子潜能的开发,造就多层次的社会人才的培育。

3. 让更多的学生学有所长,增强自信心。

(五) 活动计划

1. 以10人为一小组,各组指派一名组长,训练时分组进行。

2. 课时安排：前10分钟进行热身运动，指导老师利用10分钟时间讲解篮球技巧，复习巩固基本技能。后20分钟分组自由练习。

3. 不定期举行小型的篮球比赛。

4. 定期组织观看NBA等篮球赛，举行有关篮球的知识竞赛和游戏，丰富社团活动。

5. 训练培优，争取在“连云港市篮球联赛”上获得佳绩。

（六）社团活动要求

1. “外校”篮球社团活动必须落到实处，指导教师要有明确的活动目标，认真制定切实可行的活动计划，并认真安排好活动内容，及时地做好相关记录。学期结束前写好活动总结。

2. 指导老师对本组的工作负责。必须管理组织教育好学生遵守社团制度和规定，按时到岗参加活动，使学生在提高专业技能水平的同时，同步提高思想道德素质和文明行为素质。

3. 各位社团会员要做到准时到岗，有事有病请假，指导教师做好活动前的点名工作，对缺席学生要问清原因并做好点名记录。

4. 社团活动过程中，教师必须认真辅导，积极热情，充分调动学生的积极性，确保活动扎实有效，安全。

5. 要抓住机遇和创造条件，使学生有机会参加各级各类的竞赛活动，让他们有一显身手的机会，并力争取得优异的成绩。

二、连胜篮球社团活动学期安排计划表

周次·日期	活动内容安排
第1周5.1—5.3	宣传、选拔社员
第2周5.6—5.10	原地运球、全场运球、原地传接球、行进间传接球
第3周5.13—5.17	往返跑、滑步练习、耐力练习
第4周5.20—5.24	站位练习、配合战术
第5周5.27—5.31	小组赛、总结经验
第6周6.3—6.7	长传、肩上投篮、跳投
第7周6.10—6.14	抢篮板球、防守战术
第8周6.17—6.21	配合战术、耐力练习
第9周6.24—6.28	速度、灵活、力量练习

续表

周次·日期	活动内容安排
第 10 周 7.1—8.30	假期
第 11 周 9.2—9.6	组织看球赛、耐力练习
第 12 周 9.9—9.13	2 对 2 练习、半场练习
第 13 周 9.23—9.27	与外校友谊赛
第 14 周 10.1—10.4	3 对 3 练习、全场练习
第 15 周 10.7—10.11	配合战术、速度练习
第 16 周 10.21—10.25	定点投球练习
第 17 周 10.28—11.1	与老师队伍友谊赛、防守、摆脱防守
第 18 周 11.4—11.8	跑位练习、素质练习、全场运球上篮
第 19 周 11.18—11.22	总结考核成绩
第 20 周 11.25—11.29	看篮球联赛、队内比赛
第 21 周 12.2—12.6	换位练习、摆脱防守
第 22 周 12.9—12.13	素质练习、技巧练习
第 23 周 12.23—12.27	与外校篮球比赛

※4 连云港外国语学校连胜青少年体育俱乐部 2018 年度健美操社团全年活动计划

全年按三个周期划分:调整期、基本训练期和竞赛期。

一、调整期

2—3 月主要任务:组建健美操队伍,培养正确的身体姿态,发展一般运动能力。

二、一般准备期

4—5 月主要任务:对运动员的身体状况和技术水平进行评估诊断,有针对性地安排体能训练和技术训练;提高体能,适应大赛强度要求,编排修改成套动作,制作音乐,提高动作质量,熟练掌握成套动作,提高表现,及时恢复体能。举行 1~2 次测验赛;大运动量,中等强度训练。采用间歇训练法,训练变化多样,可安排游泳、篮球、排球等。

三、专项准备期

5—7 月主要任务:全面熟悉成套动作,提高专项素质和专项体能,完善成套动作音乐;小运动量,大强度的技术训练,强化专项技术;心理:确定目标,树立自信心。提高对待压力的适应能力。强调心理机能，面对失误，面对比分领先和落后的心理调节。提高放松的技巧，学会在比赛中运用；多进行交流比赛，增加练习比赛的次数。

四、赛前准备期

7—9月主要任务：保持良好竞技状态，调整运动量，提高比赛经验和能力；进行专项的、大强度、小运动量的训练，强化心理训练。

五、比赛期

11月主要任务：运动员保持最佳竞技水平，保持最佳的体能、技术和心理状态；遵循赛前的常规做法，每场比赛前适当地做身体、技术和心理的准备活动。运动量取决于比赛的常数，每场比赛结束后要进行伸展和放松活动。

六、过渡/休整期

12月主要任务：使运动员从比赛的紧张状态中恢复，心理和生理上的休整和恢复；评估比赛，讨论需要在下一准备阶段解决的问题；深入理解规则，对操化动作和难度动作细化训练，从比赛中寻找弱点，对技术漏洞进行强化训练；轻微的身体训练，间歇训练。

二、实施的过程与方法

（一）具体实施过程

※5 连胜俱乐部培训计划

一、指导思想

为丰富青少年课余生活，在学习之余通过体育锻炼激发青少年的运动兴趣，增强体质，培养坚强的意志品质、合作精神和交往能力，形成终身体育锻炼习惯，同时为提高体育运动能力和培养体育特长奠定良好基础，连胜青少年体育俱乐部为爱好体育运动的青少年提供锻炼平台，现开设体育特长和体能项目社团。

二、招收范围

爱好体育、身体健康的青少年学生均可自愿报名参加。

三、培训项目

（一）体育特长培训：1. 篮球；2. 足球；3. 乒乓球；4. 羽毛球；5. 健美操；6. 跆拳道。

（二）体能项目培训：1. 球类（篮球、排球、足球）；2. 50米；3. 立卧撑；4. 仰卧起坐；5. 立定跳远；6. 实心球；7. 1000米/800米。

四、培训地点：连云港外国语学校体育馆、田径场

五、培训时间

项目	时间	培训次数	地点
1. 体能项目	周六、日上午 7:30—9:00 周六、日下午 4:30—6:00	每周二次	田径场
2. 足球	周六、日下午 4:30—6:00	每周二次	田径场
3. 篮球	周六上午 7:30—9:00;下午 3:30—5:00 周日上午 7:30—9:00;上午 10:30—12:00	每周二次	体育馆
4. 羽毛球	周六下午 2:00—3:30 周日上午 9:00—10:30	每周二次	体育馆
5. 健美操	周六、日上午 8:00—9:30	每周二次	健美操房
6. 乒乓球	周二、四下午 6:00—7:30 周六上午 8:00—9:30	每周三次	乒乓球馆
7. 跆拳道	周二、四下午 6:00—7:30 周六上午 8:00—9:30	每周三次	舞蹈房

六、管理制度

学校领导高度重视,积极筹办俱乐部,成立工作领导小组,确定理事会,制定了俱乐部章程和各项规章制度,健全了俱乐部的工作机构,俱乐部设立主任一名,副主任一名,下设活动部、竞训部、财务部、宣传部,分别安排对口的同志担当各部门工作。定期召开理事会研究俱乐部有关适宜。

※6 连云港外国语学校连胜青少年体育俱乐部羽毛球中级班上学期活动计划

一、指导思想

深入实施素质教育,贯彻“以人为本,健康第一”的思想。广泛开展羽毛球课外训练活动,提高学员羽毛球运动技术水平,增强学生体质,娱乐身心,促进学生全面发展。

二、训练任务

学习主要基本技术,加强反手击球技术;发展全面体能素质;学习和掌握初级羽毛球运动的基本知识;培养学生“球感”“拍感”“本体感”“时空感”等专门性感知觉。

三、训练内容

(一) 第一、二课时(第一周)

1. 准备活动+热身练习

2. 复习:正手握拍,反手握拍,正反手颠球,正手发球挥拍练习

3. 新授:反手发球技术

4. 多球练习:反手发球技术

(二) 第三、四课时(第二周)

1. 准备活动+热身练习
2. 复习:正反手握拍,正手发球挥拍,正手发直线高远球
3. 新授:反手击高远球
4. 多球练习:反手定点打直线高远球

(三) 第五、六课时(第三周)

1. 准备活动+热身练习
2. 复习:握拍、掂球,发球动作,上手挥拍动作
3. 新授:半场前后步伐,反手高远球
4. 多球练习:反手发直线高远球,反手打高远球

(四) 第七、八课时(第四周)

1. 准备活动+热身练习
2. 复习:反手发球,反手高远球,半场步伐
3. 新授:定点网前反手挑直线高球
4. 多球练习:结合半场步伐打后场高远球,挑前场高远球

(五) 第九、十课时(第五周)

1. 准备活动+热身练习
2. 复习:发球动作,挥拍动作,挑球动作
3. 新授:正反手网前搓小球,素质练习
4. 多球练习:网前搓小球

(六) 第十一、十二课时(第六周)

1. 准备活动+热身练习
2. 复习:发球动作,挥拍动作,挑球动作,搓球,半场的前后步伐
3. 新授:全场的前场步法
4. 多球练习:结合全场的前场步法练习网前球的搓、挑技术

(七) 第十三、十四课时(第七周)

1. 准备活动+热身练习
2. 复习:发球、高球、挑球、搓球,半场,前场步法
3. 新授:全场的后场步伐
4. 多球练习:结合后场步伐打直线高远球、斜线高远球

(八) 第十五、十六课时(第八周)

1. 准备活动+热身练习

2. 复习:所学羽毛球技术与步伐

3. 结业考评

※7 连胜俱乐部健美操周训练计划

一个星期的训练计划一般安排4个训练日,赛前集中训练安排集训2周(略),周计划见下表(以第1周为例):

本周任务		恢复体能及操化练习		
课次	星期	上课时间	主要任务	训练内容与手段
一	星期二	16:30—18:00	恢复体能及操化练习	1. 基本步法练习 2. 操化练习 3. 身体训练 4. 身体放松
二	星期四	16:30—18:00	恢复体能及操化练习	1. 基本步法练习 2. 操化练习 3. 身体训练 4. 身体放松
三	星期六	14:00—16:00	恢复体能及操化练习	1. 基本步法练习 2. 操化练习 3. 成套难度练习 4. 专项爆发力的练习
四	星期日	14:00—16:00	恢复体能及操化练习	1. 基本步法练习 2. 操化练习 3. 成套难度练习 4. 专项爆发力的练习

※8 连胜俱乐部羽毛球课时训练计划

组别:初级班　　人数:35　　执教人:宋振智　　周次:1　　课次:1

教学内容	羽毛球的基本知识、正反握拍、颠球、正手击高远球
教学目标	1. 知识目标:学习羽毛球的基本知识,懂得羽毛球的规则与裁判法 2. 技能目标:学习羽毛球基本技术,以及在比赛中的应用 3. 情感目标:培养学员对羽毛球的兴趣,养成打羽毛球的习惯,在练习中增强学员的人际交往,培养他们团结协作的能力
教学重难点	重点:正手击高远球 难点:正手击高远球的连贯性
准备部分	集合整队,宣布上课,师生问好;检查人数,做好考勤记录;宣布本次课的内容以及注意事项(安全);安排有关学员帮助布置场地
开始部分	慢跑,一路纵队绕羽毛球场地外围,匀速慢跑4圈 徒手操(由上到下依次完成);韧带拉伸;步伐练习

续表

基本部分	以拍为例，对拍柄、拍杆、拍框进行介绍；讲解示范正反手握拍的动作要领以及注意事项；组织学生正反手握拍练习；讲解示范颠球技术；组织学生练习颠球技术；讲解示范正手击高远球的动作要领
结束部分	集合整队，总结本次课的学习 静力拉伸 安排学生回收器材 宣布下课，师生再见

※9 连胜俱乐部篮球社团活动课时计划

上课老师：魏玉刚　　　　　课次：5

教学内容	熟悉球性的练习；复习原地各种传接球技术；学习行进间双手胸前传接球技术	场地器材	篮球若干
学习目标	1. 掌握正确的行进间双手胸前传接球基本技术动作与要领 2. 养成主动学习习惯，培养合作精神与创新意识，在练习中主动帮助同伴		
教学设计			
一、课堂常规（略） 二、准备部分 （一）绕篮球场进行高低运球练习，熟悉球性 （二）球操（略） 三、基本部分 （一）复习原地传接球 1. 两人一组，相距 3～5 米，原地传球练习 2. 两人一组，相距 3～5 米，原地传反弹球练习 3. 两人一组，相距 3～5 米，原地双手头上传球 4. 两人一组，相距 3～5 米，原地单手肩上传球 5. 原地三角、五角进行上述练习 （二）学习行进间双手胸前传接球技术 动作要领：跑动与传球时机的把握，传球的方向、位置与对方接球的方向、位置是否协调一致 教学步骤： 1. 讲解示范动作方法要领 2. 侧面上步传接球练习 3. 正面行进间传接球练习 4. 两人一组一球短传推进练习 5. 三人一组一球短传推进、上篮练习 6. 分组教学比赛 四、结束部分 （一）整队集合 （二）小结讲评 （三）放松——静力拉伸 （四）收拾归还器材			
教学反思（略）			

（二）现场实况照片

图 41-9 篮球社团培训

图 41-10 田径社团培训

图 41-11 羽毛球社团培训

图 41-12 体能社团培训

图 41-13 篮球传统项目学校冠军获奖证书

图 41-14 校园篮球冠军赛证书

三、成绩与效果

（一）学生参与兴趣明显增强，综合素质显著提升

通过形式多样的社团活动，在丰富学生课余活动的同时，也满足学生不同的兴趣需求，从而对培养学生体育运动兴趣有着积极的意义。此外，学生参与体育社团，不仅锻炼着身体，对学生心理也有着重要的影响，比如在面对训练困难时，调整自我情绪，从而锻炼学生的良好的意志品质，提升学生的综合素质。

（二）身体锻炼效果明显，自信心得到增强

大多数学生选择的社团是基于自己的兴趣与爱好，在社团组织的活动中参与度高，练习效果明显，在学习技术和战术的同时，身体锻炼效果明显。在学期体育成绩测试中，社团组织的成员体育成绩达标率在98%以上，从而让学生看到了参与体育社团的效果，提高了学生参与的信心和热情。

（三）家长反馈良好，配合态度明显转变

学生参与体育社团后的诸多变化也得到了家长肯定和行为的支持，如李某辰家长反馈说："在没参加足球社团之前，我们家孩子性格内向、不善于与同学交流，而且我们还很担心是否会影响他的文化学习。但参加了学校的足球社团后一段时间来看，文化成绩并没有受到影响，而且性格比以前变得开朗了很多，也经常和我们聊他在训练和比赛的表现，我们很开心看到他的变化，现在也很支持他参加这样的活动。"

（四）优秀队员的明星效应，促进课余体育活动开展

学校各社团组织的成员是学校组建和选拔的重要基础。每年学校都会从各社团组织中选拔一批优秀的、有潜质的会员加入到校运动队中，进行更系统和专业的训练，代表学校参加各项运动竞赛，为学校增光添彩。在取得成绩后进行表彰展示，在学校每周 的升旗仪式上进行颁奖表扬，展示明星队员的风采，提高他们在同伴群体中的影响作用，让他们在同伴中作表率，促进了课余体育活动的开展。

（五）参加各级各类比赛取得骄人战绩

篮球：2017 年全国篮球传统项目学校联赛（男子组）在陕西省延安市举行，共有来自全国 16 个省的中学生代表队参加了比赛，我校初中男子篮球队代表江苏省参加比赛，七战七捷，获得比赛全国冠军，为连云港市争得了荣誉，也实现了我校篮球比赛的历史性突破。在由教育部主办的 2018Jr. NBA 全国校园篮球联赛总决赛于 5 月 1 日—5 月 5 日在天津举行，我校篮球队在本年度的校园篮球联赛分站赛中先后荣获江苏连云港赛、江苏总赛区、华东总赛区冠军,在此次天津站的全国总决赛中我校篮球队不畏强手,奋力拼搏,一路过关斩将,最终荣获首届全国校园篮球联赛总决赛初中组冠军,这是学校继 2017 年夺得全国篮球体育传统学校联赛冠军后,第二次问鼎全国篮球比赛总冠军。

同时,俱乐部篮球社团也培养了一批优秀的运动员,名单如下:

连云港外国语学校篮球队员输送情况一览表(2011—2019 年)

年份	姓名	输送方向	运动等级
2011	唐子豪	美国橡树山高中	—
2011	衡艺丰	江苏同曦	健将
2011	朱超	江苏青年队	一级
2011	张徐	江苏青年队	健将
2011	于翔	江苏青年队	健将
2011	胡可翰林	重庆	一级
2011	金立春	重庆	一级
2011	靳思扬	江苏青年队	一级
2012	嵇有元	江苏师范大学	二级
2012	王昱翔	江西师范大学	一级
2012	靳思扬	厦门大学	一级
2013	吴昊	青岛双星	一级
2013	何东晟	青岛双星	一级
2013	王晨	江苏师范大学	二级
2013	夏雨	淮阴师范学院	二级
2014	严祺博	江苏师范大学	二级
2014	郭耿帅	江苏师范大学	二级
2014	张效通	江苏师范大学	二级
2014	孙洋洋	南京体育学院	二级
2014	赵相熙	南京大学	一级
2014	李健康	北京首钢	一级
2014	马兆见	安徽文一	一级
2014	程帅澎	浙江稠州银行	一级
2014	李柏润	广东东莞	一级

续表

年份	姓名	输送方向	运动等级
2015	王子铭	中国海洋大学	二级
2015	侯新光	江苏师范大学	二级
2015	于楚鉴	江苏师范大学	二级
2015	姜正宇	南京晓庄学院	二级
2015	范宽	中国海洋大学	二级
2015	程一峰	首都经贸大学	二级
2016	杨浩宇	常州大学	二级
2016	潘登	南京体育学院	二级
2016	王忠杰	沈阳体育学院	二级
2016	魏子翔	浙江稠州银行	二级
2016	李孟博	江苏师范大学	二级
2016	张恒	江苏青年队	二级
2016	夏振植	江苏青年队	二级
2016	孙浩钦	国少队	一级
2017	孙然	南京体育学院	二级
2017	程文	江苏师范大学	二级
2017	张恒瑜	江苏师范大学	二级
2017	成哲	江苏师范大学	二级
2017	张洪硕	浙江稠州银行	一级
2017	陆翊铭	浙江稠州银行	一级
2017	时振恺	浙江稠州银行	一级
2017	孙然	南京体育学院	二级
2018	臧志豪	江苏师范大学	二级
2018	张小杰	山东体育学院	二级
2018	于善旺	山东体育学院	二级
2018	秦超	山东体育学院	二级
2019	王海翔	山东体育学院	二级
2019	许顾宝	山东体育学院	二级
2019	赵一鸣	西安体育学院	二级
2019	徐继仲	成都体育学院	二级

健美操:我校健美操社团自成立以来,在陶倩倩老师的带领下,先后在全国啦啦操联赛、江苏省中小学生健美操、啦啦操锦标赛、连云港市青少年啦啦操比赛中获得多个单项第一名、团体一等奖的好成绩。同时,连云港外国语学校健美操社团也培养了一批优秀的运动员,名单如下:

连云港外国语学校健美操队员输送情况一览表(2011—2019 年)

年份	姓名	输送方向	运动等级
2014	王一斐	厦门理工学院	一级运动员
2014	孔艺儒	西南财经大学	一级运动员
2015	黄馨瑶	西南财经大学	一级运动员
2016	陈禹轩	苏州大学	二级运动员
2016	刘芳宇	苏州大学体	二级运动员
2016	黄嘉雯	南京体育学院	啦啦操三星级运动员
2017	郭芬羽	广州体育学院	二级运动员
2017	赵斯语	南京体育学院	啦啦操三星级运动员
2017	蒋欣彤	成都体育学院	二级运动员
2018	沈彦含	成都体育学院	二级运动员
2018	徐媛媛	南京体育学院	二级运动员
2018	胡钰浩	武汉体育学院	二级运动员
2019	袁成杰	苏州大学	二级运动员

图 41-15　参加江苏省啦啦操比赛

图 41-16　荣获省赛一等奖

体育舞蹈:我校体舞舞蹈社团自成立以来,也得到了师生的广泛认可,同时,学员也不负众望,刻苦练习,在 2019 年连云港市青少年体育舞蹈锦标赛中,我校体舞舞蹈队在比赛中以自信昂扬的姿态、高质量的舞蹈水平获得了优异的成绩，共获得了金牌九枚、银牌九枚、铜牌七枚，队员们在本次比赛中提高了水平、赛出了风采，并得到了专业裁判员的高度认可。

图 41-17　参加市体育舞蹈比赛

四、思考与展望

（一）目前，俱乐部的教练员配置不完善，是俱乐部运动项目发展受限的影响因素之一。为了达到拓展更多运动项目的目的，俱乐部的师资队伍也要紧跟俱乐部发展。俱乐部可以招募更多专职教练员，或者聘请可以教授多种运动项目的复合型教练人才，定期组织在籍的教练员外出培训交流，促进教练员的运动技术和体育理论知识水平的不断提高。

（二）目前俱乐部主要以身体练习项目为主，建议还应该积极开展普及体育知识，增加体育与健康或者运动解剖学等方面的理论课程，让参与俱乐部的人群充分了解自己的身体，减少运动损伤，更好地培养终身体育习惯，改善人们的生活方式，促进体育运动良性发展。应基于传授健身技能、提高运动技术水平，以俱乐部的形式搭建运动队，组织俱乐部会员参加相关项目的体育比赛，扩大俱乐部的影响力和声誉度，同时积极发掘、培养和向上级训练单位输送优秀的体育后备人才。

（三）进一步与学校体育融合，在未来的发展中要进一步做好体教结合方面的创新，俱乐部可以积极配合学校，作为学校体育的填充部分，对依托学校学生进行调查研究，拓展更多学生感兴趣的项目，从青少年的兴趣和体育需求出发，改变学生对体育运动项目的枯燥刻板印象，培养学生兴趣，改变应试教育的弊端，让学生融入体育找寻兴趣，从而达到培养终身体育的运动习惯。青少年俱乐部在未来也可以开展诸如中、高考的体育考试相关培训，帮助学生拿到更好的体育成绩。

入选理由：

学校秉承“跳出健康、跳出快乐”的健康理念，因地制宜将跳绳、踢毽作为体育传统项目，短短一根绳，小小一只毽，不仅舞出动感、舞出风采，还跳出花样、跳出特色。跳绳踢毽社团已然成了学生参与体育、培养特长、体验成功的有效载体。他们在活动中掌握技能、增强体能、积累知识、陶冶情感、磨炼意志。大课间同学们穿梭于精彩纷呈的绳毽中，成了学校一道亮丽的风景线。

四十二 连云港灌南县初级中学跳绳踢毽社团

资料提供：程海芹

图 42-1 连云港程海芹

灌南县初级中学创办于 1958 年，是一所县直属公办学校。学校先后获得“国家语文教改示范校”“全国教科研先进单位”“江苏省最具影响力初中先进校”“江苏省青少年科技教育先进学校”“江苏省自制教具先进校”“江苏省体育工作先进学校”“连云港市体艺教育特色校”“连云港市规范办学先进学校”“连云港市初中语文读写课程基地”“连云港市工艺美术课程基地”等荣誉。学校目前拥有专职教师 178 名，其中省特级教师 1 名，省市级骨干教师、学科带头人 30 名。专业体育教师 11 名，均为本科学历。学校体育教师有篮球专业 3 人，田径专业 4 人，健美操专业 2 人，排球专业 1 人，社会体育专业 1 人；其中有 3 人获得过市体育优课比赛一等奖。学校共有 54 个教学班，在校学生 3300 余人。

学校现有 400 米塑胶跑道，标准水泥篮球场 6 片，室外乒乓球场地 2 片共 54 张球桌，单双杠、体育联合器、跳远沙坑、垒球场、铅球场地等一应俱全。为了保证跳绳踢毽社团顺利开展，学校配有专门的训练场地。

跳绳、踢毽子作为学校的传统体育项目，自 2006 年开始成立跳绳踢毽社团，这么多年从未间断过。在校领导支持和体育组全体成员的努力下，跳绳踢毽社团越办越好。2007 年学校参加灌南县中小学跳绳踢毽子比赛，获得中学组第二名。2008 年参加连云港市跳绳、踢毽比赛，获得跳绳中学组二等奖。2008—2009 学年度学校获得连云港市开展冬季三项百日锻炼活动先进学校。2013 年获得灌南县跳绳、踢毽子比赛中学组双第一名；获得连云港市“新华杯”跳绳比赛中学组二等奖。2014 年获得连云港市中小学跳绳、踢毽比赛中学组双二等奖。2015 年获得连云港市中小学跳绳比赛中学组二等奖，踢毽子比赛中学组一等奖。2016 年获得灌南县中小学跳绳、踢毽子比赛跳绳一等奖，踢毽子第一名；跳绳、踢毽子团体总分第一名，获得连云港市中小学跳绳、踢毽比赛双一等奖。2017 年获得灌南县跳绳、踢毽比赛中学组双一等奖，获得连云港市踢毽比赛中学组一等奖，跳绳比赛中学组二等奖。2018 年获得灌南县踢毽子比赛中学组一等奖，跳绳比赛中学组二等奖。

一、组织方法与活动设计

（一）组织方法

※1 连云港灌南县初级中学跳绳踢毽社团管理章程

通过组织和指导社团成员活动，提高学生的体能素质，普及跳绳踢毽运动，丰富灌南县初级中学的学生课余时间，本社团奉行自由、奉献、平等、互助、进步原则。

第一章　总则

第一条　社团名称

灌南县初级中学飞鹰跳绳踢毽社团。

第二条　社团性质

飞鹰跳绳踢毽子社团是一个灌南县初级中学优秀学生团体组织,由学校专职跳绳踢毽子老师程海芹担任教练,团员由品学兼优且热爱跳绳踢毽子的学生组成。

第三条　社团宗旨

飞鹰社团以“我运动,我健康;我运动,我快乐”为宗旨,全面推进素质教育,提高训练教学质量,进一步培养和巩固学生对跳绳踢毽的兴趣和爱好,培养集体主义观念,对学生进行专业训练,以提高他们的身体素质和技术技能水平。

第四条　社团口号

生命因运动精彩,飞鹰让梦想起航。

第二章　社员

第五条　社员资格

品学兼优且自愿遵守本章程,对跳绳踢毽子有浓厚兴趣的本校在籍学生,均可申请参加本社团,经教练审核通过即可成为社团正式成员。

第六条　权利

(一) 社团成员有接受社团训练,参与社团活动的权利。

(二) 社团成员有对社团工作提出意见和建议的权利。

(三) 社团成员必须恪守宗旨,支持本社团工作,维护社团利益。

(四) 社团成员有自由退出社团的权利。

第七条　义务

(一) 社团成员必须遵守社团的有关规定。

(二) 学生参加社团活动需经过家长的同意。

(三) 社团内不允许出现打架、骂人等现象,一经发现必将严肃处理。

(四) 社团成员互帮互助友爱共同进步。

第八条　纪律

社团成员请假、迟到、早退三次视为旷课,旷课累计三次视为主动退出,每次参加训练要按照规定时间到场地,到场后保持训练场的安静,听从老师指令。

第九条　社团开展原则

(一) 培养学生对跳绳踢毽运动的兴趣,带动学生增强跳绳踢毽的积极性。

（二）拓展学生的身体素质训练，提高学生的运动能力。

（三）培养学生的团结协作的精神和团队意识。

（四）培养学生的运动兴趣，养成终身体育的思想。

（五）培养学生吃苦耐劳的意志品质。

（六）通过开展一系列的社团活动，来发展学生多才多艺的本领，同时逐渐形成学校的校本课程。

第三章　组织

第十条　组成

跳绳队设教练1人，队长1人，副队长2人；踢毽子队设教练1人，队长1人，副队长1人。

第十一条　职权

（一）教练组负责主持开展日常工作，组织实施工作计划。

（二）协调各机构开展训练工作。

（三）加强社团成员思想教育工作，培养社团成员的学习兴趣，提高社团成员的运动成绩。

第四章　奖惩

第十二条　奖惩

（一）按时参加训练并取得优异成绩的成员，所在班级积分加30分。

（二）参加校比赛、县比赛、市比赛获奖的，给予获奖队员一定物质奖励并给予班级相应的加分。

（三）教练员根据队员所取得的成绩，给予相应的奖励。

（四）社团成员请假、迟到、早退三次视为旷课，旷课累计三次视为主动退出社团。

第五章　附则

第十三条　社团每学年工作、计划及工作总结必须定期上报到学校。

第十四条　本章程有未尽事宜，由教练组提出修改补充意见，报学校定论。

※2 连云港灌南县初级中学跳绳踢毽社团组织结构

名誉社长：孙振皓

副 社 长：马荣昌

指导老师：程海芹，队长、副队长、社员（名单略）

(二)活动设计

※3 连云港灌南县初级中学跳绳踢毽社团年度训练计划

一、2018—2019 学年度跳绳踢毽社团训练工作计划

<table>
<tr><td>社团名称</td><td colspan="6">飞鹰跳绳踢毽社团</td></tr>
<tr><td rowspan="2">招生人数</td><td rowspan="2">48 人</td><td rowspan="4">指导老师</td><td rowspan="4">程海芹</td><td rowspan="4">名誉社长</td><td colspan="2">姓名:孙振皓</td></tr>
<tr><td colspan="2">性别:男</td></tr>
<tr><td rowspan="2">招生来源</td><td rowspan="2">7~9 年级</td><td colspan="2">班级:8 年级</td></tr>
<tr><td colspan="2">特长:双飞跳绳</td></tr>
<tr><td>活动时间</td><td colspan="6">每周二、四下午 4:40—5:40</td></tr>
<tr><td>活动地点</td><td colspan="6">篮球场南边指定训练场</td></tr>
<tr><td>社团性质</td><td colspan="6">健体类</td></tr>
<tr><td>指导思想</td><td colspan="6">为更好地贯彻落实教育部《关于开展全国亿万学生阳光体育运动的决定》,落实“生命—和谐”教育理念,全面实施素质教育,培养德智体全面发展的人才,坚持“健康第一”的指导思想,牢固树立终身体育的课程理念。体育组积极组建跳绳踢毽社团,全面推进素质教育,提高训练教学质量,进一步培养和巩固学生对跳绳踢毽的兴趣和爱好,培养集体主义观念,对学生进行训练,以提高他们的身体素质和技术技能水平</td></tr>
<tr><td>活动目标</td><td colspan="6">1. 认真完成本学年社团的训练任务,使队员掌握跳绳踢毽子的基础知识、基本技能与基本技术
2. 努力提升自己的体能和运动技能,争取在各类比赛中取得优异成绩
3. 培养学生服从组织遵守纪律,诚实、机智、积极进取的心理品质和集体主义精神</td></tr>
<tr><td>训练措施</td><td colspan="6">1. 适时了解、分析队员的学习训练信息
2. 营造符合队员特征的、有利于训练的运动环境
3. 根据队员的特征,采用兴趣化和多样化的教法与训练手段,充分发挥竞赛的作用,让队员在自主游戏中练习,充分激发学生的潜能
4. 根据队员实际情况,不断变化训练方式,不断激发队员的练习兴趣
5. 培养勇敢、顽强、朝气蓬勃和积极进取的精神,培养队员的主动性、创造性</td></tr>
<tr><td>条件分析</td><td colspan="6">1. 每堂训练课都奉行“安全第一、健康第一、全面发展”的原则,严格作风,纪律严明,认真刻苦训练
2. 每堂课队员穿便于运动的服装,提前 3 分钟到达训练场地,由队长安排指定专人负责跳绳、毽子的发放与收取
3. 训练时如遇到身体不适,要及时报告教练</td></tr>
</table>

续表

管理与评价方法	1. 跳绳队设队长1人,副队长2人;踢毽子队设队长1人,副队长1人。负责组织与管理工作 2. 对每次课中表现最佳的跳绳、踢毽队员给予积分奖励 3. 各小队队长负责按时考勤,记录队员平时训练成绩、比赛成绩等

二、跳绳踢毽子社团活动内容及具体安排

课次	主教材
1～2	活动动员宣传,组建训练队
3～4	集中练习、选定感兴趣项目(跳绳或毽子)
5～6	练习单飞跳绳、单脚踢(左脚)踢毽子
7～9	练习单飞(带跳)跳绳、单脚踢(右脚)踢毽子
10～12	双飞跳绳、单飞跳绳,双脚盘踢、单脚接龙踢毽
13～14	基本素质练习
15～16	双飞跳绳、单飞跳绳,双脚盘踢、单脚接龙踢毽
17～19	双飞跳绳、单飞跳绳,双脚盘踢、单脚接龙踢毽
20～22	双飞跳绳、单飞跳绳,双脚盘踢、单脚接龙踢毽
23～24	基本素质练习
25～26	教学比赛
27～29	双飞跳绳、单飞跳绳,双脚盘踢、单脚接龙踢毽
30～32	双飞跳绳、单飞跳绳,双脚盘踢、单脚接龙踢毽
33～34	教学比赛
35～36	训练考核

※4 连云港灌南县初级中学跳绳踢毽社团 2018—2019学年度第一学期训练计划

一、指导思想

坚持以“健康第一”为指导思想,全面推进阳光体育运动。在训练中坚持“科学施训、普及提高”,体育组分步实施训练教学目标,制定计划,全面推进素质教育,提高教学训练质量,进一步培养和巩固学生对跳绳踢毽的兴趣和爱好,培养集体主义观念,以提高他们的身体素质和技术技能水平。

二、训练目的

(一)根据学生的身心发展需要,积极创新,力求以活动励德,以活动辅智,以活动健体,以活动塑美,以活动促劳,促进学生五育全面和谐的发展。

(二) 科学进行训练,贯彻从小打好基础,系统训练,积极提高原则,抓好身体素质、提高跳绳踢毽技能。

三、训练任务

(一) 培养队员良好的心理品质及思想品德,在学习技术技能之前先学习做人道理,从思想上重视教育。

(二) 根据队员年龄段特点,提高队员身体健康水平,根据跳绳踢毽专项运动的特点,改善队员的身体形态,提高机体的运动能力,发展综合的运动素质。

(三) 培养队员的团队精神,跳绳、踢毽运动是一项集体项目,需要每个队员努力,才能取得好的成绩。

四、活动训练方案

(一) 活动训练时间:每周周二、周四下午 4:40—5:40

(二) 指导教师:程海芹

(三) 社团队员名单:(略)

(四) 活动训练措施

1. 提高队员训练作风,比赛作风,严格纪律性,培养良好体育道德作风,严格训练质量。

2. 发展队员的全面身体素质,重点发展速度、灵敏、耐力、协调、爆发力等素质,学习掌握跳绳、踢毽的正确技术,提高速度所需要的肌肉力量,提高完成各种技术动作所需要的灵敏、耐力和协调能力。

3. 要把训练和思想教育结合起来,有意识地渗透品德教育,培养学生爱祖国、爱学校、懂礼貌、讲礼貌、肯吃苦的品质,加强跟班主任、家长、校领导的联系,使学生能安心训练,无“后顾之忧”。通过师生的共同努力,从难、从严、从实战出发,大运动量地进行严格训练,加强意志品质的培养,争创佳绩。

(五) 训练内容及课时安排

第一、二周　活动动员宣传

第三周　集中练习、选定感兴趣项目

第四周　练习单飞(带跳)跳绳、单脚踢(右脚)踢毽子

第五周　双飞跳绳、单飞跳绳,双脚盘踢、单脚接龙踢毽

第六周　练习单飞跳绳、单脚踢(左脚)踢毽子

第七周　身体素质训练

第八周　双飞跳绳、单飞跳绳,双脚盘踢、单脚接龙踢毽

第九周　双飞跳绳、单飞跳绳,双脚盘踢、单脚接龙踢毽

第十周　　身体素质训练

第十一周　　双飞跳绳、单飞跳绳，双脚盘踢、单脚接龙踢毽

第十二周　　人才选拔，校内“跳绳、踢毽活动”比赛

第十三周　　二分钟跳绳、二分钟毽子盘踢 6～7 次，每次跳绳 180 个左右，踢毽 120 个左右

第十四周　　分组帮扶练习，组长带领本组队员提高成绩

第十五周　　各小组测试成绩，校对各小组“跳绳、踢毽活动”质量鉴定

第十六周　　选出精英，分层次训练

五、训练注意事项及备注

（一）此次训练均为学生自愿参与，自愿报名参加训练。

（二）每堂训练课都必须按照“安全第一、健康第一、全面发展”的原则进行，严格作风，纪律严明，认真刻苦训练。

（三）训练本着“以人为本”，以适合同龄队员心理、生理接受能力为提前，积极推行“快乐体育”和“健康体育”，让学生积极主动地投身到训练中。

六、场地器材安排

（一）场地：校篮球场南边的指定训练场。

（二）器材：跳绳、毽子由学校统一提供。

※5 连云港灌南县初级中学跳绳踢毽社团 2018—2019 学年度第二学期训练计划

一、指导思想

从健身出发，全面提高队员的体能素质和自我锻炼意识。根据队员生理和心理特点为学生提供自主训练的空间，改变原有的训练模式，充分发挥学生主观能动性，挖掘队员的内在潜能，培养队员创新意识。通过多种训练方式，培养学生自学、自练、自评及互评能力，在愉悦的气氛中完成训练任务。

二、训练目的

通过跳绳踢毽项目专项训练，增强学生的体质，增进队员身心健康；建立跳绳踢毽的基本技能概念，体会动作要领，熟练掌握跳绳踢毽最基本技术和游戏方法；发展学生耐力，协调等体能素质，培养勇敢、顽强、机智、果断等优良品质和团结一致的集体主义精神。

三、训练任务

（一）进一步进行思想教育，提升队员良好的心理品质及思想品德。

（二）改变训练方法，加大训练强度，根据跳绳踢毽专项运动的特点，改善队

员的身体形态,提高机体的运动能力,发展队员综合的运动素质。

(三)进一步培养队员的团队精神,跳绳踢毽运动是一项集体项目,需要每个队员努力,才能取得好成绩。

(四)教会队员进行专项运动训练组织、指导工作的基本知识和技能,培养队员独立进行自我训练的能力。

四、活动训练方案

(一)活动训练时间:每周周二、周四下午4:40—5:40。

(二)指导教师:程海芹

(三)社团队员名单(略)

(四)活动训练措施

1. 提高队员训练作风,比赛作风,严格纪律性.培养良好体育道德作风,严格训练质量。

2. 全面提高队员的体能素质,重点发展速度、灵敏、耐力、协调、爆发力等素质,全面掌握跳绳踢毽的技术,提高速度所需要的肌肉力量,提高完成各种技术动作所需要的灵敏耐力协调能力。

3. 全面提高队员的基本技术,逐步发展队员个人技术特长,提高技术运用能力,注意发现队员特点加以培养。

(五)训练内容及课时安排

第一周　跳绳单飞,单脚踢踢毽子,体能恢复训练

第二周　跳绳单飞,单脚踢踢毽子,体能恢复训练

第三周　单飞(带跳)跳绳,单脚踢踢毽子

第四周　身体素质训练

第五周　身体素质训练

第六周　单飞跳绳、单脚踢(左脚)踢毽子

第七周　单飞(带跳)跳绳、单脚踢(右脚)踢毽子

第八周　双飞跳绳、单飞(带跳)跳绳,双脚盘踢、单脚接龙踢毽

第九周　双飞跳绳、单飞(带跳)跳绳,双脚盘踢、单脚接龙踢毽

第十周　双飞跳绳、单飞(带跳)跳绳,双脚盘踢、单脚接龙踢毽

第十一周　双飞跳绳、单飞(带跳)跳绳,双脚盘踢、单脚接龙踢毽

第十二周　迎接县市“跳绳、踢毽活动”比赛,选拔精英队员

第十三周　二分钟跳绳、二分钟毽子盘踢6～8次,每次跳绳200个左右,踢毽140个左右

第十四周　分组帮扶练习，组长带领本组队员提高成绩

第十五周　各小组测试成绩，校对各小组“跳绳、踢毽活动”质量鉴定

第十六周　选出精英，分层次训练

五、社团训练达成目标

(一) 跳绳单飞带条平均成绩 175 次/分，双飞平均成绩 135 次/分。

(二) 踢毽子盘踢平均成绩 88 次/分，单脚接龙平均成绩 69 次/分。

(三) 队员养成自觉训练的习惯，不怕苦不怕累，在愉悦的气氛中完成训练任务。

二、实施过程与方法

(一) 具体实施过程

※6 连云港灌南县初级中学跳绳踢毽社团周训练计划

一、跳绳踢毽社团 2018—2019 学年度第一学期周训练计划

周次	课次	内容	练习方法与建议
3	1	单飞跳绳	1. 四列横队，自由跳绳 2～3 分钟，做专项绳操 2. 分组计时单飞跳绳
	2	单脚踢毽子	1. 四路纵队绕场慢跑热身，做专项活动操 2. 分组计时单脚踢毽子
4	3	单飞(带跳)跳绳、单脚踢毽子	1. 四路纵队绕场慢跑热身，做专项活动操 2. 分组计时单飞(带跳)跳绳、单脚踢毽子
	4	单飞(带跳)跳绳、单脚踢毽子	1. 四路纵队绕场慢跑热身，做专项活动操 2. 以组为单位，分组进行比赛
5	5	双飞跳绳 双脚盘踢	1. 四路纵队绕场慢跑热身，做专项活动操 2. 分组练习(计时)
	6	单飞(带跳)跳绳、单脚踢毽子	1. 四路纵队绕场慢跑热身，做专项活动操 2. 分组练习，记录一次性完成个数
6	7	练习单飞跳绳、单脚踢踢毽子	1. 四路纵队绕场慢跑热身，做专项活动操 2. 分组练习(计时)，分组比赛
	8	练习单飞跳绳、单脚踢踢毽子	1. 四路纵队绕场慢跑热身，做专项活动操 2. 分组练习(计时)，分组比赛

续表

周次	课次	内容	练习方法与建议
7	9	身体素质训练 (1000 米)	1. 400 米热身跑,专项活动操 2. 1000 米跑
	10	身体素质训练 (台阶跳)	1. 自由跳绳踢毽子热身,专项活动操 2. 台阶跳
8	11	双飞跳绳 双脚盘踢	1. 四路纵队绕场慢跑热身,做专项活动操 2. 分组练习(计时),分组比赛
	12	单飞跳绳 单脚接龙踢毽	1. 自由跳绳踢毽子热身,专项活动操 2. 分组练习,记录一次性完成个数
9	13	双飞跳绳 双脚盘踢	1. 四路纵队绕场慢跑热身,做专项活动操 2. 分组练习(计时),分组比赛
	14	单飞跳绳 单脚接龙踢毽	1. 四路纵队绕场慢跑热身,做专项活动操 2. 分组练习(计时),分组比赛
10	15	身体素质训练 (1000 米)	1. 400 米热身跑,专项活动操 2. 1000 米跑
	16	身体素质训练 (台阶跳)	1. 自由跳绳踢毽子热身,专项活动操 2. 台阶跳
11	17	双飞跳绳 双脚盘踢	1. 四路纵队绕场慢跑热身,做专项活动操 2. 分组练习(计时),分组比赛
	18	单飞跳绳 单脚接龙踢毽	1. 自由跳绳踢毽子热身,专项活动操 2. 分组练习,记录一次性完成个数
12	19	跳绳比赛	1. 跳绳单飞带跳比赛 2. 双飞跳绳比赛
	20	踢毽子比赛	1. 毽子盘踢比赛 2. 毽子单脚接龙比赛
13	21	双飞跳绳 双脚盘踢	1. 自由跳绳踢毽子热身,专项活动操 2. 分组练习,记录一次性完成个数
	22	单飞跳绳 单脚接龙踢毽	1. 四路纵队绕场慢跑热身,做专项活动操 2. 分组练习(计时),分组比赛
14	23	考核跳绳成绩	1. 所有成员准备参加考核
	24	考核踢毽子成绩	1. 所有成员准备参加考核

二、跳绳踢毽子社团2018—2019学年度第二学期周训练计划

周次	课次	内容	练习方法与建议
1	1	单飞跳绳、单脚踢毽子素质练习	1. 四列横队，自由跳绳2～3分钟，做专项绳操 2. 分组计时单飞跳绳、单脚踢毽，高抬腿练习
	2	单飞跳绳、单脚踢毽子素质练习	1. 四路纵队绕场慢跑热身，做专项活动操 2. 分组计时单飞跳绳、单脚踢毽子，高抬腿
2	3	单飞跳绳、单脚踢毽子素质练习	1. 四路纵队绕场慢跑热身，做专项活动操 2. 分组计时单飞跳绳、单脚踢毽子，手持哑铃练习
	4	单飞跳绳、单脚踢毽子素质练习	1. 四路纵队绕场慢跑热身，做专项活动操 2. 以组为单位，分组进行比赛，手持哑铃练习
3	5	单飞（带跳）跳绳、单脚踢毽子	1. 四路纵队绕场慢跑热身，做专项活动操 2. 分组练习（计时）
	6	单飞（带跳）跳绳、单脚踢毽子	1. 四路纵队绕场慢跑热身，做专项活动操 2. 分组练习，记录一次性完成个数
4	7	身体素质训练（1000米）	1. 400米热身跑，专项活动操 2. 1000米跑
	8	身体素质训练（台阶跳）	1. 自由跳绳踢毽子热身，专项活动操 2. 台阶跳
5	9	练习单飞跳绳、单脚踢踢毽子	1. 四路纵队绕场慢跑热身，做专项活动操 2. 分组练习（计时），分组比赛
	10	身体素质训练（台阶跳）	1. 四路纵队绕场慢跑热身，做专项活动操 2. 分组练习（计时），分组比赛
6	11	单飞跳绳 单脚接龙踢毽	1. 四路纵队绕场慢跑热身，做专项活动操 2. 分组练习（计时），分组比赛
	12	单飞跳绳 单脚接龙踢毽	1. 自由跳绳踢毽子热身，专项活动操 2. 分组练习，记录一次性完成个数
7	13	单飞跳绳 单脚接龙踢毽	1. 四路纵队绕场慢跑热身，做专项活动操 2. 分组练习（计时），分组比赛
	14	单飞跳绳 单脚接龙踢毽	1. 四路纵队绕场慢跑热身，做专项活动操 2. 分组练习（计时），分组比赛
8	15	双飞跳绳 双脚盘踢	1. 400米热身跑，专项活动操 2. 分组练习（计时），分组比赛
	16	单飞（带跳）跳绳 单脚接龙踢毽	1. 自由跳绳踢毽子热身，专项活动操 2. 分组练习，记录一次性完成个数

续表

周次	课次	内容	练习方法与建议
9	17	双飞跳绳 双脚盘踢	1. 四路纵队绕场慢跑热身,做专项活动操 2. 分组练习(计时),分组比赛
	18	单飞跳绳 单脚接龙踢毽	1. 自由跳绳踢毽子热身,专项活动操 2. 分组练习(计时),分组比赛
10	19	跳绳比赛	1. 跳绳单飞带跳比赛 2. 双飞跳绳比赛
	20	踢毽子比赛	1. 毽子盘踢比赛 2. 毽子单脚接龙比赛
11	21	双飞跳绳 双脚盘踢	1. 自由跳绳踢毽子热身,专项活动操 2. 分组练习,记录一次性完成个数
	22	单飞跳绳 单脚接龙踢毽	1. 四路纵队绕场慢跑热身,做专项活动操 2. 分组练习(计时),分组比赛
12	23	考核跳绳成绩	1. 所有成员准备参加考核
	24	考核踢毽子成绩	1. 所有成员准备参加考核

※7 跳绳踢毽社团课时训练计划

课时教案 1

<table>
<tr><td>教学内容</td><td colspan="7">跳绳练习　　素质练习</td></tr>
<tr><td>重点</td><td colspan="2">高度的把握</td><td>难点</td><td colspan="4">失误的降低</td></tr>
<tr><td>教学目标</td><td colspan="7">1. 认知目标:学生能说出跳绳的动作要领和锻炼价值
2. 技能目标:认真学习跳绳技术动作,发展灵敏、速度等身体素质,学生在游戏中积极练习
3. 情感目标:学生在练习中能乐意接受教师的指导,并能认真去开动脑筋</td></tr>
<tr><td rowspan="2">课的部分</td><td rowspan="2">课的内容</td><td rowspan="2">教师引领</td><td rowspan="2">学生学习活动</td><td rowspan="2">组织示意图及要求</td><td colspan="3">运动量</td></tr>
<tr><td>次数</td><td>时间</td><td>强度</td></tr>
<tr><td>准备部分</td><td>1. 课堂常规
2. 明确学习目标
3. 慢跑
4. 徒手操</td><td>1. 指定集合地点
2. 向学生问好
3. 宣布课的内容
4. 检查服装,安排见习生
5. 队列练习:队形的变换</td><td>1. 体育委员整队
2. 师生问好
3. 见习生随堂听课
4. 要求动作整齐,精神饱满,学生要注意观察</td><td>队形如下:
♀♀♀♀♀♀
♀♀♀♀♀♀
♀♀♀♀♀♀
♀♀♀♀♀♀
★
排队要求快静齐</td><td>6～8</td><td>8</td><td>小</td></tr>
</table>

续表

<table>
<tr><td rowspan="2">基本部分</td><td>1. 跳绳</td><td>1. 语言激发学生练习兴趣
2. 要求学生能自我摸索
3. 教师示范指导学生练习，在练习中能互相学习，注意观察同伴的动作，发挥自己的想象力和思维能力</td><td>1. 学生认真动脑筋回答老师提出的问题
2. 分散练习，根据问题去做动作，可以运用自己的绳子自己确定目标进行练习</td><td>学生成四列横队练习
♀♀♀♀♀♀♀
♀♀♀♀♀♀♀
♀♀♀♀♀♀♀
♀♀♀♀♀♀♀
★</td><td>8～9</td><td>14</td><td>中上</td></tr>
<tr><td>2. 素质练习：上肢力量练习</td><td>1. 教师讲解动作要领及要求，并适当示范。指挥学生练习
2. 组织学生练习
3. 观察和巡回指导</td><td>1. 学生看示范动作
2. 学生注意观察，然后进行讨论。分析动作的注意要点
3. 学生练习时能做到动作正确</td><td>四列横队练习
♀♀♀♀♀♀♀
♀♀♀♀♀♀♀
♀♀♀♀♀♀♀
♀♀♀♀♀♀♀
★</td><td>4～5</td><td>9</td><td>中上</td></tr>
<tr><td>结束部分</td><td>放松及课后评价</td><td>1. 导入情景
2. 小组组织自评
3. 归还器材。师生再见</td><td>1. 学生跟着老师放松
2. 能自评互评
3. 师生再见</td><td>学生成四列横队练习
♀♀♀♀♀♀♀
♀♀♀♀♀♀♀
♀♀♀♀♀♀♀
♀♀♀♀♀♀♀
★</td><td></td><td>5</td><td>小</td></tr>
</table>

课时教案2

<table>
<tr><td>教学内容</td><td colspan="7">跳绳练习　　　　素质练习</td></tr>
<tr><td>重点</td><td colspan="2">高度的把握</td><td>难点</td><td colspan="4">失误的降低</td></tr>
<tr><td>教学目标</td><td colspan="7">1. 认知目标：学生能说出跳绳的动作要领和锻炼价值
2. 技能目标：巩固提高跳绳技术动作，发展灵敏、速度等身体素质，学生在游戏中积极练习
3. 情感目标：学生在练习中能乐意接受教师的指导，并能认真去开动脑筋</td></tr>
<tr><td rowspan="2">课的部分</td><td rowspan="2">课的内容</td><td rowspan="2">教师引领</td><td rowspan="2">学生学习活动</td><td rowspan="2">组织示意图及要求</td><td colspan="3">运动量</td></tr>
<tr><td>次数</td><td>时间</td><td>强度</td></tr>
<tr><td>准备部分</td><td>1. 课堂常规
2. 明确学习目标
3. 慢跑
4. 徒手操</td><td>1. 指定集合地点
2. 向学生问好
3. 宣布课的内容
4. 检查服装，安排见习生
5. 队列练习：队形变换</td><td>1. 体育委员整队
2. 师生问好
3. 见习生随堂听课
4. 要求动作整齐，精神饱满，学生要注意观察</td><td>队形如下：
♀♀♀♀♀♀♀
♀♀♀♀♀♀♀
♀♀♀♀♀♀♀
♀♀♀♀♀♀♀
★
排队要求快静齐</td><td>6～8</td><td>8</td><td>小</td></tr>
</table>

续表

基本部分	1. 跳绳姿势的练习(单飞)	1. 教师提问:你们单飞能够做出多少个跳绳的动作。并请学生进行示范 2. 带着这些问题让学生分散去练习,体会动作 3. 集体练习起跳动作动作,听信号统一练习	1. 学生认真动脑筋回答老师提出的问题 2. 分散练习,根据问题去做动作,可以运用自己的绳子自己确定目标进行练习	学生成四列横队练习 ♀♀♀♀♀♀ ♀♀♀♀♀♀ ♀♀♀♀♀♀ ♀♀♀♀♀♀ ★	8~9	10	中上
	2. 跳长绳、双飞	教法: 1. 教师讲解动作要领及要求,并适当示范。指挥学生练习 2. 组织学生练习 3. 观察和巡回指导	1. 学生看示范动作 2. 学生注意观察,然后进行讨论。分析动作的注意要点 3. 学生练习时能做到动作正确	四列横队练习 ♀♀♀♀♀♀ ♀♀♀♀♀♀ ♀♀♀♀♀♀ ♀♀♀♀♀♀ ★	4~5	6	中上
	3. 素质练习:上肢力量练习	1. 教师讲解动作要领及要求,并适当示范。指挥学生练习 2. 组织学生练习 3. 观察和巡回指导	1. 学生看示范动作 2. 学生注意观察,然后进行讨论。分析动作的注意要点 3. 学生练习时能做到动作正确	四列横队练习 ♀♀♀♀♀♀ ♀♀♀♀♀♀ ♀♀♀♀♀♀ ♀♀♀♀♀♀ ★		4	小
结束部分	放松及课后评价	1. 导入情景 2. 小组组织自评 3. 归还器材。师生再见	1. 学生跟着老师放松 2. 能自评互评 3. 师生再见	学生成四列横队练习 ♀♀♀♀♀♀ ♀♀♀♀♀♀ ♀♀♀♀♀♀ ♀♀♀♀♀♀ ★		4	小

课时教案3

教学内容	踢毽子盘踢　　　游戏"春播秋收"						
重点	动作准确到位		难点	脚内侧发力要适宜,毽子起落高度要适宜			
教学目标	1. 认知目标:通过教师的引导,让学生积极参与到踢毽子的运动中。发展学生的协调性、灵敏性、提高健康水平,养成良好的锻炼习惯和终身体育的意识 2. 技能目标:通过学习盘踢的动作要领,掌握盘踢的部位,让学生体验成功的喜悦 3. 情感目标:在学练中培养学生自主合作能力和意识						
课的部分	课的内容	教师引领	学生学习活动	组织示意图及要求	运动量		
					次数	时间	强度

续表

准备部分	1. 课堂常规 2. 明确学习目标 3. 慢跑 4. 徒手操	1. 指定集合地点 2. 向学生问好 3. 宣布课的内容 4. 检查服装，安排见习生 5. 队列练习：队形的变换	1. 体育委员整队 2. 师生问好 3. 见习生随堂听课 4. 要求动作整齐，精神饱满，学生要注意观察	队形如下： ♀♀♀♀♀♀ ♀♀♀♀♀♀ ♀♀♀♀♀♀ ♀♀♀♀♀♀ ★ 排队要求快静齐	6～8	8	小
基本部分	1. 盘踢	1. 教师组织自主踢毽练习，并认真观察学生自主练习情况 2. 教师集合，组织学生展示，并示范讲解盘踢技术动作要领 3. 教师组织学生继续自主练习，并巡回指导	1. 学生自主踢毽子练习 2. 学生观看同学和教师的展示，认真听教师讲解，体会动作要领	组织： 1. 散点站立 2. 学生成四列横队练习 ♀♀♀♀♀♀ ♀♀♀♀♀♀ ♀♀♀♀♀♀ ♀♀♀♀♀♀ ★	8～9	8	中上
	2. 游戏“春播秋收”	1. 教师讲解游戏规则，学生认真听讲 2. 教师组织游戏，学生积极参与	学生认真听讲，积极参与到游戏中去	四列横队练习 ♀♀♀♀♀♀ ♀♀♀♀♀♀ ♀♀♀♀♀♀ ♀♀♀♀♀♀ ★	4～5	15	中上
结束部分	放松及课后评价	1. 导入情景 2. 小组组织自评 3. 归还器材。师生再见	1. 学生跟着老师放松 2. 能自评互评 3. 师生再见	学生成四列横队练习 ♀♀♀♀♀♀ ♀♀♀♀♀♀ ♀♀♀♀♀♀ ♀♀♀♀♀♀ ★		5	小

（二）现场实况照片

图 42-2　学生双人带跳活动场景

图 42-3　学生单飞双飞活动场景

图 42-4　跳绳比赛精彩瞬间

三、成绩与效果

(一) 开拓学校活动课程,校园文化内涵得到提升

学校全面贯彻党的教育方针,积极推行素质教育,以"全面发展有特长"为指导思想,积极实施课堂改革,张扬学生个性,挖掘学生潜能。学校根据学生自身特点和兴趣爱好,鼓励学生积极参与相应的社团活动,每个社团两名教师示范教学,细心指导,学生的技能技巧明显提升。目前学校 12 个社团正在蓬勃发展,社团活动让每一位学生都能得到充分发展,为学生的艺术成长搭建良好平台。

(二) 培养学习兴趣,逐步养成良好的自主锻炼习惯

1. 学习兴趣是学生基于自己的学习需要而表现出来的认识倾向,它是学好一门学问的内在驱动力。在社团教学内容的设计上要充分照顾到学生的学习兴趣,要选择一些学生比较喜欢、容易产生兴趣的内容,这样做,有利于学生的掌握和主动学习的力度。

2. 注重实战能力的培养,使学生的运动兴趣持久不熄。跳绳踢毽是一门实践操作极强的体育活动,只有具备一定基础才能更好激发兴趣。基于对学生理解能力和学习能力的分析,本社团的学习重点应放在基本动作的练习和良好习惯的培养上。有效激发学生们的学习积极性和主动性,变感性的喜欢为理性的追求。

(三) 传承体育传统,社团参加市县比赛成绩突出

通过全校师生的共同努力,跳绳踢毽子社团取得了优异的成绩。2007 年学校参加灌南县中小学跳绳踢毽子比赛,获得中学组第二名。2008 年参加连云港市跳绳、踢毽比赛,获得跳绳中学组二等奖。2013 年获得灌南县跳绳、踢毽子比

赛中学组双第一名；获得连云港市“新华杯”跳绳比赛中学组二等奖。2014 年获得连云港市中小学跳绳、踢毽比赛中学组双二等奖。2015 年获得连云港市中小学跳绳比赛中学组二等奖，踢毽子比赛中学组一等奖。2016 年获得灌南县中小学跳绳、踢毽子比赛跳绳一等奖，踢毽子第一名；跳绳、踢毽子团体总分第一名，获得连云港市中小学跳绳、踢毽比赛双一等奖。2017 年获得灌南县跳绳、踢毽比赛中学组双一等奖，获得连云港市踢毽比赛中学组一等奖，跳绳比赛中学组二等奖。2018 年获得灌南县踢毽子比赛中学组一等奖，跳绳比赛中学组二等奖。

图 42-5　市踢毽比赛中学组团体一等奖

图 42-6　市跳绳比赛中学组团体一等奖

图 42-7　市踢毽比赛中学组一等奖

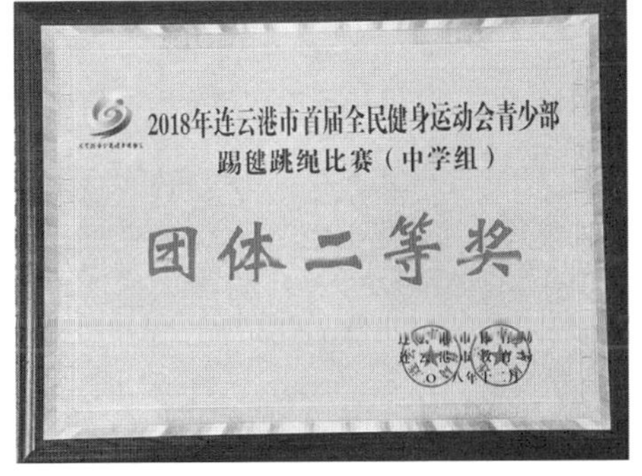

图 42-8　市踢毽跳绳比赛中学组团体二等奖

四、思考与展望

飞鹰跳绳踢毽社团作为学校传统社团，之所以能传承不衰，因为它是一项健身性、娱乐性、艺术性较强的体育运动，社团通过跳绳、踢毽子训练，引导学生树立“健康第一”的理念，以多样化的训练方法，培养学生合作、诚信、果敢、公平的优良品质,发展学生个性特长,促进学生身体、心理和社会适应能力方面健康发展,丰富校园文化生活。

社团在全面发展的基础上,突出对特长生的培养,在完成教学训练任务的基础上,对跳绳、踢毽子特长生进行有目的有计划的辅导,发挥他们的特长,提高他们的体能素质和运动技术水平,同时为各年级培养了一大批体育骨干,他们在本年级、本班级做好示范、引领作用。在社团成员的带领下,跳绳、踢毽子运动已近成为学校大课间的亮点和特色。在同学们的影响下,很多家长也爱上了跳绳、踢毽子这一传统的运动项目。相信在不久的将来,跳绳、踢毽子运动将走上大众健身的舞台。

今后,我们要进一步加强对队员的组织纪律管理工作,搞好训练首先要加强组织纪律性教育,让学生明确运动训练的重要性。进一步建章立制,教练员和社团成员都要严格遵守训练纪律,不迟到,不早退。教练员要不断学习探索,寻找有效的教学训练方法;在训练中区别对待、对症下药,充分发挥队员的最大潜能,提高训练质量;社团成员在训练中要认真刻苦训练,不断地提高自身运动水平。相信社团活动的未来会更好,让飞鹰跳绳、踢毽子社团更加有特色、有个性。

入选理由：

扬州市文津中学作为“每天一节社团课”试点学校，扎实开展各类社团活动，有效促进了学生综合素质的发展。该校社团活动提供丰富的专项学习内容，共同组成较为完整的课程课外服务体系。其社团活动的课程化与校本化，在提升学校办学品质、发展学生核心素养方面走出了一条特色之路。在安全预案中对于病痛、体弱、伤残学生的及时关心，安排他们免修、见习等这些做法是一大亮点，值得借鉴。

四十三　扬州文津中学初中体育社团

资料提供：陈敏敏

图 43-1　扬州陈敏敏

扬州市文津中学坐落在风光秀美的古运河畔，始建于 1959 年。校园占地面积约 50 亩，教职员工 110 多人，在校学生 1400 多名。学校连续多年保持扬州市“文明单位”称号，又先后被评为扬州市“德育先进学校”、扬州市“绿色学校”、扬州“园林式单位”、中国红十字会表彰的“红十字先进单位”等。文津中学是江苏省教育厅命名的“电化教育实验学校”。2001 年 6 月学校被省妇联等单位联合授予江苏省“示范家长学校”的称号。

学校有专职体育教师 11 人，其中本科以上学历 10 人，3 人年龄在 50 岁左右，其余均为 30 岁左右的青年教师。这是一支有思想有活力的体育教师队伍。学校现有 300 米环形(塑胶跑道)田径场 1 片，篮球场 6 片，排球场 2 片，羽毛球场2片,乒乓球桌4张。

学校体育社团于2017年9月开设,延续了综合实践课的部分课程,主要设置了篮球、足球、三门球等球类活动共计6个项目11个社团班。其中篮球、三门球作为我校特色项目,深受学生的喜爱。

我校作为首批中国特色体育项目(三门球)示范学校,对三门球这项新兴项目的发展起到了普及和推广作用。学校多次承办了三门球相关的重要会议和赛事:特色体育项目(三门球)校本丛书编写工作会议、中国教育学会体育专业委员会"十一五"重点课题中国特色体育项目创新与行动研究·三门球创编与应用总课题开题活动、全国三门球研讨活动、江苏省中小学三门球比赛等。学校三门球运动队连续多次获得江苏省三门球比赛初中男子组冠军。

图43-2　扬州市文津中学校门

一、组织方法与活动设计

(一) 组织方法

※1 扬州文津中学初中体育社团活动课程设计

根据市教育局《关于在市直初中学校试点每天开设一节社团课,深入推进青少年茁壮成长工程和阅读工程的实施方案》,促进学生社团活动的健康、有序地开展,结合我校多年综合实践课程开设的经验,根据上级的课程实施计划和当代教育形式发展趋势以及不同时代对"人"的要求,针对现有条件及各方面环境,特制定我校体育社团活动课程实施方案。

为全面指导我校体育社团各项目的实施,制定有效的制度和措施,加强管理,合理协调,特成立我校体育社团实施领导小组。

组　长:王军文。

副组长:周光芬。

组　员:略。

组员负责各自社团项目的技能传授、指导和其他相应工作。

一、课程目标

社团活动课的总目标是密切关注学生的茁壮成长,促进与生活的联系,推进学生对社会和自我内在联系的整体认识与体验,发展学生的综合能力。

通过社团实践,每位学生能运用两项练习熟悉球性,掌握两项基本技术,了解比赛规则。学生的力量、灵敏、速度等素质得到良好的发展。在实践中,学会与人合作,互帮互助,共同进步。课堂教学比赛发展学生的运用知识能力、实践能力以及良好的个性品质。

二、课程设置思路

(一)与提高学生体能素质相结合。体育类社团数量充足,设立各种体艺类活动小组,具体安排活动计划深入推进青少年茁壮成长。

(二)与学校工作相结合。体育社团活动课是一门课程,虽然没有固定的教材,但并不是没有目标。而这些目标和要求往往也是学校教育教学工作要达到的。

三、课程管理

分管校长担任本次社团活动课领导小组组长,教务处全体成员参与,具体负责课程落实的各个环节。该系列课程不单独设固定的专职教师,由教研组统筹规划,落实指导教师。年级所有教师均有承担综合社团课程的责任和义务。开设社团活动课的学科组须做到四个一:任课教师须一人带好一个社团活动课组,每一个组每学期须有一个明确的活动主题,每个组的学期活动需围绕活动主题制定一份活动计划,每个组学期结束时须有本组成果的展示提供给学校进行考核。

四、具体职责

(一)教研组长:负责本组内社团活动课的组织实施和管理,与年级成员一起制定课程实施方案,决定实施计划和相应步骤,负责制定本组具体的教学计划、课程实施进度计划,组织课程的日常运作,协调年级组与各班主任和课题组指导教师的关系,在整个课程实施中起着组织、协调和监控的作用。根据学校、年级关于社团活动课课程的统一安排,具体落实学生的社团活动,在课程实施的每个阶段,及时发现和解决出现的问题,规范学生的社团活动,统筹协调各方面工作。

(二) 指导教师:具体负责对学生方面的组织实施和管理指导工作,给予学生具体、明确、全面的指导。通过各种途径和方法,及时了解学生研究的进展情况,与学生共同讨论如何解决他们所遇到的困难和问题,要求做好每次活动记录,并作好学生成长记录。

(二) 活动设计

※2 扬州文津中学初中体育社团课程安排表

日期	类别	内容											说明
周一	课程	篮球1	篮球2	篮球3	排球	乒乓球	羽毛球1	羽毛球2	羽毛球3	羽毛球4	足球1	足球2	上课时间为5:00—5:45
	教师	王建斌	崔凯旋	祝佳琦	李海兵	黄郃宇	林宏斌	史杭	刘海洋	丁勇	顾振杨	陈敏敏	
	地点	操场	操场	操场	操场	操场	操场	操场	操场	操场	操场	操场	
	备注												
周二	课程	篮球1	篮球2	篮球3	排球	乒乓球	羽毛球1	羽毛球2	羽毛球3	羽毛球4	足球1	足球2	
	教师	王建斌	崔凯旋	祝佳琦	李海兵	黄郃宇	林宏斌	史杭	刘海洋	丁勇	顾振杨	陈敏敏	
	地点	操场	操场	操场	操场	操场	操场	操场	操场	操场	操场	操场	
	备注												
周三	课程	篮球1	篮球2	篮球3	排球	乒乓球	羽毛球1	羽毛球2	羽毛球3	羽毛球4	足球1	足球2	
	教师	王建斌	崔凯旋	祝佳琦	李海兵	黄郃宇	林宏斌	史杭	刘海洋	丁勇	顾振杨	陈敏敏	
	地点	操场	操场	操场	操场	操场	操场	操场	操场	操场	操场	操场	
	备注												
周四	课程	篮球1	篮球2	篮球3	排球	乒乓球	羽毛球1	羽毛球2	羽毛球3	羽毛球4	足球1	足球2	
	教师	王建斌	崔凯旋	祝佳琦	李海兵	黄郃宇	林宏斌	史杭	刘海洋	丁勇	顾振杨	陈敏敏	
	地点	操场	操场	操场	操场	操场	操场	操场	操场	操场	操场	操场	
	备注												

※3 扬州文津中学初中体育社团安全应急预案

学生在体育活动中,因活动保护不当造成的事故时有发生,轻则挫伤、擦伤、关节损伤、肌肉抽筋、拉伤,重则造成骨折、呼吸紊乱、严重休克甚至丧失生命。伤害事故一般发生在球类活动、体操、田径运动等运动项目中。为在体育活动中有效地预防各类伤害事故的发生,保护广大学生的生命安全,特制订如下预案:

一、引发事故的原因

(一) 对预防体育活动伤害事故认识不足。

(二) 缺乏准备活动或准备活动不正确。

(三) 运动技术上的缺点和错误。

(四) 运动量过大。

（五）身体机能状况不佳的情况下参加体育活动。

（六）教学、训练和比赛的组织方法有缺点。

（七）动作粗野或违反规则。

（八）场地设备不安全等。

二、体育活动事故的预防

（一）加强思想教育、增强防范意识。中学生好胜心强，经验不足，思想上麻痹大意，缺乏预防事故的意识，教师要教育学生树立安全第一的思想。

（二）完善活动设施建设和管理。运动场地要保持平整，不应有坑洼、石块等，地面不宜太硬、打滑；球架、球门要定期检修。

（三）教学和训练、竞赛活动必须精心设计、严密组织、严格要求、严格训练。

1. 建立良好教学秩序、重视课前准备；教师、学生着装规范，必须穿着体育服装上课，学生不准穿皮鞋、有跟鞋、凉鞋，女学生不穿裙子上课。

2. 精密组织教学，加强纪律教育。体育教师必须经常反复地向学生进行遵守纪律、遵守常规、服从组织、遵守游戏规则等方面的教育。

3. 培养学生自我保护、相互保护的意识。

4. 掌握合理的运动量，注意区别对待。在运动量的掌握上，教师要随时注意学生的生理反应，进行合理调整；教师对于病痛、体弱、伤残的学生要及时关心，安排他们免修、见习等。

5. 针对我校场地小、学生多的问题，我们研究制定了规定区域上课，确保场地的合理利用。不同社团配备不同颜色的马甲，有效避免了学生走错场地，极大方便了体育教师组织管理自己的学生。制度化的管理有效地控制意外事件的发生。

（四）重视准备活动，加强医务监督。教师应根据上课内容和气候情况决定准备活动的内容，严禁不做准备就进入体育活动，准备活动要充分、有针对性；学生应掌握自我医务监督的常识。

（五）加强保护措施。严格裁判，禁止粗野动作，不使用错误的推、拉、撞等危险动作。加强组织领导，学校安排体育教研组长全程统筹巡视，对于可能出现的不安全因素及时制止。

三、体育活动事故的处理

（一）在场人员发现险情后要及时报告在场老师、卫生室保健老师和班主任，紧急或情况复杂时还应及时报告学校领导；有关教师应立即到达现场，了解伤者情况，判断伤情，先行急救；遇到重伤的或不能判断伤情的，应及时送医院检查、急救或打120救护电话。

(二)及时通知家长及其他监护人,以便作出救治决定,并做好安慰工作。

(三)保护现场,了解事故发生经过,调查事故原因,做好有关记录并保护现场,采集有关证据,以利于对事故处理做到事实清楚,责任明确。

(四)重大的伤害事故要及时上报。

(五)事故发生在课上或因学校设施原因造成伤害的,根据《学生学校伤害事故处理条例》有关规定,学校应承担责任的,必须在第一时间报保险公司理赔。

(六)前往医院探视,随时掌握伤者身体康复情况。

四、组织机制

(一)组织领导

组　长:王军文。

副组长:周光芬。

组　员:韩志方,陈雪梅。

(二)人员分工

教育、管理:周光芬,班主任,体育教师。

五、特殊学生管理

在安全预案中我们提到对于病痛、体弱、伤残的学生要及时关心,安排他们免修、见习等。谁的学生谁管理,划分并具体到每位体育教师,授课教师清楚本节社团活动课学生的身体情况,做到心中有数,提前做好预案安排,确保活动安全。

二、实施过程与方法

(一)具体实施过程

※4 扬州文津中学初中体育社团课程安排

一、课程主题安排及设想

结合本学科特征,根据社团活动课课程的目标要求及自身特点,结合我校的情况,选择有针对性的系列活动设计课题方案,开展有实效的实践探究活动。

体育类社团具体项目有:篮球、足球、排球、乒乓球、羽毛球。

二、课时安排

(一)选课时间:由学校统一通知系统开放时间,手机或电脑端登录自主选择。

(二)活动时间:每周一至周四,下午5:00—5:45。

三、参与对象

（一）七年级、八年级学生。

（二）各组原则上学生自愿，由家长指导在学校选课系统上自主选课，系统生成各组活动人员组成。

四、课程评价

社团活动课课程评价的目的是激发学生对本课程学习的兴趣和积极性。评价应以主体性、过程性、形成性和发展性评价为主，它应根据学生在社团活动课中取得的成果和表现状况，对其优点、学习态度和进步情况进行多样性地评价。

（一）评价方式：过程评价和结果评价，通过学生自我评价，小组相互评价以及教师评价，使师生、生生互相尊重，培养团体协作精神，让学生的实际成长及时得到更客观、全面的展现。

（二）评价内容：

1. 对学生的评价

①学生参与社团活动课的态度和精神，活动的效果，技术积累情况

②学生实践能力的发展情况

③学生对学习方法和研究方法的掌握情况

2. 对教师的评价

①指导学生活动的数量

②指导活动的质量

③学生对教师的反映

教师还要鼓励帮助学生为自己建立起全面完整的社团活动课档案，以使学生建立起学习的信心，并在与他人分享自己学习成果的同时，激发起终身学习的愿望。

为了更好地让社团活动课程得到长足发展，保证每一次活动的质量，学校领导小组加强了检查和评价。在活动开展期间，学校社团课程领导小组定点定人进行巡查，树立典型，发现问题，及时解决；体育教研组组长则长期全程跟踪社团活动，进行业务上的指导。学期末，学校将会根据各社团开展情况进行相应的评定，并对优秀社团予以相应的奖励。同时，将优秀社团的宝贵经验进行相应的整理，开展社团活动成果展示，邀请家长前来参加，共同见证孩子们的成长。

社团活动课考核，考核分计划评估、过程考核和成果考核三部分，满分100分。其中，计划评估10分，主体和周计划各5分；过程考核40分，由专人检查，

缺一次扣 10 分;成果展示 50 分,由学校组织专门人员进行考核,优秀为 50 分,良好为 40 分,合格为 30 分,不合格为 30 分以下。社团活动课考核成绩合格 30 元每课时,20 元结合考核方法,平均 50 元每课时。

(二)现场实况照片

图 43-3　社团活动全景

图 43-4　篮球社团活动 1

图 43-5　篮球社团活动 2

图 43-6　足球社团活动 1

图 43-7　足球社团活动 2

图 43-8　羽毛球社团活动

文津中学2018-2019学年第一学期社团课安排表

周一				周二				周三				周四			
课程	教师	地点	人数	课程	教师	地点	人数	课程	教师	地点	人数	课程	教师	地点	人数
名著阅读指导	曹伟	七年级（1）班	★	名著阅读指导	李玲	八年级（1）班	★	名著阅读指导	曹伟	七年级（4）班	★	名著阅读指导	李玲	八年级（10）班	★
名著阅读指导	张铭含	七年级（2）班	★	名著阅读指导	谭艳艳	八年级（2）班	★	名著阅读指导	张铭含	七年级（13）班	★	名著阅读指导	谭艳艳	八年级（13）班	★
名著阅读指导	高玲玲	七年级（3）班	★	名著阅读指导	刘红琴	八年级（3）班	★	名著阅读指导	高玲玲	七年级（6）班	★	名著阅读指导	刘红琴	八年级（15）班	★
名著阅读指导	李泰生	七年级（5）班	★	名著阅读指导	周弘	八年级（4）班	★	名著阅读指导	张天雅	七年级（8）班	★	名著阅读指导	周弘	八年级（6）班	★
名著阅读指导	张天雅	七年级（7）班	★	名著阅读指导	陶习茹	八年级（5）班	★	名著阅读指导	周娟娟	七年级（10）班	★	名著阅读指导	陶习茹	八年级（14）班	★
名著阅读指导	郑琪	七年级（11）班	★	名著阅读指导	江燕	八年级（7）班	★	名著阅读指导	郑琪	七年级（9）班	★	名著阅读指导	江燕	八年级（11）班	★
名著阅读指导	周娟娟	七年级（12）班	★	名著阅读指导	潘悦	八年级（8）班	★	英语阅读	外教	七年级（12）班	★	名著阅读指导	潘悦	八年级（16）班	★
名著阅读指导	左亮	七年级（14）班	★	名著阅读指导	包天猛	八年级（9）班	★	英语阅读	外教	七年级（14）班	★	名著阅读指导	包天猛	八年级（12）班	★
Flash动画设计	帅雪琪	学生机房（西）	35	3D打印	王茂芳	学生机房（东）	40	3D打印	王茂芳	学生机房（东）	35	足球	顾振扬	操场	40
篮球	汤景瑞	操场	35	足球	顾振扬	操场	40	硬笔书法	蒋建	七年级（1）班	35	羽毛球	刘昊	操场	40
羽毛球	史杭	操场	35	羽毛球	刘昊	操场	40	PS图片设计	孙倩	学生机房（西）	35	篮球	崔凯旋	操场	40
排球	李海兵	操场	35	篮球	崔凯旋	操场	40	篮球	汤景瑞	操场	35	扬州名人小故事	何晓敏	八年级（3）班	40
足球	陈敏敏	操场	35	创客脚本	徐洋	学生机房（西）	40	羽毛球	史杭	操场	35	植物鉴赏	曹华阳	八年级（1）班	40
脚本程序设计	焦满飞	学生机房（东）	35	探索世界自然奇观	王坤婷	八年级（6）班	40	排球	李海兵	操场	35	园艺与栽培	张薇	八年级（2）班	40
旅游地理	郑亮	七年级（4）班	35	绘画	吴丹	八年级（10）班	40	足球	陈敏敏	操场	35	我们一起去旅行	朱沛文	八年级（7）班	40
足球	顾振扬	操场	35	校园植物鉴赏	王银香	八年级（11）班	40	趣味数学	黄玮	七年级（2）班	35	篮球	汤景瑞	操场	40
羽毛球	刘昊	操场	35	篮球	汤景瑞	操场	40	足球	顾振扬	操场	35	羽毛球	史杭	操场	40
篮球	崔凯旋	操场	35	羽毛球	史杭	操场	40	羽毛球	刘昊	操场	35	排球	李海兵	操场	40
探索世界自然奇观	王坤婷	七年级（6）班	35	排球	李海兵	操场	40	篮球	崔凯旋	操场	35	足球	陈敏敏	操场	40
				足球	陈敏敏	操场	40					器乐	蒋静	音乐教室（东）	40
因受场地限制，本学期社团课七年级周一周三、八年级周二周四，上课时间为17:00-17:45，其余时间由班主任到班。															
人数栏打★的课程为我们指定学生，就是地点所在整班学生，不给学生选择；否则为最大选课人数。															

2018.9.8

图 43-9　文津中学 2018—2019 学年第一学期社团课安排表

三、成绩与效果

初中体育社团课程的开展，延续了体育与健康课程的教学，符合学生的自身体育素质发展和个性发展的需求。因此也收到了很好的效果。

（一）学生参与度高

体育社团开设以来，深受学生的喜爱。尤其是每学期的选课系统一经开放，体育社团 10 分钟左右就会全部被选满，体育社团课程全靠“抢”，这足够说明我们的社团是有成效的，能够满足学生的运动愿望。

（二）增强学生身心健康

以前，我们学校学生参加的各类运动项目、不同层次的校内外体育竞赛，都是一些学校的体育尖子参与的，而我校开展的体育社团活动后给一般的学生创造了许多机会，他们通过本校社团内举办的各种体育竞赛活动来满足他们参加体育竞赛的欲望，更重要的是在不知不觉中学生体质状况得到了改善和发展，学生每年的国家体质健康测试成绩也得到了提高。

正值青春期的中学生是人生成长的重要时期，也是学生心理发展的关键期。体育社团是以兴趣和爱好为基础的，成员之间兴趣爱好都基本一致，很容易产生共同语言，在运动中会带走焦虑等不良情绪，有效地舒缓了他们的心理矛盾和思想冲突,在活动中还能得到其他成员的安慰和帮助,有利于良好心理品质的形成。

(三)丰富校园体育文化

体育社团课程丰富了校园体育文化。体育社团活动可以把学生吸引到积极、健康的体育活动中来,不仅是同学们自身发展的客观要求,也是精神文明建设的一个重要方面。多种多样的体育社团活动在校园文化建设中发挥了举足轻重的作用。

2017 年 11 月 23 日下午,扬州市第十一届中小学生阳光体育冬季跑操启动仪式暨每天一节社团课观摩活动在文津中学隆重举行。市教育局、市体育局领导及相关处室负责人、各县(市、区)教育局体卫艺科相关负责人、市直各学校分管校长、体育教研室主任和社团工作负责人等 60 多人到场参与并观摩了活动全过程。

跑操启动仪式结束后,初一和初二年级全体学生进行了社团课展示。从慷慨激昂的语言类社团,到奇光异彩的科技类社团,再到“明星”荟萃的艺术类社团,以及活力四射的“篮球、足球、排球、羽毛球、乒乓球”等各类体育社团,组织有序、师生共同参与的体育社团将此次观摩活动推到了新高度。

社团观摩结束后,由李建勇、胡曼玲、杨俊生三位专家对本次活动进行点评和总结,最后市局领导从提升学校品质、发展学生核心素养的高度,充分肯定了文津中学通过跑操、社团等渠道深入实施“青少年茁壮成长工程”,积极评价了“每日一节社团课”中探索出的社团课程化与校本化,并对学校的社团发展提出了长远目标和希望。

据悉,此次观摩活动也邀请了扬州各级媒体采访报道,“扬州发布”手机客户端还对该活动进行全程视频直播。

(四)打造精品社团

学校社团课程开展进入常态化,学期末,学校将会根据各社团开展情况进行评定,并对优秀社团予以相应的奖励,并报送市里参与精品社团的评选。体育社团每学期都会入选,同时将优秀社团的宝贵经验进行整理,开展社团成果展示,邀请家长前来参加,共同见证孩子们的成长。

(五)社团活动受到社会各界广泛赞誉

为了更好地让社团活动课程得到长足发展,保证每一次活动的质量,学校领导小组加强了检查和评价,使得我校社团活动逐步走上科学化、规范化的轨道。社团课程开展以来,市内多家学校多次来我校观摩社团开展组织情况并听取报告。扬州多家媒体对我校社团活动进行采访报道，并且在“扬州发布”手机客户端全程进行视频直播。学期末学校也会以问卷调查的形式向师生和家长征求意见，做到集思广益，群策群力，保证了我校体育社团活动水平的不断提高，使其更具生命力。

四、思考与展望

随着我校体育社团队伍的不断壮大，我们感觉到了肩头的压力。

（一）加强社团自身建设

体育社团自身建设是否完善决定了体育社团的生命力。我们要加强体育社团的自身建设：一是体育社团工作的规范，二是体育社团的传承和拓展。我们目前开设了篮球、足球、排球、羽毛球等 11 个体育社团，这些社团都成了学生们每日课后最喜欢的天地。这些社团我们要传承下去，规范做好社团活动的各个方面。随着学校综合楼“焕新楼”的建成，标准化室内篮球馆、羽毛球馆、多功能厅、舞蹈房、棋牌室等场馆即将投入使用，我们的体育社团也要增设室内项目，拓展原有社团课程，如女生喜爱的形体课、啦啦操、健美操，男生喜爱的武术、街舞、跆拳道等。体育社团类别的多样化势必会促进我校体育社团更红火地发展。

（二）注重社团理论研究

体育社团一直以实践课形式教授学生，随着技能学习的逐步深入，我们发现理论知识的学习明显缺失。系统的理论知识的学习是技能学习的基础。随着社团的不断开展，理论知识的传授要贯穿其中，使得社团活动更加科学化、专业化，当然，作为社团的指导老师，首先要提升自身的专业素养。

（三）打造体育精品社团

体育社团的兴起源于学生的兴趣，但是单凭兴趣，体育社团走不长远。这就需要我们创新体育社团的形式、内容，组织学生参加各类赛事、活动，需要我们打造一批体育精品社团，来真正提升学生自身素质和专业技能，促进学生德智体的全面发展。

入选理由：

江苏省清浦中学秉持生态教育理念，坚持“一切为了学生的发展”，确立了“合格＋特长”的培养目标，突出科技教育发展特色。学校以航模课程基地为依托，建立了航模室、车模室、科技馆等多个功能室，拥有了完善的航模教学设备，设计了融合体育、航天、劳技、科学等多学科知识的航模课程，创新开展了做中学、赛中学的航模教学，在各级各类航模比赛中取得了优异成绩。社团活动的开展，提升了学生的科学素养，培养了学生的动手能力，促进了学生全面发展。

四十四　淮安江苏省清浦中学航模社团

资料提供：赵传生

图 44-1　淮安赵传生

江苏省清浦中学创办于 1952 年，是一所历史悠久、文化底蕴深厚的四星级普通高中。学校坐落于淮安市主城区，紧邻风景秀丽的里运河文化长廊风景区，占地面积 110 亩，在校师生 3000 余人。校园基础设施完善，育人环境优美，人文氛围浓厚。学校先后获得“全国和谐校园文化建设先进集体”“全国校园足球特色学校”“江苏省教育工作先进集体”“江苏省文明单位”“江苏省艺术教育特色学校”“江苏省篮球特色学校”“江苏省体育传统项目学校”等荣誉称号。

学校现有 20 位体育教师，其中市体育学科带头人 1 人，高级教师 8 人，有 4 人次在省级、市级优课评比中获奖，7 人次获得市体育教师基本功大赛或优课评比一等奖，5 人次获得国家发明专利，在各项科技比赛中多次获得国家级、省级、市级优秀辅导员、优秀裁判员等称号。

目前学校体育设施较为完备。其中一座可容纳 5000 人的多功能体育馆（包括 8 片羽毛球场地、20 张球台的乒乓球馆、1 个标准室内篮球场等），一片 400 米塑胶标准田径场，一块 4000 平方米人工草皮足球场，8 片篮球场，18 张室外乒乓球桌等。

学校以航模课程基地为依托，建立了航模室、车模室、科技馆等多个功能室，拥有了完善的教学设备器材，保证了学生活动的正常开展。学校积极鼓励学生参加社团活动，并为社团活动提供全方位的支持和保障。学校定期组织航模社团参加全国、省级等航模比赛，并在校园科技节、运动会开幕式上进行表演活动。通过一系列航模活动的开展，激发了学生兴趣，培养了学生的科技创新能力。

航模社团代表学校从 2015 年起在淮安市中小学航模比赛中连续获得 5 个综合团体特等奖，在 2017 年和 2018 年淮安市科技创新大赛中，多人获得市一等奖和二等奖。近年来，学生获得全国航模比赛冠军 6 人次，江苏省航模锦标赛个人冠军 7 人次、亚军 8 人次、季军 5 人次，江苏省一等奖 20 人次、二等奖 25 人次等。

一、组织方法与活动设计

（一）组织方法

※1 清浦中学航模社团计划方案

一、航模社团背景

近年来，学校始终秉承“厚德载物、臻于至善”的校训与生态教育理念，坚持“一切为了学生的发展”，确立了“合格+特长”的培养目标，突出重点，整体推进，大力实施素质教育，确立了科技教育发展特色，每年都有一大批学生在体育、航模等各级各类比赛中获奖，为社会培养了一批批优秀人才，其中北京奥运会冠军邱健、釜山亚运会冠军邱禾、全运会女子铁人三项个人赛冠军范丹等就是杰出的校友代表。目前学校以航模课程基地为依托，建立了航模室、车模室、科技馆等多个功能室，拥有了完善的教学设备器材，保证了学生活动的正常开展。学校积极鼓励学生参加社团活动，并为社团活动提供全方位的支持和保障。航模社团在校园科技节、运动会开幕式上进行表演活动，通过一系列活动，激发了学生兴趣，培养了学生的科技创新能力。

二、航模社团活动计划

为提高学生的创新能力,培养科技后备人才,学校非常重视航模活动的开展。为了真正做到以人为本、一切为了学生、为了学生的一切,特制定如下方案:

(一)指导思想

1. 活跃校内学生科技气氛。以在全校营造浓厚的学术氛围为手段,以航空模型运动为基础,建立并逐步完善一套层次清晰、结构分明且行之有效的学生科技创新工作的组织机制,领导校内学生的科技创新活动。

2. 培养学生的科技创新意识,提高学生动手能力,引导学生将所学知识应用于实践,为学生成长为具有创新精神的人才创造条件。

3. 通过航模运动的展开,在校内广泛开展科普宣传活动,向全校学生宣传航空航天知识,使全校逐渐形成爱科学、用科学的氛围。

(二)具体实施

1. 提高任课教师航模专业教学水平和业务能力,保证在活动中能有效指导学生操作试飞。

2. 加强管理力度,使航模活动健康有序地开展。

3. 积极参与相关部门举行的各项航模比赛,争取多为学校争取荣誉。

4. 在航模教学活动中,锻炼学生的动手能力、动脑能力、团队协作以及交流能力。

5. 在教学中,多采用探究式教学方法,培养学生创新思维和动手能力。如飞机的飞行原理等,就完全可以让学生们自己思考讨论试验。

6. 鼓励学生自主学习,利用多媒体以及学校购买的航模书籍杂志开展自学并且了解航模活动的最新动态。

(三)航模活动领导小组

组长:陆仁华。

成员:赵传生,汤如兵,张波伟。

(四)教学内容和目标

1. 学习航模社团的相关文化知识,航模社团制作及外场实践能力,培养学生动手、动脑的实践综合能力。

2. 通过科技体育教学及训练,争取打造具有清浦中学特色的科技体育项目,具备参加省级和全国科技体育比赛的能力,争取1~2年在市级比赛中取得优异成绩,2~3年在省级或国家级科技大赛中取得较好成绩,逐步丰富航模社团校园文化建设，配齐航模社团所需设备。

（二）活动设计

※2 清浦中学航模社团活动计划

一、活动目的

充分发掘学生的兴趣爱好和个性特长，培养学生的创新能力。充分利用学校现有条件，积极组织开展各项科技活动；以学生为中心，强调手脑结合，设置有利于学生主动探究学习的环境，提升科技教育的层次，达到全面提高广大学生科学文化素质的目的，增强学生的自信心，树立献身祖国航空事业的理想。

二、活动内容

航模活动一般包括制作、放飞和比赛三种方式，也可据此划分为三个阶段。

（一）制作活动的任务是完成模型制作和装配。通过制作活动培养学生劳动习惯，提高劳动技能，使他们学会使用工具，识别材料、掌握加工过程和提高动手能力。

（二）放飞是学生非常喜爱的活动。成功的放飞，可以大大提高他们的兴趣。放飞活动要精心辅导，要遵循放飞程序，介绍飞行调整知识，要有示范和实际飞行情况的讲评。通过放飞对学生进行应用知识和身体素质的训练。

（三）比赛可以把活动推向高潮，优胜者受到鼓舞，信心十足，失利者或吸取教训或不服输或憋足劲头，这是引导学生总结经验，激发创造性和不断进取精神的好形式。参加大型比赛将使他们得到极大的锻炼而终生不忘。

三、活动安排

（一）活动方式

1. 兴趣小组主要以“专题讲座”和“项目实践”方式开展活动。每次活动后填写“兴趣小组活动记录表”进行备案。

2. 航模兴趣小组日常活动内容：

(1) 理论学习：学习飞行原理，飞机的打磨、组装、调试、配重以及试飞。

(2) 实践学习：飞机模型的手工制作，模型的操纵飞行，模型飞机的飞行调试。通过实践学习，培养学生的动脑和动手能力，促进学生的全面发展。

(3) 航空知识和科技知识的宣传：通过板报或校报，向全校师生宣传科技知识，宣传航模运动的意义。通过宣传在全校形成一种热爱科学的风气，形成一种积极向上的精神，从而在全校营造出一种良好的学习氛围。

四、授课内容安排

授课内容包括电脑模拟飞行、手工制作及外场训练等；授课安排 50 个课时

(两年时间);每课时60～100分钟。具体安排如下:

序号	内容	课时
1	讲解学习科技体育的意义及发展史	1课时
2	讲解科技体育原理,科技体育基础知识	2课时
3	讲解科技体育的种类,电脑模器的使用及注意事项	3课时
4	讲解制作工艺要求,工具的合理运用,现场制作	2课时
5	讲解如何调整,外场训练注意事项并外场训练	3课时
6	全队对外场训练结果进行讨论,讲解发生问题时的解决办法	2课时
7	讲解模型的制作工艺要求,现场制作	2课时
8	讲解模型如何调整,外场训练注意事项并外场训练	3课时
9	讲解航天类模型的飞行原理,现场制作火箭模型	2课时
10	讲解火箭类模型如何调整,外场飞行注意事项并外场试飞	2课时
11	全队对外场训练结果进行讨论,讲解发生问题时的解决办法	2课时
12	讲解"好小子"航模制作要求,现场制作	4课时
13	讲解"好小子"航模如何调整,外场训练注意事项并外场训练	6课时
14	全队对外场试飞结果进行讨论,讲解发生问题时的解决办法	2课时
15	讲解电动器材原理,现场制作电动器材模型	4课时
16	讲解电动器材模型如何调整,外场训练注意事项并外场训练	8课时
17	全队对外场训练结果进行讨论,讲解发生问题时的解决办法	2课时

要求:课堂课时与外场训练课时将进行合理穿插安排。需要提前采购科所需器材及设备,保障正常教学实践使用。

二、实施过程与方法

(一)具体实施过程

※3 清浦中学航模社团教案

一、教学内容:"中天"橡筋动力伞翼机

二、教学目标

(一)了解掌握橡筋动力伞翼机的性能、结构及飞行原理。

(二)了解橡筋动力伞翼机制作方法,放飞调整技巧。

三、教学准备

（一）橡筋动力伞翼机成品模型一架。

（二）学生每人一套橡筋动力伞翼机套材。

（三）每人一套工具：剪刀、尖嘴钳、直尺、铅笔、透明胶带、双面胶带、砂纸、502胶等。

四、教学过程

（一）教师讲解

1. 伞翼是一种新型的机翼结构，属于柔性机翼，由七根竹丝和尼龙插件组合形成三角形机翼，再配上柔软的薄膜形成两个相对对称的风兜在空气动力的作用下自然张开，形成弧形翼面乘风翱翔。伞翼结构简单，重量非常轻，但空气动力的效率不高，升力较小。

2. 该模型以橡筋缠绕产生的扭力为动力，带动螺旋桨转动产生拉力，使模型前进风兜张开形成弧形翼面产生升力，模型盘旋上升动力消失后进入滑翔状态缓缓返回地面。

3. 橡筋动力伞翼机的结构主要由机翼、机头（包括螺旋桨）尾钩、翼台、起落架、橡筋、机身等零件组成。

（1）机翼：由7根竹丝和5个尼龙插件、1张塑料薄膜组成，是产生升力的装置。

（2）机头（包括螺旋桨）：产生拉力。

（3）尾钩：挂住橡筋的一端，另一端挂在机头钩上。

（4）翼台：支撑机翼的装置。

（5）起落架：模型起飞、着陆时保护螺旋桨和机腹的零件。

（6）橡筋：产生动力的主要零件。

（7）机身：连接各个部分的重要零件。

（二）教师演示制作过程

1. 将四根185毫米长的竹丝挑出按图纸要求放在边梁位置上。一根148毫米和一根25毫米的竹丝放在中梁位置上。一根230毫米长的竹丝放在横梁位置上（在这根竹丝115毫米处画上中线作为调整左右风兜大小的参考线）。再将尼龙插件一一对号入座放在相应的位置上。将每根竹丝插入尼龙件前要把每根竹丝两头用砂纸磨圆，尼龙件为透明色，每根竹丝一定要插到位，如果过紧请用砂纸轻轻打磨一下。机翼骨架做好后再调整好竹丝，不能有弯曲要平直。最后蒙膜，蒙膜时左右要对称，将膜对折找到中线沾点水平铺在桌面上，粘好双面胶,先蒙中梁(注意膜的顶端离骨架顶端25毫米,蒙前先画线)再蒙边梁,注意两边风兜要基本一致。机翼做好后再插好翼台支撑架(60毫米竹丝),不要过紧或过松。

2. 翼台座插到离机身前端75毫米处,再插好尾钩。插入尾钩的竹丝要细一些,可以前后移动,便于调整模型的重心位置,提高飞行成绩。

3. 飞行调整阶段

(1) 首先进行手掷滑翔调整:①模型迎右侧风出手后以小角度下滑且有一点右盘旋,滑翔平稳着陆,滑翔距离较远即为正常。②模型出手后先抬头又低头呈波浪飞行,也就是我们所说的失速,这时只要将翼台向尾钩的方向适当后移便可解决。③模型出手后便一头栽下去,这时只需要将翼台向机头方向适当前移便可解决。

(2) 手掷试飞之后可以进行小动力试飞,调整模型动力爬升具体方法:右手捏住机身,左手顺时针方向拨转螺旋桨绕50圈模型,举过头顶迎右侧风起飞(右盘旋模型右侧风平稳推出,同时机翼右倾45°克服螺旋桨的反作用力)。模型抬头右盘旋平稳爬升,直到橡筋扭力消失,模型在最高点右盘旋滑翔平稳着陆即为正常。如模型出手垂直向上出现“拉翻”现象,可以将竹丝向左移动使左半边的竹丝加长薄膜绷紧(以加大左边机翼的升力)模型进入右盘旋爬升。

(3) 模型调整好之后,就可以进行大动力飞行,但橡筋不宜绕得过多(以机身不扭曲变形为好)。

(三) 学生制作

1. 学生的制作过程应同教师演示的制作过程一致,教师在辅导中应及时纠正学生的错误动作和错误粘贴。

2. 指导学生正确画线,正确使用工具,随时提醒学生工具的安全使用,剪刀等工具不要对着自己和别的同学,每件工具用完后立即放回桌上。全体同学制作完毕后,教师给予讲评,指出制作、放飞中的错误。

3. 组织学生外场放飞,及时提醒学生放飞安全,应尽量在操场中间或上风处放飞模型,避免模型上房、上树或其他危险行为的发生。

(四) 提问环节

1. 橡筋动力伞翼机有什么独特之处?

2. 橡筋动力伞翼机如何调整放飞技巧?放飞过程中要注意的事项是什么?

(五) 提高与竞赛

1. 竞赛时使用4g左右进口橡筋,绕3圈。使用手摇钻和八字钩能大大增加橡筋的绕数，提高模型动力时间能大幅度提高飞行成绩。要最大限度发挥橡筋的性能必须对橡筋进行处理。具体方法：先用冷水将橡筋上的滑石粉冲洗干净，然后在橡筋上涂抹中性肥皂或中性洗发液揉搓均匀洗净剩余滑石粉，洗净晾干，打好橡筋结，涂抹润滑剂（蓖麻油、甘油、中性护发素等均可）。进行润滑处理时揉搓必须均匀，润滑剂用量不宜过大。经过处理的橡筋在缠绕和释放过程中能大大地减小摩擦阻力使所绕圈数增加，能量的释放均匀而长久。

2. 适当增加一些机头处的右拉能更好消除"拉翻"现象，保证模型右盘旋爬升的轨迹，能增加模型的飞行高度，提高飞行成绩。

※4 清浦中学航模社团活动评价办法

一、评价内容：包括学习态度、学习过程、学业评价三部分。具体为考勤与纪律、团结协作、卫生清理、用品收拾、作品质量五项。

二、评价主体：采取学生自评、同学互评、教师评价三种方式相结合。班级设立专项评价人员，以学生自主评价为主。

三、评价方式

（一）采取过程性评价，评价人员二人一组评估一项，尽量每课一评。每项分为优秀、良好、差三个等级进行评价，期末进行分项评比、综合评价。每个等级按2、1、0分计为数据进行量化评比。

（二）期中、期末分别进行"我心目中的好作品"之最、"我心目中的好同学"之最等专项评价。

四、评价标准

评价指标		评价内容
A级指标	B级指标	
学习态度	考勤与纪律	每次按时参加课程学习，不迟到，不早退，不旷课。遵守课堂纪律。
	团结协作	能与同学团结协作，主动帮助他人，积极为班级提供模具、器型素材。正确地评价、欣赏别人的作品，能提出有意义的建议。
学习过程	用品收拾	用具清洁，收拾及时，放置有序，不浪费材料。
	卫生清理	及时清理所用器具、室内卫生，认真做好值日。
学业评价	作品质量	每次作品符合要求，从作品创意、美观、实用等方面评价。能较好地完成规定的制作任务，制作时耐心、专注、深入，有创新意识。

（二）现场实况照片

清浦中学航模社团

为了丰富我校学生的课余生活，以培养学生动手动脑的能力，陶冶学生的情操，促进学生全面发展为宗旨，学校拟成立清浦中学航模社团。航模活动是一项集科学性、趣味性和体能性于一体的科技特色活动，对学生学习航空知识、增长实践创新能力、培养科学素养、团队合作意识，都具有积极的作用。

一、社团招收对象：

高一、高二对航天知识感兴趣的学生均可自主报名。我们将根据学生的综合素质进行严格筛选，确定成员。

二、活动内容和方式：

社团主要以“专题讲座”和“实践项目”方式开展活动。航模兴趣小组日常活动内容：（1）理论学习：学习飞行原理，飞机的打磨、组装、调试、配重以及试飞。（2）实践学习：飞机模型的手工制作，模型的操纵飞行，模型飞机的飞行调试等。（3）组织参加对外交流学习（夏令营等）活动，通过参加江苏省、全国等各级比赛，为航模团员积累了丰富的比赛经验。（4）优秀的学员有机会参加南京航空航天大学等学校的自主招生。

三、活动安排

定期安排专业老师指导活动。

四、联系方式

即日起即可至五楼综合办[illegible]老师处报名。

清浦中学团委、艺体处

2014年6月12日

图 44-2　航模社团招聘简章

图 44-3　科普日开幕式表演

图 44-4　航模比赛现场

图 44-5　航模比赛入场

图 44-6　运动员在比赛中操纵穿越机

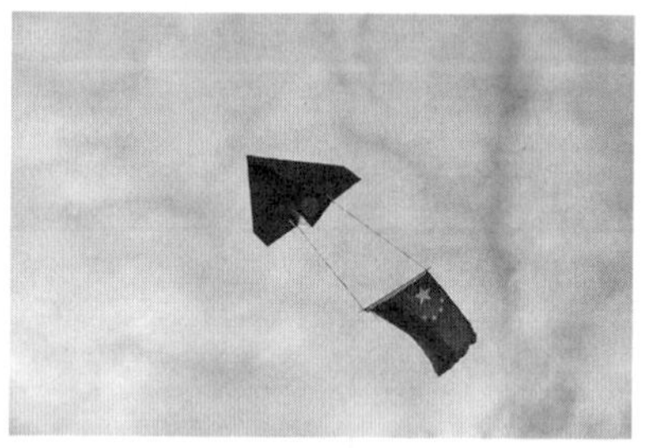

图 44-7　航模表演现场

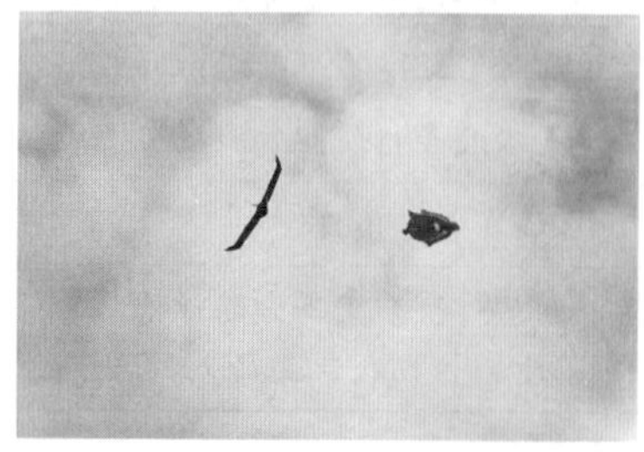

图 44-8　航模表演空中对决

图 44-9　教练员和运动员合影

图 44-10　比赛获奖

图 44-11　航模社团现场制作

图 44-12　航模比赛宣传展板

三、成绩与效果

（一）学生积极参与，科技创新能力得到增强

学校积极鼓励学生参加社团活动，并为社团活动提供全方位的支持和保障。每个星期三的上午、下午大课间和星期天上午是航模社团活动时间。每年12 月举行的艺体节上开展纸飞机大赛，要求每个班级组织比赛，每个班选拔前5 名参加年级和学校比赛。航模社团在校园科技节、运动会开幕式上进行表演活动，通过一系列活动，激发了学生兴趣，培养学生的科技创新能力。

（二）注重普及提高，学校竞赛成绩优异

近年来学校组织航模社团参加各级竞赛并获得优异成绩，多次获得全国和省级冠亚军，获省市级以上奖项达 50 项。我校多次成功承办省市区各级航模竞赛活动，并取得优异成绩。

1. 航模社团参加比赛部分获奖名单

序号	比赛名称	项目	比赛成绩	主办单位	时间
1	2014 年江苏省青少年航空模型锦标赛	“嫦娥一号”火箭柔性翼滑翔机	(潘自立)高中组第一名	省体育局、省教育厅、省科协等	2014.7
2	2014 年江苏省青少年航空模型锦标赛	模拟遥控固定翼定点着落	(沙飞)高中组第三名	省体育局、省教育厅、省科协等	2014.7
3	2014 年江苏省青少年航空模型锦标赛	“嫦娥一号”火箭柔性翼滑翔机	(清浦中学)高中组第一名	省体育局、省教育厅、省科协等	2014.7
4	2015 年全国航空模型公开赛	伞降火箭模型	(郭子阳)第一名	全国航空模型公开赛组委会	2015.5
5	2015 年江苏省青少年航空模型锦标赛	模拟遥控固定翼低空穿越障碍	(清浦中学)高中组第一名	省体育局、省教育厅、省科协等	2015.8
6	2016 年江苏省青少年航空模型锦标赛	室外无线遥控电动模型竞速赛	(朱汉文)高中组第一名	省体育局、省教育厅、省科协等	2016.8
7	2016 年江苏省青少年航空模型锦标赛	模拟遥控固定翼定点着落	(朱汉文)高中组第一名	省体育局、省教育厅、省科协等	2016.8
8	2019 年淮安市中小学航空模型比赛	综合团体	一等奖(第一名)	市教育局、市体育局等	2019.12

2. 航模社团代表淮安市清浦区参加全国比赛获得单项团体亚军,新闻媒体进行了报道

淮安市清浦区喜获全国航天火箭太空返回留空赛单项团体亚军

近日,清浦区教育局、清浦区科协、淮安市航空运动协会选出 4 名航空模型选手,参加全国航空模型公开赛吉林站比赛,经过精心准备、沉着比赛,取得了全国航天火箭太空返回留空赛单项团体亚军的好成绩,四位选手发挥出色,郭子阳同学获得单项冠军,陈烁升、谢逢年、杨宇三位同学分别获得第三、六、七名。

此次全国航空模型公开赛由国家体育总局航管中心、中国航空运动协会、吉林省教育厅、吉林省科技厅等单位联合主办,吉林省航空运动协会、吉林市体育局等单位联合承办。精彩的赛事共吸引了来自全国各地近 1000 名运动员、100 名裁判员、200 名教练员参赛。

近年来,清浦区科协、清浦区教育局认真贯彻落实《中华人民共和国科学技术普及法》《全民科学素质行动计划纲要》,不断加强青少年科技教育,精心组织区级赛事,积极组织推荐学生参加各类省市级比赛,激励全区广大青少年积极参加科技创新活动,提升青少年综合素质。本次比赛,是清浦区科协首次组队

代表淮安市参加全国航空模型公开赛。

——2015 年 5 月 5 日《淮海晚报》

四、思考与展望

我校航模社团虽然在省市级比赛中获得过优异成绩，但我们清醒地认识到，在社团组建方面还不够完善，没能组建起年级管理网络；制度不够健全，还没能制定出一套行之有效的管理制度；活动效率比较低下，科技教师的航模专业知识与技能水平有限等方面的问题，值得我们进一步研究并加以改进。展望未来，我们准备着力做好以下几项工作。

（一）积极争取校领导的支持，组建年级航模小组，做好航模普及工作，为校航模社团提供后备人才。

（二）尽快建立航模社团的管理与奖惩制度，保证航模活动有序开展。每年学校组织社团成员参加全国、省市级举办的各种航模比赛，在争取多为学校争取荣誉的同时，积极开展常态化的校级航模竞赛活动。

（三）加强对科技老师的培训，促进业务水平的提升。学校每学期选派航模教师外出培训学习，提升科技老师的自身专业水平，保证在活动中能有效指导学生操作试飞。

（四）在航模教学活动中，多采用探究式教学方法。利用各种媒体以及学校购买的航模书籍杂志，鼓励学生开展自主学习，了解航模活动的最新动态。我们争取在培养学生动手操作能力的同时，还能有效地提升学生创新思维、团队协作与沟通交流的能力。

入选理由:

江苏省常州高级中学致力打造活动类型多样、覆盖范围广泛、活动品质卓越的多彩体育社团。在体育社团活动中安排科学的训练和专业的指导,开展球类、轮滑、舞龙舞狮等多种特色体育活动和竞赛。各社团由学生自主规划、自主选择、自主承办、自主评价,充分发挥了学生的主体性,是学生激扬青春的舞台,是学生拓宽视野的窗口,是学生培植高情远致的乐园。

四十五 江苏省常州高级中学体育社团

资料提供:保征云　杭方华　刘哲辰　曹俊峰

图 45-1　常州保征云

百十年来,学校恪守"存诚能贱"校训,秉承"明德正行,精微致远"办学理念,筚路蓝缕而理想不改,栉风沐雨而与时俱进,积淀了深厚的文化底蕴,培育了大批杰出英才。江苏省常州高级中学于 1960 年在全国文教群英会荣获"全国先进单位"称号,1984 年成为全省 12 所大改试点学校之一。2019 年我校成为全省首批 20 所高品质示范高中建设立项学校之一,是江苏省首批创建的国家级示范高中,先后多次被评为江苏省文明单位、江苏省模范学校;2009 年被江苏省体育局评为 2009—2012 江苏省"体育传统项目学校";2010 年被常州市教育局评为常州市"体育特色学校";2013 年被江苏省体育局评为 2013—2016 江苏省"体育传统项目学校";2014 年被国家体育总局办公厅教育部办公厅评为"国家级体育传统项目学校"(江苏省获此荣誉的学校总共有 4 所,高中仅一所)、被江苏省体育局评为江苏省中学生田径项目"省级培训基地";2016 年被江苏省体育局评为 2017—2020 江苏省"体育传统项目学校";2018 年被常州市教育局评为"体育深化改革学校"。

学校体育教研组现有 10 位在职体育教师,其中 4 位高级职称,2 位中一级职称和 4 位中二级职称,其中两位为研究生,其余学历都为本科,涉及四个运动专项(田径 5 人、足球 1 人、篮球 2 人、健美操 2 人)。游泳、羽毛球、乒乓球和传统项目教练向社会聘请。经过多年的努力和积累,2008 年被常州市教育局评为"两条一规先进集体";2010 年被常州市教育局评为常州市"示范教研组""星级教研组";2011 年被常州市教育局评为常州市"优秀教研组";多年来体育教研组共有几十篇论文获得国家级、省级、市级奖励或在各级专业刊物上发表,数位老师参加省、市基本功和教学能手比赛均获优胜名次。目前,学校体育组已经成长为一支年龄结构合理,在教学、科研、群体、训练工作上都能独当一面的、团结向上的优秀团队。

学校现有场地和设施:标准 400 米塑胶田径场 1 片,标准室外塑胶篮球场 4 片,非标准篮球半场 14 片,标准排球场 2 片,健身路径 3 片(单杠 6 副,双杠 8 副,组合器械 3 套),力量训练房 1 间,室外非标羽毛球场 4 个,多功能体艺中心 1 座,其中包括 5 个乒乓球房共 39 张乒乓球桌,2 个形体房,1 片标准篮球场,4 片羽毛球场,1 座标准室内游泳馆,这些场馆器材为学校体育社团的发展奠定了优良的物质基础。

学校一直在建构丰富的校本课程和社团体系,我校共有 38 个班级,1863 名学生,200 多名教师。学校由 2009 年开始的二十余个社团到 2019 年共有五十余个社团,体育方面的社团有田径、篮球、足球、健美操、舞龙舞狮、羽毛球、乒乓球、轮滑、滑板等,在学校的经费支持和体育教研组的协助下,体育社团成了学生发挥个性和特长的理想之地。他们机构合理、分工明确,分别利用每天下午的 3～4 两节课或课外、校外时间自行开展训练和比赛活动。在充分发挥学生主体性的文化氛围下,由学生自主规划、自主选择、自主承办、自主评价的一系列体育社团也应运而生。学校让学生独立承办活动的目的,不只是展示学生的特长和才华,更主要的是为学生创造和提供展示健康、积极、高雅的平台,拓宽学生的视野,提升学生的价值追求和境界,培植学生高情远致和理性精神。

学校专门成立体育社团项目领导小组,由学校校长担任负责人,由后勤主任,以及富有激情、教学训练经验丰富的一线教师担任成员,建立健全组织机构和严格规范的项目建设制度,拥有强有力的组织保障和经费保障,并进行全程监督、评估和指导,保障建设有序推进。

一、组织方法与活动设计

(一) 组织方法

※1 常州高级中学体育社团管理章程

第一条　总纲

(一) 本社团由江苏省常州高级中学主办,一切活动学校都有最终领导权。

(二) 本社团开办是为了提高学生的运动技能,培养学生对体育运动的兴趣。

(三) 本社团宗旨:丰富校园文化生活,发扬拼搏向上的体育精神。

第二条　总则

(一) 本社团最高权力在于学校,由指导老师进行管理。社团负责人的责任为协助老师的管理。

(二) 在籍学生均可报名参加,一旦报名即视为本社团成员。

(三) 社团成员可在相应时间进行本社团活动。

第三条　权利和义务

(一) 社团成员可以竞选做社团主管或其他主要工作人员。

(二) 社团成员在规定时间要在规定地点迅速集队,社长做好点名工作。

(三) 社团成员在社团活动期间要服从管理,文明活动。

(四) 社团成员不得进行违反校规校纪。

(五) 社团成员活动时自备器材。

(六) 社团成员活动时不得影响其他成员。

(七) 社团成员有特殊情况不能参加社团活动需向指导老师或负责人请假,连续三次无故缺席者将被请出社团。

(八) 社团成员不得迟到早退,迟到或早退超过三次者将被请出社团。

(九) 严重影响社团氛围,干扰其他社团成员者,将被请出社团。

(十)如有损坏器材者,将按价进行赔偿。

第四条　活动地点

活动地点相对固定,上报统筹安排。

第五条　其他

(一) 该社团活动训练,在学期进行检测,然后对成绩高低给出不同的学分。

(二) 被请出社团者在学分方面会受影响,所以社团成员不要无故缺席。

（三）在一般情况下请出社团成员在活动时间结束后再离去。

（四）如确实需要调换社团者请与指导老师或负责人协商。

（五）社团活动在期中和期末考试时停止。

第六条　关于章程

（一）章程的修改可以由社团内任何一社员提出，要通过全体社员的投票。

（二）本章程最终解释权归本社团所有。

（三）社团成员需仔细阅读章程。

※2 常州高级中学体育社团管理制度

一、指导思想

为全面落实《中共中央国务院关于加强青少年体育增强青少年体质的意见》、贯彻“健康第一”和“以人为本”的思想，落实阳光体育活动，增强学生体质，促进学生身心健康，使学生德智体美劳全面发展，保证学生每天一小时体育锻炼时间，推动校园体育文化建设。

二、体育社团实施目标和功能

（一）充分发挥学生的主体作用，让学生有选择地参与、学习、享受体育，激发学生的运动兴趣，发挥学生的学习积极性和潜能，促进学生个性发展，增强学生体质，增进学生健康，形成坚持锻炼的习惯和终身体育意识。

（二）以体育社团为辐射点，促进体育课堂教学的改革与创新。

（三）遵循实事求是、因地制宜、循序渐进的原则，充分利用场地条件，结合季节气候特点以及校园传统体育健身活动安排学生进行锻炼。

（四）丰富校园体育课外活动，体现良好的校风、校纪和学生的精神面貌，带动校园体育文化的建设。

（五）改革学校课外活动，优化课外活动的时间、空间、形式、内容和结构，使学生乐于参加，主动地掌握体育练习方法并自觉锻炼。

（六）优化学校体育场地设施设备及管理，提高其使用率。

三、组织架构

组长：史品南（校长）

副组长：金建平（副校长）、汪明（副校长）、陈晓霞（副校长）、张立（学发处主任）、胡爱彬（学发处主任）、尤国兴（课程处主任）、石建峰（后勤主任）、各年级组长

组员：各班班主任、体育组老师、学生俱乐部小组长

（二）活动设计

※3 常州高级中学体育社团项目设计安排

一、体育社团项目设置

（一）健美操俱乐部：健身操（女）、搏击操（男）分布在图文广场和田径场，共计654人。

（二）民族传统（舞龙舞狮）俱乐部：分布在田径场，共计95人。

（三）篮球俱乐部：22个篮球半场，共计239人。

（四）足球俱乐部：11人制足球场一块，共计112人。

（五）排球俱乐部：排球场南北各一块，共计70人。

（六）乒乓球俱乐部：原东车库乒乓桌18张，体艺楼乒乓桌21张，共计133人。

（七）羽毛球俱乐部：体艺楼羽毛球馆和校园路径，两个年级按周轮换进馆，共计185人。

（八）田径俱乐部：标准400米跑道145人。

（九）游泳俱乐部：25米室内游泳池78人。

（十）轮滑俱乐部：学校东外环道上和南外环道上，共计152人。

二、活动时间

每周二至周五上午9:10—9:40和下午三、四节课，打破年级行政班，按学生自主选择的项目进行活动。部分项目如遇雨、雪天及场地湿滑时在教室进行体育健康知识学习。

三、活动要求

（一）每个学生必须有自己的体育活动俱乐部，除身体原因或学校另有安排外，所有学生自主申报，由各社团负责人根据学员统筹协调，活动期间服从指导教师和社长的安排。

（二）所有同学不得私自调换社团，因特殊情况要调整的学生需要得到指导老师和负责人的同意。

（三）学校提供部分活动项目的运动器材（其中轮滑项目自带且护具齐全），活动期间要爱护学校运动器材，人为损坏的除照价赔偿外，情节严重的将给予行政处分。

（四）学生要注意运动安全，活动中如有身体不适或受伤应立即告知在场指导老师，必须在指定位置进行活动，不得私自更换活动场地。

（五）社团成员不得在活动场地吃东西、丢杂物，确保俱乐部活动文明开展。

四、活动评比

（一）社团组织、调度、器材发放、技术指导主要由体育教研组担任。

（二）社团实行学校领导干部、体育教师、班主任、社团负责学生共同管理的模式，尤其要注重发挥社团负责学生的管理功能，确保社团活动正常进行。

（三）社团将进行平时和最终的考核（含表现和技能），并与学期体育成绩、班级常规检查评比挂钩。

五、其他要求

（一）因活动场地面广点散，各社团负责学生、班主任老师要协助体育组老师加强对社团成员的安全管理，特别是对学生的串岗、偷懒、流失、请假等现象要密切注意。

（二）社团活动期间，学校要加强安全保卫，对一切外来车辆要加强控制。

（三）社团活动期间学生不允许进超市、食堂和图书馆，更不准待在教室里，凡是违反学校规定的同学，将通报批评。

（四）社团活动期间校医务室要做好医务监督工作。

二、实施过程与方法

（一）具体实施过程

※4 常州高级中学体育社团年度训练计划设计

一、江苏省常州高级中学体育社团训练计划安排

序号	项目	训练计划	指导教师
1	田径俱乐部	1. 准备期：一般性训练、技术改进、专项技术提高、专项素质强化 2. 竞赛期：赛前心理调整、完善专项技术、训练；比赛恢复（省、市、校各级竞赛） 3. 过渡期：积极恢复、交流调整训练	跑组：曹俊峰 跳远组：祁路平 投掷组：薛东波 跳高组：胡　静
2	篮球俱乐部	1. 准备期：个人基本技术练习，配合技术练习、对抗训练、战术练习 2. 竞赛期：赛前心理调整、巩固专项技术、战术演练、赛后总结（市、校级比赛） 3. 过渡期：专项素质练习、互相交流	杭方华

续表

序号	项目	训练计划	指导教师
3	足球俱乐部	1. 准备期:一般耐力和速度练习、增加对抗训练,提高技术水平、改进提高攻守战术 2. 竞赛期:赛前心理调整、巩固专项技术、战术演练、赛后总结(市、校级比赛) 3. 过渡期:一般耐力和力量练习、互相交流	刘哲辰 外聘市队教练
4	健美操俱乐部	1. 准备期:个人基本技术练习、成套动作学习、难度技术练习、队形编排、音乐整合、模拟比赛演练 2. 竞赛期:赛前心理调整、巩固难度技术、比赛演练、赛后总结(省、市、校级比赛) 3. 过渡期:专项素质练习、互相交流	保征云 外聘教练
5	民族传统(舞龙舞狮)俱乐部	1. 准备期:(1) 基本步法、基本手法、双龙互穿、原地快舞龙、穿八五节龙练习;(2) 速度、灵敏、力量、耐力等专项素质练习 2. 竞赛期:(1) 套路编排,整合音乐;(2) 社团展演(运动会开幕式) 3. 过渡期:一般技术练习、互相交流	杭方华 外聘教练
6	排球俱乐部	1. 准备期:个人基本技术练习、专项身体素质训练、赛前战术训练 2. 竞赛期:赛前心理调整,巩固专项技术、战术演练、赛后总结(市、校级比赛) 3. 过渡期:一般技术巩固练习、互相交流	祁路平 外聘教练
7	乒乓球俱乐部	1. 准备期:基本技术练习、专项身体素质训练、赛前战术训练 2. 竞赛期:赛前心理调整,巩固专项技术、战术演练、赛后总结(市、校级比赛) 3. 过渡期:一般素质练习、互相交流	叶文英 外聘教练
8	羽毛球俱乐部	1. 准备期:基本技术练习、专项身体素质训练、赛前战术训练 2. 竞赛期:赛前心理调整,巩固专项技术、战术演练、赛后总结(校级比赛) 3. 过渡期:一般素质练习、互相交流	外聘教练
9	游泳俱乐部	1. 准备期:个人基本技术练习、专项身体素质训练 2. 竞赛期:赛前心理调整,巩固专项技术(市、校级比赛) 3. 过渡期:一般素质练习、赛后总结交流	外聘教练

续表

序号	项目	训练计划	指导教师
10	轮滑俱乐部	1. 准备期:个人基本技术练习、专项身体素质训练 2. 竞赛期:巩固专项技术、校级展示 3. 过渡期:基本技术练习、互相交流	外聘教练

※5 常州高级中学体育社团田径俱乐部周训练计划

<table>
<tr><td rowspan="2">第 10 周
训练任务</td><td rowspan="2">强化运动员专项能力,提高专项强度</td><td>训练总时</td><td colspan="2">5 小时</td></tr>
<tr><td>训练比重</td><td colspan="2">一般素质 30%;专项素质 30%;战术 30%;其他内容 10%</td></tr>
<tr><td>时间</td><td colspan="3">训练内容</td><td>负荷</td></tr>
<tr><td>周一</td><td colspan="3">提高身体素质,强化技术训练:1. 准备活动;2. 摆臂练习 100 次×4 组;3. 绕栏架 10 次×5 组;4. 60 米×6 组;5. 100 米×2 组;6. 放松</td><td>中</td></tr>
<tr><td>周二</td><td colspan="3">发展有氧速耐训练,提高心肺功能:1. 准备活动;2. 跑的专门性练习(折叠跑、车轮跑、高抬腿跑)×3 次×4 组;3. 150 米 85%强度 3 次×2 组;4. 放松</td><td>中</td></tr>
<tr><td>周三</td><td colspan="3">调节运动员肌肉疲劳,强化运动员有氧能力:1. 准备活动;2. 跑地标(男 2.1 米、女 1.95 米)中程距离 6 次×2 组 3. 放松</td><td>小</td></tr>
<tr><td>周四</td><td colspan="3">强化身体素质训练,改善运动员上肢摆臂技术:1. 准备活动;2. 力量练习(高翻:40～60 kg　半蹲:100～130 kg　卧推)×4～6 组 3. 有氧放松 3～6 圈</td><td>小</td></tr>
<tr><td>周五</td><td colspan="3">发展无氧抗酸能力,强化身体素质:1. 准备活动;2. 核心训练(平板支撑、侧平衡,60～90 秒×3 组);3. 核心爆发实心球练习(前后侧抛)15 次一组;4. 放松</td><td>中</td></tr>
</table>

※6 常州高级中学体育社团奖惩评价方法
(以田径为例)

为严肃纪律,加强田径俱乐部自身的建设,保障俱乐部工作的顺利进行和活动的正常开展,营造良好的学习氛围,打造优秀的俱乐部活动,实行评比计分制度,根据学生的得分情况每学年评优选 10 名优秀成员。

一、优秀俱乐部成员评选采用赋分制,各类加分细则如下

(一) 同学互评(上限分 10 分)

进行一学年(去年 9 月至今年 4 月)俱乐部活动总结自述后,进行同学间投

票评选,按票数由高到低,取前 10 名,1～10 名依次计 10～1 分。若不参加视为放弃,无基础分 10 分。

(二) 活动观察

1. 常规活动(上限分 100 分)

出席俱乐部活动,基础分为 20 分。(缺席 1 次扣 5 分,3 次或 3 次以上 0 分)

2. 活动记录

(1) 一篇质量高的活动感受,加 3 分,6 分为上限。

(2) 一张质量高的活动照片,加 2 分,4 分为上限。

3. 学校活动(上限分 50 分)

(1) 参加一次大型学校活动,加 10 分〔例如升旗仪式,爱心义卖(可选择)、社团会演,运动会或其他相关活动均可〕。

(2) 参加一次小型学校活动,加 2～10 分(注:须提供证明,如荣誉证书,10 张为上限。例如参与年级活动串场)。

4. 长期活动(即无奖项长期比赛)(基础分 15 分,上限分 40 分)

(1) 一篇质量高的活动感受,加 2 分,4 分为上限。

(2) 一张质量高的活动照片,加 1 分,2 分为上限。

5. 荣誉得分(基础分 20 分)

田径俱乐部获奖得分表

级别	团体奖			个人奖		
	一等奖	二等奖	三等奖	一等奖	二等奖	三等奖
世界、国家级	15	13	11	10	8	6
省、市级	10	8	6	5	3	2
校级	5	3	2	1	1	1

注:一到三名为一等奖,四到八名为二等奖,其余为三等奖,集体奖原则不变,一次活动或比赛既有个人又有集体取最高分值。

6. 宣传(上限分 20 分)

包括俱乐部活动参与选拔,文章等发表,在校园网或微信等进行宣传。

(1) 校级:加 5 分。

(2) 市级(包括教育局):加 10 分。

(3) 省级及以上:加 20 分。

二、惩罚条例

（一）参加田径俱乐部活动时如违反了学校的规章制度，造成不良影响，视情节轻重，给予处分和勒令请出俱乐部，并向全校通报。

（二）2 次无故不参加田径俱乐部活动的同学给予警告处分。

（三）3 次以上无故不参加田径俱乐部活动的同学将被请出俱乐部。

（四）组织田径俱乐部活动方向不正确的人员，应暂停一切活动，勒令整改，对造成不良影响的情节追加处分。

（五）俱乐部负责人应对该俱乐部所做事情负相关责任，因其工作失职导致不良影响的，将对负责人进行通报批评，警告乃至撤换负责人。

全年田径俱乐部活动中，俱乐部成员出现以上五个条例中任何一个条例情况，将不予参加田径俱乐部优秀成员评比。

（二）现场实况照片

图 45-2　田径间隔跑训练

图 45-3　飞身一跃

图 45-4　离弦之箭

图 45-5　纵身一跳

图 45-6　冬季篮球联赛争板

图 45-7　参加游泳比赛

图 45-8　足球联赛点球射门

图 45-9　健美操俱乐部日常训练

图 45-10　健美操俱乐部搏击操训练

图 45-11　舞龙舞狮俱乐部训练

图 45-12　春季运动会舞狮表演

图 45-13　春季运动会武术表演

图 45-14　春季运动会飞盘表演

图 45-15　轮滑俱乐部日常训练

图 45-16　排球班级联赛

三、成绩与效果

(一)学生参与活动的积极性明显提高

为了使体育社团活动更好满足学生身心素质发展的个性化需要,养成强身健体的意识、技能和习惯,学校精心设计每一项特色体育活动(体育社团、运动会、体育节、冬季小型竞赛等),在社团的制度上还采用了“学长制”,由品学兼优的学生组成学长团,自高一新生入学教育和社团活动展演都有相应学长团以“传帮带”“兵带兵”方式让越来越多的学生主动参与社团活动中来。

(二)学生体质健康测试水平稳中有升

我校体育社团活动实施以来,抓训练抓活动,学生的体质健康水平与以往测得的数据相比,逐步得到改善(见下表)。

2016—2018年《学生体质健康标准》测试数据统计

时间	年级	人数	达标率	良好率	优秀率
2016—2017	高一	608	94.5%	71%	8%
	高二	613	95.3%	73%	9%
	高三	546	95.2%	70%	12%
	合计	1767	95%	71.4%	9.23%
2017—2018	高一	628	93.5%	73%	8.4%
	高二	603	96.7%	75%	12%
	高三	607	93.4%	71%	13.5%
	合计	1838	94.5%	73%	11.26%
2018—2019	高一	639	95.2%	74%	11%
	高二	626	93.6%	77%	13.6%
	高三	598	99.4%	72%	15%
	合计	1863	96.1%	74.4%	13.15%

(三)参加社团活动的学生体验感良好(以健美操社团为例)

2019年江苏省中小学生啦啦操、健美操锦标赛赛后感想

2019年11月30日

这是健美操训练的第十年,今天早上的雾气很大,省中校园的草木还酣睡在柔软轻薄的雾中,但一批批的比赛选手们都已到达省中体育馆周围,开始充满活力与朝气地训练起来。虽然我算得上一名久经沙场的老将，但省赛毕竟还是头一回，心中难免仍有些许兴奋。

有条不紊地化完妆，我就协助老师组织赛前热身，每个人都打起十二分的精神练习动作，时不时相互解疑，精气神和旁边老牌专业的学校运动员比起来不遑多让。

两个多月前，她们还是一群相互不胜熟悉，也没有健美操基础的孩子，但这段时间每天顶住课业压力，从晨光熹微到暮色降临，抓紧一切时间排练，汗水湿透，保老师也在百忙中抽出时间指导我们，大家都在以肉眼可见的速度成长着，最终成果也不负努力与期望，而有些许的遗憾也会在之后慢慢补上。

在往后的日子里，我应该把自身的专业水平不断提升，也将这支尚显青涩的队伍组织得越来越好。

图 45-17　健美操队训练

图 45-18　省啦啦操锦标赛获奖

（四）学校体育文化得到彰显

我校现代化的体育设施营造了良好的体育文化氛围。学校还将教职工车库改造为乒乓房，模仿国外街头篮球的样式把西环大道改为篮球活动区，所有这些体育场所都是我们进行体育文化内涵建设和教育的阵地。我们通过完善的制度、标语、标志、图解、图片、管理、卫生、维护等一系列措施创造一种直观的文化环境，激发学生参与体育社团活动的热情，让学生发自内心地感受体育文化气息。

学校每年定期举办社团展演海报设计、体育运动会（每年三个运动会）、学校体育史展、国旗下社团讲话、班级体育图片展、会徽封面征集比赛、体育摄影赛、体育标语评选、体验类活动网络实时报道、班级开幕式表演等活动，给学生创设一个宽松的、愉快的、健康的学校体育社团活动氛围，使体育文化根植于学生的内心，让体育锻炼成为一种习惯。学生的提升是校本体育文化的最终归宿，让学生在体育文化的建设中自我设计、自主体验，获得体育文化活动带来的乐趣，感受体育文化活动的无穷魅力。

图 45-19　运动会开幕式报道

图 45-20　运动会比赛集锦

图 45-21　运动会比赛精彩一瞬

图 45-22　足球俱乐部宣传海报

图 45-23　运动会班旗设计

图 45-24　运动会会徽设计

（五）体育社团活动成就了专业人才

学校选派教学经验丰富，责任感强的社团指导教师，在社团中选拔兴趣浓且具有高水平体育技能的学生实施专项训练。学校在组织领导、运动训练、竞赛工作、教练奖惩、文化教学、奖训经费等方面制订了几十项制度和规定。此外我校参照“走出去”“请进来”和我校传统“学训结合”的特点，实行体、教、社相结合的新型模式，争取到了社会的更多支持，近几年在体育竞赛方面取得了优异成绩（见下表）。

2018—2020 年学生竞赛获奖情况

年份	级别	月份	比赛名称	获奖名次
2018	省级	2018.07	江苏省中小学生苏南片田径比赛女子团体	第一名
2018	省级	2018.07	江苏省中小学生苏南片田径比赛男子团体	第二名
2018	市级	2018.08	常州市中小学生女子篮球比赛	第二名
2018	市级	2018.08	常州市中小学生男子篮球比赛	第七名
2018	市级	2018.08	常州市中小学生男子足球比赛	第六名
2018	市级	2018.08	常州市中小学生女子排球	第四名
2018	市级	2018.10	常州市中小学生游泳比赛团体总分	第二名
2018	省级	2018.11	江苏省中小学啦啦操比赛	二等奖
2018	市级	2018.12	常州市阳光体育比赛	团体第一名
2019	市级	2019.04	常州市中小学乒乓锦标赛	女子第一名
2019	省级	2019.07	江苏省中小学生苏南片田径比赛男子团体	第一名
2019	省级	2019.07	江苏省中小学生苏南片田径比赛女子团体	第二名
2019	市级	2019.08	常州市高中篮球锦标赛女子组	第二名
2019	市级	2019.10	常州市中小学生游泳锦标赛团体	第一名
2019	市级	2019.10	常州市中小学生田径锦标赛团体	第三名
2019	省级	2019.11	江苏省中小学生啦啦操、健美操锦标赛高中组	一等奖
2019	市级	2019.12	常州市迎新长跑比赛	第二名
2020	市级	2020.01	常州市阳光体育联赛	一等奖

图 45-25　游泳俱乐部比赛获奖

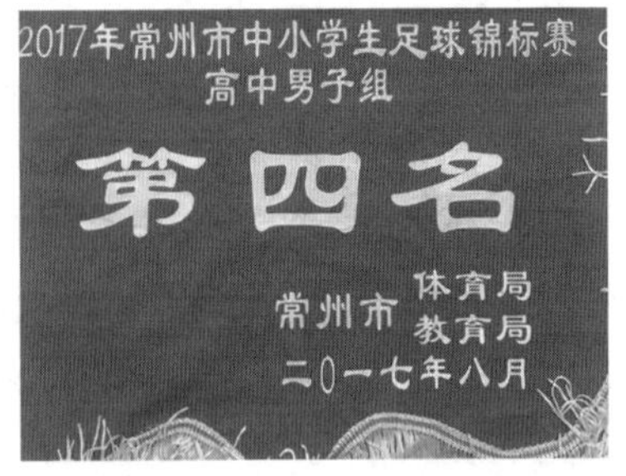

图 45-26　足球俱乐部比赛获奖

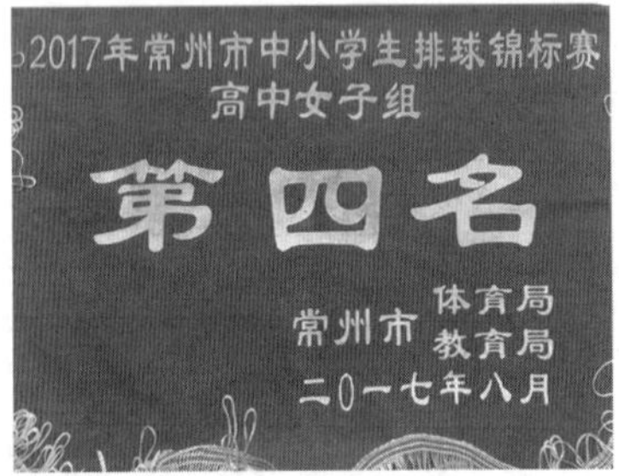

图 45-27　排球俱乐部比赛获奖

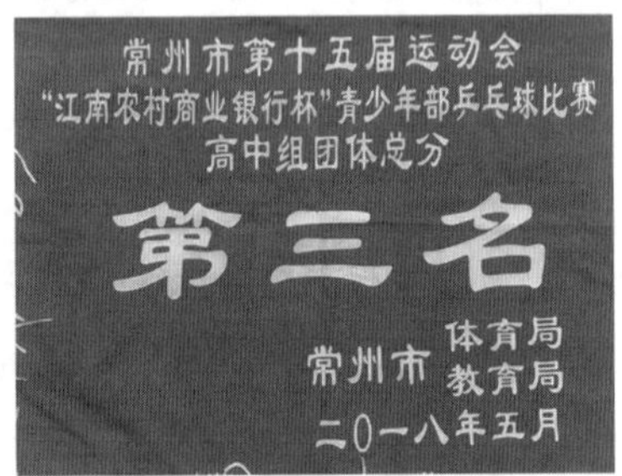

图 45-28　乒乓球俱乐部比赛获奖

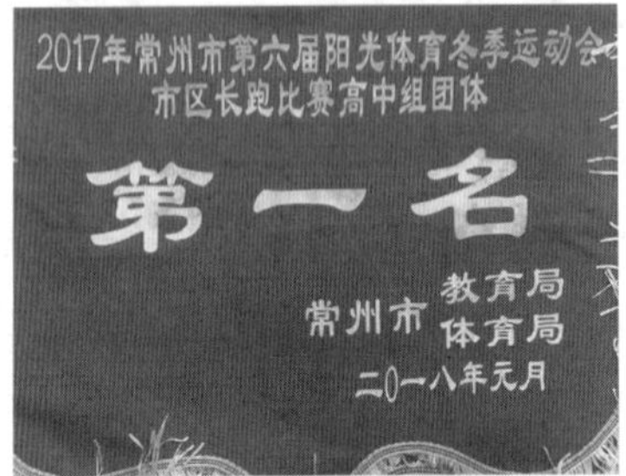

图 45-29　田径俱乐部比赛获奖

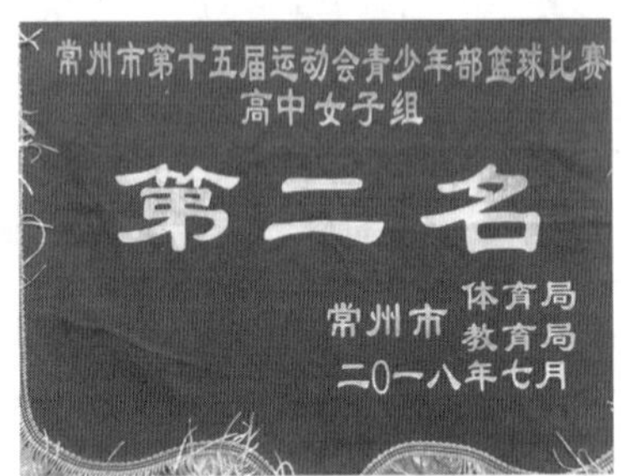

图 45-30　篮球俱乐部比赛获奖

图 45-31　阳光体育比赛一等奖

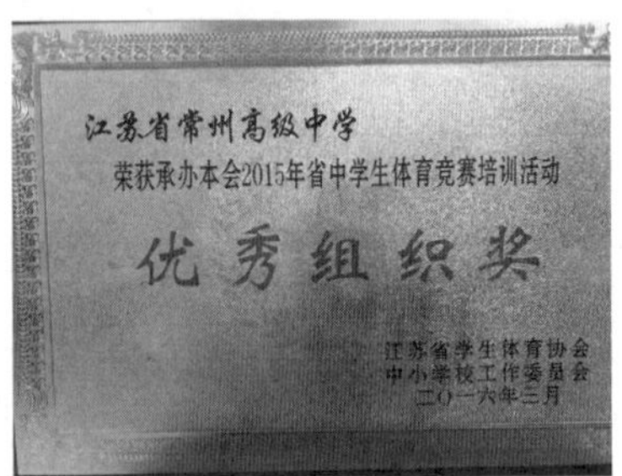

图 45-32　优秀组织奖

（六）社团活动得到了各界支持

江苏省基础教育专家、常州市教科院专家长期以来参与我校的发展规划，我校知名校友一直以来都以饱满的激情，为母校发展奉献自己的智慧和力量。同时，社会爱心企业和人士以振兴常州教育龙头为使命，为我校发展出资出力。体育社团借助学校团委的帮助，每年有企业、机构赞助社团活动专项经费用于指导教师培训、社团课程开发、聘请专家及学生活动等。每一次学校社团活动和竞赛我们都招募家长志愿者，让家长近距离地了解孩子在学校的情况，感受孩子的成长。我们的各项活动开展得到了家长们的大力支持和理解。

四、思考与展望

在江苏省常州高级中学高品质示范高中建设规划和课程基地高峰建设方案下，为了尊重每一位学生发展的个性需求，呵护每一位学生的生命成长，提升每一位学生生命的潜能，让每一个生命自由而健康地呼吸，继续构建创新我校特色体育社团课程与活动体系，通过以推进“全人范式”教育为宗旨的体艺研学中心，让体育社团活动不仅局限于校园，而且走向社会，推向国际。让多彩的体育社团生活提升学生的主动发展意识，映射学校深厚的文化底蕴，培养在未来社会中具有健康生命、理性精神、主动发展的杰出公民。

入选理由：

江苏省包场高级中学，一直把课程问题作为学校的核心问题，把社团活动作为校本课程研发的突破口，把社团活动作为师生个性发展、潜能开发的载体。注重策划学生喜爱的活动，鼓励学生做自己喜欢的事、不断提升自我、塑造真实的自我。青舞网球社作为学校体育竞技类社团课程中的精品社团，独具特色，在传授网球知识、技术，提高学生身体素质的同时，让学生在能力、智慧、品格等方面得到全面发展。正如校长江炳新对社团的寄语：走进社团课程，遇见美好，遇见“生·长”的自己！

四十六　南通江苏省包场高级中学青舞网球社

资料提供：汤　静

图 46-1　南通汤静

江苏省包场高级中学是一所地处黄海之滨、长江口北岸的省四星级普通高中。学校创办于 1956 年 10 月，位于南通市海门市包场镇，学校以“为每个学生的终身发展奠基”为办学理念，以“立一等品格，求一等学识，强一等体魄”为奋斗目标，以高品位的教育环境、高水准的教育设施、高素质的教师队伍、高质量的教育水平，令社会各界注目。学校先后被评为全国青少年校园足球特色学校、江苏省德育工作先进学校、全国资源综合利用先进单位、江苏省绿色学校、南通市教育系统先进集体、南通市模范学校、南通市最安全学校、南通市德育工作先进学校、南通市文明单位、南通市十佳校园、南通市绿色学校、南通市教育科研先进集体和海门市先进集体、海门市文明景点学校等称号，是海门人心目中值得信赖的学校之一。学校现有36个班级，181名教师，1665名在校学生，学校占地面积85463平方米，总建筑面积71729平方米。

学校现有体育教师8人，其中中学高级教师6人，研究生学历1人，海门市学科带头人2人，多人多次曾获得海门市人民政府“嘉奖”，擅长的专业包括篮球、排球、足球、田径、羽毛球、乒乓球等6个项目，体育教师平均年龄约42岁，都有着丰富的教育、教学经验。

学校建有一流的教学楼、实验楼、办公楼、艺体馆、科技楼、图书馆、学生公寓、学生食堂等。具有标准化、现代化的体育场地及设施，其中包括400米标准田径运动场1片，能容纳2000名观众的体育馆1座，室外篮球场7片，排球场3片，网球场1片，羽毛球场4片，室内室外乒乓球桌共20余张，室外健身器材活动区1片，室内动感单车、桌球、乒乓球、健身器材等活动室多个。设施齐全、设备先进，生均活动场地面积达13平方米。

自1985年第一个社团成立至今，在历任学校领导的重视下，社团规模不断扩大，向着多样化、精品化发展。至2019年下半年，学校已经同时开设53个社团，分为精品、特色、艺术特长、体育竞技、文化传承、理论研究、科技实践、公益服务八大类社团课程。学校已经从最初单一的“社团活动”转型到“社团课程”的开发，也逐渐形成了“生・长教育”的课程体系。规模扩大的同时，管理制度也与时俱进，学校成立了江苏省包场高级中学社团管理委员会，由校长室、各科室、各年级管理层、班主任、社团指导老师组成，制定了《江苏省包场高级中学社团管理部管理章程》，使得社团管理委员会成员分工明确、责任到人，给社团活动的开展和发展提供了有力保障。青舞网球社创建于2012年9月，由于网球运动对学生的身体素质要求相对比较高，最初只有基础年级的12名男生报名参加，经过几年来的学习与交流，网球运动在校园里已经逐渐普及，最多的时候男生、女生共70多人报名，由于受场地限制，每年考核通过的成员不超过40名，其中男生、女生各不超过20人。平时同学们都非常认真，天气晴好时在网球场学习掌握技战术，刮风下雨的日子在多媒体教室学习网球理论知识，观看大型比赛等。

一、组织方法与活动设计

(一)组织方法

※1 江苏省包场高级中学青舞网球社管理章程

一、总则

(一)青舞网球社简介

青舞网球社是2012年9月由江苏省包场高级中学高一、高二年级一群热爱网球、热爱学习、热爱生活的学生共同发起组织成立的。每届选举社长一名、社长助理二名、指导教师一名。

(二)青舞网球社目标

团结网球爱好者,交流网球技术、增强体质、增进友谊,积极推动网球运动在江苏省包场高级中学的普及与发展。

(三)青舞网球社社训

青春舞动、激情飞扬、你来我网、快乐健康。

二、青舞网球社管理层设置

(一)江苏省包场高级中学社团部

(二)指导教师一名

(三)社长一名、社长助理二名

三、任务与职责

(一)江苏省包场高级中学社团部

负责审核青舞网球社的各项规章制度,人员分工,活动的开展。

(二)指导教师

指导社团活动的各项工作。

(三)社长与社长助理

服从指导教师的安排,积极组织开展各种网球活动。如:网球培训、网球比赛、制订各项训练、竞赛制度等。增进社员之间的联系与交流,增进社员之间的团结与友谊。组织开展与青舞网球社发展有关的活动,力争为青舞网球社的发展提供条件。(注:社长与社长助理由全体社员及指导教师选举产生。)

※2 江苏省包场高级中学青舞网球社规章制度

一、社员制度

(一)入社:承认并遵守青舞网球社章程,服从青舞网球社的组织领导,自愿履行社员义务的个人均可向青舞网球社提出入社申请，经青舞网球社指导教师考核，江苏省包场高级中学社团管理部委员会批准，即可成为青舞网球社的社员。

(二) 社员权利

1. 拥有向青舞网球社提出修改章程和监督本社工作、发表意见、提出建议的权利。

2. 有资格参加青舞网球社组织的各种培训、竞赛活动。

(三) 社员义务

1. 遵守青舞网球社章程，执行青舞网球社决议及细则中的一切有关规定。

2. 维护青舞网球社利益，完成青舞网球社赋予的任务，积极参与青舞网球社活动。

(四) 社员凡出现下列情况之一的，即取消其社员资格：

1. 长期无故不参加活动并且不主动请假者，如这种状态超过一个月，即视为自动离社。

2. 严重违反青舞网球社章程及有关规定，给青舞网球社造成名誉损失者。

(五) 退社：社员要求退社，需申请报告青舞网球社指导教师，经江苏省包场高级中学社团管理部委员会批准，退社要求方可获准。

(六) 奖惩：严格遵守青舞网球社各项规章制度，积极参与青舞网球社各类活动，为青舞网球社的发展做出积极推进作用和突出贡献的社员，青舞网球社将授予“青舞网球社荣誉社员”的称号。

二、活动制度

(一) 时间及地点

1. 活动时间：每周一下午第四课。

2. 活动地点：江苏省包场高级中学网球场(晴好天气)、前排教学楼底楼西1(下雨天气)。

(二) 社员必须遵守的活动要求

1. 按约定的时间提前5分钟到场，换好衣服和球鞋，球、球拍自备。

2. 上场前做好充分的准备活动，以防在运动中受伤。

3. 服从指导教师的教学安排。

4. 在指导教师教学、指导时，不得自行在场地上练球，不得影响指导教师的教学活动。

5. 不做有可能伤害自身和他人的危险动作，安全第一。

6. 爱护公物，保持球场整洁，每次活动后将垃圾(如饮料瓶、塑料袋等)带出,丢入垃圾桶中。

7. 如活动日逢下雨等天气,到教室学习网球理论知识或欣赏网球比赛视频。

(三) 网球社不定期组织以下活动

1. 邀请专业的教练对社员进行网球培训,提高社员网球动作技术和比赛水平,促进交流。

2. 组织社员通过媒体或临场观摩各级各类的网球赛事。

3. 组织社员与本校或者其他兄弟学校网球爱好者进行友谊比赛,创造机会组织社员参加业余比赛。

三、附则

(一) 本规章制度自江苏省包场高级中学社团管理部委员会审核通过之日起生效。

(二) 本规章制度补充修改权属江苏省包场高级中学社团管理部委员会,由"包中社团部"广泛征求意见后,提出规章制度修改草案并集体讨论通过。

(三) 本规章制度的解释权属江苏省包场高级中学社团部。

(二) 活动设计

※3 江苏省包场高级中学青舞网球社年度活动计划

序号	时间	活动内容	备注
1	9月上旬	申请开设青舞网球社团	
2	9月中旬	制作、粘贴青舞网球社招募新社员海报,报名登记、考核确定新社员	
3	9月中旬	公示本年度青舞网球社成员名单	
4	9月中旬	社团章程、成员名单、社团活动计划、期末考核方法等材料交学校社团部	
5	9月下旬	上学期青舞网球社社团活动启动并选拔社长	
6	12月下旬前	社团活动按计划正常开展	
7	1月上旬	对照考核方法对学生进行期末考核	
8	2月下旬	下学期青舞网球社社团活动启动	
9	3月上旬	根据社团活动实际情况调整社团活动计划	
10	6月中旬前	社团活动按计划正常开展	
11	6月下旬	对照考核方法对学生进行期末考核	
12	6月下旬	召开社团成员座谈会,发表意见和建议,对下学年的社团活动进行展望	

※4 江苏省包场高级中学青舞网球社学期计划

一、活动目的

（一）使学生了解、掌握网球运动的基本知识。

（二）提高学生的网球技术、技能，使学生的身体素质得到全面提高。

（三）通过网球活动增进同学间的友谊，默契能力。

二、活动要求

（一）网球社团成员应严格遵守纪律，在操场不做与网球学习无关的事，听从指导教师的安排，保证网球学习过程中的安全。

（二）爱护体育设施、用品，认真学习，积极参与练习，努力提高自身的身体素质和网球技术技能。

（三）同学间团结互助，共同学习，共同提高，养成刻苦耐劳的优良品质。

三、活动内容

（一）了解网球社的章程，活动形式，注意事项等。

（二）知道网球运动概况，场地器材等设施的规格。

（三）学习网球运动的基本知识、技术、战术，比赛规则等。

（四）熟悉网球运动重大赛事及著名运动员。

四、活动措施

（一）教师网球基本知识、技术、技能介绍并示范。

（二）学生看示范模仿练习，同学间合作练习，教师巡回辅导。

（三）观看四大网球公开赛、大满贯杯赛等大型比赛，改进动作技术技能。

（四）与网球爱好者进行友谊练习、比赛等。

五、活动安排

课次	活动内容	备注
1	了解网球社章程、活动形式，准备活动体验	
2	了解网球运动概况，准备活动练习，体能练习	
3	了解网球运动的场地器材，学习网球运动的握拍技术	
4	复习网球运动的握拍技术，学习网球发球动作技术	
5	复习、巩固网球运动的握拍、发球动作技术	
6	学习网球运动的击球技术，体能练习	
7	复习击球技术，学习接发球技术	
8	巩固练习击球技术，接发球技术	
9	学习网球运动的比赛规则，巩固所学技术	
10	学习网球运动的单打技战术	

续表

课次	活动内容	备注
11	复习网球运动的单打技战术,教学比赛	
12	学习网球运动的双打技战术	
13	复习网球运动的双打技战术,教学比赛	
14	学习比赛规则,进行教学比赛,重大赛事介绍	
15	分组教学比赛练习,裁判规则实习,著名运动员介绍	
16	分组教学比赛练习,裁判规则实习	
17	考核:发球动作、简单比赛、裁判考核	

二、实施过程与方法

(一) 具体实施过程

※5 江苏省包场高级中学青舞网球社课时活动计划记录

青舞网球社课时活动计划及记录表 1

活动日期	2019. 9. 23	活动地点	网球场
活动目标	了解网球运动概况,准备活动练习,体能练习		
活动过程	1. 介绍网球运动概况,让学生对网球运动建立初步印象,并激发学生学习网球的兴趣及信心 2. 带领学生准备活动练习,让学生学会准备活动方法,学会自主准备活动练习 3. 探讨适合网球运动的科学、合理的准备活动内容、方法 4. 耐力素质练习 5. 放松练习		
备注	应到人数:　　实到人数:　　缺席名单:		

青舞网球社课时活动计划及记录表 2

活动日期	2019. 9. 30	活动地点	网球场
活动目标	了解网球运动的场地器材,学习网球运动的握拍技术		
活动过程	1. 介绍网球场地规格及设施情况,讲解网球拍、网球的构造 2. 选拔网球社社长及社长助理,带领学生做准备活动 3. 讲解、示范网球运动的握拍技术,带领学生体验并反复练习 4. 灵敏素质、上肢力量练习 5. 放松练习		
备注	应到人数:　　实到人数:　　缺席名单:		

青舞网球社课时活动计划及记录表3

活动日期	2019.10.14	活动地点	网球场
活动目标	复习网球运动的握拍技术，学习网球发球动作技术		
活动过程	1. 网球社社长带领学生做准备活动、充分活动各关节 2. 复习并巩固握拍技术 3. 讲解、示范网球的发球动作技术，带领学生认真练习 4. 社员间互相帮助，共同改进、提高发球技术 5. 上、下肢力量练习 6. 放松练习		
备注	应到人数： 实到人数： 缺席名单：		

※5 江苏省包场高级中学青舞网球社奖惩评价方法

一、考勤分(15 分)：准时参加社团活动，不迟到早退，身体不舒服或有事不能参加活动，提前向指导老师请假，无故旷课则考勤扣分，缺席一次扣1分。

二、表现分(15 分)：积极完成社团活动中布置的任务，严格遵守规章制度，消极或活动中造成不良影响的将酌情扣分。

三、活动分(10 分)：积极参加青舞网球社举办的各类活动，在活动中表现突出，为青舞网球社的发展做出推进作用的社员将酌情得分。

四、期末考核分(60 分)：根据指导老师的要求展示基本动作技术，完成单打比赛，正确裁判。指导教师根据学生三项的完成情况分别给出考核分。

五、总分(100 分)：考勤分、表现分、活动分、期末考核分四项相加等于总分。根据总分的高低排序，前30%的学生将授予"青舞网球社优秀社员"的称号。

（二）现场实况照片

图46-2 第一届(2012年)网球社成员合影

图46-3 第三届(2014年)网球社成员合影

图 46-4　第七届(2018 年)网球社成员合影

图 46-5　社团活动实践比赛

图 46-6　社团活动实践练习

图 46-7　社团活动理论指导

图 46-8　社团活动理论学习

图 46-9　社长朱姚峰制作“以球会友”活动海报

图 46-10　“以球会友”活动现场

图 46-11　社团成果汇报“青舞球拍”

图 46-12　社团招新活动现场

图 46-13　青舞网球社社旗

图 46-14　青舞网球社社徽

三、成绩与效果

（一）网球社活动持续开展了七年多，同学们对网球运动越来越喜欢，每学年报名参加青舞网球社的学生逐渐增多，青舞网球社的队伍在不断扩大，从最初的 12 位男生增加到现在的 40 多位学生，而且报名参加活动的女生也越来越多。学校每周安排一次社团课，部分学生会利用周末等空余时间单独或和同学相约一起练习网球基本技术，网球运动已经成为部分同学的体育兴趣爱好之一，成为同学们用来锻炼身体的一项运动。

（二）网球社活动过程中，技术学习和体能练习，使得学生的体能和技能得到同步提高，尤其是学生的力量、耐力素质更为明显。随着网球动作技术的进步，同学们对网球运动的兴趣越来越浓厚，社团活动时，同学们都能提前到场，做好课前准备工作，充分利用活动课时间学习、练习、掌握网球技战术。到期末考核时，同学们都能以精彩的展示通过技术评定，有几位同学在国家体质健康测试时成绩达到了优秀。

(三) 网球社学生锤炼了意志,提高了自信。大部分同学参加网球社之前网球运动是零基础的,加上网球运动对学生的身体素质要求相对比较高,在社团活动初期,有的同学忐忑不安,信心不足。在网球社活动过程中,通过练习、比赛、游戏等方式使得原本不太熟悉的同学互相交流、互相协作,不但增进了同学间的友谊,还活跃了课堂气氛,在和谐的氛围中成长、进步,增强了学生学习网球的信心。网球基本技术学习比较枯燥,有时一个基本动作可能要练习几十甚至上百遍,同学们都会认真练习,积极投入。练习中遇到困难或困惑时,同学们会共同面对,互相鼓励。网球运动让学生学会了团结协作,学会了坚持不懈,学会了克服困难。

(四) 网球社极大丰富了校园文化生活。网球社定期举办“以球会友”活动,活动前一周粘贴海报,通知切磋球艺的时间、地点、要求,吸引了很多网球爱好者的参与与观看,活动现场气氛热烈,共享网球运动带来的乐趣。每学年的社团活动展示周,网球社同学们动感、时尚的精彩表演赢得了观众阵阵掌声和欢呼声,展示了网球社的无限魅力。

(五) 网球社得到广泛赞誉。社团评比考核中,青舞网球社 2012—2013 学年度获“最给力奖”,2013—2014 学年度获“最佳活力奖”。2014—2015 学年度获“一等奖”,2015—2016 学年度获“一等奖”,2016—2017 学年度获校卓越课程评比“一等奖”,2017—2018 学年度获“一等奖”,2018—2019 学年度获“一等奖”。

2014 年 11 月“青舞网球社”与学校其他社团一起刊登在《海门日报》教育版。2015 年 8 月“青舞网球社”荣获海门市首届“卓越课程”评比“特等奖”。青舞网球社的开设得到了学生、家长、教师以及各级领导的支持与认可。

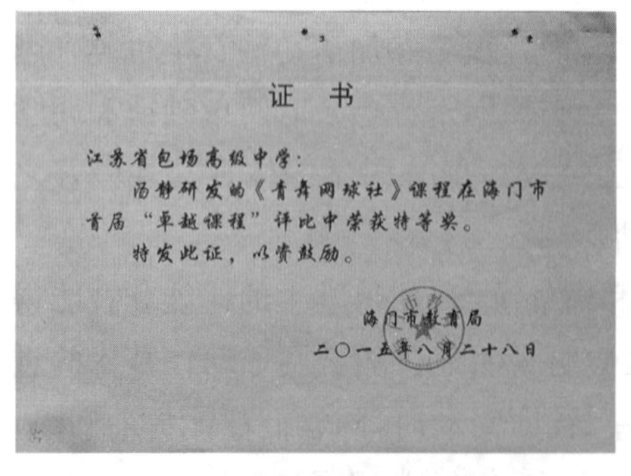

证 书

江苏省包场高级中学:

汤静研发的《青舞网球社》课程在海门市首届“卓越课程”评比中荣获特等奖。

特发此证,以资鼓励。

海门市教育局

二〇一五年八月二十八日

图 46-15 海门市卓越课程评比“特等奖”

获奖证书

汤 静 老师所指导的校本(社团)课程《青舞网球社》在 2016~2017 学年度第二学期卓越课程评比中,荣获壹等奖。

特发此证,以资鼓励。

江苏省包场高级中学

图 46-16 学校卓越课程评比“一等奖”

四、思考与展望

网球运动在各级领导的关心与支持下行走在社团的路上已经将近8年，给喜爱网球运动的学生提供了个性发展的舞台，提供了学习、锻炼的机会。在不断的推广与普及下，网球运动已经逐渐成为我校学生喜爱的体育运动项目之一。未来的日子里，青舞网球社将继承和发扬以往“踏实勇敢、积极进取”的精神，争取把网球社建设得更好，促进网球运动项目在我校持续健康发展。

入选理由:

啦啦操是一项深受广大学生喜爱的,融集体操、舞蹈、音乐、健身、娱乐于一体的体育项目,易于开展和实施。江阴市长寿中学啦啦操社团的开展,措施得当、计划详尽并且常年坚持,取得了比较好的成绩,为自我宣传、传播项目文化,经常去敬老院、乡政府等地参加公益演出活动,得到了社会认可,做法可圈可点。为学校"求实奋进,慎思力行"的校风注入了一股活力,激发了学生锻炼热情,释放了学生个性。

四十七 无锡江阴市长寿中学啦啦操社团

资料提供:朱霜双

图 47-1 无锡朱霜双

江阴市长寿中学创办于 1944 年,学校坚守"为社会文明育人,为学生发展奠基"的办学宗旨,秉承"厚德培元、博学笃志"的校训。以德育人,追求学生自主发展,形成了"求实奋进,慎思力行"的校风,"自立自强,自主自觉"的学风,"身正学高,循循善诱"的教风。

学校崇德育,坚守"成才先成人,育人先育德"的教育理念,积极实践自主德育管理模式,以班级小组管理为抓手,以学生文明礼仪教育为基础,以班级文化建设为突破,扎扎实实做好以德育人文章。学校占地面积 31560 平方米,建筑面积 14873 平方米。现有 24 个教学班,学生 946 名,有专任教师 81 名,江阴市级以上骨干教师 13 名,中、高级教师比例占 88%。学校重质量,追求绿色质量,学校强科研，积极建构科研网络，完善“目标导向、规范约束、三处联动”的科研机制，强化“学习培训、展示活动、年度评估”科研管理措施，形成了以校本培训为载体，课题研究为依托，促进教师专业发展的科研特色。

图 47-2　江阴市长寿中学

图 47-3　学校文化艺术节活动

为了丰富学生的生活，满足学生不同的兴趣和需求，促进学生身心更好地发展等，充分利用我校的教育资源优势，开发出多样性的、可供学生选择的校级社团，主要有啦啦操社团、足球、篮球、田径、科技制作、趣味数学等。学校先后被评为江苏省实施教育现代化工程示范初中、江苏省安全文明学校、无锡市德育工作先进学校等。

学校在职在岗的专兼职体育老师共 6 人，均是体育教育专业毕业并各有特长。学校现有 300 米塑胶田径场地 1 片，足球场地 1 片；室外标准篮球场地 3 片、标准的排球场 2 片；室内乒乓球室 1 间、乒乓球桌 8 张、室内标准羽毛球场地 3 片；以及数量充足的篮球、足球、排球、实心球、小垫子、跳绳、飞盘、羽毛球、乒乓球、花球等运动器材。

啦啦操是一项深受广大学生喜爱的、普及性极强，集体操、舞蹈、音乐、健身、娱乐于一体的体育项目。学校啦啦操社团于 2013 年开始成立，在学校开设啦啦操社团，一方面能够增强学生对体育的运动兴趣，另一方面还能够激发学生体育锻炼运动热情，养成体育锻炼的良好习惯，对培养学生学习积极性与创造性具有关键性作用。

一、组织方法与活动设计

（一）组织方法

※1 无锡江阴市长寿中学啦啦操社团管理章程

一、江阴市长寿中学啦啦操社团维护中国共产党的领导，遵守党的宣传法规,一切活动在基本原则下进行。

二、江阴市长寿中学啦啦操社团是在学校德育处领导、体育教研组老师及朱霜双老师指导下开展活动的社团组织。

三、江阴市长寿中学啦啦操社团在团结我校学生啦啦操爱好者的同时与其他社团共同学习进步,提高自身素质。

四、本社团全体社员团结友爱,不得搞有损于本社团形象和荣誉的活动,有重大违纪者做出退出社团处理,并报学校德育处备案。

※2 无锡江阴市长寿中学啦啦操社团组织机构

江阴市长寿中学啦啦操社团设置以下机构部门,由其负责人组成社团的执行机构:社团主席(一名)、竞训部、外联部、宣传部、总务部。社团主席与四部负责人组成社团的执行机构,领导开展社团日常工作,并对成员代表大会负责。学生社团负责人原则上由民主选举产生,特殊情况下由指导老师临时指定。

一、主　席:负责统管社团事务,组织协调社团的教学与比赛,负责招收新会员的各项工作(如图所示)。

二、竞训部:负责社团的竞赛与训练工作,如比赛的竞赛规程制定、比赛记录表制定,比赛时间与场次的安排等。

三、外联部:负责社团的外联工作,如对外联系比赛和社团组织非比赛性质的活动等。

四、宣传部:负责社团的宣传活动,比赛的横幅、比赛的摄影等。

五、总务部:负责比赛与训练的后勤服务工作。

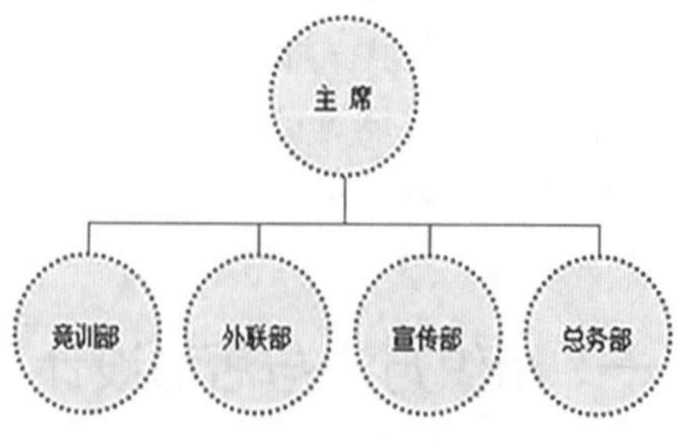

图 47-4　啦啦操社团架构图

※3 无锡江阴市长寿中学啦啦操社团规章制度

一、社团成员要明确自己的权利和义务。

二、啦啦操社团的活动地点和时间：足球场地，每周四下午第三节课后（暑假和雨天另行通知）。

三、社团成员须严格注意自己的言行举止，衣着整洁大方，礼貌用语，不做有损学生会社团部形象的事情。

四、社团工作人员要履行自己职责，认真做好教学、训练、比赛等工作。

五、社团成员要履行自己的职责，认真做好学习、训练、比赛等工作。

六、社团成员做好学习、训练、比赛等主要工作的反思与总结。

七、考勤制度：每次活动由主席负责点名考勤，并如实记载，有事要提前向主席请好假，如无故缺席两次需要书面说明情况，无故缺席三次及以上做自动退出社团处理。

（二）活动设计

※4 无锡江阴市长寿中学啦啦操社团年度训练工作计划

一、啦啦操课程介绍

啦啦操是一项深受广大学生喜爱的、普及性极强，集体操、舞蹈、音乐、健身、娱乐于一体的体育项目，是一项多人的集体项目。作为一项团体运动，不仅能够锻炼身体，还有利于培养学生的团体协作能力，增强学生的集体意识。啦啦操运动搭配音乐运动，动作活泼新颖，洋溢着校园的蓬勃朝气，对提升学生的综合素质和促进学生身心健康发展具有重要意义。

二、学情分析

初中生具有朝气蓬勃、充满活力的气质特征，与啦啦操自身的特征相符合；初中学生的好奇心较强，对新鲜事物也充满着兴趣，在初中体育教学中引入啦啦操能够激发学生的运动热情与运动兴趣；初中学生学习能力也比较强，能够比较容易掌握啦啦操的知识以及动作技能。

三、教学目标

（一）学生能够深刻理解啦啦操运动的意义和价值，并多方面了解啦啦操的内容及各级各类的比赛。

（二）学生能够学会一些简单套路组合及熟练掌握所学的规定套路，并能够在各级各类的活动中锻炼自我、发展自我、展示自我及不断地完善自我。

（三）学生能够学会相互合作、相互学习的学习品质，能够培养自己积极、乐观、进取等心理品质。

四、学年训练内容

啦啦操学年训练内容计划安排表

月份	训练内容
三月	基本身体姿态、基本步法、基本手型、身体素质练习
四月	同三月内容+花球啦啦操基本组合
五月	同四月内容+花球啦啦操规定套路
六月	同五月内容+考核学习内容并展示社团的成果
七月	同四月内容+花球啦啦操规定套路难度动作+花球啦啦操规定套路表演队形的创编
八月	同七月内容
九月	街舞啦啦操基本术语及动作特点、基本身体姿态、身体素质练习
十月	基本身体姿态、街舞啦啦操的节奏感练习、街舞啦啦操的基本组合、街舞校园示范套路、身体素质练习
十一月	同十月内容
十二月	同十一月内容+街舞校园示范套路考核和成果展示

五、学期训练内容

(一)社团第一学期周训练安排(每周上一次课,每次45分钟,地点在足球场地)

啦啦操社团第一学期训练内容安排安排

周次	训练内容
第一周	介绍课堂常规及要求,宣布本学期花球啦啦操教学安排;花球啦啦操基本术语及姿态
第二周	热身;基本功练习(跟随节拍进行正踢腿、侧踢腿练习,条件允许的情况下进行下腰等一些基本功练习);啦啦操基本步伐练习;啦啦操32个基本手位;身体素质练习(全身力量训练)
第三周	同第二周内容
第四周	同第二周内容+基本手位和基本步伐的考核
第五周	同第二周内容+花球啦啦操简单组合练习;花球啦啦操规定套路练习
第六周	同第五周内容
第七周	同第五周内容

续表

周次	训练内容
第八周	同第五周内容
第九周	同第五周内容
第十周	热身＋花球啦啦操规定套路考核＋花球啦啦操规定套路展示

（二）社团第二学期周训练安排(每周上一次课，每次45分钟，地点在足球场地)

周次	训练内容
第一周	介绍课堂常规及要求，宣布本学期街舞啦啦操教学安排；街舞啦啦操基本术语及动作特点
第二周	热身；基本功练习(功练习)；街舞啦啦操的节奏感练习；身体素质练习(全身力量训练)
第三周	同第二周内容
第四周	同第二周内容
第五周	同第二周内容＋街舞啦啦操的简单组合练习
第六周	同第五周内容＋街舞啦啦操的套路练习＋身体素质练习(核心力量训练)
第七周	同第六周内容
第八周	同第六周内容
第九周	同第六周内容＋街舞啦啦操的套路编排
第十周	热身＋花球啦啦操规定套路考核＋街舞啦啦操的套路展示

二、实施过程与方法

（一）具体实施过程

※5 啦啦操社团暑假期周训练安排

周次	训练内容
第一周	热身；基本功练习(跟随节拍进行正踢腿、侧踢腿练习，条件允许的情况下进行下腰等一些基本功练习)；花球啦啦操简单组合练习；花球啦啦操规定套路练习；身体素质练习(全身力量训练)
第二周	热身；基本功练习；花球啦啦操简单组合练习；花球啦啦操规定套路练习；身体素质练习(全身力量训练)

续表

周次	训练内容
第三周	同第一周内容＋强化成套动作的难点＋整套动作的编排
第四周	同第三周内容
第五周	同第三周内容
第六周	同第三周内容＋赛前准备

※6 啦啦操社团课时训练记录示例

一、啦啦操社团暑假期间第二周,花球啦啦操第一课时记录,每次1.5～2小时。

课时内容	花球啦啦操简单组合练习;花球啦啦操规定套路练习;身体素质练习
课时目标	1. 认知目标:进一步熟悉自编花球啦啦操简单组合练习和已学过的规定动作方法;了解新学的三段的动作方法和要领 2. 技能目标:巩固强化自编花球啦啦操简单组合练习和已学过的规定动作,并学会新学三段动作方法 3. 情感目标:培养学生自主学习、相互合作的学习品质,并培养不怕苦、勇于克服困难的意志品质
课时重难点	新学的花球啦啦操规定套路动作
课时过程 一、教学常规 二、活动热身 (一) 绕田径场地慢跑5圈 (二) 徒手操4×8拍:上肢运动、振臂运动、体转运动、腰部运动、弓步压腿、屈膝、踝腕关节活动 三、基本功练习 (一) 行进间正踢腿　25～30米×2组 (二) 行进间侧踢腿　25～30米×2组 (三) 行进间外摆腿　25～30米×2组 (四) 花球啦啦操简单组合练习 1. 跟音乐原地基本步法:踏步、V字步、侧点、前点、吸腿、踢腿、开合跳、弓步 2. 跟音乐行进间基本步法:踏步、侧并步、侧交叉步、向前/向后走、吸腿、踢腿、跑跳 3. 手臂大范围动作练习:上A、下H、侧K、L、倒L、下M等每个动作15～20次 4. 自编花球啦啦操简单组合练习: (1) 师生跟音乐一起完成自编花球啦啦操简单组合练习2～4次 (2) 学生集体跟音乐完成自编花球啦啦操简单组合练习2～3次 (3) 分小组自主练习自编花球啦啦操简单组合练习2～3次 (4) 学生再跟音乐完成自编花球啦啦操简单组合练习1～2次	

续表

5. 花球啦啦操规定套路练习： (1) 学生每个人先自主复习以前所有的学过的花球啦啦操规定套路的动作 3～5 次 (2) 学生和老师一起复习所学的花球啦啦操规定套路的动作 3～5 次 (3) 老师指出需要改进的方面 (4) 学生再自主复习所学内容 1～2 次，力求动作幅度和力度到位，表现力较好 (5) 让学生观看规定套路的完整视频，要求认真观察视频中的动作表现力、动作方法等 (6) 让学生与视频的分解动作先学下一段的新动作，老师随时指导 (7) 与学生交流动作方法 (8) 学生再练习刚学的新动作，直到每个学生都基本学会 (9) 老师指导动作中难点部分，并带领学生一起练习，指导每个学生都基本学会 (10) 学生再自主学习整段新的动作，老师及时指导 (11) 老师带领全体学生练习所学新的动作 3～5 次 (12) 学生集体喊口令练习所学新的动作 3～5 次 (13) 老师和学生跟着视频一起做，从头开始练习 3～5 次 (14) 学生跟着视频一起做，从头开始练习 3～5 次 (15) 按照前面的学习方法和步骤，再学习本次课第二段新的花球啦啦操的规定动作 2～3 次 (16) 按照前面的学习方法和步骤，再学习本次课第三段新的花球啦啦操的规定动作 2～3 次 (17) 老师和学生跟着视频一起做，从头开始到本次课新学动作 2～3 次 (18) 学生跟着视频一起做，从头开始到本次课新学动作 2～3 次 6. 身体素质练习(核心力量训练)： (1) 俯卧撑 10～15 个/组×2 组 (2) 仰卧起坐 40 个/组×2 组 (3) 全蹲起 20 个/组×2 组 四、放松练习 (一) 横劈腿定时 30 秒×2～3 次 (二) 纵劈腿定时 30 秒×2～3 次 (三) 两人相互压肩 4×8 拍 (四) 两人相互分腿体前屈拉伸 4×8 拍 (五) 两人相互并腿前屈拉伸 4×8 拍 五、结束部分： (一) 总结评价 (二) 归还器材 (三) 师生再见

二、啦啦操社团暑假期间第八周，街舞啦啦操第一课时记录(45 分钟)。

课时内容	街舞啦啦操的套路练习、街舞啦啦操的套路队形编排
课时目标	1. 认知目标：进一步熟悉街舞啦啦操的套路动作；清楚地了解队形变化的作用和意义 2. 技能目标：巩固强化街舞啦啦操的套路动作，并学会一些简单的套路队形编排 3. 情感目标：培养学生自主学习、相互合作的学习品质，并培养不怕苦、勇于克服困难的意志品质
课时重难点	街舞啦啦操的套路队形编排

续表

课时过程 一、教学常规 二、活动热身 (一) 绕田径场地慢跑2圈 (二) 徒手操4×8拍:上肢运动、振臂运动、体转运动、腰部运动、弓步压腿、屈膝、踝腕关节活动 三、街舞节奏感练习:听音乐感受Up和Down的身体节奏感 四、街舞啦啦操的套路练习 (一) 学生每个人先自主复习街舞啦啦操的套路的动作1~2次 (二) 老师指出需要改进的方面 (三) 学生再自主复习街舞啦啦操的套路1~2次,力求动作幅度和力度到位,表现力较好 五、街舞啦啦操的套路队形编排 (一) 让学生观看街舞啦啦操的套路的完整视频,要求认真观察视频中的动作表现力、节奏感等 (二) 与学生共同讨论本套街舞啦啦操的特点、通过怎样的队形变化更好地展示自身的特点 (三) 向学生讲解将要变化的一个队形及每个人变换的路径 (四) 老师先让每个学生在无口令的情况下变换到自己应该到的位置上3~5次 (五) 让每个学生在自己喊口令的情况下练习动作及变换的路径3~5次 (六) 老师及时指导 (七) 在排练过程中老师发现问题及时改正,学生有问题或者好的建议立即与老师沟通 (八) 学生集体相互合作的情况下练习整体的队形变换3~5次 (九) 练习在音乐的伴奏下完成队形的变换3~5次 六、身体素质练习(核心力量训练) (一) 立卧撑10个/组×2组 (二) 收腹举腿15个/组×2组 (三) 单脚跳25~30米,左右脚各一次 七、放松练习 (一) 两人相互拉肩30次/组 (二) 两人相互分腿体前屈拉伸4×8拍 (三) 两人相互并腿前屈拉伸4×8拍 八、结束部分: (一) 总结评价 (二) 归还器材 (三) 师生再见

※7 社团奖惩评价方法

一、评价方法

(一) 平时评价:学习态度、课堂纪律、出勤。

(二) 阶段性评价:阶段的PK赛成绩、组别比赛。

(三) 学期评价:随堂评价、评定等级、所学动作的规范程度、成套动作的完成度及表现力。

除了以上的评价方法外，还注重老师评价与学生自我评价相结合的方式进行评价，确保促进学生更好地发展。

二、奖励的措施

（一）有一名成员在啦啦操社团的班主任德育工作就相应加分数。

（二）学生在班级中评选各项先进老师优先考虑。

（三）每学期评选8～10人为优秀社团成员。

（四）配合班级、年级、团委、学校等做好宣传和演出工作的成员，被评选为啦啦队宣传之星。

（五）在校外啦啦操比赛中获省市级奖项的，学校给予一定的物质奖励和精神奖励。

（二）现场实况照片

图 47-5　参加全国冠军赛

图 47-6　啦啦操队合影

图 47-7　出席比赛开幕式

图 47-8　亮相市比赛

图 47-9　学校运动会精彩表演

图 47-10　集体获奖展示

三、成绩与效果

(一) 学生参与人数增加,参与热情不断提高

大多数啦啦操社团成员的学生参加半学期后明显更加喜爱啦啦操这项运动,他们希望每个星期能够增加社团活动的次数,同时他们自己在家里主动观看啦啦操的套路和比赛视频,主动学习自己感兴趣的动作和套路;他们练习啦啦操的时间不再局限于社团活动时间,同一个班级的在课后还会共同探讨,并吸引更多的同学参与啦啦操社团;在啦啦操社团的带动和影响下,我们全校学生在大课间时间把传统的课间操改为了具有朝气蓬勃的街舞啦啦操。每次听到大课间动感的街舞啦啦操音乐就能够感受到整个校园的活力。

(二) 学生体质和技能得到加强

社团学生进行啦啦操项目训练能够全面提升学生体能素质,提升各种技巧的综合运用能力。经过一学期及以上时间的训练,啦啦操社团学生的体质测试成绩,即 50 米、男子 1000 米和引体向上、女子 800 米和仰卧起坐、坐位体前屈、立定跳远,大部分比参加之前显著提高,也直接显现为学生的速度、耐力、力量、柔韧性等体能素质提高。另外,经过一学期及以上时间的训练,啦啦操社团学生不仅啦啦操的运动技能有所提高,而且他们的篮球、足球、跑、跳、投等多项运动技能也都有一定的提升。

(三) 学生情意表现良好

学生通过社团学习,提升了心理健康水平,不管是在正式的比赛赛场上还是业余的训练场上,啦啦操队员都会将乐观积极向上的舞蹈动作和向日葵般的微笑展现给观众,提升自身的感染力,使现场的气氛迅速地活跃起来。这种振奋人心的鼓舞形式能够最大程度地消除比赛队员的焦虑和紧张的状态，进而促进自身的心理健康。

通过训练和比赛，啦啦操社团学生的团队合作的意识和相互之间的沟通交流能力得到了很好的发展。不管是在比赛还是在表演，啦啦操队员们都身着色彩鲜艳的服装，拿着喝彩的道具，加上带有强烈节奏感的音乐，以娴熟优美的动作和个性鲜明的口号、向日葵般的微笑，增强与观众心理情感上的交流互动，起到激发观众热情、引导观众情感的效果。这样可以帮助学生提升自身的人际交流沟通能力与情感表达能力，对学生形成独特性的人格魅力具有推动作用。

（四）啦啦操体育文化得到多渠道宣传

在校园里，啦啦操社团通过海报、拉横幅标语、校园广播来宣传各项活动；作为篮球比赛、足球比赛的啦啦队等；啦啦操社团在校园文化艺术节上精彩展示；到敬老院、乡政府等参加公益演出；参加国家体育总局举办的啦啦比赛、无锡市和江阴市中小学啦啦操比赛。这些都为我们社团啦啦操体育文化的宣传提供了多方面的渠道，也发挥了多方面的价值。

（五）啦啦操比赛成绩突出

自从 2013 开设了啦啦操社团以来，啦啦操社团为学校争得了一些荣誉：2013 年 11 月荣获江阴市中小学啦啦操比赛第五名；2014 年 12 月荣获全国啦啦操冠军赛第五名、江阴市中学生街舞啦啦操比赛第三名；2015 年 10 月荣获无锡市中小学啦啦操比赛初中组二等奖；2016 年 10 月校啦啦队代表学校出色地完成了周庄镇运动会开幕式任务，并获得了政领导的高度认可；2017 年 9 荣获江阴市第七届全民运动会青少年部啦啦操初中组比赛第七名；2017 年 12 月荣获中国（无锡）青少年啦啦操精英赛第二名；2018 年 9 月荣获第二届全国啦啦操创意展示大会、经典咏流传进校园“一球一操”四年成果展中获“最佳人气奖”，并使学校在开展“校园大课间啦啦操暨经典咏流传”活动中，荣获“全国校园啦啦操推广实施单位”称号。

（六）取得了良好的社会美誉度

学生刚开始参加我们社团时很多家长不太了解啦啦操这个项目，随着社团活动的开展，家长们逐渐了解了一些啦啦操的作用和价值，会支持孩子坚持参加社团活动；学校里不仅校领导、班主任积极支持我们工作，其他任课老师也越来越多地了解，并支持我们啦啦操社团；随着我们向社会做一些公益演出，使得社会更多的人士对我们的社团有所了解，并得到他们的好评。

图 47-11　省比赛获奖

图 47-12　市比赛二等奖

四、思考与展望

学校的啦啦操社团已渐渐成为校园文化生活中重要的组成部分,在我校扮演着校园活动的主力军角色。啦啦操社团为丰富学生的活动搭造了舞台,更好地促进了学生身心健康的发展,让同学们有了更好的发展空间。同时,我也深知发展好啦啦操社团需要多方面力量的支持与帮助。

第一,希望我们全校的师生齐心协力共同开展好啦啦操社团的日常教学和训练工作。

第二,我们希望体育老师能共同研讨,让啦啦操社团更加合理有效地开展活动,充分利用团队的智慧促进社团的发展。

第三,希望学校德育处为我们提供更多的回报社会的机会,展示和宣传我校的特色社团。

第四,希望学生家长能够更好地支持与帮助,只有家校一致努力,教育才能良性发展。

坚信在多方的努力与帮助下,啦啦操社团将会取得更好的成绩,每一位啦啦操成员都将会成长为更自信、更阳光、更有魅力的、更有能力的人才。

入选理由：

常州市第二十四中以学生的兴趣与实际需求为出发点，采用问卷调查和学生访谈的方式，广泛征集学生的建议，最终结合学校实际，确定了16个课外活动社团，其中“雅趣体育社团”既满足了学生的个性化需求，又尊重了学生的差异化发展。学校充分利用现有场地器材，并借助家长等社会资源，聘请专业的教练，确保了社团的专业化管理与良性发展。这种基于学生内需，充分考虑学校实际，借助社会资源的社校共建的社团建设思路是一种科学合理的可持续发展之路。

四十八　常州市第二十四中学雅趣体育社团

资料提供：柳　莹　曹　钧　周小芬　尹剑明

图48-1　常州柳莹

常州市第二十四中学创办于1929年，是一所传统与现代相融合的公办初中学校。秉持“养正·尚雅”之校训和“人文情怀、智慧育人、和谐发展”的办学理念，涵养“雅正”文化。学校注重提升课程品质，构建“雅慧课程”体系，探索“协商式分层走班教学”，开展“情智生长的课堂”研究，推进“互联网＋时代课堂教学范式研究”。学校积极打造科技教育特色，推进班级文化建设，努力把学生培养成"品行雅正、情智和谐、责任担当"的现代优秀公民。教育质量上乘,深受社会各界的赞誉。学校实现着高位优质发展,并发挥示范辐射效应,形成了核心校区、河海中学、天宁分校、金坛分校、兰陵分校"一核心四分校"的良好发展态势,集团办学成效显著。

历任校领导都非常重视学校体育工作,在经费投入、场馆建设、师资配备、队伍建设方面,学校都按照有关规定严格执行。目前已造就了一支年龄结构合理、团结向上的具有强大战斗力的体育教师队伍。学校先后获得江苏省学生健康促进先进学校(铜奖)、常州市"两条一规"评比先进学校等荣誉,同时也是常州市体育特色学校(田径、乒乓)。体育教研组荣获常州市"星级教研组"和"五四"红旗班组称号。学校运动队在历年的省市比赛中均取得了优异的成绩,校田径队、男、女子篮球队、乒乓球队和健美操队在市比赛中曾多次荣获冠军。

图 48-2　学校环境

学校体育组现有 9 名专职教师,其中高级教师 3 名,一级教师 2 名,二级教师 4 名,常州市骨干教师和教坛新秀各 1 名。教师个人专项分别有篮球、足球、排球、体操、健美操等。学校重视教师队伍建设,多人次在省、市青年教师基本功竞赛中获得一、二等奖,历年来有多篇论文在省、市级评比中获奖或在各级专业刊物上发表。

学校立体操场设计巧妙、实用,地下一层设有篮球场、地下跑道和乒乓室(内含 20 张乒乓球桌),一层设有 6 跑道塑胶田径场,操场东西两侧建有体育馆和舞蹈房,二层设有足球场,场地设施齐全,不受天气因素影响。我校共有三个器材室,器材种类繁多,数量充足,器材室配备专人管理。

图 48-3　体育教师团队

图 48-4　学校立体风雨操场

常州市第二十四中学体育雅趣社团的开设以学生的兴趣与需求为出发，通过学生调查问卷以及与部分学生代表座谈等方式确定了课程内容，既尊重了学生的差异化，又满足了学生的个性化需求。社团内容的选择符合学生的身心发展特点，且与学校体育课程相结合，除复习巩固课堂知识外，更是对相关项目进行了技术性的提升。

一、组织方法与活动设计

（一）组织方法

※1 常州市第二十四中学雅趣体育社团的组织方案

一、总体目标

学校根据具体情况，充分利用一切可利用的资源，以人为本，选择符合学生锻炼实际和基本能力的教学项目构建教学模块，增大学生对教学内容的选择；在教学过程中改变以往学生被动接受的学习方式，培养学生"自主、合作、探究"学习的习惯，提高学生的体能和运动技能水平，加深对体育与健康知识和技能的理解，在学生学习评价上，注重学生的发展性，有效促使学生形成运动爱好和专长，并积极培养学生终身体育的意识和习惯。

（一）通过社团的实施，为学生学习相关运动技能提供条件，在教学过程中培养学生主动学习习惯，促进学生健康的心理与主动适应社会的能力发展，使学生具有一定的自主学习能力，让每个学生至少掌握一到二项体育运动技能。通过资源的整合，确保每个学生每天锻炼一小时，让运动成为学生生活中不可或缺的一部分。

（二）教师不仅仅是社团的执行者，而且也是参与者，通过社团课程的实施，体育教师能够充分挖掘体育资源,不仅完成教学目标,更重要的是在教学过程中不断反思自己的教学行为,教师不仅仅是指导者,更是学生的聆听者,教师要充分尊重学生的生活体验,教师应该与学生共同成长。

(三) 学校监督和指导教师更好的实施社团,并为新课程的实施提供一切有力的保证。

二、实施原则

(一) 从实际出发原则。学校体育社团实施要从实际出发,不能脱离学校的实际情况。

(二) 科学性原则。学校体育在实际操作中必须认真学习科学理论和学科专业理论,不能违背体育教学的原则。

(三) 创造性原则。社团实施是一个动态的过程,我们在实施的过程中要充分发挥教师的创新能力,在实践过程中不断总结不断完善。

※2 常州市第二十四中学雅趣体育社团章程

第一条　总则

(一) 性质:本社团是中学生体育运动爱好者自愿原则建立起来的全面性、非营利性、开放性的学生体育组织。

(二) 宗旨:延伸体育课堂教学内容,提高学生运动能力;以学生兴趣为前提,学生自主选课,激发学生运动的激情;缓解学生学习压力,确保以更好的精神状态投入到学习与生活中;培养学生良好的锻炼习惯。

(三) 活动地点:立体操场(含田径场、足球场、篮球场)、体育馆、乒乓房以及小广场。

第二条　会员

申请加入本社团的学生必须具备以下条件:

(一) 有自愿加入本社团的意愿。

(二) 遵守社团章程,服从社团领导和学校的有关规章制度。

(三) 热爱体育运动,有一定的专业基础。

(四) 品行端正,有良好的集体主义作风,身心健康,积极向上的本校在校学生。

第三条　权利与义务

(一) 雅趣社团的会员享有选举权和被选举权,有对本社团工作提出批评、建议和监督的权利。

（二）雅趣社团的会员服从社团组织领导，维护社团权益和声誉，有义务积极参加社团和上级发起的各项活动，有义务监督社团的工作并提出工作建议。

第四条　社团活动

（一）社团活动以丰富校园课余文化的活动为主，鼓励社团成员参加各级比赛，对取得成绩的团员学校给予表彰。

（二）除因社团参加学校指定的大型活动和校外重大比赛并经学校批准外，社团成员活动时间与教学计划安排的课程发生冲突时，应服从学校的总体教学计划安排，上课一律不得请假。擅自参加活动而不上课者，按旷课处理。

（二）活动设计

※3 常州市第二十四中学雅趣体育社团篮球项目学期教学计划

顺序	教学内容	教学重、难点	教学策略	课时
1	基本理论知识	篮球比赛中违例和犯规	通过多媒体等教学手段，向学生介绍篮球比赛的基本规则，使学生熟悉篮球训练中的常识问题(如：场地的大小等)	2～3
2	复习行进间运球	持球手型正确，蹬地、抬肘、伸臂、屈腕、拨指动作，全身的协调配合	教师讲解、示范；分组练习，掌握原地单手肩上投篮的技术动作	1～2
3	行进间双手胸前传接球	跨步接球和迈步传球，传球到队友胸前一臂距离	讲解示范，利用传球计算个数的比赛提高学生积极性，个别指导错误	2～3
4	三角传球	跑动传接球的路线，传球动作不变形	讲解示范，教师巡回指导，语言提醒动作要点	2～3
5	三人“8”字双手胸前传接球	跑动传接球的路线，传球的提前量	讲解示范，教师个别指导错误，语言表扬练得好的学生，鼓励练得较差的学生	1～2
6	四角传球	跑动传接球的路线，侧身跑动接球	讲解示范，教师巡回指导，语言提醒动作要点	2～3
7	传、运、投综合练习	传、运、投正确技术的复习、提高，传、运、投技术的合理运用，篮球规则的认识运用	讲解示范，教师个别指导错误，语言表扬练得好的学生，鼓励练得较差的学生；教师组织学生进行教学比赛	6～8
8	3VS3、5VS5教学比赛	技战术运用，篮球规则的认识运用	教师组织学生进行教学比赛	4～5

※4 常州市第二十四中学雅趣体育社团空竹项目学期教学计划

一、教学目标

(一) 进一步掌握空竹的技术要领;学会简单的空竹大车轮、自抛自接、串臂等花样动作,能说出花样技法的动作名称及动作要领。

(二) 让学生在空竹练习中表现出较高的兴趣,体验成功完成花样技法的喜悦心情。

(三) 通过对抖空竹的训练,发展学生大脑、眼、四肢的协调配合能力及调控空竹的平衡能力;提高对民族传统体育文化的认识。

(四) 激发学生学习兴趣,使其能积极参与到抖空竹的教学中,并且能掌握基本动作。

(五) 使学生在小组合作交流中体验到成功的喜悦,激发学生积极主动的参与意识,培养学生勇敢、果断和合作学习的意识。

二、教学重点难点

(一) 重点:抖空竹的用力方法,抖空竹技术动作的协调性,启动快而稳。

(二) 难点:空竹上杆动作的准确性和稳定性。

顺序	学习内容	学习目标	重点、难点	教与学的建议
一	抖空竹(两种绕线方法)	掌握抖空竹的两种缠绕线方法,发展学生的协调性、灵敏性等身体素质	两种缠绕线的方法,让空竹转起来	首先要让空竹旋转起来,保持空竹在旋转时的平衡,注意提拉动作和用力的方法,要循序渐进
二	抖空竹(蚂蚁上树)	基本掌握抖空竹的技巧动作,培养学生自主学习能力	提拉动作方法防止空竹转动时的线缠绕问题	“蚂蚁上树”的技术动作,主要是线的牵引,牵引动作要柔和,牵引高度不宜过高
三	抖空竹(抛接练习)	掌握抖空竹的抛、接技术动作,培养学生团结合作精神	抛和接的动作配合,接住抛起来的空竹并转起来	抛起的高度不宜过高,身体与空竹保持正面;接空竹时注意眼疾手快,准确到位
四	抖空竹(上竹竿)	初步掌握“爬竿”的技术动作,提高自我健身能力	把空竹拉放到竹竿上,空竹在竹竿上旋转并保持平衡	把转动的空竹挑到竹竿上时空竹在竹竿上旋转时手不能抖动

二、实施过程与方法

（一）具体实施过程

※5 常州市第二十四中学雅趣体育社团活动计划安排

结合学校学生的实际情况，精心研究制定实施方案，以学生自愿参与、自主运动为前提，并通过海报宣传、课程简介等方式，使学生对开设的课程有一定的了解。学生采用网上选课的方式进行报名，学校成立管理审核小组，组建雅趣社团群，对社团报名人数进行审核，学校积极提供教学资源，为每一位教师的课程开设提供了保障。目前，雅趣课程已有序开展了半个学期（见下表）。

序号	课程	学生性别	人数	地点	授课教师
1	篮球 1	男	40	篮球场 1	徐东
2	篮球 2	男	40	篮球场 2	李军
3	篮球 3	女	40	篮球场 3	张正晰
4	乒乓球 1	男	35	乒乓房	尹剑明
5	乒乓球 2	女	35	乒乓房	尹剑明
6	排球 1	男	25	排球场	柳莹
7	排球 2	女	25	排球场	柳莹
8	足球 1	男	40	足球场	李锋
9	足球 2	女	30	足球场	李锋
10	健美操	女	30	舞蹈房	周小芬
11	田径	不限	35	田径场	曹钧
12	街舞 1	不限	30	田径场西	徐浩轩（外聘）
13	街舞 2	不限	30	田径场西	陈斌（外聘）
14	空竹 1	男	30	田径场东	朱平益（外聘）
15	空竹 2	女	30	田径场东	杨建平（外聘）
16	羽毛球	不限	30	体育馆	张百万（外聘）

※6《篮球——行进间低手上篮》课时教案

教学内容	篮球——行进间低手上篮	水平四	8年级	人数	50人
场地器材	篮球场地2片、篮球50个、音响一套、障碍物4个				
学习目标	1. 学生能较好地建立行进间低手上篮的动作概念,记住关键要领。 2. 增强速度、灵敏性等体能,使75%学生初步掌握行进间低手上篮的基本动作,30%学生能在教学比赛中熟练运用此技术。 3. 提高学生自主、探究的学习能力,培养合作意识,让学生在成功中体验快乐。				
教学重点	强化运球和低手上篮的动作方法				
教学难点	掌握运球和上篮之间的协调配合				

教学程序	教学内容	活动及要求		组织形式
		教师活动	学生活动	
开始部分	课堂常规	1. 教师提前到场做好准备 2. 接受体育委员报告,师生问好 3. 宣布学习内容、提出练习目标和要求 4. 检查服装、安排见习生	1. 体育委员整队、检查人数,精神饱满、队伍安静、整齐 2. 师生问好 3. 认真听讲,了解本课学习目标 4. 按教师安排见习	组织队形: x x x x x x x x x x x x x x x x x x 0 0 0 0 0 0 0 0 0 0 0 0 0 0 0 0 0 0 ▲ (要求:注意力集中,快、静、齐)
准备部分	1. 绕篮球场运球热身 2. 熟悉球性练习 (1)两手拨球 (2)"8"字滚球 3. 活动关节 按压手指 腹背运动 仆步压腿 弓步压腿	1. 讲解路线、方法、要求;在运球路线上与学生互动;观察学生运球基础 2. 带领学生熟悉球性 3. 口令指挥学生,领做	1. 运球热身,控制好球(要求:左右手交换) 2. 随教师一起熟悉球性(要求:控制好球) 3. 听教师口令,进行球操练习(要求:动作舒展、活动充分)	组织形式: 分组沿篮球场地线慢跑 x x x x x x x x x x ▲ 0 0 0 0 0 0 0 0 0 0
基本部分	1. 篮球-行进间低手上篮动作要领探讨(以右手为例)	1. 示范技术动作启发学生思考、总结动作要领,重、难点 (要求:动作示范正确、启发语言要有感染力;讲解精炼)	1. 认真观察教师示范,积极思考教师提出的问题	组织形式: x x x x x x x x x x ▲ 0 0 0 0 0 0 0 0 0 0 0
	2. 自主探究 (1)徒手练习上篮的脚步("一大二小三高跳") (2)拍一下接持球三步上篮 (3)三分线外运球上篮	2. 组织学生分组进行散点和集中练习且巡回指导学生练习(要求:简要讲解练习方法;指挥观察学生练习;适时集中纠错)	2. 按要求进行练习、体验(要求:认真观察、思考动作要领,积极尝试练习;按照教师指挥,先分解再进行完整练习;组内加强学习交流)	××××× ××××× (场地示意图)

续表

基本部分	3. 个人展示 4. 梳理与总结 5. 教学比赛	3. 教师组织各小组学生进行展示(要求:鼓励基础较差学生、对基础较好学生提出更高要求) 4. 教师对学生学习情况进行梳理与总结(要求:根据观察学生练习和展示,简要进行总结) 5. 讲解比赛要求、方法,组织学生分组比赛(要求:突出分层教学,按照学习水平分组比赛)	3. 按教师要求积极进行自我展示(要求:在展示中体会成功的快乐和团队的温暖,并更加自信) 4. 注意力集中,积极思考;勇于发表见解 5. 按要求进行运球接三步上篮比赛(要求:比赛不是比快而是比技术运用的准确性和连贯性)	组织形式: x x x x x x x x x x ▲ 0 0 0 0 0 0 0 0 0 0 0 0 0 × × × × × × × × × × 0
结束部分	1. 放松 2. 集队、讲评 3. 布置课后练习 4. 宣布下课 5. 收还器材	1. 讲解放松方法,带领学生进行放松 2. 结合本课学习进行讲评,鼓励课后加强练习 3. 课后学案:通过多媒体手段深入了解所学技术,尝试在比赛中灵活运用 4. 师生再见 5. 安排学生收还器材	1. 随教师进行放松 2. 认真听教师讲评,积极自评 3. 制定课后练习方案 4. 师生再见 5. 协助收还器材	组织队形: x x x x x x x x x x x x x x x x x x 0 0 0 0 0 0 0 0 0 0 0 0 0 0 0 0 0 0 ▲
反思				

(二)现场实况照片

图 48-5　体育走班选项教学启动仪式

图 48-6　教练员现场指导

图 48-7　精彩篮球 3 对 3 比赛

图 48-8　日常抖空竹练习

图 48-9　空竹技艺展示

三、成绩与效果

(一) 学生参与锻炼的热情明显提高

自雅趣社团开设以来,学校学生每天体育锻炼时间得到保障,学生参与学习锻炼的积极性显著提升,即使是下课或者回家后,许多社团内成员仍然主动复习动作,自发练习。

(二) 学生体质健康状况得到改善

由下图可见,近几年学校学生体质健康合格率和优秀率都是逐年递增。

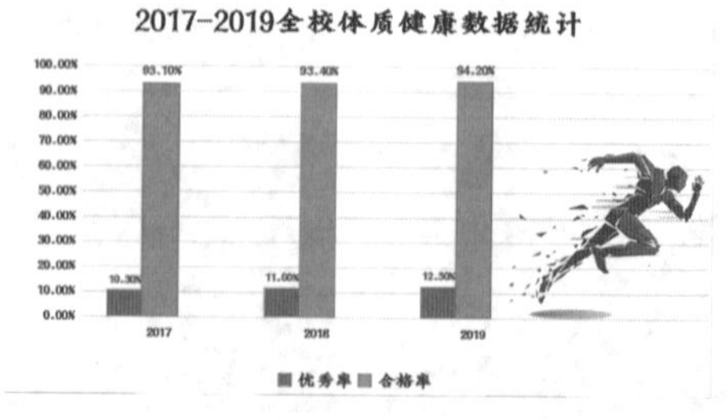

图 48-10　学校体质健康数据统计

（三）体育社团让学生勇往直前

赵同学爱好篮球，但是学习成绩不太理想。九年级加入了篮球社团，被任命为篮球社团一队的队长，自从任职以来赵同学在课堂上完成自己的练习内容以外，还主动带领其他队员有序地进行练习。刚过去的校园篮球赛中，赵同学率领本班同学从去年的第八名，一路血拼，成为今年的亚军。更加令人欣慰的是，赵同学不仅在学业成绩上有所进步，他顽强拼搏、团结向上的精神打动了大家，被班级同学选举为值日班长。

（四）教学相长促进了教师的锻炼

各社团积极开展比赛，不仅仅在社团内外，甚至向教师团队发出了挑战。学校教师团队积极应战，组建成立了校教工篮球队和教工排球队，每周固定时间开展训练，定期举行师生友谊赛。这项举措既激发了学生运动的兴趣，又提高了教师锻炼的热情，一举多得。

图 48-11　篮球联赛集锦

（五）社团成为校运动代表队人才培养基地

各社团经过重重选拔，积极向校各运动队输出优秀队员，参加市级比赛，取得了优异的成绩。

社团	取得成绩	时间
	常州市第 33 届育苗杯团体总分第一名	
田径社团	第 19 届中学生田径运动会（苏南）男子团体第四名	2018. 7
	第 19 届中学生田径运动会（苏南）女子团体第五名	2018. 7
	常州市第十五届运动会田径比赛初中团体第二名	2018. 10
	第 20 届中学生田径运动会（苏南）男子团体第四名	2019.7
	第 20 届中学生田径运动会（苏南）女子团体第二名	2019.7
	常州市第 34 届育苗杯初中甲组第二名	2019.5
	常州市第 34 届育苗杯初中乙组第四名	2019.5

续表

社团	取得成绩	时间
男篮社团	常州市33届育苗杯初中男子篮球第二名 常州市34届育苗杯初中男子篮球第一名	2018.7 2019.11
女篮社团	常州市33届育苗杯初中女子篮球第四名 常州市34届育苗杯初中女子篮球第一名	2018.7 2019.7
女排社团	常州市33届育苗杯初中女子排球第四名 常州市33届育苗杯初中女子排球第六名	2018.7 2019.7
乒乓社团	江苏省第十六届乒乓球锦标赛初中女子团体第二名、男子团体第五名 常州市中学生乒乓赛团体第五名	2018.7 2019.4

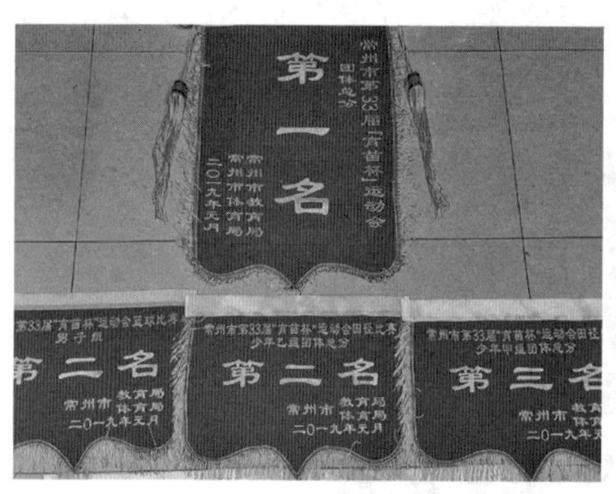

图 48-12　各运动队取得成绩

图 48-13　篮球比赛冠军奖杯

(六) 体育社团促进了家校联系

学校开设的社团课被誉为校常青藤课程,深受学生的喜爱。社团也获得了学生家长的大力支持,社团外出比赛,学生家长积极参加,为学校加油,为运动员们呐喊,还有学生家长提供赞助,为队员们准备水和小零食。

四、思考与展望

雅趣体育社团开设至今,社团的开展精彩有序,学生的运动时间得到保障,锻炼的兴趣得到满足,社团的发展卓有成效。当然,只有在实践中反思、在思考中展望才能不断探索更适合学校的社团建设。结合一段时间以来的体育社团开展的情况,我们觉得有以下几点想法和做法在今后还需要进一步完善。

(一) 关于差异性教学的问题

雅趣体育社团是在国家体育健康课程的基础上延伸出来的,教师对于课程内容的选择偏向于基础化，较好满足大部分学生的需求，另一部分已有一定学习基础的学生，想在校内的课程中学习新的技能（如：轮滑、球类课程等），需要考虑进行分层教学。每门社团分设两个班，一个为基础班，一个为提高班，两个班的教学内容有所差别。基础班重在动作技术的掌握，提高班旨在提升学生的实战应用能力。基础班的学生通过选拔可加入提高班的学习，开设课程升级途径能够为学生提供学习动力，培养学生的竞争精神。

（二）创设展示学生个人风采的平台

学生学习一项运动技能的目的是强身健体，但如果能有一个展示自我的平台，有"用武之地"，则会大大提升学生的学习兴趣和练习欲望。学期结束开设校园吉尼斯，针对每一个社团开展一个项目挑战，鼓励社团内外的学生积极参赛，勇于挑战自我。校园吉尼斯将记录成册，册中记录具体项目的保持者及破纪录成绩、破纪录时间等。吉尼斯的闭幕式除颁奖环节之外，另安排各个社团进行风采展示，做到人人参与，人人展示。

（三）记录学生的成长历程

对于学生而言，活动的过程、比赛的经历都是美好的回忆，而对于学校而言，定格的照片，记载的文字，更是学校社团建设成长道路上的重要依据。安排专人负责记录整理，从活动方案的设计，到活动过程的记录，再到活动后的总结报道，建立单独的文件夹，统一管理记录。

入选理由：

学校不大，却有鲜明的办学特色，历任校长把体育工作放在应有的位置，不允许其他学科占用学生体育活动的时间，确保体育课教学和课外体育工作的正常进行。篮球社团丰富了学生课余生活，也带动着全体学生学习篮球的基本技术，使他们都主动参与篮球活动中去。1955 年建校至今，秉承了“团结凝聚、奋进开拓”的跃龙精神，通过篮球社团活动对提高学生的运动能力、组织能力，以及培养学生体育品德都具有非常重要的作用，如今篮球活动已经成为学校的一道靓丽风景。

四十九 南通市跃龙中学篮球社团

资料提供：蔡红军　盛寅敏　任文靖

图 49-1　南通蔡红军

从 1955 年建校至今，历经六十余年，现有班级数 27 个，全校学生 1224 人，现有教职工 116 人。跃龙中学提炼出“团结凝聚、奋进开拓”的跃龙精神，“求真、博学、笃行”的校训，近几年以“诚以养德，雅以致行”为主题形成“诚雅”文化，形成了鲜明的办学特色。在各个领域取得了优良成绩，获得过以下荣誉：江苏省教科系统工人先锋号，江苏省巾帼文明示范岗，江苏省模范职工之家，江苏省女教职工工作先进集体，江苏省体育工作先进学校，江苏省红十字示范学校，江苏省健康促进学校铜奖，江苏省平安校园，全国篮球特色学校，江苏省篮球传统项目学校，全国篮球特色学校，南通市文明单位，南通市优秀学习型组织，南通市教育科研先进集体，南通市节能示范学校，南通市党建工作示范点，南通市教育装备工作优秀学校，南通市依法治校示范校，崇川区教育教学成果特殊贡献奖……

学校目前有体育专职教师 7 名、篮球专业辅导教师 4 人，学校有 200 米跑道的田径场 1 片，有室内、室外 4 片篮球场，室内、室外排球场 2 片，羽毛球场 3 片，乒乓球桌 10 多张。多年来，学校加强对学校体育工作的全面领导，努力提高学生篮球运动技术和健康水平，逐步形成和发展学校篮球特色运动。

学校从 1996 年组建中学生篮球队，学校设有篮球兴趣小组，吸引了南通地区很多对此专业感兴趣的家长，选拔了一批批具有天赋的青少年，向上级单位输送了一批批体育后备人才。为发扬这项学校传统运动项目，提高学生身体健康水平，激发学生参与体育运动的热情，学校从 2010 年起举办“诚雅杯”三人制篮球联赛。比赛项目有男子三人制篮球比赛，女子三人制篮球比赛，男子、女子定点投篮、障碍运球比赛。比赛以班级为单位。每学年度开展一次篮球赛，吸引了全校学生，尤其是本班级学生的观摩。通过比赛，增强了班级的凝聚力，培养了学生对篮球活动的兴趣，增强了集体荣誉感。学校通过课外活动课开设篮球教学，创办篮球社团，让全体学生学习篮球的基本技术，使他们都参与篮球活动中去。

近年来，学校篮球队的思想品质、身体素质、篮球水平、学习成绩都稳定在一个较高的水平上，学校篮球队在区、市、省级比赛中多次获得优秀成绩。

一、组织方法与活动设计

（一）组织方法

※1 南通市跃龙中学篮球社团管理章程

第一条　名称

跃龙中学篮球社团。

第二条　宗旨

本社团以推动校园篮球文化的建设，提高学生身体素质为宗旨。团结全校篮球爱好者，利用课外活动课、课余时间通过广泛地开展篮球活动丰富学生的业余文化生活，缓解学习压力，在开展课外体育活动，促进篮球文化在校园的传播等方面发挥主力军作用。

第三条　活动方式和活动范围

本社团的活动主要以培养对篮球的兴趣，丰富校园生活为主，以训练和比赛的方式开展活动。在校内组织学生训练，有组织有计划按程序开展训练，组织各层次的篮球比赛；在时机成熟的情况下，组织校与校之间的篮球比赛，以促进各校之间的相互交流和沟通,增进团结和友谊。

第四条　协会规定

(一) 爱护学校提供的篮球设施(篮球、场地等),破坏或丢失者照价赔偿。

(二) 在非课余时间不得以社团的名义组织各种篮球活动。

(三) 若以学校的名义外出比赛,要以学校的名誉为重,杜绝不和谐因素的出现。

(四) 本社团成员不得在教室、楼上、走廊打球,不得以社团的名义组织非法活动。

(五) 社团组织活动期间,所有成员不得迟到,有事向负责人请假。

(六) 必须有团结意识和竞争意识,友谊第一、比赛第二。

(七) 本社团成员应遵守协会的规定,维护协会的利益,努力完成分配的任务,维护篮球的尊严,不起哄、不谩骂,团结一致。

南通市跃龙中学篮球社团进队审批表

审批单位	审批意见	签名	备注
社团成员意见			
学生会意见			
德育处意见			
学校意见			

※2 南通市跃龙中学篮球社团活动组织机构

社　长:胡健。

副社长:王芳、张家鑫。

社　员:略。

※3 南通市跃龙中学篮球社团教练员管理办法

一、在岗教练员必须拥护中国共产党,热爱社会主义,坚持四项基本原则,遵纪守法,忠诚体育事业。

二、具有大专以上学历和较强的组织、训练能力,能承担相应职称的教学训练任务。

三、严守职业道德,作风正派,并有较强的事业心和高度的责任感,全面关心运动员的成长,能正确处理工作、学习与家庭的关系,以身作则做学生的表率。

四、服从领导，认真及时完成学校和上级体育部门交给的各项工作任务。

五、必须掌握专项训练理论和技术战术及身体训练的方法并能正确示范。

六、做好选材工作，按定额编制有计划地选调和调整运动员。队员入社团必须填写“进社团登记表”，按正式手续办理后，方能入社团，调整队员也必须填写“退社团登记表”，经学校领导批准后方可离校。

七、根据本项目运动规律，从运动员的自身特点出发，制定并实施年度、阶段、周、课训练计划，无课时计划不得上训练课。

八、认真做好训练课前的准备工作。认真上好每堂课，上课时要以身作则，必须在训练前 15 分钟到训练场地，训练时做到示范准确到位，讲解精练易懂，保质保量完成各堂训练课的计划，不得旷训。上训练课教练员必须穿运动服、运动鞋，不得脱岗离开训练场。

九、努力钻研业务技术，系统积累技术业务资料，做好训练、比赛总结，对训练方法手段和技术、战术善于总结并改革创新，走一条符合自身训练实际的新路子，不断提高训练质量和效果。配合科研医务室做好训练监控工作，每年必须做好工作总结。

十、按规定时间向训练科上交训练计划，及时总结外出观摩比赛的心得体会和各项统计报表。

十一、对运动员进行人性化全面管理，做好政治思想工作，正确引导运动员树立远大目标和理想，关心督促运动员文化学习，抓好生活管理。尊重学生、贴近学生，不体罚、打骂、污辱学生，积极联系家长和社会，共同做好运动队伍的常规管理。

十二、对自己所带运动队伍的安全工作负主要责任。

十三、严格遵守学校各项规章制度，按时上下班，做到有事请假并及时销假。

十四、积极参加教研活动，每年要写一篇有质量的业务论文。

※4 南通市跃龙中学篮球社团教练员考勤制度

为进一步调动教练员的积极性，提高教练员的工作效率，进一步强化作风建设，特制定本制度。

一、工作制度

教练员每周正常训练课 7 次（下午训练 5 次课）。

二、请假制度

（一）各种请假均应由当事人提交请假条，说明理由，报请校长审批，并报办公室备案，非特殊情况不得代请假和口头请假，不得先斩后奏，否则以旷工论。

(二)校内活动请假,由组织活动的负责部门审批。

三、考核制度

(一)考核范围:凡签订教练员岗位目标责任书的人员,均应逐日逐月考勤。

(二)考核记录:由办公室工作人员逐日考核记录,考核情况统计从当月1日至月底。每月底前训练科将考核情况汇总后上报校办公室。

(三)考核执行:校办公室依据考核记录,对照学校有关规定扣除相关人员的考勤工资。

(四)考勤工资:150元/月。

(五)扣罚标准:

1. 事假累计一天扣10元/天,当月事假超过6天(含6天)扣除当月全部考勤工资。

2. 病假经履行手续后1～5天每日扣10元,6天以上每天扣15元,当月病假15天以上扣除全额考勤工资。

3. 婚、丧、产假依法照休,超过规定时间以旷工论。

4. 旷工半天扣50元,旷工一天扣除当月全额考勤工资,并视情节轻重扣除当事人的部分或全部工资。

5. 旷训一次按旷工半天论,旷训两次按旷工一天论,以此类推。

6. 集体活动如学校各种会议、活动、部门与教研活动,缺席一次按旷工半天论,以此类推。

四、其他

(一)考勤工作实行层层负责制。凡考核不实、弄虚作假,出入较大者,一经查实,将视情节处罚负责考勤的办公室考核人员,扣除该考核人员当月半额或全额考勤工资。

(二)年度累计缺席5次以上(含5次)学校各级、各类活动,全年请事假超过15天(含15天),病假累计30天(特殊情况除外),或有旷工情况者不能评优。全年累计旷工3天以上者,视为全年考核不合格。

※5 南通市跃龙中学篮球社团特长生招生简章

学校体育特色项目建设已有成效,篮球在业余训练方面取得了可喜的成绩。2010年8月,学校被江苏体育部授予“江苏省体育先进学校”称号。学校坚持“人格健全,全面发展”的办学理念,强化特色品牌意识,以“和谐发展、内涵发展、可持续发展”为主旋律,全面提高学生素质,几年来,学校的《健康标准》合格率均为90%以上,学生的体质、基本活动能力提高明显。

学校与市体育运动学校友好结对，联合运作“体教结合”“市队校办”的人才培养新模式，市体育运动学校把女子篮球项目定点移植到学校，并派出专职教练指导训练高水平运动队，学校为运动员提供良好的学习、生活环境和训练条件。经学校研究决定拟招收部分小学优秀篮球运动员，具体招生要求和办法如下：

一、培养目标

（一）为高一级运动学校省队输送全面发展的优秀运动员。

（二）为学校参加各级各类体育比赛培养优秀体育人才。

二、招生项目、对象、条件

（一）项目：篮球、田径。

（二）对象：具有体育（篮球、田径）特长的应届小学毕业生。

（三）条件：德、智、体全面发展，思想品德良好，文化成绩合格，运动成绩突出（在区以上比赛中曾获前3名），有培养前途。

三、报名时间、手续

（一）时间：7月中旬。

（二）手续：

1. 考生本人填写“特招表”，经家长签署意见后，寄（送）跃龙中学体育教研组，邮编：226001。

2. 考生必须提供有关优秀运动员证明材料原件（含户口簿、运动员比赛获奖证书）及复印件一份。

3. 考生必须参加跃龙中学组织的小学生体育特长生测试。具体时间、项目、地点另行通知。

四、优惠政策

（一）进校后在大市比赛中获前三名和省比赛获前六名，当年学期内，免除学费。

（二）进校后达二级运动员标准，从达级所在学期（连同该学期）起，免除学费，直至初中毕业。

※6 南通市跃龙中学篮球社团运动员补课制度

为了贯彻学校教学管理会议精神，针对高水平运动员经常参加和训练比赛，缺课严重的问题，为了加强对高水平运动员学生学习的管理，使高水平运动员全面完成学习任务、保证学习质量，特制定本制度：

一、严格学习制度。凡在校学习期间，高水平运动员要按时上课，不得迟到、早退、旷课；在校学习期间原则上不许请假，个别特殊情况急需办理的应严格履行请假手续。

二、因参加急训、比赛而缺课的高水平运动员必须参加补课,集中学习所缺课内容。

三、补课必须利用业余课外活动时间完成,不得占用正常的上课或训练时间。

四、补课时必须做好学习记录,由教练员责抽查。

五、凡缺席没有补课的,或补课没有做好记录的,由教练员负责教育批评,并认真再行补课。

六、补课教师由年级统一安排并报学校教导处。

※7 南通市跃龙中学篮球社团运动员守则

一、拥护中国共产党,热爱社会主义祖国,热爱体育事业,勇攀高峰,为国争光。

二、刻苦训练,钻研技术,尊重教练,认真完成教练布置的训练任务。

三、赛出风格,赛出水平,胜不骄,败不馁,尊重裁判,尊重对方,尊重观众。

四、学政治,学文化,学科学,做和谐社会的一代新人。

五、以"八荣八耻"内容为行为规范,讲文明,讲礼貌,讲道德,守秩序,守纪律。

六、不吸烟,不喝酒,衣着整洁大方,自觉抵制不良思想的侵蚀。

七、不化妆,男生不留长发,不谈恋爱。

八、团结友爱,关心集体,勇于批评与自我批评,反对自由主义。

九、尊重领导,服从管理,遵纪守法,反对无组织无纪律行为。

十、勤俭节约,爱护公物,敢于同不良倾向作斗争。

※8 南通市跃龙中学篮球社团运动员进退队制度

为进一步规范运动队的管理,提高教练员综合管理水平,优化并整合有限的训练资源,根据体育运动规律及需求,现对运动员进退队作出如下规定:

一、运动员进队需进行试训、测试,体检合格后经分管校长批准方能入校。

二、经批准录取的正式参训运动员,需及时建立运动员技术档案。内容包括家庭及个人基本情况、进队时间、身体形态、机能、素质、专项成绩等。

三、因身体原因不适合进行运动训练,或因表现不好及严重违纪和其他原因需调整退队的,需由教练将情况写成书面材料报训练科,会同教务科、政教科审核,根据不同情况做出决定,并通知其家长,在学期结束时统一交学校校长室审批执行，并填写离队名单。

四、教练员不得擅自招收计划外运动员，也不得在学习和训练期间擅自决定运动员退队。如果出现上述情况在月考核和年度考核中作出严肃处理，根据产生的不良后果追究当事教练员的责任。

※9 南通市跃龙中学篮球社团运动员考勤制度

一、因学校运动员属本校生，运动员每天下午第三课后训练，仅利用下午和节假日时间进行训练，训练时由主教练逐日逐次考勤登记，于每月将考勤结果报办公室工作人员统一登记。

二、运动员病事假手续需提交书面申请，经医务室审核，由主带教练签字，后才能生效。

三、教练员平时应加强与班主任和任课教师的沟通。

四、分管校长和办公室主任每月至少实地检查运动员出勤情况2次以上，并做出记载。

五、运动员出勤率同月考核、年度考核挂钩。运动员出勤率统计低于95%，该教练员、运动员不得评优。

※10 南通市跃龙中学篮球社团运动员注册及参赛制度

为加强对运动员队伍的管理，保证学校各项目运动员按省参赛的有关规定顺利有序地参加各级各类竞赛，为运动员在省级比赛创造优异成绩营造良好环境，制定以下规定：

一、注册

（一）训练科要组织全体教练认真学习省当年注册文件的有关精神，及时按规定展开工作。

（二）按省、市规定做好参赛运动员身份证、骨龄拍摄、指纹采集、注册工作。

（三）进行注册工作的相关人员待注册工作结束后，及时收集注册证，交到办公室统一保管。

二、参赛

（一）办公室组织教练员认真学习省、市当年下发的相关项目的比赛规程，按比赛规程要求做好赛前报名工作。

（二）按规定时间赴赛区报到。

（三）教练员与运动员到达赛区后及时向比赛竞委会提交比赛规程中要求提供的相关参赛证件。

(四) 严格执行国家体育部门和赛区关于赛风赛纪及有关规定。比赛时,尊重裁判、尊重对方、尊重观众。如比赛出现问题,按规定、按程序以书面报告向赛区有关部门反映,不得罢赛。

(五) 比赛期间,领队和教练要关心运动员,并对之提出参赛期间要求与规定。

(六) 教练员对比赛要精心组织,为运动员创造优异成绩提供保障。

(七) 赛后进行认真总结,以书面报办公室备案。

※11 南通市跃龙中学篮球社团教学训练大纲考核测试制度

教学训练大纲是学校开展业余训练的指导性文件,对系统性、科学性教学训练起着重要的保证作用,关系到体育后备人才培养的质量和效益。为此学校特制定教学训练大纲考核测试制度:

一、学校成立教学训练大纲指导小组,负责学校教学训练大纲的贯彻实施。

二、学校于每年 3 月、11 月对所有项目参训运动员进行全面的大纲达标测试。

三、每月进行一次实战对抗,以实战推动训练工作的全面展开。

四、学校组织大纲达标考核,一周内作出书面总结。

五、每次大纲考核成绩均载入运动员技术档案。

六、本工作制度列入教练员个人年度考核。

※12 南通市跃龙中学篮球社团教学训练大纲考核评定办法

一、学校严格执行国家体育总局制定的教学训练大纲。

二、国家体育总局暂未制定教学训练大纲的项目,将执行学校根据具体情况自编和修订的教学训练大纲。

三、教学训练大纲考核工作由学校教学训练大纲考核指导小组组织实施,并对各项目考核进行评定。

学校教学训练大纲考核指导小组名单:

主　任:胡建。

副主任:李强。

委　员:张家鑫、蔡红军、陈璐璐。

四、所有正式在训运动员必须参加大纲考核。

五、当年输送至省体校、省专业队运动员可以不参加考核,视为达优秀进行统计。

六、运动队考核达标率评定

优:及格率75%、良好率50%、优秀率20%。

良:及格率65%、良好率45%、优秀率12%。

合格:及格率55%、良好率35%、优秀率8%。

任何一项达不到考核达标率,将降一档次计算。

七、教学训练大纲各运动队考核达标率根据所带教练职称相对应要求,纳入教练员的工作业绩考核。

(二)活动设计

※13 南通市跃龙中学社团活动方案

一、指导思想

通过丰富多彩社团活动的开展,开阔学生视野,陶冶学生情操,启迪学生思维,发展学生个性特长,全面提高学生素质。同时活跃校园生活,促进学风和校风的优化,推动校园精神文明建设。

二、具体要求

(一)人员固定,做好学生的点名工作,保证学生出勤率。

(二)活动地点固定,充分利用学校资源,爱护学校的设施设备,做好保证工作,使用后注意关闭电源、锁好门窗。

(三)活动时间固定,每周三下午第四课。

(四)活动内容安排科学,有系统,每次活动过程材料齐全,期末结束上交相关材料(学生作品、过程资料、活动成果等)。

三、社团安排

第一阶段:全校动员申报社团。通过海报、广播宣传发动,通过班主任会布置。

第二阶段:社团招募。校级社团由班主任在班级宣传,发动学生报名参加社团,并统计、申报,以年级组负责协调各社团活动的安排,充实社团人员,壮大社团力量,让学有所长的学生加入展示自己才能的学生组织中来。

第三阶段:社团活动。各年级组长协调确定社团的人数;各社团制定社团活动计划,根据安排开展活动。从第6周开始,每周三下午第四课。

具体活动安排:

社团名称	指导老师	活动地点
书法	刘爱民	知行楼204教室
合唱	杨蕾	音乐教室
生物	刘小燕	知行楼生物实验室

续表

社团名称	指导老师	活动地点
排球	盛寅敏	排球场
设计	陆雷波	美术教室
绘画	师健鸽	美术教室
劳技	周媛媛	学思楼102教室
篮球	蔡红军	篮球场
健美操	朱艺	形体房
集邮	陆晓颖	知行楼404教室
红十字会	马琳	通明楼六楼多媒体教室
足球	季朋非	操场
信息技术	徐菲	电脑教室
田径	任文静	操场

四、学校常规活动

(一)硬笔书法课在初一年级广泛开展,列入教学安排,各班每周一课。每学年结束时学校统一进行考级。

(二)龙拳武术操要求全校学生均会做,在每天大课间时,学生做两操——广播操、龙拳武术操。

(三)初一、初二各班的英语口语,每学期安排2~3个月由外籍老师上,每周一节。

(四)劳技课纳入初一年级课程,每周一课。

(五)每学期安排全校学生进行救护培训一次。

(六)篮球用校本教材和青少年篮球训练大纲,每天下午第三课以及周六、周日进行训练。

※14 南通市跃龙中学社团活动安排

社团名称	指导老师	活动地点	学生人数
书法	刘爱民	知行楼204教室	初一年级
合唱	杨蕾	音乐教室	99
生物	刘小燕	知行楼生物实验室	86

续表

社团名称	指导老师	活动地点	学生人数
排球	盛寅敏	排球场	48
设计	陆雷波	美术教室	33
绘画	师健鸽	美术教室	88
劳技	周媛媛	学思楼 102 教室	117
篮球	蔡红军	篮球场	60
健美操	朱艺	形体房	93
集邮	陆晓颖	知行楼 404 教室	87
红十字会	马琳	通明楼六楼多媒体教室	89
足球	季朋非	操场	48
信息技术	徐菲	电脑教室	81
田径	任文静	操场	135
英语口语	外籍教师	各班教室	初一、二年级
龙拳武术操	全体体育教师	操场	全校学生

※15 南通市跃龙中学篮球社团 2018 年度训练计划

本社团目前有队员 60 名，其中 2003—2004 年龄组 25 人，2005—2006 年龄组 25 人，2007 年龄组 10 人，教练员 2 名，其中省队在编运动员 4 名，金陵中学运动员 1 名。

一、全年训练基本任务

今年的主要任务是省运动会，通过本年度的训练，运动员希望能在各方面都得到提高。身体素质方面，由于 2003—2004 年龄组身体形态发育基本完成，因加强身体素质练习，主要是在速度、力量、耐力方面发展。而 2005—2006 年龄组身体形态尚未发育完成，主要在柔韧、灵敏、协调、爆发力、耐力方面加以锻炼。专项能力方面，主要是加强基本的训练及规范基本功练习，很多队员基本功不扎实，规范性不强，很多细小的点总是疏忽。例如：运球时总不注意防守断球，护球手始终不能撑起，防守时手上动作太多，因此在今年的训练中重点抓基本功的细节部分，提高脚部灵活性，提高球感，特别是全场技术，而在技战术方面，主要是训练队员们的意识，很多队员包括 2005—2006 年龄组的队员不知道无球时在场上干什么，有球时应该怎么做。在今年的训练中，加强队员们在战术方面的认知能力,知道局部间的小配合及小配合之间的默契,挡拆、策应等基本战术。总之,希望通过这一年度的训练使队员们的篮球水平能得到质的提高,身体素质得到强化。

二、全年训练周期、阶段的划分和训练内容的安排

(一)今年训练周期大概可分为四个阶段,首先是12月底到2月中旬的冬训阶段,这段时间训练主要任务是提高队员的心肺功能和耐力素质。训练课时大概有40课时左右。训练的内容基本上是速度耐力素质训练,专项身体素质方面训练内容主要是接地滚球上篮,接长传快攻上篮。主要手段是以强度来衡量的,专项技术方面以高强度的对拉下完成动作的质量来训练。抓住这几点,只要队员熬过这一科训阶段,我相信应该都会有提高。

(二)第二阶段为2月中旬到7月中旬的赛前训练备战阶段,训练课时大概有60课时。这一阶段主要以队员们之间的互相配合练习为主,特别是快攻战术和全场防守战术的学习与演练,针对接下来的省运会结合自身情况进行训练。训练手段主要以高强度的全场对抗练习为主。这一阶段教练员的指导作用极为重要,特别是全场的跑位,防守的位置与方法,特别要培养运动员的比赛作风,对胜利的渴望,不服输的精神,抓住重点,进行有针对性的练习。

(三)第三阶段为8月下旬的赛后休战阶段,此阶段运动员注重调整个人学习训练时间,甚至可以不训练,专心学习。

(四)第四阶段为9月中上旬之后的恢复训练阶段,此阶段一直持续到年底。这个阶段主要抓好运动员的基本技术和意识的锻炼,增加运动员对对抗比赛的适应性练习,提高攻防基本技术,为进省队及将来的高水平运动打下坚实的基础。

三、实施全年训练计划的主要措施

加强针对性管理,在思想教育、科技运用、训练恢复等方面进行全方位的强化。

队员每年安排两次身体检查,主要是测骨龄,身体形态测量;在训练结束后的恢复手段方面,主要采用静力性拉伸、慢跑,互相间的按摩,冷、热水澡的交替洗进行;在本年度的训练重点是狠抓意志品质,培养运动员顽强拼搏的精神;教练员要树立新的训练理念,关注运动员的身心发展。

※16 南通市跃龙中学篮球社团暑期训练计划

一、训练阶段的划分

(一)7月10日至15日,进行新队员集训和选拔,为十九届组队做好各项

工作。

（二）8月1日至8月30日为夏训阶段。新队员集中进行系统训练，是全面打基础的阶段。

二、指导思想

围绕十九届任务，首先要把选材工作做好。从年初以来，我们先后在六市县和城区进行了招生选拔，此次暑假集训，一定要全面细致地把好选材关，全方位地考察每一个队员，为下一步投入系统训练打好基础。

从8月初开始，新队员全部集中进行暑假集训，约30天时间。我队的指导思想首先要抓管理、抓作风，把思想教育、树立远大理想和十九届的奋斗目标结合起来，克服“娇”“骄”二字，激发运动员吃苦耐劳、勇攀高峰的精神，为完成暑假集训任务做好思想上的准备。

三、训练重点及安排

（一）身体素质训练

由于新队员来自各地区，身体状态参差不齐，身体素质普遍比较弱，我们要遵照循序渐进的原则，增强身体训练中的多样性、趣味性，同时以专项素质为主要手段，全面提高队员的柔韧性、协调性，加强灵敏反应等方面的基础练习，在身体素质练习中应根据篮球项目特点，以各种跑跳为主，结合各种步伐练习，提高队员各种身体姿态下的起动速度以及在移动中变换重心、调整身体平衡的能力，辅助小力量练习，多进行以克服自身体重为手段的力量练习如俯卧撑、徒手下蹲等，提高肌肉群的力量水平。

（二）基本技术训练

技术训练从规范化入手，每一个动作、每一项技术都要严格要求，一丝不苟，要使队员在启蒙阶段受到正规的系统训练，为以后的提高打下扎实的基础。技术训练的重点是熟悉球性，不断提高手对球的适应能力，从运球到传球、突破及技战等多项技术，要分阶段、分层次、分解反复练习，由慢到快、由近到远、由单一到组合，总之基础训练是运动员将来发展最重要的一个阶段，要高度重视、不厌其烦、反复磨炼、精雕细凿，这样才有可能培养出优秀的篮球运动人才。

四、结束语

今年的暑假集训对于女篮十九届队伍仅仅是开始，根据上级的要求，十九届的战略目标以输送为主。我们要在训练中发现苗子、抓住重点，为完成十九届任务指标做出努力。

※17 南通市跃龙中学篮球社团(9—16 岁)各年龄段的划分和训练任务

<table>
<tr><td>年龄</td><td>9 岁以下</td><td>10—12 岁</td><td>13—15 岁</td></tr>
<tr><td>组别</td><td>(小学三年级)</td><td>(小学四、五、六年级)</td><td>(初中)</td></tr>
<tr><td>阶段</td><td>兴趣发展阶段</td><td>基础训练阶段</td><td>全面提高阶段</td></tr>
<tr><td>训练任务</td><td>以发展儿童的情趣为主,培养学生参与打篮球积极性
1. 建立球感,学习简单运球、传接球技术
2. 初步了解篮球运动的基本技能,学习基本步法
3. 发展柔韧、协调和灵活性
4. 培养打篮球的兴趣、了解篮球的基本常识</td><td>全面学习篮球的运动技能,学习和熟悉基本技术的动作要领
1. 学习和掌握的基本技术,如运球、传接球、近距离的投篮和防守的技术要领和方法
2. 对技术动作进行规格化训练,提高动作衔接的协调性和熟练程度
3. 建立各技术动作间的相互联系
4. 学会跑、跳运动技能,熟悉基本步法,重点发展柔韧,速度和灵活性,发展以速度为中心的素质训练
5. 学习简单的基本配合知识,进行以个人战术行动为主的战术训练
6. 以感知为主的心理训练;培养积极主动作风</td><td>继续全面发展运动技能的基础上,熟练基本技术动作.奠定篮球技术水平的早期基础
1. 熟练并巩固篮球的基本技术,进一步提高动作间的衔接熟练程度
2. 提高组合技术的熟练程度
3. 提高基础配合的熟练程度和配合质量
4. 提高比赛中技术的运用能力
5. 学习战术知识
6. 进行身体素质的全面训练,进一步发展反应、动作和移动速度,增大动作幅度,发展以力量和速度为主的素质
7. 进行以意识为主的心理素质训练,培养顽强意志品质,提高篮球战术意识</td></tr>
<tr><td rowspan="2">目标</td><td rowspan="2">1. 具有一定的球感
2. 初步掌握运、传接球的动作要领
3. 初步掌握移动的步法,学会跑、跳、转等动作,全身协调发展
4. 对篮球运动具有一定的兴趣,初步了解了篮球的基本知识</td><td colspan="2">技术动作初步符合规格要求,运动技能协调发展,为实现全面提高技术水平和掌握战术技能这一训练目标做好准备</td></tr>
<tr><td>1. 基本掌握篮球的主要技术动作,动作规范
2. 掌握并具有一定的运动技能,能在高速的移动中完成各种动作并能控制平衡
3. 基本掌握主要技术间的简单组合,初级的攻、守知识
4. 初步掌握简单的配合
5. 开始具有一定感知能力</td><td>1. 熟练掌握篮球基本技术动作,动作规格规范,动作衔接较协调
2. 防守能注重合理选择位置,能贴近、干扰持球队员,抢断积极,攻守转换起动较及时、迅速,能注意换位
3. 熟练掌握主要的组合技术,具备基本攻守对抗的能力
4. 学会简单的配合方法,具有初步的比赛能力,在实战中已有一定的视野范围
5. 有良好的跑、跳运动技能
6. 争抢积极、团结合作</td></tr>
<tr><td>频次</td><td>3～4 次,4.5～6 小时</td><td>3～4 次,6～8 小时</td><td>5～7 次,8～10 小时</td></tr>
</table>

续表

比重	身体	25%	20%	25%
	技术	60%	70%	60%
	战术	15%(游戏)	10%	15%
理论知识		每周 30 分钟	每周 45 分钟	每周 1 小时
比赛		安排游戏性竞赛	每年 20～30 场	每年 20～30 场

二、实施过程与方法

（一）具体实施过程

※18 南通市跃龙中学篮球社团周训练计划

星期	训练内容(早上或上午训练)	训练内容(下午训练)	负荷
一	学习	1. 准备活动(慢跑及拉伸) 2. 基本技术(复习) 3. 中转边路各种配合 4. 三步上篮	中
二	学习	1. 准备活动(运控球及拉伸) 2. 基本技术(学习) 3. 各种步伐训练 4. 投篮	中
三	学习	1. 基本技术 2. 中转边路各种配合 3. 各种步伐训练 4 进攻 2 打 3	大
四	学习	1. 准备活动(游戏及拉伸) 2. 各种传球练习 3. 全场紧逼防守 4. 中投练习	大
五	学习	1. 基本技术 2. 各种步伐训练 3. 进攻 2 打 3 4. 半场联防	中

续表

星期	训练内容(早上或上午训练)	训练内容(下午训练)	负荷
六	学习	1. 基本技术 2. 进攻2打3 3. 1211防守 4. 教学比赛	大
日	学习	1. 基本技术 2. 力量训练	大

※19 南通市跃龙中学篮球社团(2018—2019学年度)课程表

<table>
<tr><th>星期
节次</th><th>星期一</th><th>星期二</th><th>星期三</th><th>星期四</th><th>星期五</th><th>星期六</th><th>星期天</th></tr>
<tr><td></td><td colspan="7">上午</td></tr>
<tr><td>1</td><td></td><td></td><td></td><td></td><td></td><td rowspan="4">篮球队训练</td><td></td></tr>
<tr><td>2</td><td></td><td></td><td></td><td></td><td></td><td></td></tr>
<tr><td>3</td><td></td><td></td><td></td><td></td><td></td><td></td></tr>
<tr><td>4</td><td></td><td></td><td></td><td></td><td></td><td></td></tr>
<tr><td></td><td colspan="7">下午</td></tr>
<tr><td>1</td><td></td><td></td><td></td><td></td><td></td><td></td><td></td></tr>
<tr><td>2</td><td></td><td></td><td></td><td></td><td></td><td></td><td rowspan="4">篮球队训练</td></tr>
<tr><td>3</td><td></td><td></td><td></td><td></td><td></td><td></td></tr>
<tr><td>4</td><td colspan="5" rowspan="2">篮 球 队 训 练</td><td></td></tr>
<tr><td>5</td><td></td></tr>
</table>

※20 南通市跃龙中学篮球社团训练教案

教学内容:1. 滑步;行进间高(低)手上篮、单手肩上投篮 2. 综合素质练习
本课任务:1. 通过教学使学生初步掌握滑步;行进间高(低)手上篮、单手肩上投篮的基本技术 2. 激发学生对篮球的兴趣,提高学生的综合素质 3. 培养学生合作、拼搏、竞争意识,勇于挑战自我

续表

时间	课的内容(技术重点难点)	教学过程(教师教法、学生学法)	效果目标
准备部分15分钟	课堂常规:体委整队报告人数,师生问好,教师宣布本课内容,安排见习生,答疑提问 一、热身活动 (一) 沿两个篮球场慢跑三圈 (二) 做各种步伐练习 (三) 徒手操 (四) 踩对方同学的脚尖	组织:♀♀♀♀♀♀♀♀♀♀ ♀♀♀♀♀♀♀♀♀♀♀ ♀ 教学步骤: 1. 解答一周在体育锻炼中所遇到的问题 2. 提问:体育锻炼要注意的事项 3. 师生共同探讨问题并总结评价 要求:学生模仿教师的动作做各关节的练习活动 目的:发展学生的灵活性 方法:分成两组,面对面站立。互相踩对方同学的脚尖,两人身体不要接触	注意力要集中,间距适当,姿态端正 调动学生的积极性,为进入基础部分做好身体上的准备
基本部分70分钟	二、篮球 (一) 滑步 重点:滑步时,蹬地脚前脚掌内侧蹬地,跨步脚向移动方向跨出,在落地的同时蹬地脚紧随滑动,向跨步脚靠近,同时跨步脚继续向移动方向跨出 难点:在滑步时,蹬地脚与跨步脚的动作要协调连贯,保持屈膝地重心的姿势,身体不要上下起伏,重心始终保持在两脚之间	组织:二列横队　♀♀♀♀♀♀♀♀♀ ♀ ♀♀♀♀♀♀♀♀♀ 教师教法: 1. 正确示范完整的技术动作 2. 让学生观看动作的全过程 3. 给学生最直观的视觉效果 4. 教师在学生练习过程中巡视并帮助个别学生掌握所学动作 学生学法: 1. 学生听哨声慢速做横滑步、斜侧滑步、前滑步、后滑步 2. 学生面向场地围绕篮球场的半场进行中速横滑步,滑至场脚时后转身270°继续横滑步,直至完成一圈 3. 学生在篮球场的两边处做斜侧滑步 4. 学生沿着三分线做快速滑步,左、右两边都要练习 5. 两人一组一球,持球者做投篮、突破的模仿练习,防守者按进攻者的动作做出前滑步、撤步、斜侧滑步和上步动作	认真观察、思考掌握动作技术关键 认真听讲掌握要领。灵活运用于实践中
	课的内容 (技术重点难点)	教学过程 (教师教法、学生学法)	效果目标
时间	(二) 行进间高手上篮 重点:第一步要大,第二步要小,第二步着地的同时应迅速用力蹬地,使身体向上跳起	教师教法: 1. 正确示范完整的技术动作 2. 让学生观看动作的全过程 3. 给学生最直观的视觉效果 4. 教师在学生练习过程中巡视并帮助个别学生掌握所学动作	

续表

<table>
<tr><td></td><td>难点:身体在跳起过程中,双手向上举,当身体腾空到接近最高点时,向上前上方伸臂、屈腕,将球投出
</td><td>学生学法:
1. 徒手在慢跑中做接球、跨步、踏跳和空中投篮出手的动作
2. 学生在距离球篮3米处原地持球,上左脚起跳举球投篮
3. 学生站在中线脚处做慢速运球投篮练习
4. 学生在一半场快速运球上篮,然后抢篮板球到另一半场排队练习
学练提示:行进间高手上篮把球送到最高点时,屈腕
教师教法:
1. 正确示范完整的技术动作
2. 让学生观看动作的全过程
3. 给学生最直观的视觉效果
4. 教师在学生练习过程中巡视并帮助个别学生掌握所学动作</td><td>实践中应用体验所学技术

树立信心、启发积极思维。提高动作质量</td></tr>
<tr><td></td><td>(三)行进间低手上篮
重点:右手投篮,当球在空中运行时,右脚向投篮方向跨出一大步的同时双手拿球

难点:掌心向上托球,并充分向球篮的上方伸直,当身体接近最高点时,屈腕,食、中指拨球</td><td>学生学法:
1. 学生每人一球反复作将球上举—提肘—手指上挑球—单手接球练习
2. 将学生分成两排面对面站立,相距2~2.5米。一排学生每人手持一球,另一排学生双臂高举头上,持球学生将球柔和地投入举臂学生的手中。轮换练习
3. 学生分成两组,一组持球,持球学生将球传出后跑向篮下接回传球用单手低手投篮。投篮的学生到传球的一组队尾,传球的学生抢篮板球后到另一组队尾
4. 半场运球,学生每人一球,运球到篮下进行单手提肘投篮,自抢篮板球,然后到队尾,如此循环练习
学练提示:
行进间低手上篮腾空后,将球送到最高点时,将球拨出</td><td>思想高度统一,体验与人配合默契而获成功的喜悦

学会掌握学习方法,勤观察、多思考,互相帮助</td></tr>
</table>

时间	课的结构程序 （技术重点难点）	教学过程 （教师活动、学生活动）	效果目标
结束部分5分钟	（四）单手肩上投篮 重点：下肢蹬地，右臂向前上方伸直，手腕前屈，通过指端将球投出。球出手时，身体随投篮动作向上伸展，脚跟部提起 难点：投篮时臂肩放松，要自然抬起伸出，用手扣腕和手指力量柔和把球投出	教师教法： 1. 教师先作1～2次示范 2. 让学生观看动作的全过程 3. 给学生最直观的视觉效果 4. 教师在学生练习过程中巡视并帮助个别学生掌握所学动作 学生学法： 1. 不持球做投篮模仿动作，体会动作方法 2. 两人一组一球，相距3～5米，互相对投，体会投篮的手法和用力过程 3. 正面定点投篮。学生每人一球，自投自抢，依次练习 4. 五点单手肩上投篮练习 学练提示：手臂要适度放松，用力顺序注意协调	掌握学习方法、观察思考总结实践 提高自身的综合身体素质
	三、综合素质练习 1. 两人一组做侧身跑 2. 连续跳起摸篮板 3. 单杠斜身引体 四、放松、小结	学生学法： 1. 两人一组做侧身跑（30×2组） 2. 连续跳起摸篮板（10×3组） 3. 单杠斜身引体（10×3组） 组织：体操队形 要求： 1. 充分放松全身肌肉，抖动手臂和腿部，使之放松 2. 小结本课的完成情况，宣布下节课的内容 3. 布置课后作业 4. 送器材	消除疲劳恢复体力，放松身心
课后小结： 本次教学，让学生掌握投篮技术和技能，特别是高低手投篮的协调性，灵活性较差，这可能跟个人身体素质有很大关系，要加强协调性和灵活性的练习			

（二）现场实况照片

图49-2　校篮球比赛开幕式

图49-3　校篮球比赛精彩瞬间

图 49-4　篮球社团体能训练

图 49-5　现场指导篮球社团训练

图 49-6　篮球社团队员参加省比赛合影

图 49-7　篮球社团队员参加全国比赛合影

图 49-8　国家女篮主教练孙凤武来校指导训练工作

图 49-9　原国家女篮主教练李亚光指导校队训练

图 49-10　塞尔维亚教练指导校队训练

图 49-11　教官军训指导队员整理内务

三、成绩与效果

（一）学生体质与技能学习效果逐年提高

自1996年成立了校篮球队，有10多人的篮球兴趣小组，2010年成立了篮球社团，招收社团成员22人，2019年社团人数达到60人。学生训练时间从开始的每周周三一次共1小时到现在每周七次共10小时。

南通市跃龙中学体育测试综合评定2017—2019年

年份	总人数(个)	优秀(%)	良好(%)	及格(%)	不及格(%)
2017	1251	13.09	45.39	31.53	9.99
2018	1276	13.28	47.91	29.80	9.01
2019	1258	14.02	47.47	29.92	8.59

南通市跃龙中学篮球运球投篮测试评定2017—2019年

年份	总人数(个)	优秀(%)	良好(%)	及格(%)	不及格(%)
2017	1251	8.34	36.89	46.21	8.56
2018	1276	10.82	45.36	36.99	6.83
2019	1258	13.47	51.28	30。14	5.11

南通市跃龙中学篮球运球绕杆测试评定2017—2019年

年份	总人数(个)	优秀(%)	良好(%)	及格(%)	不及格(%)
2017	1251	9.12	37.79	44.96	8.13
2018	1276	10.69	43.53	38.76	7.02
2019	1258	12.07	47.51	34.19	6.23

（二）篮球社团获得社会广泛好评

学生参加篮球社团并组队参加了学校“诚雅杯”篮球联赛，学生们从亲身经历的社团训练、比赛和为同伴加油助威的过程中，普遍感受到团队合作意识和集体主义精神的增强。各班学生纷纷表示对学校该社团的欢迎和喜爱，并以积极昂扬的心态投入到训练、比赛中。学生们还感受到社团训练、比赛对提高自身的责任感，磨砺坚强意志，陶冶身心都有积极的意义。学生们普遍希望该社团能年年坚持举办，并不断发扬光大。

家长们对学校举办的这一篮球社团持积极认可和欢迎的态度。他们认为该社团有利于锻炼孩子们的身体对抗能力和吃苦耐劳的精神，培养良好意志品质和乐观生活态度，有利于孩子们缓解学习压力，陶冶高雅情趣，在强身健体中更好地投入紧张的学习中,最终有利于孩子们整体素质的提高。

各班班主任通过组织学生积极参加比赛,普遍感受到该社团对提升教育教学效率和学生身心健康发展的长远意义。他们认为该社团将学校的主题“诚雅”文化的缊涵渗透进体育运动中,有力地推动了校园文化建设,营造了陶冶学生身心健康的良好氛围,同时通过组织参赛还在身临其境中培养了学生的集体荣誉感和责任意识,提高了学生的竞争与合作意识,这无论对学生学习的进步还是未来投身社会都具有积极作用。班主任们都觉得学校的该社团应在不断完善中坚持下去,在成为学校体育文化特色品牌的基础上有力地推动学校的内涵发展。

(三)省级以上竞赛频频获奖

1. 女篮三对三比赛成绩

(1) 2018 年 8 月于南京获得中国三对三江苏省赛区冠军。

(2) 2018 年 9 月于上海获得华东区第七名。

(3) 2019 年 3 月于无锡获得“我要上奥运”中国三对三江苏省赛区冠军。

(4) 2019 年 7 月于无锡获得中国三对三江苏省赛区冠军。

2. 女子篮球锦标赛比赛成绩

(1) 2012 年江苏省篮球锦标赛第一名。

(2) 2013 年江苏省篮球锦标赛(乙组)第六名。

(3) 2014 年省第十八届运动会青少年篮球比赛(乙组)第六名。

(4) 2015 年江苏省篮球锦标赛(丙组)第四名。

(5) 2017 年江苏省篮球锦标赛 U15 第五名。

(6) 2018 年省第十九届运动会青少年篮球比赛 U15 第四名(计一枚金牌)。

(7) 2019 年 U13 全国比赛第五名、东区第五名。

3. 女篮校园篮球联赛成绩

(1) 2016 年 8 月于南京仙林小学参加江苏省中学生篮球赛获得第四名。

(2) 2016 年 12 月于南京汇文女子中学参加李宁杯中学生篮球比赛获得第三名。

(3) 2017 年 8 月于泰州兴化参加江苏省中学生篮球赛获得第五名。

(4) 2017 年 12 月于南京汇文女子中学参加李宁杯中学生篮球比赛获得第四名。

(5) 2018 年 8 月于宜兴参加江苏省中学生篮球赛获得第五名。

(6) 2018 年 12 月于南京汇文女子中学参加李宁杯中学生篮球比赛获得第四名。

(7) 2019 年 7 月于常州参加省中学生赛获得第三名。

(8) 2019 年 12 月于南京汇文女子中学参加中国中学生篮球江苏省赛区比赛获得第二名。

4. 女篮输送成绩

(1) 2011 年输送陈洋至江苏女篮一队，陈洋获得了 2007 年全国青年女子篮球联赛的第二名、2011 年第八届 CSBA 全国初中生女子篮球锦标赛第一名、2012 年全国 U17 女子篮球比赛第一名、全国青年篮球联赛第一名、2013 年全运会第二名。

(2) 2013 年张胜男输送至江苏省篮球队(三线)。

(3) 2016 年输送于月欣、王馨雨至江苏女篮三队。

(4) 2017 年输送赵苹秀至重庆女篮青年队。

(5) 2017 年 12 月王馨雨参加 U15 全国高水平后后备人才基地训练营并入选 24 人全明星。

(6) 2018 年输送潘越至江苏女子橄榄球青年队参加 2019 年二青会获得第二名。

(7) 2018 年输送汪远通、陈姚至陕西青年队，代表陕西天泽女篮参加 2019 年二青会俱乐部组。

(8) 2019 年王馨雨被调至江苏女篮二队参加二青会获得体校组第三名。

图 49-12　省校园篮球联赛第四名

图 49-13　中国初中女子篮球联赛第三名

图 49-14　外出比赛秩序册

图 49-15　省比赛第三名奖杯

图 49-16　省中学生比赛亚军奖杯

图 49-17　南通市篮球联赛一等奖

四、思考与展望

回顾学校社团的发展,经历了四个阶段,分别是兴趣期、困难期、发展期和成熟期。

兴趣期:刚开始,社团活动宗旨是自我组织,自我管理,自我发展。充分调动了学生的主观能动性,激发了学生的兴趣。

困难期:运作初期,学校为了社团的正常开展,解决了活动时间、活动场地、指导老师等一系列的问题。同时学生的主观意识和运动能力还比较欠缺,我们就参考兄弟学校成功的经验,结合学校的实际,摸索前行。

发展期:有了学校校长室、政教处等多部门的支持,随着校体育节的顺利开展,3 对 3 篮球项目的确定,活动的正面的宣传推动了社团的进一步发展。

成熟期:为了进一步推动篮球社团的发展,学校采取“走出去、请进来”的方法,和其他城市、学校进行比赛。提高了社团成员的技术水平,同时也培养了他们的坚韧不拔的意志品质。

目前,学校的篮球社团取得了一定的成效,但是也客观存在着诸多不足:制度还不是特别完善,经费不充足等。针对这些不足,我们还可以多渠道整合资源,使社团真正地发挥育人的功能。

我们坚定地相信,不远的将来社团会成为学校的一大特色,更好地为同学们服务,同时也会建立更加健全的社团制度以促进社团的可持续发展。

入选理由：

成立于20世纪80年代的学校田径队，在体育组老师辛勤浇灌下，硕果累累：全国竞走锦标赛暨奥运会选拔赛中，周永生同学破亚洲纪录，并获得国际运动健将称号；储春霞同学赴澳大利亚参加世界中学生田径运动会，获女子标枪金牌；洪梅同学获世界中学生运动会铁饼、标枪金牌；朱晗同学获得男子110米栏国家一级运动员称号并被北大录取；田径队曾代表江苏省在全国田径传统运动会上获得团体总分第四名等等。一代又一代田径人秉承“敦品励学　自强不息”的校训，在日复一日的训练中磨砺了意志，打造成了一支“铁军”，为海中田径创造了一个又一个辉煌。

五十　南通江苏省海安高级中学田径队

资料提供：吴　斌　陈崇凌

图50-1　南通吴斌

江苏省海安高级中学于1939年由爱国人士、原江苏省省长韩国钧（字紫石）先生创办。2000年被省教育厅确认为国家级示范性普通高中；2004年转评为江苏省四星级普通高中；2009年和2017年两次通过四星级普通高中复审；2019年成为江苏省首批高品质示范高中建设立项学校；一直以高考成绩优秀而闻名市内外。学校始终坚持“为学生的终身发展奠基，为教师的幸福成长铺路”的办学理念，以内涵发展提升品质，以自觉担当立德树人，以时代精神敢为人先,以宽阔胸襟放眼世界,以特色创新示范引领,积极推进课程改革,全面实施素质教育,培养全面而有个性的能"适应新时代,迎接新挑战,肩负新使命,具备新品格"的新劳动者。

学校占地面积198亩,现有校舍建筑面积54713.48平方米。在建的图文信息中心、综合实验大楼、报告厅、艺术中心和后勤服务中心桩基工程已完成,地面部分正在实施,将新增建筑面积34000平方米,2020年8月交付使用。学校共48个行政班,在校学生约2400人;在校教职工314人,专任教师244人。具有硕士学位或研究生学历的教师共47人,博士1人,正高级教师7人,省特级教师5人,南通市名校长1人,南通市学科带头人、骨干教师、教学能手62人,省人民教育家培养对象1人,获得全国省市表彰的有65人,优秀教师群体已经形成。

学校连续十多年被评为省"文明单位",先后荣获"全国文教先进单位""全国体育田径传统校先进单位"等十多个国家级荣誉和江苏省"文明校园""优秀教师群体"等100多个省市级荣誉。

学校有专职体育教师13人,具有硕士学历1人,本科学历12人,高级教师5人,中学一级教师5人,中学二级教师3人,市学科带头人1人,市骨干教师2人,市教坛新秀1人。田径专业7人,篮球专业2人,健美操专业2人,乒乓球专业1人,游泳专业1人。学校建有400米标准田径场一块,室内体育馆2块共2922平方米,健身房2间,力量房1间,室内外游泳池2个,篮球场8片,乒乓球桌30张。

学校田径队成立于20世纪80年代,自成立以来取得了累累硕果:1994年在全国竞走锦标赛暨奥运会选拔赛中,周永生同学破亚洲纪录,并获得国际运动健将称号;1994年储春霞同学赴澳大利亚参加世界中学生田径运动会,获女子标枪金牌;1999年洪梅同学获世界中学生运动会铁饼、标枪金牌;朱晗同学获得男子110米栏国家一级运动员称号并被北大录取;田径队曾代表江苏省在全国田径传统运动会上获得团体总分第四名等等。一代又一代田径人秉承"敦品励学、自强不息"的校训,在日复一日的训练中磨砺了意志,打造成了一支"铁军",正是他们为海中创造了一个又一个辉煌。

一、组织方法与活动设计

(一) 组织方法

※1 江苏省海安高级中学田径队管理章程

一、田径队名称

江苏省海安高级中学田径队。

二、田径队性质

田径队由校长室领导，德育处和体育组联合管理，队员由热爱运动具有一定田径基础有运动潜能的学生组成。

三、田径队宗旨

（一）丰富学生课余生活，提高学生运动素质，促进学生健康发展。

（二）培养学生坚韧不拔的毅力、勇往直前的动力及艰苦奋斗的作风。

（三）培养学生竞争与合作的精神，提高人际交往能力。

（四）丰富校园生活，发展学生的田径运动，提高身体素质。

四、田径队日常事务及选举

（一）田径队事务由体育组会同德育处统一计划、协调和实施。

（二）由全体队员代表讨论设定和修改田径队章程。

（三）听取队员合理的意见和建议。

（四）队员为参加各级田径运动会的主力。

五、训练时间

每天早晨1.5小时，下午2～3小时。

六、队员权利

（一）队员享有平等权。

（二）对田径队管理有建议权。

（三）队员有监督权，对教练实施教育和训练的过程进行监督。

（四）队员可针对训练计划提出意见，根据各自特点进行针对性训练，以达到科学性和有效性的目的。

七、队员义务

（一）遵守校规校纪，遵守田径队章程，维护田径队声誉。

（二）认真参与日常训练，不断提高自己的田径水平。

（三）爱护训练器材，不得故意损害。

（四）定期对阶段训练进行总结。

八、队员纪律

（一）遵守学校纪律，遵守队规。

（二）积极参加训练，有特殊情况可向教练员请假。

（三）积极参加体育组组织的各类活动。

（四）服从教练训练安排。

九、队员的奖励

(一) 凡训练认真,刻苦勤奋的学生,均可参加“校园之星”“校嘉奖”“训练积极分子”“显著进步奖”等荣誉的评选。

(二) 在校期间参加由学校组队的省市级等比赛并获得相应奖项的,适当给予物质奖励。

十、开除队籍

队员如有违反校规校纪行为,不服从体育组领导,教练员安排,情节严重者开除队籍。

※2 江苏省海安高级中学田径队规章制度

为了田径队健康、有序发展,同时确保每个队员在运动水平、学习成绩、思想品德、行为习惯等方面有所提高,特制定了田径队的管理规定和要求。

一、教练员工作职责

(一) 教练员能精通训练,有吃苦耐劳精神。

(二) 主教练和助理教练,共同构成运动队的思想作风、训练水平、组织纪律的主要责任人和责任群体。

(三) 努力做到训练育人,全面关心受训学生。做到:管训练、管思想、管训风、管赛风、管学习、管纪律。对运动队和每一队员负责,对学校对外交往中的形象负责。

(四) 教练员根据训练的任务与目的认真撰写训练纲要,年度训练计划、阶段训练计划、课时训练计划,并认真执行训练计划。

(五) 教练员严格执行运动训练的管理规章、岗位责任制,严格遵守训练纪律,不迟到、不早退,不随意停训、串训。

(六) 教练员必须保证每次训练课训练时间,严格执行考勤制度,并记录训练情况。

(七) 训练时段不脱岗、不离岗,不上无计划、无内容、临时应付的训练课。对学生要以身作则、为人师表,做到训练育人。

(八) 教练员对训练过程的安全负责,训练采用的方法手段、器材设施方面不仅要保证队员的安全,也要保证周围其他人员的安全,防止伤害事故的发生。

(九) 在有多名教练员联合的竞训中,总教练负责对于其他教练员的出勤统计、补助制表和训练工作量统计。

(十)教练员必须通晓竞赛规程,确保竞赛报名准确无误。

(十一)教练员配合体育部做好训前的组队工作,教练员是队员选拔工作的主要负责人，并根据比赛和训练的实际情况做好队员的调整工作。

（十二）教练员应做好训练和比赛总结，实事求是地总结训练情况、竞赛情况，并送交体育组备案。

二、班主任及任课老师

（一）积极支持配合体育组训练工作，鼓励学生积极参与运动队训练。班主任老师能主动做好家长工作，配合好学校运动队训练。

（二）平日训练时，班主任及任课老师应及时督促学生参加训练。平时在学习上多加关注，主动及时补薄弱和参加训练比赛所缺课务。

（三）班主任与体育组老师经常相互沟通，了解学生体育训练的各阶段情况。

三、运动员

（一）按时参加训练，严格执行训练制度。做到不迟到，不早退，有事不能参加训练必须事先请假。

（二）按教练的要求认真刻苦参加训练，努力提高训练质量、运动水平。

（三）队员之间在日常训练及学习、生活中，要团结友爱，互助互爱。队员必须爱护一切器材，训练完后按时归还，摆放整齐。

（四）严格遵守校纪校规，养成良好的行为习惯。严禁打架、滋事，不旷课，不进网吧，不吸烟，不喝酒。

（五）合理安排时间，努力学习，不断提高学习成绩。遵守课堂纪律，认真听课，按时完成作业，处理好训练与学习的关系。

（六）尊敬教练、老师，团结同学，养成文明礼貌的好习惯。

（七）处罚措施：违反校纪校规及训练制度的给予双重处罚。

1. 按校纪校规给予校纪处分。

2. 队内给予留队察看，或开除田径队。

（八）不按时训练，有经常旷课，不服从教练安排及违反以上要求的队员，经教育不改者开除出队，直至开除学籍。

※3 江苏省海安高级中学田径队奖惩评价方法

一、奖惩办法

（一）奖励办法

1. 体育特长生享受每月60元的伙食补助（每年按10个月计算），正常参加训练比赛的学生，每年发给运动服一套。家庭经济困难的同学可以向学校申请资助。

2. 在校期间参加由学校组队的省级比赛，获得1～3名的奖励400元；4～6名的奖励300元；7～8名的奖励200元。参加由学校组队的市级比赛，获得

1～3名的奖励300元;4～6名的奖励200元,7～8名的奖励100元。

3. 在校期间被评为校级以上三好生、优秀学生干部、省优秀运动员的,校级一次奖励500元;县级一次奖励1000元;市级以上一次奖励1500元。高考录取本一院校奖励2000元,录取本二院校奖励1000元。

(二) 惩处办法

违反校纪校规及训练制度的给予双重处罚。

1. 按校纪校规给予校纪处分。

2. 队内给予留队察看,或开除田径队。

不按时训练,有经常旷课,不服从教练安排及违反以上要求的队员,经教育不改者开除出队,直至开除学籍。

(二) 活动设计

※4 江苏省海安高级中学田径队年度训练工作计划

为了提高田径运动员身体素质和运动技能,以及为2020年高考考试做好准备,我们这年度进行以下几个阶段的训练。

一、第一阶段——准备期

(一) 召开全队队员会议。

(二) 宣布训练制度纪律。

二、第二阶段——身体素质训练阶段,以身体训练为主

(一) 以力量训练为主,辅以基本技术。

(二) 以柔韧性训练为主,辅以力量和耐力。

(三) 以灵敏性训练为主,辅以力量和耐力。

三、第三阶段——基本技术训练,巩固及提高阶段

(一) 以基本技术为主,辅以力量训练。

(二) 以基本技术为主,辅以柔韧性、灵敏性和耐力训练。

(三) 基本技术综合练习。

四、第四阶段——专项技术、战术养成阶段

(一) 以专项技术为主,辅以综合身体素质练习。

(二) 以专项技术、战术为主,辅以模拟比赛练习。

(三) 参加大学生高水平田径测试。

五、具体训练内容

项目	内容
柔韧性的练习	1. 两臂的平、侧、上等各方位的举、屈、伸、摆和各种形式的绕环练习 2. 两腿的屈、伸、压、踢、摆、绕、纵横叉等练习 3. 整个身体的各种屈、伸、绕环等练习
协调性练习	1. 各种徒手操,行进操练习 2. 各种技巧练习
速度、灵敏练习	1. 原地高抬腿跑 2. 加速跑 60 米左右 3. 站立式起跑 30～40 米 4. 各种快速反应练习 5. 30 米、60 米计时跑
耐力练习	越野跑,自然环境走跑结合练习,变速跑等
弹跳力和力量练习	1. 各种跳跃练习 2. 各种腰、背、腹肌练习 3. 橡皮条等弹性物质练习 4. 杠铃等负重练习

六、通过这一季度的训练,学生的身体素质有了明显的提高,为了使以后训练做得更好,现将此阶段训练的工作总结如下:

(一) 首先,高水平运动员的培养,不可能一蹴而就,必须要有长远的训练计划。不急于求成,特别是田赛项目,要有多年计划也要有季度训练目标。计划内容的安排应重视基础训练和基本运动能力培养。先发展学生协调能力和基本运动能力,后根据专项的需要及运动员的特点对学生进行全面体质训练,进而把专项技术训练紧密结合起来。季度计划分 3 个训练期,即身体素质训练阶段,基本技术训练,专项技术、战术养成阶段。在训练内容上重点加强基础素质训练和一些基本的运动技能,使学生培养节奏、速度等良好感觉。

(二) 其次,在训练方法上,根据学生的实际情况,采用多种训练法。在技术训练方面,只有掌握好的技术,才能充分发挥学生的身体训练水平,创造优异成绩。我们在运动训练的同时强调技术,在学生一进队就开始抓好基本技术,随着学生技术的提高,仍然不断地完善基本技术。对某些难以掌握的动作,自己比较肯动脑筋想办法,利用一切手段如挂图、录像等辅助练习等帮助学生掌握其要领,使他们建立起一个正确的动作模式,如:蹲踞式的腾空动作,仅仅是示范、讲解、练习是不够的,如果让学生做单杠上的悬垂练习,体会空中动作,那就会少走许多弯路,收到事半功倍的效果。

(三) 最后,严格训练、严格要求是提高运动技术水平的好办法。首先要使学生明确严格训练的目的,并按基础和水平因材施教,更要使学生懂得完成任务的重要性和必要性。训练课后多与学生谈心,听取学生反馈的意见。学生在接受老师的训练时要注意教师的言辞,体育教师必须从自己的言论、行为、训练表现给学生一个好榜样。

二、具体实施过程与方法

(一)具体实施过程

※5 江苏省海安高级中学田径队周、课时训练工作计划

一、省比赛100米、200米项目周、课时训练计划

时间	内容	负荷	时间	内容	负荷
星期一	1. 快走 2. 专门性练习 3. 力量:提踵、折叠摆腿、摆臂、绕栏架、跳栏架 4. 80米标志点速率跑	20分钟 6组 3~6组	星期二	1. 弯道牵引起跑练习 2. 100米计时跑 3. 250米快速跑 4. 200米90%、95%米速度跑	6组 2组 2组 各1组
星期三	1. 弯道起练习 2. 100米计时跑 3. 200米计时跑	6组 2组 3组	星期四	1. 专项准备活动 2. 俯卧小腿屈伸25次、牵引摆腿30次、牵引摆臂80次、半蹲12次 3. 300米90%	5组 2组
星期五	1. 直道起跑练习 2. 300米计时跑 3. 500米变速跑 4. 跳栏架	6组 3组 3组 6组	星期六	1. 交接棒练习 2. 4×100米接力	4~6组
星期日	1. 30米起跑练习 2. 100米计时跑 3. 标志点速率跑 4. 150米变速跑	6组 2组 2~5组 4组			

二、省比赛400米栏项目周、课时训练计划

时间	内容	负荷	时间	内容	负荷
星期一	1. 快走 2. 专门性练习 3. 力量:提踵、折叠摆腿、摆臂 4. 大幅步跑500米	20分钟 6组 2组	星期二	1. 牵引起跑练习 2. 起跑过第一栏练习 3. 3栏、5栏练习计时跑 4. 快速跑450米 5. 400米90%	6组 6组 3组 2组 3组

续表

时间	内容	负荷	时间	内容	负荷
星期三	1. 弯道起练习 2. 400 栏计时	6 组 3 组	星期四	1. 专项准备活动 2. 跳栏架、俯卧小腿屈伸 20 次、牵引摆腿 30 次、牵引摆臂 100 次 3. 500 米 90%	5 组 2 组
星期五	1. 橡皮带弯道起跑练习 2. 500 米计时跑 3. 600 米变速跑	10 次 3 组 3 组	星期六	1. 交接棒练习 2. 4×100 米接力	4～6 组
星期日	1. 橡皮带弯道起跑练习 2. 400 米计时跑 3. 标志点速率跑 4. 跨步跳 150 米	6 组 3 组 2～5 组 4 组			

三、省比赛 400 米项目周、课时训练计划

时间	内容	负荷	时间	内容	负荷
星期一	1. 快走 2. 专门性练习 3. 力量:提踵、折叠摆腿、摆臂 4. 大幅步跑 900 米	20 分钟 6 组 2 组	星期二	1. 牵引起跑练习 2. 起跑过第一栏练习 3. 3 栏、5 栏练习计时跑 4. 快速跑 450 米 5. 900 米 90%	6 组 6 组 3 组 2 组 3 组
星期三	1. 弯道起练习 2. 400 米栏计时	6 组 3 组	星期四	1. 专项准备活动 2. 跳栏架、俯卧小腿屈伸 20 次、牵引摆腿 30 次、牵引摆臂 100 次 3. 900 米 90%	5 组 2 组
星期五	1. 橡皮带弯道起跑练习 2. 900 米计时跑 3. 1200 米变速跑	10 次 3 组 3 组	星期六	1. 交接棒练习 2. 4×100 米接力	4～6 组
星期日	1. 橡皮带弯道起跑练习 2. 800 米计时跑 3. 跨步跳 150 米	6 组 3 组 4 组			

四、比赛周训练计划

<table>
<tr><td rowspan="3">时段</td><td colspan="5">专项人员</td></tr>
<tr><td>短跑组</td><td>中长跑组</td><td>跨栏组</td><td>跳远组</td><td>投掷组</td></tr>
<tr><td>陶楠、江云波、朱晗、吴维达、季琦璠、朱景</td><td>储婷蕊</td><td>丁伟、季琦璠、朱晗</td><td>申杰</td><td>丁伟、周涵雨、董浩天、顾成山</td></tr>
<tr><td>上午</td><td colspan="5">50分钟节奏跑、柔韧、协调练习(正、侧踢腿,内、外摆腿,前交叉,下踏,后折腿,侧交叉步,腾空步各4组,速率×10组)、牵引跑20米×6组</td></tr>
<tr><td>下午</td><td>技术练习
60米拖重物跑×6组
120米大步跑×6组</td><td>1200米×6组
200米×4组</td><td>跨栏徒手练习(摆动腿和提拉腿过栏练习15次×6组),过边栏15组,3～5步跨栏×10组</td><td>腾空步20次,6～8步跳远30次,60米加速跑×6组</td><td>铅球徒手练习
50米滑步练习
实心球前、后、侧抛10次×6组
60米加速跑×6组</td></tr>
<tr><td>上午</td><td>起跑接20米跑×6组
200米放松跑×6组</td><td>1小时节奏跑,柔韧性练习1小时</td><td>跨栏专项性练习,过边栏20组,5～8跨栏×10组</td><td>左右30米单足跳×6组,单步跨60米×10组,60米加速跑×6组</td><td>铅球徒手练习
50米滑步练习
3.4,5,7.26千克快推30次
卷手腕练习20次×4组</td></tr>
<tr><td>下午</td><td>腿部力量练习(前抬、后蹬)
上肢力量练习
30米快速跑×6组</td><td>200米、400米、600米各×4组</td><td>与对应组练习相同</td><td>20、40米跨步跳进坑各×10组,60米加速跑×10组</td><td>鞭打10次×10组
持破球60次
手榴弹50次
投1千克铁饼40次
30米跨步跳×6组</td></tr>
<tr><td>上午</td><td>500米90%速度跑×1组
300米放松跑×2组
60米快跑×3组</td><td>400米、800米各×4组(各测试一组)</td><td>与对应组练习相同</td><td>专项练习,12～18步三级跳远20次,80米×6组</td><td>皮带(原地背弓、5步交叉步)各30次
三步打枪20次,5步交叉步打枪30次
皮带挥臂、投1.5千克铁饼40次</td></tr>
<tr><td>下午</td><td colspan="5">力量:半蹲提踵12次,负重转体15次(负重阶梯跳15次),腹背一头起20次,高翻12次,负重弓步跳15次,各×8组</td></tr>
<tr><td>上午</td><td>慢跑5圈
专门性练习
起跑—20米跑×6组
80米放松跑×6组</td><td>20圈放松跑</td><td>跨栏专项性练习,过边栏×20组,5～8跨栏×10组</td><td>专项练习,12～18步跳远20次,60米×8组</td><td>铅球专项徒手练习
50米滑步练习
4.5,6,7.26千克快推40次
抓举练习20次×4组</td></tr>
<tr><td>下午</td><td>100米×4组
200米×3组
15分钟不同地形跑</td><td>150米跑、150米跨步跳各×8组</td><td>与对应组练习相同</td><td>专项练习,跨步跳进坑8次×8组,12～18步三级跳远20次</td><td>皮带(原地背弓、助跑5步交叉步)各30次
三步打枪20次,助跑5步交叉步打枪20次
投大铁饼练习40次</td></tr>
<tr><td>上午</td><td>技术练习
60米放松跑×4组
120米放松跑×4组</td><td>1小时节奏跑,柔韧性练习1小时</td><td>与对应组练习相同</td><td>专项练习,18～24步三级跳远15次</td><td>持竹枝鞭打60次
三步打枪20次,助跑5步交叉步打枪20次
侧向滑步投1.5千克铁饼40次
跨步跳30米×6组</td></tr>
</table>

续表

时段	专项人员				
	短跑组	中长跑组	跨栏组	跳远组	投掷组
	陶楠、江云波、朱晗、吴维达、季琦璠、朱景	储婷蕊	丁伟、季琦璠、朱晗	申杰	丁伟、周涵雨、董浩天、顾成山
下午	30 米弯道起跑×6 组 200 米计时跑×2 组	600 米、800 米、1000 米各×3 组	跨栏专项性练习，过边栏×10 组，全程跨栏×6～10 组，200 米×3 组	起跳步 30 次，24 步跳远 15 次，120 米×5 组	铅球专项徒手练习，50 米滑步练习 4.5，6，7.26 千克快推 30 次 抓举练习 20 次×4 组
上午	技术练习 力量练习 30 米加速跑×6 组 80 米放松跑×6 组	越野跑 1.5 小时，路线自定，注意安全。柔韧性练习半小时	跨栏专项性练习，过边栏×10 组，全程跨栏 6～10 组，150 米跨步跳×3 组	左右来回 30 米×8 组，起跳步进坑 30 次，250 米×4 组	铅球专项徒手练习，50 米滑步练习 4.5，6，7.26 千克快推 40 次 抓举练习 20 次×4 组
下午	力量：半蹲提踵 12 次、负重转体 15 次（负重阶梯跳 15 次）、腹背一头起 20 次、高翻 12 次、负重弓步跳 15 次，各×8 组				
上午	慢跑 5 圈 专门性练习 起跑—20 米跑×6 组 80 米放松跑×6 组	1200 米×6 组 200 米×4 组	与对应组练习相同	专项练习，丈量步点（全程）三级跳远 15 次	鞭打 60 次 三步打枪 20 次，助跑 5 步交叉步打枪 20 次 侧向滑步投 1.5 千克铁饼练习 40 次 跨步跳 30 米×6 组
下午	30 米加速跑练习×6 组 车轮跑练习 100 米×2 组、120 米×2 组 跨步跳 20 米×5 组 放松	1 小时节奏跑，柔韧性练习 1 小时	跨栏专项性练习，过边栏 10 组，全程跨栏 6～10 组，120 米×4 组	专项练习，丈量步点（全程）跳远 15 次	铅球专项徒手练习，50 米滑步练习 4.5，7.26 千克铅球快推 30 次，测试 6 次 抓举练习 20 次×4 组 40 米×6 组
上午	技术练习 300 米大步幅跑×4 组 柔韧练习	200 米、400 米、600 米各×4 组	跨栏专项性练习，过边栏 10 组，全程跨栏 6 组，测试 4 组	专项练习，丈量步点（全程）跳远 10 次，测试 6 次	铅球专项徒手练习，50 米滑步练习 3、4，5，6 千克快推 40 次 抓举练习 30 次×4 组 60 米×4 组
下午	起跑接 20 米跑×6 组 200 米放松跑×2 组	400 米、800 米各×4 组（各测试一组）	与对应组练习相同	专项练习，丈量步点（全程）三级跳远 15 次	专项性练习 20 分钟 丈量步点助跑 5 或 7 步交叉步打枪 30 次 2 千克铁饼练习 30 次
上午	热身 技术练习 30 米×3 组起跑练习，150 米×1 组计时跑 放松	15 圈放松跑，柔韧性练习 1 小时	与对应组练习相同	专项练习，全程三级跳远 10 次，测试 6 次	丈量步点助跑 5 或 7 步交叉步打枪 20 次 侧向滑步投 2 千克铁饼 30 次，各测试 6 次 跨步跳 30 米×6 组
下午	力量：半蹲提踵 12 次，负重转体 15 次（负重阶梯跳 15 次），腹背一头起 20 次，高翻 12 次，负重弓步跳 15 次，各×8 组				

（二）现场实况照片

图 50-2　出席开幕式

图 50-3　跨栏比赛过栏瞬间

图 50-4　荣获体育道德风尚奖

图 50-5　跨栏比赛起跑瞬间

图 50-6　接力赛你追我赶

图 50-7　校田径队获奖合影

图 50-8　顺利交接棒

图 50-9　奋起直追

三、成绩与效果

（一）坚持训练历史悠久

时段	1984—1994 年	1994—2004 年	2004—2014 年	2014—至今
运动次数(次/周)	3	5	8	10
运动时间(小时/周)	6	10	14	20
参与人数(人)	40	100	80	30

（二）学生体质明显提高

1. 体质测试成绩明显提高

体质测试成绩表 1(运动前)

姓名	性别	长跑(分)	立定跳远(厘米)	50 米(秒)	引体仰卧(个)	身高(厘米)	体重(千克)	肺活量(毫升)	体前屈(厘米)
刘好	男	2.45.30	262	6.72	7	178	75	5325	12
袁子涵	女	3.16.10	200	8.10	40	166	61	4105	18
程广浩	男	2.36.00	273	6.93	12	183	72	5703	20
顾针一	女	4.30.20	173	9.20	35	165	80	3032	12

体质测试成绩表 2(运动后)

姓名	性别	长跑(分)	立定跳远(厘米)	50 米(秒)	引体仰卧(个)	身高(厘米)	体重(千克)	肺活量(毫升)	体前屈(厘米)
刘好	男	2.26.00	275	6.10	21	180	73	6205	18
袁子涵	女	2.40.01	221	7.52	58	170	58	5100	21
程广浩	男	2.10.03	290	6.36	28	184	76	7020	26
顾针一	女	3.42.00	192	8.52	45	165	82	4200	15

2. 运动技能提升迅速

教练组制定了跑、跳、投三类的运动技能评价表,作为训练与考核的评价要点,根据测评,到了高二年级,田径队队员技能评价 95%以上在良好与优秀等级。

(1) 跑步类技能评价表

项目	优秀	良好	合格	不合格
起跑	上体前倾,两腿快速全力蹬伸,手臂协调快速有力摆动,自然、放松、快速	上体稍前倾,两腿能快速全力蹬伸,手臂协调摆动,能自然、放松、快速	上体前倾不够,两腿蹬伸力量一般,手臂摆动基本协调,动作略自然、放松	腿部力量薄弱,用不上劲,上体不敢前倾,动作机械僵硬
起跑后加速跑	后蹬角度小,后蹬送髋快有力,步长不断加大,上体逐步抬起	后蹬角度一般,后蹬送髋有力,步长加大,上体能逐步抬起	后蹬角度略大,后蹬送髋一般,步长加大略快,上体抬起稍快	腿后蹬不充分,上体迅速抬起,提前进入途中跑姿势
途中跑	大腿前摆,后蹬充分,步幅大,扒地积极,上下肢协调配合	大腿前摆明显,后蹬稍充分,步幅稍大,扒地速度一般,上下肢能协调配合	大腿前摆一般,后蹬到位充分,步幅一般,扒地一般,上下肢能自然配合	身体不正直,大腿前摆不充分,后蹬不充分,上下肢配合不协调
弯道跑	内倾自然合理,腿部和手臂动作技术配合协调,效果好	内倾稍合理,腿部和手臂动作技术稍协调	内倾一般,腿部和手臂动作能配合,效果一般	身体内倾不明显,右腿前摆幅度不大
冲刺跑	保持高速跑过终点,最后一步猛后蹬,肩胸下压明显	保持高速跑过终点,肩胸下压动作清楚	稍减速跑过终点,肩胸下压不明显	减速通过终点,肩胸不下压

(2) 跳跃类技能评价表

项目	优秀	良好	合格	不合格
助跑	步幅步频由小到大,速度由慢到快稳定,技术合理	步幅步频合理,速度由慢到快维持稳定,技术较合理	步幅步频基本合理,速度稳定,技术一般	节奏不固定,技术不合理
起跳	踏跳获得理想的高度和远度,身体平衡	踏跳获得合理的高度和远度,身体保持平衡	踏跳获得一定的高度和远度,身体基本平衡	踏跳软而无力,制动不明显,不能保持身体平衡
腾空	合理利用补偿运动,间接转动的运用明显多于直接转动	利用补偿运动,间接转动的运用多于直接转动	不能利用补偿运动,间接转动的运用与直接转动一样多	不太会利用补偿运动,直接转动多,基本不运用间接转动
落地	安全落地,自信心增强,无损伤	能安全落地,有较强的自信心,损伤减少	基本能安全落地,自信心一般	落地缓冲技术不到位,自信心不足

(3) 投掷类技能评价表

项目	优秀	良好	合格	不合格
助跑	根据自身实际获得的理想预加速,形成合理有效的超越器械动作	根据自身实际获得的合理预加速,形成超越器械动作	能根据自身实际获得的一定预加速,形成一定的超越器械动作	助跑有效性不明显,超越器械动作不合理
最后用力	掌握左侧支撑技术,用力顺序合理,能获得理想的出手角度和出手速度	会利用左侧支撑技术,用力顺序基本合理,能获得一定的出手角度和出手速度	掌握一定的左侧支撑技术,用力顺序基本合理,出手角度和出手速度一般	用力顺序不合理,不能产生最大的出手初速度
器械出手后的身体平衡	器械出手后降低重心,改变身体运动方向,较好地维持身体平衡	器械出手后能降低重心,基本能改变身体运动方向,维持一定身体平衡	器械出手后基本能改变身体运动方向,基本维持身体平衡	器械出手后,身体不能保持平衡

(三) 学生心理素质显著提高

在参加体育锻炼活动中,不断战胜自我、超越自我,生理机能和身体素质得到增强,运动技能技巧得以提高。当取得这些成绩后,人就会产生自我成就的认识和情感体验,产生愉快、振奋和幸福感。通过参加锻炼,更深入地参与运动项目,并与同伴默契配合,与对手斗智斗勇,坚持不懈,克服困难与挫折。在这过程中会得到一种非常美妙的快感和心理上的满足,即增强了自信心和自豪感,养成一种乐观的心态。

(四) 体育文化卓有成效

图 50-10 日常训练精益求精

图 50-11 比赛成绩硕果累累

图 50-12　沉甸甸的奖牌

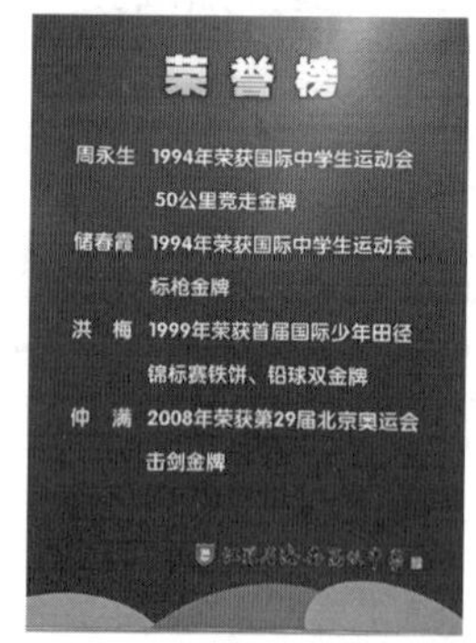

图 50-13　学校体育光荣榜

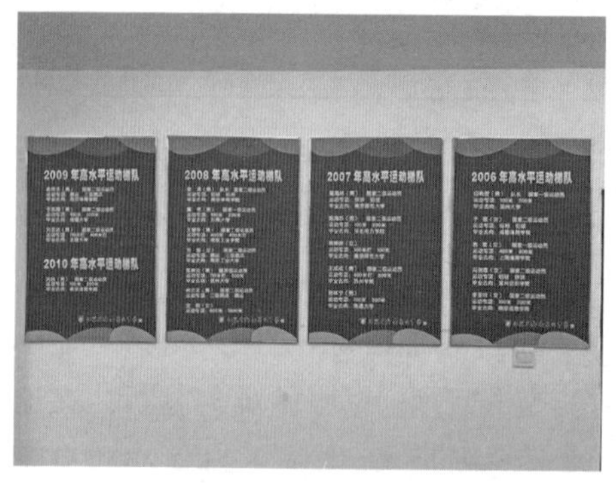

图 50-14　高水平梯队建设

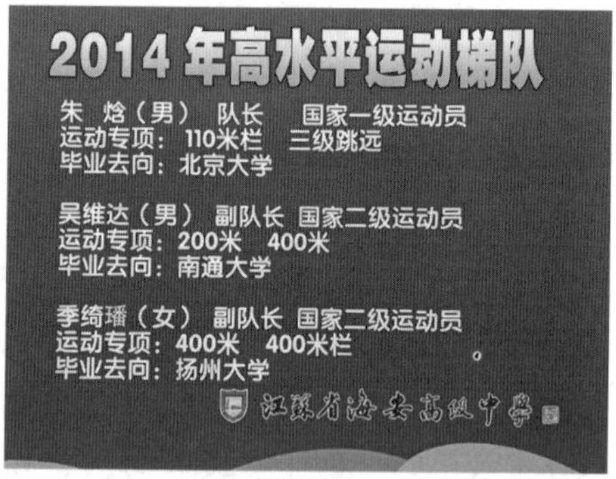

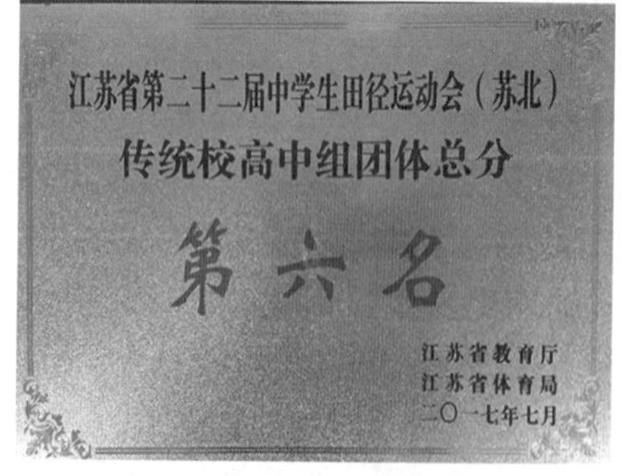

图 50-15　高水平运动员输送

（五）田径队成绩辉煌

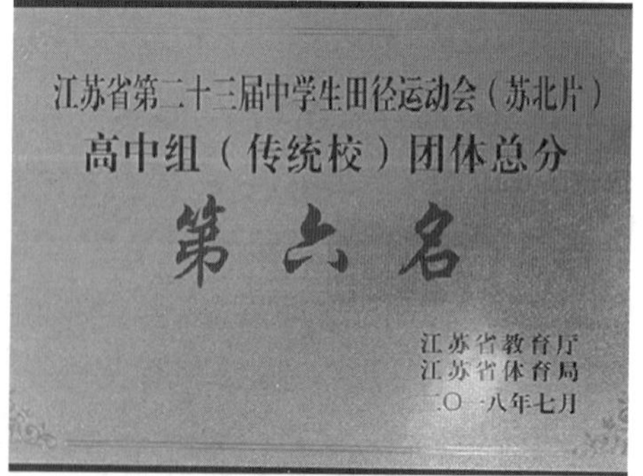

图 50-16　省 22 届运动会团体第六名

图 50-17　省 23 届运动会团体第六名

图 50-18　省 24 届运动会团体第三名

图 50-19　南通市比赛一等奖

图 50-20　省 22 届运动会获奖

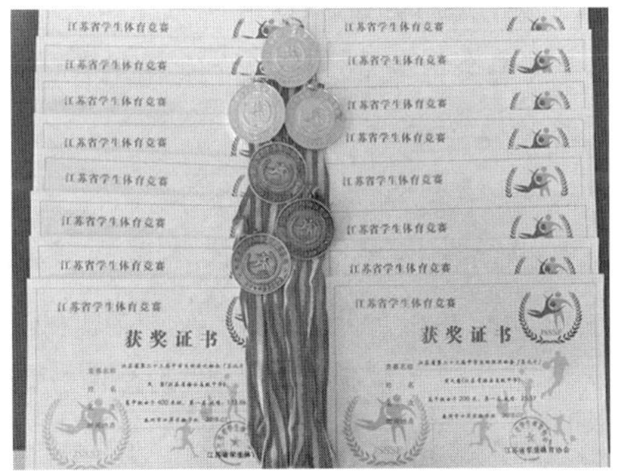

图 50-21　省 23 届运动会获奖

参加省市比赛获奖情况

1. 2017 年，荣获江苏省第 22 届中学生田径运动会团体总分第四名，获金牌 3 枚，铜牌 3 枚。

2. 2017 年，荣获南通市高级学校田径运动会团体总分第三名，获金牌 7 枚，银牌 4 枚。

3. 2018 年，荣获江苏省第 23 届中学生田径运动会团体总分第六名，获金牌 2 枚，铜牌 3 枚。在省青少年田径锦标赛中，获银牌 1 枚，铜牌 2 枚。程广浩同学获奖“体育道德风尚奖”称号。

4. 2019 年，荣获江苏省第 24 届中学生田径运动会金牌总数第二、团体总体分第三名，共获金牌 3 枚，银牌 6 枚，铜牌 4 枚。省青少年田径锦标赛获金牌 1 枚，银牌 1 枚。顾针一同学荣获“优秀运动员”称号。

5. 2019 年，荣获南通市高级学校田径运动会，高中组团体第一名，获金牌

16枚,银牌5枚。

(六)社会反响良好

1. 家长反馈。

在我们孩子学习生活中运动锻炼是必不可少的,文化只是孩子全面发展的部分体现,我们愿意让孩子能更多地去接触体育运动,让他们热爱上某项运动,不仅能增强体质,更多的是能够在未来的生活中起到放松和提供精神动力的作用。

田径训练和运动锻炼是有区别的,一个是偏向更多专业知识并且付出时间汗水去训练,一个是闲暇时间取得身心放松。作为家长的我们更愿意孩子能够双向发展,但正常孩子很难在竞技体育的辛苦训练和学习的压力中双向发展,所以我们作为家长会有取舍。倘若我们的孩子在学习上会明显有相比体育上的优势,我们会选择体育为辅;如果我们的孩子有一定的天赋且有足够坚韧的心,我们会尊重他,并支持他在田径上取得更多的成就,并且能够为他的学习生涯上添上浓墨重彩的一笔。

2. 社会反应。

田径是以典型的竞技体育项目,能够为学校,为社会,甚至为国家取得荣耀。体育成绩不仅仅是学生刻苦训练成果的体现,更多的是这个学校、这个地区对体育的重视程度,注重于各面学生人才的培养。我们支持搞田径训练,如今的发展趋势,是学生的身体素质越来越差。在未来,体育这个项目将会显得尤其重要,只有国家重视了,学校重视了,才能带动学生们去锻炼自己。学习是必不可少的,基本的跑动能力也必须具备。

3. 媒体宣传。

地区学校培养的运动人才,可以输送向更专业的训练队,为国家田径培养栋梁之材,我们国家的发展不仅仅是经济、科学技术等等方面。曾被称为"东亚病夫"的我们,田径的崛起更能体现国家的发展和强盛。作为媒体的我们,应该更多地为海安高级中学田径队这样的基层运动队发声,多宣传,各个微小梦汇聚成强大的力量,铸就民族复兴的中国梦。

四、思考与展望

经过认真反思,我们认为要进行:七个抓好,三个提升。

(一)七个抓好

1. 基础工作常抓不懈。

我校领导十分重视体育工作,已将业余训练工作列入学校目标管理内容,并指派董副校长主管全校体育工作，按要求配足、配齐体育教师和运动队教练。我组共有体育教师 14 名，全组成员团结协作、齐心协力，工作有条不紊，确保了学校体育工作的顺利运作。其中吴斌、顾宏彬、卢从生、陈谦锋、朱小足组成了校田径教练组，分别负责短跑组、跨跳组、投掷组和高考四项组的训练工作。

学校在每学期初根据实际情况适当添置训练器材，以保证田径训练顺利进行，并能妥善解决体育教师训练补贴费问题，保证学生也有一定的训练补贴费。同时，学校鼓励体育教师进行业务进修和田径教练培训。

2. 业余训练稳中求进。

2019 年度学校给予了优惠政策，选拔吸纳优秀苗子来我校训练就读，这大大提高了体育教师的工作积极性。学期初，各教练员能根据学生实际情况制定切实可行的训练计划，并建立运动员个人档案，确保了课余训练的“三定”(定人、定时间、定训练计划内容)。运动队还设立了两个以上年龄梯队，做好各年龄段的衔接工作，每周训练 7 天(星期一至星期天)早上 5:30～6:30，下午 3:30～5:20 左右，保证了训练质量和效果。教练员、班主任、任课教师和家长四方配合做好运动员的训练、学习和生活各方面教学、教育工作，确保运动员无违纪和文化课不及格现象，在训队员中刘好曾被评为校三好学生。各教练员充分利用课余时间对训练工作进行总结和反思，从而不断提高训练水平。

3. 竞赛成绩硕果累累。

近年来我校学生参加了省市等各级各类比赛，多名运动员多次晋级获奖，受到社会、学校和家长的一致好评。

4. 积极输送体育人才。

近年来我校分别向北京大学、南京理工大学、华东师范大学、苏州大学、南京师范大学等 985、211 高校输送多名优秀学生。

5. 做好体育后备人才选拔。

田径人才的选拔决定田径训练的质量以及训练成果。优秀的选拔制度可以为日后的训练结果奠定良好的发展基础，因此必须予以选拔制度足够的重视。不过由于种种原因，许多高中田径队人才选拔并不具备科学性，这是田径队训练亟待改进的问题。现阶段高中田径队员主要有两个来源。第一种是初中体育特长生，这部分学生一般身体基础好，主要通过学校予以升学加分进入高中学校。第二种是在运动会、体育课中选拔出身体潜力好的高中生，加入高中田径队。第一种学生虽然身体基础好，不过专业训练时间不长，因此身体素质难以取得更显著的提高。第二种学生虽然身体潜力好，不过因为缺乏专业的锻炼，所以不能在比赛中取得良好的成绩。

6. 抓好运动员文化课学习。

高中田径队大部分都是体育特长生，只有一少部分是身体潜力好，后来加入田径队的高中生。因此田径队学生大多文化基础差，不愿意学习文化课程。事实上这是一种非常不正确的想法。固然体育成绩需要良好的身体素质，不过体育训练也需要一定的执行能力、交流能力、思考能力、理解能力。从运动员的文化成绩可以了解运动员的职业素养。体育运动是一项吃年轻饭的运动，运动员若想今后继续在体育事业上发展，有必要学习文化课程。

7. 提高教练员专业素养。

教练的教学水平对运动员的训练成果影响显著。好教练能够为运动员提供科学的训练计划，妥善处理训练问题，在训练的过程中总结问题，从中提炼新的教育方法和教育思路。训练的方法和训练的技术会随着时代的更迭发生变化，因此训练的方式也需要及时跟进变化。不断开发科学的教学方法，才能够保障运动员能力的提高。不过我们有些教练员都没有意识到创新训练的问题，依旧采取传统训练方法，缺乏长期战略眼光。教练和运动员、教练和教练之间缺少技术、经验的交流，致使教学水平和教学能力迟迟得不到发展。

（二）三个提升

1. 提升训练热情。

热情是有效训练的基础，保持高度的热情不仅可以减少运动员的心理负担，同时也可以有效提高训练质量。为使运动员了解体育精神和体育训练的意义，教练就必须让运动员了解体育训练和体育事业之间的联系。训练时，教练应多鼓舞运动员，帮助运动员建立训练信心，以高昂的激情和训练态度，主动投入自我训练。为运动员制定训练目标，指导运动员的日常训练方法。告知运动员平时要与他人分享训练成就，提高田径队整体训练水平。

2. 重视有效教学技巧应用。

教练的教学方式对运动员影响极大，因此教练必须重视个人教学方式的调整，积极学习先进科学的训练制度。在实践训练的过程中累积经验注重学习，了解运动员的训练需求，不断改善训练技巧和教学方法，调动运动员的积极性和主动性。如当运动员在比赛中获得了喜人的成绩和进步时，教练应主动表扬和鼓励，使运动员收获内心的满足，产生自觉训练的想法。分析每一名运动员的优缺点，从而展开针对性的训练，提高运动员训练成绩。

3. 加强师生沟通。

训练时，教练和运动员之间的沟通非常关键。沟通是教练了解运动员训练水平和训练进度的主要途径。教练需要在沟通的过程中了解运动员的训练状态和问题，进而提出解决措施和改进训练效果的建议。及时掌握运动员的身体情况和心理情况，积极开导运动员的心理问题，帮助运动员调节身体状况，这样才可以保障训练效果，提高训练成绩。

江苏省海安高级中学田径队所取得的成绩斐然，未来的路还需要在前进中摸索。我们坚信，只要我们尽心尽责，齐心协力，我们学校的体育训练工作将会更加辉煌。

入选理由：

学校坚持走体育特色办学之路，牢固确立“从体育强校向体育名校迈进，从学校特色向特色学校迈进”的发展方向，通过“育体—育德—育智”的三者融合发展，达到“终身学习、终身锻炼”的育人目标。学校以“江苏省体育课程基地建设”为依托，以“打造田径高素质人才”为宗旨，专注于青少年体育素质的发展，通过与各中小学合作建立了小学、初中、高中田径梯队，实现了在教育主体下的一条龙体育培养体系，挖掘出更多的后备人才，培养优秀田径体育人才和打造领先的田径运动平台，为未来实现教体联合，培养文化优、水平高、道德好的体育人才奠定了基础。

五十一　连云港江苏省灌云高级中学田径队

资料提供：滕　轲　寇恒静

图 51-1　连云港滕轲

江苏省灌云高级中学坐落于国家 4A 级风景区——大伊山南麓，始建于 1952 年，1980 年被确认为江苏省重点中学，2001 年通过国家级示范高中评估，

2004 年被确认为江苏省首批四星级普通高中，2010 年 4 月通过省首批四星级高中复审验收。2014 年学校“体育与健康课程基地”顺利通过省普通高中课程基地建设评审。

学校先后获得全国群众体育先进单位、全国体育工作先进学校、江苏省体育传统学校、江苏省贯彻体卫两个《条例》优秀学校、21 世纪中国学校体育发展研究实验学校、省高中课程教材改革实验工作先进集体等 30 多项省级以上表彰。学校现有在校学生 4000 多人，专任教师 399 人。其中特级教师 1 名，全国优秀教师 3 名，省优秀教师 13 名，省、市“333、521 工程”培养对象 40 名，市县优秀骨干教师近 200 人。

学校共有 17 名体育教师，其中研究生学历 1 人，本科学历 16 人，男教师 11 名，女教师 6 名，高级教师 6 名。分别具有篮球、足球、排球、田径、健美操、瑜伽等专业特长。老、中、青结合，比例协调合理，便于按《体育与健康课程标准》要求配备体育健康课教师。体育老师组成不同项目的教练组，分工明确，配套协调开展传统项目活动。

近年来，学校紧抓教育现代化的大好机遇，加强软硬件建设，大力改善办学条件，学校建筑总面积为 15 万平方米，建有一座建筑面积 6600 平方米的多功能体育馆，内设篮球场、排球场、乒乓球室、健身房、力量房、形体教室、棋牌室、运动器材室、奥运百科知识室、体质健康测试室、体育信息室、田径教学与训练研究室等功能室；室外有 400 米标准操场一片，篮球场 19 片，排球场 6 片，单、双杠等综合器材运动场地两片。学校周边拥有县篮球馆、游泳馆、室外篮球场、网球场、足球场等可利用的活动场馆；校园北侧的 4A 级大伊山风景区、潮河湾生态园、西部岗岭更是学校天然的体育运动场地资源。学校每年购置相应的实训器材，并配备多媒体教学系统，为学生创造了良好的实训环境，让学生亲身体验上述功能室所带来的直观感受，提升学生的自信及积极参与的热情。

学校整合现有资源和传统优势，确定了“一体两翼”（一体：群众体育；两翼：篮球和田径）的体育发展框架，以篮球运动为引擎，篮球和田径双轮驱动，带动全校群众体育的蓬勃发展，从而实现体育教学和竞赛的双丰收。

自 1993 年以来，学校田径运动队学生保有量大、运动成绩突出，主要由高一、高二、高三年级体育特长生组成，现有优秀教练员 8 名，运动员 60 名。学校田径队健儿们顽强拼搏、不畏艰苦、奋发向上、敢争第一的体育精神可嘉，对田径项目有着深深的热爱。自 2011 年以来，在江苏省中学生田径运动会多次获得团体总分冠军，2001—2017 年连续获得市、县中学生田径运动会团体总分第一名,成为连云港市甚至江苏省领军代表队。而每一枚奖牌、每一项比赛的背后都包含着教练员孜孜不倦的教导和运动员艰苦训练的汗水。

图 51-2 《学校体育工作条例》优秀单位

图 51-3 全面育人先进学校

图 51-4 乒乓球馆

图 51-5 学生体质健康测试室

田径运动作为学校体育传统项目之一,依托于田径运动俱乐部的运动健儿们,在各项比赛中取得傲人的竞赛成绩,为学校田径运动的开展起到带头作用。学校做好科学选材、育才与梯队人才培养,将优秀的田径运动苗子培养成不仅有高度发展的身体训练水平和合理的运动技术基础,还有一定的文化水平、思想品德,使他们的德、智、体都能够全面发展的高素质体育后备人才,

学校田径运动俱乐部是一支敢于拼搏、团结奋进、勇于创新的队伍,历来保持优良的传统和锐意进取的精神,是学校重点建设的运动队。在教练员的指导下,长年保持有计划的科学系统训练。在校内通过自身的训练活动,宣传和带动广大学生积极参与体育锻炼,促进了学校体育活动的深入开展,营造了积极、活跃、健康并富有特色的校园体育文化氛围,推动了学校的素质教育,更好地建设了校园精神文明环境。

俱乐部以“公平、创新、拼搏、自信、自立、自强”为原则，“打造田径高素质人才”为宗旨，专注于青少年体育素质的发展，通过与各中小学合作建立了小学、初中、高中训练体制，实现了在教育主体下的一条龙体育培养体系，挖掘出更多的后备人才，培养优秀田径体育人才和打造领先的田径运动平台，为实现教体联合培养高文化、高水平、高道德的体育人才奠定了基础。

俱乐部拥有省市优秀教练员黄以松、卞云鲲带领下的教练团队。俱乐部具有完善的管理体系，建立健全了各种规章制度，为俱乐部的长期健康的发展提供了保障。这些先进的体育设施和优秀的教练员为实现培养多元化体育人才的目标起到了积极的促进作用。

图 51-6　学校鸟瞰图

一、组织方法与活动设计

（一）组织方法

※1 灌云高级中学田径运动俱乐部管理章程（筹建）

第一章　总则

第一条　俱乐部名称：灌云高级中学田径运动俱乐部。

第二条　性质：灌云高级中学田径运动俱乐部是灌云高级中学学生体育组织。

第三条　宗旨：学校田径运动俱乐部以重在参与和更快、更高、更强为宗旨，以平时的刻苦训练为根基，以突破自身极限为准绳，以要求严格、管理规范、作风顽强、为校争光作为自己的队风要求，受到各级领导和家长们的格外关注。

第四条　加强田径队管理，定时、定点开展训练工作。

第二章　灌云高级中学田径运动俱乐部管理

第五条　俱乐部成员必须有灌中人吃苦耐劳、顽强拼搏的精神，刻苦训练，为校争荣誉的精神。

第六条　按时参加训练,严格执行训练制度,做到不迟到、不早退,有事不能参加训练必须事先请假。

第七条　按教练的要求认真刻苦参加训练,努力提高训练质量、运动水平。

第八条　成员之间在平时的训练及学习、生活中,要团结友爱,互相帮助,互相关心。队员必须爱护一切器材,训练完后按时归还,摆放整齐。

第九条　严格遵守校纪校规,养成良好的行为习惯。学校要求同学做到的,成员必须做到,严禁打架滋事,不旷课,不进网吧,不吸烟,不喝酒。

第十条　合理安排时间,努力学习,不断提高学习成绩。遵守课堂纪律,认真听课,不准扰乱课堂纪律,按时完成作业,处理好训练与学习的关系。

第十一条　尊敬教练、老师,团结同学,养成文明礼貌的好习惯。

第十二条　处罚措施:违反校纪校规及训练制度的给予双重处罚。

1. 按校纪校规给予校纪处分;

2. 队内给予留队察看,或开除队籍。

第十三条　不按时训练,有经常旷课,不服从教练安排及违反以上要求的成员,经教育不改,开除出队,直至开除学籍。希望俱乐部成员严格要求自己,认真执行上述规定,牢记"先成人后成材",争做一个品学兼优、特长显著的优秀学生和优秀运动员。

第三章　教练员守则

第十四条　热爱、忠诚体育事业,具有良好的敬业与奉献精神,树立终身学习观念,努力提高个人修养。

第十五条　进一步完善田径训练计划,田径训练必须做到有计划进行,田径训练计划的制定要力求科学合理并做到严格执行。

第十六条　从难从严,从实战出发,进行科学训练,要做好各个赛事或考试的赛前准备和现场指挥,赛后认真总结。

第十七条　严格管理教育,加强思想品德教育,关心运动员全面发展;同时要发扬民主,爱护田径队学生,不准打骂或侮辱人格。

第十八条　教练员之间互相学习,互相支持,团结协作,勇于创新,大胆探索业余训练规律;坚持真理,发扬正气,在训练、学习、生活等方面做学生的表率。

第十九条　建立运动员成长档案。详细记录,定期分析。

（二）活动设计

※2 灌云高级中学田径运动队 2018—2019 年度训练计划

一、目的任务：发挥学生个性、特长，积极参加省市县举行的田径比赛

二、实施对象：校田径运动队

三、实施内容：队员选材、队员技术训练、队员品德培养

四、实施时间：

周一至周日：早晨 5:30—6:40，下午 4:00—6:40

其中周日下午休息

五、实施方式：

（一）选拔、召集运动员，召开全队队员会议。

（二）宣布训练制度纪律，学生训练期间注意安全，一切听从老师安排，不能擅自行动。

（三）准备训练所需器材。

六、训练内容在适应阶段的基础上逐步增多，量逐步增大，结合强度进行安排为：

（一）身体素质训练

1. 一般训练：包括跑、跳、投掷等各种运动项目的练习，提高学生常规及身体素质。

2. 专项课程：提高学生运动素质，包括速度、力量、爆发力、耐力、灵敏、协调性、柔韧性的练习。

（二）技术训练

1. 初学阶段，使学生形成正确的技术概念，初步掌握完整动作的正确形式。

2. 巩固阶段，使学生改进技术的薄弱环节，完整完善技术，掌握正确用力技巧，不断提高用力的程度，最终达到提高运动成绩的目标。

七、内容安排

（一）全年训练分期（技术分期）

1. 第一时期：第一学年 11 月至第二学期 9 月（训练时期）。

2. 第二时期：第二学年 9 月至第二学期 10 月（竞赛时期）。

3. 训练期（开始到赛前一个月）：一般身体训练 55%，专项身体训练 25%，技术训练 20%。

4. 竞赛期（赛前一个月开始到竞赛）：一般身体训练 30%，专项身体训练 40%，技术训练 30%。

(二) 专项身体素质训练的具体内容

1. 发展全身部位的一般力量练习:立定跳远、蛙跳、单脚跳、仰卧起坐、掷实心球、跳绳、俯卧撑等。

2. 各种形式有关跑的练习:高抬腿、收腹跳、后蹬腿、变速跑、往返跑,还有循环练习、活动性游戏等练习。

3. 加强髋、腿、膝、踝关节等有关肌肉群力量;进行追逐游戏活动;加速跑、高抬腿、后蹬腿跑、车轮跑、折叠腿跑以及站立式与蹲距式起跑等练习。

4. 发展专门技术协调能力,培养学生对时间、空间判断能力、定向能力以及听觉、视觉的反应能力,进行变换方向跑、弯道跑、追逐游戏、反应性游戏。

5. 加强关节向左右侧摇摆练习,发展一般柔韧性练习,进行压腿、踢腿、下叉等练习。

6. 三周练习安排(因人而异,安排每天的训练内容)每周五次,以活动课大运动量练习为主,寒暑假集训为中心,赛前一个月为重点。

二、实施过程与方法

(一) 具体实施过程

※3 灌云高级中学田径运动队假期训练计划

一、训练目的

为了备战新一轮竞赛周期,参加省市田径运动会,有针对性地进行专项素质练习,并在暑期间进行系统的训练,以增强学生各项身体素质,从而提高运动技术水平和运动成绩。

二、训练的重点

重点抓跑、跳、投项目的训练,以争取在省市中小学生运动会上能够获得更好的成绩。

三、训练时间

7月1日—8月29日:早晨5:30—6:40,下午4:30—7:00。

1月28日—2月10日:早晨6:00—7:20,下午4:00—6:30。

四、带队教师

卞云鲲、黄以松、张惠庆、滕轲。

五、训练期间的要求

(一) 运动员要积极主动出席训练,听从教练的安排,关心同伴,爱护器材。

(二) 运动员要掌握所要训练的项目、技能。

（三）运动员要提高自我保护意识，避免发生伤害事故。

（四）教师要注意安排运动员的运动强度和运动量，坚持由小到大、由少到多与循序渐进的原则。

（五）运动员往返时候注意交通安全。

六、运动队计划

（一）恢复阶段

1. 绕操场慢跑四圈，徒手操、拉韧带、跳绳等。

2. 体验站立式起跑和正确的摆臂动作，跑的专门性练习（高抬腿、后蹬跑、小步跑等）。

（二）学习阶段

1. 根据参赛项目进行针对性练习。短跑练习起跑和冲刺；中长跑项目练习，在跑的过程中注意手臂的摆动、步频。

2. 200 米、400 米项目练习弯道跑技术；短跑项目根据实际情况练习手臂、起跑等；中长跑项目注意呼吸转换及手臂的摆动。

3. 短跑项目练习 150 米跑；200 米、400 米项目练习追逐跑；跳高、跳远项目练习助跑和起跳；中长跑项目练习变速跑。

4. 短跑项目练习综合跑（150—100—50—100—150 米）；200 米、400 米练习追逐跑（适当地进行比赛），合理分配体能的学习；跳高、跳远项目继续练习助跑和起跳；中长跑项目注意步频、呼吸转换、手臂的配合。

5. 短跑项目练习起跑和途中跑；200、400 米练习追逐跑（150—300—400—300—150 米）。

6. 竞走项目练习摆臂和耐力练习；1000 米、2000 米、3000 米、2000 米。

7. 跨跳项目练习动作技术、协调性练习和腿部力量。

（三）巩固和提高阶段

1. 继续练习以上项目，稍微加大训练强度和运动量。

2. 强化基本技术、技能的训练。

3. 模拟测试。

（四）调整与休息阶段

1. 运动量和强度逐渐减少。

2. 进行趣味性活动（如：打篮球、跳绳比赛、游戏比赛等）。

3. 做好学生思想工作、积极备战。

※4 田径队课时训练计划 1

一、开始部分

(一) 队长集合

(二) 教练宣布课的任务、要求

(三) 准备活动:慢跑 2000 米、伸展练习 10 分钟、各组的专门性练习×3 组

二、基本部分(分组练习)

组别	训练内容	备注
短跑组	1. 60 米技术跑训练×4 组 2. 间歇跑:200 米跑,时间 36 秒/每组 3 分钟×4 组	
跨栏组	1. 行进间鞭打练习 30 米×6 组 2. 站立式起跑 60 米×4 组 3. 立定跳远、三级跳各×10 组 4. 重复跑 100 米×6 组	
中长组	1. 100 米大步跑×4 组 2. 1000 米近期最好训练速度跑×4 组	

三、结束部分

(一) 慢跑 1200 米

(二) 垫子上伸展练习 10 分钟放松

(三) 教练员小结

田径队课时训练计划 2

一、开始部分

(一) 队长集合

(二) 教练宣布课的任务、要求

(三) 准备活动:慢跑 2000 米、伸展练习 10 分钟、各组的专门性练习×3 组

二、基本部分(分组练习)

组别	训练内容	备注
短跑组	1. 50 米技术跑训练×6 组 2. 反复跑:300 米×4 组 3. 跨跳:50 米×8 组	
跨栏组	1. 起跑过 6 栏×10 组(逐渐将栏升高至比赛高度) 2. 组合跑 300+200+100(米)	
中长组	1. 2000 米的跑道跑,最大摄氧量的 80%(每组之间休息 10 分钟)×2 组 2. 弯道跑 100 米×10 组	

三、结束部分

（一）慢跑 1200 米

（二）垫子上伸展练习 10 分钟放松

（三）教练员小结

田径队课时训练计划 3

一、开始部分

（一）队长集合

（二）教练宣布课的任务、要求.

（三）准备活动:慢跑 2000 米、伸展练习 10 分钟、各组的专门性练习×3 组

二、基本部分(分组练习)

组别	训练内容	备注
短跑组	身体训练: 1. 腹背肌各 20 次×4 组 2. 负哑铃上肢力量:背飞和扩胸各 10 次×4 组 3. 实心球练习:前后抛各 20 次	
跨栏组	身体训练: 1. 腹背肌各 20 次×4 组 2. 负哑铃上肢力量:背飞和扩胸各 10 次×4 组 3. 实心球练习:前后抛各 20 次	
中长组	身体训练: 1. 腹背肌各 20 次×4 组 2. 负哑铃上肢力量:背飞和扩胸各 10 次×4 组 3. 实心球练习:前后抛各 20 次 放松匀速跑:4000 米(千米/5 分钟)	

三、结束部分

（一）慢跑 1200 米

（二）垫子上伸展练习 10 分钟放松

（三）教练员小结

田径队课时训练计划 4

一、开始部分

（一）队长集合

（二）教练宣布课的任务、要求

(三) 准备活动:慢跑2000米、伸展练习10分钟、各组的专门性练习×3组

二、基本部分(分组练习)

组别	训练内容	备注
短跑组	1. 50米×6技术跑训练(间歇2分钟)×2组 2. 反复跑:300米×4组 3. 单足跳:50米×6组	
跨栏组	1. 过边栏10次 2. 起跑过6栏×10组(逐渐将栏升高至比赛高度) 3. 组合跑300+200+100米	
中长组	1. 2000米的跑道跑,最大摄氧量的80%(每组之间休息10分钟)×2组 2. 弯道跑100米×10组	

三、结束部分

(一) 慢跑1200米

(二) 垫子上伸展练习10分钟放松

(三) 教练员小结

※5 灌云高级中学学生力量训练指导

一、练习次数

(一) 基础训练阶段:每周安排3至4次,每次1至1小时30分钟为宜

(二) 提高阶段:每周6次,每次约1小时

(三) 高水平阶段:每周6次以上,每次约1小时

二、重复次数

(一) 基础训练阶段:1~5次

(二) 提高阶段:6~12次

(三) 高水平阶段:13~25次、25次以上

三、组数

(一) 基础训练阶段:1~3组

(二) 提高阶段:4~6组

(三) 高水平阶段:6组以上

四、每组间歇时间

(一) 基础训练阶段:1~3分钟

(二) 提高阶段:30秒~1分钟

（三）高水平阶段：10 秒至 30 秒、10 秒以下

五、休息方式

以放松为主，放松练习一般要按与训练方法相反的动作进行

（二）现场实况照片

图 51-7　力量训练

图 51-8　热身慢跑

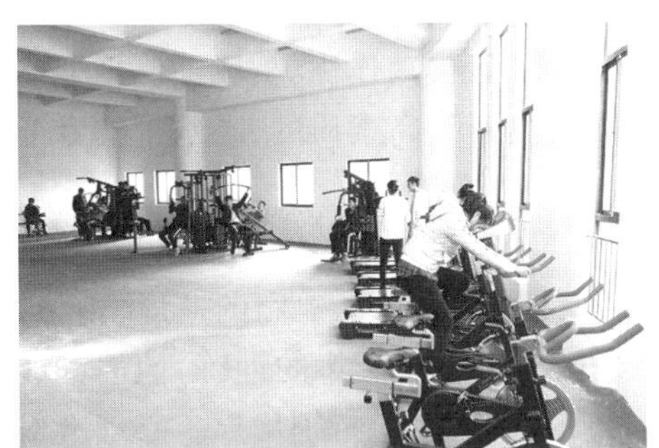

图 51-9　体能训练

图 51-10　校园定向越野训练

图 51-11　最后冲刺

图 51-12　省十九届中学生运动会合影

图 51-13　省二十一届中学生运动会合影

图 51-14　市运会合影

三、成绩与效果

(一) 专业技能水平明显提升

从田径队员的专业技能方面来讲,田径队运动员从刚入学时稍强的体质与体能到专业运动项目信手拈来,辅助练习等都能做到动作标准、规范,能够成为普通学生的示范模特与模仿榜样,到最后的技能固定、动作优美、成绩优良地完成各项比赛,得心应手地完成自己的高考项目,培养出高素质的、高水平的专业技能强的运动型人才。

(二) 身心健康水平普遍提高

从体质测试方面看,田径专业运动员具有明显的优势,他们的速度、力量、灵敏度都较普通学生有明显的突出性,再经过高一高二两年的训练,他们都能成为测试时或者运动会现场欢呼的对象,成绩从一般变成特别优异。心理上也会有突出的表现,从一开始的害羞担心到带领班级完成各项体质测试、认真教授同学动作要领的开心喜悦,再到出色完成比赛后得到同学的欢呼,喜悦之情溢于言表,心理状态也从害羞沉默升级成为骄傲自豪。树立了在生理上、心理上和社会相适应的全面性健康要求,并明确加强了学生的心理健康教育和对社会的责任感,培养坚韧不拔的意志和艰苦奋斗的精神。既培养了意志品质,提高了自信,还养成了锻炼的习惯,加强了保健的意识,激发出体育的热情,甚至提高了欣赏美的能力。

(三) 营造了富有特色的校园体育文化氛围

田径运动作为学校体育特色项目之一,在师生心目中有着不可撼动的地位。长期坚持跑步健身的教师队伍日渐增大,而学生的课余训练、课间锻炼更为学校集篮球、乒乓球、瑜伽为一体的校园体育文化添光加彩。树立健康第一的教育指导思想,校园体育文化主要是培养学生的体育精神、体育意识和体育技能，提高体育文化素养，增进学生身心健康。宣传和带动广大学生积极参与体育锻炼，促进了学校体育活动的深入开展，营造了积极、活跃、健康并富有特色的校园体育文化氛围，推动了学校的素质教育，更好地建设了校园精神文明环境。

（四）队员训练变得更加主动

教练员在训练中充分运用自己搜集的一些相关资料和专项书籍，讲解关于田径专项训练的相关理论知识；教练在为运动员制定针对性训练的同时，运动员自身在动作体验中也体会到乐趣，让运动员有了一个"为老师练""为家长练"演变为"为自己练"的认识转变过程，为学生的终身学习奠定了基础。

（五）运动队训练得到家长的支持

学生家长的心理变化主要表现在从一开始的不同意进队到后面的引以为傲。曾经有个孩子家长就是不同意孩子进队，对后面的学业之路也不看好，一再地阻碍孩子进队，但经过一段时间的训练，参训学生表现出天赋及自己的努力，很快在市省运会中取得突出的成绩，以致在高考的达级赛中不费吹灰之力就取得了优异的成绩。他的父母从一开始的不赞同到认可到次次比赛到现场为他加油，为他次次取得的成绩感到骄傲。

（六）学校田径运动队在全国、省、市级各类比赛中屡创佳绩

1. 获得 2009 年省中学生田径运动会甲组团体总分第二名。
2. 获得 2009 年连云港市中学生田径运动会高中组团体总分第一名。
3. 获得 2010 年省中学生田径运动会甲组团体总分第一名。
4. 获得 2010 年连云港市中学生田径运动会高中组团体总分第一名。
5. 获得 2010 年灌云县中学生田径运动会高中组团体总分第一名。
6. 获得 2011 年省中学生田径运动会甲组团体总分第一名。
7. 获得 2012 年省中学生田径运动会甲组团体总分第一名。
8. 获得 2012 年连云港市中学生田径运动会高中组团体总分第一名。
9. 获得 2013 年省中学生田径运动会甲组团体总分第一名。
10. 获得 2013 年连云港市中学生田径运动会高中组团体总分第一名。
11. 获得 2014 年省中学生田径运动会甲组团体总分第一名。
12. 获得 2014 年连云港市中学生田径运动会高中组团体总分第一名。
13. 获得 2015 年省中学生田径运动会甲组团体总分第二名。
14. 获得 2015 年连云港市中学生田径运动会高中组团体总分第一名。
15. 获得 2016 年省中学生田径运动会甲组团体总分第一名。
16. 获得 2016 年连云港市中学生田径运动会高中组团体总分第一名。
17. 获得 2017 年省中学生田径运动会甲组团体总分第二名。
18. 获得 2017 年连云港市中学生田径运动会高中组团体总分第一名。

19. 获得 2018 年省中学生田径运动会甲组团体总分第二名。
20. 获得 2018 年连云港市中学生田径运动会高中组团体总分第一名。
21. 获得 2019 年省中学生田径运动会甲组团体总分第一名。
22. 获得 2019 年连云港市中学生田径运动会高中组团体总分第一名。

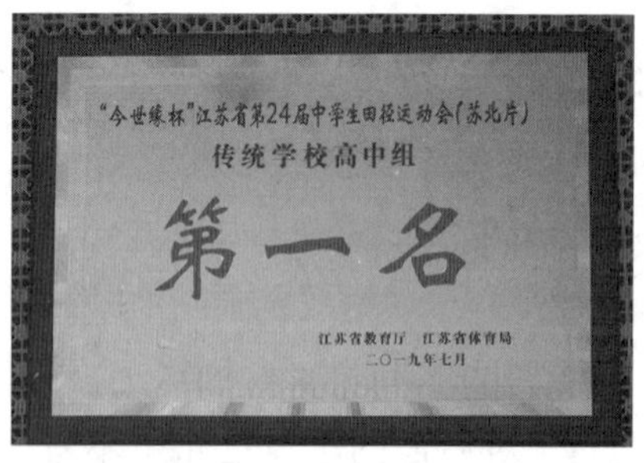

图 51-15　省中学生田径比赛第一名

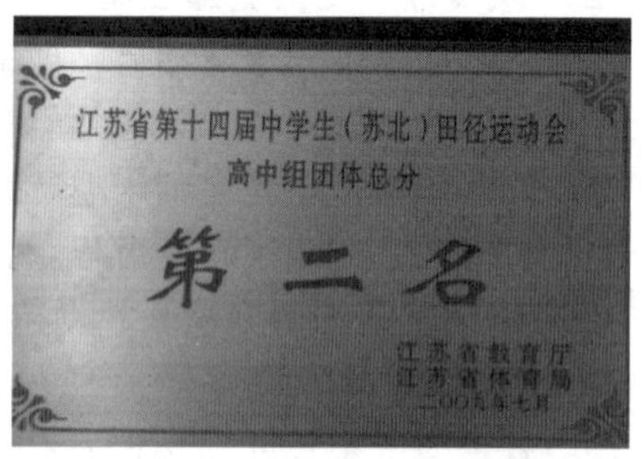

图 51-16　省中学生田径比赛第二名

图 51-17　学校荣誉室

图 51-18　荣誉室一角

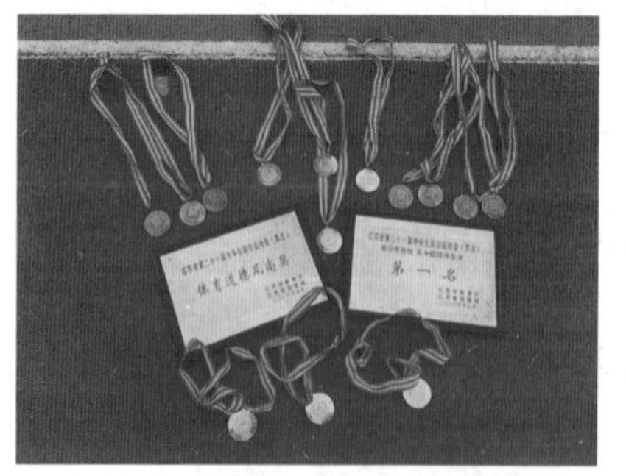

图 51-19　比赛获奖奖牌

图 51-20　江苏省体育项目传统学校奖牌

（七）向多所高校输送了体育人才

近五年来学校还培养了国家级健将 2 名、国家一级运动员 18 名、国家二级运动员 115 名。近三年来，每年高考体育本科达线人数均超过 70 人，向各类高校输送了优秀体育人才 51 人。

四、思考与展望

（一）从学生的特长入手，充分挖掘运动潜能

田径运动的项目较多，每个学生兴趣特长不一，因此，在训练中必须采用针对性原则，在激发学生运动兴趣的同时，努力使学生的专项身体素质得到发展，培养学生的终身体育意识。

（二）加强思德教育，培养良好的训练作风和比赛作风

在训练中要积极引导学生，不断以优秀、先进队员为榜样激励他们，对训练中出现的不良现象要及时处理，提出批评。队员们只要能按照计划认真训练，每节训练课都保质保量地完成训练任务，训练成绩就可以快速提高，同时训练作风、比赛作风也会明显改善，在训练场敢拼敢闯，在赛场上顽强拼搏。

（三）学生心理健康很重要，多重视队员赛前心理训练

在田径运动项目中，由于比赛的多样性、剧烈性和复杂性，队员们往往会出现多种复杂的情绪体验。一般心理素质较好的运动员，能较好地控制情绪波动并最终取得胜利；反之则一败涂地。因此，加强情感训练，培养顽强的意志品质，是教练员赛前心理训练的一项重要内容。定期对教练员进行培训，给教练员提供进修的学习机会，定期组织教练员观摩高水平运动员在大赛中的表现，以提高他们的整体素质显得尤为重要。

（四）训练环境的有效性

目前，我们仍然没有更加科学系统的选材、培养的方法与手段，训练条件差、经费少，各校之间缺乏交流和衔接的现象存在，田径运动员文化水平普遍不高，体育教师工作量大，运动员训练水平达不到要求，造成了训练计划落实不尽如人意。想要田径传统得到持续和发展，应注重田径教练员梯队建构，引进先进机制，改进训练工作思想，确保我们的课余训练有一个严谨、有效的训练环境。

对学生开设体育专业的类型还略显单一，体育运动的科研水平有待进一步提高，国家级高层次体育人才的培养潜力有待进一步挖掘。我们坚信有省、市、县各级教育和体育行政部门领导的关怀和支持，学校的体育传统项目必将再创辉煌。

入选理由：

扬州市第一中学面临场地小、生源差等不利状况，教师因地制宜、因材施教，突破自身发展局限。以高考生运动队建设为抓手，以江苏省体育高考专业加试为引领，以体育高考促进田径队训练为策略，把体育高考生训练与运动队训练相结合，盘活学校的各项运动队组队参加各类竞赛，取得了较好的成绩，并极大地促进了该校学生的身体素质和学校运动竞赛、教育科研等方面的发展。

五十二 扬州市第一中学体育高考生运动队

资料提供：卢晓鹏　祁　军

图 52-1　扬州卢晓鹏

扬州市第一中学是一所江苏省三星级高中学校，36 个班级的办学规模。有专职体育教师 6 人，学校有 1 个 300 米的田径运动场。长期以来，学校面临场地小、生源考分低的现状。一方面，由于运动员招收政策缺失导致我校均无法招收到初中毕业的高水平运动员，以至于学校无法组建运动队和训练，每当要求市直各学校组队参加各项比赛时，就感到巧妇难做无米之炊，基本都是在普通学生中做工作才勉强组队参加比赛；另一方面，作为高中生都是想上大学的，学生中总有一批文化差又调皮的学生，学校很头疼。面临这样的情况，我们发扬开拓创新的精神，全组教师集思广益，想办法召集这些学生，对其进行宣传，让他们成为体育高考生，参加体育高考生训练。体育教研组长主动与学校建议尝试从体育高考生训练入手，以江苏省体育高考专业加试为指引，以体育高考生促田径队训练为策略，把体育高考生训练与运动队训练相结合，盘活学校的各项运动队梯队建设和长远发展。于是，2014年学校正式同意组建体育高考生进行训练，使得学校课外体育活动有了新的起点。

图 52-2　扬州市第一中学学校大门

一、组织方法与活动设计

（一）组织方法

※1 扬州市第一中学体育高考生运动队章程

一、指导思想

以市直中学生各项赛事和体育高考专业加试为中心，以体育高考生促运动队训练为宗旨，把体育高考生训练与运动队训练相结合，在校领导小组的指导与关怀下，发扬吃苦、拼搏、奉献精神，齐心协力，科学训练，努力使运动队和体育高考生的体育运动水平上一个新台阶，为学校体育工作作出应有的贡献。

二、领导小组

组长：宦一宁（校长）；副组长：丁志萍（副校长）、田长青（艺教办主任）；组员：卢晓鹏（教研组长）、刘斌、徐平、祁军。组长负责统筹管理，田长青直接协调管理，卢晓鹏具体负责。

三、体育高考生来源

每年高一新生入学举办足球社团，足球社团为每周三下午第四节课；每年高一、第二学期期中考试结束后由学生自愿参加学校举办的各学科的兴趣班，兴趣班上课时间为每周六下午四点至五点半。通过一年的足球社团和半个学期兴趣班的学习,高一期末考试结束由学生自愿进行选科,体育高考生的来源基本是从足球社团和体育兴趣班中产生的。

四、体育高考生的训练安排及管理

(一) 领导由学校体育小组统一管理。具体总训练工作体育教研组长负责,每个年级由两名教师负责高二、高三为期两年的训练。每周安排 3～4 次的训练课,时间为下午 3:00—5:35。寒暑假根据学生的情况,安排练 2～3 天,休息 1 天,训练时长 3 小时左右,上下午均可。

(二) 训练计划和内容由各个训练教师根据不同情况自己安排,领导小组不定期检查训练情况。训练教师负责做好体育高考生的出勤记录,队员因事、因病不能参加训练须事先向训练教师、班主任请假,对训练认真的组员,学校对其本人和所在班级给予表扬。

(三) 场地器材管理由体育器材保管员负责,但教师必须与保管员协调配合。

五、定期进行训练成绩测试

测试的时间点为:每学期的期中、期末、寒假、暑假、秋季运动会、市直教研站模拟测试、兄弟学校合作模拟测试等,其中,对每学期的期末附有告家长的专业成绩报告书。

六、建立长效管理机制

每个年级必须有开班仪式,定期开家长会、定期进行专业成绩测试及分析,平时教练员都有针对性地面对面与学生、家长交流等,确保整个队伍健康成长。

七、学生的要求

(一) 遵守纪律,听从指挥,勤学苦练,顽强拼搏,克服自由散漫的思想。

(二) 尊重教练,树立集体荣誉感和良好的体育风尚。

(三) 同学间应团结友爱、互相学习、互相帮助、共同进步。

(四) 训练时,不得迟到、早退,无故旷课,因事、病必须与班主任、专业教师履行请假手续,请假批准后方可不参加训练。

(五) 训练时,必须统一穿运动服、运动鞋,不许穿便装。

(六) 学生不仅要刻苦训练,顽强拼搏,而且要努力学好文化课,力争学习训练两不误,努力使文化、专业成绩齐头并进。

(七) 全队要具有积极向上的正能量,凡带有负面情绪参加训练者,建议暂停。

(八) 体育高考生要积极参加学校组织的各项体育竞赛,市直中学生田径比赛以高三年级为主、高二年级为辅,组建田径队参加比赛,既是荣誉也是历练。

八、资金来源与奖励

严格按物价局规定的收费标准，每次训练课20元/生，此费用包含训练教师的课时劳务费、学校管理费以及器材添置费等。学校根据文化、专业成绩双达省控本科线的绩效方案给予奖励。

（二）活动设计

※2 扬州市第一中学体育高考生运动队训练计划

一、指导思想

以市直中学生田径运动会和体育高考专业加试为指引，以体育高考生促田径队训练为策略，把体育高考生训练与运动队训练相结合，在校领导小组的指导与关怀下，发扬吃苦、拼搏、奉献精神，齐心协力，科学训练，努力使田径队和体育高考生的体育运动水平上一个新台阶。

二、训练人员安排

训练人员安排由学校体育小组统一管理。具体总训练工作由卢晓鹏负责，把田径队、高二、高三的体育高考生合三为一，田径队和高二年体育高考生定为第一组，由两名教师负责训练；高三体育高考生定为第二组，由两名教师负责训练。具体两组训练教师分别为：一组卢晓鹏和祁军，另一组刘斌和徐平，训练模式是以高二、高三两年为一个周期进行训练。

三、训练管理

（一）训练内容由各个专业教师根据不同情况自行安排，领导小组不定期检查训练情况。

（二）专业教师负责做好组员的出勤记录，队员因事、因病不能参加训练须事先向辅导教师请假。对训练认真的组员，学校对其本人和所在班级给予表扬。

（三）场地器材管理由保管员负责，但专业教师必须与保管员协调配合。

四、训练计划

（一）训练时间

抓好运动员专项基础训练。在每学期中由学校安排课务进行训练，基本保证每天训练；寒暑期的训练是很重要的，冬练三九，夏练三伏。为了更有效地提高运动员专项运动水平，暑期训练要确保有40～45次的训练次数，寒假训练至少要有12次的训练次数。教练员在假期中合理安排：每训练三天休息一天，每次训练2个半小时，上午(6:30—9:00)或下午(3:00—5:30)，训练期间根据天气、运动员身体状况等其他原因机动安排休息调整。

(二) 训练总纲(供教练员参考)

1. 提高学生的有氧训练能力:以间歇跑、耐力跑等多种形式的训练手法增强学生的心、肺、血管机能,提高有氧代谢能力。

2. 加强力量练习:根据学生的生理特点以爆发力量练习为主,通过多种形式的跳跃练习增强学生的肌肉力量,特别是膝关节和踝关节力量,同时也要加强上、下肢和核心腰腹的力量练习,为专项练习打好坚实的基础。

3. 加强柔韧性、协调性、规范性的练习:通过动态拉伸及一套完整的准备活动规范动作,打好基础,提高学生规范技术动作的训练意识及柔韧性和协调性,防止运动损伤。

4. 抓好技术训练:对学生在训练过程中出现的错误动作要及时加以指出和纠正,防止形成错误的动作定型。通过观赏、示范和模仿等手段使学生掌握合理的技术动作。

5. 基础训练向专项训练过渡:通过技术训练来确定运动员的专项,逐步增加专项训练时间。

6. 加强髋关节灵活性训练,整个训练始终以"速度能力为核心"进行训练。

(三) 训练要求

1. 教练员参考训练总纲制定科学、合理的训练计划。认真按计划施训,如有特殊情况,提前向总负责人说明情况或请假。

2. 学生训练课的内容、形式、节奏等安排,力求形式方法多样,各种练习手段尽量与专项素质发展相结合,以提高学生专项运动水平。

3. 科学训练,注意运动训练安全,合理安排训练强度及运动量。

4. 把训练和思想教育结合起来,培养学生刻苦训练、吃苦耐劳、顽强拼搏的优良品质,加强队伍管理,抓牢抓实品格建设,力争让领导满意、家长放心。

※3 扬州市第一中学体育高考生田径队训练计划
(2017—2018 年度第一学期)

一、指导思想

以 2017 年市直比赛和高二、高三年级体育专业高考加试为引领,发扬吃苦奉献精神,在校领导小组的指导与关怀下,上下齐心协力,培养一支具有较强实力的队伍,备战市直中学生各项赛事和 2017 年的体育高考省统考。

二、目的任务

在高二、高三年级组建新一届运动队,大力提高学生运动训练水平及竞技能力,提高我校体育竞赛整体水平,力争在市直比赛、省田径达级赛以及体育高考省统考中取得理想的成绩。

三、队伍组成

教练员:卢晓鹏、祁军、刘斌、徐平。

运动员:高三学生,18人;高二学生19人。

四、训练总体要求

(一)训练时间:2017年9月1日—2018年1月26日。高二每周训练三次:周二、周五、周六;高三每周训练四次:周二、周四、周五、周六的下午(3:00—5:30);训练期间根据学校的工作安排进行微调,原则上不变。运动队另外再安排周一、周三第三节课的针对性训练。

(二)学生训练课的内容、形式、节奏安排等,力求形式方法多样,高二年级各种练习手段尽量与省统考相结合,以提高学生运动水平;高三年级在稳中提升省统考四项素质,力争在专项上有所突破,利用校运会检测高三的四项素质训练效果。

(三)在高二、高三年级中挑选并确定校运动队名单,女生不足从全校学生中挑选,有针对性地进行各个项目的训练,备战市直中学生的赛事和省田径达级赛。

(四)科学训练,注意运动训练安全,合理安排训练强度及运动量。

(五)把训练和思想教育结合起来,培养学生刻苦训练、吃苦耐劳、顽强拼搏的意志品质,加强队伍管理,抓牢抓实品格建设,力争领导满意、家长放心。

五、训练阶段及训练重点

第一阶段:恢复阶段(身体素质训练阶段,以身体训练为主,3~5天)

(一)以恢复体能训练为主,辅以基本技术训练。

(二)以柔韧性、协调性训练为主,辅以力量和一般耐力训练。

第二阶段:提升阶段(基本技术训练,巩固及提高阶段,2个月)

(一)继续加强柔韧性、灵敏性和规范性训练。

(二)高二的学生初步接触省统考的四项必考规范技术学习,并以速度能力为核心进行训练,期中专业成绩测试。

(三)高三省体育统考四项基本技术巩固与提高,继续学习省体育统考的专项技术,期中专业成绩测试,尽可能地体验比赛模拟考试情境,适应考试氛围。

(四)运动队以模拟实战进行训练,迎接市直中学生各项比赛和省田径达级赛。

第三阶段:强化阶段(专项技术养成阶段,18~22天)

(一) 以专项技术训练为主,辅以综合身体素质练习。

(二) 以专项技术、战术训练为主,辅以模拟比赛或考试练习。

(三) 狠抓冬训,加强专项素质、力量素质、耐力素质训练。

(四) 高二的学生基本掌握省统考的四项必考技术学习,期末专业成绩测试,学期专业成绩报告书。

(五) 高三年级省统考的四项必考技术的巩固与改进,专项技术的进一步学习与提升,期末专业成绩测试和学期专业成绩报告书。

第四阶段:进入冬训(提高体能,稳定技术,加大身体素质训练,10天)

※4 扬州市第一中学体育高考生运动队训练计划
(2017—2018年度第二学期)

一、指导思想

以2018年体育专业高考加试为指引,发扬吃苦奉献精神,在校领导小组的指导与关怀下,上下齐心协力,培养一支具有较强实力的队伍,迎战体育高考省统考。

二、目的任务

大力提高学生体育高考生的训练水平,高二年级改进省统考四项必考技术,确定体考中专项运动项目,高三年级改进、完善所有的省统考项目,积极参加市教研室组织的体育高考模拟考试和各种形式的模拟考试,最终在体育高考省统考中取得理想的成绩。

三、队伍组成

教练员:卢晓鹏、祁军、刘斌、徐平。

运动员:高三学生,18人;高二学生19人。

四、训练总体要求

(一) 训练时间:2018年2月13日—2018年6月26日。高二每周训练三次:周二、周五、周六,高三每周训练四次:周二、周四、周五、周六的下午(3:00—5:30),训练期间根据学校的工作安排进行微调,原则上不变。

(二) 学生训练课的内容、形式、节奏安排等符合学生的生理心理特点,高二年级继续改进和提高四项必考技术,本学期根据个人差异确定运动专项。高三年级在稳中提升省统考四项素质和专项成绩,结合模拟考试或与兄弟学校对抗赛提高考试的实战经验,适当加强心理疏导。

(三) 针对达国家二级运动员的学生,引导参加单招和体育高水平运动员测试。

(四) 科学训练,注意运动训练安全,合理安排训练强度及运动量。

（五）把训练和思想教育结合起来，培养学生刻苦训练、吃苦耐劳、顽强拼搏的品质，加强管理，抓牢抓实，力争做到领导满意、家长放心。

五、训练阶段及训练重点

第一阶段：恢复阶段（身体素质训练阶段，以身体训练为主，3～5天）

（一）以恢复体能训练为主，辅以基本技术训练。

（二）以柔韧性、协调性训练为主，辅以力量和一般耐力训练。

第二阶段：提升或巩固阶段（巩固及提高阶段，2个月）

（一）高二的学生继续学习或改进四项必考，初步学习运动专项技术，期中专业成绩测试。

（二）高三年级改进、完善省体育统考四项基本技术和省体育统考的专项技术，参加市教研室组织的模考，尽可能地体验比赛、模拟考试情境以适应考试氛围。

第三阶段：迎战省体育专业统考、强化阶段

（一）高三年级围绕思想必考和专项进行考前强化训练和心理准备，以最佳状态参加考试（统考、单招、高水平）。

（二）高二的学生改进和提高四项必考技术学习，加强专项技术的训练，期末专业成绩测试，学期专业成绩报告书。

二、实施过程与方法

（一）具体实施过程

※5 扬州市第一中学暑期体育高考生运动队训练计划
（2017—2018学年）

一、指导思想

以2017年市直比赛和高二、高三年级体育专业高考加试为指引，发扬吃苦奉献精神，在校领导小组的指导与关怀下，上下齐心协力，培养一支具有一定实力的运动队伍。

二、目的任务

力争每个学生通过暑假训练专业成绩能上一个新的台阶，为组建运动队队做好准备，迎战新学期的各项比赛。

三、队伍组成

教练员：卢晓鹏、祁军、刘斌、徐平

运动员：高三学生，18人；高二学生19人

四、训练总体要求

(一)训练时间:7月5日—8月28日。每天训练一次,每次2.5小时,上午(6:30—9:00)或下午(3:00—5:30),训练期间根据天气、运动员身体状况等其他原因机动安排休息调整。

(二)学生训练课的内容、形式、节奏安排等,兼顾大小肌肉群和核心力量的训练,各种练习手段尽量与专项素质发展相结合,其中,高三每周一次专项训练,以提高学生专项运动水平。

(三)科学训练,注意训练安全,合理安排训练强度及运动量。

(四)把训练和思想教育结合起来,培养学生刻苦训练、吃苦耐劳、顽强拼搏的品质,加强队伍管理,抓牢抓实品格建设,力争领导满意、家长放心。

(五)训练阶段及训练重点

第一阶段:恢复阶段(身体素质训练阶段,以身体训练为主,5~8天)

1. 以速度、力量训练为主,辅以基本技术训练。
2. 以柔韧性、协调性训练为主,辅以力量和一般耐力训练。
3. 高二的学生更加注重专项体能的提高。

第二阶段:提升阶段(基本技术训练,巩固及提高阶段,8~10天)

1. 以跑、跳、掷技术为主,辅以力量训练。
2. 以跑的基本技术为主,辅以柔韧性、灵敏性和耐力训练。
3. 高二的学生更加注重全面身体素质的提升。
4. 高三省体育统考四项基本技术练习、基本确定省体育统考的专项。

第三阶段:强化阶段(专项技术养成阶段,18~22天)

1. 以专项技术为主,辅以综合身体素质练习。
2. 以专项技术、战术为主,辅以模拟比赛练习。
3. 高二的学生初步接触省统考的四项技术学习。

※6 扬州市第一中学寒假高考生、田径队训练计划
(2017—2018学年)

一、指导思想

以体育高考生的专业成绩为指引,在校领导的支持下,发扬吃苦奉献的精神,保证全年完整的训练。

二、目的任务

为进入春季训练储备体能,最大限度地提高学生的身体素质,为春季备考做好准备。

三、队伍组成

教练员：卢晓鹏、祁军、刘斌、徐平

运动员：高三学生18人；高二学生19人

四、训练总体要求

（一）训练时间：寒假期间每天训练一次（农历大年三十—正月初五休息），每次2.5小时（3:00—5:30），训练期间根据天气、运动员身体状况等其他原因机动安排休息调整。

（二）学生训练课的内容、形式、节奏安排等，结合天气的变化合理安排专项素质、力量和耐力素质，提高学生的整体素质，为开春提高学生专业成绩做好准备体能储备。

（三）科学训练，注意运动训练安全，合理安排训练强度及运动量。

（四）把训练和思想教育结合起来，培养学生刻苦训练、吃苦耐劳、顽强拼搏的品质，加强队伍管理，抓牢抓实品格建设，力争领导满意、家长放心。

五、训练重点

（一）以专项素质、力量、耐力训练为主，狠抓与运动技术相对应的辅助练习和小肌肉群，最大限度地提高学生的身体素质，特别是爆发力、速度耐力，为开春训练储备好体能。

（二）专项训练不放松，适当增加专项训练次数，努力提高专项成绩。

※7 扬州市第一中学课时训练计划安排

一、高二年级一节课时训练计划（7月21日）

（一）准备活动：3圈慢跑、徒手操、动力拉伸、跑的专门性练习、加速跑、跨步跳（体会手脚协调配合，并要求步幅拉开，注意手臂的制动）。

（二）基本部分：30米＋60米＋100米＋60米＋30米计时跑6～8组，每组间隙3分钟左右。

（三）专项素质训练

1. 两头起＋俯卧背起练习×6～8组，各40秒；

2. 卧推10～15个（男女不同重量）×4～6组；

3. 80%体重的杠铃半蹲6～8个＋负轻杠铃半蹲跳10个＋原地收腹跳10个（每个间隙10秒），3个练习为1组共3～4组。

（四）整理放松：慢跑3圈、拉伸放松。

二、高二年级一节课时训练计划（9月13日）

（一）准备活动：慢跑、徒手操、拉伸、跑的专门性练习过渡到跑、加速跑、跨步跳(体会手脚协调配合,并要求步幅拉开,注意手臂的制动)。

(二)基本部分:

1.(30米×3+60米×3+100米×1)×3~4组,每组间隙3分钟左右。

2.实心球6~8次(用纸球练习:充分拉肩,平行站立,充分利用腿的蹬伸至腰腹的传递肩带胸快速发力,出手点在头上,体会用力顺序)。(参加市直田径运动会的人员进行专项训练。)

3.受伤的学生拉橡皮带20个×3+杠铃卧推15~20个×3组。

(三)整理放松:放松跑4~5圈、拉伸放松。

三、高三年级一节课时训练计划(2月12日)

(一)准备活动:慢跑、徒手操、拉伸、跑的专门性练习过渡到跑、加速跑、跨步跳(体会手脚协调配合,并要求步幅拉开,注意手臂的制动)。

(二)基本部分:

1.30米×3计时跑+30米×3计时跑,3~4组,每组间隙3分钟。

2.30米跨步跳×3~4组(改进跨步跳技术,髋部发力,以膝领先,小腿前伸,脚跟滚动到前脚掌落地再快速起跳,上下肢协调配合)。

3.有氧综合素质计时练习:开合跳击掌+原地高抬腿跑+俯卧撑+两头起+原地弓箭步交换跳+超人+平板支撑左右侧摆腿+背贴墙静蹲+波比跳+左右侧马步走各半+平板支撑(要求每个练习30秒,间隙10秒,所有练习为1组,组间隙6~8分钟,教师控制时间,达到有效提升抗乳酸能力)。

(三)整理放松:放拉伸放松。

四、高三年级课时训练计划(3月9日)

(一)准备活动:慢跑、徒手操、拉伸、跑的专门性练习过渡到跑、加速跑、跨步跳(体会手脚协调配合,并要求步幅拉开,注意手臂的制动,充分活动开)。

(二)基本部分:

1.100米计时跑×2组,间隙时间8左右分钟。

2.立定三级跳远:改进技术,把握好节奏,髋部发力膝盖向前上方顶,力争每跳达到规定的距离(大部分要求达到:第一跳2.10~2.15米、第二跳4.7~4.8米、第三跳8米及以上)。

3.力量训练:仰卧手臂上举,肩拉开,肩胸发力摆杠铃片至胸前×10~12次×3组+正面、左右侧面的平板支撑×3组+负重弓步走30~40米×3组。

(三)慢跑3圈,拉伸放松。

（二）现场实况照片

图 52-3　高一校园足球社团启动仪式

图 52-4　高一校园足球社团开班合影

图 52-5　篮球社团开赛跳球

图 52-6　篮球社团比赛封盖

图 52-7　男子足球社团比赛

图 52-8　女子足球社团比赛

图 52-9　兴趣班开班动员

图 52-10　兴趣班上课

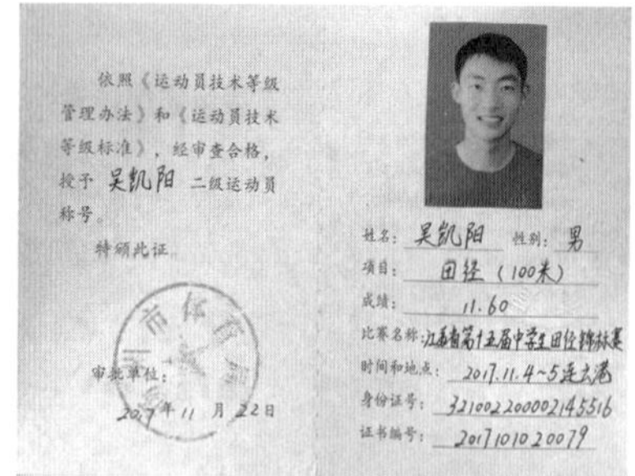

依照《运动员技术等级管理办法》和《运动员技术等级标准》，经审查合格，授予 吴凯阳 二级运动员称号。

特颁此证。

审批单位：

2017年 11 月 22日

姓名：吴凯阳 性别：男

项目：田径（100米）

成绩：11.60

比赛名称：江苏省第十五届中学生田径锦标赛

时间和地点：2017.11.4~5 连云港

身份证号：321002200002145516

证书编号：2017101020079

图 52-11　吴凯阳 100 米二级证书

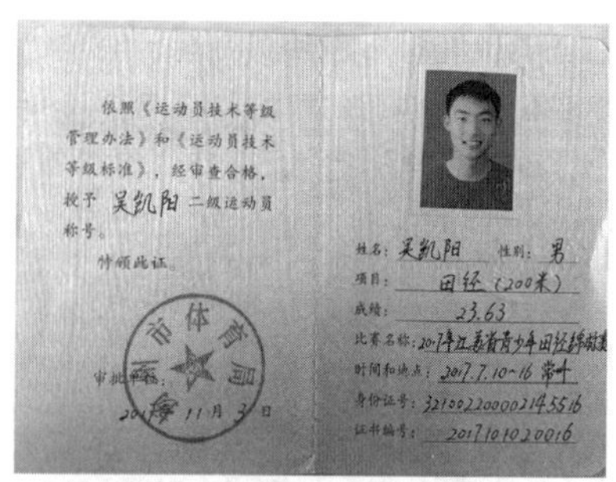

依照《运动员技术等级管理办法》和《运动员技术等级标准》，经审查合格，授予 吴凯阳 二级运动员称号。

特颁此证。

审批单位：

201 年 11 月 3 日

姓名：吴凯阳 性别：男

项目：田径（200米）

成绩：23.63

比赛名称：2017年江苏省青少年田径锦标赛

时间和地点：2017.7.10~16 常州

身份证号：321002200002145516

证书编号：2017101020016

图 52-12　吴凯阳 200 米二级证书

图 52-13　体育高考生考前模拟测试

图 52-14　体育高考生考前合影

图 52-15　体育高考生起跑训练

图 52-16　体育高考生考前训练

三、成绩与效果

（一）国家学生体质健康标准测试成绩稳中有升

常年坚持训练，运动场几乎每天看到学生训练的身影，他们不怕苦、不怕累，坚持不懈、永不放弃的拼搏精神潜移默化地影响着全校学生，也激励着他们参与锻炼身体的热情。学校每年举办两次运动会，运动会的成绩都有上升趋势，近五年学生的体质健康标准测试也稳中有升，2014—2017 年全校学生体质健康标准测试汇总如下表：

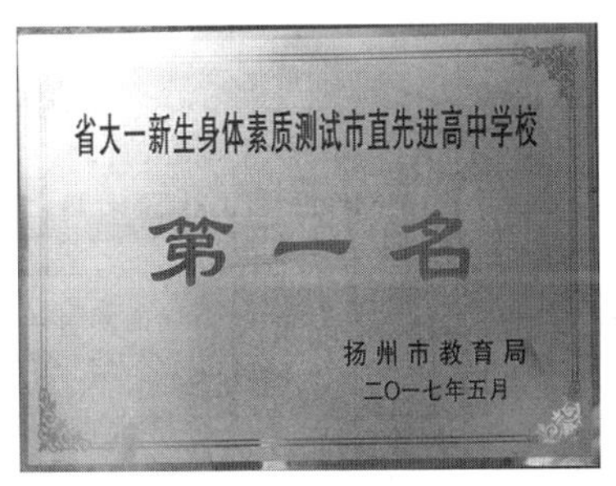

图 52-17　省大一新生体质测试市直高中第一名

年份	等级				
	合格率	优秀	良好	及格	不及格
2014 年	95.02%	1.12%	15.5%	78.4%	4.98%
2015 年	95.03%	2.52%	20.55%	71.95%	4.97%
2016 年	95.07%	2.15%	20.22%	72.69%	4.93%
2017 年	95.06%	2.75%	22.23%	70.08%	4.94%
在省大一新生身体素质测试中，2016 年获得市直中学第一名，2017 年获得市直中学第四名，受到教育局奖励					

（二）体育高考生圆梦大学，提升高考升学率

全组教师齐心协力，具有开拓创新的意识，坚持常年科学化、系统化的训练，2014—2018 年所带普通生体育高考省统考专业成绩全部合格以上，最高分达 142 分。2014—2018 年进入体育院校上本科大学的人数见下表。圆了孩子的大学梦，提升了学校的高考升学率。

年份	2014 年	2015 年	2016 年	2017 年	2018 年
参考人数	16	16	15	19	14
专业达本科线人数	14	11	10	18	13
双达本科线人数	6	7	6	11	11
注：1. 2015 年、2018 年被扬州市教育局评为体艺先进备课组。2. 2016 年徐越被扬州大学特招；2018 年吴凯阳作为高水平运动员特招到华东理工大学就读国际经济与贸易专业。3. 所有参加省体育高考专业统考的学生均达到合格线以上					

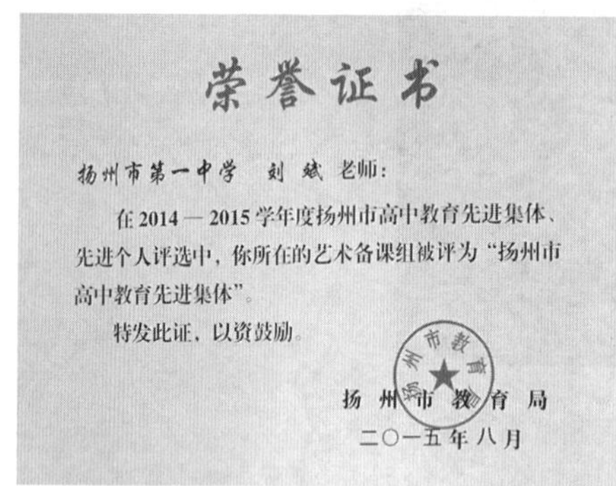

荣誉证书

扬州市第一中学　刘　斌　老师：

在 2014 — 2015 学年度扬州市高中教育先进集体、先进个人评选中，你所在的艺术备课组被评为"扬州市高中教育先进集体"。

特发此证，以资鼓励。

扬州市教育局

二〇一五年八月

证　书

扬州市第一中学　卢晓鹏　老师：

在 2017-2018 学年度扬州市高中教育先进集体、先进个人等评选中，你所在的高三艺体备课组被评为"扬州市高中教育先进集体"。

特发此证，以资鼓励。

扬州市教育局

二〇一八年八月

图 52-18　扬州市 2015 年度体艺先进备课组　**图 52-19　扬州市 2018 年度体艺先进备课组**

（三）活跃了学校的体育氛围，为学校稳步发展做出了一定的贡献

我校生源的考分是市直高中校中最低的，体育组每年的体育高考生都是零选择。高一年级期末考试一结束，文化学不进，音乐、美术也选不了的，不管高矮胖瘦都来到了体育高考生训练队。体育专业教学统一归学校艺教办管理，对体育专业教学一直有着长效管理机制，确保体育高考生朝着健康的方向发展。由于有一整套长效管理机制，学校近几年看不到打架斗殴了，出现的是体育生积极向上的团队氛围，在他们身上看到了正能量，也影响着全校学生参与体育锻炼的热情，活跃了学校的体育锻炼氛围。他们参加各种体育竞赛，为班级、为学校争得了荣誉，更有家长感叹他的孩子如果没有体育教师的引导，就不是今天积极向上的阳光男孩，就不可能上大学。

（四）教师的专业水平和团队合作精神得到了提升

体育高考生必须具备一定的素质和能力，才能通过省级体育专业统考的本科线，这是通过科学训练才能获得的。现代竞技运动的发展，特别是高水平运动员的训练越来越趋向于专项化训练，过去的一些训练理论正在逐步地被替代或者是有了新的补充。训练方法和理论同样有了很大的变化。作为教练员，如果不更新理念，不断地潜心学习研究，就不可能训练出优秀的运动员。这就要求教师平时要不断地学习新的理论知识、训练方法及技术，并经常与兄弟学校的同行交流，参与各种专题研讨。通过几年的努力，教师的专业水平和团队合作精神得到了明显提升。每年全组教师都坚持开设校级及以上公开课，都有论文发表和获奖，其中论文《体育高考生以速度能力为核心训练的实践研究》在 2015 年获市级中小学"运河杯"论文大赛一等奖，2016 年在《体育教学》杂志第一期发表。近五年，体育高考备课组曾 3 次获得市级高考先进集体奖项。

（五）体育高考生训练促进了学校运动队的发展

近几年，体育组零选择普通生，树立开拓创新的意识，将运动队训练与体育专业教学相结合，以训练促教学，以教学促训练，已经形成了学校体育的发展特色。近年来，积极组织学生参加市直中学高中男女生篮球比赛、男女生足球比赛以及田径运动会，市直田径比赛一直居同类学校前列。跨栏是我校的传统项目，其中周丽丽同学获得过市直高中女子组跨栏比赛三连冠，篮球、足球从重在参与，逐年有了突破。2017 年、2018 年比赛成绩见下表：

<table>
<tr><td rowspan="3">年份</td><td colspan="6">市直比赛</td><td rowspan="3">市级比赛</td><td rowspan="3">省级比赛</td></tr>
<tr><td colspan="2">田径</td><td colspan="2">足球</td><td colspan="2">篮球</td></tr>
<tr><td>总分</td><td>名次</td><td>男</td><td>女</td><td>男</td><td>女</td></tr>
<tr><td>2014</td><td>130.5 分</td><td>三</td><td></td><td></td><td></td><td></td><td>女子 100 米跨栏第一名</td><td rowspan="5">2017 年吴凯阳获得省田径比赛男子 17～18 岁组 200 米第四名；2017 年、2018 年组队参加了江苏省第十五届和第十六届田径锦标赛，均有学生达到国家二级运动员称号</td></tr>
<tr><td>2015</td><td>126 分</td><td>四</td><td></td><td></td><td></td><td></td><td></td></tr>
<tr><td>2016</td><td>114 分</td><td>四</td><td></td><td></td><td></td><td></td><td></td></tr>
<tr><td>2017</td><td>125 分</td><td>四</td><td>四</td><td>一</td><td>五</td><td>四</td><td>足女第四名</td></tr>
<tr><td>2018</td><td>170 分</td><td>三</td><td>三</td><td>一</td><td>四</td><td>三</td><td></td></tr>
<tr><td colspan="9">1. 2016 年、2017 年在扬州市田径项目进校园考核中连续 2 年获得良好等级
2. 吴凯阳 100 米、200 米达二级；陈子荐 400 米达二级；郑子康 100 米达二级；焦堂淦 100 米、200 米达二级
3. 2018 年我校在参加市直中学生田径运动会在男子 100 米和 4×100 米的项目打破大会记录</td></tr>
</table>

四、思考与展望

近几年，我校之所以能在“运动队的发展”“国家学生体质健康标准测试”“升学率”“校园体育氛围”“教师的专业发展”等方面取得一定的成果，与我校建立的“体育高考生运动队章程”“体育高考生运动队训练计划”的科学性和严格执行度是分不开的，这是我校建设体育高考生运动队取得成果的保障。虽然取得了一定的成果，但随着新一轮高考方案的实施，体育高考生运动队将面临新的机遇和新的挑战，我校全组教师将有以下的思考和展望：

1. 认真研学新一轮高考方案。首先，新一轮高考方案的实施，会使学校课程管理发生变化，高考文化课考试从过去的“语数外”三门变成了“3＋1＋2”的六门，对运动队训练来说也应该做出相应的调整，应该对体育高考生运动队章程进行修订。其次，要协助体育高考生处理好学习与训练的关系，加强对体育高考生文化学习的督促与管理,也要进一步加强与班主任、文化课教师、家长的沟通与合作,以崭新的姿态迎接新一轮高考方案的挑战。

2. 与时俱进、开拓创新、潜心学习,研究新的训练方法,继续坚持常年科学、系统化的训练,以体育高考生促进运动队水平提升,全面提升学生身体素质。以田径队和足球队建设为抓手,强化专项训练,打造校园足球特色,提升田径运动水平,力争在体育单招和高水平特长生方面有所突破。

3. 继续发扬体育高考生积极向上的正能量,以他们作为榜样来激发全校的学生积极参与体育锻炼的热情,活跃学校的体育氛围,达到文明其精神、野蛮其体魄、健全其人格的根本目标,努力提高我校学生的体质健康水平。

4. 继续发扬教研组的团队合作精神,做到常学习、勤钻研,走出去请进来,不断更新运动训练理念,努力提高运动队训练水平,使学校的运动队水平再上一个新台阶。促进教师成为研究型、专业型的教师,使更多的体育高考生实现他们的大学梦。

入选理由：

学校拥有先进的办学理念、雄厚的办队实力、骄人的比赛战绩。学校积极打造“自然、自由、自主、自觉”的体育课堂，走班试点，初见成效；同课异构，异彩纷呈。学校体育特色发展走体教融合之路，棒球项目市队校办，积极引入校外教练资源，逐步形成了“6—2—1”的小学、初中、高中棒球梯队建设模式，并以此为契机，带动其他体育项目的蓬勃发展，着力打造学校的“生命体育”特色。

五十三　连云港高级中学棒球队

资料提供：刘盼盼　左　欢　李雪涛

图 53-1　连云港刘盼盼

连云港高级中学始建于 1956 年，1997 年被确定为江苏省重点中学，2011 年学校搬迁到新校址，是一所集绿化、美化、现代化于一身，以雄厚的实力、先进的理念、骄人的业绩成为连云港市东部城区教育龙头的省四星级普通高中。翰墨飘香的教学大楼，功能齐全的科技馆，设施一流的体艺馆，藏书丰富的图书馆，科学现代的标准 400 米田径场，条件优越的学生公寓，窗明几净的环保食堂,是师生工作、生活和学习的理想之地。学校有41个教学班,2000多名学生,在职教职工近200人,其中省、市级教学骨干120人,60余位教师曾赴英国、加拿大、澳大利亚、日本、新加坡、韩国等国家进修学习。

学校先后获得过江苏省文明单位、省平安校园、省德育先进学校、省绿色学校、省电化教育实验学校、省健康促进学校金牌等几十项省级以上荣誉。在《连云港市中长期教育改革发展规划纲要》提出“着力打造以连云港高级中学为龙头,各类教育强劲发展,教育水准和吸引力明显提高的东部教育板块”。

学校现有专业体育教师10人,其中中学高级教师4人,研究生学历1人,涉及专业包括棒垒球、篮球、足球、田径、武术等6个项目;体育教师平均年龄35岁。学校体艺中心内设有360平方米乒乓球馆1座,室内标准篮球场1片、羽毛球场地2片、室内标准排球场地1片,以及3个棒垒球专用办公室。同时室外拥有10片篮球场、6片排球场、1片网球场、1座240平方米的棒垒球击球笼、1片400米8跑道的田径场及700多座位的室外看台。

图53-2　学校棒球队全家福

学校棒球队在市体育局和连云港高级中学领导的关心和帮助下于2019年2月份组建,属于市队校办,虽组队时间不长,但棒球队在负责带队训练的体育教师左欢老师和李雪涛老师的组织带领下,坚持周一至周五每天下午16:30—17:50、晚上18:30—20:00、周日下午2:00—5:30进行训练,并且,节假日和寒暑假也有相应的训练安排。经过师生的共同努力,在由江苏省体育局教育厅主办的2019年江苏省青少年棒球锦标赛中,我校棒球队代表连云港市参赛,经奋力拼搏,最终获得第六名的好成绩。其中高二学生张来、姜新宇获得道德风尚运动员称号,我校代表队被评为道德风尚运动队。

图 53-3　校棒球队参加 2019 年江苏省青少年棒球锦标赛

图 53-4　校棒球队代表连云港市参加省青少年棒球锦标赛

一、组织方法与活动设计

（一）组织方法

※1 连云港连高棒垒球俱乐部章程(草案)

第一章　总则

第一条　本单位的名称是连云港连高棒垒球俱乐部。

第二条　本单位是主要利用非国有资产自愿举办的，从事非营利性社会服务活动的社会组织。

第三条　本单位的宗旨：遵守宪法、法律、法规和国家政策，践行社会主义核心价值观，遵守社会道德风尚，信守职业道德，提供诚信服务等。推广棒垒球运动，为棒垒球爱好者提供一个良好的参与相关活动的平台，提高球技，促进身体发育。

第四条　本单位根据中国共产党章程规定，设立中国共产党的组织，开展党的活动，为党组织的活动提供必要条件。

第五条　本单位的登记管理机关是连云港市民政局。

本单位的业务主管单位是连云港市体育局。

本单位接受登记管理机关、行业主管部门和相关职能部门的监督管理。

第六条　本单位的住所是连云港市经济技术开发区东方大道 18 号。

第二章　举办者、开办资金和业务范围

第七条　本单位的举办者：左欢、李雪涛、张磊。

举办者享有下列权利：

(一)了解本单位经营状况和财务状况;

(二)推荐理事和监事;

(三)有权查阅理事会会议记录和本单位财务会计报告;

第八条　本单位的开办资金:3万元人民币。

出资者:左欢,出资金额:3万元人民币。

第九条　本单位的业务范围:

青少年棒垒球推广;优秀棒垒球队员的输送;教练员培训、运动员培训;承接政府委托的相关服务。

第三章　组织机构

第十条　本单位设理事会,其成员为3人。理事会是本单位的决策机构。

理事每届任期4年,任期届满,可以连选连任。

第十一条　理事的资格:

(一)有完全民事行为能力;

(二)热心公益事业。

第十二条　理事的产生和罢免:

(一)第一届理事会成员由举办者、出资人推荐并协商确定;

(二)理事会换届改选时,由本届理事会推选产生新一届理事;

(三)罢免、增补理事由理事会表决通过;

(四)理事的选举和罢免结果报登记管理机关备案。

第十三条　理事会行使下列事项的决定权:

(一)制定和修改章程;

(二)罢免和增补理事;

(三)聘任或解聘本单位行政负责人及其提名的行政副职、财务负责人;

(四)决定重大的业务活动计划;

(五)审定年度财务预算、决算方案;

(六)决定内部机构的设置;

(七)制定内部管理制度;

(八)听取、审议行政负责人的工作报告,并对其工作进行检查;

(九)决定本单位的变更、分立、合并或终止等事项。

第十四条　理事会设理事长1名,副理事长2名。理事长、副理事长由理事会以全体理事的过半数选举产生或罢免。

第十五条　理事会每年召开4次会议。理事会会议由理事长负责召集主持。

有1/3理事提议，必须召开理事会会议。如理事长不能召集，提议的理事可推选召集人。

第十六条　理事会会议应当有1/2以上的理事出席方可召开。理事因故不能出席，可以书面委托其他理事代为出席理事会，委托书必须载明授权范围。

第十七条　理事会会议应有1/2以上的理事出席方可举行。理事会会议实行1人1票制。理事会作出决议，必须经全体理事的过半数通过。

下列重要事项的决议，须经全体理事的2/3以上通过方为有效：

（一）章程的修改；

（二）本单位的分立、合并或终止。

第十八条　理事会会议应当制作会议记录。形成决议的，应当制作会议纪要，并由出席会议的理事审阅、签名。理事会决议违反法律法规或章程规定，致使本单位遭受损失的，参与决议的理事应当承担责任。但经证明在表决时反对并记载于会议记录的，该理事可免除责任。

理事会会议记录、纪要应当存档保管。

第十九条　理事长行使下列职权：

（一）召集主持理事会会议；

（二）检查理事会决议的实施情况；

（三）法律法规和本单位章程规定的其他职权。

第二十条　本单位行政负责人为专职，对理事会负责，并行使下列职权：

（一）主持本单位的日常工作，组织实施理事会的决议；

（二）组织实施本单位年度业务活动计划；

（三）拟订本单位年度财务预算、决算方案；

（四）拟订本单位内部机构设置的方案，协调内部机构开展活动；

（五）拟订内部管理制度；

（六）提请聘任或解聘行政副职和财务负责人；

（七）决定各内设机构主要负责人、专职工作人员的聘用或辞退。

本单位行政负责人不是理事会成员的，列席理事会会议。

第二十一条　本单位设监事2名。监事在举办者（包括出资者）、本单位从业人员或有关单位推荐的人选中产生。本单位理事及其近亲属、行政负责人及财会人员不得担任监事。

监事任期与理事任期相同，期满可以连任。

第二十二条　监事（监事会）的权利和义务：

(一)列席理事会会议;

(二)检查本单位财务情况;

(三)监督理事会、行政负责人遵守法律法规和章程的情况;

(四)有权对理事会、行政负责人损害本单位利益的行为提出质询和建议,并向登记管理机关、行业主管部门和相关职能部门反映情况。

第二十三条　监事会决议须经全体监事过半数表决通过,方为有效。(不设监事会)

第四章　法定代表人

第二十四条　本单位的法定代表人为理事长。

第二十五条　有下列情形之一的人员,不得担任本单位的法定代表人:

(一)因犯罪被判处管制、拘役或者有期徒刑,刑期执行完毕之日起未逾5年的;

(二)因犯罪被判处剥夺政治权利正在执行期间或者曾经被判处剥夺政治权利的;

(三)曾在因违法被撤销登记的社会组织中担任负责人的,且对该社会组织的违法行为负有个人责任,自该社会组织被撤销之日起未逾5年的;

(四)无民事行为能力或者限制民事行为能力的;

(五)非中国内地居民的;

(六)法律法规规章规定不得担任的其他情形。

第五章　资产管理、使用原则

第二十六条　本单位经费来源:

(一)开办资金;

(二)政府资助;

(三)在业务范围内开展服务活动的收入;

(四)利息;

(五)捐赠;

(六)其他合法收入。

第二十七条　本单位的资产受法律保护,任何单位、个人不得侵占、私分、挪用。本单位的资产必须用于章程规定的业务范围,除用于合理的工资薪金、福利支出外,资产及其孳息不得用于分配,增值部分不得分红。

第二十八条　捐赠人有权向本单位查询捐赠财产的使用、管理情况,并提出意见和建议。对于捐赠人的查询,本单位应及时据实答复。

第二十九条　本单位执行国家规定的《民间非营利组织会计制度》,依法进行独立的会计核算，建立健全内部会计监督制度，保证会计资料合法、真实、准确、完整。

本单位配备具有专业资格的会计人员。会计不得兼任出纳。会计人员调动工作或离职时，必须与接管人员办清交接手续。

本单位接受税务、会计主管部门依法实施的税务监督和会计监督。

第三十条　本单位在进行年度检查、变更法定代表人等事项时，进行财务审计。

第三十一条　本单位应当合理设计慈善项目，符合本团体宗旨和章程的有关规定。优化实施流程，降低运行成本，提高慈善财产使用效益。

本单位建立健全慈善项目的决策、执行、监督机制，对慈善项目的立项、审查、执行、控制、评估、反馈等环节建立科学、规范、有效的要求，设立项目管理机构，配备专职人员，行使项目管理职责。

本单位按照公开、公平、公正的原则，确定慈善受益人。本单位管理人员的利害关系人不得作为受益人。

本单位开展重大慈善项目，应当由理事会表决通过，且同意的人数不得低于到会理事人数的2/3。

本单位的重大慈善项目包括：

（一）年度慈善项目计划；

（二）超过万元的慈善项目。

本单位开展重大慈善项目之前，应当及时向业务主管单位报备（适用于有业务主管单位的社会组织）。

项目资金的使用要严格遵守国家财务会计制度的规定，按照捐赠协议专款专用。

慈善项目资金的管理使用要自觉接受财政部门、审计机关、业务主管单位、登记管理机关和社会公众的监督，认真履行信息公开义务，接受社会监督。

本单位要加强慈善项目档案管理，保存慈善项目的完整信息，做好慈善项目的建档归档工作。（本条适用于慈善组织。）

第六章　劳动用工制度

第三十二条　未与本单位建立劳动关系的理事和监事不得从本单位获取报酬。

第三十三条　本单位工作人员的工资福利开支控制在合理的比例内，不变相分配本单位的财产。

第三十四条　本单位劳动用工、社会保险制度按国家法律法规及有关规定执行。

第七章 年度检查、重大事项报告及信息公开

第三十五条 本单位按照《民办非企业单位登记管理暂行条例》和《民办非企业单位年度检查办法》的规定,自觉接受登记管理机关组织的年度检查。

第三十六条 本单位按要求履行重大事项报告和信息公开义务。

第八章 终止和终止后资产处理

第三十七条 本单位有下列情形之一的,应当终止:

(一) 完成章程规定宗旨的;

(二) 无法按照章程规定的宗旨继续开展活动的;

(三) 发生分立、合并的;

(四) 自行解散的。

第三十八条 本单位终止,应当在理事会通过终止的决议后 15 日内,成立清算小组,清理债权债务,处理剩余财产,完成清算工作。清算小组一般应由本单位法定代表人或者理事会确定的相关负责人、债权人代表和相关职能部门代表等共同组成。

第三十九条 清算工作的顺序:

(一) 退还应退的服务性收费;

(二) 支付本单位职工工资和缴纳社会保险等费用;

(三) 偿还本单位债务;

(四) 处理剩余财产;

(五) 开展清算审计;

(六) 撰写清算报告。

第四十条 本单位清算期间不开展清算以外的活动。如遇民事诉讼的,由清算小组代表本单位参与民事诉讼。

第四十一条 剩余财产的处理:

(一) 优先支付清算工作费用;

(二) 办理税务注销、银行销户等手续,结清税款、利息;

(三) 在登记管理机关的监督下,将剩余财产捐赠给予本单位性质、宗旨相同、相似的社会组织,并向社会公告。

第四十二条 本单位应当自完成清算之日起 15 日内,向登记管理机关申请注销登记。

第九章 附 则

第四十三条 本章程经 年 月 日第 届第 次理事会会议表决通过。

第四十四条　本章程的解释权属理事会。

第四十五条　本章程自登记管理机关核准之日起生效。

※2 连云港高级中学棒球队管理规定

一、为了方便连云港高级中学棒球队的正常训练和日常管理，现制定以下规定：

（一）纪律：训练按时到位，不迟到，如有特殊情况须向教练请假说明，每天训练队员提前20分钟到达训练场地，准备器材，整理训练装备准备训练。旷课、旷训停训并通知家长。

（二）态度：每天必须服从教练安排，不折不扣地完成每天训练计划及任务。每一次接球、传球、挥击等必须全力以赴。否则，下肢力量训练增加一组。

（三）守时：每天训练结束，应该迅速到浴室，食堂用餐，必须在晚自习第二节打铃前进教室进行晚自习。

（四）文化学习：队员应加强文化课学习，教练做好学生因参加训练或比赛影响文化学习，进行补课协调工作，教练密切关注学生的文化课学习情况，发现懒学问题，将严肃处理。

（五）遵章守纪：服从学校管理，遵守学校各项规章制度，尊敬师长，包括校领导及没有教过自己的老师，遇事冷静处理，忍耐为先，凡违规的训练队员，将从重、从严、从快处理。

（六）每周教练召开一次全体队员会议，总结上一周的训练情况、学校情况、思想变化情况。小结会一般安排在星期天晚自习第一节课进行。

（七）思想：各位训练队队员一定要有集体荣誉感，以班为荣、以队为荣、以我为荣，自觉维护好体育高考的声誉。队员之间应互相帮助、相互友爱，严禁搞“小团体”等恶劣行径，以实际行动来证明自己，回报父母、回报老师、服务社会，教练与你们共勉。

（八）队员要根据自身训练实况制定自己的训练目标，一学期进行一次考核，实行末位淘汰制度。

二、教练组构成

总教练：左欢。

2003—2004年龄组——主教练：李雪涛。

2005—2006年龄组——主教练：孙飞。

2007—2009年龄组——主教练：张磊。

三、教练职责

由体育教师左欢、李雪涛具体负责棒球队的训练和组织、管理工作,根据队员的各个年龄特点,科学地制定训练计划,并督促学生按时参加训练,在有限的课余训练时间内,争取到最高的训练效率和价值,争取在一系列的比赛中取得优异的成绩。

四、日常训练时间

星期一至星期五下午16:30—17:50、晚间:18:30—20:00。

星期日下午2:00—5:30。

(节假日及寒暑假另行安排)

五、训练要求

棒球队队员必须按时参加训练,每次训练时严格进行考勤,且必须穿专业运动装备。如有特殊情况不能参加训练者必须履行请假手续。对于在比赛中表现出色的队员,由教练向学校申请给予奖励。

(二)活动设计

※3 连云港高级中学棒球队

2019年4月—12月训练计划

2019年4月—2019年6月(学期训练)

通过三个月的常规传接球基本功训练,并进行各个位置适应训练,击打训练。体能、力量、协调性和核心力量训练。

2019年7月—8月(暑期及赛期训练)

练习小技术、技战术训练,对抗比赛,此时期非常关键,调整队员身体和心理状态。尽最大可能挖掘队员的潜力,来满足比赛要求。8月份,此时期要时刻注意选手的状况起伏,不能让队员陷入低潮期,并持续训练让队员的实力维持在一定的水平上。

2019年9月—12月(秋训)

把队员的状态从假期调整过来,进行体能恢复训练,针对赛期出现的问题,着重投手和捕手的训练,加强队员的基本功训练:传接球、打击基本功训练。根据队员不同特点,制定特定的训练计划,辅以体能和力量训练。进入11月份后,提升体力和技术。练习到体力的极限为止。加强体能储备。

※4 连云港高级中学棒球队

2019年度暑期训练计划(摘录)

为了备战2019年江苏省青少年棒球锦标赛(8月10日—14日),棒球队于

7月1日—31日在连云港高级中学进行封闭式集训，相关事宜如下：

一、训练人员

教练员：左欢、张磊、李雪涛、胡长城、孙飞。

队员：高一注册队员18人(略)；初三梯队12人(略)。

二、每日训练具体内容(摘录)

7月2日训练重点	传球准确率以及接球手势	
早上	6:30—7:30	体能和素质训练
	7:40—8:10	早餐和内务整理
上午	8:30—11:00	棒球基本技术训练： 1. 传球训练(要求把球控制在身体范围内，接球手要固定每一球的正确手势，以及接球后的脚下移动，要求动作连贯，控制好重心移动，强化接球到传球的出手的动作定型) 2. 打击训练，以抛平球为主(增加引棒的练习) 3. 敏捷类游戏
	11:20—11:50	文化学习
	12:00—12:30	午餐和洗漱
中午	12:30—14:20	午休
下午	14:30—17:10	棒球技战术训练： 1. 传接球，(按上午的要求) 2. 打击训练(人员超出可以分组练习) 3. 分组比赛
	17:30—18:00	晚餐
晚上	18:40—20:00	一、灵敏训练：绳梯训练 二、核心力量训练：1. 跪姿手撑　2. 屈膝侧手撑　3. 平板手撑　4. 臀桥　5. 平板伸手　6. 测撑划船　7. 单侧负重走　8. 跪姿健腹轮　9. 站姿推球
	20:30—21:40	文化学习
	22:00	洗漱、休息
7月7日训练重点	在传球准确率的基础上加强脚下以及接球后传球的动作	
早上	6:30—7:30	体能和素质训练
	7:40—8:10	早餐和内务整理

续表

上午	8:30—11:00	棒球基本技术训练: 1. 传球训练(要求把球控制在身体范围内,以及接球后的脚下移动,要求动作连贯,控制好重心移动,一步到位) 2. 时间充足可以练习打击
	11:20—11:50	文化学习
	12:00—12:30	午餐和洗漱
中午	12:30—14:20	午休
下	14:30—17:10	邀请校外棒球队,与队员打对抗赛 9局计分决胜负
	17:30—18:00	晚餐
晚上	18:40—20:00	一、灵敏训练:绳梯训练 1. 进进出出　2. 小碎步　3. 高抬腿　4. 交叉步 二、核心力量训练: 1. 跪姿手撑　2. 屈膝侧手撑　3. 平板手撑　4. 臀桥 5. 平板伸手 6. 测撑划船　7. 单侧负重走
	20:30—21:40	文化学习
	22:00	洗漱、休息

注:本周主要把每个球员的传球稳定性准确率提高以及接球的手形正确,改掉所有球员传球时的多余动作,保证每天比赛一场,在比赛中找缺点,所有球员能够快速地进入比赛状态。

7月26日训练重点	1. 场内快速地滚球练习 2. 打击训练(抛击)	
早上	6:30—7:30	体能和素质训练
	7:40—8:10	早餐和内务整理
上午	8:30—11:00	棒球基本技术训练: 1. 热身　2. 内野手快速地滚球练习　3. 自由击(配合内场防守)
	11:20—11:50	文化学习
	12:00—12:30	午餐和洗漱
中午	12:30—14:20	午休

续表

下午	14:30—17:10	1. 热身　2. 传接球　3. 内场配合(打击同时进行)　4. 分组比赛。
	17:30—18:00	晚餐
晚上	18:40—20:00	一、上下肢力量： 1. 卧推8次×6组　2. 深蹲8次×6组　3. 俯卧撑30次×6组 二、核心力量：穿插　1. 平板支撑　2. 卷腹　3. 仰卧举腿　4. V字起　5. 仰卧起坐　6. 背起　7. 跪姿推弹力带
	20:30—21:40	文化学习
	22:00	洗漱、休息

注：投手在平时训练投球中不能够完全发挥出来，如何解决在比赛中过度紧张，好球不多，容易急躁，在训练中要注意引导，给予投手适当的压力，比如奖罚分明，以此来刺激投手，到比赛的时候当成训练去投，能尽快解决这些问题。

二、实施过程与方法

（一）具体实施过程

※5 连云港高级中学棒球队

2019—2020年度寒假训练课时计划(摘录)

项目名称：棒球	日期：2020年1月19日 14:00—16:30		
训练任务(内容)		训练强度	运动量
一、准备活动：3200米耐久跑穿插小步跑、滑步、滑步接后转身、交叉步、收腹跳接加速跑、空中前后分腿接加速跑、空中两头起、空中分腿摸脚尖、纵跳、大字跳、弓步跳、后踢腿跑		大	大
二、专项练习： 传接球训练：10米正面传接球、垒间传接球、夹杀训练		中大	中大
三、素质练习： 1. 弓步50次　2. 仆步接半蹲50次　3. 半蹲接深蹲50次　4. 半蹲接纵跳50次		大 小	大 小
四、放松整理：拉伸			
训练记录	本次训练课有针对性地巩固和解决以下问题：传球手上动作问题、传球脚下交叉步问题、快速倒手练习、左肩开掉问题。由于本节训练课练习量较大，个别队员有怕苦怕累的思想，今后应加强意志品质的培养。		

<table>
<tr><td>项目名称:棒球</td><td colspan="3">日期:2020 年 1 月 20 日 14:00—16:30</td></tr>
<tr><td colspan="2">训练任务(内容)</td><td>训练强度</td><td>运动量</td></tr>
<tr><td colspan="2">一、准备活动:弯道加速跑 10 圈穿插小步跑、滑步、滑步接后转身、交叉步、收腹跳接加速跑、空中前后分腿接加速跑、空中两头起、空中分腿摸脚尖、纵跳、大字跳、弓步跳、后踢腿跑
二、专项练习:
地滚球训练:两人一组手抛地滚球、两人一组手抛反弹球、教练手抛地滚球、队员传准
三、素质练习:3 组×10 次
1. 半蹲接深蹲跳
2. 半蹲跳
3. 滑步摸底
4. 跳山羊
四、放松整理:拉伸</td><td>大
中大
大
小</td><td>大
中大
大
小</td></tr>
<tr><td>训练记录</td><td colspan="3">本次训练课解决的问题:接地滚球的节奏、接地滚球的手法、接地滚球后快速倒手传向目标。在训练过程中,教练针对不同队员,抛出不同球速的球,及时改正队员的动作</td></tr>
</table>

<table>
<tr><td>项目名称:棒球</td><td colspan="3">日期:2020 年 1 月 21 日 14:00—16:30</td></tr>
<tr><td colspan="2">训练任务(内容)</td><td>训练强度</td><td>运动量</td></tr>
<tr><td colspan="2">一、准备活动:慢跑 3 圈穿插小步跑、滑步、滑步接后转身、交叉步、收腹跳接加速跑、空中前后分腿接加速跑、空中两头起、空中分腿摸脚尖、纵跳、大字跳、弓步跳、后踢腿跑
二、专项练习
一垒、二垒、三垒离垒及跑垒训,传接球训练:明确一垒限制线,一垒、二垒、三垒安打跑垒技巧,球穿过内野的跑法,安全离垒的方法、10 米正面传接球,垒间传接球
三、素质练习
爬楼梯:两步一跨、两步一跳、侧向跳、左右单脚跳、最大阶数爬、一阶一阶快频率爬,各练习重复 3 组
四、放松整理:静力性拉伸</td><td>大
中大
大
小</td><td>大
中大
大
小</td></tr>
<tr><td>训练记录</td><td colspan="3">本次训练课解决的问题:最快时间上垒、防止被牵出局、盗垒的步伐节奏、对局面的正确预判</td></tr>
</table>

（二）现场实况照片

图 53-5　击打球训练

图 53-6　发球训练

图 53-7　亮相校运会开幕式

图 53-8　校运会开幕式展示

图 53-9　和南京工业大学棒球队交流赛

图 53-10　高校交流赛

图 53-11　江苏省青少年棒球锦标赛比赛现场

图 53-12　平时苦练基本功

图 53-13　鱼跃救球

图 53-14　梯队集训欢乐一刻

图 53-15　省青少年棒球锦标赛第六名

图 53-16　省青少年棒球锦标赛体育道德风尚奖

三、成绩与效果

（一）身体素质全面提高

棒球是一项团队运动，因为棒球运动的对抗性、集体性、协调性、智慧性的特点，参与者必须利用奔跑、跳跃、投掷、击打等体育运动形式进行训练或参与比赛，这些运动形式首先可以增进学生身心健康，促进身体正常发育和有机体的锻炼，也有利于发展相应年龄爆发力、速度、灵巧、反应等基本素质，促使学生养成自主锻炼的良好习惯，使得学生实现综合发展。

棒球队队员（部分）2018 年、2019 年体质测试项目成绩

姓名	体测成绩（年）	肺活量（毫升）	50 米（秒）	坐位体前屈（厘米）	立定跳远（厘米）	引体向上（个）	1000 米跑（分·秒）
王志明	2018	5950	7.3	12	265	11	3.30
	2019	6300	7.0	20	270	15	3.15
龚冠夫	2018	5580	7.2	10	235	12	3.34
	2019	5753	6.6	12	260	12	3.19

续表

姓名	体测成绩（年）	肺活量（毫升）	50米（秒）	坐位体前屈（厘米）	立定跳远（厘米）	引体向上（个）	1000米跑（分·秒）
朱胜文	2018	5950	7.7	12	265	6	3.38
	2019	6410	7.2	14	255	11	3.25
周善	2018	5880	6.9	15	245	9	3.44
	2019	6020	6.3	15	250	9	3.31

（二）丰富了学校“第二课堂”的课程内容

棒球社团的开展，延续了体育与健康课程的教学，符合参与学生的自身体育素质发展和个性发展的需求。在我校，体育类社团活动主要是乒乓球、羽毛球、篮球、排球、足球，之外便是田径类的了。记得我校的“飞人田径社团”在开始之初报名就不太“景气”，几周之后体力难以相持的学生便打起了“退堂鼓”。单纯的田径运动虽然可以锻炼学生的身体素质，但对于学生来说，稍显乏味，难以有效激起学生参与的兴趣。棒球拥有田径的特色，使其有潜力成为继“乒、羽、篮、排、足”之后又一非常适合学生而能够广泛开展的运动项目，因此也收到了很好的效果。它具有良好的竞赛性，变化多，这种所到之处皆存在变化的局面深深吸引学生，激发了学生参与的兴趣。在参与过程中可以充分体现个人的机智、勇敢、灵活。所以，棒球社团活动是充满快乐的，使得参与者的“第二课堂”真正活跃起来。

图 53-17　社团成员活动剪影

（三）团队精神明显得到增强

棒球被誉为“竞技与智慧相结合的运动”，也是时间与距离的运动，不仅要求参与者有全面的身体素质，而且还要更多的智慧，并且要求具有很高的团队精神。棒球运动的团队精神不仅仅体现在球队组成与竞赛之中,它的基本技术比较多,而且技术与战术配合度要求比较高。在棒球社团活动课中,棒球技术学习以比赛为基础开展,将投手从投球到击球员挥棒击球以形成跑垒当作基础学习内容,并以进攻战术配合、防守战术配合为辅助,相当于把它的团队配合精神贯穿于整个运动的各个环节之中。特别在比赛中,没有一个环节是由一个人独立完成的,必须依靠整个团队的协调配合,每个参与者都必须具有团队精神,这对学生树立正确的人生观和价值观具有潜移默化的积极作用。

万事开头难,我校棒球队虽已成立接近一年,但是队员是一切工作开展的前提,这一点对棒球队尤为重要。要搞好一年中的一系列训练及比赛等事宜,首先就要在专业棒球教练带领下选拔一批能够吃苦耐劳、不轻言放弃的队员,组成一支优秀的团队。我校棒球队总教练左欢老师是棒垒球洲际级裁判员,出身专业,所以带队尤为精准,寒暑无阻的训练场是他们挥洒能量的舞台,虽组成的队伍第一次出征省级比赛,但经奋力拼搏,最终获得省比赛第六名的好成绩。其中高二学生张来、姜新宇获得道德风尚运动员称号,我校代表队被评为道德风尚运动队。对此校领导尤为重视,在校级大会上多次公开给予表扬。

把棒球作为学校的特色项目在校运会上集中展示,极大增强了队员的自豪感和展示欲,也使得全校师生进一步了解了棒球运动,感受了棒球文化,享受棒球运动,体验棒球魅力。除此之外,学校开设棒球运动的学生社团,引来喜爱棒球的学生们积极参与其中,这也为大家参与棒球运动添上厚重一笔。

棒球队队员们积极参与训练,吃苦耐劳,虽时间不久,但是已经有薄鹏飞、龚冠夫、姜新宇、王志明、张来五名队员在 2019 年 12 月取得二级运动员称号。这极大鼓舞了棒球队的队员,也为他们以后的发展奠定了良好的基础。

图 53-18　主教练汇报冬训工作

图 53-19　市局领导调研棒球训练

四、思考与展望

（一）构建梯队建设，夯实学生基础

现在的校棒球队队员主要来自考入我校的中考体育特长生，在此之前对棒球并无接触甚至处于零认知状态，且他们中的大部分没有体育运动训练的经历。要让队员熟练掌握技、战术并上场比赛，培养周期一般在两年，高中阶段，当队员能担当棒球队主力时，又要面临进入高三。棒球队队员的选拔除了在小学、初中学校宣传、报名选拔外，还可在本校开设棒球体育校本课程及棒球社团活动课，在体育课及比赛中挖掘有天赋的学生。这样拓展了队员输入渠道，形成了运动人才梯队，理顺了从小学到高中"一条龙"的体育人才培养和输送途径，为我校棒球队的长效发展奠定了基础。

（二）关注学生内涵发展，校内校外资源共享

因为是市队校办，除了本校体育教师担任教练员之外，可以请体育局出面邀请棒球专业人才与校内教练通力合作，实现资源共享，引入技术指导。这样，专业教练主抓棒球队的科学训练，校内的教练抓好队员们的文化补习、后勤保障和竞赛工作。同时要及时提升教练员思想品质、管理素质和业务水平的培训工作，促进他们参与业务学习和进修。经费投入，是确保棒球队的训练和设施养护、器材更新的重要保障。除此之外，也是专职、兼职教练补助的重要保障。

棒球队在我校是新生力量，需要更好地经营维护，多方面灌溉才能辐射周边地区，逐步扩大影响力。在接下来的日子里，市体育局会到我校组织挂牌仪式，逐渐形成更加系统科学的训练、竞赛等体系。有了这些措施与保障，相信棒球队块招牌定会在发扬体育精神方面大放异彩！

入选理由:

盱眙县第一中学在校领导的鼓励和指导下,经过广泛调研,决定打造跳绳初一年级必须达到每周4小时、初二年级3小时与初三年级2小时锻炼的系列活动,简称"跳绳4·3·2健身工程"。经过两年多的实践,取得良好效果:95%的学生能完成规定的花式跳绳动作,学生体质健康水平与身体素质明显提高。当地电视台进行广泛宣传,兄弟学校纷纷前来观摩,得到了社会各界好评,进一步提高了学校知名度与美誉度。

五十四 淮安盱眙县第一中学"跳绳4·3·2健身工程"

资料提供:沈田田　潘文华

图54-1　淮安沈田田

淮安市盱眙县第一中学是经盱眙县人民政府批准设立的一所民办初级中学,全校有4000余名师生,经过十年的迅速发展,现已成为淮安市办学品位卓越、质量一流的品牌初级中学,教学质量居淮安市初中义务教育学校的前列。

学校坚持"成为最优秀的自己"的办学理念,秉承"成为有终身学习能力和责任心的人"的校训,发扬"求真、崇德、尚美"的校风、"育德、授艺、垂范"的教风和"笃学、明辨、力行"的学风,坚持锐意进取、特色办学的思想,校园处处呈现着浓烈的人文氛围,展现着和美校园的独特魅力,彰显"环境育人"的教育理念。学校大力推行高效课堂建设,逐步形成了以"自主、合作、探究、展示"为核心的课堂流程,深入推进全员阅读活动,形成"人人阅读、系统阅读、思考阅读、写作阅读”的阅读模式，充分倡导以学生为本、自主管理的理念，选举产生学生校长、副校长及其他管理人员，参与学校管理，力求让学生在自主管理的体验中感悟，在感悟中成长，引领学生快乐地走向自我教育。

学校现有一块 300 米田径场，3 块标准篮球场，24 张乒乓球台，12 副单杠和 4 块用于练习腰腹肌的健身器材场地。有 12 名专职体育教师，专项分别是武术、田径、健美操、篮球、足球、排球、网球等项目，平均年龄 27 岁，运动技能水平较高，其中 10 名教师能娴熟完成各种花式跳绳动作，近两年有 6 名教师先后参加过全国体育大联盟花式跳绳培训班，通过培训进一步促进了教师的跳绳技能水平提高。

盱眙县第一中学自 2016 年加入全国学校体育联盟以来，积极投入“跳绳 4·3·2健身工程”与“全员运动会”建设，大力推行全员运动的体育特色活动，实施“1＋X”特色体育课程，形成了“人人运动、天天运动、快乐运动、特色运动”的运动模式，开设多种社团，培养学生特长，促进学生个性发展，让孩子在运动中磨炼坚韧不拔的意志品质。体育教师用勤奋和坚持在这片钟灵毓秀的土地上书写着学校体育工作的新篇章，学校先后获得了“全国学校体育联盟”“全国青少年足球特色学校”“淮安市啦啦操布点项目学校”和“淮安市篮球布点项目学校”等称号，并连续多年获得盱眙县教育局颁发的“优秀体卫艺工作先进单位”荣誉称号。在 2017 年淮安市体育中考中，学校满分率在全市范围内遥遥领先，一中学子在考试期间展现出来的身体素质、文明素养、纪律意识、昂扬精神更是给人留下了深刻印象，充分展示了学校“强身健体长精神、健全人格促成长”的体育成果。

一、组织方法与活动设计

（一）组织方法

※1 盱眙县第一中学

“跳绳 4·3·2 健身工程”实施方案

一、“跳绳 4·3·2 健身工程”实施背景

盱眙县第一中学由于学生人数较多，而运动场地较小，大课间的主要形式就是跑操。因为锻炼形式比较单一，再加上学生年龄较小，对体育锻炼的价值认识不足，导致跑操积极性不高，经常出现出工不出力、偷懒躲避现象，导致教师对学生的锻炼监管难以到位。据统计，学校每年学生体质测试成绩一般，每年中考体育考试前除了正常体育课之外都必须另外增加很多训练时间，才能保

障大部分学生体育考试成绩达到要求,但这对于学生促进全面发展、学校整体发展不利。

在校领导的指导下,体育组全体同仁积极思考,经过反复讨论和研究,确定跳绳为学校特色项目,并以打造“跳绳4·3·2健身工程”项目(即初一每周每人跳绳锻炼时间4小时,初二每周每人跳绳锻炼时间3小时,初三每周每人跳绳锻炼时间2小时)为学校体育抓手。这样做的原因主要有两个:第一,跳绳是我国传统体育项目之一,具有广泛的群众基础,是适合青少年心理特征的运动项目,易掌握、花样多,能够激发学生的运动兴趣;第二,跳绳是一项全身性运动项目,能够提高学生的心肺功能,达到健身的效果。

二、成立“跳绳4·3·2健身工程”领导小组

组长:杨德豪。

副组长:邱长奎、王梦闲、沈田田、年级主任、年级德育主任。

组员:各班班主任和所有体育教师。

指导教师:潘文华、戴红云、沈田田。

三、具体措施

(一)制定学校“跳绳4·3·2健身工程”创建方案。

(二)组织学生建立校级、班级花样跳绳运动队,规范运动队建设,每周利用周一班会课进行训练。短期目标是较好地体现我校开展跳绳运动的特色,长期目标是参加上级部门组织的跳绳比赛,责任人潘文华。

(三)成立校花样跳绳校本课程开发小组,负责人为戴红云,组员为全体体育教师,每月进行一次跳绳校本课程研讨。

(四)结合全员运动会、体育课、大课间、周末活动等开展跳绳活动,学校师生共同参与,人人参与跳绳运动。以课堂教学为起点,结合每天大课间,坚持每日一练,分年级、分阶段进行教学,确定每名学生每个阶段应达到的标准,确保跳绳活动可持续开展。

(五)学校统一购买专业的珠节绳,如有破损直接到学校指定部门更换。

(六)打造校园跳绳氛围,初步形成以跳绳为核心的学校体育文化。

四、规定练习内容

学校结合学生身体素质和运动基础,确定了三个年级的跳绳内容:

(一)初一年级:单摇的9个花样跳,绳操,朋友跳,车轮跳,交互绳。

(二)初二年级:速跳,双摇,耐久跳,控绳练习。

(三)初三年级:2分钟速跳,耐久跳及田赛项目的辅助练习器械。

五、学习目标

（一）每位学生都能了解跳绳的有关知识，掌握一套学校自编的绳操。

（二）每位学生都能掌握基本的“跳绳”技能，熟练掌握单摇、两人一根绳、朋友跳、交互绳里面的2～3种花样“跳绳”的方法，并能在日常锻炼中应用，为健康体魄奠定基础。

（三）通过系统的跳绳练习，学生的身体素质有明显提升。

（四）在跳绳活动中积极探索，创建学校绳类体育特色文化，成为名副其实的花样跳绳特色学校。

※2 盱眙县第一中学
“跳绳4·3·2健身工程”安全应急预案

为确保我校“跳绳4·3·2健身工程”顺利开展，学校坚持“安全第一，预防为主”的原则，做到充分准备、责任到人，遇到突发事故能有效处理，针对跳绳运动当中可能出现的安全问题，制定此应急预案：

一、成立安全工作领导小组，分工明确、责任到人

组长：杨德豪。

副组长：邱长奎、王梦贤、沈田田。

组员：董正龙、仇岩岩、王磊、体育老师、各班班主任。

二、活动前安全措施

（一）各班班主任开展安全教育活动。

（二）学校赛前组织部署比赛的安全防范措施，并进行场地、器材的安全检查。

（三）规划比赛区、学生观看区、练习区。

（四）召开学生会成员及班主任会议，布置有关活动安全事宜：

1. 对参加学生进行健康调查，保证参赛队员必须身体健康。

2. 每次组织跳绳比赛的裁判员要严格执行跳绳竞赛裁判法，加强学习，提高安全防范能力。

3. 学生会成员要树立教育育人、服务育人、团结协作、安全第一的观念。

4. 出现突发事件时，要服从安全工作领导小组的统一指挥，协助做好疏散和救护工作。

三、活动期间的安全措施

（一）活动场地门口由专人负责，禁止一切闲杂人员进入比赛场地，安排安全员进行巡视，负责维护秩序。

（二）活动开始，各班学生可以呐喊加油，但不可以越过观看区。学生之间

不得推搡。各班班主任做好本班学生的监管工作。

四、活动期间应急工作措施

跳绳期间一旦发生突发性事件,安全工作小组成员必须立即处置,及时了解和分析事件的起因和发展态势,立即采取有效措施,将损失降低到最小限度。

(一) 学生出现挫伤、扭伤、肌肉拉伤等一般性损伤时,裁判长要立即请医务人员到现场医治。

(二) 一旦学生出现剧烈呕吐、眩晕、骨折、休克等较重症状时,要采取以下措施:

1. 领导小组组长立即找校医护人员到现场救护。

2. 立即用电话与医院联系,做好抢救的准备工作,并安排应急车辆护送伤者到医院救治。

(三) 一旦出现人群拥挤、踩踏或更为严重的情况时采取以下措施:

1. 安全工作领导小组组长立即向上级领导汇报情况,并做好人员疏散、维护秩序、救护等组织工作。

2. 相关工作人员应迅速安排人力做好人员疏散和现场秩序维护工作,同时与医院取得联系。医务人员立即到现场抢救。

(二) 活动设计

※3 盱眙县第一中学
"跳绳4·3·2健身工程"实施过程与方法

一、实施途径

(一) 初一年级

1. 时间安排:每人每周4小时

(1) 体育课

初一年级每周3节课,每节课跳绳练习时间约为15分钟,主要教授单摇的9个动作(并脚跳、单脚跳、脚后跟点地跳、开合跳、弓步跳、后踢腿跑跳、交叉跳、吸腿跳、钟摆跳)、朋友跳、车轮跳和交互绳等,以简单动作练习为主。利用体育课进行考核,合格标准确定为每名学生每种花样必须能连续不断地完成10次。

(2) 大课间

每天下午16:35—17:10,总时间35分钟,进退场共计10分钟,机动2分钟,活动内容主要有1分钟素质训练、2分钟花式跑操、20分钟花式跳绳(简单的9种单人基本步伐跳,变换队形的车轮跳、交互绳跳,集体大跳绳等)。要求:变化套路动作到位,人人蹦蹦跳跳,其乐融融,学生练习兴趣高,场面壮观,观赏性强，锻炼效果好。

(3) 活动课

每周一下午第三节课，每两周一次，每次时间45分钟，主要活动地点在田径场，重点练习花式跳绳的拓展内容，主要为单绳难度拓展（提膝跳、前转后、前后打、敬礼打、敬礼跳、单手胯下跳、单手胯下交叉跳）、组合动作拓展（校园自编韵律绳操）、朋友跳组合拓展、车轮跳组合拓展、多人多绳拓展等。

(4) 快乐周日活动

每两周组织一次，每次活动时间控制在2小时以内，每次活动内容均为以跳绳为核心开展的系列拓展活动，如集体大跳绳、跳方格大赛，跳绳接力赛、快快跳起来、剪刀石头布等趣味比赛。

2. 参与人员

(1) 学生是活动的参与者。要求：多学、多练、多参与、多创新，同学之间积极配合，共建快乐大课间。

(2)班主任是活动的管理者。负责管理班级纪律，维持好练习秩序，营造浓厚的练习氛围，积极支持学校的文体活动，不断提高班级的管理水平。

(3) 体育教师是活动的组织者。负责跳绳活动的设计，队形的调动，指导学生练习，不断加强理论学习，提高业务水平，丰富学校跳绳文化内涵。

3. 考核细则

(1) 服装：根据比赛时间，着学校统一夏季、春秋季、冬季校服。不符合扣1分。

(2) 进退场：要求安静、整齐、有序。讲话、队形散漫扣2分，班级拖拉扣2分，不按照路线走扣3分。

(3) 效果：整体表现优秀，学生按照要求参加大课间，氛围活跃，精神面貌好加5分；整体效果不好（主要从动作完成度、学生参与度等方面进行评判）酌情扣1～3分。

(4) 周末跳绳系列活动：获得班级荣誉奖加5分，获得优秀组织奖加3分，班级或个人破活动记录分别加5分、3分。

(二) 初二年级

1. 时间安排：每人每周3小时

(1) 体育课

初二年级每周三节体育课，每节课15分钟，主要练习形式为1分钟速跳、3分钟耐久跳及控绳练习。

(2) 大课间

每天下午15:40—16:15,总时间35分钟,进退场共计10分钟,机动2分钟,活动内容主要有1分钟素质训练,2分钟花式跑操,20分钟花式跳绳课课练(速跳、加速跑、力量练习、耐久跳、静力练习等)。

(3) 快乐周日活动

每周组织一次,每次活动时间控制在1小时以内,每次活动内容均为以跳绳为核心开展的系列课课练活动,如速跳练习、耐久跳练习、双摇、控绳练习等形式的吉尼斯活动。

2. 考核方案

(1) 服装:根据比赛时间,着学校统一夏季、春秋季、冬季校服。不符合扣1分。

(2) 进退场:要求安静、整齐、有序。讲话、队形散漫扣2分,班级拖拉扣2分,不按照路线走扣3分。

(3) 效果:整体表现优秀,学生按照要求参加大课间,氛围活跃,精神面貌好加5分;整体效果不好(主要从动作完成度、学生参与度等方面进行评判)酌情扣1~3分。

(4) 周末跳绳系列活动:获得班级荣誉奖加5分,获得优秀组织奖加3分,班级或个人破活动记录分别加5分、3分。

(三) 初三年级

1. 时间安排:每人每周2小时

(1) 体育课

初三年级每周3节体育课,每节课10分钟,主要练习形式为2分钟速跳和5分钟耐久跳。

(2) 大课间

每天上午9:15—9:50,总时间35分钟,进退场共计10分钟,机动2分钟,活动内容主要有1分钟素质训练和跳绳课课练。

2. 考核方案

(1) 服装:根据比赛时间,着学校统一夏季、春秋季、冬季校服。不符合扣1分。

(2) 进退场:要求安静、整齐、有序。讲话、队形散漫扣2分,班级拖拉扣2分,不按照路线走扣3分。

(3) 效果:整体表现优秀,学生按照要求参加大课间,氛围活跃,精神面貌好加5分;整体效果不好(主要从动作完成度、学生参与度等方面进行评判)酌情扣1~3分。

(4) 周末跳绳系列活动：获得班级荣誉奖加5分，获得优秀组织奖加3分，班级或个人破活动记录分别加5分、3分。

二、组织保障与管理

(一) 体育大课间由体育老师统一指挥调度，负责划分班级区域、队列队形变化、确定练习内容和现场指导、示范、纠错等；班主任负责管理班级纪律、督促学生认真练习和营造班级锻炼氛围；学校领导负责分管年级，定期检查，及时指导；各任课教师协调配合组织。

(二) 体育课堂教学中，由体育教师讲授花样跳绳技术，组织学生有效学习，指导学生掌握花式跳绳技术，注重精讲多练，多给学生练习时间，通过多种方法调动学生练习积极性，完成规定的跳绳教学任务。

(三) 德育处、学生会每天安排教师、学生进行大课间检查，并及时反馈、通报练习情况；每周德育处对开展好的班级进行公开表扬，对表现不好的班级提出批评。

(四) 学校专门成立"跳绳4·3·2健身工程"领导小组，协调配合活动所需物资，统一购置器材，统一教学内容，统一动作要求。

(五) 校领导、体育教师、班主任分工明确，责任到人，面向全体学生，精心设计活动方案，场地合理分配，确保活动开展有声有色、秩序井然；学生不得无故缺席，要积极参与，认真练习，为班级争光，团结协作，爱护器材，安全第一。

二、实施过程与方法

(一) 具体实施过程

※4 盱眙县第一中学

"跳绳4·3·2健身工程"跨越障碍跳绳接力游戏

一、游戏的准备

(一) 在水泥场地或田径场地划两道直线相距约30米，分起点和终点，在终点处放四根距离相等的标杆，在起点和终点的一半处放四个小海绵垫作为障碍物。

(二) 四个小海绵垫应分别放在返回的途中，海绵垫的高度根据学生身体素质可以增加也可降低(如下图)。

××××× | ∧ |

××××× | ∧ |

××××× | ∧ |

××××× | ∧ |

二、游戏方法

(一)根据学生多少,分成若干组,站成纵队,面向跑动方向。

(二)每组的排头同学持短绳一根,听到教师下达“开始”口令时持绳同学开始向前做行进间跳绳,绕过标志杆返回后跨过障碍,当跑到本组的第二个同学时,将绳的另一头交给他,然后两人各持绳的一端拉直让本组的同学依次原地跨过,直到跑到队尾。

(三)此时排头变成排尾,本组的第二个同学重复第一个同学跑动路线,当跑到本组的第三个同学时,将绳的另一头交给他,然后两人各持绳的一端拉直让本组的同学依次原地跨过,直到跑到队尾。剩下的同学以此类推,直到最后一名同学完成后将跳绳举起示意游戏完成。

(四)由教师作为裁判判断完成情况,先完成的两组为胜利方,最后完成的两组为失败方。

三、游戏规则

(一)每组人数要相等,根据男女人数多少可以混合比赛也可男女分开比赛。

(二)参与接力的学生按照游戏方法完成比赛,不得将跳绳扔给下一位同学。

(三)集体跨过跳绳时要用双脚起跳不得单脚起跳,且本组成员必须参与跨越。

(四)将绳拉直的两位同学,其绳子的高度一般距地面30~40厘米即可。

(二)现场实况照片

图 54-2 大课间练习跳绳

图 54-3 大课间练习跳绳

图 54-4　大课间练习跳绳

图 54-5　师生跳长绳

图 54-6　用跳绳进行力量素质练习

图 54-7　集体绳操展示

图 54-8　师生跳绳比赛

图 54-9　师生跳绳比赛

图 54-10　师生跳绳比赛

图 54-11　跳绳比赛

图 54-12　全员运动会

图 54-13　啦啦队

图 54-14　啦啦队

图 54-15　啦啦队

图 54-16　学生裁判员

三、成绩与效果

盱眙县第一中学以跳绳为特色项目进行校本课程开发研究,不断完善“跳绳 4·3·2 健身工程”项目,取得了可喜的进步。

(一)提高了学生身体素质和运动技能水平

“跳绳 4·3·2 健身工程”项目实施三年来,全校 95%的学生都能参与规定的花样跳绳练习,跳绳水平不断提升,心肺功能得到了很好锻炼。从刚开始的花样少、时间短到现在的跳绳样式不断增加、持续跳绳能力不断提高，学生的体质明显得到改善，身体素质明显提高。2016 届初三年级在“跳绳 4·3·2 健身工程”的实施和推动下，体育中考创造辉煌，满分率达 85.6%；2017 届初二年级经过一年的“跳绳 4·3·2 健身工程”实践，体育中考中长跑满分率 99.96%；2018 届初一学生个子偏矮，耐力差，体质弱，经过半学期“4·3·2 跳绳健身工程”的开展，体育期中考试 800/1000 米，参加人数 1276，达到初二体育中考满分人数为 1036，满分率达 81%。这让我们更加坚信开展“跳绳 4·3·2 健身工程”的必要性和实效性。

（二）促进了学生综合素质提高

学校“跳绳 4·3·2 健身工程”的大力开展，得到了社会的广泛认可。家长们觉得孩子们的身体越来越强壮了，性格开朗了，积极主动给孩子们配备跳绳；得到当地电视台的关注，拍摄“跳绳 4·3·2 健身工程”活动视频并在电视台播出，提高了学校的知名度和影响力；很多兄弟学校都纷纷前来观摩“跳绳 4·3·2 健身工程”开展情况，借鉴和学习盱眙县第一中学的成功做法，并学而用之。随着学校影响力的扩大，很多家长都非常乐意把孩子送到盱眙县第一中学读书，他们觉得把孩子送到这样的学校上学放心、安心、舒心，在这里孩子们能够得到良好的体育锻炼，身体长得会更结实，德智体能得到全面发展。

四、思考与展望

（一）需要各部门齐心协力方能取得良好效果

“跳绳 4·3·2 健身工程”在取得一定成绩的基础上，也存在一些不足之处，需要进一步改进和完善。例如：对于跳绳基础不同的学生，需要开发多种多样的跳绳花样，以满足不同层次学生的需求，促进他们共同进步；多编排适合集体练习的跳绳练习形式，通过多人练习跳绳，培养学生的团队协作精神合作意识。“跳绳 4·3·2 健身工程”是学校德育工作的重心，需要校领导、班主任和体育教师共同努力，不断去实践、创新、开发，让孩子们充分享受跳绳带来的快乐。

（二）妥善处理好跳绳与文化课之间的关系方能持续开展

由于学校文化课教学任务比较紧，“跳绳 4·3·2 健身工程”经常会因学校文化课任务的安排而受影响。虽然保证了跳绳练习时间，但有时难以固定，这无疑增加了体育教师的工作量。今后要进一步完善考评制度，年级组、班主任、学生要把跳绳当作常规工作去完成，不可随意调整练习时间。

入选理由:

该校秉承栟中平民教育理念,平等对待每一位老师、学生,平等对待每一个学科,从甘守平凡与勇攀高峰的校风中凸现对平实教育风格的坚守。学生在课外活动项目选择上拥有平等的选择机会,活动的内容都很平凡,没有标新立异的创举,将每一个平凡的活动内容认真练,努力练,取得一个个优异成绩。实施精致管理,把课外活动管理中每一件简单和平凡的事做好、做实,力求挖掘学生更多的运动潜能,力求使学生掌握的技能数量、体能水平在初一时"低进",初三毕业时"高出"。

五十五 南通市如东县茗海中学课外体育活动

资料提供:陆　军

图 55-1　南通陆军

如东县茗海中学[南通市中小学学生体质健康监测点校(代码 30)]位于千年古镇栟茶镇。学校教育教学质量不断提高,连续多年被评为如东县教育质量优等学校;荣获"中国青少年素质发展示范基地""南通市青少年行为规范示范学校""南通市模范家长学校""南通市文明单位""如东县教育管理先进学校"等称号,2013 年被评为"南通市初中体育学科基地"。学校以"坚持以法治教,科研兴教,全面贯彻执行党和国家的教育方针,积极推进素质教育,面向全体学生,全面提高教育教学质量和办学效益"为办学原则。以"面向民众,服务社会,注重实践和创新,促进学生全面素质和个性特长的充分和谐发展,为学生的终身学习奠定良好的基础,培养综合素质良好的新型人才"为办学目标。以"爱国、勤奋、求实、创新”为校风，以“肯吃苦、守规矩、会学会、善创新”为校训，以“夯实基础、凸显能力、面向全体、因材施教”十六字为教学指导思想。近年来，学生参加各级各类竞赛，先后有275人次获国家、省、市、县级奖；学校荣获中国国际科学与和平周全国中学（江苏地区）金钥匙科技竞赛先进学校、江苏省第三届中小学生健康教育知识竞赛组织奖、中国青少年读写大赛江苏省优秀组织奖。学校以“研究促质量、研究求效益、研究创特色”为教科研宗旨，近三年来，教师撰写的论文共有146篇在各级各类刊物发表或参赛获等级奖；学校荣获如东县第十届、十一届、十二届“黄海潮”教研活动优秀组织奖、江苏省第七届“五四杯”青年教师论文竞赛组织奖、江苏省“师陶杯”活动组织奖、江苏省“金帆杯”教育教学论文大赛优秀组织奖。

学校占地面积40000多平方米，校舍建筑面积21838平方米；运动场15540平方米，包括一片300米6跑道田径场，2片标准7人制足球场，2片高规格笼式篮球场，一间200平方米左右乒乓球室，20张室外乒乓球桌，6块羽毛球场地，应急室内活动场地约6000平方米，生均活动面积达到1.5平方米。学校现有30个教学班，近1600名学生，教职工100余人，拥有市、县教学骨干多人。现有专业体育教师7人，皆为本科毕业，其中中小学高级教师2人，涉及专业包括田径、武术、足球、篮球、乒乓球，体育教师平均年龄38周岁。

学校为实施素质教育，促进学生全面发展，在搬入新校区前的校园规划设计上明确划分了课外体育活动区域，后期又陆续增加不少运动场地。在此基础上，历任学校领导与体育教师共同努力，在2009年9月开学后将具有校本特色的课外体育活动开始实施，经过数年的修改与完善，取得了令学生、家长和社会满意的骄人成果。现在我校每个班级教室后面都有一块专门放置普通体育器材的区域，球类基本都放置在座椅下，整队时班级值日生将当天的器材带至活动场地。在课外活动时，我们争取让每一位学生都参与进来，都要享受到活动的乐趣，增强自身的体质。

一、组织方法与活动设计

（一）组织方法

※1 如东县茗海中学课外体育活动管理章程

一、根据《中华人民共和国体育法》《全民健身计划纲要》《新课程标准》等法律、法规和规章规定，为我校实现以下目标：通过课外活动缓解文化学习的压力，满足学生需要，保证个体生长发育，增强学生体质，在活动结束后能以更加积极的状态投入生活与学习中；通过课外活动完善学校器材与设施，为构建文明校园创设优异环境;提高学生专项运动成绩,为校田径队、足球队、乒乓球队等输送优等人才;使学生掌握较多的体育运动技能,为终身体育打好基础;通过课外活动,学生形成正确的健康观念,促使学校体育“健康第一”思想落实;培养学生社会适应能力与集体主义观念,培养学生个体的独立能力、创新能力和自主能力。在群体活动中,养成文明礼貌的好习惯;培育和践行社会主义核心价值观。特制定本章程。

二、本活动全称:如东县茗海中学课外体育活动。

三、本活动由如东县茗海中学课外体育活动领导小组制定和实施,最终解释权归其所有,但必须遵循中华人民共和国的各项法律、法规和规章制度。

四、本活动开展的范围:

(一) 全校学生在课堂之外进行球类、田径类、趣味类、拓展类等体育运动,择时择机拓展场地与项目。增强学生体质,培养学生体育精神。

(二) 不定期举行相关活动内容的竞赛活动。

(三) 在指导与训练学生练习的同时,利用各种途径提高体育教师、班主任等人员的业务水平。

(四) 训练与组织运动员参加各级体育竞赛,选拔与推荐优秀体育人才。

(五) 完成上级安排的各项体育活动任务。

五、本活动包含的活动内容:

(一) 普通类:篮球运球、足球运球、排球垫球、跳短绳、踢毽子、10 人长绳、双人羽毛球、双人板羽球、乒乓球(室外普通)、普通小型游戏等(拓展中)。

(二) 竞技类:篮球 3VS3、七人制足球、排球、乒乓球(提高)、羽毛球(单打、双打)等(拓展中)。

(三) 校本趣味类:拔河、多人多一足比赛、无敌风火轮、放风筝、托乒乓球跑比赛等(拓展中)。

六、本活动设立的组织机构:如东县茗海中学课外体育活动领导小组。

组长:李志军(校长分管学校体育);副组长:程健(初一年级主任)、孙建(初二年级主任)、钱桂军(初三年级主任);组员:石小兵、陆军、周明、陈述、汤兴兰、顾秀萍、南松欣、各班主任。

小组成员应是我校教职工,具备一定的体育基础,掌握基本的体育教学、训练和竞赛方法。在年终绩效考核中根据工作量发放一定的绩效工资。

其职责为:

(一) 制定和修改本活动章程。

(二) 定期召开小组会议,商议讨论章程执行情况,提出整改措施。

（三）向全校公开活动的各项数据。

（四）制定活动的年度计划、月计划及课时训练计划。

（五）协调活动时各班级场地器材。

（六）审议、批准和执行本活动的财务预算、决算方案。

（七）处理和决定本活动的日常事务、重大事项等。

七、本活动的法定代表人为林红亮校长，代表本活动行使各项法律法规权利。

八、本活动的经费来源于学校体育经费，由我校会计杨晓东、李雪娟管理使用，资金管理使用必须遵循国家规定的会计制度。资金使用于：

（一）场地维修与布置，器材补充、更换与维修。

（二）领导小组成员的培训、业务交流等。

（三）活动办公经费及其他支出。

九、活动终止和终止后各项安排：

（一）由于其他校内活动代替或其他原因终止本活动，本活动领导小组需开会讨论通过并报校长室。

（二）本活动领导小组制定终止后场地、器材等后续使用方案。

（三）清算活动资金，清理债权债务，按照事业单位管理规定，剩余财产归学校体育经费。

十、本章程经如东县茗海中学课外活动领导小组审核报校长室通过后生效，解释权归本活动领导小组。

※2 如东县茗海中学课外体育活动规章制度

一、如东县茗海中学课外体育活动运动场及体育设施管理制度

学校运动场地与体育设施均为国家财产，所有相应人员都有权利按规定使用，更有义务去爱护它们。为更好发挥场地与器材的作用，特制订本管理制度。

（一）体育场地管理制度

1. 除体育教学、本活动进行、校内举行的其他体育类活动以及国家规定的开放时间段，所有运动场地未经领导小组允许，校外人员不得入内。

2. 保持所有运动场内的清洁，不乱扔废弃物。

3. 在国家规定以及我校安排的体育场馆开放时间段内，所有使用人员应遵循以下规定。

(1) 进入场地前登记，妥善放置好车辆等个人物品。

(2) 从学校大门进入，不得攀爬、翻越围墙、栅栏等，如有违反后果自负。

(3) 外来人员不得在运动场地内吸烟、乱扔烟蒂；不准故意损坏场地及器

材。如有违反产生的一切损失照价赔偿。

(4) 外来人员在进行体育锻炼前,应做好相应的准备活动,不准练习任何危险动作,不准争吵、打架、斗殴。如有违反,后果自负,学校不承担任何法律方面的责任。

(5) 学校场地器材在开放时间段内有其他用途的,关闭对外开放。

(6) 校外人员运动结束后,打扫场地,将器材摆放回原位,安全有序离开学校。

(7) 我校应定期维护保养场地与器材,以确保使用人员的使用以及安全。

(8) 遵循我校制定的其他体育设施、场地管理的相关规定。

4. 胶质场地(田径跑道及周边、乒乓球室、笼式篮球场)使用管理规定。

(1) 严禁穿具有破坏性的鞋子(高跟鞋、钉鞋等)进入场地。田径队队员按规定在教练员安排与指导下穿不超过9毫米的短钉钉鞋进行训练。

(2) 严禁车辆等重物驶入。

(3) 严禁将口香糖、泡泡糖等黏性物质放置于场地;严禁将烟蒂等火种、有机溶剂、化学药品带到胶质场地。

(4) 严禁携带玻璃片、钉子、针、饭勺、笔等物品进入场地,不得使用锐器或硬物割划场地。

(5) 胶质场地边缘及附属设施不得扒拉、掀动。

(6) 严禁对铁丝笼使用躺、撞、拉、踹等野蛮动作,不得使用任何手段破坏铁丝笼。

(7) 未尽事宜,另行补充。

5. 其他场地的规定。

(1) 室外乒乓球场地使用管理规定。

①严禁私自拖移球桌。

②室外乒乓球桌为铁质,应加强防范边角或破损边缘对人体的伤害。

③遵循其他场地适用的使用管理规定。

(2) 应急室内活动场地(食堂二楼)使用管理规定。

阴雨天或在课外活动领导小组安排下,部分活动(能在该场地进行的活动)在本场地进行,但应遵循以下使用管理规定。

①有序摆放桌椅至边缘,并摆放警示柱,活动结束后物归原位。

②在规定区域内进行活动。

③遵循其他场地适用的使用管理规定。

(3) 其他场地的使用遵循以上场地适用的规定。

（二）体育器材管理制度

我校课外活动规模大，持续时间长，学校在器材配备方面略有欠缺，所以在学校原有器材的基础上，结合活动内容，各班学生自备相应器材。为使器材充分合理利用，更加有效地服务于本活动，领导小组特制定《如东县茗海中学课外活动器材管理制度》，学校器材室拥有器材、班级内器材都适应本制度，各使用人员都有维护本制度的权利和义务。

1. 体育器材室管理规定。

（1）耿浩老师分类造册登记器材，建立账本。建立借用登记手册。器材损坏与新器材入册登记清晰。

（2）耿浩老师做好器材发放与登记工作，借还手续要清楚。在工作期间不得擅自离岗。上下班及时关闭灯源、门窗、空调。做好防火防盗工作，每周全面检查器材室一遍，排除安全隐患，做好检查记录。

（3）相应器材分门别类摆放整齐。在活动开始前对应活动安排表要做好准备工作，篮球足球等充好气，充分安排借用器材时间。定期对器材进行检查，如能修理自己维修，不能修理的上报体育教研组长，及时更新器材。每学期进行一次全面整理，维修和补充器材。

（4）如器材人为损坏、丢失等，需由该班级负责赔偿，按照器材使用程度赔偿原价的10%～100%，并办理赔偿手续。

（5）必须凭学生本人学生证借用器材，当天必须归还；校业余训练队使用器材可延长至一学期，归还后，第二学期重新借用。

（6）学校竞赛使用器材参照本制度1(4)执行。

（7）不得向本校之外人员借出器材。

（8）未尽事宜，另行通知。

2. 班级器材管理规定。

（1）按照活动安排表内容，准备学校器材室没有或者不足的小型器材，统一摆放于图书角南侧，不超过黑板北侧，最好用大型储物箱放置器材。如有球类须统一放在凳子下的矩形框架内。

（2）各班体育委员或安排专人负责当天活动所需器材的统一取收，登记管理器材使用情况。

（3）班委会及时更新器材。

（4）非体育课、课外活动时间内，不允许在教室、走廊、楼梯等学习场所使用体育器材。

（5）使用学校器材适用管理规定。

二、如东县茗海中学课外体育活动评价制度

为使本活动不流于表面,让每一个学生都能积极参与其中,从中收获有利于提高自身身体素质、心理健康、社会适应等各方面的人生果实,也为了让本活动持续有效开展,经领导小组研究决定,从活动开始后,每天对全校课外活动组织实施情况进行评比记分统计,并计入八项综治总分10%内,领导小组对本制度有最终解释权。具体实施措施及评比方案如下。

(一) 组织细则

为强化学校课外体育活动的管理,学校成立在校长室领导下,以学生干部为检查骨干的课外体育活动考核小组,以各班主任为自查负责人,统一思想,明确各人分工,充分重视全校的这一重大活动,各负责人要全程组织,全程跟踪,全程指导,全程落实。

1. 课外体育活动考核小组

组长:林红亮。

副组长:李志军、周军、程建、钱桂军、孙健、缪铁生、苏海燕、缪平。

成员:各班主任,学生会成员30人。

2. 考核小组职责

组长负责全面指导工作,负责重大事件的处理善后工作,负责巡视及实时改进方案等。副组长负责分区域指导,负责本区域内偶发事件处理,负责组长与成员之间联系,负责安全事故处理等,缪平主任负责汇总扣分,按总分10%比例计入八项综治课外体育活动项。成员负责按照检查扣分细则管理班级,及时处理上报偶发和安全事件等,学生会成员负责按照扣分细则严格扣分,于第二天早饭后统一交副组长缪平主任。

(二) 考核评比扣分细则

考核对象以班级或运动队为单位进行,主要考核到位率、积极活动情况、班主任出勤等。

1. 服装5分:必须着运动服装、鞋子,一人扣1分,直至扣5分。

2. 进场5分:第三课下课后立即到指定场地,10分钟后开始做准备活动,检查到位人数,少一人扣1分,直至扣完5分。

3. 班主任到位10分:班主任必须到场监督指导活动,特殊情况委托其他老师。

4. 及时借还器材10分:第三课下课后立即将器材带至活动场地,或及时到器材室借取器材。在开始做准备活动时,检查器材借取情况。延时1分钟扣1分。

5. 准备活动10分：活动前必须热身，形式不限，或慢跑，或徒手操，按有无及活动充分性扣分。

6. 活动积极性30分：在活动时积极，无闲坐、闲聊等情况，有一处扣2～5分，活动节奏极慢扣5～10分。

7. 纪律30分：活动现场无打闹、随意串班、离开活动场地等现象，有一处扣5～10分。

附1. 评分统计表

	服装5分	进场5分	班主任到位10分	及时借、还器材10	准备活动10分	活动积极性30分	纪律30分	备注：被扣分人姓名等
初一1								
……								
篮球队								
足球队								
……								

附2. 如东县茗海中学课外体育活动学生会检查登记表

	服装5分	进场5分	班主任到位10分	及时借还器材10分	准备活动10分	活动积极性30分	纪律30分
检查班级							

检查人：　　　　　　时间：

三、如东县茗海中学课外体育活动安全管理制度

我校课外体育活动参与人员极多，分布范围较广，安全隐患较多。为切实管理好本活动的安全工作，积极防止与应对可能发生的安全事故，防患于未然，保证课外体育活动的顺利进行，确保师生人身安全，根据上级有关规定，结合我校实际情况，特制定本案。

（一）组织机构

为加强课外体育活动期间安全事项的组织与领导，制定预防事故的措施，保证学生与工作人员更好地了解安全办法，遇小事能自救，遇大事不慌张，确保各项应急措施顺利进行，明确各责任人，现成立安全应急领导小组。

组长：林红亮

副组长：李志军、周军、程建、钱桂军、孙健、缪铁生、苏海燕、缪平

成员：各班主任，石小兵、周明、陆军、南松欣、陈述、汤兴兰、顾秀萍

主要职责：

1. 组长全局观察，总负责活动现场安全，指挥相应人员迅速到达事故位置采取正确应对措施。

2. 组长安排成员学习相关法律法规，简单事故处理办法。

3. 根据天气等情况确定当天活动是否开展。

4. 副组长具体负责区域内所有事项。徐向文负责饮食方面安全，李志军负责外来人员(家长)监控等，程建、钱桂军、孙建负责学生安全教育、安全知识培训等，缪铁生、苏海燕负责联络，缪平负责学生会检查人员安全联络。各班主任负责本班学生具体安全意识教育及联络。

5. 所有领导组成员熟悉疏散路线。

6. 体育组成员负责各区域内班级学生安全防范，引领疏散，事故处理指导等。石小兵负责田径场西，周明负责田径场东半部分及广场西水泥大道，陆军负责广场，南松欣负责多功能教室前后左右，汤兴兰、顾秀萍负责食堂东水泥大道、乒乓球区域、篮球场。

(二) 具体要求

1. 活动前做好以下工作。

(1) 安全教育。年级主任(三位副组长)对本年级班主任下发安全预案通知精神，各项活动安全注意点以及简单外伤处理办法等，进行全年级的安全知识安全意识教育，了解学生先天身体健康状况，筛选特殊学生(特殊学生管理见第六大部分)，如隐瞒或疏忽造成特殊学生参与活动造成伤害的，追究年级主任及相关班主任责任。教室内讲解紧急情况下疏散路线，进行一次室外演练。

(2) 各工作人员在学生活动前检查活动场地器材是否有施工、破损等情况，及时汇报及时整改。

2. 活动期间做好以下工作。

(1)班主任全面观察学生，提醒禁止做危险性的动作，禁止随意离开活动场地，对确实需要离开场地的学生，需要登记并安排陪同学生。

(2)班主任与区域内体育教师做好动作指导工作，防止错误动作引起的意外伤害，监控各区域内班级有序活动，不得串班，制止打闹现象的发生。

3. 突发事件处理办法。

(1) 活动场地内出现摔倒、擦伤等极小事件，安排校医前往处理，难以处理的，组长安排汽车送往医院。

（2）若出现重大伤害事故，如骨折等，校医立即进行简单有效处理，同时拨打120电话。如发生火灾事故，应拨打119电话，同时按照疏散路线紧急疏散，安全领导小组断后，确保所有学生疏散。如有其他突发事件，学校难以处理的，应拨打110电话。

（3）安全事故信息发布处理。如遇突发紧急事件，应逐级向上汇报，事态极为严重的，由学校办公室第一时间向行政领导部门汇报。不得瞒报、谎报事故实情。未经学校应急小组同意，不得随意在网络上发布没有全面情况描述的图文，更加不得擅自臆测，夸大其词地发布事件消息。所有应急领导小组成员必须保证通信畅通。

4. 未尽事宜，另行通知。

四、特殊学生管理制度

经班级筛查，由于疾病等原因实在不能参与课外体育活动的学生在活动期间，下第三课后，统一集中至三楼会议室集中，随身带好课外书籍。管理人员：各年级主任。

（二）活动设计

※3 如东县茗海中学课外体育活动年度工作计划

一、如东县茗海中学课外体育活动2019—2020学年工作计划

2019—2020学年中，为使我校学生《国家学生体质健康标准》和南通市体能与技能测试的成绩进一步提升，同时贯彻“健康第一”的教育理念，丰富学生课余生活，在上一学年本活动工作计划的基础上，根据上级相关部门年度竞赛安排，领导小组制定了本计划。

（一）宣传引导学生参与本活动。开学初，领导小组利用校园文化布置、国旗下讲话、班会课、标语等各种形式开展课外体育活动的宣传活动，使师生了解本活动的作用。各班主任在班级群告知学生家长，让本活动被家庭和社会了解。做好校园网站宣传工作。

（二）活动领导小组负责活动场地器材布置，按照国家《体育器材配备标准》，结合活动安排实际，增添器材的数量和品种，继续修改和完善运动场及体育设施管理制度。

（三）保证师资力量。在上一学年年领导小组配置基础上，根据今年班级情况，实时调整小组成员，保证全方位覆盖。

（四）不断拓展活动项目，本学年年活动项目为：

1. 普通类：篮球运球、足球运球、排球垫球、跳短绳、踢毽子、10人长绳、双

人羽毛球、双人板羽球、乒乓球(室外普通)、普通小型游戏等。(拓展中)

2. 竞技类:篮球3VS3、七人制足球、排球、乒乓球(提高)、羽毛球(单打、双打)等。(拓展中)

3. 校本趣味类:拔河、多人多一足比赛、无敌风火轮、放风筝、托乒乓球跑比赛等。(拓展中)

(五) 今年我校课外体育活动时间为:春季作息时间的第三课后至下午5:30,秋季作息时间的第三课后至下午5:10。

(六) 在常态活动的基础上,增加以下大型体育活动。

1. 春、秋田径运动会。

2. 每学期一次足球、篮球比赛。初定于5月中旬至6月上旬,10月中旬至11月上旬举行。

3. 每学期一次的年级趣味活动比赛。初定于4月底各年级举行拔河比赛,5月上旬举行托乒乓球跑、无敌风火轮比赛,10月上旬举行多人一足比赛。其余趣味类项目比赛待领导小组另行通知。

(七) 学校业余训练队的安排:

1. 第一周选拔人才,组队,制定各阶段训练计划,由体育组负责。

2. 代表学校参加如东县4月、5月、10月、11月、12月的县级比赛。

(八) 年度工作目标

1. 发现问题,在领导小组年终总结会议上修改完善各章程制度。

2. 有序推进本活动的展开,学生体能与技能水平稳步提升,并用数据展示。

3. 各业余训练队在各项比赛中保持成绩或提升成绩。

二、实施过程与方法

(一) 具体实施过程

※4 如东县茗海中学课外体育活动全学年活动计划

年级活动内容	练习目标	练习内容	备注
初一 篮球运球	能基本控制篮球,熟练进行原地高低运球,换手运球	各种球性练习,高低运球、换手运球	陈述老师指导,一个月后班主任指导练习
初二 篮球运球	掌握由慢到快的直线运球技术,通过控制身体姿势、重心和触球位置,掌握无障碍曲线运球技术	各种球性练习,高低运球、换手运球无障碍下直线、曲线运球技术	陈述老师指导,一个月后班主任指导练习

续表

年级活动内容	练习目标	练习内容	备注
初三 篮球运球	基本掌握体前变向换手运球技术，通过控制身体姿势、重心和触球位置，掌握绕杆运球技术	体前变向换手运球练习绕杆运球练习	陈述老师指导，一个月后班主任指导练习
初一 足球运球	了解脚内侧运球动作要领，基本熟悉足球球性，基本掌握脚内侧运球要领	观察脚内侧运球图解，踢固定球，两人短距离传直线球	顾秀萍老师指导，一个月后班主任指导练习
初二 足球运球	能基本控制击球点，能控制运球方向，走动中能保持直线运球	直线短距离运球往返	顾秀萍老师指导，一个月后班主任指导练习
初三 足球运球	能在较快速度中控制重心，控制脚内侧运球方向，流畅完成绕杆运球练习	绕杆运球	顾秀萍老师指导，一个月后班主任指导练习
初一 排球垫球	基本掌握一插、二夹、三提、四送的动作，记住要领，保证平面、击球点	无球练习，垫固定球，垫1～2球	汤兴兰老师指导，一个月后班主任指导练习
初二 排球垫球	在保证垫球动作要领准确的前基础上掌握自抛自垫技术，多次原地垫球技术	自抛自垫一球，连续垫球	汤兴兰老师指导，一个月后班主任指导练习
初三 排球垫球	能基本掌握移动后调整垫球技术，球感持续提升	连续垫球，要求垫球高度男生垫球2.2米，女生2米	汤兴兰老师指导，一个月后班主任指导练习
初一 跳短绳	掌握单摇跳绳技术	单摇跳绳500次（自行分组）	班主任观察指导
初二 跳短绳	掌握单摇跳绳技术，尝试花样跳绳	单摇跳绳500次（自行分组）开合、弓步等花样跳绳100次（自选）	班主任观察指导
初三 跳短绳	掌握单摇跳绳技术，提高跳绳数量	1分钟140次以上	班主任观察指导计时
初一 踢毽子	掌握脚内侧踢毽子的方法	连续脚内侧踢毽子	班主任观察指导
初二 踢毽子	初步掌握脚内侧、外侧、脚尖踢毽子方法	连续多种方法踢毽子	班主任观察指导
初三 踢毽子	巩固踢毽子动作方法	连续踢毽子	班主任观察指导
初一10人 长绳	了解规则，一人能较平顺的通过摇绳	由慢到快摇绳，连续通过	班主任观察指导

续表

年级活动内容	练习目标	练习内容	备注
初二10人长绳	过绳平稳,连续通畅	由慢到快摇绳,连续通过	班主任观察指导
初三10人长绳	过绳平稳,连续通畅	由慢到快摇绳,连续通过	班主任观察指导
初一双人羽毛球	学会正确的握拍方法,体会正手发高远球站位、挥拍、击球时机,体会接球时移动、击球时机	发球,接球	袁飞老师指导 班主任观察指导
初二双人羽毛球	掌握双人羽毛球基本规则,在无线区域能基本遵守规则	单打练习	班主任观察指导
初三双人羽毛球	基本掌握规则	单打练习	班主任观察指导
初一双人板羽球	学会正确的握拍方法,体会正手发高远球站位、挥拍、击球时机,体会接球时移动、击球时机	发球,接球	袁飞老师指导 班主任观察指导
初二双人板羽球	掌握基本规则,在无线区域能基本遵守规则	单打练习	班主任观察指导
初三双人板羽球	基本掌握规则	单打练习	班主任观察指导
初一乒乓球(室外普通)	掌握正确握拍姿势,掌握正手发奔球技术,基本了解击球位置、击球时机	发球,接球	钱科勇老师指导,一个月后班主任指导练习
初二乒乓球(室外普通)	巩固发球技术,掌握推挡技术	发球,接球	钱科勇老师指导,一个月后班主任指导练习
初三乒乓球(室外普通)	巩固发球技术,掌握推挡技术,尝试攻球技术	单打练习	钱科勇老师指导,一个月后班主任指导练习
初一普通小型游戏	掌握规则,团体合作,发展良好体育精神	班级研发小游戏	班主任指导练习
初二普通小型游戏	团体合作,发展良好体育精神	班级研发小游戏	班主任指导练习
初三普通小型游戏	团体合作,发展良好体育精神	班级研发小游戏	班主任指导练习
篮球3V3(校队)	专项目标	专项内容	陆军老师教练
七人制足球(校队)	专项目标	专项内容	南松欣老师教练
排球(校队)	专项目标	专项内容	周明老师教练
乒乓球(校队)	专项目标	专项内容	石小兵老师教练

※5 如东县茗海中学课外体育活动月活动安排

班级	周次															
	第一周一	第一周二	第一周三	第一周四	第二周一	第二周二	第二周三	第二周四	第三周一	第三周二	第三周三	第三周四	第四周一	第四周二	第四周三	第四周四
初一 1	A⑩	B⑪	C⑫	D⑬	E⑭	F⑮	G⑯	H⑰	I⑱	J⑲	T⑳	K⑤	L④	M⑧	O⑨	S①
初一 2	B⑪	C⑫	D⑬	E⑭	F⑮	G⑯	H⑰	I⑱	J⑲	T⑳	K⑤	L④	M⑧	O⑨	S①	A⑩
初一 3	C⑫	D⑬	E⑭	F⑮	G⑯	H⑰	I⑱	J⑲	T⑳	K⑤	L④	M⑧	O⑨	S①	A⑩	B⑪
初一 4	D⑬	E⑭	F⑮	G⑯	H⑰	I⑱	J⑲	T⑳	K⑤	L④	M⑧	O⑨	S①	A⑩	B⑪	C⑫
初一 5	E⑭	F⑮	G⑯	H⑰	I⑱	J⑲	T⑳	K⑤	L④	M⑧	O⑨	S①	A⑩	B⑪	C⑫	D⑬
初一 6	F⑮	G⑯	H⑰	I⑱	J⑲	T⑳	K⑤	L④	M⑧	O⑨	S①	A⑩	B⑪	C⑫	D⑬	E⑭
初一 7	G⑯	H⑰	I⑱	J⑲	T⑳	K⑤	L④	M⑧	O⑨	S①	A⑩	B⑪	C⑫	D⑬	E⑭	F⑮
初一 8	H⑰	I⑱	J⑲	T⑳	K⑤	L④	M⑧	O⑨	S①	A⑩	B⑪	C⑫	D⑬	E⑭	F⑮	G⑯
初一 9	I⑱	J⑲	T⑳	K⑤	L④	M⑧	O⑨	S①	A⑩	B⑪	C⑫	D⑬	E⑭	F⑮	G⑯	H⑰
初一 10	J⑲	T⑳	K⑤	L④	M⑧	O⑨	S①	A⑩	B⑪	C⑫	D⑬	E⑭	F⑮	G⑯	H⑰	I⑱
初一 11	T⑳	K⑤	L④	M⑧	O⑨	S①	A⑩	B⑪	C⑫	D⑬	E⑭	F⑮	G⑯	H⑰	I⑱	J⑲
初二 1	K⑤	L④	M⑧	O⑨	S①	A⑩	B⑪	C⑫	D⑬	E⑭	F⑮	G⑯	H⑰	I⑱	J⑲	T⑳
初二 2	L④	M⑧	O⑨	S①	A⑩	B⑪	C⑫	D⑬	E⑭	F⑮	G⑯	H⑰	I⑱	J⑲	T⑳	K⑤
初二 3	M⑧	O⑨	S①	A⑩	B⑪	C⑫	D⑬	E⑭	F⑮	G⑯	H⑰	I⑱	J⑲	T⑳	K⑤	L④
初二 4	O⑨	S①	A⑩	B⑪	C⑫	D⑬	E⑭	F⑮	G⑯	H⑰	I⑱	J⑲	T⑳	K⑤	L④	M⑧
初二 5	S①	A⑩	B⑪	C⑫	D⑬	E⑭	F⑮	G⑯	H⑰	I⑱	J⑲	T⑳	K⑤	L④	M⑧	O⑨
初二 6	A⑩	B⑪	C⑫	D⑬	E⑭	F⑮	G⑯	H⑰	I⑱	J⑲	T⑳	K⑤	L④	M⑧	O⑨	S①
初二 7	B⑪	C⑫	D⑬	E⑭	F⑮	G⑯	H⑰	I⑱	J⑲	T⑳	K⑤	L④	M⑧	O⑨	S①	A⑩
初二 8	C⑫	D⑬	E⑭	F⑮	G⑯	H⑰	I⑱	J⑲	T⑳	K⑤	L④	M⑧	O⑨	S①	A⑩	B⑪
初二 9	D⑬	E⑭	F⑮	G⑯	H⑰	I⑱	J⑲	T⑳	K⑤	L④	M⑧	O⑨	S①	A⑩	B⑪	C⑫
初三 1	E⑭	F⑮	G⑯	H⑰	I⑱	J⑲	T⑳	K⑤	L④	M⑧	O⑨	S①	A⑩	B⑪	C⑫	D⑬
初三 2	F⑮	G⑯	H⑰	I⑱	J⑲	T⑳	K⑤	L④	M⑧	O⑨	S①	A⑩	B⑪	C⑫	D⑬	E⑭
初三 3	G⑯	H⑰	I⑱	J⑲	T⑳	K⑤	L④	M⑧	O⑨	S①	A⑩	B⑪	C⑫	D⑬	E⑭	F⑮
初三 4	H⑰	I⑱	J⑲	T⑳	K⑤	L④	M⑧	O⑨	S①	A⑩	B⑪	C⑫	D⑬	E⑭	F⑮	G⑯
初三 5	I⑱	J⑲	T⑳	K⑤	L④	M⑧	O⑨	S①	A⑩	B⑪	C⑫	D⑬	E⑭	F⑮	G⑯	H⑰
初三 6	J⑲	T⑳	K⑤	L④	M⑧	O⑨	S①	A⑩	B⑪	C⑫	D⑬	E⑭	F⑮	G⑯	H⑰	I⑱
初三 7	T⑳	K⑤	L④	M⑧	O⑨	S①	A⑩	B⑪	C⑫	D⑬	E⑭	F⑮	G⑯	H⑰	I⑱	J⑲
初三 8	S①	L④	M⑧	O⑨	S①	A⑩	B⑪	C⑫	D⑬	E⑭	F⑮	G⑯	H⑰	I⑱	J⑲	T⑳
初三 9	O⑨	M⑧	O⑨	S①	A⑩	B⑪	C⑫	D⑬	E⑭	F⑮	G⑯	H⑰	I⑱	J⑲	T⑳	S①
田径队	P⑦	P⑦	P⑦	P⑦	P⑦	P⑦	P⑦	P⑦	P⑦	P⑦	P⑦	P⑦	P⑦	P⑦	P⑦	P⑦
篮球队	R③	R③	R③	R③	R③	R③	R③	R③	R③	R③	R③	R③	R③	R③	R③	R③
足球队	Q②	Q②	Q②	Q②	Q②	Q②	Q②	Q②	Q②	Q②	Q②	Q②	Q②	Q②	Q②	Q②
乒乓球队	N⑥	N⑥	N⑥	N⑥	N⑥	N⑥	N⑥	N⑥	N⑥	N⑥	N⑥	N⑥	N⑥	N⑥	N⑥	N⑥

说明：

一、英文字母表示活动内容，带圈数字表示活动场地。活动内容如下：A 篮球运球、B 足球运球、C 排球垫球、D 跳短绳、E 踢毽子、F10 人长绳、G 双人羽毛球、H 双人板羽球、I 乒乓球(室外普通)、J 普通小型游戏、K 篮球 3V3、L 七人制足球、M 排球、N 校乒乓球队、O 羽毛球(单打、双打)、P 校田径队、Q 校足球队、R 校篮球队、S 田径项目、T 拔河、U 多人多一足比赛、V 无敌风火轮、W 放风筝、X 托乒乓球跑比赛。T-W 为趣味项目，我们会不定期安排此类趣味比赛。

二、各班体育委员提前知晓本班当天活动场地与活动内容，让值日生提前准备好器材。到达场地后，体育领做热身活动，然后进行课外活动。班主任负责巡视与本班活动安全。

三、阴雨天气，仅 C、D、E、G、J、N、O 可以到食堂二楼应急活动场地活动。

四、未尽事宜,另行通知。场地安排如下图所示。

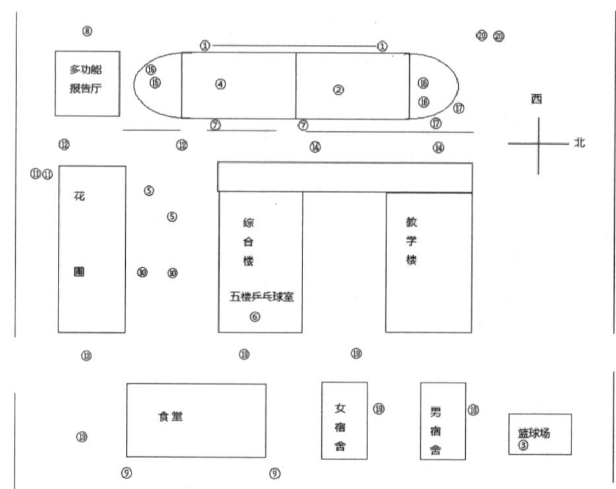

(二) 现场实况照片

图 55-2　羽毛球

图 55-3　排球垫球

图 55-4　乒乓球

图 55-5　小游戏

图 55-6 十人长绳

图 55-7 踢毽子

图 55-8 拔河比赛

三、成绩与效果

（一）学生主动锻炼的意识得到培养

通过长期活动，学生主动锻炼的意识得到培养，参与度明显发生了变化：

1. 由初期仅有部分体育"爱好生""尖子生"参与活动变为全员参与活动。
2. 由全员在活动过程中仅活动极短时间发展为全程参与活动。
3. 由初期形式性（怕扣分）的参与练习变为主动性的参与活动。

（二）学生体能、技能水平逐年提高（表1～表7）

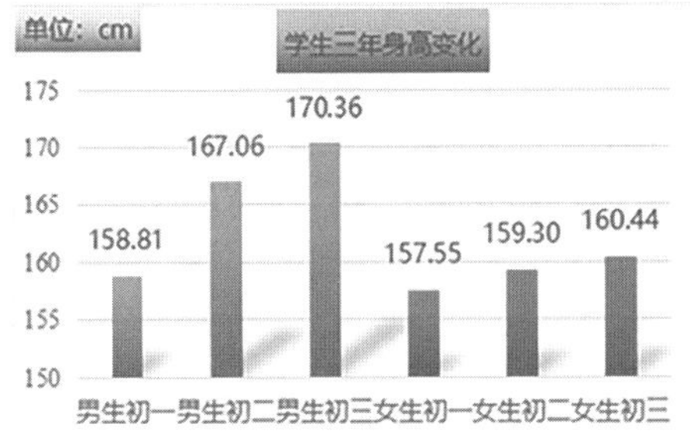

表1 学生三年身高变化

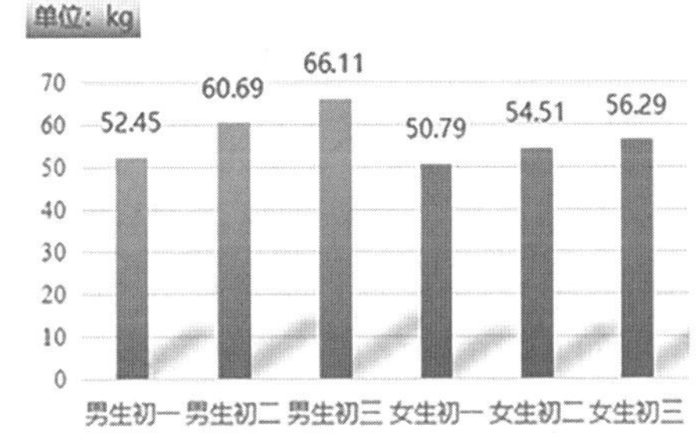

表2 学生三年体重变化

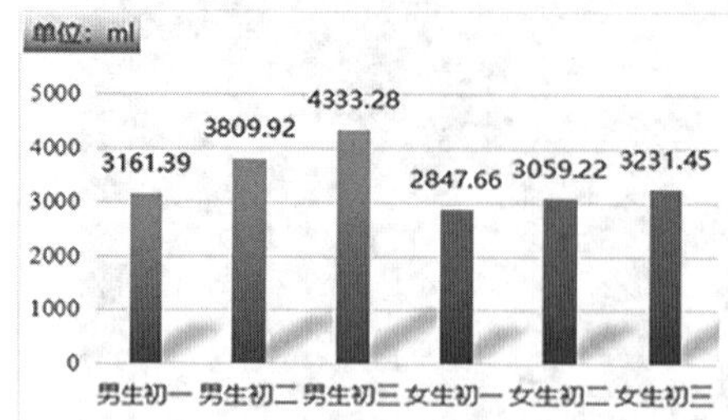

表 3　学生三年肺活量变化

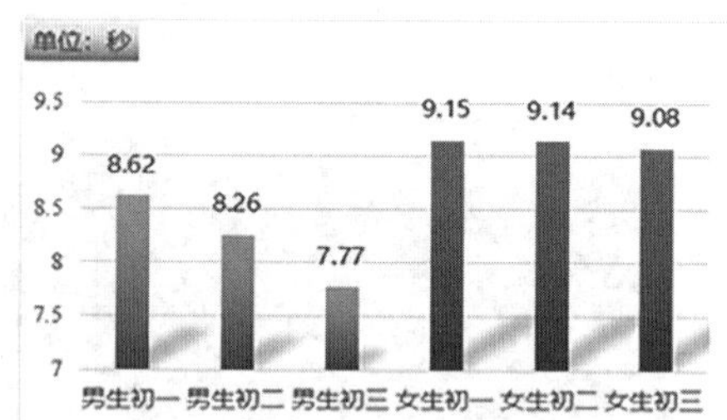

表 4　学生三年 50 米成绩变化

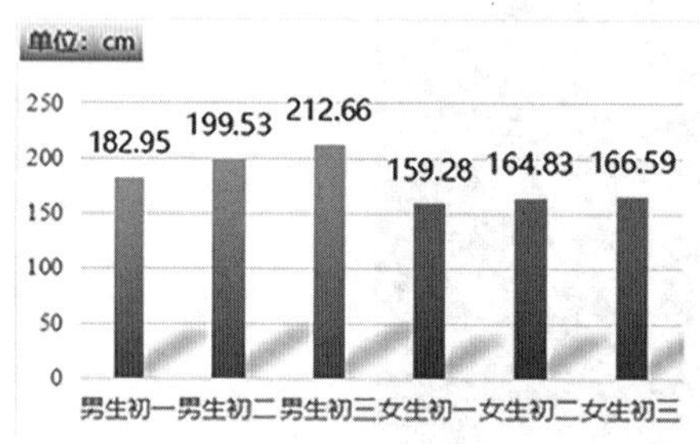

表 5　学生三年立定跳远成绩变化

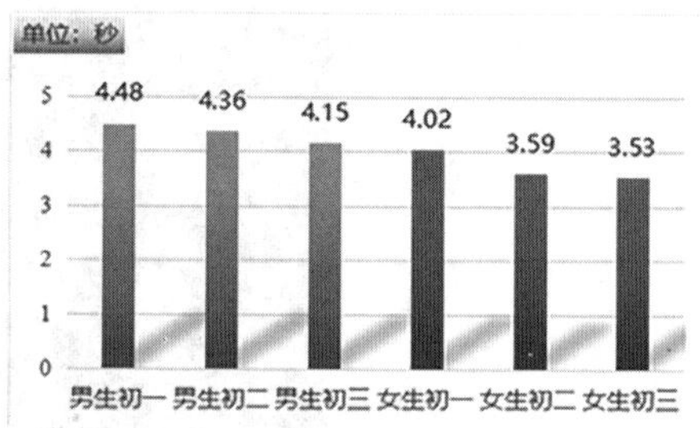

表 6　学生三年耐久跑成绩变化

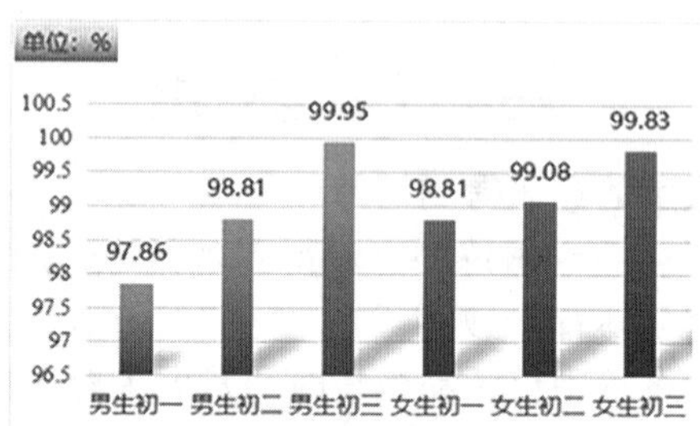

表 7　学生三年技能及格率变化

(三) 学生心理与意志品质得到提高

通过参与我校课外体育活动,学生们增强了安全感和自主能力;提高了独立性;能为了一个目标坚持不懈地去努力;遭遇挫折后能自我调整;同学之间的友谊日渐深厚;形成了正确的人生观、价值观、世界观。

(四) 体育文化宣传途径越来越多

1. 校园网站宣传。

2. 校园内横幅、宣传窗、广播、黑板报、操场四周漆画等。

3.《给家长的一封信》、班级微信群等。

4. 投稿各大媒体。

（五）参加多项赛事获奖

1. 2008—2019 年如东县中小学生阳光体育运动会一等奖。

2. 参加如东县初中生足球联赛，2014 年组队，2014 年校女足一等奖，男足二等奖；2015 年男足一等奖，女足二等奖；2016 年男足二等奖，女足三等奖；2017 年男足一等奖，女足三等奖；2018 年男足二等奖，女足二等奖；2019 年男足一等奖，代表如东县参加南通市初中生足球联赛获二等奖。

3. 2008—2019 年校乒乓球队参加如东县初中生乒乓球比赛稳居榜首。

4. 2014 年省中学生通讯赛一等奖。

（六）活动得到家长的广泛认同

1. 周边社会群众认为：茗海中学的课外体育活动开展得好，孩子们经过一天的文化学习之后再活动一下肯定有好处，孩子们体质上去了，以后能更好地为国家做出贡献。

2. 在《致家长的一封信》中，领导小组做了一份调查问卷，初二、初三年级（已参与活动 1～2 年的年级 918 名学生）的结果显示如表 8：

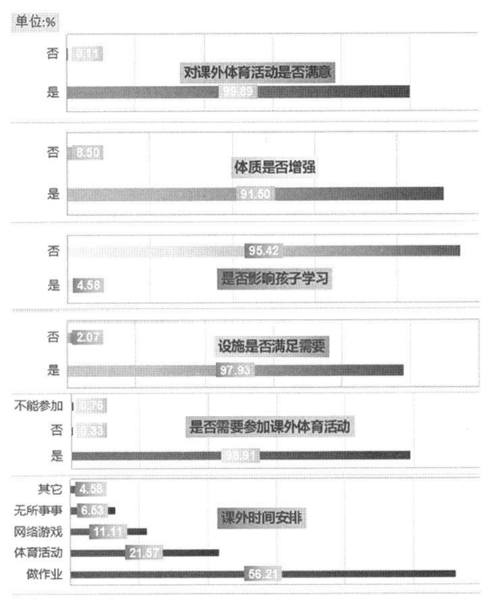

表 8　调查问卷统计表

四、思考与展望

(一)对我校当前课外体育活动模式的思考

我校课外体育活动实施了近12年,在很大程度上推进了素质教育的开展,切实提高了学生身体健康、心理健康以及社会适应能力。开展本活动以来,学生紧张的学习氛围得到调节,也服务了文化学科的学习。如何做强做优本活动,是时刻摆在我们茗海人面前的一个课题。现就本活动的开展实施,结合实践提出几点思考。

1. 让形式更多样,从内在吸引学生主动参与练习。课外体育活动的内容已经较为丰富,在此基础上,我们是否可以推陈出新?是否可以选用更多的竞技类的小项目?甚至申请资金增加相应的基础建设?学生是否可以自编活动内容?

2. 改变组织形式。思考模块活动的可能性,在场地器材许可的情况下进行模块活动,以项目分组,改变班级分组的旧模式。

3. 音乐氛围。在活动期间,全校广播播放合适的音乐。

(二)展望未来,无限风光

回首过去,我们思绪纷飞,万千感慨,课外体育活动凝聚了茗海人无数的艰辛。立足今日,我们兢兢业业,努力将课外体育活动中每一件平凡的事做好、做精,更是斗志昂扬地奔波在提高学生体质的道路上。

展望未来,我们引吭高歌,给课外体育活动插上飞翔的翅膀,它总能到达梦想的天堂。

入选理由：

常州武进清英外国语学校从学校实际出发，把教室门口的走廊布置成操场以外的第二活动场所，对长廊进行了场地改造和文化布置，让普通教学楼走廊成为特色体育走廊，设计出符合学生年龄特点的体育走廊活动。实践证明，该校开发的体育走廊课间活动，遵循学生身心发展规律，教学形式灵活多样，受到学生欢迎、家长好评，使学生在融合了体育、科技、艺术等多学科的走廊活动中寻找到了乐趣、体验到了成功、增进了友谊、建立了自信！

五十六　常州武进清英外国语学校“体育走廊”课间活动

资料提供：蒋伟宇　刘文杰

图 56-1　常州蒋伟宇

常州市武进清英外国语学校创办于 2007 年，坐落于常州市武进国家高新区，是由武进清英国际教育管理有限公司投资兴建的一所高定位、高起点的现代化民办学校。学校占地面积 153 亩，建筑面积 7.1 万平方米，绿化面积 6.8 万平方米。学校现有 2579 名学生，153 名教师，62 个班级，本科及以上学历人数占教师总数 100%。学校创设了 100 多门项目课程，为学生的全面发展、特色发展、个性发展奠定了基础。清英学生在各级调研中屡获佳绩，在各级比赛中崭露头角。

学校先后获得“全国德育先进学校”“全国特色教育示范学校”“中国民办教育百强学校”“全国十大课改样本学校”“中国校园足球特色学校”“中国轮滑训练特色学校”“全国现代教学艺术研究实验学校”“全国新教育实验示范学校”

“江苏名校俱乐部会员学校”“省首批教师发展研究基地”“省校长培训基地学校”“常州市依法治校示范学校”等殊荣。

学校现有体育专职教师10名,都为本科及以上学历,专业分布田径、篮球、健美操、武术、足球等各个专业;其中骨干教师3名、市教坛新秀1名,体育组多人次在市、区基本功比赛中荣获一、二等奖,教师具有良好的专业基本功,篮球队、足球队多次在市、区比赛中获奖。

图56-2　校园全貌

学校有标准400米跑道1片,标准足球场1片,标准篮球场8片,击剑赛道1片,卡丁车跑道1片,符合国家体育教学要求。每层走廊一圈长度约350米,可以让每个班级学生充分进行走廊活动。

体育教学是以室外活动为主要形式的,但是随着空气污染的日益严重和阴雨天气的影响,对于没有体育馆的学校来说,室内体育课和走廊活动的概率会越来越高,也越来越得到体育老师的重视。从2017年开始,学校充分利用教学楼资源,把教室门口的走廊布置成操场以外的第二活动场所,对长廊进行了场地改造和文化布置,让普通教学楼走廊成为特色体育走廊,方便了教师、学生的使用,让学生在阴雨天和雾霾天气走出教室就能享受运动带来的快乐。

一、组织方法与活动设计

(一) 组织方法

※1 武进清英外国语学校“体育走廊”课间活动管理制度

一、遇到特殊天气不能室外运动时,教师应及时组织学生积极参与体育走廊上的锻炼,严格执行走廊活动制度。

二、积极参与体育锻炼活动,有事不能参加活动必须事先请假。

三、按教师的要求，认真刻苦参加训练，努力提高训练质量、运动水平。

四、同学之间在平时的练习及学习、生活中，要团结友爱、互相帮助、互相关心。

五、严格遵守体育走廊规章制度，养成良好的行为习惯，爱护体育器材及地面地贴的布置。

六、每个班级负责教室门口走廊的体育设施布置、更新及维护。

七、尊敬老师及家长，养成文明礼貌的习惯。

八、处罚措施

（一）违反校纪校规及活动练习制度的给予处罚；

（二）损坏器材的应按原价赔偿；

（三）无故缺席活动的学生应及时进行谈话诫勉警告。

※2 武进清英外国语学校“体育走廊”课间活动保障措施

一、组织保障

为推进我校体育走廊课间活动有序开展，学校成立以校长任组长的体育走廊课间活动领导小组。

组长：奚亚英。

副组长：马曙辉。

成员：唐靖霞、王栋栋、张望。

体育活动小组。

组长：马曙辉。

副组长：王栋栋。

成员：蒋伟宇、全体体育老师和全体班主任。

二、安全保障

本着一切以学生的身体健康、生命安全为第一位的原则，加强学生体育走廊活动的安全管理。落实工作领导小组、体育指导教师、班主任的管理职责，强化活动过程的安全管理，加强安全教育，消除安全隐患，全方位贯彻“安全第一”思想，以确保活动的安全、有序开展。

三、应急预案

体育学科的特殊性决定了体育运动不可避免地会发生运动伤害的可能。面对体育活动中可能发生的摔伤、骨折、扭伤等伤害事故，教师应立即将其送往校医务室救治，如情况较严重则由校医务室教师或班主任送医院治疗。

四、特殊学生管理

为了给每一位学生创设一个良好的课外活动环境，促进全体学生的健康和谐发展，全面提高育人质量，我们特地针对随班就读残疾儿童、身体和心理异质学生等特殊学生管理制度,建立完善的特殊学生档案,建立严格的档案管理制度,设定活动特殊方案,并保护学生个人隐私。

(二) 活动设计

※3 武进清英外国语学校"体育走廊"课间活动安排

一、活动目标

本学年我校按楼层和年级,有针对性地对体育走廊进行了改造,并在下雨、雾霾等特殊气候期间进行系统的活动训练,以增强学生各项身体素质,从而提高运动技术水平和运动成绩。

二、活动的分类

学校教室走廊比较宽阔、平整,并且做了防滑处理,有利于学生开展走廊体育活动,体育老师根据楼层不同和年龄不同来巧妙设计。一楼设计的活动趋于游戏化、趣味化;二楼设计身体拉伸和智力类游戏;三楼体育组联合科学组结合AR、VR技术,把三楼走廊布置成集体育活动、科学实验、地面互动游戏的场所。这样每一层走廊都有自己的特色,相互不影响且考虑年级的不同进行设计,深受学生欢迎。在追求游戏化、趣味化的同时,体育走廊的布置还追求:精、准、美。精:体育活动的内容、张贴的选择等精选、精致;准:活动的物品摆放、悬挂的位置准确、醒目;美:走廊内部的陈设与校园的整体布局和谐、统一、美观、大方。

(一) 一楼田径类:跑、跳、跨越、球类。

(二) 二楼素质类:身体拉伸、墙上小游戏、智力游戏(数独、井字棋等)。

(三) 三楼益智类:体育科学小游戏、迷宫、地面互动投影。

三、活动时间

每天8:00—17:00,体育课、大课间或下课时间段。

四、训练期间的要求

(一) 运动员要积极主动出席训练,听从老师的安排,关心同伴,爱护器材。

(二) 学生要掌握所要活动的项目、技能。

(三) 学生要提高自我保护意识,避免发生伤害事故。

(四) 教师要注意安排学生的运动强度和运动量,由小到大,由少到多与循序渐进的原则。

五、具体活动计划

(一) 一楼:跑、跳、跨越、球类

1. 绕体育走廊的慢跑,立定跳远、小跨栏等田径类活动。

2. 飞行棋、红绿灯、迷宫格子等趣味性的活动。

（二）二楼：身体拉伸、墙上小游戏、智力游戏（数独、井字棋等）

1. 利用走廊栏杆进行身体各个关节、韧带创意拉伸活动。

2. 利用承重墙挂上体育墙面小游戏、地面五子棋、国际象棋、数独等智力游戏进行活动。

（三）三楼：体育科学小游戏、迷宫、地面互动投影

1. 和科学组合作，利用 AR、VR、地面投影等技术进行的体育活动。

2. 针对高年级学生身体特点，进行摸高、桌上足球、回力球等体育活动。

二、实施过程与方法

（一）具体实施过程

※4 武进清英外国语学校"体育走廊"课间活动每周轮换内容安排

班级	周次					
	1	2	3	4	5	6
	7	8	9	10	11	12
	13	14	15	16	17	18
一楼(1、2)	地面足球	墙面游戏	跳方格	红绿灯	立定跳远	趣味格子
一楼(3、4)	趣味格子	地面足球	墙面游戏	跳方格	红绿灯	立定跳远
一楼(5、6)	墙面游戏	跳方格	红绿灯	立定跳远	趣味格子	地面足球
一 A、B	跳方格	红绿灯	立定跳远	趣味格子	地面足球	墙面游戏
一 C、D	红绿灯	立定跳远	趣味格子	地面足球	跳方格	红绿灯
一楼(1、2)	英语迷宫	桌上足球	保龄球	墙面游戏	迷你篮球	数字陀螺
一楼(3、4)	桌上足球	保龄球	墙面游戏	迷你篮球	数字陀螺	英语迷宫
一楼(5、6)	保龄球	墙面游戏	迷你篮球	数字陀螺	英语迷宫	桌上足球
一楼(7、8)	墙面游戏	迷你篮球	数字陀螺	英语迷宫	桌上足球	保龄球
二 A、B	迷你篮球	数字陀螺	英语迷宫	桌上足球	保龄球	墙面游戏
二楼(1、2)	身体拉伸	墙上游戏	数独	井字棋	区字棋	西瓜棋
二楼(3、4)	墙上游戏	数独	井字棋	区字棋	西瓜棋	身体拉伸
二楼(5、6)	数独	井字棋	区字棋	西瓜棋	身体拉伸	墙上游戏
二楼(7、8)	井字棋	区字棋	西瓜棋	身体拉伸	墙上游戏	数独
三 A、B	区字棋	西瓜棋	身体拉伸	墙上游戏	数独	井字棋
二楼(1、2)	趣味素质	安全棋	地面迷宫	功夫扇	金鸡独立	舞动飞碟
二楼(3、4)	安全棋	地面迷宫	功夫扇	金鸡独立	舞动飞碟	趣味素质

续表

班级	周次					
	1	2	3	4	5	6
	7	8	9	10	11	12
	13	14	15	16	17	18
二楼(5、6)	地面迷宫	功夫扇	金鸡独立	舞动飞碟	趣味素质	安全棋
二楼(7、8)	功夫扇	金鸡独立	舞动飞碟	趣味素质	安全棋	地面迷宫
四 A、B、C	金鸡独立	舞动飞碟	趣味素质	安全棋	地面迷宫	功夫扇
三楼(1、2)	科学游戏	互动投影	迷宫 2	迷宫 3	趣味素质	百家姓寻宝
三楼(3、4)	互动投影	迷宫 2	迷宫 3	趣味素质	百家姓寻宝	科学游戏
三楼(5、6)	迷宫 2	迷宫 3	趣味素质	百家姓寻宝	科学游戏	互动投影
ILP、PYP	迷宫 3	趣味素质	百家姓寻宝	科学游戏	互动投影	迷宫 2
三楼(1、2)	桌上足球	素质练习	回力球	音乐游戏	互动投影 2	方向指针
三楼(3、4)	素质练习	回力球	音乐游戏	互动投影 2	方向指针	桌上足球
三楼(5)	回力球	音乐游戏	互动投影 2	方向指针	桌上足球	素质练习
六 A、B	音乐游戏	互动投影 2	方向指针	桌上足球	素质练习	回力球

注:

1. 走廊活动时间正副班主任要到场组织,以提高活动的质量和防止意外事故。
2. 各班严格遵照活动场地说明,到指定地点活动,跑、跳、跨、等田径项目在一楼走廊。
3. 如遇伤害事故,及时联系校医及体育教师进行救治并汇报分管校长。

※5 武进清英外国语学校“体育走廊”课间活动评价方案

一、指导思想

为了全面贯彻《中共中央国务院关于加强青少年体育增强青少年体质的意见》文件精神,坚持树立“健康第一”的指导思想,以《中小学体育与健康课程标准(实验稿)》中对学生的学习成绩规定为依据,结合学生身心发展规律,积极开展学生对于体育走廊课间活动开发后体育锻炼的态度、过程、效果等评价的探索,真正发挥评价对学生的激励作用,发挥评价的发展功能,逐步建立“促进学生素质全面发展”的学科评价体系,最终达到使学生身心全面发展的目标,也为学生养成终身体育锻炼的习惯打下基础。

二、目标和原则

(一) 活动目标

1. 通过“体育走廊”的课间活动实施,促进我校学生健康成长,并形成健康意识和健身习惯。“人人参与运动、人人拥有健康身心。”

2. 巧妙利用学校的每一份空间，充分预设江南地区的气候，让学生走出教室就能参与运动、享受体育，并激发学生的运动兴趣，发挥学生的学习积极性和潜能。

3. 改变学生锻炼的思维习惯，操场不再是唯一的锻炼场所，优化学校体育空间，充分利用课间每一分钟，让每天锻炼1小时得到充分延伸。

4. 提高师生间、生生间的合作、竞争意识和交往能力，提升班级凝聚力。

5. 丰富校园体育文化生活，美化校园走廊布置，营造全方位的体育锻炼氛围。

(二) 活动原则

1. 教育性原则

“体育走廊”里设置的活动是一种有组织的学校体育课外活动，有明显的教育性。它既是体育课堂教学形式的有效补充，也是进行班级集体教育的有效途径。无论是组织设计，还是活动参与，“体育走廊”活动都不能“为活动而活动”，而必须围绕学校教育及学校体育的育人目标，结合社会、学校、班级、学生的具体情况和需求，有的放矢地组织和开展活动。

2. 计划性原则

在学校教育的总体规划中，“体育走廊”活动是学校体育和学校教育的重要组成部分，也是我校体育教师的一项重要工作。因此，体育教师必须依据学校对“体育走廊”活动的总体安排设计教学内容，围绕课堂教学活动、学生的兴趣爱好等制订“体育走廊”活动的工作计划，做到对学生的教育在课上与课下互相促进、相得益彰。

3. 组织性原则

“体育走廊”活动是通过“集体参与”对学生进行教育的活动，由于体育活动的空间、环境具有开放性的特点，以及一些体育活动的内容具有复杂性和一定的危险性等特点，所以，有组织地开展班级体育活动，不仅能够避免意外情况的发生，而且能够有效地防止学生的活动出现“放任自流”“一盘散沙”的情况，从而保证班级体育活动的质量。

4. 趣味性原则

“体育走廊”活动有无吸引力，关系到能否充分调动学生的积极性，能否激发学生的自觉性与创造性，能否使“体育走廊”活动“成为小学生愉快而非苦恼”的事情，这就要求班级体育活动的设计要丰富多彩，具有趣味性、竞争性、新颖性，能适应大多数学生的需求。

5. 因地制宜原则

根据每个楼层学生的身心发展的规律及特点以及学校的实际情况，各班的特点因地制宜,科学合理的安排课外活动内容、场地。

三、活动评价宣传

为全面落实清英走廊体育课间活动,建立和完善"走廊体育挑战"过程记录体系,通过评价、宣传等跟进措施,建构完整的走廊体育课间活动体系,全面促进学生体质健康,提升学生参与体育活动与锻炼的积极性。

(一) 学校评价

体育老师联合级部主任在活动时对各班级进行督查,并给予及时的指导与评价(见下表)。

武进清英外国语学校体育走廊课间活动督查表

(　　)部落(　　)社区　　第(　　)周

时间	应到人数	实到人数	内容			内容			内容			内容		
			优	良	差	优	良	差	优	良	差	优	良	差
星期一														
星期二														
星期三														
星期四														
星期五														

(二) 学生评价

关注评价的主体,在师评的基础上,指导学生开展自评和互评,在活动中学会评价与反思,让活动更有意义与价值(见下表)。

武进清英外国语学校体育走廊课间活动个人技能评价表

姓名________　性别________　年龄________

技能内容	挑战目标	实际目标	自我评价	组长评价	社区主任评价	体育老师评价

(三) 家长评价示例

詹晓旭妈妈:一直以为没有体育馆,下雨天孩子只能在教室里面活动,没想到清英的老师别出心裁在走廊上做起了文章,让我的孩子走出教室就能活动,而且设计的活动非常有意思,在这里为老师们点赞!

邹婷:走廊活动非常有意义,我家的孩子自己回来设计、自己动手制作地贴,受到同学的欢迎，孩子感到非常自豪，让学生动手又动脑，打开了孩子新世界。

马艳：我家孩子回来和我说在学校走廊有非常新奇的活动，并向我娓娓道来，接孩子的时候我也实地体验了一下，学校把体育和科技相结合，让学生在学中玩、玩中学，非常棒。

（四）宣传推进

1. 定期由体育组制作成公众号和美篇，通过微信进行宣传，让更多人了解本校体育走廊课间活动。

2. 组织学生进行作文竞赛，围绕学校体育走廊活动进行作文比赛，让学生真正融入本活动。

3. 布置体育家庭作业，向爸爸妈妈、亲戚朋友介绍喜欢的体育走廊课间活动。

（二）现场实况照片

图 56-3　立定跳远

图 56-4　跨越游戏

图 56-5　墙面游戏大树奥秘

图 56-6　墙面游戏农场找位

图 56-7　地面互动投影

图 56-8　墙面游戏语音芯片

三、成绩与效果

(一) 学生参与度逐渐提升

随着活动的持续推进,参与各项体育走廊课间活动的学生人数呈逐月上升趋势(见下图)。

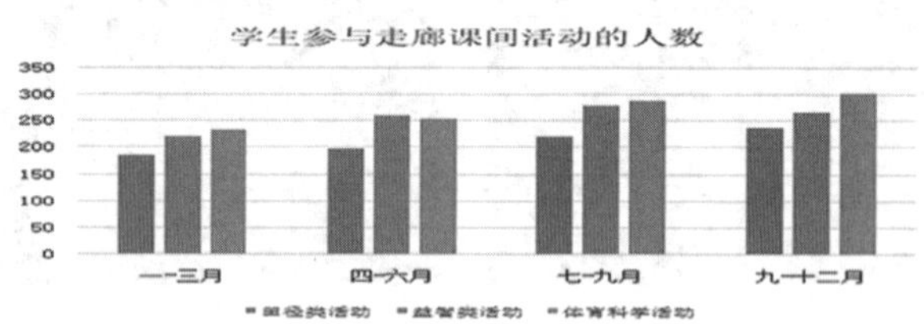

图 56-9　各项活动参与人数对比

(二) 学生情意表现良好

走廊体育课间活动具有新奇、趣味、激烈、紧张、对抗以及竞争性强的特点。学生在参加走廊体育锻炼时,总是伴随着强烈的情绪体验和明显的意志努力。因此,通过走廊体育运动,学生勇敢顽强、互相谦让、坚持不懈、团结友爱、克服困难等意志品质得到了锻炼。在以前,个别学生活动时总是不懂谦让,相互埋怨,通过走廊游戏中班级对抗赛和分组烧脑游戏后,让学生体验到合作的愉快和为班级争光的荣誉感,在现在的活动中,我们更多看到的是小组的合作、精细的分工和战术的配合,让学生心理和意志品质有了良好的变化。

四、思考与展望

“体育走廊”课间活动自 2018 年开始实施,通过两年多的实践,学生养成了锻炼的习惯，促进了体质增强和身心健康。但也存在一些问题，有待解决。

问题一：游戏的选择与环境布置目前主要由体育教师设计、学校购置、布置，学生的主动设计还只占少数，在后期深度开展的过程中，如何选择学生喜爱的走廊游戏，如何让学生真正参与到走廊课间活动的开发过程，增加学生参与课间活动的主动性、积极性，是学校和体育教师应该不断思考的问题。

问题二："体育走廊"项目的及时更新需要所有老师的参与，现在我们融合了美术、科学等学科，但是我们思考争取要每学期每个楼层的体育项目都能进行及时更新，更加激发学生锻炼的积极性需要每个学科、每位老师的参与才能完成。

问题三：从平面走向立体，现在我们大部分项目还是利用地面、墙面进行的平面体育锻炼，走廊整体利用率还是不高，存在排队等待锻炼的问题，接下来我们要开发立体的空间，让学生有更充裕的锻炼空间。

今后，我们还要进一步实践探索，力争做到：

（一）学校体育课程体系的再丰富

学校体育是一门有生命力的课程，是学生、教师开启强身健体、培养良好意志品质、塑造完美人格的关键学科。体育走廊课间活动打开了我校体育课程开发的窗口与思路，今后要在体育走廊课间活动的基础上，不断完善和丰富我校的体育课程体系，既关注学生的身体健康，又关注学生的健康意识，更关注学生的心理健康。

（二）教师课程实施能力的再提升

体育走廊课间活动在一定程度上提升了我校体育老师的课程开发与实施能力，增强了教师作为课程实施者的积极性，我校体育教师的观念不断更新、专业素养不断提高，未来走廊课间活动的开展将越来越科学与规范。在今后的课间活动实施过程中，无论是学校走廊课间活动场地的规划，还是玩具材料的投放，都要思考更加全面；无论是评价还是宣传，都要更加立体化。

（三）学生参与走廊课间活动的再深入

体育走廊课间活动有效地解决了学生雨天、雾霾天及课间的活动，为学生提供了多样的课间活动，丰富了学校的体育课程体系。我们还将进一步开发更多体育课程，进一步开发更多的走廊空间，吸引所有孩子参与锻炼，为学生的成长添砖加瓦。

入选理由：

该校以南通市十三五规划课题《中小学开展身体运动功能训练的实践研究》为引领，坚持“易教、易学、易练”理念，设计、创编的体能项目动作能让学生一学便会，一学能练；学校坚持“健康体能”优先发展的思想，将核心力量及拉伸运动融入学校体育活动，坚持“小空间、少器材”原则，坚持“趣味、合作”原则，坚持以“小手拉大手”形式，活动力求简约、有效、有趣，将“健康体能”带入学生家庭，辐射到社区，为“健康中国”助力！

五十七 南通市小海中学“健康体能”体育活动课

资料提供：任志林　瞿迎春　杨婷婷　张玉兰

图 57-1　南通任志林

南通市小海中学于 1994 年建校，是江苏省三星级普通高中。学校获得过“江苏省艺术特色学校”“江苏省素质教育先进学校”“江苏省节水型学校”“江苏省绿色学校”“江苏省精神文明建设工作先进单位”“江苏省优美校园”“江苏省公共节能先进单位”等多项荣誉称号。

学校占地面积 104852 平方米，建筑面积 55114.88 平方米。现有 49 个教学班，2700 多名学生。在职教师 210 人，其中正高级教师 1 人，高级教师 65 人，省特级教师 1 人，有大市学科带头人及骨干教师共 20 多人。学校坚持“以法治校、以诚立校、以师强校、以质兴校”办学理念。学校历来高度重视体育工作，秉持“以人为本，健康第一”的理念，先后获得中国三门球特色学校、南通市击剑传统学校，2015 年获首批全国校园足球特色学校。学校树立“大体育观”，提出了全面打造“健康活力校园”，把“健康体能”融入校园的学习与生活。

学校现有专业体育教师 12 人，中学高级教师 4 人，研究生学历 1 人，涉及专业包括篮球、足球、田径、健美操等 6 个项目；平均年龄 40 岁。学校拥有 400 米标准田径场（内有标准足球场 1 片）、室外标准篮球场 6 片、因地制宜建设的半片篮球场 8 片、5 人制笼式足球场 1 片。学校拥有体育馆 1 座，馆内设有 280 平方米乒乓球馆，200 平方米舞蹈房，145 平方米体操房，215 平方米健身房，室内标准篮球场 1 片、羽毛球场地 6 片、220 平方米击剑馆两个、280 平方米的体育活动室 1 个（内设攀岩墙、斯诺克球台等）、200 平方米会议室及 1500 人左右的室内看台等，设施齐全、设备先进。学校生均活动面积达约 10 平方米。

2014 年前后，全国学校体育对体能课课练的回归讨论热烈，目的是更有效地发展学生体能。当时比较热的词汇是：瑜伽、拉伸以及核心运动。2014 年 9 月从改造我校大课间活动开始，编制了第一套《体能拉伸操》并在全校推广。同时着手开展并实施校级课题“核心力量练习引入初中体育课课练的应用研究”，将核心力量及拉伸运动融入我校学校体育。2016 年参加了全国“身体运动功能训练”培训，最终确立了学校“健康体能”优先发展的思想，申报了南通市十三五规划课题“中小学开展身体运动功能训练的实践研究”进一步开展实践。进一步改造我校的大课间活动使之更侧重强化体能，同时具备趣味及多样性。也进一步强化了我校体育课堂教学的体能渗透，使课堂的运动效果得到进一步增强。确立了“易教、易学、易练”理念，所设计或创编的体能动作项目能让学生一学即会并能很快上手进行练习；坚持“空间小、器材少”的原则，无须太多空间，无须太多复杂的器材，甚至没有器材我们照样可以练起来，动起来；坚持“趣味、合作”最大化原则，将枯燥的体能练习趣味化、合作化，形式多样的体能动作练习吸引着更多学生，并能让学生乐在其中；坚持以“小手拉大手”形式，将“健康体能”带入我们的学生家庭，并有效辐射到社区，为“健康中国”助力。

一、组织方法与活动设计

（一）组织方法

※1 南通市小海中学“健康体能”体育活动课计划

一、设计说明

为满足学生日益增长的兴趣增长及体能发展的需求，改变传统学校体育课内外活动内容势在必行，从现今火热开展的瑜伽、拉伸运动及身体功能训练着手，以我校两个市“十三五”“学生体能发展”规划课题为引领，针对我校实际，开发时尚、新颖的“健康体能”体育活动课来为我校学校体育注入活力及新的增长点,切实有效发展学生体能。

二、组织机构

为了保障体育活动课的设计与实施,特成立“健康体能”体育活动课设计与实施领导小组。

组长:汤卫(校长)

副组长:李晓明(分管学生发展副校长)、吉祥(分管体育校长)

成员:学生处、教务处、体育学科、各班主任

职责:负责学校体育活动计划的设计与实施过程中出现一切问题的领导和管理

三、设计目标

以“健康第一”为指导思想,以育人为核心,切实有效提升学生的体能。培养师生创新精神与实践能力,积极发展学生个性,努力提高教师专业素质,全面落实素质教育,促进师生的共同成长。

四、设计原则

(一) 开放性原则

由于体育活动课目标的多元化和内容的宽泛化,设计与实施过程中要体现开放性的原则,内容和形式都不能局限于传统的模式,要充分体现课程的特点。

(二) 针对性原则

体育活动课的设计与实施要针对学生的身心特点。

(三) 发展性原则

随着计划内容的不断实施,学生的不断发展,体育活动课的设计也要不断跟进,适合发展中的学生,为他们的终身发展奠基。

五、职责与分工

(一) 体育活动课的设计:教务处、教科处、体育学科

以学校的市“十三五”规划课题为引领,体育学科联合教务处、教科处并邀请专家进行校本课程的开发、实验并制定实施方案。

(二) 校本教材编写:体育学科组、课题组

题组在教务处、教科处的协助下编写《健康体能》校本教材及具体实施方法。

(三) 体育活动课安排:教务处

负责体育活动课的安排与实施。

(四) 宣传发动:教务处、学生处

1. 向师生以及家长宣传体育活动的实施目的及具体实施安排。

2. 各班级教室图书角放置20本“健康体能”校本教材供学生阅览。

3. 以“小手拉大手”形式，将“健康体能”带入我们的学生家庭。

（五）学习与培训：教科处

1. 教科处引领下，由体育学科课题组核心成员向体育老师及班主任培训课程具体实施方法及注意事项。

2. 参加国家、省市相关体能的学习培训。

（六）实施途径：大课间、活动课、体育课、评比展示、居家体育锻炼

（七）实施分工

1. 体育活动课：学生处、班主任组织学生进行课程的实施，体育教师现场指导，渗透“健康体能”相关知识及练习。

2. 居家体育锻炼：体育老师利用班级群发送每天练习内容，班主任、体育老师共同督促学生完成。

（八）检查与评比：教务处、学生处

教务处、学生处负责日常课程实施情况，课间操、活动课是否按计划进行；体育活动课计划中健康体能内容有无实施等；定期进行班级评比活动。

六、实施内容

以“健康体能”校本教材为引领，渗透活动课及居家体育锻炼中。

（一）体育活动课：准备活动以游戏或动态拉伸为主，如《体能拉伸操》《美妙拉伸操》等；5～10分钟体能练习，以学校开发的《身体功能操》、花样跳绳及变式体育内容为主，注重实效性；结束要以拉伸为主。

（二）自编操《美妙拉伸操》《活力篮球操》《跑跳操》的学习。

（三）趣味竞赛的表演与展示。

（四）随着校本教材的持续开发，实施内容也随之更新。

（二）活动设计

※2 初二年级体育活动课内容安排

课次	内容安排	课次	内容安排
1	《美妙拉伸》操复习＋拉伸（拉伸、TW拉伸、伟大拉伸、手足爬行拉伸、跪跳起等）	16	花样跳绳＋跑跳操练习
2	《美妙拉伸》操复习＋变式的走（倒走、手拉手走、半蹲走、侧向半蹲走、小组合作横向或纵向半蹲走、手足爬行、仰撑爬行等）	17	《身体运动功能操》演练

续表

课次	内容安排	课次	内容安排
3	《美妙拉伸》操复习+变式的跑(前进跑、猜拳跑、猜拳跑(赢进输退)、猜拳赢者为龙头跑、追逐跑、迎面接力跑等)	18	花样跳绳+跑跳操练习
4	《美妙拉伸》操复习+变式的跳(侧向跳行进、单脚跳、单脚侧向跳、原地手拉手纵跳、手拉手互换位置跳多级跳等)	19	《身体运动功能操》演练
5	《美妙拉伸》操评比活动	20	花样跳绳
6	功能动作训练+动作练习变式的走(倒走、手拉手走、半蹲走、侧向半蹲走、小组合作横向或纵向半蹲走、手足爬行、仰撑爬行等)	21	变式"平板撑+高抬腿"
7	功能动作训练+变式跑(猜拳跑、猜拳跑(赢进输退)、猜拳赢者龙头跑、追逐跑、迎面接力跑等)	22	花样跳绳
8	功能动作训练+变式的跳(侧向跳行进、单脚跳、单脚侧向跳、原地手拉手纵跳、手拉手互换位置跳多级跳等)	23	变式"仰卧起坐+立卧撑"
9	运动会方阵表演演练+项目练习	24	花样跳绳
10	运动会方阵表演演练+项目练习	25	变式"俯撑+蹲"
11	运动会方阵表演演练+项目练习	26	花样跳绳
12	运动会方阵表演演练+项目练习	27	变式"信任倒+立卧撑"
13	《身体运功功能操》演练	28	花样跳绳
14	花样跳绳+跑跳操练习	29～34	冬季趣味竞赛
15	《身体运功功能操》演练		

二、实施过程与方法

(一)具体实施过程

※3 体育活动课案例——开学初对学生进行体能恢复单元教学参考

在开学的最初阶段,除了协助班主任及课任教师进行有目的的心理辅导及训练外,还应立足本职工作,用2周左右的时间在体育活动课上进行体能恢复单元教学,让构成学生体能体系的身体机能、身体素质、心理素质、环境适应能力等水平得到恢复,达到学期期中的正常水平。

<table>
<tr><td>学习目标</td><td colspan="4">1. 使学生进一步了解学生体能锻炼相关知识，明确体能锻炼的重要性
2. 通过各种身体活动，以发展耐力素质为首要，提高身体机能，并协同力量、速度、柔韧、灵敏素质共同提高
3. 通过各种游戏和比赛，着重让学生体验团队合作和竞争，在解决问题和应对挑战中达到磨炼意志、陶冶情操、完善自我、熔炼团队的目的
4. 在主题情境中体验和感知校园学习与生活的温馨，增进学生间、学生与老师间的交流与合作，提高快速适应校园的能力</td></tr>
<tr><td>重点</td><td colspan="4">使学生体能构成体系中的身体素质、身体机能、心理素质及环境适应能力恢复、保持或提高</td></tr>
<tr><td>课次</td><td>主题</td><td>课次</td><td>主题</td><td>课次</td></tr>
<tr><td>1</td><td>快速融进“新”的校园学习与生活</td><td>1. 发展学生速度、耐力、柔韧等素质
2. 熟悉校园的每个角落，使学生们了解校园并快速融进校园
3. 推动班级的优良作风和吃苦耐劳精神
4. 增强团队交流和沟通能力，发展和谐的人际关系</td><td>1. 通过走、跑、跳、跨等形式行遍校园内的每个角落（包括所有的教学区、生活区及运动区域的道路、楼梯等）
2. 提示学生在路过教学区时约束自己的言行
3. 拓展游戏：数字传真机
4. 各部位拉伸</td><td>重点：以发展耐力素质为主，提高身体活动能力
难点：积极参与并迅速融进“新”的校园</td></tr>
<tr><td>2</td><td>军训的一天</td><td>1. 发展速度、弹跳、灵敏、协调素质
2. 通过创设情境，激发对体能锻炼的兴趣和树立练好本领、保卫国家的远大理想
3. 提高自身生存意识，提高抗挫折能力
4. 培养信任感和责任感</td><td>1. 将山羊、体操凳、跳箱、栏架、体操垫、呼啦圈、手榴弹等器材设置成“军训”的情境
2. 以S形绕各障碍物慢跑进行热身，后进行讨论、尝试、分组练习攀、爬、跑、跳、投等
3. 在跳箱上进行“信任背摔”游戏
4. 拉伸：伟大拉伸、手足爬行拉伸等</td><td>重点：快速正确地通过障碍物
难点：小组合作练习时快速、协调、连贯能力的培养</td></tr>
<tr><td>3</td><td>翻山越岭</td><td>1. 通过各种身体动作练习发展柔韧、灵敏、力量、耐力素质
2. 体验合作攀爬，享受冒险刺激感觉
3. 熔炼团队，挑战自我的体能和心理极限</td><td>1. 在联合器械的沙地区域，通过S形慢跑的形式来热身并使学生了解各器械障碍
2. 讨论、个人体验、尝试、分组合作进行轮流翻越单杠、背过双杠、攀过云梯、爬上并滑下纵梯、爬上并翻越横梯
3. TW训练等：改善肩关节活动幅度</td><td>重点：上肢力量的联系及综合素质的发展
难点：提高征服障碍的能力</td></tr>
<tr><td>4</td><td>齐心协力</td><td>1. 发展灵敏、耐力等素质
2. 在合作行为中培养合作精神，在活动中建立良好、和谐的人际关系
3. 加强队员间配合，增强依靠集体智慧解决问题的意识</td><td>1. 热身游戏：两人或多人夹球跑比赛
2. “齐心协力”四人五足合作跑：先纵向合作跑再横向合作跑
3. 学生相互讨论、合作帮助共同练习
4. 静态拉伸</td><td>重点：合作意识的培养
难点：相互合作的能力</td></tr>
<tr><td>5</td><td>共渡难关</td><td>1. 使学生认识和理解耐久跑对人体形态和机能的影响，了解极点的概念
2. 提升学生耐力
3. 熔炼团队、超越自我
4. 培养努力拼搏，勇敢顽强的优良品质</td><td>1. 热身游戏：以软排为“珠”、拔河绳为“龙”身的舞龙游戏
2. 和谐号动车组游戏：分组单手持拔河绳合作跑，依据老师所发地图开动列车到达指定地点
3. 与时间赛跑：持绳定时跑
4. 拉伸</td><td>重点：掌握正确的呼吸方法及培养耐久跑的兴趣
难点：“极点”现象的克服</td></tr>
</table>

※4 功能操

将拉伸功能训练融入体操之中设计了“体能拉伸操”“身体运动能操”等多套内容。注重:拉伸训练、功能训练、团结协作及自我展示。在体育活动课上进行教学与练习,也可作为学校大课间内容之一,或在体育课堂中练习。

范例一:《体能拉伸操》

第一节:体前屈(8×8 个八拍)

导练:第一节:预备:交叉,下去,用力 78;起来,提踵 56,还原。

预备:直立(图 57-2)

第一个八拍:1~2 左脚前交叉(图 57-3),3~8 同时体前屈,双手触脚(图 57-4)。第二个八拍:1~2 脚收回成开立,同时双手经体侧成上举,掌心相对,3~6 提踵(图 57-5),7~8 还原成直立。第三、四个八拍同第一、二个八拍,但方向相反。第五至八个八拍同第一至四个八拍。(要求:提踵时身体挺直)

图 57-2 直立

图 57-3 左脚前交叉

图 57-4 双手触脚

图 57-5 提踵

第二节：支撑(8×8 个八拍)

导练：转下，俯撑，5678；左转挺直 5678；右转挺直 5678；俯撑 34，收腿还原。

预备：直立

第一个八拍：1～2 身体左转 45 度，同时左脚后撤一大步成左弓步，膝关节不超过脚尖，左手撑地于右脚右侧，右手扶膝，虎口向内，3～4 右脚后撤，右手撑地成三点支撑(图 57-6)，5～8 成俯撑(图 57-7)，两脚尖着地，稍分开。第二个八拍：1～8 向左转体 90°，腰背挺直，左手叉腰成侧支撑(图 57-8)。第三个八拍同第二个八拍动作，但方向相反。第四个八拍：1～4 成俯撑，5～6 右脚收回成弓步，同时右手扶膝，虎口向内，7～8 还原预备姿势。第五至八个八拍同第一至四个八拍，但方向相反。

图 57-6　三点支撑

图 57-7　俯撑图

57-8　侧支撑

第三节：侧向伸展(8×8 个八拍)

导练：下降平举 5678；慢慢侧移 56 收回；慢慢移动 56 收回；保持 3456，还原。

预备:直立

第一个八拍:1～2 半蹲同时两臂前平举,上体挺直,脚后跟不得离地,3～8 静止不动(图 57-9)。第二个八拍:1～6 左脚脚底贴地向左侧缓缓移动直至左腿伸直成半蹲伸展,4 拍到位(图 57-10),5～6 保持 4 动作,重心始终在右脚,7～8 还成半蹲前举。第三个八拍同第二个八拍,但方向相反。第四个八拍:1～6 保持半蹲前举,7～8 还原成并立。第五至八个八拍同第一至四个八拍。

图 57-9　半蹲

图 57-10　半蹲伸展

第四节:弓步转换(8×8 个八拍)

导练:前跨下去 5678;后转 345678;后转 345678;后转 3456,还原。

预备:直立

第一个八拍:1～2 左脚向前成弓步(图 57-11),右膝点地,同时两手侧平举,掌心向下,上体保持正直,3～8 保持弓步平举。第二个八拍:1～2 向右转体 180°,3～8 保持弓步平举。第三个八拍同第二个八拍,但方向相反。第四个八拍:1～4 同第二个八拍的 1～4 拍,5～8 收左脚。第五至八个八拍同第一至四个八拍,但方向相反(要求:前后脚距离稍大,上体挺直)。

第五节:蹲跳(8×8 个八拍)

导练:起来 34,纵跳 78;起来 34,分腿跳 78。

预备:直立

第一个八拍:1～2 提踵上摆,脚尖绷直(图 57-12),同时手臂经前至前举,掌心向下,3～4 还原,成屈膝半蹲下摆(图 57-13),手臂后下举,掌心向上,5～6 向上跳起成空中直体,脚尖绷直,同时手臂上举,掌心朝前(图 57-14),7～8 同 3～

图 57-11　弓步点地

4。第二个八拍，1～2 提踵，脚尖绷直，同时手臂经侧摆至侧上举，掌心朝外，3～4 还原，成屈膝半蹲，手臂后下举，掌心向上，5～6 分腿跳起，同时手臂经侧摆至侧上举，掌心朝外(图 57-15)，7～8 同 3～4。第三、四个八拍同第一、第二个八拍。第五至八个八拍同第一至四个八拍。

图 57-12　提踵上摆

图 57-13　半蹲下摆

图 57-14　向上跳起

图 57-15　分腿跳起

第六节:树式平衡(8×8 个八拍)

导练:起脚合掌 5678;继续保持 56,还原。

预备:直立

第一个八拍:1~4 抬左脚脚底置于右大腿内侧,同时两臂经侧至上举,头上合掌,手臂伸直(图 57-16),5~8 静止不动。第二个八拍:1~4 静止不动,5~8 还原。第三、四个八拍同第一、二个八拍但方向相反。第五至八个八拍同第一至四个八拍。

图 57-16　树式

范例二:《身体运功功能操》

配套音乐:由 Mark Ronson,Bruno Mars 共同演绎的 Uptown Funk 为背景音乐,完整练习为 3 分钟。

※5 体育活动课趣味竞赛

一、指导思想

为丰富学生课余生活,创设文明、健康、活泼、和谐的校园文化;激励学生积极参与健康的体育活动,切实有效提升学生体能;培育学生"相信自己,信任同伴"的良好心态,体现团队合作意识,增强学生团结拼搏、超越自我的精神,特举办本次冬季体育活动课趣味竞赛。

二、竞赛主题:健康、快乐、团结、拼搏

三、竞赛时间、地点

时间:2019 年 12 月—2020 年 1 月

(第一阶段比赛时间为体育活动课时间,决赛时间为 2020 年 1 月 3 日)

地点:学校田径场

四、参赛单位:初中部各班级

五、竞赛项目

序号	比赛项目	报名要求	第一阶段（年级选拔）	第二阶段（决赛阶段）
1	50 米迎面接力	每班一队(男女混合)	各年级取前 6 名计入总分	
2	五分钟篮球定点投篮	每班一队全员参加	各年级取前 6 名计入总分	
3	同舟共济（6 人同跳长绳）	每班男、女各 1 队	各年级取前 4 名进入总决赛	初中男、女各取前 8 名计入总分
4	五分钟"8"字形跳长绳接龙	每班一队全员参加	各年级取前 4 名进入总决赛	初中取前 8 名计入总分
5	拔河	每班一队(男女混合)	各年级取前 5 名	各年级取前 5 名计入总分
6	踢毽（2 分钟盘踢）	各班推荐男、女各 4 名选手参加年级决赛	各年级取男、女各前 8 名进入总决赛	初中取前 8 名计入总分

续表

序号	比赛项目	报名要求	第一阶段 (年级选拔)	第二阶段 (决赛阶段)
7	跳绳 (2分钟双摇)	各班推荐男、女各4名选手参加年级决赛	各年级取男、女各前8名进入总决赛	初中取前8名计入总分
8	长跑 (1500米)	各班推荐男、女各2～3名选手参加年级决赛	各年级取前8名计入总分	

六、计分及奖励办法

(一) 个人单项取前8名按9、7、6、5、4、3、2、1分计入班级团体总分,团队项目取前8名按18、14、12、10、8、6、4、2分计入班级团体总分。

(二) 具体计分方法见上表,所得分数计入班级团体总分。

七、注意事项

(一) 各班在收到通知后,积极动员并积极参加训练和比赛。

(二) 体育老师要积极配合班主任老师利用大课间、体锻课等安全、有序地进行训练和选拔。

(三) 体育竞赛要提倡争取好成绩、好名次,更重要的是要重视竞赛的教育作用。各班要通过此次竞赛培养学生的集体荣誉感以及勇于拼搏、团结协作的精神。

(四) 第一阶段选拔赛利用体育活动课进行。

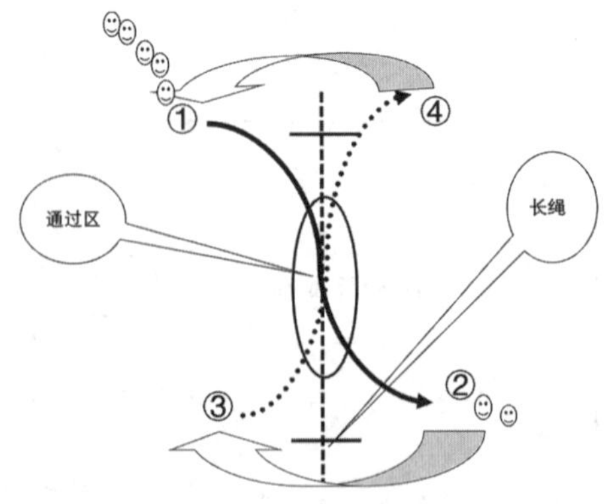

图57-17 长绳接龙

（二）现场实况照片

图 57-18　课间操《美妙拉伸》

图 57-19　马步拉手

图 57-20　俯撑击掌

图 57-21　马步拉手触地

图 57-22　校本教材(2017—2019 年)

图 57-23　亲子体育:马步拉手单手触地

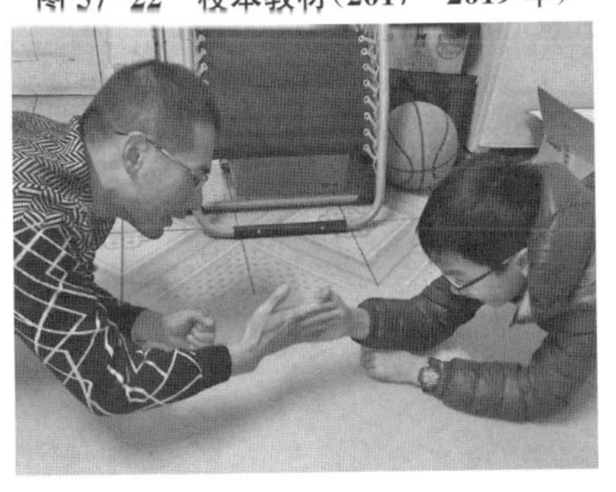

图 57-24　亲子体育:平板撑击掌

图 57-25　跑跳操

图 57-26　个人行进间跳绳

图 57-27　双人行进间跳绳

图 57-28　同舟共济

图 57-29　全班 8 字跳绳接龙

三、成绩与效果

（一）体能操获得各界肯定

学校自主创编了五套体能操，其中以《美妙拉伸操》《篮球操》《跑跳操》为课内外活动的主要内容，获得了广大师生、教师同行及专家们的认可。

1.《体能拉伸操》发表在 2015 年第 8 期的《田径》杂志上（如图 57-30）。

2.《身体运动功能操》在 2017 年 4 月南通市教育局直属学校阳光体育表演中获一等奖（如图 57-31）。

3.《美妙拉伸操》为目前我校大课间内容之一（如图 57-32）。

4. 新编《活力篮球操》将篮球与体能有机结合，效果极佳（如图 57-33）。

5.《跑跳操》将长跑和花样跳绳有机结合，供秋冬季广大师生大课集体练习（如图 57-28）。

体能拉伸操

图 57-30　体能拉伸操

图 57-31　身体运动功能操

图 57-32　美妙拉伸操

图 57-33　活力篮球操

（二）全员参与，运动氛围浓厚

全体师生及家长健身、锻炼的积极性明显增强。无论是大课间体育活动、活动课甚至在课间的十分钟，学生们都积极地进行体能练习和游戏。

（三）学生体能提升明显

学生体能明显提升。在我校推广多样趣味化的"变式立卧撑"练习后，学生的立卧撑成绩明显提高，耐力水平明显上升。如图：双人立卧撑跳起击掌（如图 57-34）。二个班级的三年的耐久跑成绩曲线图（如图 57-35、图 57-36、图 57-37）。

图 57-34　双人立卧撑跳起击掌

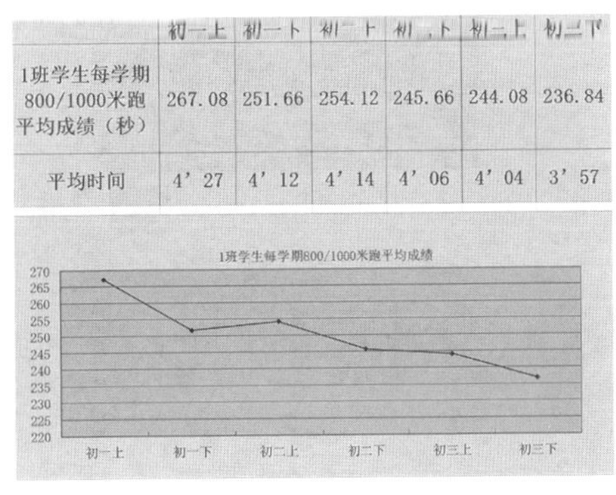

	初一上	初一下	初二上	初二下	初三上	初三下
1班学生每学期800/1000米跑平均成绩（秒）	267.08	251.66	254.12	245.66	244.08	236.84
平均时间	4' 27	4' 12	4' 14	4' 06	4' 04	3' 57

图 57-35　初一（1）班耐久跑成绩跟踪

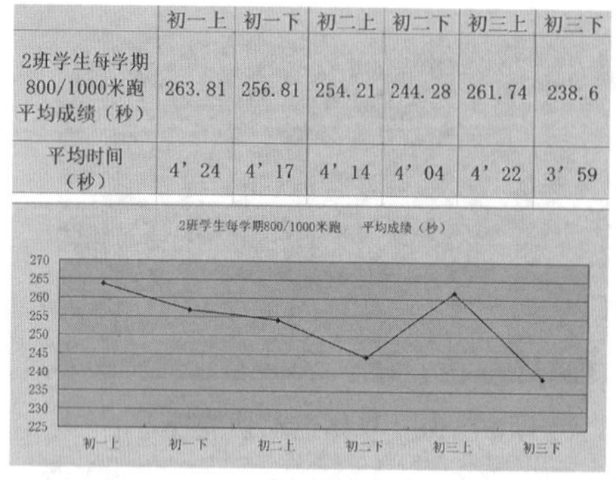

	初一上	初一下	初二上	初二下	初三上	初三下
2班学生每学期800/1000米跑平均成绩(秒)	263.81	256.81	254.21	244.28	261.74	238.6
平均时间(秒)	4’24	4’17	4’14	4’04	4’22	3’59

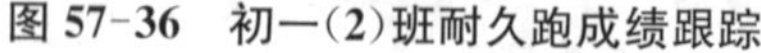

图 57-36 初一(2)班耐久跑成绩跟踪

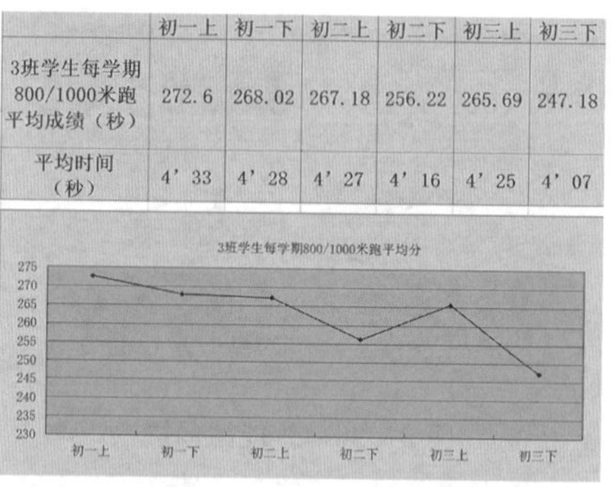

	初一上	初一下	初二上	初二下	初三上	初三下
3班学生每学期800/1000米跑平均成绩(秒)	272.6	268.02	267.18	256.22	265.69	247.18
平均时间(秒)	4’33	4’28	4’27	4’16	4’25	4’07

图 57-37 初一(3)班耐久跑成绩跟踪

(四)亲子体育活动促进家庭融合

通过紧密的家校联系,家长群里热火朝天,都在晒各自家庭的亲子锻炼照片。快乐的亲子体育,温馨的健康家庭。

(五)各种媒体关注

《变式体育》微信号正式上线,是一个以动态图形式为广大师生展现"式多变、趣更浓;易于教、利于学;便实施、宜推广"的主题化、系统化、集成化的体育动作教学资源平台。上线以来得到了广大师生的追捧,同时被《体育教学》杂志特别推荐并转载(图 57-38、57-39)。

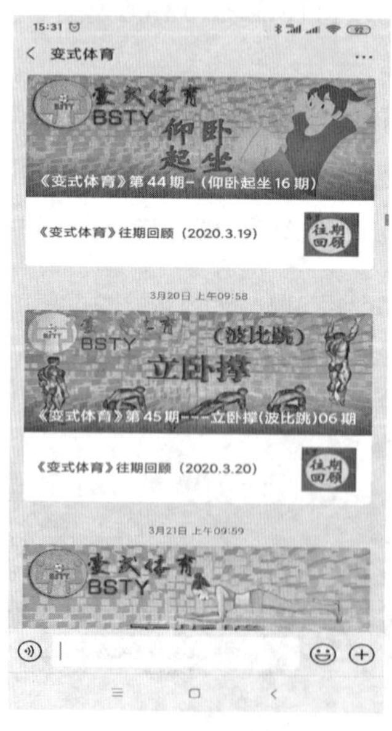

图 57-38 《变式体育》微信号

图 57-39 《体育教学》微信号推荐

2017 年我校承担了“南通市中小学身体运动功能教学专题培训”(如图 57-40～图 57-43),将《健康体能》活动内容向其他学校进行了推广,并获得了一致好评,江苏学校体育网进行了报道(如图 52-44、图 57-45)。

图 57-40　体能教学专题培训现场

图 57-41　体能游戏培训

图 57-42　现场展示体能操图

图 57-43　现场篮球展示课

http://jsxxty.jssjys.com/Html/Article/1

江苏省中小学教学研究室
江苏省教科院课程教材研究中心
研究　指导　服务
教学新时空

南通市教育局市直学校开展“身体运动功能教学”专题培训

南通市教育局市直学校开展“身体运动功能教学”专题培训

南通市开发区实验小学赵娟报道

6月2日，由南通市教育局主办，南通市小海中学和潘雪峰工作室承办的市直学校“中小学身体运动功能教学”专题培训在小海中学体育馆举行，来自市直学校的青年体育教师和潘雪峰工作室全体成员约70人参加了本次活动。

图 57-44　江苏学校体育网的报道 1

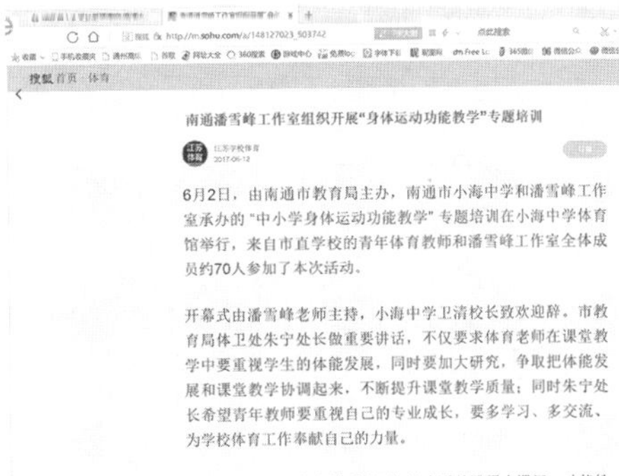

http://m.sohu.com/a/148127023_503742

搜狐 首页 体育

南通潘雪峰工作室组织开展“身体运动功能教学”专题培训

江苏学校体育
2017-06-12

6月2日，由南通市教育局主办，南通市小海中学和潘雪峰工作室承办的“中小学身体运动功能教学”专题培训在小海中学体育馆举行，来自市直学校的青年体育教师和潘雪峰工作室全体成员约70人参加了本次活动。

开幕式由潘雪峰老师主持，小海中学卫清校长致欢迎辞。市教育局体卫处朱宁处长做重要讲话，不仅要求体育老师在课堂教学中要重视学生的体能发展，同时要加大研究，争取把体能发展和课堂教学协调起来，不断提升课堂教学质量；同时朱宁处长希望青年教师要重视自己的专业成长，要多学习、多交流、为学校体育工作奉献自己的力量。

图 57-45　江苏学校体育网的报道 2

四、思考与展望

(一)提升体能练习效果的持续性

我校开展的体能操为《篮球操》及天气较冷时的《跑跳操》以及其他功能性体能练习形式,得到了全校师生的认可。大家的积极性、参与度明显提升,实施以来对提升学生的体能效果显著。但随着时间的持续,一成不变的动作练习必定会使我们的学生感到厌烦,因为“老是这些”“没意思”……从而导致参与的积极性及效果下降。为此必须对体能操的动作内容以及定期做些增补、调整及优化。

(二)进一步考量健康体能训练对中考项目的影响

通过近六年的数据跟踪,我校学生的国家体质健康标准数据得分逐年提升,尤其是合格率。我校近三年中考项目中球类项目选项及成绩进行了数据对比,2017 年逐步开展篮球操以来,2017—2020 三年中考选择篮球运球上篮的学生比例逐年增多,2017 年 90%的学生选择了足球运球绕杆射门,2020 年中考选择篮球运球上篮的学生变为 90%,球类的满分率也有所上升。从这两项数据来看,实施健康体能对学生体能的提升是可行的,但我们还需进一步考量,探索内在的联系从而有的放矢。还要对中考项目的影响进一步考量,为中考项目进行侧重性的、针对性的设计与实施,既促进学生身体素质的全面发展,又要考虑到当前体育教学的实际,为体育中考做侧重性、选择性的增补或渗透。

健康体能训练方法与手段仍有很多问题有待于探讨,特别是如何控制好不同训练方法的训练负荷问题,仍有待于在以后的实践中进一步研究,通过丰富体能训练方法、提高训练负荷的合理性等来进一步提高体能训练的效果。

第四部分

中学校外活动

入选理由：

淮阴中学的户外拉练——“弘毅之旅”主题实践活动组织学生从学校徒步行军前往周恩来纪念馆，在纪念馆举行教育主题活动后再徒步返回学校，全程共计30千米。该活动将体育和德育进行深度融合，增进了同学之间、师生之间的交流与沟通，有助于增强学生体质，提高耐力素质，培养了学生团结合作、吃苦耐劳的意志品质。活动参与人数多，沿途队伍整齐、纪律严明。本活动还被江苏卫视、江苏公共新闻频道等多家主流媒体进行了报道，获得社会广泛好评。

五十八 淮安江苏省淮阴中学“弘毅之旅”拉练活动

资料提供：周晓建　王　飞

图58-1　淮安周晓建

江苏省淮阴中学创办于1902年，1953年被确定为江苏省首先办好的十四所重点中学之一，学校以优越的办学条件、优良的管理策略、优秀的师资队伍、优异的教育质量，顺利通过国家级示范高中评估，成为江苏省首批四星级高中、首批优秀特色课程基地、首批创新人才培养试点学校，成为北京大学、清华大学等全国五十多所一流高校的优质生源基地，并连续三次荣膺全国文明单位，被评为“全国教育系统先进集体”，获得“全国百强中学”荣誉称号，2017年，学校又获得了首届“全国文明校园”的称号，被誉为“受人尊敬、令人向往的教育沃土”。

学校现有15位体育教师，其中省体育特级教师1名，市体育学科带头人3人，高级教师7人，3人曾到国外参加体育研修学习，有5人次在全国、省级优课评比获奖，3 人次在“一师一优课”活动中获得部优，20 多人次获得市体育教师基本功大赛或优课评比一等奖。

目前学校体育设施较为完善，可以满足全校师生体育活动需求。其中有一座可容纳 2300 人的多功能体育馆（包括 8 片羽毛球场地、50 张球台的乒乓球馆、1 间 200 平方米形体房、1 间 200 平方米教工活动乒乓球室等），1 片 400 米塑胶标准田径场，1 块 8000 平方米人工草皮足球场，13 片标准篮球场，5 片标准排球场，2 片约 1000 平方米的健身活动区等。

学校先后荣获“江苏省学校体育工作先进单位”“江苏省冬季三项锻炼先进单位”，2019 年被省教育厅批准为“高中体育与健康课程基地建设项目学校”，体育课程实施方案、体育课程模块计划获省评比一等奖，被淮安市教育局和体育局确定为篮球、乒乓球、羽毛球和健美操等四个项目教体结合布点校。

一、组织方法与活动设计

※1 淮阴中学“弘毅之旅”拉练活动背景简介

一、活动简介：户外拉练——“弘毅之旅”主题实践活动是指每年 8 月底，在高一新生军训即将结束之时，组织全体高一新生、部分教师和毕业生代表、部分家长等共计约 1600 人，徒步行军前往“周恩来纪念馆”并在纪念馆举行相关主题教育活动，短暂休息后徒步行军返回学校，全程共计 30 千米，学生行军时间预计要 8 个多小时。

二、活动目标：通过此项活动提升学生耐力水平，增强学生体质和团队凝聚力，培养学生团结合作、吃苦耐劳、坚韧不拔的意志品质。通过活动增进师生之间、生生之间的交流与沟通，有利于班集体建设，学生走完全程能够体验到成功的乐趣，进一步增强自信心；沿途欣赏风景，激发学生热爱祖国大好河山的热情；将终点设置在“周恩来纪念馆”并举行紧扣时代主题教育活动，对学生进行爱国主义教育，激发学生爱国热情。这项活动将体育运动和德育主题教育活动相互融合，已成为我校一项精品活动和主题教育名片，在社会上引起广泛的影响，受到社会一致认可和好评。

三、活动发展历程：此项活动方案最早是在 2005 年由体育教研组最先提出，并具体负责组织实施的一项大型户外徒步行走活动，全程 20 千米，活动之初主要是为了增强学生体质，磨炼学生吃苦耐劳意志品质。活动推出即受到学生们喜爱、家长的认可和社会的好评。2010 年学校对此项实践活动进行重新整合，设计新的路线，赋予这项大型实践活动新的内涵与意义，并命名为“户外拉练——弘毅之旅主题实践活动”。“弘毅之旅”的“弘毅”二字出自我校的校训“进德修业、弘毅笃行”,意为“宽广和坚韧的品质”,这是完成学业必须具有的精神状态,以此来激励学生。

※2 淮阴中学“弘毅之旅”拉练活动方案策划

一、尽早谋划,初步确立计划。在2018年7月初,由分管校长牵头、德育处、教务处、总务处、体育教研组进行精心研讨,成立工作领导小组,初步形成活动方案等。

二、做好计划,完善实施方案。8月20日由德育处主任、年级部主任、体育教研组长及相关工作人员进行路线实地考察,主要是选择道路比较平坦、沿途风景优美、车流量少、交通要道少,且沿途有较大空旷区域,便于开展补给、学生休息、移动卫生间的摆放,并根据实际情况再进行调整和完善方案。

三、积极外联,寻求支持帮助。将活动方案上报教育主管部门备案,将规划好的路线上报交巡警部门,请求给予交通安全保障,联系军训教官在队伍行进过程中负责纪律维护和安全保障,联系城管部门给予流动卫生间保障,将活动方案和主题告知“周恩来纪念馆”管理部门,便于相互配合更好开展活动,联系相关媒体进行宣传报道,联系学生就餐地点,确保学生饮食安全和营养需求。

四、精心筹备,后勤保障到位。为师生准备补给水、常规的药品、一次性雨衣,提醒学生做好防晒准备,穿便于运动的服装,带少量的水和食品并随时做好能量的补给;准备国旗、“弘毅之旅”大旗、班级旗帜以及相关横幅和标语,落实各类保障车辆。

五、活动前一天,召开相关参与人员准备会,强调纪律、职责等,由班主任向本班同学传达相关要求。

六、按计划实施。

七、收集整理工作。收集过程性资料(如照片、视频等),组织学生撰写感悟,收集一批优秀作品编辑成册,评选出优秀班集体和个人进行表彰,收集相关新闻媒体报道,相关参与部门进行总结反思,以便于更好地组织今后的活动。

※3 淮阴中学“弘毅之旅”拉练活动实施方案

一、活动时间:8月28日。

二、活动路线:淮中南大门——天津路与前进路交叉口——天津路与延安路交叉口——天津路大桥右侧——大运河北岸河堤——通甫路大桥下——宁连立交大桥下——枚皋路大桥下——悠园新村——里运河西堤风光带淮安碱厂——淮安农校——河下大桥——里运河东堤——上板街南口——萧湖公园内——美食街出口—友谊路——名人亭——周恩来纪念馆西门——周恩来纪念馆(单程约 15 千米)。

三、活动前期准备工作

(一) 实地勘察路线(8 月 25 日陈老师、张老师、高老师、王老师)。

(二) 召开班主任和相关工作人员会议,要求班主任宣传到位,并强调安全等相关纪律要求(8 月 26 日)。

(三) 向市教育局、市交巡警支队报告活动内容,向消防支队请求援助(8 月 27 日高老师、赵老师)。

(四) 与周恩来纪念馆联系,协调相关事宜(8 月 26 日高老师与宋科长联系)。

(五) 联系纯净水、与淮外联系学生就餐事宜;与纪念馆谭馆长联系教官食品(王飞)。

(六) 摄像、照相:报社、电视台人员联系(高老师、赵老师)。

(七) 音响、花篮(纪念馆租用),程长青老师带国歌 U 盘等提前到位。

(八) 联系清江浦区城管局,准备移动厕所(高老师)。

四、活动当天物资准备

(一) 饮用水:每人带一敞口杯并装满水(或 2～3 瓶矿泉水),在悠园新村附近提供桶装水进行集中补给。

(二) 早饭午饭:8 月 28 日早饭要吃饱吃好,午餐在淮安外国语学校餐厅就餐;按纪念馆规定,任何人不得在馆内吃零食、就餐。

(三) 雨具:每位同学必须带雨具,可带简易雨(衣)披,圆顶无尖雨伞,但行进途中要根据统一规定使用。

(四) 着装:统一穿藏青色体恤、藏青色长裤,戴好军训期间发的帽子,穿棉袜和利于行走的运动鞋。

(五) 车辆:提倡班主任与学生一起步行,可以骑自行车。消防车、交警车、医疗车与补给车同行。

五、纪律要求

(一) 坚持安全第一。

1. 注意身体安全。凡有心脏病、哮喘、伤病、发烧等身体不适情况,必须主动向班主任老师请假,并说明理由,军训期间没有坚持参训的同学不参与行军,并告知家长。

2. 注意途中安全。行进途中出现身体不适,要主动向班主任和校医报告,并进行必要的处理。

3. 注意交通安全。服从老师、交警和教官的指挥,保持队伍整齐,速度适中,避免出现拥堵和奔跑现象。过红绿灯路口时,绿灯时段快速通过。

(二) 发扬吃苦耐劳精神。同学根据自己情况,最好坚持走完全程,不中途自行离队,以磨炼顽强的意志,展现班集体良好的形象。如确实不能坚持,经班主任同意后,与保障组联系,上车休息。

(三) 发扬团结互助精神。行进途中同学之间要发扬团结互助的精神,相互帮助,相互关心,共同前进,相邻的班级可以开展歌曲比赛,鼓舞班级士气。

(四) 中途休息严守秩序。在悠园新村附近休息 20 分钟,休息时以班级为单位,进行桶装水集中补给。加水时各班要组织有序,不争抢、不浪费,离开时不留下任何垃圾物品,务必保持地面干净整洁;上移动厕所。

(五) 文明有序参观纪念馆。

1. 注意行为文明,不在馆内喧哗、追逐、嬉戏、打闹,不采摘馆内植物果实。

2. 注意身体安全,不下水游泳、划船,不攀爬花坛、文物。

3. 不到纪念馆外活动,淮安区同学不回家。

4. 不单独行动,各班可以分成若干小组,明确组长,集体行动,相互提醒,按时整队返回。

(六) 严格履行请假手续。因病不能参加的,必须请假,要有申请和家长签字;8 月 28 日晚回家的住校生必须事先和班主任、宿舍管理员履行好请假手续,班主任要在请假条上签字。

(七) 冷静应对突发情况。如遇到交通、天气等各种突发事件,要保持冷静,根现场状况,积极智慧应对。

(八) 师生心连心,温情一路行。班主任要始终与班级学生在一起,及时了解情况,关爱学生,对班级学生情况要了如指掌,发现问题及时处理,努力营造相互关爱的良好氛围。

六、活动时间要求

(一) 8 月 27 日晚上尽量早点休息,养足精神。

(二) 8 月 28 日早晨 6:50 前在升旗广场集合,自西向东依次是 1～23 班,每班两路纵队,女生在前男生在后,各班旗手手擎班旗站在队伍最前面(旗手要保证轮换)。

(三) 上午 7:00 出发,1 班在前,23 班殿后。预计中午 11:00 左右到达周恩来纪念馆,稍做修整便组织现场缅怀活动。中午 12:00 去淮安外国语学校就餐,12:40 返回到纪念馆广场前集中,开始参观纪念馆,参观完毕后整队原路返回,17:30 左右回到学校。返回途中注意保持班级队形,不能如同散兵游勇一般,返程时 23 班在前,1 班在队伍最后面。各班级到教室集中,班主任清点人数，进行活动总结。

七、2018年“弘毅之旅”班主任及工作人员联系电话(略)。

二、实施过程与方法

（一）具体实施过程

※4 淮阴中学“弘毅之旅”拉练活动实施程序

一、活动程序与相关要求

（一）出发仪式

1. 早6:40，全体参加活动的人员列队学校出操广场集合。(体育组负责)

2. 出发前动员讲话。(德育处负责人主持)

3. 学校党委书记、校长皇甫立同授校旗、副书记孙勤老师授“弘毅之旅”旗帜，请高一(1)班班长、体委两位同学代表全体同学接旗。

4. 授旗并宣布“出发”：党委书记皇甫立同宣布“出发”。

（二）行军线路

淮中南大门——天津路与前进路交叉口——天津路与延安路交叉口——天津路大桥右侧——大运河北岸河堤——通甫路大桥下——宁连立交大桥下——枚皋路大桥下——悠园新村——里运河西堤风光带淮安碱厂——淮安农校一河下大桥——里运河东堤——上板街南口——萧湖公园内——美食街出口——友谊路——名人亭——周恩来纪念馆西门——周恩来纪念馆(单程约15千米，班主任、体育老师、教官全程陪同)

三、周恩来纪念馆现场缅怀活动

（一）活动议程

主持人：同学们、老师们，值此纪念周总理诞辰120周年之际，我们淮阴中学2018级1200多名师生，步行15千米，进行了户外拉练——“弘毅之旅”主题实践活动，来到了敬爱的周总理纪念馆。参与今年“弘毅之旅”的，除了新生之外，还有我们的毕业生方阵，还有皇甫校长率领的教师方阵；这是一次师生合作之旅、新老互助之旅、磨炼意志之旅、安全文明之旅，也是缅怀革命先烈、奋发图强之旅。

下面我宣布：传承红色基因，扣好人生第一粒扣子——江苏省淮阴中学纪念周总理诞辰120周年户外拉练——“弘毅之旅”主题实践活动周总理纪念馆缅怀活动现在开始！

1. 请全体立正，奏唱中华人民共和国国歌。(礼毕)

2. 向周总理汉白玉雕像敬献花篮：请周恩来纪念地管理局孙晓燕局长、徐

图 58-2 在周恩来纪念馆举行缅怀活动

建华局长、谭建华馆长,淮阴中学党委书记校长皇甫立同老师、副书记孙勤老师、副校长俞光军老师,消防支队刘杰科长,高一年级部陈凯主任,张东风、朱海艳副主任,团委赵书记,各班班长,代表全体同学向周总理汉白玉雕像敬献花篮。

3. 请纪念馆工作人员简要介绍周总理纪念馆情况。

4. 学校领导讲话(请淮阴中学党委书记、皇甫立同校长致辞)。

5. 请学生代表高一 17 班季小雅同学发言(主要讲活动的意义、体会感悟、对伟人的缅怀、对学习的激励、挺起脊梁担事)。

6. 下面进行集体宣誓:请淮阴中学高一年级部副主任朱海艳老师领誓。

7. 参观纪念馆要求:

(1) 注意行为文明,不在馆内喧哗、追逐、嬉戏、打闹,不采摘馆内植物果实;注意安全,不下水游泳、划船,不攀爬花坛、文物;不在景区内就餐,不吃瓜子等带壳食物。

(2) 参观景区时不单独行动,各班可以分成若干小组集体行动。

(3) 统一按班级集中,出纪念馆东门到外国语学校就餐,到达外国语学校后,不大声喧哗,文明有序就餐,争做表率。

(4) 下午 12:40 前,就餐完毕后,统一到外国语学校体育场,以班级为单位整队集合,各班清点人数。整队穿过纪念馆东门,进入景区参观。下午 13:50 前,统一到主馆前集中,以 23 班为排头,从西门原路返回。

(5) 活动简短总结:陈凯主任升旗广场总结。表扬肯定,部署下一阶段工作,包括撰写“弘毅之旅”感悟文章,每班挑选 5 篇最优秀文章电子稿上交年级部。

(6) 主持人做总结,宣布现场缅怀活动结束,整队返程。

（二）现场实况照片

图 58-3　出发前授旗

图 58-4　毕业生队伍行进途中

图 58-5　教师队伍方阵行进途中

图 58-6　行进途中暂时休息

图 58-7　在周恩来纪念馆广场活动现场

图 58-8　纪念馆工作人员讲述恩来精神

图 58-9　皇甫立同校长讲话

图 58-10　师生宣誓

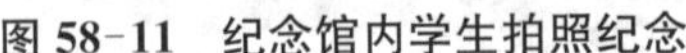
图 58-11 纪念馆内学生拍照纪念

图 58-12 回到校园后的学生

三、成绩与效果

江苏省淮阴中学户外拉练——“弘毅之旅”主题实践活动追求历练学生体能,培养顽强意志品质,“强身”与“强心”并济,从而实现体育之原本功能“文明其精神,野蛮其体魄”。

(一)师生赞赏积极报名

户外拉练——“弘毅之旅”主题实践活动主要是针对高一入学新生设计的活动,其中 2018 年高一新生 1210 人通过自主申请,经班主任同意实际参与人员 1180 余人,毕业生代表有 120 人,教职工 100 余人(校领导班子全体成员全部参与),家长代表 100 余人,以及相关工作人员,总计人数超过 1600 人。从高一新生申请统计情况看学生参与意愿比较强烈,希望以此来检验和锻炼自己;部分毕业生主动组队,联系学校,希望再次参与“弘毅之旅”,以此来激励自己在今后学习和生活中不言败、不放弃;家长主动参与此项活动,既给孩子树立榜样,又多了亲子交流与沟通;教职工代表本着自愿原则,参与的教职工,能彼此增进友谊,增进师生之间交流和感情。此项活动参与人数众多、参与面广,从行军途中和主题教育现场以及整个活动结束后反馈情况来看,这项活动深受师生员工的喜爱。

(二)强身健体磨炼韧性

户外拉练——“弘毅之旅”主题实践活动全程往返约 30 千米,总计要走 8 个多小时,路程远、时间久,要求完成这个任务需要良好的身体素质,经过长途行军锻炼,学生的体能有得到了进一步的提高,体质得到增强,同时也让部分体质稍弱的学生发现自身的不足,今后需强化体育锻炼。当代高中生,多数是独生子女,温室里长大的花朵,加之学业压力重,缺少锻炼,设置全程约 30 千米的徒步行程,就是想在锻炼学生体能,增强学生体质的同时,磨炼学生顽强的意志品质，提醒学生在以后的生活、学习中，需面对重重困难，要能经得起风吹浪打，耐得住酷暑严冬。“弘毅之旅”活动恰恰给他们提供了展示自我的舞台，在老师和同学面前充分展示自我，通过师生之间、生生之间的交流、鼓励、帮助、协作，最后通过自己坚持不懈的努力，绝大部分学生胜利走完全程，当他们拖着疲惫的身躯，以胜利者的姿态走进校园时，那种喜悦无法用语言来表达，他们享受着成功带来的乐趣。

（三）锤炼意志展示自信

伴随着人民生活水平的提高，在艰苦环境下的磨炼就相对较少，加之多数为独生子女，受社会和家庭影响，部分孩子娇生惯养、怕苦怕累、意志薄弱、自觉性、坚韧性和自我控制能力等均达不到社会发展的需求。“弘毅之旅”主题活动是将体能、意志和精神融为一体的综合性教育活动，距离长、时间久，又是高温天气，这既是对他们体能的一种考验，也是对他们意志力的一种考验，爱国主义主题教育活动再一次得以升华。生活本不能一帆风顺，只有经历风雨，努力并坚持到最后，方能见到属于自己的彩虹。

（四）受到社会高度关注

此次活动参加人数多，形成约 1000 米的长队伍，“弘毅之旅”大旗、校旗、各班班旗，随风飘扬、遥相呼应；沿途队伍整齐、纪律严明，班主任和教官全程陪同，班级会组织唱一些歌曲，气势非凡，受到路边行人的一致好评。活动注重宣传和报道，市电视台、报社以及学校的无人机社团进行全程跟拍、全程报道，9 月 3 日江苏卫视《荔枝新闻》、江苏公共新闻频道、淮安电视台《新闻联播》、《淮海晚报》等主流媒体都对此进行了报道，学校网站和微信公众号进行专题报道并组织参加者撰写心得体会。本次活动宣传力度大，传播途径广，社会知晓率高，在社会上引起强烈的反响，受到社会各界人士一致好评。

四、思考与展望

作为周恩来总理家乡的一所中学，淮阴中学特别重视借助周恩来崇高精神和伟大人格对学生进行以爱党、爱国、爱社会主义为核心的理想信念教育，以国家意识、文化认同、公民人格为重点的民族精神教育。

而户外拉练——“弘毅之旅”主题实践活动是新生入学教育的实践课，是从淮阴中学出发步行 30 千米到周恩来纪念馆开展的实践体验之旅，是检验学生军训成果和学生综合素质的野外行走之旅，是师生合作、生生互助之旅，是磨炼意志之旅、安全文明之旅，是缅怀革命先烈、传承周总理精神之旅。这一实践活动对于广大学生学习伟人风范、树立远大志向、坚定理想信念、刻苦学习文化、培养文明素养、勇于担当创造、服务中华民族伟大复兴等方面起到极大的推动作用。

目前,我们持续挖掘户外拉练——“弘毅之旅”主题实践活动品牌价值,丰富“弘毅之旅”活动内涵,完善“弘毅之旅”线路规划,增加“弘毅之旅”人员范围,准备增设社会各界人士方阵,共同参与“弘毅之旅”,扩大“弘毅之旅”的影响,使之不仅成为淮中学子入学教育的重要一课,成为淮中学子深刻的记忆,而且成为淮安人民纪念周总理的系列活动的重要组成部分,成为感受周总理精神、提升担当品质的起点,深刻地感悟革命先辈创业之艰辛,品味挑战自我之甘甜,弘扬吃苦耐劳团结互助之精神,彰显担当超越之淮中文化。

入选理由：

基于"'校园情感场生态'的学校情感育人'大课程'构建"，是该校近年来探索和实践的特色育人思路与方式，其行动目标是建设一种基于"场生态"的学校情感育人"大课程"，实现全面育人之目的。体育寒暑假作业的课程项目在培养学生的体育核心素养方面做了一个很好的探索，在实践方面做得有声有色，在长期的坚持中，促进了学生体质的明显提升，各项比赛屡创佳绩，硕果累累，值得我们大家学习借鉴。

五十九　江苏省南通田家炳中学体育寒暑假作业

资料提供：卢华进　张良金

图 59-1　南通卢华进

江苏省南通田家炳中学原为南通市第三中学。六十多年来，该校伴随享誉全国的南通教育共成长，一直走在基础教育教学改革前沿，一大批为国家和社会发展作出重大贡献的杰出人才在这里打下了坚实基础。进入新世纪，该校秉承优良传统,以推进素质教育和培育创新人才为宗旨,致力于办"为学生的终身发展提供支撑"的教育,成为具有高社会美誉度的一流区域名校,现有教学班 93 个,学生 5500 余人,教职工 400 余人。

2015 年,全国知名教育家朱小蔓教授领衔的"教师情感表达与师生关系构建"项目选定该校为合作学校,与北京中学一南一北互为羽翼。依托该项目,该校提出了构建"校园情感场生态"的办学思想和研究主张,并开展了大量卓有成效的系统化实践研究。在课堂教学方面,强调教师恰当表达情感,突出教学活动中的交往型师生关系构建,逐步形成了关注生命成长的"三单"教学体系。在德育方面,以诚信教育为育德的基础,有选择性地引入香港田家炳基金会的"共创成长路"项目(全称为"青少年正面成长计划——'共创成长路'"),完成其与情感教育深度融合和校本化,同时,辅之以系列化仪式活动和特色社团活动,形成了滋养心灵的德育课程。在学校管理和制度建设方面,注重科学性、合理性、人文性,做到以人为本。在校园建设方面,注重每一个场景的设置、每一个细节的寓意,让一草一物都有情、都具有育人的效果,形成全方位覆盖的校园育人情感场,让整个校园都具有人人可以明显感知的情感温度。

2019 年,高中部新校区建设动工。学校现有三个校区,本部校区占地近 90 亩,学田中学校区占地 26 亩,高中部新校区占地 140 亩。

学校现有教职工 400 余人,近十多年来有 3 人次获全国、江苏省先进工作者称号,4 人获南通市园丁奖(南通市教师最高荣誉表彰,迄今评选了 16 届,每届 10 人获奖)。教师具有硕士学历(学位)者 107 人,高级教师占比为 36%。有特级教师 1 人,江苏省"333"工程培养对象 4 人,南通市学科带头人 14 人,南通市骨干教师 25 人,南通市直属学校学科带头人 46 人,南通市直属学校骨干教师 90 人。学校主要荣誉:国家级综合高中示范学校、江苏省四星级普通高中、江苏省文明单位、江苏省德育先进学校、江苏省园林式单位。

体育专职教师 23 人,其中高级教师 11 人,拥有硕士学位的 4 人。目前(不包括在建)有运动场 2 块(250 米跑道、300 米跑道),篮球场 20 块,门球场 1 块,沙滩排球场 1 块,室外羽毛球场地若干,形体房 1 间,国际比赛乒乓球桌 10 张,场地 3 块。

国家主席习近平在会见国际奥林匹克委员会主席巴赫时说过:我们要分类指导,从娃娃抓起,扎扎实实提高竞技体育水平,持之以恒开展群众体育,不断由体育大国向体育强国迈进。

根据《义务教育体育与健康课程标准》的要求,初中学生体育学习不仅要体现在课堂上，还要延续到课外。在体育课上，教师教授学生各项运动的锻炼方法和体育知识，并组织学生根据有关方法和知识开展体育技能训练，增强学生体质；体育课后，学生还要通过不断巩固和加强，才能保证体育锻炼真正有效果，最终达到增强身体素质的目的。体育学科核心素养明确表示：要有针对性地选择适宜的方式方法，巧抓体育品格教育时机，培养运动能力和习惯每天运动一小时。

随着素质教育的深入人心和社会观念的改变，越来越多的家庭和学生开始重视体育这门课程，意识到体育锻炼对促进学生的身心发展有着不可替代的作用，逐渐树立了“身体第一、健康第一”的理念。在校期间，由于体育课、活动课以及大课间活动正常开展，学生体育锻炼能正常进行，但是一到寒暑假，很多学生因为未能养成良好的运动习惯，特别是作息不规律，往往会忽视锻炼，导致锻炼不能持续，加上学业的压力以及现在的学生基本是独生子女，假期很难找到一起玩耍的伙伴，寒暑假时间长，这段时间活动强度会在一定程度上下降，久而久之学生的身体素质也容易下降。初中生在学生体质监测以及体育中考中暴露出来的问题，也迫使学校在学生体质锻炼方面要拿出一些创新手段。

一、组织方法与活动设计

（一）组织方法

※1 江苏省南通田家炳中学体育寒暑假作业管理章程（有删减）

第一章　总则

第一条　为全面贯彻国家教育方针，全面实施推进素质教育，为进一步强化依法治教、依法治校的意识，促进学校管理的民主化、科学化、规范化，保证学校持续稳定健康发展，努力建设“优质初中、特色高中”，将我校办成江海名校，为我国经济建设提供高素质的后备人才，依据党的教育方针政策、国家的有关教育法规和科学发展观，制定本章程。

第二条　学校全称是“江苏省南通田家炳中学”，简称“南通田中”，是一所全民事业性质的全日制江苏省四星级普通高中，是事业法人，依法享有民事权利，独立承担民事责任。

第三条　我校校训是“崇德，博学”，校风是“勤勉奉献，诚笃进取”，教风是“严谨执教，为人师表”，学风是“勤学守纪，求实创新”。

第二章　管理体制

第五条　学校隶属南通市教育局。办学经费主要由财政拨款。

第六条　校长是学校法人代表，学校行政总负责人，在学校领导体制中处于中心地位，由上级主管部门依据干部管理权限任免或聘任。副校长协助校长工作，是校长的助手，受校长委托分管学校某方面的行政工作。

第七条　学校实行“校长全面负责、党委（党总支）保证监督”的校长负责制。校长对外代表学校，对内有如下权力：

（一）决策权。校长对学校工作进行总体设计，统一指挥；在广泛听取各方面意见的基础上，校长对学校的重大问题有最后决定权。

（二）组建学校中层领导班子的权力。在上级下达的职数范围内，校长有权提名任用或聘用中层干部。

（三）对教职工有聘任权。在国家核定的编制数额内，校长有权决定对教职工的使用，包括不聘、缓聘、解聘、低职高聘和高职低聘；在人事部门的同意下，有权在市内外引进优秀教师。

（四）对学校经费的支配权。学校实行“统一领导、统一管理”的财产管理制度，学校的财务活动在校长的领导下，由后勤处依法管理。按照上级总要求，根据工资总额，校长可确定结构工资分配形式，经教代会审议通过后实施。

（五）教育教学工作的指挥权。积极实施“两全”和“三个面向”的办学方针，全面贯彻国家的教育方针、政策、法规，推动学校教育事业发展。

第八条　校长履行下列职责：坚持教育“面向现代化、面向世界、面向未来”，全面贯彻国家教育方针和《教育发展纲要》，严格执行课程计划，把握先进文化的发展方向，弘扬学校办学特色，坚持教书育人、管理育人、服务育人。

（一）依法治校，全面规划、统一安排学校工作，负责制定、实施学校发展规划及学校目标管理的学期、学年工作计划，定期检查督促计划的实施情况，搞好学校工作总结，并向上级和全体教职工报告，建立、健全各种规章制度和各项管理措施。

（二）主持召开校长办公会议、学校行政会议，协调各部门工作，努力争取社会各方面对学校工作的支持，代表学校协调处理公共关系。

（三）抓好德育工作和校纪校风建设，着力体现德育工作的主体性、实效性、开放性、创新性，加强对教职工的法纪教育和职业道德教育。

（四）负责领导学校的教学工作，深入教学第一线，总结经验，全面实施学校的课程改革计划，用先进的教学理念构建科学的质量管理监控、评价机制和体系，不断提高教学质量。

（五）贯彻“两个条例”，重视对师生的心理健康教育，保证学校体育卫生、美育、劳动技术教育工作生动活泼、确有成效地开展。

（六）负责领导教职工聘任工作，抓好师资队伍建设，注意培养青年教师，制定、落实教师培训、业务进修计划和措施，加强对教职工的考核、评估、奖惩工作。

（七）加强后勤管理，加强对学校财务和校产管理。

第九条　学校设党政办公室、教务处、学生处、教科处、后勤处。学校职能处室设正副主任2～4名。党政办主任是校长和书记的参谋，在校长和书记领导下，具体负责学校党政日常管理事务；教务处主任是校长领导教学工作的主要助手，在校长和分管教学副校长的领导下，具体负责组织学校教学工作；学生处主任是校长领导德育工作的主要助手，在校长和分管德育副校长的领导下，具体负责学校德育工作；教科处主任是校长领导学校科研工作的主要助手，在校长和分管科研工作副校长的领导下，具体负责组织学校教育教学科研工作；后勤处主任是校长领导总务后勤工作、财务工作的主要助手，在校长和分管后勤工作副校长的领导下，具体管理后勤工作。

第十条　学校实行校长领导下的任期目标责任制。校长必须依据学校办学宗旨、办学目标和长远发展规划在以下方面实现阶段目标：

（一）办学体制

在政府和教育行政部门的领导下发挥四星级中学的优势，面向社会自主办学，形成适应社会主义经济体制、政治体制、文化体制改革，适应社会主义市场经济的办学体制。

（二）办学条件

以教学设备的充实、教学软件的开发和信息传输网络化为重点，进一步改善办学条件，实现教育手段现代化。按学校总体设计，教学、实验、办公、活动及生活设施和校园环境各项指标逐步达到一流水平。

（三）师资队伍

1. 建设一支敬业爱岗、为人师表、热爱学生、精通业务、作风优良的现代化教师队伍，不断提高信息技术和学科课程的整合水平，奠定学校发展的基础。

2. 招聘优秀师资来校任教，鼓励教师加强学历、学位进修，实施“青蓝工程”和“名师工程”，每个学科都有学科带头人和骨干教师，每个学科都有胜任培养特长生的教师群体。部分学科有特级教师。

3. 形成一支与教学人员比例合理，精干、高效、能为教育教学为师生提供优质服务的职工队伍，满足一流初中和特色高中办学需要。

（四）学校管理

1. 进一步推行以党组织保证监督，教代会民主管理，校长依法治校为主要内容的校长负责制，校长要率先成为精通现代教育管理，知人善任，科学决策、开拓创新、作风民主的教育专家。

2. 专任教师实行年级部和学科双重办公制。要培养一支觉悟高、素质好、能力强、有追求、结构合理、团结一致的年级管理和学科管理干部队伍。各部门必须按照学校总体目标创造性地开展工作。

3. 规范地执行教育法律、法规、政策。适应新形势的要求，制定完善的规章制度，充分运用现代管理科学技术和设备，充分发挥人、财、物的作用。

4. 大力加强精神文明建设，深化以教职工聘任制、岗位责任制、绩效考核、奖勤罚懒为主要内容的内部管理制度改革。

第四章　教学管理

第二十条　坚持以教学为中心，积极进行教育教学改革，开展教学研究，更新教育观念，改进教学方法和考试办法，采用现代化教育手段，提高教学质量。

（一）加强教育理论和教学业务学习，全面提高教师队伍素质。

（二）加强教改教研工作，引进先进教改成果，形成学校教学模式，推广学校教改经验。学校对在教育教学研究方面成绩卓越影响显著的教师按章给予奖励。

（三）加强基础知识、基本技能的培养和训练，着力培养学生分析问题、理解问题和解决问题的能力，培养学生的创新精神和实践能力，注意发现和培养有特长的学生。

第二十一条　校长室在开学初应向全体教工公布学校工作计划。各部门、各年级、各学科及时制订好本部门、本年级、本学科的工作计划。每学期学校组织教师代表和有关人员对学校和部门、年级、学科工作的执行情况进行检查。分管教学的校长定期组织教务主任、教研组长，对科任教师教学计划进行一次检查，检查结果在一定范围内如实通报，每学期的工作总结、统(会)考分析等必须按时上报党政办存档。

第二十七条　加强学校体、卫、艺工作，认真落实两课、两操、两活动，确保学生平均每天有一小时的体育锻炼，积极开展文艺、科技、美育、健康教育等活动。普及卫生知识，建立体格检查和传染病预防制度。

第二十八条　学校不得擅自停课、调休，因故必须停课、调休的须经校长室报经市教育局批准。

※2 江苏省南通田家炳中学体育寒暑假作业规章制度

一、校党委校长室负责审批报备上一级教育主管部门体育寒暑假作业的计划和执行方案

二、分管体艺学科教务处主任具体负责校报备寒暑假作业计划和执行方案

（一）协调安排各年级分管主任各年级体育寒暑假作业时间节点安排。

（二）协调学生处召开班主任会议，布置体育寒暑假作业考核方法及注意事项。

（三）召开体育学科教师会议，布置体育寒暑假作业考核方法及注意事项。

三、体育学科组长协调各年级体育备课组组长寒暑假作业计划制定和执行项目情况

四、各年级体育学科备课组长设计提交寒暑假作业具体项目和计划并拟定告家长一封信

（二）活动设计

※3 江苏省南通田家炳中学体育寒暑假作业活动设计

一、体育寒假作业

尊敬的家长：

你好！

孩子们想在每学期的国家学生体质测试和南通市体育过程性考试中，取得较好成绩，必须从现在开始锻炼，因为身体素质的提高是一个缓慢的过程，没有捷径可走，一分辛劳，一分收获，只有日复一日坚持不懈地锻炼，才会取得相应的效果。同学们，这个寒假让我们运动起来！

以一周为一个周期，锻炼内容如下表：

时间	锻炼内容
星期一	1. 柔韧素质　2. 跳绳　3. 单摇单跳　3. 仰卧起坐　4. 俯卧撑　5. 原地纵跳摸高　6. 10 秒原地快速高抬腿　7. 耐久跑 1000 米以上
星期二	休息
星期三	1. 柔韧素质　2. 深蹲跳　3. 仰卧起坐　4. 俯卧撑或俯卧推手击掌　5. 20 秒原地高抬腿　6. 跳绳（双摇单跳）　7. 耐久跑 1000 米以上
星期四	休息
星期五	1. 柔韧素质　2. 仰卧两头起和俯卧抬体　3. 原地纵跳摸高　4. 10 秒高抬腿　5. 跳台阶　6. 立定跳远、立定三级蛙跳　7. 排球　8. 耐久跑 1000 米以上
星期六	休息
星期日	1. 柔韧素质　2. 跳绳（双摇单跳）　3. 立卧撑　4. 立定跳远、立定三级蛙跳　5. 球类　6. 跳台阶

(一)练习要求:注意安全,在充分做好准备活动后进行练习。

1. 跳绳:单摇单跳,以一分钟为最小练习单位,力争每分钟跳 140 次以上。

2. 跳绳:双摇单跳,以两分钟为最小练习单位,计数成绩,力争每天都有所提高。

3. 仰卧起坐:以 1 分钟为最小练习单位,每次练习不少于 30 次。注意每次仰卧时,肩胛骨着垫。

4. 仰卧两头起:以 1 分钟为最小练习单位,每次争取 25 次以上。注意双腿并腿抬起,快抬慢放。

5. 原地纵跳摸高:贴墙直立,手伸直至最高点,然后从最高点向上丈量 50 厘米做好标记,每次跳起后摸到标记以上的位置,记一次有效练习。每次不少于 15 个。

6. 10 秒钟原地快速高抬腿:大腿尽量高抬,10 秒内不少于 42 个。左右腿各抬一次算 2 个。

7. 俯卧抬体:以 1 分钟为最小练习单位,每次练习不少于 28 次。胸部抬起幅度必须超过 20 厘米。

8. 立卧撑:20 秒为一个练习单位。每次练习争取 14 次以上。注意双腿并拢后摆,站起时直立。

9. 深蹲跳:动作连贯,每次练习不少于 30 次。

10. 跳台阶:每次练习不少于 40 个台阶。

11. 俯卧撑:注意身体伸直,屈臂向下时,上体与地面的距离不超过 15 厘米。男生可以在此基础上完成推手击掌,即身体上行时,急速推手,两手击掌。

注意:以上项目练习时,必须重复完成三遍(组)。每组间隔时间不能超过 1 分钟。

12. 耐久跑:每次练习距离不少于 1200 米,每次练习都计时,力争每天都有进步。

13. 排球:重点练习自垫球。

14. 球类:选择自己喜欢的球类项目,根据中考要求进行练习。

(二)打卡要求:

1. 每天选择 3~4 项练习。

2. 每练一项要拍视频发在班级群里(必须有声频提示是哪一天的练习)。

根据今年初二年级国测数据显示,大部分女生薄弱项目为肺活量、仰卧起坐和 800 米,分别占比 15%、10%、20%。大部分男生薄弱项目为坐位体前屈、引体向上、1000 米，分别占比 10%、10%、20%。

特别提醒：每个学生都要了解自己的优势项目和相对薄弱项目，重点练习，同时要注意膳食营养搭配，严格科学地进行训练。

初二体育备课组

二、体育暑假作业

尊敬的家长：

你好！

同学们经过一年的努力，身体素质有所提高，但大部分同学离《国测》要求差距较大，必须充分利用本次暑假的时间，积极锻炼，才有希望在初二学年《国测》中获得“优秀”等级，争取体育过程性考核成绩（占中考总分值中的 30 分）不被扣分。没有捷径可走，一分辛劳，一分收获！孩子的成长离不开父母的陪伴和鼓励！希望各位家长能抽空陪孩子一起锻炼！以一周为一个周期，锻炼内容如下表：

时间	锻炼内容
星期一	1. 柔韧素质　2. 跳绳（单摇单跳）　3. 仰卧起坐　4. 俯卧撑　5. 原地纵跳摸高　6. 10 秒原地快速高抬腿　7. 篮、排、足任选
星期二	1. 柔韧素质　2. 交换腿跳　3. 俯卧抬体（背起）　4. 立定跳远、立定三级跳远　5. 耐久跑　6. 篮、排、足任选
星期三	1. 柔韧素质　2. 深蹲跳　3. 仰卧起坐　4. 俯卧撑或俯卧推手击掌　5. 原地高抬腿　6. 跳绳（双摇单跳）　7. 篮、排、足任选
星期四	1. 柔韧素质　2. 交换腿跳　3. 立卧撑　4. 俯卧抬体（背起）　5. 耐久跑　6. 交换腿跳　7. 篮、排、足任选
星期五	1. 柔韧素质　2. 原地纵跳摸高　3. 10 秒快速高抬腿　4. 跳台阶　5. 立定跳远、立定三级蛙跳　6. 篮、排、足任选
星期六	1. 柔韧素质　2. 仰卧起坐　3. 俯卧两头起　4. 原地纵跳摸高　5. 10 秒快速高抬腿　6. 俯卧撑或俯卧推手击掌　7. 耐久跑；篮、排、足任选
星期日	1. 柔韧素质　2. 跳绳（双摇单跳）　3. 立卧撑　4. 立定跳远、立定三级蛙跳　5. 跳台阶　6. 耐久跑　7. 篮、排、足任选

（一）练习要求：注意安全，在充分做好准备活动后进行练习。

1. 跳绳：单摇单跳，以一分钟为最小练习单位，力争每分钟跳 140 次以上。

2. 跳绳：双摇单跳，以两分钟为最小练习单位，计数成绩，力争每天都有所提高。

3. 仰卧起坐:以1分钟为最小练习单位,每次练习不少于30次。注意每次仰卧时,肩胛骨着垫或着地。

4. 仰卧两头起:以1分钟为最小练习单位,每次争取25次以上。注意双腿并腿抬起,快抬慢放。

5. 原地纵跳摸高:贴墙直立,手伸直至最高点,然后从最高点向上丈量50厘米做好标记,每次跳起后摸到标记以上的位置,记一次有效练习。每次不少于15个。

6. 10秒钟原地快速高抬腿:大腿尽量高抬,10秒内不少于42个。左右腿各抬一次算2个。

7. 俯卧抬体:以1分钟为最小练习单位,每次练习不少于28次。胸部抬起幅度必须超过20厘米。

8. 立卧撑:20秒为一个练习单位。每次练习争取14次以上。注意双腿并拢后摆,站起时直立。

9. 深蹲跳:动作连贯,每次练习不少于30次。

10. 跳台阶:每次练习不少于40个台阶。

11. 俯卧撑:注意身体伸直,屈臂向下时,上体与地面的距离不超过15厘米。男生可以在此基础上完成推手击掌,即身体上行时,急速推手,两手击掌。

以上项目练习时,必须重复完成三遍(组),每组间隔时间不能超过1分钟。

12. 耐久跑:每次练习距离不少于1200米,每次练习都计时,力争每天都有进步。

13. 排球:重点练习自垫球。

14. 球类:选择自己喜欢的球类项目,根据中考要求进行练习。

(二) 可以增加个性化练习,是指针对自己的薄弱项目或感兴趣的项目进行自主学练。

(三) 所有练习要在家长的监督与陪同下,每天选3~4项进行练习。日期旁边请家长确认完成项目并签字,开学后交班主任收回。

初一体育备课组

附件.执行情况检查表

<table>
<tr><td colspan="2">星期一</td><td colspan="2">星期二</td><td colspan="2">星期三</td><td colspan="2">星期四</td><td colspan="2">星期五</td><td colspan="2">星期六</td><td colspan="2">星期日</td></tr>
<tr><td colspan="2">完成情况</td><td colspan="2">完成情况</td><td colspan="2">完成情况</td><td colspan="2">完成情况</td><td colspan="2">完成情况</td><td colspan="2">完成情况</td><td colspan="2">完成情况</td></tr>
<tr><td>7.4</td><td></td><td>7.5</td><td></td><td></td><td></td><td></td><td></td><td></td><td></td><td></td><td></td><td></td><td></td></tr>
<tr><td>7.11</td><td></td><td>7.12</td><td></td><td></td><td></td><td></td><td></td><td></td><td></td><td></td><td></td><td></td><td></td></tr>
</table>

续表

星期一		星期二		星期三		星期四		星期五		星期六		星期日	
完成情况		完成情况		完成情况		完成情况		完成情况		完成情况		完成情况	
7.18		7.19											
7.25		7.26											
8.1		8.2											
8.8		8.9											
8.15		8.16											
8.22		8.23											

家长签字

二、实施过程与方法

（一）具体实施过程

※4 江苏省南通田家炳中学体育寒暑假作业具体实施过程

一、大数据汇总分析

（一）寒暑假前二周体育检测数据负责教师将本学期体育测试数据分析整理好，发送到各个年级体育备课组长处。

（二）各年级体育备课组长打印下发各班体育测试数据。

（三）各班级体育教师认真分析本班体育达标情况，关注个体差异。

二、训练项目设计

（一）班级任课体育老师针对本班的体育测试数据，设计针对本班的假期训练项目并汇总到本年级备课组长处。

（二）各备课组长整合本年级体育任课老师设计的训练项目，确定本年级体育寒暑假家庭作业，报送体育学科主任处。

（三）体育学科组长汇总审定好各年级体育备课组长设计的年级体育寒暑假作业，报备到分管主任处。

三、寒暑假作业布置

（一）分管主任审定好体育学科体育寒暑假作业报备具体分管校长处，待审批好后分发到文印室印发。

（二）寒暑假结束大会时，由班主任领发给学生，同时利用媒体信息告知家长。

四、寒暑假作业监督检查

寒暑假,学生不在学校,假期作业的检查和监督是一个很头疼的问题,我校对假期作业的检查也是历经了一个过程。开始的时候是重布置轻检查,通过第二学期的国家体育达标测试的数据看假期作业的完成情况,这种形式周期长,效果不好。后来改进,随着体育寒暑假作业要求附执行情况家长签字表,每天家长签字,这样稍微有了一点改善,家校联动,发挥家长的作用,这种方式比原来进步了,但阻止不了部分家长也偷懒,到最后一次性补签。随着媒体技术的发达,现在班级都有微信或者是QQ群,在班级群里形成打卡制度,每次自我训练完规定时段在班级群里打卡,班级群大家都可以看见,这样形成了群体互相监督和比赛。微信和QQ,如是好友的话,每天可以看见运动的步数,哪天动没动,动多少一目了然,学校也正准备开发小的APP软件,更方便学生在家打卡。

五、体育寒暑假作业运动原则

(一) 安全第一。首先考虑到的就是学生的安全问题。针对不同的体育运动项目,交代安全注意事项,避免学生在锻炼的过程中发生意外。

(二) 因人而异。锻炼内容为菜单式,学生按照自身情况选取。提倡全部选取但不强制。这也是我校“三单”教学模式之一的自助单。

(三) 因地制宜。所有作业内容均是在充分调研的基础上布置的,主要考虑学生的居住地以及周围环境,根据学生居住范围内的条件确定的运动项目。

(四) 全面发展。主要包括力量、速度、柔韧、灵敏等的训练。

(五) 循序渐进。在设计体育寒暑假作业时遵循循序渐进的原则,对不同体育项目的运动强度和运动量的关系进行了充分考虑,运动量大小根据运动强度决定。

(二) 现场实况照片

图 59-2　家庭作业排球自垫

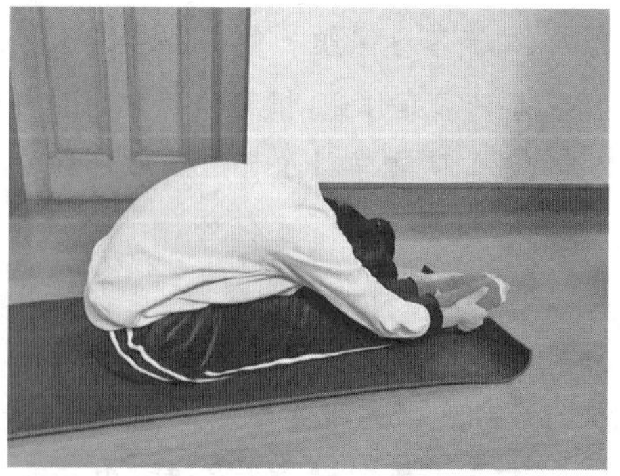

图 59-3　家庭作业坐位体前屈

三、成绩与效果

（一）学生体质提升明显

寒暑假体育家庭作业再一次充分发挥了家校联动的教育功能，也是我校“三单”教学模式在体育课上的延伸；学校认真开展宣传工作，提高家长和学生对寒暑假体育锻炼重要性的认识；发挥家长的监督作用，使家长成为开展体育假期家庭作业的主力军，以推动学校体育家庭作业的实施；科学评价作业效果，结合学生自评、家长评价和教师评价来进行，全面检查学生完成假期作业的成效。

自我校实施寒暑假体育作业以来，我校学生假期身体素质基本没有出现明显下降，部分学生体质还有了明显改善。甚至有的家长为了见缝插针，汽车的后备厢里带了全套运动设备，随时完成每年的运动计划，把运动真正地变成了一种习惯。历年来我校学生体育测试以及中考成绩均有所提升。

2017 级学生三年《国家学生体质健康测试》成绩对比							
时间	肺活量	50 米	坐位体前屈	仰卧起坐	引体向上	800 米	1000 米
2017 年男生	2978	8.84	9.72		0.95		4.34
2017 年女生	2616	9.4	16.1	36.73		4.01	
2018 年男生	3614	8.35	11.16		0.98		4.25
2018 年女生	2838	9.35	16.9	38.4		4	
2019 年男生	3650	8.2	11.2				4.06
2019 年女生	2850	9.1	17	39	1	3.49	

（二）体育文化宣传出色

图 59-4　运动会开幕式表演集锦

图 59-5　篮球技巧展示

图 59-6　班级特色展示

图 59-7　团体操舞动的花环

图 59-8　运动员领奖

图 59-9　校长宣布运动会开幕

(三) 运动荣誉丰硕

国家级比赛奖项

2011 年全国啦啦操锦标赛中学组团体一等奖。

2014 年全国啦啦操锦标赛中学组——团体奖第三名。

2019 年第十六届全国中学生排球比赛第三名。

省级比赛奖项

江苏省第十届中学生羽毛球锦标赛暨青少年羽毛球冠军赛初中女子组团体第四名。

江苏省第十届中学生羽毛球锦标赛暨青少年羽毛球冠军赛精神文明运动队。

江苏省第十届中学生羽毛球锦标赛暨青少年羽毛球冠军赛初中男子组团体第八名。

江苏省第二十一届中学生排球锦标赛暨体育传统项目排球赛初中女子组第五名。

江苏省第二十三届中学生排球锦标赛暨体育传统项目学校排球比赛初中

女子组第二名。

江苏省第二十四届中学生排球锦标赛学校排球比赛(决赛)初中女子组第一名。

江苏省第二十六届中学生排球锦标赛冠军。

江苏省第十三届中学生棋类锦标赛体育道德风尚奖。

江苏省第十三届中学生棋类锦标赛初中围棋团体第一名。

江苏省第三届小学生棋类夏令营中国象棋团体第二名。

江苏省第十三届中学生棋类锦标赛初中国际象棋团体第三名。

江苏省第十三届中学生棋类锦标赛初中组团体总分第四名。

2015—2016 年度江苏省中学中职十佳学生会。

江苏省第六届学校体育舞蹈锦标赛初中组团体总分第三名。

江苏省第七届学校体育舞蹈锦标赛初中组团体总分第二名。

江苏省第八届学校体育舞蹈锦标赛初中组银奖。

江苏省第十届学校体育舞蹈锦标赛初中组金奖。

江苏省第十一届学校体育舞蹈锦标赛初中组银奖。

南通市级比赛奖项

2014 年南通市直中学广播操比赛高中组一等奖。

2014 年南通市直中学广播操比赛初中组一等奖。

2016 年南通市市直中学校园足球联赛高中男子组二等奖。

南通市第十届“铁人杯”健美操锦标赛初中组啦啦操团体第一名。

南通市首届中小学校园篮球联赛总决赛第二名。

2017 年南通市局直中学校园足球联赛(初中男子组)一等奖。

南通市第三届“王府会”树健美操锦标赛中小学组一等奖。

南通市第十届四星级学校“校长杯”乒乓球比赛一等奖。

南通市第十一届四星级普通中学“校长杯”乒乓球比赛一等奖。

南通市第十二届四星级高中校长杯乒乓球比赛一等奖。

南通市第十三届四星级普通高中“校长杯”乒乓球比赛一等奖。

南通市第十五届四星级普通高中“校长杯”乒乓球比赛一等奖。

南通市第十六届四星级普通高中“校长杯”乒乓球比赛第一名。

南通市第七届“五一劳动杯”教工乒乓球比赛(甲级队)亚军。

南通市第八届“五一劳动杯”教工乒乓球比赛(甲级队)亚军。

南通市第五届“铁人杯”健美操锦标赛高中组技巧啦啦操自选动作特等奖。

南通市第五届“铁人杯”健美操锦标赛初中组啦啦操自选动作特等奖。

南通市十运会暨第六届“通城电建杯”健美操(啦啦操)锦标赛初中组花球啦啦操自选动作一等奖。

南通市十运会暨第六届“通城电建杯”健美操(啦啦操)锦标赛高中组技巧啦啦操二级规定动作特等奖。

南通市十运会暨第六届“通城电建杯”健美操(啦啦操)锦标赛初中组花球啦啦操规定动作特等奖。

南通市市直中学第七十届田径运动会初中B组第二名。

南通市第八届“长生人寿保险”杯健美操锦标赛初中组轻器械健身舞自选特等奖。

南通市第八届“长生人寿保险”杯健美操锦标赛初中组健身操自选一等奖。

2015年市直中学跑操比赛初中组一等奖。

2015年市直中学跑操比赛高中组二等奖。

2016年南通市直中学第71届田径运动会暨第三届阳光体育运动会初中A组团体总分第一名。

2016年南通市直中学第71届田径运动会暨第三届阳光体育运动会初中B组团体总分第三名。

南通市第十届“铁人杯”健美操锦标赛初中组啦啦操自选特等奖。

南通市第十届“铁人杯”健美操锦标赛初中组啦啦操规定特等奖。

2017年南通市“城市嘉苑杯”乒乓球俱乐部联赛(乙组)冠军。

南通市四星级普通高中“校长杯”乒乓球比赛一等奖。

南通市市直中学第七十四届田径运动会团体一等奖。

南通市第十二届“通城电建杯”健美操锦标赛特等奖第一名。

(四)外界反馈出众

《新华日报》头版图片新闻报道我校54届运动会暨阳光体育开幕式。南通市媒体《江海晚报》曾经专门做过报道,在正面舆论的影响下,部分学校也开始纷纷效仿我校布置寒、暑假体育作业。

四、思考与展望

中共中央国务院《关于深化教育教学改革全面提高义务教育质量的意见》(2019年6月23日)指出,义务教育质量事关亿万少年儿童健康成长,事关国家发展,事关民族未来。要“五育”并举,全面发展素质教育,严格按照国家课程方

新华日报

习近平向首届可持续发展论坛致贺信

中共中央政治局召开会议

决定召开十九届四中全会

中共中央总书记习近平主持会议

安徽省党政代表团来我省考察

贯彻长三角区域一体化发展战略

推动苏皖合作取得更好更多成果

与新思想对标看齐　向新理念寻策问道

充分发挥法治对改革的引领作用

省政协主席会议集体督办

推进科技创新重点提案

第二届进博会，江苏准备好了

淮安：牢记嘱托崛起江淮

图 59-10　《新华日报》新闻报道

要开学了，身体可得棒棒的

孩子，寒假体育作业做了吗？

作业内容跑跳投掷

每天坚持四十分钟

学生认为假期锻炼

针对性强效果明显

图 59-11　《江海晚报》专题报道

案和课程标准实施教学，特别强调要强化体育锻炼。健康第一，学校体育固本行动。严格执行学生体质健康合格标准，科学安排体育课运动负荷，开展好学校特色体育项目，让每位学生掌握 1 至 2 项运动技能。鼓励地方向学生免费或优惠开放公共运动场所，鼓励体育社会组织为学生提供高质量体育服务。这些已将体育课程上升到国家高度，但长期以来有很多人重“智育”轻“体育”的思想难以转变，学校实施寒暑假体育作业的举措在实行过程中还是遭到不小的阻力和懈怠，但这是一项利国利民、功在千秋的大事，需要社会各方面的支援和行政的推动。

入选理由：

“胖胖夜跑”运动队是一项以“体型较胖学生”为主体，提高特定学生身心健康为目标的课外体育活动形式，充分体现了课外体育活动自主性和自愿性的特点，达到通过体育锻炼促进体育弱势学生更好发展的目标。通过“胖胖夜跑”活动的开展，学生们不仅丰富了自己的课余生活，同时也有效地增强了体能素质。在活动过程中，“胖胖们”在教师及家长的引导下，逐渐走向运动场，并能自主制定锻炼目标和锻炼计划，逐步形成了健康的运动习惯。同时在锻炼过程中，“胖胖们”表现出的顽强拼搏的意志品质给其他同学留下了深刻印象。

六十 淮安江苏省淮阴中学新城校区“胖胖夜跑”运动队

资料提供：周　宇

图 60-1　淮安周宇

江苏省淮阴中学新城校区创办于 2011 年，学校现有 72 个班 3600 余名学生，260 多名教师。学校坚持高品质办学，高水平发展，积极探索，不断实践，取得了较好的办学业绩，已成为淮安市义务教育优质学校。

江苏省淮阴中学新城校区在校学生全部实行均衡编班。学校积极探索适合学生的教育，针对初中学生的身心发展特点，落实立德树人根本任务，传承“进德修业、弘毅笃行”淮中精神，培养“阳光大气、卓越担当”时代新人。德育活动成效显著，学生社团成果丰硕，教学改革深入推进，教学质量广受赞誉，学生素质深得好评。学校先后获得全国学校体育工作示范校、全国青少年校园足球特色学校、江苏省心理教育特色学校等荣誉称号。

学校教师队伍以年轻教师为主体，90%为近几年招聘的大学应届毕业生。学校以精神引领、榜样示范、团队合作、评价激励等多种方式，传承淮中优秀文化，促进教师专业成长，年轻教师“爱学习、肯钻研、能吃苦、乐奉献”蔚然成风，一批专业素质强、发展潜力大的教师脱颖而出，已有多名教师在省市教师基本功大赛和评优课等活动中崭露头角。

学校现有 15 位体育教师，是一支富有活力与干劲的精英团队。该团队在于斌特级教师工作室的指导下，参加体育教师基本功大赛连获佳绩，充分展现了体育教师扎实的基本素质。校啦啦操、田径、羽毛球、乒乓球等运动项目在短短 8 年之中创造众多傲人的战绩，积极参评省“体育特色学校”，为淮安教育建设添砖加瓦。

经过多年建设，目前学校体育设施较为完备。其中有 1 座多功能体育馆(包括 6 片羽毛球场地、50 张球台的乒乓球馆、1 间 150 平方米形体房、1 间 200 平方米教工活动乒乓球室等)，1 片 400 米塑胶标准田径场，1 块 4500 平方米人工草皮足球场，9 片篮球场，2 片排球场等。

图 60-2　校园一角 1

图 60-3　校园一角 2

一、组织方法与活动设计

※1 “胖胖夜跑”运动队组织方案

随着生活质量的不断提高，部分学生受不科学、不合理的饮食习惯和不爱体育锻炼等不良习惯的影响，导致体型过于肥胖。学生从食物中摄取的热量超过了生长发育和日常活动所需消耗的热量，多余的热量在体内转变成过多脂肪储存起来导致肥胖。为了增强学生体质，培养学生终身体育意识，引导学生崇尚健康向上的价值观，提高学生参与体育锻炼兴趣，增加体内多余热量的消耗，学校组织了名为“胖胖夜跑”的运动队进行课外体育锻炼。

一、参与人群

体型肥胖者、耐力水平较低的学生、体育爱好者(学生)、学生家长、学校教职工。

二、活动场地

江苏省淮阴中学新城校区体育场、社区体育场。

三、活动时间

周一至周六,时间、地点自行安排(暑期/寒假);周一至周四 17:45—18:40(上学期间)。

四、注意事项

(一) 选择适宜的环境锻炼

1. 高温环境下的锻炼

人体对温度的适应有一定限度。一般情况下,当气温达到 33℃左右时进行较剧烈的运动,就容易出现中暑等症状。经过长期体育锻炼,可以提高人体的耐高温能力。对初中学生来说,为了避免中暑等情况的发生,在高温环境下进行体育锻炼应注意以下几点:

(1) 穿着合适、透气、浅色、宽松的衣服。

(2) 运动量适宜,注意补充水分、无机盐和矿物质,饮用含维生素 C 的饮料,如柑橘汁等。

(3) 在阴凉通风的地方休息。

(4) 如果有头晕、恶心、皮肤湿冷等症状应立即停止锻炼,并在阴凉通风的地方休息。

2. 寒冷环境下的锻炼

坚持在寒冷环境中运动,可以提高人体对寒冷的适应能力和耐寒能力,有利于身体各系统机能的进一步加强。但是,如果长时间在寒冷的环境中锻炼,低温的刺激会使机体发生损伤(如冻伤),为了避免这种情况的发生,应注意以下几点:

(1) 注意保暖,穿适宜的衣裤、鞋袜,戴手套、帽子。

(2) 运动前增加热身运动,使机体逐渐适应寒冷的环境。

(3) 根据对外界温度的感觉,适时增减衣服(例如,在出汗之前把外衣脱下来,感到冷时及时穿上)。

(4) 适时休息,不要过度疲劳。

(5) 气温过时,会增加耳垂、鼻子、手指和脚趾冻伤的可能性,应避免长时间在低温下运动。

（二）运动前做好热身

1. 运动前先做10～15分钟的热身活动，然后再进行主要的运动，避免运动损伤。

2. 在上体育课时，先进行慢跑、徒手操和与上课内容有关的专门性活动。

3. 在安排举重练习时，先进行小重量的反复试举，目的就是使身体的各个部位充分活动开，保持赛前适度的兴奋。

（三）运动过程中如何饮水

1. 长时间运动时，能量消耗很大，补水的同时可以适当添加糖类，但不宜过浓，以免影响水分吸收，在天气炎热时还可以适当添加一些盐类和维生素。运动饮料的温度应适宜，冰镇饮料会刺激胃和食管，不利于健康。

2. 为了避免运动中脱水，在运动前10～15分钟根据身体情况适量补充水分；运动中要根据具体情况饮水，饮用时一定要遵循少量多次的原则。长时间运动时，间隔约30分钟可饮水100～200毫升，要避免因过量饮用而加重心脏负担。通常运动过程中的补水难以完全补充机体所丢失的水分，因此运动后也需要适当饮水，但应避免一次大量饮用。

（四）运动时间的选择

1. 临睡前不可运动，易导致兴奋，难以入睡。

2. 心血管病人早上不宜运动。

3. 避免过度剧烈运动，以不剧烈、能持久的运动项目为宜。

五、运动后的注意事项

（一）不能立刻静止性休息

剧烈运动后如立即静止性休息，肌肉的节律性收缩会停止，原先流进肌肉的大量血液就不能通过肌肉收缩流回心脏，造成血压降低，出现脑部暂时性缺血，引发心慌气短、头晕眼花、面色苍白，甚至休克昏倒等症状。

（二）不可马上洗浴

运动后马上洗冷水浴会因突然刺激，使血管立即收缩，血液循环阻力加大，同时机体抵抗力降低，人就容易生病。而如洗热水澡则会增加皮肤内的血液流量，血液过多地流进肌肉和皮肤中，导致心脏和大脑供血不足，轻者头昏眼花，重者虚脱休克，还容易诱发其他慢性疾病。

（三）不能暴饮

大量运动后往往口渴难耐，暴饮的方式补水对肠胃和心脏伤害很大，加重它们工作负担。科学补水应遵循积极主动和少量多次的原则,正确的方式是保持补水速度平缓,并间歇多次进行,每次饮水量不宜超过200毫升,两次补水至少应有15分钟的间隔。

(四) 不宜大量吃糖

有的人在剧烈运动后觉得吃些甜食或糖水很舒服,以为运动后多吃甜食有好处,其实运动后过多吃甜食会使体内的维生素 B_1 大量消耗,人就会感到倦怠、食欲不振等,影响体力的恢复。因此,剧烈运动后最好多吃一些含维生素 B_1 的食品,如蔬菜、肝、蛋等食物。

(五) 进行肌肉拉伸放松

剧烈运动后可针对肌肉群进行适量的主动静态拉伸。正确的拉伸方法能加快肌肉的恢复,避免次日肌肉在疲劳状态下进行训练和工作,达到防止受伤的目的。

六、检查评比

(一) 各班体育教师通过每个月的体能测试,针对此类学生进行分析并为其提出相关锻炼建议。

(二) 学生间组织目标达成情况交流会,并分享运动过程中遇到的问题。

(三) 与指导教师讨论研究下一阶段的锻炼计划。

※2“胖胖夜跑”运动队训练计划

一、运动项目日常实施计划表

内容	时间			
	星期一	星期二	星期三	星期四
1	跳绳150个 (2分钟左右)	跳绳150个 (2分钟左右)	跳绳150个 (2分钟左右)	跳绳150个 (2分钟左右)
2	耐久跑 (男生5圈 女生3圈)	耐久跑 (男生5圈 女生3圈)	耐久跑 (男生5圈 女生3圈)	耐久跑 (男生5圈 女生3圈)
3	拉伸练习 1. 实心球振臂练习 2. 腿部拉伸	拉伸练习 1. 实心球上肢力量练习 2. 腿部拉伸	拉伸练习 1. 实心球核心力量练习 2. 腿部拉伸	拉伸练习 1. 实心球下肢力量练习 2. 腿部拉伸

续表

内容	时间			
	星期一	星期二	星期三	星期四
4	兴趣练习 （以力量练习为主）	兴趣练习 （以球类练习为主）	兴趣练习 （以力量练习为主）	兴趣练习 （以球类练习为主）

二、力量练习

主要以引体向上（锻炼背阔肌、肱二头肌等）、平板支撑（提高核心力量）、实心球（锻炼腰腹力量、上肢肌肉等）、跳远（发展爆发力、增强下肢肌肉等）等项目为主，选择自己所喜欢的项目或薄弱项目进行练习。

三、球类练习

主要以篮球、足球、排球、羽毛球等球类项目为主，选择自己喜欢的项目或薄弱项目进行练习。

二、实施过程与方法

（一）具体实施过程

※3 暑期运动项目实施周计划安排

时间	训练项目及训练量
星期一	1. 耐久跑8分钟，休息3分钟　2. 1分钟跳绳×2组　3. 篮球直线往返运球　4. 足球直线往返运球（主要技术：脚内侧运球）　5. 俯卧撑男20个/女12个×2组　6. 收腹跳10个×3组
星期二	1. 耐久跑8分钟，休息5分钟　2. 1分钟跳绳×2组　3. 排球垫球（主要技术：正面双手垫球）　4. 实心球（主要技术：正面双手头上掷实心球）　5. 仰卧起坐35个/组×2组　6. 快速高抬腿50个×4组
星期三	1. 耐久跑8分钟，休息3分钟　2. 1分钟跳绳×2组　3. 篮球直线往返运球　4. 足球直线往返运球（主要技术：脚内侧运球）　5. 俯卧撑男20个/女12个×2组　6. 收腹跳10个×3组
星期四	1. 耐久跑8分钟，休息5分钟　2. 1分钟跳绳×2组　3. 排球垫球（主要技术：正面双手垫球）　4. 实心球（主要技术：正面双手头上掷实心球）　5. 仰卧起坐35个×2组　6. 快速高抬腿50个×4组
星期五	1. 耐久跑8分钟，休息3分钟　2. 1分钟跳绳×2组　3. 篮球直线往返运球　4. 足球直线往返运球（主要技术：脚内侧运球）　5. 俯卧撑男20个/女12个×2组　6. 收腹跳10个×3组

续表

时间	训练项目及训练量
星期六	1. 耐久跑8分钟,休息5分钟　2. 1分钟跳绳×2组　3. 排球垫球(主要技术:正面双手垫球)　4. 实心球(主要技术:正面双手头上掷实心球)　5. 仰卧起坐35个×2组　6. 快速高抬腿50个×4组

(一) 每周一、三、五进行篮球运球、足球运球项目的训练,二、四、六进行排球垫球、实心球项目的训练;素质练习以上肢力量、腰腹力量和下肢爆发力量练习为主,其中球类技巧项目可挑选薄弱项目进行练习,有条件也可以都练,身体素质类项目必练。

(二) 运动之前充分做好准备活动,每次锻炼时间在35～40分钟之间,根据实际情况和自身需要可延长锻炼时间,锻炼之后一定要做好放松活动,尽量选择在早晨和傍晚时段训练,并关注周围安全条件。

(三) 练习时须有家长从旁陪伴或者有专业人员指导,避免孩子单独在陌生环境练习。

※4 寒假运动项目实施周计划安排

时间	训练项目和运动量
星期一	1. 热身跑6分钟,休息3分钟 2. 排球垫球50个×4组(篮球运球绕杆) 3. 两次排球垫球测试(家长监督) 4. 20米蛙跳×3组
星期二	1. 热身跑6分钟,休息3分钟 2. 五分钟自主练习排球垫球(篮球运球绕杆) 3. 两次排球垫球测试(家长监督) 4. 快速高抬腿50个×3组
星期三	1. 热身跑2分钟 2. 800米、1000米测试 3. 排球垫球50个×4组(篮球运球绕杆) 4. 两次排球垫球测试(家长监督)
星期四	1. 热身跑6分钟,休息3分钟 2. 五分钟自主练习排球垫球(篮球运球绕杆) 3. 两次排球垫球测试(家长监督) 4. 20米蛙跳×3组

续表

时间	训练项目和运动量
星期五	1. 热身跑6分钟,休息3分钟 2. 排球垫球50个×4组(篮球运球绕杆) 3. 两次排球垫球测试(家长监督) 4. 快速高抬腿50个×3组
星期六	1. 热身跑2分钟 2. 800米、1000米测试 3. 排球垫球50个×4组(篮球运球绕杆) 4. 两次排球垫球测试(家长监督)

(一)冬天天气较冷,运动前的准备活动时间适当放长,每次锻炼时间在45~50分钟之间,根据实际情况和自身需要可延长锻炼时间,锻炼之后一定要做好放松活动,尽量选择在早晨和傍晚时段训练,并关注周围安全条件。

(二)练习时须有家长从旁陪伴或者有专业人员指导,避免孩子单独在陌生环境练习。

(二)现场活动照片

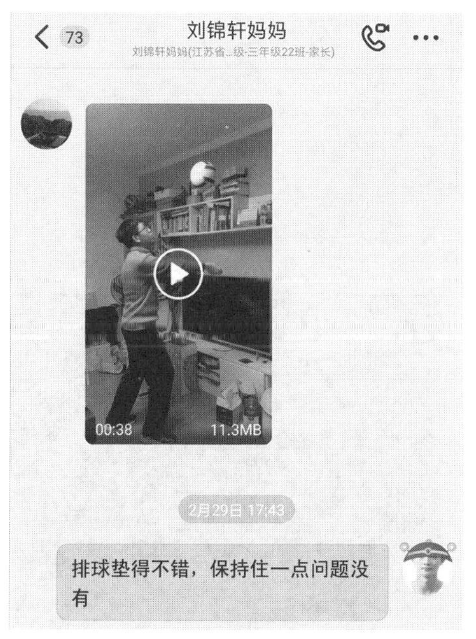

图60-4　教师线上指导技术动作

图60-5　家校沟通

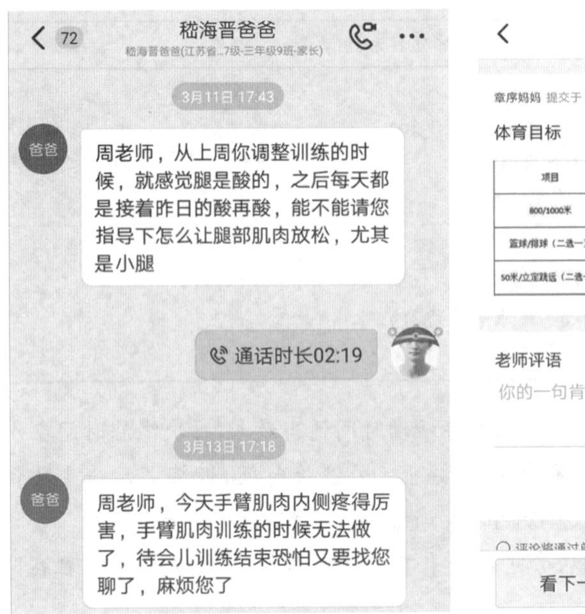

72
嵇海晋爸爸
嵇海晋爸爸(江苏省...7级-三年级9班-家长)
3月11日 17:43
爸爸
周老师，从上周你调整训练的时候，就感觉腿是酸的，之后每天都是接着昨日的酸再酸，能不能请您指导下怎么让腿部肌肉放松，尤其是小腿
通话时长02:19
3月13日 17:18
爸爸
周老师，今天手臂肌肉内侧疼得厉害，手臂肌肉训练的时候无法做了，待会儿训练结束恐怕又要找您聊了，麻烦您了

图 60-6　家校沟通

章序的成果
章序妈妈 提交于 2020年1月19日 周日 18:52
体育目标
项目 | 期末成绩 | 努力目标
800/1000米 | 3:51 | 3:40
篮球/排球（二选一） | 25个 | 35个
50米/立定跳远（二选一） | 7.1s | 6.9s
老师评语
你的一句肯定是学生成长的动力
快捷评语
语音点评
看下一个
提交评语

图 60-7　学生制定的目标

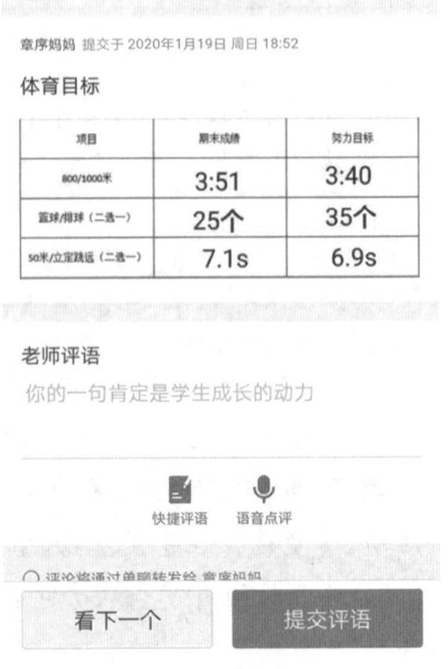

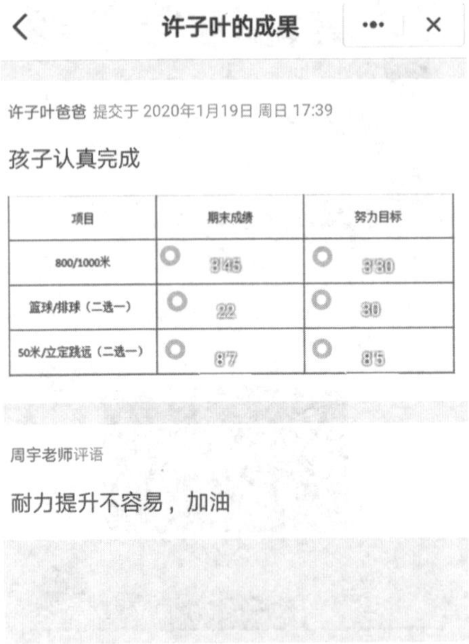

许子叶的成果
许子叶爸爸 提交于 2020年1月19日 周日 17:39
孩子认真完成
项目 | 期末成绩 | 努力目标
800/1000米 | 345 | 330
篮球/排球（二选一） | 22 | 30
50米/立定跳远（二选一） | 87 | 85
周宇老师评语
耐力提升不容易，加油

图 60-8　学生完成训练计划

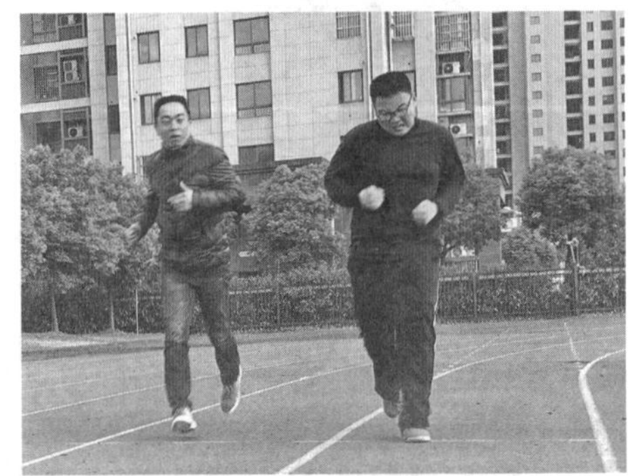

图 60-9　家长陪孩子一起锻炼

图 60-10　学生在锻炼

图 60-11　学生在进行技巧交流

图 60-12　学生在进行锻炼

图 60-13　学生在进行锻炼

三、成绩与效果

活动开展初期并不顺利，原因有以下两点：第一，因为活动初期实施选择在暑期阶段，导致许多学生“偷工减料”，将其当作是一种负担，态度消极；第二，因为得不到专业老师的指导，家长也非常迷茫，在指导学生技术动作方面显得力不从心。为此我校体育教师利用互联网通信的方法，对家长进行了一对一的技术讲解，并定期在家长 QQ 群里分享一周的训练总结，学生及家长的积极性得到极大提高。

（一）受到学生家长欢迎

家长写给老师的一封信

周老师你好！我是初三(17)班徐越同学的家长。耐力一直是徐越的弱项，无论是体育课还是放假在家时的训练，从来没有合格过。经过心理重塑，在体育老师科学、无私的帮助下，通过在校期间的科学训练，特别是在假期里学校采取每天体育打卡的训练方式，徐越现在耐力问题完全解决，800 米再也不是她的弱项,甚至成为她的强项。现在我仅就学校假期打卡训练方式谈一点作为家长的体会。

1. 打卡训练计划周密翔实。假期打卡训练计划本身就是一项非常了不起的行为,是学校和体育老师对学生体育中考重视的体现。对于放假在家的学生来说,来自学校和老师在体育方面的要求,比家长的苦口婆心要有效许多。而且打卡计划周密而翔实,包含了中考体育的所有项目。所以我的体会是只要按照老师的打卡计划去做,体育成绩不用担心。

2. 打卡训练中老师认真负责。周老师是一位非常令人尊敬的老师,他不仅在体育课堂上使用很多训练方法让孩子感到有趣,激发了孩子练习热情。而且,在假期打卡训练计划的执行中,他也是一丝不苟,一个不放过。如果没有按时完成打卡,一定会收到他的提醒消息;训练中如果有疑问,随时都可以与他电话沟通交流,及时解决孩子在训练中遇到的相关问题。甚至有时候,在孩子训练态度出现问题时,周老师也能答应家长的"无理"要求,主动联系学生,要求学生接受家长安排,认真完成打卡训练计划。老师在孩子心目中有特殊的地位,通过家长与老师的无障碍沟通,共同解决了假期打卡训练中遇到的所有问题。

3. 建议。通过近一年的体育打卡训练,作为家长也有一点小小的建议。就是如何让体育打卡训练计划的效果充分显现出来,即让学生的体育成绩提高得更快?也就是不让打卡训练计划流于形式,而是取得真金白银的效果。我自己觉得在计划的执行过程中,着急的如果不是家长而是学生,那就容易多了。所以建议设计一个打卡训练档案,在某个阶段的打卡训练过程中,进行相关的统计,制定出相应的奖惩方案(如发给打卡之星奖状、加练相关项目等),充分调动学生参与打卡训练的积极性,让他们成为打卡训练计划的驱动者和相关情况的关注者,可能会更加有利于这项工作的开展。

以上便是我对学校打卡训练工作的一点体会和建议,再次感谢周老师的辛苦付出,感谢在您的教导下让徐越不仅测试成绩合格,每天还主动要求进行体育锻炼!谢谢您!

(二)学生积极主动参与

学生的锻炼心得

我是初三(17)班的徐越,从初一开始,体育就是我的弱项,尤其是800米耐力方面。为此我一直在"努力着",但一直不长久,时好时坏。经过初三第一学期半个学期的练习,我的成绩再次稳定了下来。总的来说,有三个方面的原因。

1. 最重要的因素就是心理。每天第二节课后,都需要进行大课间活动。初

一、初二几乎都是绕学校田径场跑两圈。而我每当第一节课下课时就开始紧张，最畏惧的就是大课间音乐响起的那一刻。那时候，我最羡慕的就是别的同学和我面对相同的事时泰然自若的心理。在跑步的过程中，我总会去想还有多久才会结束，越想越累，往往跑了一两百米后就开始掉队，渐渐地就开始走。我知道心理因素很重要，但我发现越是安慰自己就越紧张，直到在初二中考 800 米合格以后，我对跑步的畏惧才有所减轻。这个过程中我最感谢的就是体育课周宇老师，他在我快要掉队时拿着喇叭在操场外大声为我加油，提醒我要把膝盖抬高。从那时起，我感受到了老师对我的重视，以及家长的期待，之后再面对跑步，更加有了动力。

2. 转变对待体育的态度。小学时提到体育课我们都很激动，因为这完全是一节自由活动课。然而上了初中，体育简直就是噩梦，我们有时甚至希望数学老师能将体育课挤占掉。这一切的想法都是对体育的不重视。不到临近中考，我们都不会对体育有太大关注。体育不仅占据很大分值，还有益于我们的身心健康。只有身体健康了，在学习方面我们才能熬得过别人。大课间经常有同学提前把鞋带解开，跑累时蹲下来“休息”，之前我也是这种操作，但从初三上学期开始，我就开始认真对待大课间了。我逼迫自己，再累也要坚持跑完。当别的同学系鞋带休息或者以找老师面批为由逃一节大课间，我努力告诫自己：他们已经过关了，所以不用担心，但你没有。就这样过了 3 周，我在体育第一次月考时通过了 800 米的测试。这期间离不开老师科学的指导以及父母的鼓励，但更重要的是自己面对这门学科的态度，只有态度端正，才能得到成正比的回报。

3. 科学的训练。其中起决定性作用的就是老师。体育课上不折不扣地完成周宇老师当天的课堂任务。周老师教给我们很多提高耐力、增大步幅的方法，例如爬楼梯，耐久跑，以及跑步时如何呼吸等。他没有放弃任何一个学生，尽自己的全力教导我们。他告诉我们不一定只有在体育课时才能训练自己，任何时候都可以。我们可以放学时跑步回家，能爬楼时不坐电梯，抓住一切可能的机会提升自己。我们把这些话放在心里，时刻实践，在大家的共同努力下，很多同学的成绩都取得了极大进步。

综上所述，态度决定成败，科学训练至关重要，希望更多的同学可以早日成功！

（三）教师指导有方，学生身体素质明显提高

2018—2019 年第一学期开学初我校进行了学前体能测试，通过数据发现暑期前的一些体能薄弱的学生经过一个暑期的锻炼，耐力水平得到了极大的提升。初二 17 班就出现了一名模范学生,她的名字叫徐越。徐越同学在暑期前 800 米要跑到 5 分 05 秒,甚至没跑完中途就放弃了。但是她在家长与老师的鼓励下充分利用这个暑假,每天围绕体育公园慢跑 20～30 分钟,每当自己要放弃的时候总会听到父母在耳边的鼓励声。就这样在父母日复一日的陪同下她慢慢地发现跑步越来越容易,甚至发现自己的速度越来越快,30 分钟、28 分钟、25 分钟……她的进步让自己都觉得不可思议,开学的学前测试也让作为老师的我大吃一惊。从那之后,她的事迹就如同“传说”一般流传在整个初二年级,从而引发了新一批立志提高自身耐力水平的学生。在学校教师与家长的同心协助下,体育锻炼逐渐从“苦难”变成一种“幸福”,就是这样的一群人,利用体育相互结交朋友、相互鼓励,共同突破。如今我校初二年级 800/1000 米比去年合格率提升了 10.4%,相信在时间的磨炼下,这样的活动所带来的正能量是远远不止这些的。

相信在国家提出的“健康第一”“建设体育强国”等思想指导下,我国中小学体育工作会做得更好,走得更远,学生身体素质一定会不断得到提高!

四、思考与展望

中共中央国务院《关于深化教育教学改革全面提高义务教育质量的意见》(2019 年 6 月 23 日)指出,义务教育质量事关亿万少年儿童健康成长,事关国家发展,事关民族未来。要“五育”并举,强化体育锻炼。我们学校准备更加严格地执行国家学生体质健康标准,科学安排体育课运动负荷,开展好学校特色体育项目,让每位学生掌握 1 至 2 项运动技能。积极响应教育部王登峰司长的号召,为学生 1 小时校外体育锻炼创造条件,不仅提供科学的锻炼内容,可行的实施方案,而且还要提供可检测的评价方式,更加注重寒暑假体育家庭作业设计与实施,积极化解来自社会与家长的阻力和懈怠,将这项有利于学生身体健康、利国利民、功在千秋的大事做好!